제 7 판

발달의 이론
개념과 적용

William Crain 지음

송길연 · 유봉현 옮김

발달의 이론: 개념과 적용, 제7판

발행일 | 2025년 2월 10일 1쇄 발행

지은이 | William Crain
옮긴이 | 송길연, 유봉현
발행인 | 강학경
발행처 | ㈜ 시그마프레스
디자인 | 우주연, 김은경
편 집 | 이지선, 김은실, 윤원진
마케팅 | 문정현, 송치헌, 최성복, 김성옥

등록번호 | 제10-2642호
주소 | 서울특별시 영등포구 양평로 22길 21 선유도코오롱디지털타워 A401~402호
전자우편 | sigma@spress.co.kr
홈페이지 | http://www.sigmapress.co.kr
전화 | (02)323-4845, (02)2062-5184~8
팩스 | (02)323-4197

ISBN | 979-11-6226-491-1

Theories of Development: Concepts and Applications, Seventh Edition

Authorised translation from the English language edition published by Routledge, a member of the Taylor & Francis Group, LLC

Copyright ⓒ 2024 William Crain

All rights reserved.

Korean language edition ⓒ 2025 by Sigma Press, Inc., published by arrangement with Taylor & Francis Group, LLC

＊ 책값은 책 뒤표지에 있습니다.

역자 서문

이 책은 뉴욕시립대학교의 William Crain이 쓴 『Theories of Development』(2024) 제7판을 번역한 것이다. 1980년 발간된 초판 이후로 Werner의 유기체 비교이론, Vygotsky의 사회역사적 인지발달이론, Mahler의 분리/개인화 이론이 포함되면서 발달에 대한 풍부한 설명을 제공하였다. 특히 이번 개정판은 발달에 대한 최신 연구결과들과 함께 자폐증의 치료적 접근을 비교하는 장이 추가되어 우리에게 연구 및 응용 분야 모두에서 새로운 시각을 열어주는 역할을 하였다.

이 책은 인간발달에 관한 여러 주요 이론들을 독자가 이해하기 쉽도록 체계적으로 잘 쓴 책이다. 인간의 발달을 이해하는 데 그 맥락에 대한 고려가 중요한 부분이듯이, 어떤 이론에 대한 깊은 이해와 평가는 그 이론가의 생애에 대한 이해 없이는 불가능하다. 그런 의미에서 각 이론가의 생애를 간략히 소개함으로써 그 이론에 대한 더 깊은 이해를 돕는다.

또한 Crain은 이론가들이 기술해놓은 것만으로 그 이론을 보는 데서 더 나아가 그 이론을 실제로 적용한다면 어떨 것인지를 독자들에게 제시한다. 이는 인간발달을 공부하는 사람들에게 중요한 자극이며 학문의 궁극적인 목표를 보여주는 일이기도 하다. 이 책의 내용은 깊으면서도 명료하므로 발달심리학 전공자뿐 아니라 발달 관련 영역, 즉 교육학, 아동학, 유아교육학, 소아정신의학, 정신의학 분야의 전공자들에게도 큰 도움이 될 것으로 믿는다.

이 책을 읽어가면 반짝이는 별이 보이다가 별자리가 나타나고 인간발달이라는 아름다운 우주를 보게 될 것이다. 별을 보게 한 여러 발달이론가들과 인간발달의 아름다운 우주를 알게 해 준 Crain에게 존경을 보낸다.

이 책의 초판(1980)은 본 역자들의 스승이신 서봉연 선생님을 모시고 작업을 했으나, 4판 이후로는 선생님의 건강문제로 역자들이 번역하게 되었다. 같은 공부를 한 부부로서 선생님께서 하셨던 일을 이어받아 하게 된 것은 큰 의미가 있는 기쁜 일이다. 우리 부부를 격려하고 사랑해주셨던 故서봉연/황성모 선생님 두 분께 이 책을 바친다. 그리고 원고를 기다리고 잘 다듬어주신 (주)시그마프레스의 편집자들과 강학경 사장님께 감사드린다.

2025년 2월
역자들

이 새로운 책(제7판)의 목표는 이전의 판들과 동일하다. 이 책은 학생들에게 다양한 이론가를 소개하고, Rousseau로부터 시작하여 발달적 관점에 특히 공헌한 이론가에게 특별한 주의를 기울이고자 하는 것이다. 따라서 이 책은 인간발달이 내적인 촉발과 자발적인 관심으로부터 어떻게 나타나는지, 인생의 서로 다른 단계에서 어떻게 외부세계를 볼 것인지에 대한 이해를 돕는 이론가들에게 중점을 둘 것이다.

제7판에 포함된 변화는 다음과 같다.

- Erikson의 정체감 형성 이론과 이 이론이 성별이슈와 어떻게 관계되는지에 대한 새로운 관심
- Jane Goodall, Howard Thurman, Albert Einstein의 발달과정을 보여주는 생애에 대한 자료 삽입
- Piaget 이론의 문화적 요인에 대한 새로운 생각
- 자폐증의 치료접근법들을 비교하는 새로운 장

수년에 걸쳐 많은 사람이 이 책에 기여했다. 내 아내 Ellen에게 특히 고마움을 표한다. 항상 그래 왔듯이 그녀는 끝없는 지지와 가치 있는 통찰을 제공하였다. 또한 우리 아이들 Adam, Tom, Sally에게도 깊이 감사한다. 그들의 성장과정이 너무나 인상적이어서 처음에는 그들을 관찰하는 것으로 시작했던 것이 결국에는 이 책을 쓰기로 결심하게 되었다. 이제는 다들 컸지만, 지금도 나를 지지해주고 있으며 내게 매우 중요한 아이디어를

제공해주고 있다.

이 새로운 개정판은 레슬리대학교의 Sue L. Motulsky 교수, 사라로렌스대학의 Cindy Puccio 교수, 사라로렌스대학의 Barbara Scheccter 명예교수, 예일아동연구센터의 Arietta Slade 교수, 오스틴텍사스대학교의 Heather Michelann Quimby 교수, 오로라대학교의 Marissa Happ 박사, 에식스대학교의 Aaron Wyllie 교수, 테네시대학교 마틴캠퍼스의 Joseph Ostenson 교수, 노스웨스턴 오클라호마주립대학교의 Christee L. Jenlink 교수, 네바다대학교 라스베이거스 캠퍼스의 Jeff Gelfer 교수, 아이다호주립대학교의 Jon Burnham 교수, 애리조나주립대학교의 Kari Visconti 교수의 비판적 읽기와 제안에서 도움을 받았다.

끝으로 많은 인용을 허용해주신 분들에게 감사한다.

- Emily Dickinson의 시에서 첫 번째 연 "인간의 성장은 자연의 성장과 같다"는 Thomas H. Johnson이 편집한 『The Poems of Emily Dickinson』에서 인용했으며 하버드대학교 출판부의 Belknap Press에서 재출간되었다.
- Holistic Education Press는 「Encounter: Education for meaning and Justice」 2010년 여름호에 발표한 나의 논문 "Is Children's Play Innate?"에서 3장의 자료를 다시 사용하도록 허락해주었다.

이 밖에도 인용한 그림 및 기타 자료 사용에 대한 출처는 이 책 안에 표시되어 있다.

William Crain

서론

우리 모두는 각자 발달의 본질에 대한 가정들을 갖고 있다. 예를 들면, 일반적으로 아동의 발달은 우리 손에 달려있으며 아동은 우리가 만드는 대로 자란다고 가정한다. 그래서 우리의 일은 아동들을 가르치고 잘못을 고쳐주며 그들에게 좋은 모델을 제공하고 학습하도록 동기화시켜주는 것이라고 생각한다.

이와 같은 관점은 상당히 합리적으로 보이며 여러 심리학자들(학습이론가들이나 여러 다른 학자들)의 공통된 견해이기도 하다. 심리학자들은 보다 과학적인 용어를 사용하긴 하지만, 그들 역시 부모나 교사 그 외 여러 사람들이 아동의 행동과 사고를 구조화한다고 가정한다. 그들은 아동이 어떤 새로운 행동을 하는 것을 보면 우선 그것이 배운 것이라고 추측한다. 예를 들어 2세 된 여아가 사물을 제자리에 놓는 것에 강한 흥미를 보이면, 그들은 누군가가 이 아이에게 그렇게 하도록 가르쳤을 거라고 추측한다. 왜냐하면 이 여아는 그녀가 속한 사회적 환경의 산물이기 때문이다.

그러나 심리학에는 또 다른 전통이 있는데, 이는 Rousseau를 시초로 하여 그를 계승한 이론가들의 계열로, 이들은 상당히 다른 관점에서 발달을 본다. 이 이론가들, 즉 발달론자들은 아동을 가르치거나 또는 다른 방식으로 영향을 주려는 노력에 대해서는 별로 관심을 두지 않는다. 그 대신 아동이 어떻게 스스로 자라고 배우게 되는가에 대해 더 많은 관심을 둔다. Arnold Gesell, Maria Montessori, Jean Piaget가 포함된 이 발달론자들은, 물건을 질서 있게 정돈하는 것에 대한 2세 여아의 흥미가 전적으로 자기 스스로 시작하게 된 어떤 자발적인 것일 거라고 생각한다. 질서에 대한 이 여아의 관심은 오히려 주위 사람들보다 더 클 수도 있다. 왜냐하면 특정 단계가 되면 아이가 서서 걷고자 하는 내적 충동을 갖게 되는 것과 마찬가지로 주위환경에서 질서를 찾고자 하는 자발적인 욕구를 발달시킬 수도 있기 때문이다.

아동의 자연적 성향을 관찰할 시간을 가지면서 아동의 뒤를 따라 다녀보면 우리는 아동이 많은 자발적인 흥미를 갖고 있음을 발견하게 된다. 1.5세의 아기는 공이나 물웅덩이, 한 웅큼의 모래와 같이 만질 수 있고 느낄 수 있고 조작할 수 있는 사물들에 매료되기 시작한다. 아기는 오랫동안 이런 사물들을 살펴보며 갖고 놀게 된다. 이와 같은 흥미는 매우 강하고 우리 성인의 흥미와 매우 다르기 때문에 이것을 성인이 가르친 산물이라고는 볼 수 없다. 오히려 발달론자들은 아동이 생(生)의 특정 시기에 특정 종류의 경험과 행동을 찾아내고자 하는 내적인 욕구를 가진 것이라고 본다.

발달적 전통을 따르는 이론가들이 모든 점에서 의견을 같이 하는 것은 아니며 이들은 사람들의 삶의 여러 다른 측면들을 연구했다. 그럼에도 불구하고 이들은 근본적인 접근방식에 있어서는 모두 공통된 견해를 갖고 있는데, 바로 내적인 성장과 자발적 학습에 대한 관심 등이다.

발달론자들의 관심은 이론적일 뿐만 아니라 실제적이기도 하다. 한 예로 Montessori는 교사가 아동의 올바른 답에는 보상을 주고 잘못에는 비판을 가하는 방식으로 아동의 학습을 이끌어나가는 일반적인 교육방식에 불만을 가졌다. 그녀는 이런 교육이 아동의 독립성을 저해한다고 생각했는데, 그 이유는 아동이 스스로 과연 올바로 행하고 있는지를 알기 위해 외적 권위자인 교사에게 자주 의지하기 때문이다. 그 대신 Montessori는 아동의 자발적 흥미를 관찰한 후, 아동이 외적 가르침이나 동기화 없이도 최대한 집중해서 독립적으로 해낼 수 있는 과제를 제공할 수 있다는 것을 보여주고자 했다. 왜냐하면 각 발달단계마다 아동은 자신의 역량을 완전하게 하도록 촉진하는 내적인 힘을 갖고 있다고 생각했기 때문이다.

여러 가지 면에서 발달론자들은 아동기와 그 후의 발달에 관해 우리가 새로이 이해하도록 공헌했다. 그러나 불행하게도 그들의 저서는 그 가치만큼 충분히 인정받지는 못했다. 자발적 발달에 대한 그들의 강조는 다른 심리학자들이 보기에 지나치게 낭만적이거나 급진적이었다. 예로서 Piaget는 현재 확실히 많은 추종자가 있으나, 그에 대한 회의론자도 많다.

발달론자들의 관점이 진지하게 반영된 곳이 한군데 있는데, 그것은 인본주의 심리학이다. Maslow 같은 인본주의자들은 발달론적 견해에 상당히 의존하고 있다. 그러나 이들 인본주의자들은 자신들이 초기 발달론자들의 공헌에 얼마나 의존하고 있는지 인식하지 못한 채 매우 암묵적인 방식으로 발달론적 견해를 받아들였다.

그래서 이 책에서는 몇 명의 뛰어난 발달이론가들의 업적을 평가하고자 한다. 즉 발달론적 관점을 가진 동물행동학자 및 정신분석가들과 아울러 Rousseau의 입장을 따르는 몇 명의 이론가들에 대해 논의할 것이다. 또한 이들의 견해와 연구의 실제적 시사점에 대해서도 논의할 것이다. 우리가 언급했던 첫 번째 접근방식, 즉 우리로 하여금 보다 환경론적 관점에서 행동을 보도록 해주는 학습이론가들에 대해서도 개관해볼 것이다. 이 책은 발달론적 전통에 주된 관심을 두기 때문에 학습이론을 충분히 깊게 다루지는 못하고 이들 견해의 개관은 맛볼 수 있게 하려고 노력했다. 이에 더하여 Vygotsky에 대한 장에서는 강력한 발달론적 관점과 환경론적 관점을 통합하려는 선구적인 시도를 보게 될 것이다. 마지막으로 결론에서는 발달론자들이 인본주의적인 생각과 통찰을 예견했고 발전시켜왔던 방식에 대해 논의할 것이다.

차례

CHAPTER 01

초기 이론
전성설, Locke, Rousseau

아동심리학에서 위대한 선구자 두 사람은 Locke와 Rousseau이다. Locke는 환경론과 학습이론의 시조다. 그의 계승자로는 Pavlov와 B. F. Skinner 같은 과학자들이 있다. Rousseau는 심리학에서 발달적 전통을 수립했다. 그의 추종자로는 Gesell, Montessori, Werner, Piaget를 들 수 있다. Locke와 Rousseau는 둘 다 소위 **전성설**(前成說, preformationism)이라 불리우는 초기의 견해로부터 빠르게 벗어났다.

전성설

수 세기 동안 사람들은 아기가 이미 완성된 **축소판 성인**(miniature adult)으로 이 세상에 태어난다고 믿어온 것 같다. 프랑스 역사학자 P. Ariès(1914~1984)가 지적했듯이 이러한 견해는 중세기 동안 지배적이었다. 중세기의 그림이나 조각작품들을 보면, 아동(신생아조차도)을 그릴 때 성인의 신체비율과 얼굴특성으로 표현했음을 알 수 있다. 아동은 단지 신체크기만으로 성인과 구별되었으며, 마치 성인형상으로 미리 만들어져 있는 것으로 여겨졌다(Ariès, 1960, pp. 33-34).

Ariès의 주장에 따르면, 중세 사회생활에서도 역시 아동은 성인과 똑같이 취급되었다. 아동은 6~7세가 되면 다른 마을로 보내져 도제로서 일을 시작했다. 그들은 목공, 농업, 가사, 직물과 수공예 등을 배워 일했다. 또한 직장(master)의 집에 기숙생으로 있으면서 자신보다 훨씬 나이가 많은 성인 도제들과 함께 일하곤 했다. 아동은 이미 성인 사회에 들어온 것으로 간주되었기 때문에 아동의 나이에 주의를 기울이는 사람은 아무도 없었다. 성인과 같은 옷을 입은 아동은 성인과 같은 놀이를 하고, 같은 축제에 참가했다(Ariès, 1960, pp. 71-72, 411). Ariès에 따르면, "일하는 곳이든 즐기는 곳이든, 심지어 평판이 나쁜 선술집에서조차 아동은 성인과 섞여있었다"(p. 368).

Ariès는 6~7세 이전의 어린 아동은 달리 취급되었다고 주장했다. 사람들이 6~7세 이전의 아동은 보호와 돌봄이 필요하다는 것을 알았다는 것이다. 그러나 전반적으로 보아 성인은 아동의 특수한 특성들에 대해서 무관심하였다. 예를 들어, 영아의 언어발달이나 운동발달 등에 대해 아무도 연구하지 않았다. 화가들은 심지어 신생아를 그릴 때조차 성인의 축소판으로 묘사했다.

일부 역사가들은 Ariès의 견해를 비판했다. 중세기의 기록이 매우 희귀하기 때문에 모든 견해 차이를 평가할 수는 없지만, B. Hanawalt(1986)나 S. Shahar(1990) 등의 역사가는 Ariès의 견해가 일부 과장되었다는 증거를 많이 수집하였다. 도제제도가 일반적이기는 했지만, Ariès가 주장한 것처럼 그렇게 전적으로 획일적이지는 않았던 것으로 보인다. 6~7세 정도의 아동은 Ariès가 시사한 것보다 점진적으로 성인 일의 세계로 들어갔다. 그러나 12세 정도가 되면 그들은 성인과 똑같은 책임을 지게 되었다. 저자의 견해로는, Ariès의 반대론자들은 Ariès의 설명을 반박하기보다는 그의 설명을 인정한 것으로 생각된다.

게다가 다른 자료들을 살펴보면 Ariès가 주장했던 아동의 이미지(축소된 성인으로서의 아동)가 중세시대를 통해서 지배적이었다는 것을 알 수 있다. 이 이미지는 태생학에 관한 전성학 이론들에서 가장 명백하게 나타난다. 수 세기 동안 대부분의 과학자들은, 수정 시에 조그맣고 완전하게 만들어진 인간, 즉 **축소인간**이 정자나 난자에 이식된다고 믿었다(그림 1.1 참조). 그들은 인간이 수정되는 순간에 이미 '완성'되며 출생 때까지는 단지 크기와 부피만이 성장한다고 믿었다. 태생학에서 전성설은 적어도 기원전 5세기까지 거슬러 올라가며, 그 시대의 과학적 사고에서 발견된다. 18세기까지도 대부분의 과학자들은 전성설적인 견해를 취하였다. 그들은 완전하게 형성된 축소인간의 존재에 대해 직접적인 증거가 없음을 인정했으나, 그 이유는 단지 그것이 너무 투명하거나 작아서 볼 수 없기 때문이라고 주장하였다(Balinsky, 1981, p. 11; Needham, 1959, pp. 34-35, 91, 213-222).

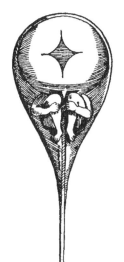

그림 1.1

Hartsoeker(1694)가 그린 완전히 형성된 채로
정자 속에 들어있는 인간에 대한 그림

(Needham, 1959, p. 206에서 재인쇄함)

이 '축소인간'에 대한 과거 견해를 현재의 우리 시각에서 본다면, 매우 기이하고도 낡은 생각이라고 보기 쉽다. 그러나 오늘날에도 우리는 자주 그와 같은 생각에 빠진다. 흔히 우리는 사람들이 모이는 자리 등에서 어린 아동이 우리와 같이 조용히 앉아있기를 기대한다든가, 또는 어린 아동의 생각이 우리 성인의 생각과 같을 것이라고 가정한다. 저자의 경험을 예로 든다면, 슈퍼마켓의 계산대에서 줄서서 차례를 기다리고 있는데, 내 옆에 있는 아기엄마가 걸음마를 간신히 하는 정도의 자기 자녀를 들어 올려 그 아기가 좋아할 만한 것들을 골라 카트에 넣도록 하고 있었다. 그때 그 엄마는 마치 자기 아기가 식료품 예산을 알고 있다고 생각하는지 "너도 알듯이 그것들을 다 살 여유가 없단다"라고 말하고 있었다. 우리는 성인 자기중심주의에 빠져 가끔 어린 아기도 우리 성인과 같이 생각한다고 가정할 때가 있다. 물론 중세기에 만연했던 태도보다는 덜하겠지만 말이다(Ausubel, 1958, p. 24).

태생학에서 전성설이 무너지기 시작한 것은 현미경을 이용한 연구가 태아가 일련의 점진적인 단계를 거쳐 발달하고 있음을 입증한 시기인 18세기부터였다. 한편 유럽의 사회사상 영역에서는 이러한 현상이 좀 더 일찍 나타나 16세기에 이미 직업세계에서의 변화와 함께 전성설이 쇠퇴하였다.

중세기의 대부분의 직업(예 : 농업, 목공, 가사, 금속가공, 직조 등)은 숙련된 기술을 필요로 하였다. 당시의 성인은 6~7세의 아동이 적어도 직업훈련을 통해서 그 일들을 배울 수 있다고 믿었다. 따라서 아동은 성인과 함께 섞일 수 있었다. 16세기 초 무렵에 이르러 직업세계는 명백한 변화를 보이기 시작했다. 인쇄기술의 발명, 상업과 시장경제의 성장, 도시와 국가의 출현 등과 함께 직업세계도 소위 '화이트 칼라' 양상을 띠게 되었다. 상인, 법률가, 은행가, 언론인, 공무원 등의 새로운 직업들(이 직업들은 읽기, 쓰기, 수학 등을 필요로 한다)이 나타나게 되었다. 중산층 사람들은 이들 새로운 직업이 필요로 하는 것들을 자기 자녀에게 가르침으로써 가족의 부를 더 향상시킬 수 있다는 것을 알게 되었다. 이 새로운 교육에 대한 요구는 16세기와 17세기의 유럽에서 학교들이 급격히 성장하는 데 지대한 영향을 주었다(Crain, 1993).

그 결과 점점 더 많은 수의 부모(특히 중산층에서)는 6~7세의 자기 자녀들을 일하러 내보내는 대신 먼저 학교에 보내기를 원했다. 부모는 자녀가 적어도 12세가 될 때까지, 또는 10대가 끝날 때까지 학교에 다니도록 하였다. 따라서 학교의 성장으로 인해 아동은 새로운 지위를 갖게 되었다. 아동은 더 이상 성인세계로 들어갈 준비가 되어 있는 존재가 아니라 성인과 별도로 집중적인 교육을 받아야 하는 존재가 되었다. 아동은 더 이상 축소된 성인이 아니라 미래의 성인으로 여겨지게 되었다(Ariès, 1960, pp. 329, 412).

Locke의 환경론

생애 소개

신흥 중산층이 새로운 기회를 추구하면서 전통적인 봉건제도는 도전에 직면하게 되었다. 중산층은 각자의 지위가 출생과 함께 미리 결정되는 그런 사회를 더 이상 수용하려 하지 않았다. 그들은 좀 더 밝은 미래를 추구했으며, 그 미래는 교육을 통해서 이루어질 거라는 큰 기대를 가지고 있었다. 그렇게 되면서 중산층은 근대적인 삶의 방식을 선도하게 되었다.

그러나 봉건제도는 그 권위를 양도하려 하지 않았다. 즉 신흥 중산층(부르주아)에 경제적 제재를 가하면서 일종의 이데올로기 전쟁을 부추겼다. 봉건제도는 신흥중산층, 즉 부르주아가 이기적으로 충성, 명예, 과거방식들을 회피한다고 비난했다.

이 싸움에서 변화를 추구하는 사람들은 18세기 계몽주의자인 Denis Diderot, Condorcet 등의 지식인들로부터 영향을 받았다. 이 지식인들은 권위적인 국가와 교회를 철폐해야 사람들이 자유롭고 민주적으로 살 수 있으며 과학, 기술, 교육 등도 크게 발전한다고 주장했다. 이 지식인들은 또한 17세기의 영국 철학자인 John Locke(1632~1704)의 이론으로부터 지대한 영향을 받았다.

Locke는 명쾌하고 분별 있는 언어를 사용하여 당시에 널리 퍼져있던 믿음(사람들 간에는 큰 선천적인 차이가 있다)을 거부했다. 그 대신에 Locke는 사람들은 그들의 사회적 환경, 특히 교육에 의해서 형성된다고 주장하였다. 그는 그러한 일이 어떻게 일어나는지, 교육이 어떻게 진전될 수 있는지를 보여주었다. 많은 계몽주의자에게 Locke의 저술은 경이로운 가능성의 세계로 가득찬 것이었다. 만일 사람들의 환경과 교육을 변화시킬 수 있다면, 이는 평등하고 민주적인 사회를 만들 수 있다는 것이었다(Gay, 1969, pp. 511-516).

Locke는 영국의 서머싯이라는 마을에서 소지주의 아들로 태어났다. 맨처음 그에게 민주주의에 대한 신념을 심어준 사람은 아버지였다. Locke는 웨스트민스터학교와 옥스퍼드대학교에서 교육받았으나, 그 시기의 학교에서 지배적이던 현학적인 수업을 지루해했다. 그는 수줍음을 타는 학생이었으나, 수업에 지치고 지루해했기 때문에 교수의 강의를 듣기보다는 옆의 친구와 이야기하기를 더 좋아했다(Pheardon, 1952, p. vii; Quick, 1880, p. xx; Sahakian & Sahakian, 1975).

그럼에도 불구하고 Locke는 옥스퍼드대학교에서 잘 해냈기 때문에 이 대학교에서 그리스어와 도덕철학을 가르치게 되었다. 그는 한동안 자신의 미래에 대한 결정으로 고민했다. 독실한 기독교 신자였던 그는 영국교회의 목사 안수를 받을까도 생각했으나, 의학을 공부하기로 결정하여 우선적으로 자연과학을 공부했다. 그는 유명한 화학자인 Robert Boyle을 보조하면서 과학적인 연구방법과 경험적 증거에 신뢰성을 두는 데 깊은 인상을 받았다. 의사가 된 Locke는 후에 Shaftesbury 백작이 된 Ashley경을 성공적으로 치료하여 Shaftesbury의 친구이자 개인비서가 되었으며 그의 손자도 가르쳤다. 그러나 결과적으로 Shaftesbury와의 친분은 그에게 곤란한 일이 되고 말았다. 왕을 비난한 Shaftesbury가 투옥되자 Locke는 영국에서 도망쳐서 네덜란드로 망명할 수밖에 없었다. 네덜란드에 있는 동안 Locke는 그의 친구인 Edward Clark의 아들을 훈육하는 데 도움을 주는 일련의 편지들을 썼는데, 이 편지들이 교육에 관한 Locke의 가장 중요한 저서인 『교육론(Some Thoughts Concerning Education)』(1693)을 쓰도록 고취시켰다. 1688년의 명예혁명이 성공한 후, 영국으로 돌아온 Locke는 두 권의 대작을 출판하였다. 그중하나는 『인간오성론(Essay Concerning Human Understanding)』(1690)으로, 이 책으로 인해 그는 철학에서는 경험론, 심리학에서는 학습이론의 시조가 되었다. 다른 하나의 저서는 『자유계약론 : 정부에 관한 두 가지 규약(Two Treatises on Government)』(1689)인데, 이 책을 통해 Locke는 미합중국 헌법의 중심사상에 많은 영향을 주었다(Lamprecht, 1928; Russell, 1945).

발달에 관한 Locke의 견해

Locke 이론의 출발점은 **본유관념주의**(本有觀念主義, doctrine of innate ideas)를 반박하는 데 있었다. Locke 이전의 많은 철학자는 어떤 관념(예 : 수학적 진리, 신에 대한 믿음)은 경험 이전에 이미 정신에 존재하는 생래적인 것이라고 주장하였다. Locke는 아동을 관찰해보면 처음부터 그런 것은 존재하지 않으며 그것은 학습에 의한 결과라고 반박했다. Locke는 아동의 정신을 하나의 **백지**(tabula rasa)라고 생각하는 것이 정확하며, 아동의 정신에 들어가는 것은 무엇이든지 환경으로부터 유래한다고 주장했다. Locke는 다음과 같이 주장했다.

> 인간의 마음은 어떠한 **관념**도 가지고 있지 않는, 즉 아무런 특성이 없는 백지와 같다고 말할 수 있다. 그것이 어떻게 채워지는가? … 그것이 어디서 모든 이성과 지식을 얻게 되는가? 이러한 물음에 대해 나는 경험이라고 한마디로 답할 수 있다. 경험 속에서 우리의 모든 지식은 다져지며, 우리의 지식은 궁극적으로 **경험**으로부터 그 자신을 이끌어낸다(1690, Vol. 1, 책 2의 2절, 원전에서 강조).

Locke는 위의 주장을 좀 더 발전시켰다. 그는 비록 대부분의 경험은 환경으로부터 나오지만 시간이 지나면서 자신의 생각이나 믿음 등을 회고하는 것으로도 학습이 이루어진다고 생각했다(1690, vol. 1, 책 2, 1장). Locke는 또한 개인들 간에는 선천적인 차이가 일부 있음도 인정하였다(1693, 1절).

그러나 Locke는 전반적으로 인간의 정신을 형성하는 것은 환경이라고 주장했다. 환경의 영향은 유아기 동안에 특히 영향력이 강하다고 강조하였다. 이 시기에 아동의 정신은 가장 많은 유연성을 가지고 있어서 우리가 원하는 방식대로 아동의 정신을 만들어 낼 수 있다. 그리고 일단 이렇게 만들어놓으면 정신의 기본적인 특성은 남은 일생 동안 굳어져 변하지 않는다(1693, 1절, 32).

그렇다면 환경은 어떻게 아동의 정신을 형성하는가? 첫째로, 사고와 감정의 많은 부분이 **연합**(association)을 통해 발달한다. 두 가지 생각이 규칙적으로 함께 발생하면, 그 중 하나에 대해 생각하게 될 때마다 다른 하나에 대해서도 생각하게 된다. 예를 들어 한 아이가 특정한 방에서 불쾌한 경험을 해본 적이 있다면, 그 아이는 그 방에 들어갈 때마다 자동적으로 부정적인 감정을 경험하게 된다(Locke, 1690, Vol. 1, 책 2, 33장 15절).

우리의 행동 중 많은 부분은 또한 **반복**(repetition)을 통해 발달한다. 양치질과 같이 거듭해서 어떤 일을 할 때, 이러한 실행은 자연적인 습관이 되어 그것을 수행하지 못하게 될 때는 불편함을 느끼게 된다(Locke, 1693, 66절).

또한 우리는 **모방**(imitation)을 통해 학습한다. 우리는 다른 사람들이 어떤 일을 하고 있는 것을 보게 되면 그 일을 하게 되기 쉽다. 그렇게 모델이 우리의 특성에 영향을 준다. 어리석고 싸움을 좋아하는 사람들을 자주 접하게 되면 우리 자신도 어리석어지고 싸움을 좋아하게 된다. 좀 더 고상한 사람과 접촉하면 우리도 또한 고상하게 된다(1693, 67절).

끝으로 가장 중요한 사실은 우리는 **보상**(reward)과 **벌**(punishment)을 통해 학습한다는 것이다. 자기에게 칭찬이나 찬사 그리고 다른 보상을 가져다주는 행동은 하지만 불쾌한 결과를 초래하는 행동은 피한다(54절).

Locke는 이러한 원리가 종종 특성 발달에 함께 작용한다고 믿었다. 예를 들어 한 어린 여아가 부모가 옷을 거는 것을 보면, 이를 모방하여 그녀도 자신의 옷을 걸려고 한다. 그녀가 계속해서 몇 번 자기 옷을 걸게 되면, 이와 같은 좋은 특성이 하나의 습관이 되며 이 습관은 칭찬이나 찬사를 받을 때 점점 더 강해진다.

앞의 예는 아동 양육에 대한 Locke의 생각이 유용함을 보여준다. 이제 교육에 관한 그의 견해를 좀 더 자세히 살펴보기로 하자.

Locke의 교육철학

Locke는 교육을 광범위하게 생각했는데, 학교학습뿐 아니라 아동의 인성형성도 교육으로 보았다. 사실 그는 인성발달에 더 큰 비중을 두었는데, 이를 먼저 살펴보기로 하자.

자기통제 Locke는 교육의 주요 목표를 **자기통제**라고 하였다. "모든 미덕과 우수성의 원리는 자신의 욕구만을 만족시키려는 우리 자신을 스스로 부인하는 힘에 있는데, 이 원리에서 이성은 욕구들을 인정해주지 않는다"(1693, 38절).

자기훈련(self-discipline)을 몸에 배게 하기 위해서는 우선 아동의 신체적 건강에 유의해야 한다. 신체가 병들고 약하면 인간은 욕구를 통제할 능력이 거의 없다. 따라서 Locke는 아동에게 많은 운동을 시켜 그들의 신체를 단련시키고 사철 내내 밖에서 놀게 하여 어떤 종류의 날씨에도 잘 견뎌내는 것을 배우도록 해야 한다고 주장하였다(1-16, 33절).

아동을 훈련시키려면 우리는 처음부터 그들에게 엄격해야 한다. 많은 부모가 자녀를 응석받이로 키우며 아이들의 기분에 따라준다. 아이들이 아직 어리기 때문에 그렇게 제멋대로 하게 하는 것도 괜찮다고 생각한다. 어릴적 습관이 깨뜨리기 어렵다는 것을 부모가 모르는 것이다. 단지 요구하거나 울어버림으로써 자신이 원하는 것은 다 얻을 수 있다는 것을 알게 된 아동은 이러한 나쁜 습관을 학습하게 된다. 그러므로 부모는 아동이 아동 자신에게 필요치 않은 것을 요구할 때는 결코 보상해주면 안 된다. 다시 말하면 부모가 적절하다고 생각하는 것을 요구할 때만 좋은 결과를 얻게 될 거라는 사실을 아동이 학습해야 한다(38-40절).

최선의 보상과 벌 우리는 처음부터 아동의 행동을 강화시키는 방법에 세심한 주의를 기울여야 한다. 비합리적이거나 방종한 행동을 보상해서는 안 되며 합리적인 행동만 보상해야 한다.

그러나 보상과 벌의 사용은 쉬운 문제가 아니며, 모든 보상이나 벌이 바람직한 효과만 주는 것도 아니다. Locke는 특히 **체벌**의 사용에 반대했다. 우선 체벌의 사용은 바람직하지 못한 연합을 확립한다. 예를 들면, 읽기시간에 한눈을 팔아서 매를 맞거나 꾸지람을 들은 아동은 한눈을 파는 것과 고통을 연합할 뿐만 아니라, 책과 고통을 연합하기도 한다. 더욱이 체벌은 비효과적일 때가 많다. 아동은 회초리가 눈앞에 있을 때는 복종하지만, 아무도 안 보고 있다는 것을 알게 되면 곧 무엇이든 그가 원하는 것을 하려 할 것이다. 끝으로 체벌이 작용할 때는 대개 지나치게 작용한다. 그러한 체벌은 "아동의 기를 꺾는 데 성공함으로써 자유분방한 아동 대신 풀죽은 침울한 아동을 만들게 될 것이다"(51절).

이와 마찬가지로 모든 종류의 보상이 바람직한 것은 아니다. Locke는 돈이나 과자를 보상으로 사용하는 것에 반대했는데, 그러한 것들을 사용하면 욕구를 억제하여 이성에 복종시킨다는 교육의 주요 목표를 손상시킨다는 것이다. 음식이나 돈으로 보상하게 되면, 단지 아동이 그것들에서만 행복을 찾도록 조장하는 결과가 될 뿐이다(52절).

최선의 보상은 칭찬이나 추켜주는 말이며, 최선의 벌은 불인정이다. 아동이 잘할 때는 자부심을 느낄 수 있도록 찬사를 보내야 하며, 잘못할 때는 부끄러움을 느끼도록 차가운 시선을 보내야 한다. 아동은 특히 부모나 그들이 의존하고 있는 사람들로부터 받는 인정이나 불인정에 매우 민감하다. 따라서 아동에게 합리적이고 도덕적인 행동을 길러주기 위해서는 그러한 반응을 이용할 수 있다(57절).

우리는 또한 인정 및 비난을 다른 결과들과 함께 짝지어 아동에게 제시함으로써 그 반응들의 효과를 증진시킬 수 있다. 예를 들면, 한 어린 소년이 공손하게 과일 한 조각을 요구하면, 그에게 과일을 주면서 동시에 그의 공손함에 대해서도 칭찬한다. 이러한 방식으로 아동은 좋은 결과와 인정을 연합시키는 것을 학습하게 되며, 따라서 인정에 대해 더 관심을 갖게 된다. 또 다른 방법으로는 그가 좋아하는 어떤 것을 부수었을 때 그에게 실망의 표정을 보내면 그는 부정적인 결과와 불인정을 연합시키게 될 것이다. 이런 실행을 통해서 우리는 아동이 타인의 의견에 대해 깊은 관심을 갖게 할 수 있다. Locke는 "만일 당신이 아동으로 하여금 타인들이 그를 좋게 생각하고 있다는 기쁨을 느끼도록 할 수 있다면, 그를 당신이 원하는 대로 변화시킬 수 있으며 그 아동은 온갖 미덕을 좋아하게 될 것이다"(58절).

소단계 Locke는 아동이 많은 공포를 획득하는 데 관심을 가졌다. 예를 들면 아동이 처음에는 동물에 매료되어 있다가 손가락이라도 한번 물리게 되면, 그 동물이 보이는 것과 고통을 연합하게 되어 같은 종의 모든 동물을 두려워하게 된다. Locke는 아동이 용감한 성인으로 자라길 원했기 때문에 공포를 없애는 방법을 제안했다. 어른이 끼어들어 아동의 공포를 없애주는 방식은 추천하지 않았으며, 대신 '적당하게 약한 정도'의 공포제거를 추천하였다(115절). 예를 들어, 아동이 닭을 두려워한다면 처음에는 아동과 닭 사이에 일정한 거리를 두고 다른 사람이 닭 곁에 앉아있게 하여 아동이 공포를 느끼지 않도록 한다. 다음으로는 천천히 점차적으로 아동을 닭 가까이로 데려가는데, 다만 아동이 공포를 느끼지 않고 닭을 관찰할 수 있는 정도까지만 접근시킨다. 마지막으로는 다른 사람이 닭을 잡고 있는 동안에 아동이 닭을 만져보도록 한다. 그리하여 아동 스스로가 닭을 편안하게 다룰 수 있을 때까지 계속한다.

규칙　대부분의 부모는 온갖 종류의 규칙을 정해놓고 아이들이 이 규칙에 복종하지 않으면 처벌한다. 이런 실행은 기본적으로 소용이 없다. 아동은 규칙을 추상적으로 이해하고 기억하는 데 큰 어려움을 지니고 있어서 거의 기억할 수도 없는 어떤 규칙을 어겼다고 처벌받게 되면 자연히 이에 대해 억울하게 여긴다. 명령에 대한 대안으로 Locke는 두 가지 절차를 제시했다.

　첫째로, 아동은 훈시보다는 예시에서 더 많은 것을 배우기 때문에 좋은 모델에게 그들을 노출시킴으로써 많은 것을 가르칠 수 있다. 아동이 훌륭한 행동을 할 때, 특히 그 행동에 대해서 아동을 칭찬하면, 그들은 덕 있는 사람의 행동을 열심히 본뜨려 하게 될 것이다(68절).

　둘째로, Locke는 명령 대신에 아동으로 하여금 바람직한 행동을 실행해보도록 시켜야 한다고 주장했다. 예를 들면, 숙녀를 만날 때마다 인사하라고 아이에게 지시하는 대신에 올바르게 인사할 때마다 칭찬해주면서 실제적인 연습을 시키는 것이 더 좋다. 연습을 거듭한 후에는 (어떻든 아이들에게 본질적으로 맞지 않는) 인사를 어떤 생각이나 숙고 없이도 숨 쉬는 것처럼 자연스럽게 하게 될 것이다(66절).

아동의 특수한 특성　아동의 이해범위를 넘어서는 규칙을 가르치는 것이 무익하다는 Locke의 논의는 그의 체계에 새로운 점을 도입하였다. 이전에 Locke는 아동의 정신을 마치 우리가 원하는 대로 주조할 수 있는 진흙덩이인 것처럼 표현했으나, 그 후에는 아동이 그들 나름의 인지적 역량을 가지고 있어서 우리가 이들을 가르치는 데에는 한계가 있다고 말했다. 그는 또한 아동이 소란스러운 게임이나 법석 떨기를 좋아하는 것과 같이 각 연령에 따른 특유한 기질을 가진다고 주장했으며, 아동의 자연적인 성향을 변화시키려고 노력하는 것은 어리석은 일이라고 덧붙였다(63절). 따라서 Locke 역시 아동이 백지상태에 있는 것이 아님을 결국 인정한 것 같다. 그러나 여러 학자가 지적했듯이(예 : Kessen, 1965, pp. 59, 72; Russell, 1945, p. 606), Locke의 비일관성이 그리 큰 것은 아니었다. 그가 자신의 기본적인 환경론에 모순되는 아동의 타고나는 성향에 대해 알았다 해도 이러한 비일관성이 그를 괴롭히진 않았다.

학교 교육 생애 소개에서 언급했듯이 Locke는 당시의 학교 교육을 싫어했다. 그 교육은 아동이 하루의 많은 시간을 아무 의미도 없는 재료들과 씨름하게 하였다. Locke는 아동이 교육을 즐길 수 있어야 가장 효과적이라고 지적했다. 그는 아동이 철자나 단어 읽기와 같은 많은 것을 게임을 통해서 배울 수 있다고 제안했다(148, 150절). Locke는 또한 교육은 단계별로 배열되어 하나의 주제를 완전히 파악하고 나서 다음 단계로 나아가도록 해야 한다고 권유했으며, 아동이 교육순서와 그 교육의 유용성을 알게 되기를 바랐다(180, 195절).

Locke는 아동의 미래에 필요하지만 아동이 싫어하는 수업도 있다는 것을 알았다. 이런 경우 교사는 아동이 그 수업을 편안하게 통과할 수 있도록 해주어야 하며, 체벌이나 심한 욕 등은 하지 말아야 한다. 심한 훈련은 아동을 두렵게 할 뿐이며, 이렇게 두려워하는 아동에게 교사가 해줄 수 있는 것은 별로 없다. Locke가 지적했듯이 "흔들리는 종이와 같이 두려운 마음 위에 공정하고 정상적인 인성이 그려지는 것은 불가능하다"(1693, 167절). 이보다는 보상과 벌(칭찬과 불인정)을 통해 교육하는 것이 더 낫다.

Locke는 자신의 저서 중 한 부분에서(118-119절), 아동의 자연적인 호기심을 이용할 필요가 있다고 강조하였다. 그는 아동이 학습 자체를 위해 학습한다고 보았다. 즉 눈이 빛을 찾는 것처럼 그들의 정신은 지식을 추구한다고 보았다. 우리가 단순히 그들의 질문에 귀기울이고 바로 대답해준다면, 그들의 정신은 우리가 가능하다고 생각할 수 있는 것 이상으로 확장될 것이다. 사실 Locke는 그와 같은 정신의 확장은 아동의 자연적인 호기심에 의해서 가능하다고 했는데, 이는 그의 일반론(보상과 벌)과는 일치하지 않는 것이다. 아동의 호기심이 그처럼 강력하다면, 왜 학습을 위해 외적인 보상과 벌을 사용할 필요가 있는가? 아마도 보상과 벌이 아동의 인성을 훈련하는 데에는 필요하겠지만, 내재적인 호기심만으로도 아동은 지력(知力)을 발달시킬 수 있다. Locke는 이러한 가능성을 보았음에도 불구하고 그에 대한 언급은 하지 않았으며, 끝에 가서는 그의 주요 논제(환경론)로 되돌아갔다. 아동이 명확하게 추리하면 우리는 그들을 칭찬하고 추켜줘야 하며, 이와 같은 방식으로 아동에게 추리하는 법을 가르친다는 것이다(119절).

평가

심리학자로서 Locke는 그가 살았던 시대보다 훨씬 앞서 있었다. 그의 학습원리들(연합, 반복, 모델링, 보상과 벌의 원리 등)은 모두 현대 학습이론의 초석이 되었다. '약한 정도(gentle degree)'로부터 시작하는 행동변화에 대한 그의 생각은 최근의 학습이론 분야에서 기본이 되었다. Locke가 현대적 사고에 영향을 미친 범위는 향후의 장에서 보게 될 것이다.

이에 더해 오늘날의 교육자들은 교육에 관한 그의 견해 대부분을 그대로 취하고 있다. 대부분의 교사가 아동의 학습동기를 높이기 위해 칭찬이나 성적 비난 같은 보상과 벌을 사용한다. 대부분의 진보적인 교사는 또한 모델의 영향과 정해진 단계를 거쳐 진행하는 게 필요함도 알고 있으며 엄격한 훈육을 피하려고 한다.

현대의 교육자들 대부분은 또한 Locke의 비일관성까지도 함께 취하고 있다. 그들은 보상과 벌을 사용하고 있으면서도, 한편 그러한 사회적 영향이 전능한 것은 아니라는 것도 인식하고 있다. 교육자들은 여러 다른 것의 학습에 대한 아동의 준비성에 민감하며, 또한 아동이 특정 과제에 대한 자발적인 호기심을 보일 때 가장 잘 학습한다는 것도 인식하고 있다. 그럼에도 불구하고 그들 역시 Locke와 마찬가지로 스스로 학습하려는 아동의 내재적인 동기에 따를 준비가 되어 있지 않다. 교사는 여전히 성적과 칭찬 같은 유인책을 믿는다. 아동은 어른의 인정을 얻기 위해 학습하며, 이러한 방식으로 아동은 유능하고 덕망 있는 사회성원이 되기 위해 알 필요가 있는 것들을 학습해간다는 것이다.

Rousseau의 낭만주의적 자연주의[1]

생애 소개

지금까지 우리는 발달에 관한 두 가지의 초기 개념을 개관했다. 아동을 축소된 성인으로 보는 전성설적 관점을 논의했고 또한 Locke의 견해도 살펴봤는데, Locke는 아동을 성인의 가르침으로 비로소 채워지는 비어있는 그릇이라고 주장했다.

진정한 발달론적 입장은 이와는 또 다르다. 이러한 입장이 처음으로 강력하게 표현된 것은 J. J. Rousseau(1712~1778)의 저서다. Rousseau는 아동을 성인과는 다른 존재로 본 Locke의 주장에는 동의했으나, 보다 긍정적인 입장에서 그러한 점을 강조하였다. 아동은 비어있는 그릇이나 백지상태가 아니라 그들 특유의 감정과 사고양식을 가지고 있다는 것이다. 이는 상이한 단계마다 상이한 역량을 발달시키도록 촉구하는 자연의 계획에 따라 아동이 성장하기 때문이라고 한다.

Rousseau는 우리가 자연으로 하여금 아동의 성장을 인도하도록 하는 것이 매우 중요하다고 믿었다. Locke와는 달리 그는 환경, 특히 사회적 환경의 힘이 건강한 개인을 길러낸다고는 믿지 않았다. 그가 보기에 잘 사회화된 성인은 다른 사람의 의견에 너무 의존한다는 것이다. 그런 사람들은 자신만의 눈으로 보는 방법과 자신만의 마음으로 생각하는 방법을 잊어버린 것이다. 그들은 단지 사회가 그들에게 기대하는 것을 보며 생각할 뿐이다. 그러므로 우리는 '옳은' 방식(성인의 입장에서)으로 생각하도록 아동을 가르치는 데 몰두하는 대신, 자연이 의도하는 것과 같이 자신의 역량을 완벽하게 사용하여 아동 나름의 방식으로 학습하도록 허용해야 한다. 그러면 그들은 자기 자신의 판단력을 신뢰하는 것을 배우게 될 것이다.

Rousseau의 믿음, 특히 사회적 영향에 반대되는 것으로서의 자연에 대한 믿음은 사상사(思想史)에서 낭만주의 운동에 불을 붙였다. 동시에 건강한 성장을 위한 자연의 계획에 대한 그의 믿음은 심리학에서 발달적 전통을 확립하는 길잡이가 되었다.

사회에 대한 Rousseau의 반항적 태도는 그의 개인생활에서부터 자라나게 되었다. 그는 제네바에서 시계 제작자인 아버지와 아름답고 감성적인 어머니 사이에서 태어났다. 어머니는 그를 낳다가 세상을 떠났기 때문에, 8세가 될 때까지 아버지와 고모가 그를

---

[1] 이 제목은 Muuss(1975, p. 27)가 제안한 것이다.

양육했다. Rousseau는, 아버지가 그에게 헌신적이긴 했으나 어머니를 죽게 한 사람이 바로 Rousseau라는 사실을 잊지 않도록 했다고 말했다(Rousseau, 1788, p. 5). 그의 고모도 친절하긴 했으나 다른 아이들과 길에서 놀지는 못하게 했다. 그래서 Rousseau는 대부분의 시간을 독서로 보냈으며, 7세 즈음에는 어머니의 서가에 있는 소설을 다 읽었다.

Rousseau가 10세 되던 해 그의 아버지는 남과 심하게 다투었는데, 그 결과 투옥되는 것을 피하기 위해 제네바에서 도망쳐야 했다. 그 후 6년 동안 Rousseau는 몇몇 가정을 전전하였다. 그는 집주인들과 사이좋게 지낸 적이 거의 없는데, 그들은 종종 그를 모욕해서 그의 소심하고 자의식 강한 성질을 더욱 굳혀주었다. 예를 들면, 그는 과자를 사고 싶어도 아는 사람이 그를 발견하고 비웃을지 모른다는 생각 때문에 상점에 들어가기를 두려워했다고 말했다(1788, p. 36). 그의 주된 휴식은 환상을 통해 이루어졌는데, 환상 속에서 그는 책에서 읽은 적이 있는 영웅적인 상황에 자신이 있다고 상상했다. 그는 또한 훔치기도 많이 했고 속이기도 많이 하였다.

16세가 되어 그는 방랑생활을 시작했다. 될 수 있는 한 많은 돈을 벌려고 여기저기 돌아다녔으나 전혀 성공하지 못했다. 그는 자신이 나이 든 부인들의 호의를 얻는 데 남다른 재주가 있음을 알았다. 그는 Don Juan은 아니었으나(성관계를 할 때는 매우 수줍어했다) 그를 돌봐주는 여러 명의 귀부인을 만났다.

Rousseau는 29세 때 음악 기보법의 새로운 체계를 발명해 파리로 갔다. 그러나 사람들이 그것을 보잘것없이 여기는 바람에 매우 실망했다. 그 체계를 출판하려고 애쓰는 동안 Rousseau는 18세기 계몽주의의 사상가들인 Diderot, Voltaire, Condorcet 등을 만나게 되었다. Rousseau는 Diderot의 백과사전에 공헌하기도 했다(주로 음악 분야에). 그러나 그런 창조적이고 용기 있는 사색가들 틈에 있으면서도(그 사색가들은 자주 자신들의 저술에 파묻혀 있었다) Rousseau는 자신이 외부인처럼 느껴졌다. 그 하나의 이유는 파리의 살롱이나 사회생활에서 재치 있고 현명한 대화에 참여하기에 Rousseau는 지나칠 정도로 수줍어했기 때문이다. 더구나 Rousseau는 다른 계몽주의 지식인들의 관점과는 다른 견해를 발전시키고 있었다. Rousseau 역시 독단적 권위주의에는 반대하고 있었으나, 그들이 펼치는 낙관적인 믿음에는 동의하지 않았다. Rousseau는 어떤 점에서는 현대적인 대도시 사람들이 이전보다 못한 삶을 살고 있다고 믿었다. 그들은 남에게 좋은 인상을 주거나 바른말을 하기에 너무 바빠서 자기 자신의 생각이나 느낌을 가질 틈이 없었다(Berman, 1970; Cranston, 1982, pp. 163-164, 217-221; Rousseau, 1788, pp. 267-268, 346, 354).

33세에 Rousseau는 그의 생애에서 주요한 변화를 겪었다. Rousseau는 그때부터 Thérèse라는 문맹인 하녀와 함께 남은 여생을 살았다. 그녀는 5명의 아이를 낳았으나 Rousseau는 이들을 모두 고아원에 맡겼다. 그는 이러한 행위가 옳지 않다는 것을 후에 깨달았으나 그 당시에는 자녀를 양육할 돈이 없었다고 말했다. 설혹 자신이 그들을 키웠다 해도 그들의 인생은 Rousseau 자신만큼이나 비참했을 거라고 쓰고 있다(1788, p. 367).

Rousseau의 문학적 성공은 37세에 시작되었는데, 당시 그는 예술과 과학이 도덕 향상에 기여했는가를 묻는 논문경연대회에 참가했다. 여기서 Rousseau는 부정적인 측면을 주장하여 상을 탔다(Rousseau, 1750). 그 후 몇 해 동안 여러 편의 논문과 책을 썼는데, 그중 가장 중요한 것이 『사회계약설(The Social Contract)』(1762a)과 『에밀(Emile)』(1762b)이다. 『사회계약설』은 "인간은 자유롭게 태어났으나 모든 곳에서 속박되어 있다"는 유명한 구절부터 시작된다. 즉 인간은 태어나면서부터 선하며 자발적인 열정에 따라 행복하게 살아갈 수 있으나, 사회적 힘이 이를 속박하고 있다는 것이다. 이 책은 보다 나은 사회에 대해 묘사하고 있다. 『에밀』은 아동발달과 교육에 관한 Rousseau의 주요 저서다. 이 책의 제목은 가상적인 소년의 이름을 따서 붙인 것인데, 이 소년은 Rousseau가 건강한 발달을 위해 자연의 계획에 따라 가르쳐지도록 고안한 인물이었다.

Rousseau는 저술과정에서 봉건국가와 교회에 도전했다. Rousseau는 자신을 독실한 기독교인으로 생각하고 있었지만, 종교적인 권위에 맹목적으로 동조하는 것에는 반대했다. 그 결과 파리에서는 그를 체포하려 했으며 제네바에서는 그를 추방하였다. 그는 말년의 여생을 망상증에 시달리는 비참한 망명생활로 보냈다. Rousseau는 죽은 후 프랑스의 어느 시골에 묻혔다. 그의 저술로 인해 혁명정신을 고취시키는 데 도움받은 프랑스혁명이 끝날 때까지 그의 유골은 거기에 남아있다가 그 후 당당하게 파리로 옮겨져 팡테옹에 묻혔다.

많은 사람이 Rousseau를 결함이 많은 인간으로 보았기 때문에 그의 사상, 특히 교육에 관한 사상들을 진지하게 받아들이려 하지 않았다. 자기 아이들은 고아원에 버린 사람이 어떻게 남의 아이들을 올바르게 양육하도록 권유할 수 있겠는가? 그러나 때로는 전통적 사회질서의 밖에서 살아온 사람이 개혁적인 관점을 창조해낸다. Rousseau는 "거대한 세계에 걸맞는 태도를 미처 갖추지 못한 채, 나도 모르는 사이에 그 세계로 던져졌기 때문에 그런 태도를 습득하거나 그에 동조할 수 없었다"고 말했다(1788, p. 379). 그의 유일한 합법적인 반응은 사회를 비판하고 그러한 입장에서 생(生)이 어떻게 펼쳐져야 하는가에 대한 다른 관점을 찾는 것이라고 믿었다. 그는 가장 건강한 발달이 사회의 영향으로부터가 아니라 자연으로부터 어떻게 이끌어져 나오는가를 보여주려고 했다. 그렇게 했다는 점에서 Rousseau는 발달심리학의 아버지가 되었다.

Rousseau의 발달이론

Rousseau는 아동기는 인생행로에서 특별한 위치를 차지하는데, 우리는 이 시기에 관해 아무것도 모른다고 말했다. 이는 우리가 오로지 아동의 미래에만(즉 아동이 성인사회에 적응하기 위해 배울 필요가 있는 것에만) 관심이 있기 때문이다.

> 가장 현명한 저술가들도 아동이 무엇을 배울 수 있는가에 대해 묻지 않고 인간이 알아야 할 것에만 몰두한다. 그들은 아동이 성인이 되기 전에 어떠한 존재인가에 대해서는 생각하지 않고 언제나 아동에게서 성인을 찾으려고만 한다(Rousseau, 1762b, p. 1).

그저 아동을 관찰하는 시간을 가져보면, 그들이 우리 자신과는 매우 다르다는 것을 알게 된다. "아동기는 그 나름대로 보고 생각하고 느끼는 고유한 방식들을 가지고 있다"(Rousseau, 1762b, p. 54). 이것은 자연의 설계에 따른다. 자연은 상이한 성장단계에 따라 각각 상이한 역량을 발달시키도록 아동을 유도하는 숨은 교사와 같다(p. 181). 자연의 산물은 사회의 적재적소에 적합하도록 잘 훈련된 개인이 아니라 강하고 완전한 인간인 것이다. 우리가 이런 과정에서 자연을 돕고자 한다면, 맨 먼저 할 일은 발달단계에 대해 우리가 배울 수 있는 모든 것을 학습하는 것이다. Rousseau는 네 가지 주요 단계가 있다고 믿었다.

1단계 : 영아기(출생~약 2세) 영아는 감각을 통해 직접적으로 세상을 경험한다. 그들은 관념이나 이성에 대해 아무것도 모른다. 이들은 단지 쾌와 고통만을 경험한다(p. 29).

그럼에도 불구하고 영아는 활동적이며 호기심이 있고 많은 것을 배운다. 그들은 끊임 없이 가능한 모든 것을 만지려 하며, 그렇게 함으로써 뜨거움이나 차가움, 딱딱함, 부드러움, 그리고 물체의 다른 성질들에 대해 배운다(p. 31). 영아는 또한 언어를 획득하기 시작하는데, 이것도 거의 전적으로 혼자 힘으로 해낸다. 어떤 점에서 영아는 우리가 사용하는 문법보다 더 완전한 문법을 발달시킨다. 즉 그들은 언어 사용에 혼란을 주는 성인의 예외사항을 고려하지 않고 문법규칙을 사용한다. 때가 되면 언제나 아동은 자신들의 잘못을 스스로 고치게 됨에도 불구하고, 우리는 지나치게 세세한 것에 얽매여 그들의 잘못을 고쳐주려 한다(p. 37).

2단계 : 아동기(약 2~12세)   이 단계는 아동이 새로운 독립성을 획득할 무렵부터 시작된다. 즉 그들은 이제 걷고, 말하고, 혼자서 먹을 수 있고, 뛰어다니게 된다. 또한 이들은 그 능력 역시 스스로 발달시킨다(p. 42).

   이 단계 동안의 아동은 일종의 추리력을 갖게 되지만, 그것은 멀리 있는 사건이나 추상적 개념을 다루는 것이 아니다. 오히려 그것은 신체의 움직임이나 감각과 직접적으로 연결된 **직관적 추리력**이다. 예를 들어 아이가 정확하게 공을 던진다면 그는 속도와 거리에 대한 직관적 지식을 가지고 있음을 보여주는 것이다. 또한 아이가 막대기로 흙을 팔 때, 이는 지렛대의 작용에 관한 직관적인 지식이 있음을 나타내는 것이다. 그러나 이들의 사고는 아직 지극히 구체적이다. 아이는 모든 나라와 마을, 강 등이 그려져 있는 판지로 지구의에 대해 배울 수 있지만 "세계란 무엇인가?"라고 질문하면 그는 "한 장의 판지"라고 대답하기 쉽다(p. 74).

3단계 : 아동 후기(약 12~15세)   이 세 번째 단계는 아동기와 청년기 사이의 과도기적인 단계이다. 이 시기 동안에 아동은 신체적인 힘이 매우 강해진다. 그들은 쟁기질을 하고 짐수레를 밀며 호미질을 하고 또한 성인의 일을 할 수 있게 된다(p. 128). 그들은 또한 인지적 영역에서도 상당한 진전을 보이는데, 예를 들어 기하학이나 과학의 비교적 고급수준의 문제를 풀 수 있게 된다. 그러나 아직 순전히 이론적이고 언어적인 문제에 대해서는 생각하고 싶어 하지 않는다. 그 대신 농사일이나 목수일, 지도 만들기와 같이 구체적이고 유용한 과제를 통해 자신의 인지기능을 가장 잘 훈련시킬 수 있다.

처음 세 단계 동안의 아동은 본질적으로 **전사회적**(pre-social)이다. 다시 말해 그들은 자신에게 필요하고 유용한 것에만 일차적인 관심이 있을 뿐 사회적 관계에 대해서는 거의 흥미가 없다. 그들은 물리적인 사물을 다루기 좋아하며 자연으로부터 배우는 것을 즐긴다. 다시 말하면 사회와 책은 그들에게 낯선 세계. 12세와 15세 사이인 세 번째 단계 후기까지도 아동의 일상생활에서의 모델은, 섬에서 혼자 살며 물리적 환경을 효과적으로 다룸으로써 자급자족할 수 있었던 로빈슨 크루소 같은 사람이다(p. 147).

4단계 : 청소년기   아동은 네 번째 단계에 와서야 비로소 두드러지게 사회적인 존재가 되는데, 이 단계는 사춘기와 함께 시작된다. Rousseau는 15세에 사춘기가 시작된다고 보았는데, 이는 오늘날 우리가 정한 연령보다 약간 늦다. 이 시기에 아동은 제2의 탄생을 경험하게 된다. 신체가 변화하며 열정이 내부로부터 용솟음친다. "기분의 변화와 빈번한 분노 표출, 그리고 끊임없는 마음의 동요 등으로 인해 아동은 거의 통제가 안 된다"(p. 172). 아동도 아니며 성인도 아닌 청소년은 희미하게나마 성적 감정을 자각하고 있기 때문에 이성 앞에서 얼굴을 붉히기 시작한다. 이 점에서 청소년은 더 이상 자족적이지 못하다. 청소년은 다른 사람들에게 매력을 느끼며 그들을 필요로 한다.

청소년은 또한 인지적으로도 발달한다. 이제는 추상적 개념을 다룰 수 있으며 과학과 도덕에서의 이론적인 문제에 대해서도 흥미를 갖게 된다.

지금까지 우리는 Rousseau가 언급한 4단계를 살펴보았는데, 그는 이 단계들이 자연의 법칙에 따라 불변적인 순서로 전개된다고 믿었다. 그가 말한 발달단계, 특히 청소년기는 오늘날 우리가 생각하는 것보다 더 느리게 나타나는 것으로 보인다. 이는 아마도 부분적으로 역사적인 차이를 반영하는 것으로 보인다. 그러나 Rousseau는 인간 발달의 진정한 과정은 우리가 일상적으로 생각하는 것보다 느리게 나타난다고 믿었다. 우리는 항상 아동이 이미 성인이 된 것으로 보지만, 자연은 아동으로 하여금 시간을 가지고 능력과 흥미를 발달시키도록 한다(p. 181).

Rousseau는 또한 이 단계들이 인간이라는 종의 일반적인 진화과정을 **반복**(recapitulate)하고 있다고 주장했다. 영아는 인류의 가장 초기에 나타난 **원시인**(primitives)과 유사한데, 원시인들은 감각을 통해 직접적으로 세계를 다뤘으며, 단지 쾌와 고통에만 관심이 있었다. 아동기에 속하는 다음 두 단계는 **미개인**(savage) 시대에 상응하는데, 이 시대의 사람들은 오두막집을 짓고, 도구를 만들고, 물고기를 잡고, 덫을 놓고, 다른 기술들을 사용하는 법을 배웠다. 이들은 다른 사람들과 느슨한 관계를 형성하긴 하였으나 아직 대체로 자족적이었다.

끝으로 청소년기는 진정한 사회생활의 시작에 상응한다. 역사적으로 사회적 존재는 노동의 분할과 함께 시작되었다. 일이 전문화되어 감에 따라 사람들도 더 이상 그들이 필요로 하는 모든 것을 혼자 생산할 수 없었다. 따라서 다른 사람들에게 의존해야 했다. 점차 사회에 젖어 들어감에 따라 그들은 인습과 사회적 인정의 노예가 되었다. 미개인조차도 확실히 다른 사람들의 의견에 다소 관심을 두었다. 그러나 사람들이 사회생활에 깊이 몰두함에 따라 이런 관심은 더욱 깊어져 갔다. 그 결과 현대인은 더 이상 스스로 생각하지 않는다. Rousseau는 다음과 같이 말했다. "미개인은 혼자 힘으로 생활하지만, 언제나 자신의 밖에 있는 사회적 인간은 단지 다른 사람들의 의견에 따라 사는 방법만 알 뿐이다"(Rousseau, 1755, p. 179).

Rousseau의 교육방법

Rousseau는 인간이 미개인일 때 가장 많은 성취를 이루었다고 생각했으나, 그 시대는 영원히 지나가버렸다는 것을 깨달았다. 하지만 우리는 현재의 우리처럼 나약한 동조자가 될 필요는 없다. 자연은 여전히 아동의 발달을 독립으로 가는 길로 인도해줄 것이다. 자연의 이끌림에 따라 아동은 물리적인 사물을 다뤄보고, 변별력과 함께 스스로의 역량을 성인의 가르침 없이도 자연스럽게 완성시켜갈 것이다. 따라서 자연의 인도를 따르게 되면, 아동은 독립적인 정신을 소유하는 청소년기로 이행할 수 있게 된다. 그렇게 되면 청소년이 사회적 세계에 발을 들여놓을 때쯤에는 그 세계에 효과적으로 대처할 수 있게 될 것이다.

Rousseau는 가상적 제자인 에밀을 예로 들어 어떻게 그런 일들이 일어날 수 있는지를 말했다.

에밀의 교육 Rousseau는 에밀이 자연의 내적인 촉발에 힘입어 스스로 많은 것을 배울 수 있는 역량이 있다는 기본신념을 가지고 있었다. 예를 들면, 영아기의 에밀은 그의 감각을 통해 세계를 탐색하려는 강한 충동을 가지고 있었다. 그래서 Rousseau는 모든 위험한 물건을 집에서 치워버리고 에밀이 집안을 탐색하게 내버려두었다. 만약 에밀이 어떤 물건을 탐색하기 원하면 Rousseau는 그것을 에밀에게 갖다주었다. 성인의 어떠한 지도도 필요하지 않았다(Rousseau, 1762b, pp. 31, 35).

이와 동시에 Rousseau는 에밀이 그를 지배하는 것을 허용치 않았다. Rousseau는 에밀이 어떤 사물에 대해 배우고자 하는 진정한 욕구를 가지고 있을 때는 그것을 갖다주었으나, 에밀이 단지 자기 뜻대로 선생님을 움직이게 하려는 변덕스러운 욕구를 가지고 있을 때는 결코 원하는 물건을 갖다주지 않았다(p. 52).

에밀은 또한 스스로 걷고 말하는 것을 배웠다. Rousseau는 결코 그의 학생을 독촉하거나 교정해주지 않았다. 성인의 독촉이나 교정은 단지 아동을 소심하고 불안하게 만들 뿐이며, 아동으로 하여금 교정받기 위해 다른 사람들을 찾게 함으로써 독립성을 잃게 한다(pp. 39-40).

에밀은 두 번째 단계인 아동기로 옮겨감에 따라 달리고, 뛰어오르며, 소리치고, 놀이하려는 충동을 갖게 된다. 에밀이 이런 여러 가지 활기찬 운동을 통해 자신의 신체를 발달시키려 하는 자연의 내적 촉발에 따르고 있는 것이라 보았기 때문에, Rousseau는 결코 이런 활동을 억제하지 않았다. Rousseau는 다른 많은 어른들처럼 항상 "이리 오너라, 저리 가거라, 멈춰라, 이것을 해라, 그것은 하지 마라"라고 말하지는 않았다(p. 82). 그렇게 한다면 에밀은 지시받기 위해 교사에게 의지하게 되어 '그 자신의 정신은 쓸모없게 될 것'이기 때문이었다(p. 82).

Rousseau는 단지 에밀의 연령에 적합한 여러 과제를 제시했다. 그는 이 단계의 아동은 그들의 감각을 발달시키고 있는 중이기 때문에 완전히 어두운 방에서 길을 찾는 것과 같은 놀이를 하게 하여 촉각을 발달시키도록 해야 한다고 제안했다(p. 98). 아동은 자신을 자유롭게 움직일 수 있도록 하는 거라면 무엇이든 하려 했기 때문에, Rousseau는 에밀이 높이, 길이, 거리를 판단하는 것을 학습하도록 돕기 위해 그런 충동을 이용했다. 그는 에밀에게 벚나무를 가리키면서 그 나무의 높이에 맞는 사다리를 골라보라고 하거나, 또는 에밀과 함께 강을 건너면서 어느 널빤지가 강의 양쪽을 가로지를 수 있는지를 질문했다(p. 105).

이런 모든 과제에서 에밀은 자신이 제대로 해냈는지를 스스로 판단할 수 있었다. 에밀은 강을 가로지르기에 충분할 정도의 커다란 널빤지를 골랐는지 아닌지를 스스로 알 수 있었다. 그 과제는 그의 현재의 역량에 적합했기 때문에 그런 판단을 할 수 있었다. 그것은 단지 감각의 사용만을 요구하는 일인 것이다. 이 과제에서는 에밀의 이해력을 넘어선 것은 없었으며, 교사에게 도움을 청할 정도의 것도 없었다(p. 141).

Rousseau는 각 단계마다 '스스로의 완전함과 무르익음'이 있다고 하였다(p. 122). 우리는 '자라나는 아동'보다는 '다 자란 성인'을 생각하는 습관이 있다. 이제 10~12세의 에밀을 살펴보자.

> 그의 얼굴, 그의 태도, 그의 표현은 자신감과 만족감을 보여준다. 그의 표정에는 건강함이 넘쳐난다. … 강렬함과 열망, 생동감이 보인다. … 그의 태도는 자유롭고 열려있다. … 맘껏 달리고, 뛰어오르며, 무거운 것을 들고, 거리를 재고, 게임을 만들어낸다. … 자신이 보는 것을 다른 사람들에게 가서 물어보는 어리석음도 없다. 스스로의 생각에 따라 시험해본다. … 그의 아이디어는 많지는 않지만 정확하며, 기계적인 기억에 의존하지 않고 경험에 의해 더 많이 알게 된다. … 따라서 준비된 언어표현이나 배워서 만들어진 태도를 그에게서 기대하지 말라. 그에게서 기대할 것은 확신에 찬 스스로의 생각에 대한 표현과 스스로의 기질에서 나타나는 행위들이다(pp. 122-126).

많은 사람에게 에밀은 단순히 다듬어지지 않은 행복한 소년으로 보이겠지만, 자연과 함께하며 자란 에밀은 '아동기의 완전함에 이를 것이다'(p. 126).

세 번째 단계인 아동후기에 에밀은 인지능력이 성숙함에 따라 수학과 과학을 학습할 수 있게 되었으나, 아직도 구체적 활동들에 관련지어서만 그런 영역 내에서의 추리를 효과적으로 할 수 있었다. 따라서 Rousseau는 에밀을 농사일이나 목공일과 같은 활동과정에서 자연히 대두되는 수학적인 문제에 대해 생각하도록 고무시켰다. Rousseau는 최소한의 지침만 제공했으며 결코 에밀의 잘못을 직접 교정해주지는 않았다. 그의 목적은 에밀에게 올바른 대답을 가르치려는 게 아니라 에밀 스스로 문제를 해결하는 방법을 학습할 수 있도록 도와주는 데 있었다.

> 당신이 직접 말해주는 바람에 그가 아무것도 모르게 하지 말고, 스스로 배우게 함으로써 알게 하라. 과학에 관하여 가르쳐주지 말고 스스로 그것을 발견하게 하라. 만약 당신이 이성 대신에 권위를 사용한다면 그는 추리하기를 그만둘 것이다. 즉 그는 단지

다른 사람들의 사고의 노리개가 될 뿐이다(p.131).

청소년기에야 비로소 에밀은 많은 책을 읽기 시작했으며 보다 큰 사회적 세계에 첫 발을 내디디게 된다. 이 무렵부터 에밀은 독립적인 성품을 발달시키고, 이론적인 추리를 할 수 있는 새로운 역량으로 인해 사회를 그 진가대로 판단할 수 있게 되었다(p. 183).

통상적 교육방법과의 비교　이렇듯 Rousseau는 에밀로 하여금 자연의 고유한 시간표에 따라 각 단계마다 그에 맞는 역량을 완전하게 갖추도록 고무하였으며, 에밀이 스스로 판단할 수 없는 것은 결코 제시하지 않았다. 그의 방법은 대부분의 교육자들이 하는 방법과는 근본적으로 달랐다.

대부분의 학교는 아동을, 그들 고유의 욕구와 학습방식을 가지고 있는 아동으로 다루는 데 만족하지 않는다. 대신 그들은 가능한 한 빨리 성인의 지식을 아동에게 주입시키려 한다. 그 결과 아동의 이해력을 넘어서는 많은 수업을 부과한다. 예를 들어, 학교에서는 역사, 지리, 수학 등을 가르치는데, 이런 과목은 아동의 직접경험과는 관계가 없으며 또한 아동에게는 결여되어 있는 추리력을 필요로 하는 과목들이다. 아동은 이런 과목들과 씨름하면서 학습이란 괴로운 경험이라고 생각하게 된다. 뿐만 아니라 아동은 성인이 말하는 것을 완전히 이해할 수 없기 때문에 억지로 사물을 믿어야만 하며, 단순히 성인이 그들에게 진리라고 설명해주기 때문에 억지로 성인의 그 대답을 받아들일 수밖에 없는 것이다. 그들은 부모나 교사에게 "여기서 내가 옳은 대답을 했나요?", "이것이 옳은가요?"라고 묻는 수밖에 없다. 그렇게 해서 아동은 다른 사람들에게 의존하는 것을 학습하게 되며 스스로 생각하는 것을 그만둔다.

아동에게 그들의 이해력을 넘어서는 것을 학습하도록 요구하면, 나태해지고 동기화되지 않는다. 그들을 동기화시키기 위해 교사는 위협이나 뇌물, 불인정, 부추김을 사용한다. 그들은 아동이 성인의 인정을 받기 위해 학습하도록 만들고 있다. 이런 절차는 단지 다른 사람들의 인정에 대한 아동의 의존성을 강화시켜줄 따름이다(p. 54).

이와는 대조적으로 Rousseau는 자신의 교육방법이 '단지 부정적인 것'이라고 말했다 (p. 57). 다시 말하면 그는 에밀의 신체와 감각은 훈련시켰지만, 그의 정신은 가능한 한 오랫동안 잠자고 있게 하였다. 에밀 스스로가 그 견해들을 판단할 수 있는 추리역량이 발달할 때까지는 모든 견해로부터 에밀을 보호해주었다. 12세나 15세경에도 에밀은 인습적인 면에 대해서는 무지한 듯이 보였다. 그는 사회나 도덕에 관하여 아무것도 몰랐으며 내보일 만한 어른다운 지식도 없었다. 그러나 에밀은 그 자신의 고유한 경험에 따라 모든 것을 판단하도록 배워왔기 때문에 진정한 사고를 할 수 있었다(pp. 127, 170).

Rousseau는 다른 사람들이 그의 충고에 대해 참을 수 없으리라고 예상했다. 그의 충고는 아동에게 미래에 대한 준비를 시키는 데 있어서 실패한 것처럼 보였다. 적절한 시기가 되었을 때 필요한 것이 무엇인지를 아동 스스로가 알고 있는지 우리는 어떻게 확신할 수 있는가? Rousseau의 대답은 사회가 너무 빨리 변화하기 때문에 어떤 지식이 유용할 것인지 예측하는 것은 불가능하다고 주장하였다. 더욱 중요한 것은 미래에 대한 우리의 조급증 때문에 우리가 아동에게 온갖 함정을 만든다는 것이다. 즉 아동에게 필요할 것이라고 우리가 생각한 것들을 서둘러서 가르치려고 하기 때문에 아동의 이해범위를 넘어서는 수업을 하게 되고, 이는 다시 아동으로 하여금 우리 성인에게 도움을 요청하게 만든다. Rousseau는 아동에게 자연스러운 방식으로 좀 더 천천히 학습할 수 있는 기회를 주고 스스로 학습하게 만들길 권했다(pp. 141, 157).

평가

Rousseau는 발달이론에 세 가지 주요한 개념을 도입했다. 첫째, 그는 발달이 내부의 생물학적인 시간표에 따라 진행된다고 주장했다. 처음으로 우리는 발달이 환경의 영향과는 상당히 독립적으로 전개된다는 견해를 갖게 된 것이다. 아동은 더 이상 단순히 성인의 가르침이나 사회적 강화와 같은 외적인 힘에 의해 형성되지 않는다. 그들은 자연의 계획에 따라 주로 스스로의 힘으로 성장하고 학습한다. 오늘날 우리는 이러한 계획을 **생물학적 성숙**이라 부른다.

둘째, Rousseau는 발달이 일련의 단계를 거쳐 전개되는데, 이 단계들 동안 아동은 다른 방식으로 세상을 경험한다고 주장했다. 아동이 성인과 다른 것은 아동이 성인의 가르침에 의해 채워지는 백지상태가 아니라 각 단계마다에서 아동의 사고 및 행동패턴이 그들 나름의 독특한 특성을 갖기 때문이다.

셋째, Rousseau는 새로운 교육철학을 제안했는데, 오늘날에는 이를 **아동중심적 교육**

철학이라 한다. 그는 "당신의 학생을 그의 연령에 맞게 다루어라"고 말했는데(p. 55), 이는 아동의 특정 단계에 맞춰 수업을 진행해야 한다는 뜻이다. 그렇게 하면 아동은 그들 나름의 경험과 이해력에 따라 문제들을 판단할 수 있을 것이다.

지금까지 살펴본 세 가지 개념 모두는 많은 발달이론의 중심적인 교의가 되었다. 이런 내용에 관해서는 다음 장들에서 보게 될 것이다. 그러나 이와 동시에 많은 발달이론가들이 Rousseau 이론의 여러 부분에 동의하지 않는다. 특히 아동이 사회적 관계에 관심이 없다는 주장에 동의하지 않는다.

예를 들면, 현대의 **동물행동학자**들은 어떻게 아기가 돌봐주는 사람에게 강하게 애착하게 되는지 설명해준다. 그들의 주장에 의하면 **애착**(attachment)은 유전적으로 지배되는 것이라고 한다. 즉 부모 곁에 가까이 있는 것이 아기에게 살아남을 기회를 더 많이 주기 때문에 애착이 진화되어 왔다는 것이다(제3장 참조). 실제로 Rousseau 역시 애착에 관해 알고 있었지만(p. 174), 그의 전반적인 이론을 약술할 때 편리하게 이를 무시해버렸다. 그는 아동이 사회의 부정적인 영향에서 멀리 떨어져 자기 스스로의 힘으로 추리하는 법을 학습하길 원했으며, 그러므로 아동이 더 잘 알고 있다 해도 자연은 아동이 사회적 세계로부터 떨어져 살도록 시도한다고 주장하였다.

그러나 일부 설득력 없는 제안을 했음에도 불구하고 현대의 발달적 사고와 인본주의적 사고에 중대한 질문을 던진 사람은 바로 Rousseau였다. 그 질문이란 다음과 같다. "사회적 동조라는 막강한 압력에 맞서서 아동이 스스로 사고하고 자신의 경험을 믿는 사람으로 자랄 수 있을까?"

Gesell의 성숙이론

생애 소개

Rousseau는 발달이란 자연의 내재적인 계획 또는 시간표에 따라서 전개된다고 믿었다. 현대에는 그런 과정을 '생물학적 성숙'이라 부르며, 이 성숙에 대한 연구를 가장 먼저 시작한 이는 Arnold Gesell(1880~1961)이었다.

Gesell은 미시시피강 상류 기슭의 작은 도시인 위스콘신의 앨마에서 자랐다. 자서전에서 보면 Gesell은 거의 목가적인 중서부에서의 아동기를 묘사하고 있으며, "언덕, 계곡, 물, 그리고 기후가 모두 내 고향 마을의 계절을 확실하게 해주었다. 변화무쌍하면서도 한편으로는 꾸준히 흐르는 강에 의해 각 계절은 고유의 도전과 즐거움을 주고 있었다"(Gesell, 1952, p. 124)고 쓰고 있다. Gesell은 성장과정에서 그가 보았던 미(美)를 기술하는 데 '그 계절과 순서(its seasons and sequences)'라는 유사한 언어를 사용하였다 (Gesell & Ilg, 1943, p. 57).

그렇다고 이 말이 Gesell이 지나치게 낭만적이었다는 말은 아니다. 그는 꾸준한 관찰을 통해 아동발달을 연구했다. 그는 이미 박사학위를 받고 심리학자로서 성공적으로 활동하고 있던 30세에 기저 생리과정에 관한 지식을 증진시키기 위해 새로이 의과대학에 들어갔다. 아동발달 연구기관인 예일클리닉에서 Gesell과 동료들은 50년 동안 아기와 아동의 신경운동발달에 관한 매우 광범위하고도 세부적인 연구를 해왔다. 이들이 발전시킨 **행동규준**(behavior norm)은 너무나 완벽해서 지금까지도 소아과 의사와 심리학자들을 위한 기본 정보자료로 사용되고 있다. 또한 Gesell은 영아지능에 대한 초기 검사 중 하나를 개발했으며(Gesell & Amatruda, 1941), 처음으로 영상 관찰을 했던 연구자

중 한 사람이다.

　　Gesell은 아동양육에 관한 글을 쓰면서 아동중심적 접근법을 주장했다. 1946년 Spock가 유명한 저서를 내기 전까지는 Gesell이 1940년대 초기에 가장 잘 알려졌던 소아과 의사였다. 그렇기는 하지만 Spock는 부분적으로 Gesell의 영향을 받았다.

발달의 원리

성숙의 개념

Gesell은 아동의 성장 또는 발달은 두 가지의 주요한 힘에 의해 영향을 받는다고 주장했다. 첫째로, 아동은 그를 둘러싼 환경의 산물이라는 점이다. 그러나 더 근본적으로는 아동의 발달이 내부로부터의 명령, 즉 유전자의 활동에 의해 결정된다고 Gesell은 믿었다. 그는 이 과정을 **성숙**(maturation)이라고 불렀다(Gesell & Ilg, 1943, p. 41).

　　성숙에 의한 발달의 가장 특징적인 양상은 발달이 항상 고정된 **순서**로 전개된다는 것이다. 이는 먼저 **태아**(embryo)의 발달에서 볼 수 있는데, 예를 들어 심장은 항상 첫 번째로 발달하고 기능하는 기관이다. 그리고 나서 분화하고 있는 세포는 급속히 중추신경계(뇌와 척수)를 형성하기 시작한다. 뇌와 머리의 발달은 다른 부위, 즉 팔과 다리 같은 부위보다 먼저 시작된다. 이 순서는 유전적 청사진에 의해 진행되는데 결코 어긋나는 일이 없다.

　　이와 유사하게 출생 후에도 순서적인 발달은 지속된다. 태아 초기에 머리가 발달하는 것과 마찬가지로 출생 후의 발달 초기에도 머리가 먼저 발달하게 된다. 처음에 아기는 자신의 혀와 입술을 통제하게 되며, 그리고 나서 눈움직임에 대한 통제를 하게 되고, 그다음에는 목, 어깨, 팔, 손, 손가락, 몸통, 다리, 발 등의 순서로 통제할 수 있게 된다. 즉 태내발달과 출생 후 발달 모두에서 **머리에서 발쪽**(cephalocaudal)으로의 발달 경향이 있다(Gesell, 1946, p. 339).

　　Gesell은 아기가 성장함에 따라 앉고, 서고, 걷고, 달리게 되는데, 이 능력들 역시 특정한 순서로 이루어지는 걸 관찰했다. 이런 능력들은 신경계의 성장과 함께 발달하는데, 이 신경계의 성장은 유전자에 의해 통제된다.

　　때로는 아동이 앞으로 가는 경로로 움직이는 것처럼 보이지 않는다고 그는 덧붙였다. 때론 아동이 퇴행한다. 새로운 기술을 획득한 후에 아동은 앞서 했던 방식으로 후퇴하고 새로운 도전으로 다시 돌아간다. 그러나 퇴행에도 불구하고 아동이 기술을 계열적 순서로 숙달하게 되면서 전반적인 발달경로는 더 높은 성숙수준을 향한다(Gesell & Ilg, 1946, p. 26).

Gesell은 아동이 같은 순서를 따라서 발달하지만 각자의 발달속도는 매우 다르다고 말했다. 아동은 서로 다른 나이에 기술이 발달한다. 그러나 Gesell의 견해에 의하면 성장속도에서의 개인차 역시 주로 내적 유전기제에 의해 통제된다(Gesell, 1945, p. 161).

앞서 언급했듯이 성숙의 효과는 환경의 효과와는 대조된다. 출생 전의 발달에서 보면 태아의 체온이나 어머니로부터 받는 산소 같은 태내적 환경과 성숙은 구별된다. 이들 환경이 확실히 중요하기는 하지만(정상적 성장을 돕는다는 점에서) 신체구조와 행동양상이 순서적으로 전개되는 것은 유전자의 일이라는 것을 Gesell은 알았다.

아기는 태어나게 되면 다른 종류의 환경에 처하게 된다. 물리적 환경뿐만 아니라 사회문화적인 환경도 다르다. Gesell은 아동이 자신의 잠재력을 알게 되는 데 사회적 환경도 명백하게 필요하지만, 성인이 단지 그들에게 문화적 기대를 강요한다면 건강한 방식으로 성장하지 못한다고 말했다. 또한 성인은 아동의 내적 성숙촉발자를 존중해야 한다(Gesell & Ilg, 1943, p. 41).

Gesell은 특히 성숙상의 스케줄보다 앞서 아동을 가르치려고 노력하는 것에 반대했다. 즉 아동은 신경계가 충분히 성숙되어 준비가 완료된 후에야 앉고 걷고 말하게 된다. 어떤 적정 순간이 되면, 아동은 자신의 내적 충동에 의해서 과제를 쉽게 숙달하기 시작할 것이다. 그때까지는 가르침이 별 가치가 없을 것이며, 오히려 돌보는 이와 아동 사이에 긴장만 조성할 것이다.

Gesell과 Thompson(1929)은 일란성 쌍생아를 대상으로 가르침의 효과를 연구했다. 그들은 쌍생아 중 하나에게 계단 오르기, 물건 쥐기, 큐브 가지고 놀기 등의 활동을 연습시켰다. 그 결과 훈련받은 아동은 다른 한 아동보다 그런 활동에서 우수했지만, 연습하지 않은 다른 아동도 곧 별다른 연습 없이 이를 잘하게 되었는데, 그 시기는 대략 그 다양한 과제를 수행할 수 있다고 여겨지는 연령쯤에서 그렇게 수행하였다. 이 연구는 어떤 일을 할 수 있게 되는 준비성을 결정짓는 내적 시간표가 있으며, 조기훈련의 이점은 비교적 일시적이라는 그의 견해를 지지한다. 조기훈련에 대한 문제는 서로 논쟁 중

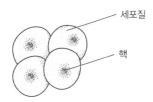

세포질

핵

그림 2.1

세포집단 : 핵은 유전자로 이루어진 염색체를 가지고 있다.

이지만, 이 장의 마지막 부분에서 논의할 것이다.

그렇다면 **성숙**은 내재적 요인(각 세포의 핵 내에 포함된 화학물질인 유전자, 그림 2.1 참조)에 의해 발달이 지배되는 과정을 의미한다. 유전자들은 새로 나타나는 행동양상 의 형태나 순서 시기 등을 결정한다.

오늘날 생물학자들은 유전자가 하는 일이 매우 복잡하다고 본다. **후생유전학**(그리스 어로 '유전학의 맨 위'를 의미)은 유전자의 안과 밖에 있는 환경 속 요인들이 어떤 방식 으로 영향을 주는지 밝히는 중이다. 이런 요인들은 유전자 자체를 바꾸지는 않지만 언 제 유전자가 활성화되거나 활성화되지 않는지에 영향을 줄 수 있다. 후생유전학적 효 과는 임신부의 식이 같은 태내환경을 포함한다(Kanherkar, Bhatia Dey, & Csoka, 2014).

그러므로 유전자의 작용을 설명할 때도 유전자의 외적 환경을 고려해야 한다. 그럼 에도 불구하고 여전히 우리는 성숙을 유전자가 환경요인들과 공조하여 발달을 지휘하 는 과정으로 생각한다.

지금까지 초기 운동발달을 주로 언급해왔는데, 이는 Gesell이 과학적으로 중점을 둔 주제였다. 그러나 Gesell은 성숙이 전체 성격발달까지도 지배하는 것으로 믿었다. 성격 의 모든 측면인 언어, 예술작업, 관계역량은 성장 법칙의 주제이다(Gesell & Ilg, 1943, p. 11).

패턴 연구

Gesell은 성장을 연구할 때는 양적인 면으로 측정하는 것이 아니라 패턴을 연구해야 한 다고 주장했다. 패턴이란 뚜렷한 모양이나 형태를 가지고 있는 것이면 어느 것이나 될 수 있다. 예를 들어, 눈깜박거리기와 같은 것이다. 그러나 가장 중요한 것은 **패턴화 과 정**(patterning process)으로서 이 과정에 의해서 행위들은 조직화된다(Gesell & Ilg, 1943, pp. 16-17).

패턴화 과정에 대한 좋은 예는 아기의 시각에서 볼 수 있다. 예를 들어, 출생 시 아기의 눈은 목표 없이 주위를 두리번거리는 경향이 있으나 며칠 또는 몇 시간 지나지 않고도 자신의 눈을 고정시킬 수 있으며, 잠시 동안 대상을 응시할 수 있게 된다. 이와 같은 일이 가능한 이유는 눈을 움직이는 작은 근육과 뇌에 있는 신경흥분 간에 새로이 패턴화된 연결이 이루어졌기 때문이다(pp. 17-18).

1개월쯤 되면 아기는 자기 앞에서 움직이는 고리를 주목할 수 있고, 다음에는 90도 정도의 궤적을 눈으로 추적할 수 있다. 이런 능력은 새로운 조직화(눈을 움직이는 근육과 머리를 움직이는 보다 큰 근육 간에 새로운 조직화)가 이루어졌음을 의미한다(p. 19).

아기가 눈의 움직임과 손의 움직임을 조직화할 때, 즉 아기가 자신의 손에 잡고 있는 것을 응시할 때 패턴화는 계속 커진다. 4개월쯤 되면 아기는 보통 손에 잡고 있는 딸랑이를 응시할 수 있게 된다. "이것은 중요한 성장이득이다. 그 의미는 눈과 손이 함께 작용하고 보다 효과적으로 협응하게 된다는 것이다. 정신적 성장은 길이와 무게로 측정할 수 없다. 따라서 그것은 패턴에 의해서 평가되어야 한다"(p. 19).

그러나 **손-눈 협응**(hand-eye coordination)이 4개월경에 완전히 된다는 것은 결코 아니다. 얼마 동안은 눈이 우세할 것이다. 예를 들어, 4개월 된 아기는 보통 1인치 입방체나 심지어 작은 사탕알까지도 눈으로 **포착**할 수 있게 된다. 즉 아기는 의도적으로 입방체나 사탕알에 초점을 맞추고, 약간 다른 각도에서 그것을 볼 수 있다. 그러나 아직 손

(a) 생후 4개월 : 보긴 하지만 　(b) 생후 6개월 : 손바닥으로 　(c) 생후 10개월 : 손가락으로
　　 만질 수는 없음 　　　　　　　　　잡기 　　　　　　　　　　　　잡기(엄지와 집게 손가락)

그림 2.2

손-눈 협응의 발달

(A. Gesell, *An Atlas of Infant Behavior*, Vol. 1. New Haven, CT: Yale Uiversity Press, 1934의 허락하에 인용)

으로 잡지는 못한다. 아기는 마치 입방체를 잡으려고 생각하는 듯이 입방체를 보고 다음에는 자기 손을 보기는 하나 쉽게 잡지는 못한다. 신경계가 아직 충분히 성장하지 못했기 때문이다. 보통 6개월이 되어야 아기는 미숙하나마 손바닥을 써서 입방체를 잡을 수 있으며, 10개월이 되면 엄지와 집게손가락을 사용한 집게잡기(pincer grasp)로 입방체나 작은 사탕알을 잡을 수 있게 된다(그림 2.2 참조). 앞에서 본 것처럼 손-눈 협응은 천천히 발달한다. 즉 점차적으로 더욱 조직화되면서 좀 더 분화되거나 세련된 움직임을 포함하게 된다.

기타 발달의 원리

Gesell의 관찰은 기타 몇 가지 성장원리를 제시하고 있다. 그중 **상호교류**(reciporcal interweaving), **기능적 비대칭**(functional asymmetry), **자기조절**(self-regulation) 세 가지를 알아볼 것이다.

상호교류 인간은 양측적으로 되어 있다. 즉 두 반구로 된 뇌, 두 눈, 두 손, 두 다리 등등으로 되어 있다. 우리의 활동 역시 이원적인 측면이 있는데, 팔다리를 굽히거나 아니면 뻗거나 하게 된다. '상호교류'란 2개의 성향(tendency)이 점차 효과적으로 조직화되어 가는 발달과정을 말한다. 예를 들어 손 사용의 발달에서 보면 아기는 처음에는 한 손을 사용하다가 다음에는 두 손을 함께, 그런 후에는 다시 다른 한 손을, 그리고 다시 두 손을 함께 쓰게 되며, 결국 어느 한 손을 더 우세하게 사용할 때까지 이 과정을 계속한다. 이렇게 선호가 이리저리 바뀌는 속성을 섞어짜기에 비유하여 '상호교류'라는 용어를 쓴다. Gesell은 상호교류 원리가 많은 행동의 패턴화에 적용된다고 보았으며, 여기에는 시각적인 행동, 기기와 걷기 같은 행동이 포함된다고 하였다(Gesell, 1946, pp. 342-349).

Gesell은 또한 상호교류가 성격 성장의 특징이라고 믿었다. 여기서 우리는 안으로 향하는 성향과 밖으로 향하는 성향을 통합하고 있는 유기체를 본다. 예를 들면, 3세에 침착했던 아이가 3.5세에는 안으로 향하면서 겁이 많고 불안정하게 된다. 안으로 향하는 이 시기 다음에 4세에는 밖으로 향해 나아가며, 5세에는 마침내 두 성향이 통합되고 균형을 이루게 된다. 이와 같은 순환은 영아기에 시작되어 적어도 16세까지 계속된다. 새로운 내적 영역이나 외적 영역으로 확장하면서 유기체는 일시적으로 평형상태를 잃게 되지만, 그다음에 유기체 자신을 새로운 수준으로 재조직화한다(Gesell, Ilg, & Ames, 1956, pp. 16-20).

기능적 비대칭 상호교류 과정을 통해 우리는 본성이 가지고 있는 이중성의 균형을 잡는다. 그러나 우리는 완전한 균형이나 대칭을 거의 달성하지 못한다. 사실 어느 정도의 비대칭은 매우 기능적이다. 우리는 우세한 한 손, 한 눈 등 하나의 방향(angle)으로 외부 세계에 대처할 때 가장 효과적이다.

영아의 비대칭적 경향성은 Gesell이 인간에게서 발견한 **경직성 목반사**(tonic neck reflex)에서 볼 수 있다. Gesell은 아기가 머리를 한쪽 방향으로 돌리고 눕기를 좋아한다는 것과, 그들이 그렇게 할 때 자동적으로 경직성 목반사 자세[머리가 돌려진 방향으로 한 팔을 내밀고(마치 손을 보는 듯이), 다른 한 팔은 머리 뒤에 구부리는 자세]를 취하는 데 주목했다. 이 경직성 목반사 자세는 마치 펜싱하는 기본자세처럼 보인다(그림 2.3 참조). 이 경직성 목반사는 생후 첫 3개월간 우세하다가 새로운 신경계의 발달과 함께 사라진다(Gesell, 1946, pp. 349-354).

자기조절 Gesell은 내재적인 발달기제가 매우 강력하기 때문에 유기체는 상당한 정도까지 스스로의 발달을 조절한다고 믿었다. 그는 일련의 연구를 통해 아기가 어떻게 자신의 수유주기나 수면주기 그리고 깨어있는 상태의 주기 등을 조절하는가를 보여주었다. 아기 스스로 돌봄이 필요하거나 자고 싶을 때를 결정하도록 허용하면 아기는 점차로 하루당 수유 횟수를 덜 요구하게 되며, 또한 낮 동안에 깨어있는 시간이 보다 길어졌다. 이러한 진전이 직선적으로 이루어지지는 않았지만(불규칙하거나 때로는 퇴행함), 아기는 점차 안정된 양상으로 나아가게 되었다(pp. 358-364).

Gesell은 또한 자기조절에 대해 약간 다른 각도에서의 언급도 했는데, 주로 전반적인 통합과 평형을 유지하는 유기체의 능력에 중점을 두었다. 성장은 물론 비평형을 포함한다. 앞에서 본 것처럼 영아의 수면과 수유 양상은 자주 불규칙하다. 이와 같은 불규칙성은 성격발달에서도 보이는데, 아동이 새로운 내적 또는 외적인 국면에 접어들면서 불안정한 시기와 안정된 시기가 엇갈려 나타난다. 아동이 모르는 새로운 것을 조심스

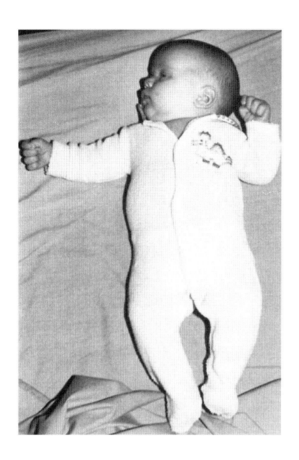

그림 2.3
신생아에게서 보이는 경직성 목반사

럽게 하려 할 때 긴장이 야기된다. 그러나 자기조절 기제가 항상 작동하고 있기 때문에 균형을 잡기 전에는 유기체가 어느 한쪽으로 너무 멀리 가도록 하지 않으며, 앞으로 나아가기 전에 유기체가 얻은 이득을 공고히 하도록 작용한다.

내재적인 자기조절 과정이 있기 때문에, 때로는 아동에게 새로운 것을 가르치려 할 때 저항이 따르기도 한다. 이것은 마치 아동의 내부에 있는 무엇인가가 너무 많이 너무 빨리 학습하지 말라고 아동에게 말하는 것 같다. 유기체의 통합은 유지되어야 한다.

개별성

우리는 이제까지 성장에 관한 Gesell의 생각을 살펴봤다. 그러나 아직 하나의 일반적인 주제를 더 논의할 필요가 있는데, 개별성에 관한 것이다. Gesell은 개개 아동의 독특성을 강력하게 믿고 있었다. 그러나 불행하게도 그의 입장은 자신의 발견들을 요약하는 방식 때문에 애매해졌다. 예를 들면, 그가 2세, 2.5세, 3세 등의 아동에 관하여 쓴 글을 보면, 마치 우리로 하여금 각 연령의 모든 아동이 똑같은 방식으로 행동하는 것처럼 생각하도록 썼다. 그 자신은 연령규준을 간편한 방식으로서만 사용하는 것이라고 경고했지만(Gesell & Ilg, 1943, pp. 60-61), 각 연령에서 나타나는 개인적 변이의 실제적인 정도에 대해서는 전혀 지적하지 않았다.

앞에서 언급했듯이 Gesell의 실제적인 입장은, 정상적인 아동은 모두가 동일한 **순서**를 거치지만 그 **성장속도**는 다르다는 것이다. 또한 성장속도가 기질이나 성격상의 차이와 관계가 있을 것이라고 주장했다. 한 흥미있는 논의(pp. 44-45)에서 그는 3명의 가상적인 아동(느리게 자라는 아동, 빠르게 자라는 아동, 불규칙하게 자라는 아동)을 제시하고, 각 성장유형이 다양한 성격성향에서 어떻게 나타나는지를 제시했다. 예를 들면, 느리게 성장하는 아동 A는 일반적으로 느리고, 조심성이 있으며, 기다릴 줄 알고, 고른 기질을 가지고 있으며, 대개 생의 문제에 대해 현명할 것이라고 했다. 빠르게 자라는 아동 B는 반응이 빠르고 쾌활하며 즐거워하고, 어떤 일에 돌연히 나서서 접근하며, 대개는 총명하고 영리할 것이라고 했으며, 불규칙적으로 자라는 아동 C는 어떤 때는 지나치게 조심스럽고, 어떤 때는 부주의하며, 자주 기분에 좌우되고, 기다릴 줄을 모르며, 순간적으로 반짝이는 총명함도 보일 것이라고 하였다. Gesell은 각기의 개인적인 기질과 성장유형은 그 문화에 대해 상이한 요구를 할 것이며, 따라서 문화는 각 아동의 독특성에 맞춰 나가야 한다고 믿었다.

아동양육에 관한 철학

Gesell은 아동양육이 성숙법칙의 암묵적인 지혜를 인식하는 데서 시작되어야 한다고 믿었다. 아기는 선천적인 계획(적어도 300만 년 정도나 되는 생물학적 진화의 산물인)을 가지고 세상에 첫발을 내디디게 된다. 이들은 자신의 욕구와 준비되어 있는 것과 준비가 안 되어 있는 것에 대하여 탁월하게 '잘 안다'. 따라서 부모는 자녀에게 선입관에 의한 어떤 패턴도 강요해서는 안 되며, 아동 자신에게서 단서를 얻어야만 한다.

예를 들어 Gesell은 수유 문제에 있어서 어떤 미리 결정된 계획에 따라 수유하는 것에 반대하여 **요구수유**(demand feeding, 아기가 준비가 되었음을 나타낼 때 수유하기)를 강하게 옹호했다. 그는 다음과 같이 썼다.

> 두 종류의 시간이 있다. 즉 유기체 시간과 시계 시간이다. 전자는 신체에 대한 지혜에
> 토대를 두며, 후자는 천문학과 문화적 인습에 토대를 두고 있다. 스스로 요구하는 계
> 획은 유기체 시간으로부터 출발한다. 아기는 배고플 때 젖을 먹고 잠이 올 때 잔다. 젖
> 을 먹이기 위해서 아기를 깨우지는 않으며, 오줌을 싸서 칭얼거리면 기저귀를 갈아준
> 다. 아기가 원하면 어떠한 사회적 놀이도 할 수 있게 된다. 아기는 벽에 걸려있는 시계
> 에 맞추어 살도록 되어 있는 것이 아니며, 그보다는 오히려 자신의 변동이 심한 요구
> 에 따르는 내적 시계에 의해서 살도록 되어 있다(Gesell & Ilg, 1943, p. 51).

자신의 아기가 어떤 것을 반드시 해야만 한다는 생각을 버릴 때, 즉 아기의 신호와 단
서에 따르게 될 때 부모는 아기가 자기조절된 성장을 위한 능력을 이미 가지고 태어났
다는 것을 알기 시작한다. 부모는 아기가 자신의 수유나 수면 그리고 깨어있는 상태 등
의 주기를 어떻게 조절하는지를 보게 된다. 얼마 후에는 압력이나 강요 없이도 아기가
어떻게 스스로 앉고 기는가를 보게 된다. 그리하여 부모는 자신의 아기와 그 성장과정
을 신뢰하기 시작한다.

Gesell은 생후 1년간이 부모로서는 아동의 개별성을 존중하는 것을 배우는 최상의 시
기라고 강조했다(p. 57). 영아기 동안 아기의 욕구에 민감하게 반응하는 부모는 후에
아동 특유의 흥미와 능력에도 자연히 민감하게 될 것이다. 이런 부모는 아동에게 부모
자신의 기대나 열망을 덜 강요할 것이며, 아동의 개별성이 성장하고 그 자신을 발견할
기회를 주게 될 것이다.

Gesell은, 부모에게는 아동에 대한 직관적인 민감성 외에도 발달의 경향과 순서에 관
한 이론적 지식이 필요하다고 강조했다. 특히 발달이 안정과 불안정 시기 사이를 왔다
갔다 한다는 것을 깨달을 필요가 있으며, 이런 지식은 부모로 하여금 인내와 이해를 갖
게 해준다고 말했다. 예를 들어, 아동이 고집을 부리는 문제시기를 지나가고 있음을 아
는 건 도움이 될 것이다. 이것을 아는 부모는 너무 늦기 전에 빨리 이 행동을 없애야 한
다고 조급해할 필요가 없을 것이다. 그 대신 아동을 보다 융통성 있게 다룰 수 있을 것
이며, 아마도 아동 스스로가 의도적으로 독립성을 얻으려 하는 것을 보고 즐거워할 것

이다(pp. 197, 296).

Gesell의 동료 중 하나인 L. B. Ames는 학령전기 아동에게 학업기술을 가르치려 할 때 어린 아동의 발달을 책임지는 부모의 노력에 대해 다음과 같이 충고했다(Ames & Chase, 1974).

1. 아이가 성숙하고 완벽해지도록 당신이 밀어붙여야 한다는 생각을 포기하라. 대신에 아이가 자연스럽게 자라며 새로운 것들을 알아보며 자신의 관심을 드러내는 방식을 관찰하라. 아이는 자연의 내적 계획을 따르고 있다.
2. 어린아이의 자연스러운 놀이 열정을 지지하라. 놀이를 통해 아이들은 신체와 상상을 발달시키며 다른 사람에 대해 배운다. 학업기술에 몰두해서 아이의 즐거운 놀이 시간을 빼앗지 않도록 하라.
3. 아이의 미성숙함을 존중하라. 발달은 시간이 걸린다. 아이의 능력을 넘어서는 과제를 숙달하도록 밀어붙이려 할 때, 우리는 아이들을 실패에 빠뜨린다.
4. 아이와 시간을 함께 보내며 아이 삶의 현재 단계를 즐겨라.

지금까지 Gesell의 철학은 극단적인 방임과 허용을 주장하는 것처럼 보인다. 혹자는 "그런 태도가 아이를 망치지는 않을까?", "아이가 언제나 우두머리가 되려고 하거나 자기 마음대로만 하려고 하지 않을까?"라고 물을지도 모른다.

Gesell의 답변은, 물론 아동은 자신의 충동을 통제하고 그가 속한 문화의 요구에 따르는 것을 학습해야 한다는 것이다. 그러나 아동 스스로가 외부로부터의 통제를 견딜 수 있는 능력이 성숙될 때까지 우리가 관심을 기울이면, 아동은 자신을 통제하는 것을 가장 잘 학습한다고 주장했다. 수유에 관한 예를 들면, 처음에는 아기를 너무 오래 기다리도록 해서는 안 된다. "영아의 가장 중요한 갈망은 음식, 그리고 수면과 밀접한 관계가 있다. 이러한 갈망에는 개인적, 유기체적인 본질이 있다. 이들은 변형되거나 그냥 지나쳐지지 않는 것들이다"(Gesell & Ilg, 1943, p. 56). 그러나 얼마 후(약 4개월 정도)에는 아기의 소화관이 더 이상 그전처럼 생에서 중요하지는 않게 되며, 아기의 우는 횟수나 강도가 약해지면서 이제는 스스로 수유 때까지 기다릴 수 있다는 것을 부모에게 보여준다.

후에는 언어발달과 증대된 **시간조망**(time perspective)으로 인해 아기는 즉각적인 만족을 지연할 줄 알게 된다. 2.5세 정도 되면 부모가 "곧 줄게"라고 말하면 이 말을 이해하기 때문에 즉각적으로 주스를 요구하지 않는다. 3세 정도는 "시간되면 줄게"라는 말을 이해할 것이며, 4세 정도가 되면 음식 준비하는 것을 스스로 도우려 한다. 그러므로 아동이 외부로부터의 통제를 견딜 수 있을 만큼 성숙하여 준비가 되었을 때, 문화 자체가 이에 맞추어 나감으로써 아동을 그 문화의 조직 속에 안착하도록 할 수 있다(p. 54).

따라서 Gesell은 주의 깊게 돌보는 사람들은 성숙의 힘과 문화화 사이에서 합리적인 균형을 달성해낼 수 있을 것으로 믿었다. 그러나 Gesell은 확실히 문화가 대부분의 조절을 해주기를 원했다. 그는 문화화가 필요하긴 하나, 아동을 사회적 틀 속에 맞추는 것을 첫째 목표로 삼아서는 안 된다고 하였다. 그것은 독재주의 국가에서의 목표이며 민주주의에서는 자율성과 개별성을 찬양하는데, 이것들은 적절한 성장을 향한 생물학적 충동에 가장 깊은 근원을 두고 있다(p. 10).

문화화는 가정에서뿐만 아니라 학교에서도 일어난다. 학교에서는 아동에게 그들이 사회의 성인 구성원이 되었을 때 필요한 기술과 습관을 가르친다. 그러나 부모와 마찬가지로 교사도 문화적 목표라는 점을 너무 강조하여 아동이 성장하는 방식을 소홀히 생각해서는 안 된다. 예를 들면, 우리 문화가 정확한 작업에 가치를 두기는 하지만, 교사는 아동이 다른 연령과는 달리 어떤 연령에서는 당연히 서툴다는 것을 인식할 필요가 있다. 활력적이고 불안정한 6세 아동은 실수하기 쉬운 데 비해 더욱 안정된 7세 아동은 쉽게 반복훈련을 해서 완벽하게 일을 할 수 있다. 따라서 발달을 염두에 둔 교사는 6세 아동에게는 그들의 본성을 거슬리는 방식으로 가르치려고 하지 않을 것이며, 아동이 훈련에서 어떤 이로움을 얻을 수 있을 때까지 그 훈련을 연기할 것이다(Gesell & Ilg, 1946, pp. 374-381).

이와 동시에 같은 연령이나 같은 학년에게 어떤 기술을 똑같이 가르치는 것도 충분하지 않다. 왜냐하면 아동은 특수한 재능에서뿐만 아니라 성장속도에 있어서도 매우 다르기 때문이다. 따라서 교사는 아동 개인의 준비상태와 특수한 능력에 맞추어 가르칠 필요가 있다. Gesell은 학교에서는 학년별 읽기 점수와 같이 **획일적인 기준**(uniform standard)이 지나치게 강조되고 있다고 믿었다. 그는 기술(skill)의 중요성을 인정했지만 학교의 첫 번째 과제는 아동이 자신의 개별성을 충분히 발달시키도록 기회를 주는 것이라고 느꼈다. 그렇게 하기 위해서는 아동이 스스로 자신을 이끌도록 내버려 두어야 한다. 이는 마치 아동 자신이 충분한 발달을 위한 생물학적인 기본계획에 따라 인도되는 것과 같다(pp. 388-392).

평가

내적 발달의 힘에 관한 Rousseau의 생각은 Gesell에 의해 다방면에 걸친 학문과 연구의 주제가 되었다. 아직 다 밝혀지지는 않았지만, 성숙의 기제가 어떻게 복잡한 발달순서와 자기조절 과정에서 나타나는지도 보여주었다. Gesell은 발달이 내적 계획에 따른다고 가정할 만한 충분한 이유가 있다고 지적했다.

그러나 현재 대부분의 심리학자들은 Gesell의 성숙이론이 지나치게 극단적이라고 여기고 있다. 대개의 심리학자들은 성숙의 역할은 인정하지만, 가르침이나 학습이 Gesell이 주장하는 것보다는 훨씬 더 중요하다고 믿는다. 그들은 환경이 단순히 내적 패턴화를 지원하는 것보다 더 큰 역할을 하며, 환경도 역시 행동을 구조화한다고 믿는다. 예를 들면, 아동은 운동신경의 성숙이 어느 수준에 이르기 전에는 공을 던지거나 피아노 치는 것 등을 배울 수 없지만, 가르침과 강화를 통해 그런 행동패턴을 획득할 수 있다.

Gesell이 가장 빈번히 비판받는 이유는 그가 연령규준을 제시한 방식 때문이다. 이미 언급했듯이 Gesell이 만든 규준은 너무 획일적이어서 어떤 연령에서도 있을 수 있는 변이의 정도에 관한 생각을 제시해주지 못한다.

더욱이 Gesell이 만든 규준은 대학환경(예일대학교) 안에 있는 중류 가정의 아동을 대상으로 했다. 최근에 일부 심리학자들이 서로 다른 문화가 운동발달 속도에 영향을 주는 방식을 강조했다. 자메이카와 아프리카의 여러 공동체(예 : 케냐의 킵시기스족)에서 양육자들은 일상적으로 아기의 팔다리를 마사지하고 느슨하게 풀어놓는다. 또한 양육자들은 아기를 양육자의 무릎 위에 세워서 튀어오르게 하기도 한다. 그런 훈련은 걷는 연령을 빠르게 하는 것으로 보인다. 이 훈련을 받은 많은 아기는 10개월 정도에 걷는데, 서구문화에서는 평균 12개월 정도에 걷기 시작한다. 다른 문화들은 이와 반대로 조기보행을 말리는데, 그런 문화의 아기는 많이 늦게 걷는다(Adolph & Robinson, 2013; Berk, 2013, p. 150; Karasik & Robinson, 2022).

양육실제가 이른걷기(early walking)의 직접적 원인인지를 확인할 연구가 더 필요하지만 이러한 해석은 미국에서 이루어진 걷기반사(step reflex) 연구(Zelazo, Zelazo, & Kolb, 1972)의 지지를 받고 있다. 걷기반사는 신생아의 발바닥이 평평한 면에 닿도록 신생아를 잡고 있을 때 발생한다. 그러면 신생아는 마치 걷는 것처럼 움직인다. 대개는 이 반사가 생후 2개월경 사라지지만 이 시기 동안 성인이 걷기반사를 훈련시키면 아기가 평균 11.7개월 대신에 평균 10.1개월에 걷는다는 걸 발견했다.

언급한 걷기속도의 차이가 그다지 크지 않긴 하지만 어떤 심리학자들은 그것들을 Gesell이 환경영향을 과소평가했음을 보여주는 강력한 증거로 생각한다.

미국에서 실시된 다른 대규모 연구는 생후 1개월 미만인 신생아에 초점을 두었다. 이 연구의 많은 부분은 정교한 촬영기법을 사용했고 신생아의 놀라운 능력들을 밝혀냈다. 올바른 조건에서 신생아는 물체에 손을 뻗을 수 있고, 천천히 움직이는 물체를 시각적으로 따라갈 수 있으며, 모양, 색깔, 소리, 맛, 냄새를 구별할 수 있다. 그들은 다른 사람의 혀내밀기를 모방하며, 우리가 본 바로는 걷기 반사를 보여주는데 이것은 마치 그들이 걸을 수 있는 것처럼 보이게 만든다(Fogel, 2014, pp. 151, 162, 166−168; Siegler & Alibali, 2020, 5장).

이와 같은 발견에 의하면 Gesell이 제시한 발달규준은 너무 느린 것 같다. 신생아는 생각했던 것보다 훨씬 더 영민해 보이며, 실제로 연구자들은 전성설에서 말했듯이 어떤 때는 아기의 능력이 매우 발달되어 있어서 정말로 작은 성인인 것 같다.

이 새로운 발견은 매우 중요하지만 주의해서 봐야 한다. 첫째로는, 신생아가 특별한 실험실 조건에서 보여주는 능력은 일상적 환경 속에서 그들이 하는 것이 아니다.

심지어 실험실에서조차 시각적 추적과 손뻗기를 포함하는 앞선 능력은 끌어내기 어렵다. 실험자들은 아기가 그런 행위를 보일 때까지 몇 시간 또는 심지어 며칠간이라도 기다려야 한다(Als, 1978; Bower, 1982, p. 169; Fogel, 2014, p. 168).

더구나 반사적인 걷기와 모방 등을 포함한 일부 조숙한 능력은 보통 1~2개월 후에는 사라진다. 초기에 나타나는 조숙한 능력은 일시적인 것이다(Hofer, 1981, pp. 120−123).

Gesell의 연령규준이 한계가 있긴 하지만 현재의 소아과 의사나 영아 전문가들은 지금도 Gesell의 연령규준을 매우 가치 있게 여긴다. 그 연령규준은 아기가 각 연령마다 그 연령에서 할 수 있다고 기대되는 것들을 결정하는 데 도움이 되고 있다(Oliveira, 2018).

Gesell의 연령규준에 대한 비판에 덧붙여, 일부 심리학자들(예 : Adolph & Robinson, 2013)은 Gesell의 운동발달 **순서**에 이의를 제기했다. 그들은 아기가 Gesell의 스케줄에서 벗어나는 많은 경우를 보고했다. 나는 여기서 그들이 관찰한 것을 모두 말할 수는 없지만, Gesell은 (아기가 새로운 기술을 시도할 때 일시적으로 앞의 기술로 되돌아가는 것 같은) 변동(fluctuation)을 예측했다는 걸 언급할 것이다. 중요한 질문은 전반적인 진전이 순서적인가 여부이다.

Gesell의 순서에서 특히 일관되게 벗어나는 것은 기기(crawling)의 경우에 일어난다. 즉 여러 연구에서 소수의 아동이 기기를 건너뛴다. 저자는 많은 양육자가 아기가 기는 것을 제한한다고 의심하지만, 상황이 어쨌든 미국소아과학회가 스크리닝 도구에서 기기를 빼버렸다(Dewar, 2022).

Gesell은 또한 아동양육에 관한 일관된 철학을 제시했다. 그는 우리가 미리 설계해놓은 틀에 아동을 맞추려고 강요해서는 안 되며, 아동이 기본적인 생물학적 성장의 힘을 보일 때 거기서 나오는 단서에 따라야 한다고 말했다. Bell과 Ainsworth(1972)의 획기적인 연구는 그의 입장을 지지한다. 그들은 부모가 아기의 울음에 즉각적으로 반응할 때 (아기가 언제 우는 것이 올바른 시기인가에 대한 부모 나름대로의 생각에서 행동하기보다는) 어떤 일이 발생하는지에 대해 물었다. 부모의 반응성이 아이를 망치지 않는다는 것이 명백한 발견이었다. 오히려 부모가 즉각적인 반응을 해준 아기가 덜 반응적인 부모를 둔 아기에 비해 1세경에 이르렀을 때 더 적게 울었으며 더 독립적이었다. 이 아기는 부모가 안아주는 것을 좋아했지만, 설혹 엄마가 바닥에 내려놓아도 울거나 떼쓰지 않고 즐겁게 탐색놀이를 했다. 엄마가 있는지를 때때로 살펴봤지만(이런 행동은 이 연령에서는 당연한 일이다), 이 아기는 기본적으로는 아주 독립적이었다. 따라서 확실히 아기의 신호에 주의를 기울여 주면, 그들이 필요할 때는 언제나 도움을 받을 수 있다고 믿게 되어 편안할 수 있고 스스로 자기 일을 해나갈 수 있게 된다.

아직은 단지 인상적이고 일화적이기는 하지만, Gesell의 원리에 지나치게 위배될 경우에는 사태가 매우 악화된다는 증거도 몇몇 있다. 이런 증거는 조현병 환자에 대한 연구에서 나왔는데, 이 환자들은 흔히 아동기에 Gesell이 권고한 것들과는 반대 경험을 한 것으로 보인다. 이 환자들은 아동기에, 그들 자신의 자연적인 충동과 욕망을 다른 사람들이 하찮게 여긴다고 느끼거나 위협하는 존재라고 생각함으로써 자신은 타인들이 미리 결정해놓은 이미지와 기대를 충족시키도록 강요받았다는 느낌을 가졌던 것으로 보인다(Laing, 1965; R. White, 1963).

저자가 심리학적 평가를 하기 위해 만났던 9세 아동에 관해 간략하게 기술함으로써 이 문제를 설명하는 것이 좋을 것 같다. 이 아동은 생을 매우 두렵게 여겼으며 아마도 거의 정신병 상태에 이른 것으로 보였다. 그의 부모는 나이가 40대였고 엄마가 신체적 질병이 많아서 아기를 돌보는 데 부담이 컸기 때문에 아기를 원치 않았다. 결과적으로 그녀는 자기에게 문제를 일으키지 않는, 잘 훈련된 착한 아동(현실적으로는 어른)을 원했다. 그녀는 아기의 생후 6개월쯤에 배변훈련을 시도했는데, 이 시기는 아기가 배변 훈련과정에 참여할 준비가 갖춰지기 훨씬 이전이다. 그리고 아기가 1세쯤 되어 걷게 되고, 활력적으로 세계를 탐색하기 시작하자 그녀는 고민하게 되었다. 아기는 귀찮은 존재가 되었으며 '문젯거리'가 되었고, 심지어는 아기의 행동을 비정상으로 여겼다. 따라서 그녀는 이런 환경으로 인해 Gesell의 권고와는 실제로 반대되는 일을 했다. 그녀는 자신이 원하는 착한 아동에 대한 고정된 이미지를 가지고 있었으며, 아들의 자연적인 성향을 받아들이거나 그 성향에 따를 수 없었다. 그 결과 이 아동은 자신이 취하는 어떠한 행위도 사전에 부모로부터 인정받은 것이 아니면 매우 위험한 것이라는 강한 두려움을 갖게 되었다. 그는 자기 자신이나 자기의 자연적 충동도 신뢰하지 않았다.

이와 같이 Gesell의 입장(아동에게서 나타나는 단서와 성향은 내적인 생물학적 계획에 따르므로 이것에 대해 반응하는 것이 바람직하다는 입장)을 지지하는 증거들이 있는 반면에, Gesell의 입장에 일부 반대되는 증거도 있다. 특히 Baumrind(1967, 1989)의 연구에서 보면, 독립적이고 자기 신뢰적이며 성숙한 아동은 부모로부터 앞의 특성(독립성, 자기신뢰, 성숙 등)에 대해 상당히 많은 요구를 받았다고 하였다. Baumrind는, 이런 부모는 어떤 과제를 아동의 능력 내에서 설정하며, 그런 정도에서 Gesell의 권고를 따르는 것이라고 생각한다. 그러나 이 부모는 또한 Gesell이 필요하다고 생각했던 것 이상으로 더욱 아동에게 요구적이며 통제적인 것으로 보인다.

아마도 Gesell의 입장과 같은 철학은 경험적 증거만으로는 완전히 증명되지도, 또 완전히 반박되지도 않을 것이다. 너무나 많은 부분이 자신의 가치관에 달려있을 것이다.

그렇다 하더라도 Gesell의 주장에 귀를 기울임으로써 우리는 상당히 많은 것을 얻을 수 있다고 생각된다. 왜냐하면 우리가 어느 정도까지는 아동을 통제하고 지시하며 교육해야만 하는 것도 사실이지만, 한편 우리는 보통 그런 일을 할 때 너무 서두르는 것 같기 때문이다. 우리가 보다 더 어려워하는 일은 아동에게 스스로 성장할 기회를 주면서 시간을 두고 천천히 그들을 지켜보고 즐거워하며 이해하는 것이다.

동물행동학 이론
Darwin, Lorenz와 Tinbergen, Bowlby와 Ainsworth

동물행동학(ethology)은 진화의 맥락 내에서 동물과 인간의 행동을 연구하는 학문이다 (Lorenz, 1981, p. 1). 현대 진화론의 대표적인 인물은 바로 Darwin이다.

Darwin과 진화론

생애 소개

Charles Darwin(1809~1882)은 영국의 명문 집안에서 출생했다. 그의 조부인 Erasmus Darwin은 의사이며 시인, 철학자로서 명성이 높았고, 아버지 역시 유명한 의사였다. 이에 비해 어린 시절의 Darwin은 이들을 따를 만한 뛰어난 재능을 보이지 않았다. 심지어 부친은 "너는 사냥, 개, 쥐잡기밖에 모르는구나, 너 자신과 가문에 수치가 될 것이다"라고 말한 적도 있었다(Darwin, 1887, p. 28).

Darwin은 처음에 대학에서 의학을 공부하다가 중퇴하고 케임브리지대학교의 신학부에 들어갔다. 그는 학교를 지루해했고 성적이 그렇게 뛰어난 편은 아니었다. 그러나 매력적인 성격을 가지고 있어서 케임브리지대학교의 여러 교수에게 좋은 인상을 줬는데, 특히 자연과 야생에 대해 함께 흥미를 가졌던 몇몇 교수에게 그랬다. 그들 중 J. Henslow 교수는 세계일주를 하는 H.M.S. 비글호의 박물학자로 Darwin을 추천했다. 이 항해로 인해 Darwin은 나중에 진화론을 이끌어내게 될 수많은 관찰을 하였다.

Darwin은 화석과 살아있는 종(種, species)들 간의 변이를 연구하면서 여러 가지 종은 같은 조상을 가졌으며, 새로 생겨난 종들은 사멸되어 버리거나 아니면 변화하는 환경 조건에 알맞게 변화해왔다고 결론을 내렸다. 만약 이 결론이 옳다면 그 당시 종의 기원에 대해 보편적으로 받아들여지던 신학적 견해는 틀린 것이 된다. 즉 종들은 고정되어 완전한 형태로 창조된 것이 아니라 진화되어 왔다는 것이다. 비록 진화에 관한 생각이 이전에도 나타났던 적이 있었지만, 이런 생각의 가능성은 Darwin에게 깊은 고통을 주었다. 그것은 Darwin에게 종교적 회의를 야기했으며, 그는 이것이 다른 이들에게도 충격을 줄 것임을 알았다(Gruber, 1981). 그는 친구에게 이것은 마치 "살인을 자백하는 것과 같다"고 써 보냈다(Murphy, 2007).

Darwin은 자신의 이론을 지지할 증거를 찾으려 했기 때문에 이론을 처음 구상한 후 17년이 지날 때까지 발표하지 않았다(Carroll, 2009, p. 43). 사실 Alfred Wallace가 그와 유사한 이론을 발표하려 한다는 것을 몰랐더라면 결코 자신의 이론을 발표하지 않았을 것이다. 여하튼 Wallace의 이론은 발표될 것이었으므로, Darwin은 일부나마 자신의 업적이 인정받기를 원했다. 그래서 동료들의 권유에 따라 Darwin과 Wallace는 1858년에 공동저술의 형식으로 자신들의 이론을 발표했다. 그리고 1년 후 Darwin은 그의 위대한 저술인 『종의 기원(The Origin of Species)』을 출판하였다. Darwin은 그 후 계속해서 자신의 이론을 발전시켜 나갔으며 그의 이론이 거센 반발을 불러일으켰음에도 불구하고 자신의 기념비적인 업적에 대해 광범위하게 인정받게 되었다. Darwin은 사망한 후 웨스트민스터 사원에 있는 Newton의 묘 바로 옆에 안장되었다.

자연선택설

앞서 말한 바와 같이 Darwin이 진화론을 제기한 최초의 사람은 아니다. 당시 생물학자들은 Jean Baptiste Lamarck의 견해에 대해 토론하고 있었는데, Lamarck는 진화가 **획득형질**(acquired characteristics)의 유전을 통해 일어난다고 주장했다. 예를 들어 기린은 높은 나무의 잎을 따먹기 위해 목을 뻗치게 되었는데, 그렇게 해서 길어진 목이 다음 세대로 유전된다는 것이다. 그러나 Lamarck의 이론은 잘못된 것으로 판명되었다.

Darwin과 Wallace의 이론에서는 새로운 형질이 개체의 생애 동안에 획득될 필요가 없다. 진화론의 핵심은 다음과 같다. 단일종의 개체들 간에는 변이가 무수히 있는데, 이 다양한 개체 가운데서 오직 일부만이 살아남아 번식하게 된다. 그리하여 '생존경쟁'이 이루어지는데, 단일종 가운데 가장 잘 적응한 개체들만이 살아남아 그들의 형질을 다음 세대에 전달한다. 그리고 수없이 많은 세대를 거쳐 자연은 자연환경에 가장 잘 적응하는 개체들을 '선택'하게 되는데, 이를 **자연선택**(natural selection)이라고 한다(Darwin, 1859, 3-4장).

Darwin은 늑대의 상황을 예로 들어 이야기하고 있다(p. 70). 먹이가 부족한 시기에는 가장 재빠르고 강한 늑대들이 생존에 가장 적합하다. 그런 늑대는 다른 늑대보다 번식할 때까지 오래 살게 되고 그들의 형질(오늘날의 용어로는 유전자)을 다음 세대에까지 전달하게 된다. 그리하여 수많은 세대를 거친 후에는 속도가 빠르고 힘이 센 형질은 그 종의 전체집단에 널리 퍼지게 된다는 것이다.

진화는 보통 믿을 수 없을 만큼 느린 과정을 통해 이루어진다. 보통 수많은 세대가 지난 후에야 비로소 그 변화를 알아볼 수 있다. 따라서 아무리 단순하게 진행된다고 해도 진행 중에 있는 진화를 본다는 것은 매우 어려운 일이다. 그런데 그 당시의 생물학자들은 영국에서 그런 기회를 가질 수 있었다. 1800년대 중반에 맨체스터에는 그 지역의 하얀 나무들과 잘 어울려 수많은 흰나방이 서식하고 있었는데, 흰색은 새가 흰나방을 발견해서 잡아먹기 어렵게 만들었다. 나방들 중에는 소수의 검은 나방이 있었는데(돌연변이의 산물로서) 이들은 쉽게 천적에게 발견되었다. 따라서 단지 극소수의 검은 나방만이 생존하여 번식할 수 있었다. 그러나 산업화로 인해 석탄연기가 나무를 검게 만들자, 이번에는 흰 나방이 천적에게 발견되기 쉬운 먹이가 되었다. 검은 나방은 오히려 살아남아 번식할 수 있는 최적의 기회를 갖게 되었는데, 다음 50년 동안에 걸쳐 검은 나방의 수는 1%도 안 되던 것이 무려 99%로 증가했다(Ehrlich & Holm, 1963, pp. 126-130).

인간 사례

『종의 기원』(1859)에서 Darwin은 진화를 논했지만 인간의 진화는 언급하지 않았다. 그 주제는 매우 자극적이었기 때문이다. 그는 기다렸다가 12년 후 저서『인간의 유래(The Descent of Man)』(초판은 1871년에, 2판은 1874년에 출판)에서 인간의 진화를 언급했다. 그 책에서 Darwin은 인간 종이 다른 종들과 차이가 없으며 거의 대부분의 사람이 믿는 것처럼 특별한 창조행동이 아니라고 주장했다. 오히려 인간과 다른 종들은 같은 조상에서 유래되었다. 오래전 Darwin은 인간과 유인원이 동일한 유인원 같은 동물(ape-like animal)로부터 가지쳐 나왔다고 추측했다. 심지어 좀 더 먼 시기에도 인간과 다른 포유동물들은 아마도 양서류에서 진화되었을 것이고, 그 이전에는 수중생물 형태에서 진화했을 것이다. 다른 생물종과 인간은 같은 조상을 가지며 모두 관련된다. 인간은 (생물) 확대가족의 부분이다. 물론 종들 사이에 차이가 있다. 그러나 열린마음으로 본다면 우리 자신과 다른 종들 사이의 유사성을 볼 수 있다. 그것은 우리가 공유한 유전자의 특징(stamp)을 가진 유사성이다(1874, pp. 160, 629-632).

예를 들면 우리는 인간이 신체적 수준에서 다른 동물들과 같다는 것을 안다. 인간의 뼈는 원숭이, 박쥐, 물개 같은 다양한 동물의 뼈와 유사하며, "인간의 근육, 신경, 혈관, 내장도 마찬가지다"(p. 6).

Darwin은 초기 인간태아가 다른 동물의 태아와 매우 유사한 것도 알았으며, 이 사실은 그들이 공동의 조상을 가졌다는 것도 시사한다(p. 25). 이에 관한 가장 강력한 주장은 Ernst Haeckel에 의해 이뤄졌는데, 그는 1860년대 말 "**개체발생**(ontogeny)은 **계통발생**(phylogeny)을 반복한다"고 주장했다. 즉 개별유기체의 발달(개체발생)은 그 종의 진화역사(계통발생)를 간단히 축약된 형태로 되풀이한다는 것이다. 인간의 태아는 어류, 양서류 등과 같은 모습의 순서를 거치는데, 이는 인간종의 과거 진화역사를 반복하는 것이다. 이런 제안은 심각한 무신론을 생기게 했으며, 인간 태아가 다른 종의 성숙된 형태를 닮았다고 말하는 것은 잘못이다. 하지만 닮은 것들은 다른 종들의 성숙된 형태가 아니라 초기 형태다(Thain & Hickman, 1994, p. 67).

Darwin은 또한 그가 퇴화기관(rudiment)이라 부르는 우리의 꼬리뼈 같은 일부 신체구조가 초기 형태(1874, p. 23)에서 유래된 걸 어떻게 밝혀주는지도 말했다. 그러나 Darwin의 가장 혁신적인 제안은 진화연속성이 행동 영역, 이성과 정서 영역에서 보인다는 점이다. 그는 이성과 정서가 인간종에만 있다는 오래된 서구의 관점에 도전했다.

Darwin은 인간이 다른 종들보다 더 높은 정도의 이성적 사고를 발달시킨다는 걸 인식했다. 우리 인간종은 다른 종들보다 신체적으로 약하고 느리기 때문에 살기 위해 지능과 발명(도구 포함)에 의지해야만 했다(1874, p. 65). 그러나 Darwin은 인간은 지적인 힘이 갑자기 발달되지 않았다고 주장했다. 이러한 역량은 우리의 진화가 일어난 과거의 시간 동안에 점진적으로 나타났으며, 지능은 우리 조상을 공유하는 많은 동물에서 입증된다.

예를 들어 Darwin은 감금되어 있어서 물에 떠있는 빵조각에 팔이 닿을 수 없는 곰에 대해 말했다. 그래서 곰은 물까지 도랑을 파고 빵은 도랑을 지나 곰에게 흘러온다(p. 79). 이것은 분명히 창의적 사고를 요구한다. Darwin은 동식물학자들이 동물의 행동을 더 많이 연구할수록 동물이 더 지적이라는 걸 발견하게 될 것이라고 말했다(p. 77).

다른 종들은 인간의 풍부한 정서적 생활역량도 공유한다. 예를 들어 많은 동물이 즐거움을 나타내는데, 동물의 새끼들(예 : 강아지, 고양이, 양의 새끼)이 놀고 있을 때 가장 잘 나타난다. 인간의 아이들처럼 다른 동물의 새끼들도 행복하게 장난을 친다(1874, p. 70).

Darwin은 특히 도덕적 정서, 타인에 대한 관심에 흥미가 있었다. 그는 인간의 도덕성이 다른 동물의 도덕성과 다름을 알았다. 우리는 도덕적 주제에 더 큰 지적 능력을 가져와서 더 많이 반영한다(1874, p. 115). 그러나 Darwin은 다른 많은 동물들이 도덕성의 기초(인간 도덕성을 구성하는 벽돌)를 발달시킨다고 주장했다.

많은 종의 구성원들은 동료가 그들 가까이 있고, 위험한 때에 경고를 보내며, 때로 서로 돕기를 바란다. 이를 보여주기 위해 Darwin(1874, p. 104)은 계곡을 지나 언덕 위로 움직이는 개코원숭이 무리 이야기를 했다. 일부 개코원숭이들이 계곡에 있는데 한 무리의 개들이 공격했다. 위험을 벗어나기 위해 모든 개코원숭이가 기어 올라갔는데 한 마리만 남았다. 이 어린 개코원숭이는 여전히 언덕 아래서 도와달라고 큰소리로 울었다. 그 원숭이는 개들에 둘러싸였다. 그때 가장 큰 원숭이 중 한 마리가, "한 진정한 영웅이, 산에서 다시 내려와 어린 원숭이에게 천천히 다가가서 달래며 어린 원숭이를 득의양양하게 멀리 데리고 갔다. 개들은 너무 놀라서 공격을 할 수 없었다"(Darwin, 1874, p. 104).

상호협력과 이타성에 대한 Darwin의 강조는 학자들을 어리둥절하게 만들었다. 왜냐하면 그가 '생존투쟁(struggle for existence)'에 대해서도 썼기 때문이다(1859, 3장). 예를 들면 숫사슴은 봄에 싸움을 한다(1874, p. 531). 이 싸움은 약한 수컷이 아닌 가장 힘센 수컷이 다음 세대로 그들의 특성을 전달하는 걸 보장한다. 그러나 Darwin은 **집단생존**을 위한 조력행동(helpful behavior)의 중요성도 믿었다. 함께 단결하고 서로에게 위험하다는 경고를 보내는 동물들(인간 포함)은 더 좋은 생존기회를 가진다(1874, pp. 124, 137).

요약하면 Darwin은 신체적 특성과 인지적 및 정서적 특성 모두에서 인간종과 다른 동물종들 간에 연속성이 있음을 강조했다. 그는 동물들이 우리의 모든 정서를 공유한다고 말하지 않았고, 우리의 모든 인지능력도 공유한다고 말하지 않았다. 하지만 인간의 정신과 다른 동물을 나누는 명확한 선은 없다고 말했다. 『인간의 유래』(1874)에 있는 이 주제에 대한 2개의 긴 장에서 Darwin은 "사람이 자랑하는 다양한 정서와 능력은 하등동물에서조차 초기 형태나 잘 발달된 형태로 발견될 수도 있다"고 결론 내렸다(p. 130).

평가

현대 생물학자들은 일반적으로 Darwin의 이론을 큰 틀에서는 타당한 것으로 여긴다. 종들 내에서는 굉장한 변이가 있으며, 그중 단지 소수의 개체들만이 살아남아 번식하고 그들의 형질을 후손에게 전달하기 때문에 종이 변화하게 된다는 것을 지적한 점에서 Darwin은 옳았으나, 변이의 근저에 있는 기제와 형질의 전달에 대해서는 이해하지 못했다. 그런 활동들이 어떻게 유전자에 의해 수행되는가를 이해하게 된 것은 Gregor Mendel과 몇몇 다른 사람의 연구 이후에야 가능해졌다. 다시 말하면 Darwin은 시대를 많이 앞선 사람이다. 예를 들어 집단선택(group selection)에 대한 그의 생각은 근년에 와서야 저명한 생물학자들의 진지한 고려대상이 되었다(Wade, 2009).

Darwin은 자연선택이 피부색과 같은 신체적 특징뿐만 아니라 여러 종류의 행동에도 적용된다고 믿었다. 이런 의미에서 Darwin은 최초의 동물행동학자라고 할 수 있는데, 이 명칭은 진화론적 관점에서 동물의 행동을 연구하는 생물학자에게 부여되는 명칭이다. 이제부터는 현대 동물행동학자들의 사상을 개관해보고, 이들 사상이 인간발달의 연구에 어떻게 적용되고 있는지 살펴보기로 하자.

현대의 동물행동학 : Lorenz와 Tinbergen

생애 소개

Konrad Lorenz(1903~1989)는 종종 현대 동물행동학의 아버지로 불린다. 그렇다고 그가 반드시 다른 동물행동학자들보다 더 많이 발견한 것은 아니다. 그러나 그의 대담하고 생생하며 또한 종종 유머러스한 문체는 이 새로운 분야에 많은 관심을 불러일으켰다.

Lorenz는 오스트리아에서 태어나 그곳에서 자랐다. 그의 아버지는 유명한 의사로서 Lorenz 역시 의사가 되기를 바랐다. 그래서 Lorenz는 의무적으로 의학과정을 이수했다. 그러나 그는 결코 자연과 야생의 연구에 대한 소년시절의 정열을 잊지 못했다. 그래서 비엔나대학교에서 동물학을 연구하여 그 분야의 박사학위를 취득했다. Lorenz는 1930 년대 초에 동물행동학에 대한 연구를 시작했으며, 그때 그는 신체적 특징뿐만 아니라 동물의 선천적 행동패턴에서도 진화의 흔적을 볼 수 있다고 믿게 되었다(Lorenz, 1981, p. 101). 그는 자신의 오스트리아 큰 저택에서 많은 관찰을 했는데, 거기에는 많은 야생 동물들이 자유롭게 돌아다녔다.

Niko Tinbergen(1907~1988)은 Lorenz의 그늘 아래서 조용히 연구에 전념해왔다. 그럼에도 불구하고 동물행동학자들은 그의 업적을 Lorenz에 필적할 만한 훌륭한 것으로 간주하고 있다. Tinbergen은 네덜란드의 헤이그에서 태어나 Lorenz와 마찬가지로 소년 시절 동물과 야생에 매혹되었다. 학교에서 Tinbergen의 성적은 일정치 않았다. 그는 단지 흥미 있는 과목만 잘할 뿐이었다. 그래서 그는 교사로부터 운동에만 큰 관심을 갖는 게으른 아이라는 평판을 받았다. 그러나 Tinbergen은 1932년 라이덴대학교에서 생물학 박사학위를 받은 후 동물행동학 분야에서 눈부신 연구를 하기 시작했다. 그의 연구는 제2차 세계대전 동안 중단되었는데, 이는 대학에 있는 유태인 교수들의 추방에 반대했다는 이유로 독일군이 수용소에 감금시켰기 때문이다. 감금 동안에 Tinbergen은 아동을 위한 이야기와 아울러 동물행동학에 관한 글을 썼다. 전쟁 후 그는 옥스퍼드대학교 교수가 되었다. 1973년에 Tinbergen과 Lorenz는 동물행동학자로서는 세 번째로 명망 있는 Karl Von Frisch와 함께 노벨 생리의학상을 공동 수상하였다(Baerends, Beer, & Manning, 1975).

방법론적 접근

동물행동학자들은 동물의 행동에 대해 자연환경 속에서 연구하는 것을 중요시한다. 갇힌 상태에서 동물을 연구한다면 많은 것을 놓치게 되며, 우리는 동물들이 영역이동을 하거나 영역을 확정하는 방식을 볼 수 없다. 또 동물들이 왜 그곳에 집을 짓고 천적으로부터 어떻게 자신을 방어하는지 알 수 없다. 사실 갇혀있는 많은 동물은 짝짓기를 하지 않아서 동물들의 구애와 새끼 기르기를 볼 기회가 없다.

동물행동학자들이 야생에 있는 동물종을 연구할 때는 **자연관찰**을 하고 있으며 어떤 이론적 의미에서 설명하려 하지 않고 동물행동을 관찰하고 기술한다. 자연관찰은 시간이 걸리지만 자연관찰이 가능할 때는 이론과 경험보다 우선한다(Hess, 1962, p. 160; Lorenz, 1981, pp. 46-47, 53).

본능

동물행동학자들은 본능에 흥미를 가진다. 일상적으로 우리는 학습되지 않은 행동은 모두 '본능적'이라거나 '본능'이라고 말한다. 그러나 동물행동학자들에게 있어서 본능이란 학습되지 않은 특별한 부류의 행동을 뜻한다.

우선 본능은 **특수한 외적 자극에 의해 유발**된다. 예를 들어, 어린 갈까마귀는 어미가 특정 각도와 속도로 날아오를 때만 어미를 따라 날아갈 것이다(Lorenz, 1935, pp. 157-161). 어미의 이륙패턴이 새끼가 뒤따르는 것을 '유발'한다.

마찬가지로 큰가시고기의 수컷들은 특수한 자극에 대해 싸우려는 경향을 보인다. 봄이 되면 그 종은 얕은 맑은 물로 이동한다. 거기서 성체 수컷은 영역을 정하고, 둥우리를 만들고, 암컷을 유혹한다. 이 수컷은 또한 배 위에 붉은 반점을 발달시킨다. 다른 가시고기가 그 영토에 들어왔을 때 침입자 배에 붉은 반점이 있으면 먼저 수컷은 공격모드로 들어간다. 다음에 어떤 일이 일어나는가는 침입자에게 달려있긴 하지만 붉은 배는 처음 수컷의 전투준비를 유발한다(Tinbergen, 1951, pp. 48-50, 103).

만약 산란기에 있는 암컷이 자신의 영토에 들어오면 암컷의 불룩한 배는 매우 다른 행동을 유발한다. 수컷은 암컷을 향해 지그재그 춤을 추게 되는데, 이 춤은 구애 춤의 시작이다.

동물행동학자들은 다양한 본능과 본능의 구성요소를 연구했다(Lorenz, 1952a, p. 306, 1963, pp. 52-53). 일반적으로 본능과 다른 비학습행동(예 : 반사)을 구분하는 것은 특수한 유발자극의 존재이다. 예를 들어 눈깜빡임 반사는 바람, 먼지, 큰 소음, 밝은 빛 같은 많은 자극에 의해 생길 수 있다. 단 하나의 특수 유발자극이 있는 건 아니다.

각인

많은 경우 특수한 유발자극에 대한 동물의 반응은 생래적이거나 선천적인 경우가 많다. 그러나 많은 경우 동물은 지식이 부족한 상태로 태어난다. 동물은 본능의 모든 양상을 선천적으로 갖추고 있으나 유발자극에 대한 일부 지식은 부족하다. 이 지식이 초기의 결정적 시기에 갖춰질 때 이 과정을 **각인**(imprinting)이라고 한다.

조류나 포유류의 많은 새끼 종들은 추종(following) 반응을 유발하는 자극에 대한 불완전한 지식을 갖춘 채 세상에 태어난다. 이는 마치 예를 들어, 새끼거위가 다음과 같이 말하는 것과 같다. "나는 내가 따라야 할 본능이 있다는 것을 알아. 내가 줄지어 있다는 것도 알아. 또한 유발자극에 관해서도 무언가는 알아. 움직이는 것은 엄마야. 그런데 엄마는 어떻게 생겼을까?" 이것이 바로 초기 결정적 시기에 그가 본 첫 번째로 움직이는 물체를 따라가는 새끼거위가 배운 정보다. 평상적으로는 이 첫 번째로 움직이는 물체는 어미 거위다. 그러나 어미가 없는 회색기러기 새끼들을 Lorenz가 키웠더니, 회색기러기 새끼들은 그를 '어미'로 여겼다. 이들은 같은 종인 다른 거위들을 무시한 채 Lorenz가 가는 곳마다 열심히 줄지어 따라다녔다. 즉 회색기러기 새끼들은 Lorenz에게 각인되었다(Lorenz, 1935, p. 124).

비록 Lorenz가 각인을 관찰한 최초의 연구자는 아니지만, 그는 각인이 **결정적 시기** (critical period) 동안에 일어난다는 것을 최초로 말한 사람이다. 각인은 어린 동물이 일단 생후 초기의 특정한 시기 동안 어떤 대상에 노출되어 그 뒤를 따르게 되면 그 대상에 애착하게 되는 것을 의미한다. 만약 결정적 시기 이전이나 이후에 대상에 노출되면 애착은 형성되지 않는다. 일단 결정적 시기가 경과해버리면, 그 동물로 하여금 다른 대상에게 애착하도록 유도하는 것이 불가능해진다(p. 127).

Lorenz는 각인되는 대상의 범위가 종에 따라 각기 다르다는 것을 발견했다. 회색기러기 새끼는 움직이는 것이면 어느 것에나 각인하는 것 같다(몇 마리는 움직이는 보트에도 각인했다). 반대로 물오리 새끼들은 보다 까다로워서 Lorenz가 움직여 다닐 때 어떤 높이 이하로 몸을 구부리고 꽥꽥거리는 소리를 지를 때만 그에게 각인했다. 다시 말해서 물오리 새끼는 어미의 적절한 어떤 측면, 즉 어미는 움직여야 하며, 키가 어느 정도여야 하고, 어떤 소리를 질러야 한다는 것에 대한 생래적인 도식을 가지고 있다. 따라서 각인이란 시각적 패턴의 그 나머지 부분을 채운다(Lorenz, 1935, p. 135, 1952b, pp.

그림 3.1   어미를 뒤따라가는 각인된 새끼 오리들

(M. H. Spivak, Getty Images.)

42-43).

어린 동물들은 각인과정에서 적극적인 역할을 한다. 어린 동물은 각인할 어미를 절박하게 찾는다(Bateson, 1991). Lorenz는 갈까마귀 새끼들이 마치 길을 잃고 외로워서 내는 소리처럼 높은 울음소리를 내면서 누군가 따라가야 할 상대를 찾는 것처럼 행동했다고 말했다(1981, p. 280).

일단 각인이 되고 나면 추종의 열정은 강력해진다. 저자는 우리집 동물보호구역 안의 큰 연못에 떠있는 야생 청둥오리를 보면서 몇 시간을 보냈다. 처음 어미와 함께 있는 새끼오리들을 보고 있을 때, 새끼오리들은 먹이를 간절히 찾아다녔다. 새끼들은 마치 배가 고픈 것처럼 행동했다. 그러나 어미가 새끼들 곁을 떠나 물로 향하자 새끼들은 곧 따라갔다. 저자는 같은 일을 여러 번 목격했다. 엄마를 따라가려는 아기의 본능은 배고픔 욕구보다 크다(그림 3.1 참조).

때로 어린 새들은 어미에게서 떨어져나와 뒤떨어지게 된다. Lorenz는 그렇게 되면 새끼들이 길을 잃은 높은 울음소리(lost piping call, 종마다 약간씩 다르다)를 내며 어미를 찾는 것을 보았다. 어미가 그 소리를 들으면 어미는 새끼를 인도하는 큰소리(loud guiding call)를 낸다. 만약 새끼들이 어미에게 도달할 수 없으면 어미는 뒤돌아가서 낙오된 새끼들을 데려온다. 어미가 새끼들에게 도달하면 어미는 반가운 소리를 내고 어미와 새끼는 서로 기쁜 소리를 주고받는다(Lorenz, 1935, pp. 176-177, 1981, p. 276).

각인은 새끼의 추종반응뿐 아니라 그 이후의 성적(性的) 취향을 결정할 수 있다. Lorenz는 개인적 경험으로부터 이것을 알게 되었다.

그의 이웃이 어미 잃은 갈까마귀 한 마리를 길렀는데, 인간에게 각인된 그 갈까마귀는 성적인 성숙기에 이르렀을 때 Lorenz에게 구애했다. 그 새는 전형적인 갈까마귀의 의식을 통해 Lorenz를 유혹했는데, Lorenz의 입에다 벌레를 집어넣으려 했다. 그가 입을 다물자 이번에는 귀에다가 벌레를 집어넣으려 했다. 이 새는 생의 초기에 오직 인간에게만 노출되었던 까닭에 이후 성적 대상으로 인간을 선택한 것이다. 성적 각인의 결정적 시기는 어미를 따르는 각인과는 시기적으로 다르겠지만, 역시 매우 초기에 나타나며 실제 성행동이 나타나기 훨씬 전에 나타난다(Lorenz, 1935, p. 132, 1937, p. 280, 1952b, pp. 135-136).

지금까지 우리는 사회적 애착, 즉 부모애착과 성애착의 형성에 대해 논의해왔다. 각인과 같은 과정은 또한 영역지도나 먹이선호 혹은 노래에 대한 학습 등 다른 종류의 학습에 대해서도 영향을 줄 수 있다. Marler와 Tamura(1964)는 그들의 선구적인 연구에서 샌프란시스코 지역의 흰정수리북미멧새는 초기 결정적 시기에 자기 종의 노래의 양상들을 학습한다고 주장했다. 노래 전체를 다 학습하지는 않지만(기본 구조는 생래적임) 결정적 시기 동안에 일종의 '지역 사투리'를 배우게 된다(따라서 선셋비치가 아닌 버클리 지역에서 성장한다면 다르게 노래한다).

그럼에도 불구하고 각인에 관한 대부분의 연구는 사회적 애착의 형성, 특히 초기의 추종반응에 중점을 두고 있다. 이런 연구들 중에는 Lorenz의 초기 이론의 공식화에 대해 의문을 제기하는 것들도 있다. Lorenz(1935)는 처음에 어미에게 각인하는 것은 초개체적인 것이라고 주장했다. 즉 특수한 종인 어미에게 각인하는 것이지 개별적인 어미에게 각인하는 것은 아니라고 생각했다. 그러나 다른 동물행동학자들은 어린 동물들이 개별적인 어미에게 각인하는 것을 관찰했고(Bateson, 1990), Lorenz는 자신의 입장을 수

정했다(Lorenz, 1965, p. 57).[1]

다른 연구들, 특히 실험실에서 수행된 연구들은 각인이 완전히 불변적이라는 Lorenz 의 가설에 의문을 제기했다. 예를 들어, 만일 감각박탈 조건에서 조류를 키운다면 신경발달을 느리게 할 수 있고, 그렇게 하면 결정적 시기도 늦출 수 있을 것이다(Bateson, 1991). 그래서 일부 연구자들은 '결정적 시기'라는 용어보다 범위가 좀 더 융통성 있는 '민감기'라는 용어를 더 선호하기도 한다(Maestripieri, 2001).

몇몇 실험실 연구는 그것이 조건들을 추가한 만큼 Lorenz 연구를 반박하지 못했다. 연구자들이 공포반응이 시작되면서 결정적 시기는 끝난다고 말한 점이 가장 중요하다. 어린 동물이 일단 공포반응을 시작하면, 그 어린 동물은 새롭거나 낯선 대상을 피하면서 대신 각인된 어미 곁에 있으려 한다(Hess, 1973). 결정적 시기를 연장하는 방법을 연구하는 실험실 연구자들(예 : Bateson, 1991)도 결정적 시기가 끝나는 시점이 오는 데 공포의 중요성을 인식하고 있다.

동물행동학자들은 각인된 어미를 따르는 본능이 생존을 돕는다고 믿는다. 어느 이른 아침 저자는 집에서 기르는 개 래브라도 리트리버 몰리와 연못 둘레길로 조깅을 하고 있었다. 굽은 곳에 도달했을 때 우리는 어미 청둥오리와 새끼들을 보았다. 몰리는 오리들을 향해 돌진했는데 저자는 몰리가 청둥오리들을 죽일까 봐 두려웠다. 저자는 "안돼!", "앉아!", "가만히 있어, 몰리!"라고 목청껏 소리쳤지만, 몰리는 오리들을 향해 속도를 높였다. 그때 어미가 연못 속으로 걸어들어갔고 새끼오리들이 즉시 따라갔다. 오리들은 모두 멀리 헤엄쳐가서 위험에서 벗어났다. (저자는 매우 안도했고 그 후에는 몰리를 끈으로 묶어서 데리고 다녔다.)

각인은 집단으로 생활하고, 출생 후 곧 움직이며, 천적의 강한 압력하에 있는 조류 및 포유류(사슴, 양, 물소 등 포함)에서 일어난다. 그러나 더 느리긴 하지만 침팬지 같은 영장류를 포함하는 다른 동물들에서도 각인은 일어난다. 어린 침팬지는 출생 후 3~4개월이 지나야 비로소 함께 있는 다른 침팬지에게 관심을 보이기 시작한다. 다음에는 어미(또는 수양어미)에 대한 뚜렷한 선호를 발달시키고 다른 성체 침팬지에 대해서는 분

---

[1] 반대로 성적 각인은 후의 구애행동에 있어서 종내(種內)의 특정대상을 결정하는 것이 아니고 단지 종만을 결정하는 것 같다. 새끼는 자기가 각인한 어미에 대해 구애하지 않으리라는 것은 확신할 수 있는데, 이것은 일종의 예외다(Lorenz, 1935, p. 132).

명히 경계하게 된다. 이 시기 후에 새끼들은 더욱 어미 곁에 머무르고 수시로 어미에게 되돌아오곤 하며, 만약 어미가 떠난다는 어떤 신호를 보이면 새끼들은 달려들어 어미에게 올라타곤 한다. 이렇듯 새끼 침팬지들은 생의 특정 시기 동안 특별한 대상에게 확실히 애착을 하게 된다(Bowlby, 1982, pp. 190, 196). 앞으로 또 논의하겠지만, 유사한 과정이 인간의 아이에게서도 나타난다.

평가

동물행동학은 1차적으로 유럽대륙에서 발달했으며, 미국에서 받아들여지기까지는 꽤나 시간이 걸렸다. 1950년대부터 1970년대에 이르기까지 미국 심리학자들은 동물행동학이 환경과 경험의 역할을 무시했다고 비판했다.

유명한 한 연구에서 Riess(1954)는 잘라낸 나뭇가지를 본 적이 없는 쥐는 집짓는 본능을 보이지 않는다는 것을 보여주었다. 그러나 그런 실험들은 동물행동학자의 관점을 오해한 것이다. 동물행동학자들은 본능이 어떤 환경 내에서 적응하는 데 도움이 되기 때문에 진화해왔으며, 본능이 적절하게 발달하기 위해서는 올바른 환경이 필요하다는 것을 알고 있다. 환경은 중요하다. 동물행동학자가 주장하는 것은, 본능적 행동이란 커다란 생래적인 요소를 가진 것이며, 본능은 그것이 이미 적응해온 환경에서는 교묘한 조건형성이나 학습 없이도 나타날 것이라는 것이다.

동물행동학자들은 인간 종이 아닌 동물들에 대해서 많은 것을 발견했지만 이러한 통찰을 인간에게 적용하는 것은 느렸다. 그들이 인간과 동물에 대해 바로 이어서 말한다는 걸 두려워했던 건 아닌가 한다. 그들은 인간은 다른 종들과 달리 문화와 학습에 의해 더 많이 결정된다고 말하려는 것 같다. 이것은 어느 정도 사실이지만 저자는 그 저항이 기본적으로 그 시대의 오래된 믿음(인간종은 너무 훌륭해서 '하위'동물들과 연결될 수 없다)에서 나왔다고 믿는다(Balcombe, 2006, pp. 25–27). 어떤 경우이든 이제 동물행동학의 개념을 인간발달에 적용시킨 선구적인 노력인 John Bowlby와 Mary Ainsworth의 이론을 살펴보기로 하자.

인간의 애착에 대한 Bowlby와 Ainsworth의 이론

Bowlby의 이론

생애 소개

John Bowlby(1907~1990)는 런던에서 영국 상류층 가족의 아들로 태어났다. 그는 대인관계에서는 오래된 영국사람들의 신중성을 유지했지만 경력에서는 조금도 전통적이지 않았다. 그는 진보적인 두 학교에서 아동을 가르쳤고, 아직은 정신분석학이 새로운 것일 때 정신분석학 훈련을 받았으며, 1936년에 아동생활지도를 하는 첫 번째 영국 정신의학자 중 한 사람이 되었다.

초기에 그는 손이 부족한 고아원과 탁아소에서 키워지는 아동의 장애에 대해 관심을 갖게 되었다. 양육자들이 아동과 많은 정서적 상호작용을 할 수 없는 시설에서 자란 아동은 타인과 친밀하고 지속적인 관계를 형성할 능력이 없음을 자주 보여주었다. Bowlby는 그 아동이 생의 초기에 어머니에 대한 사랑을 경험할 기회를 놓쳐버린 것으로 보았다. 1948년 세계보건기구는 Bowlby에게 그러한 시설박탈(institutional deprivation)에 대한 증거를 찾기 위한 연구를 하라고 위임했다. 시설박탈은 1951년에 쓴 Bowlby의 보고서인 「모성양육과 정신건강(Maternal Care and Mental Health)」에 요약되어 있다. 그 보고서는 시설박탈효과에 대한 대폭적인 관심을 유발했다.

그러나 Bowlby의 더 큰 관심은 다른 아동집단에 있었다. 그 아이들은 부모에게 확고한 애착을 형성하고 난 다음 1주일 이상 수 주 동안 병원에 입원한 걸음마기 아동이다. 그 시절, 즉 1940~1950년대에 대부분의 병원은 부모가 아동병실에 들어오지 못하게 했다. 병원직원은 부모가 일상을 무너뜨리고 전염병을 퍼뜨린다고 믿었다. 그러나 부모가 아이를 병원에 떨어뜨려 놓으면 아이들은 극도로 흥분한다.

Bowlby와 젊은 사회복지사인 James Robertson은 이런 걸음마기 아동의 반응이 순서를 따라 일어나는 걸 발견했다. 처음에 걸음마기 아동은 큰소리로 울며 부모를 찾는다. 그들은 "우리 엄마 어디 있어요?"라고 계속 묻는다.

수 주일 후 그들은 마치 슬픈 상태인 것처럼 더 침착해지지만 계속해서 부모를 찾는다.

마지막으로 그들은 수용단계로 들어간다. 그들은 더 활발해졌다. 직원은 종종 아이들이 회복되었다고 믿었지만 모든 아이들이 건강한 건 아니었다. 부모가 돌아왔을 때 아이들은 부모를 모르는 것처럼 보였다. 몇 명은 결국 그들의 유대를 회복했으나 다른 아이들(특히 더 긴 기간 동안 분리되었던 아이들)은 사람들에게 더 이상 깊은 관심을 갖지 않았다. 그들은 사람들을 포기했다.

Bowlby의 지원을 받아 Robertson은 부모가 아이들과 함께 있는 걸 허락하도록 병원을 열심히 설득했다. 1952년 Robertson은 〈두 살된 아이가 병원에 가다(A Two-Year-Old Goes to Hospital)〉란 영화를 만들었다. 이 영화는 Laura라는 작은 소녀의 고통을 보여준다. Laura는 자기조절을 매우 잘하는 아주 예쁜 소녀였지만 그 아이의 정서는 돌파구를 찾았다. 그 애는 병원을 도망쳐서 집으로 돌아가려는 헛된 시도를 했고 혼자일 때 흐느껴 울며 점차 슬퍼졌다. 그 애는 계속 소리쳤다. "엄마가 보고 싶어요, 우리 엄마 어디 갔어요?"

Robertson의 영화는 적대적인 반응을 만났다. 그는 병원을 아이들에 민감하지 못한 것처럼 보이게 만들어서 병원의 명예를 훼손했다고 비난받았다. 심지어 그는 일부 소아과 병실 방문을 금지당했다. (Bowlby는 의사였기 때문에 가장 심한 공격은 모면했지만 Robertson의 '어리석은 짓'을 받아들였다는 비난을 받았다.) Laura의 고통과 관련해서 사람들은 Laura가 적절히 길러지지 않았을 가능성 같은 설명을 생각해냈다. 많은 사람이 아동은 더 성숙하게 행동해야만 한다고 믿었다(Karen, 1994, 6장).

Bowlby는 그 아이의 고통은 자연스러운 거라고 믿었지만 그것에 대한 이론적 설명을 찾을 수 없었다. 부모에 대한 아이의 유대가 얼마나 중요하기에 그것이 끊어지면 그토록 심각한 반응을 일으키는 것일까? 정신분석학자와 학습이론가들은 그 유대를 수유의 산물로 보았지만 Bowlby는 음식이 없어도 많은 강력한 관계가 발달하는 것을 보았다(1982, p. 217).

Bowlby가 타당한 설명을 찾고 있을 때 한 친구가 그에게 Lorenz와 동물행동학자들의 연구에 대해 말해주었다. 동물행동학이 애착이론을 발전시킬 필요가 있는 그에게 틀을 제공했다(Bowlby, 1980, 1장, 1982, pp. 25-28; Karen, 1994, 6장).

애착이론 : 개관

동물행동학자들의 연구결과를 읽은 Bowlby는 부모와 가까이 있으려는 아이들의 강한 충동이 폭넓은 여러 종의 동물에도 있음을 보았다. 사실 인간의 아기는 다른 대부분 종의 새끼들과는 다르다. 다른 동물종의 새끼들이 태어나자마자 이동할 수 있는 데 반해 인간 아기는 부모를 따라갈 만큼 잘 기어갈 수 있으려면 몇 개월이 걸린다. 그러나 인간 아기는 초기에 근접성 유지를 위한 다른 수단들을 가진다고 Bowlby는 제안했다. 예를 들어 그들은 분리될 때 부모를 꼭 붙잡고 울 수 있다. 그들의 사랑스러운 미소도 부모로 하여금 그들 곁에 있고 싶게 만든다. 그다음에 아기가 기거나 걸을 수 있게 되면 떠나는 부모를 급히 따라간다.

Bowlby는 인간과 다른 종들에서 아기(또는 새끼)가 양육자와 가까이 있게 해주는 모든 몸짓과 행동을 **애착행동**(attachment behavior)이라고 불렀다. 더욱이 Bowlby는 그 모든 것이 동일한 기원을 가진다고 믿었다. 애착행동들은 약탈자에게서 그들을 보호하도록 해주기 때문에 어린 동물들의 본능적 특성의 부분이 되었다(Bowlby, 1982, pp. 180-190, 1973, pp. 57-59).

오늘날 약탈자라는 말은 이상하게 들린다. 인간에게 큰 위험은 자동차나 공업용 화학물질에 의해 생긴다. 그러나 Bowlby는 우리에게 우리의 **진화적응성 환경**(environment of evolutionary adaptedness), 즉 우리가 진화해온 환경을 생각해보라고 요구한다. 그는 인류학 자료가 약 200만 년 전[우리 조상인 호모 하빌리스(최초로 도구를 만들었다고 간주되는 약 200만 년 전의 직립 원인)가 다듬어지지 않은 돌도구(crude stone tool) 사용을 시작한 시기] 인간 생활 시작에 대한 매우 좋은 그림을 제공한다고 믿었다. 그 뒤의 거의 모든 200만 년에 걸쳐 우리 조상들은 소집단으로 음식을 찾기 위해 돌아다니는 채집수렵생활자(주로 채집생활자)로 살았다. 이 시기 동안 그들은 사나운 동물의 공격을 당할 위험을 무릅썼다. 위협받을 때 인간들은 약탈자를 물리치고 병든 사람과 어린 아이를 보호하기 위해 협력했다(1982, pp. 58-64). 부모와 가까이 머물지 않는 (혼자 있는) 어린아이들은 숨어있는 표범과 사냥개 떼의 쉬운 먹이가 되었다(Bowlby, 1973, p. 143).

더 나아가 Bowlby는 인간 아기는 다른 많은 어린 동물들처럼 각인을 통해 애착을 발달시킨다고 주장했다. 그 과정은 대부분의 동물들에서보다 훨씬 더 느리긴 하지만 다음 순서를 따라서 발달하며 일어난다.

처음에 아기의 애착 몸짓은 대부분 구별하기 어렵다. 아기는 누구라도 방을 나가기만 해도 울고 어떠한 얼굴에 대해서도 미소 짓는다. 그러나 생후 약 3개월에서 6개월 사이에 그들의 반응은 몇몇 익숙한 사람에게만 한정되며, 한 사람만을 특히 좋아하게 된다. 이렇게 되면 아기는 낯선 사람에 대해서는 경계하게 된다. 곧이어 아기는 기어다니기 시작하고 주요 애착대상을 가까이 있게 하는 데 좀 더 적극적인 역할을 하게 된다. 아기는 부모가 어디에 있는지를 지켜보며, 만약 부모가 갑자기 떠난다는 눈치를 보이게 되면 뒤따라가려는 반응을 하게 된다. 이 전체 과정(주요 애착대상에 집중하여 그 사람이 떠나면 따라가려는 행동이 유발되는)은 다른 종들에서의 각인과 유사하다. 통상적으로 부모인 이 애착 대상은 어린아이에게 매우 중요해서 아이는 부모와 가까이 있길 바란다.

Bowlby는 그의 저술에서 '본능'이나 '각인'이라는 용어를 의도적으로 융통성 있는 의미로 사용한다. 그는 이런 개념들이 인간행동에 일반적으로 적용되는 것이며, 극단적으로 정확하고 세밀하게 정의되는 것은 아님을 보여주려고 했다(1982, pp. 136, 220). 그럼에도 불구하고 Bowlby는 이 동물행동학적 개념이 그가 찾던 강력한 설명력을 제공하는 것으로 여겼다. 1950년대에 이 개념에 대해 처음 들었을 때 그는 "유레카(알았다! 아르키메데스가 왕관의 순금도를 재는 방법을 발견했을 때 지른 소리-역주)"를 경험했다고 회고했다(Karen, 1994, p. 90). 특히 Bowlby는 Laura(James Robertson의 영화에서) 같은 영아나 어린 아동이 부모와 격리되려 할 때 많은 충격을 받는 것을 이해했다. 진화의 산물로서 인간의 영아는 자기가 각인한 부모 곁에 있고자 하는 본능적인 요구를 갖게 된 것이다. 이 요구는 영아의 기질 속에 깊이 형성되었다. 그래서 걸음마기 아이가 부모와 떨어지게 되면 부모를 찾으려 하고, 고통스럽게 울며 부모를 부른다. 그 아이는 '갓난애'가 아니다. 그 아이는 단지 어린 인간에게 수백 년 동안 안전을 가져다준 자연스러운 행동들을 하고 있을 뿐이다. 이런 행동이 없었다면 인간집단은 살아남지 못했을 것이다. 만약 아이의 노력에도 불구하고 부모를 다시 만날 수 없으면, 아이의 불안은 심해진다. 어떤 측면에서 아이는 죽을 것이라고 느끼게 될지도 모른다.

이제 아기가 정상적으로 양육자에게 애착을 발달시키는 단계에 대해 보다 자세하게 살펴보도록 하자.

애착 단계

1단계(출생~3개월) : 제한된 선택성을 갖는 사회적 몸짓　출생 후 처음 며칠 동안은 영아가 사람들을 구별하는 약간의 능력을 가진다. 그들은 다른 사람보다 엄마의 목소리, 냄새, 얼굴을 더 좋아한다(Fogel, 2014, pp. 160-161). 그러나 처음 3개월 동안에 그들의 선택성은 한계가 있다. 영아의 사회적 몸짓을 개관할 때 보게 될 테지만 많은 시간 그들은 모든 사람에게 같은 식으로 반응한다.

　가장 사랑스러운 초기 몸짓은 **사회적 미소**(social smile)다. 사회적 미소는 생후 3~4주에 시작하며 보통 높은 톤의 사람 목소리가 사회적 미소를 유발한다. 6주에서 8주 사이에 시작하는 아기의 미소는 더 밝고 활력이 생기며 주로 시각적 자극인 얼굴을 향한다(Bowlby, 1982, pp. 283-286; Fogel, 2014, p. 205).[2] 우리는 그와 같은 시각적 미소가 시작되리라는 것을 미리 짐작할 수 있는데, 이보다 한 주 전쯤에 아기는 탐색하듯 의도적으로 얼굴을 빤히 쳐다보기 시작한다. 그리고 나서 아기는 함빡 웃음을 터뜨리게 된다(그림 3.2 참조). 부모에게는 이때가 종종 흥분된 순간이다. 부모는 이제 아기의 사랑에 대한 '증거'를 갖게 된 것이다. 아기가 눈을 깊이 쳐다보다가 미소 짓는 모습을 바라보는 것만으로도 가슴속으로부터 사랑스럽다는 감정이 솟아나게 된다(당신이 부모가 아니더라도 아기가 당신을 향해 미소지을 때 유사한 감정을 느낄 것이다. 그래서 당신도 아기에게 미소를 보내지 않을 수 없게 되며 결국 당신은 자신과 아기가 특별한 유대를 맺고 있다고 생각하게 된다).

　실제로는 3개월이 될 때까지 아기의 미소는 선택적이지 않아서 어떠한 얼굴(종이 위에 그려진 얼굴일지라도)을 봐도 미소 짓는다. 중요한 조건은 그 얼굴이 완전하게 정면으로 제시되어야 한다는 것이다. 옆모습은 그다지 효과가 없으며, 목소리와 쓰다듬기 역시 이 단계에서는 미소 짓게 하는 유발인자로는 비교적 약하다. 이상에서와 같이 아기의 사회적 미소는 매우 특수한 시각적 자극에 의해 유발되는 것 같다(Bowlby, 1982, pp. 282-286; Freedman, 1974, pp. 179-181, 187).

　Bowlby의 견해로는, 미소는 돌보는 이를 가까이 있도록 하기 때문에 애착을 증진시키는 것이다. 아기가 미소지을 때 돌보는 이는 즐거이 아기와 함께 있으려 한다. 돌보는

---

[2] 아기는 태어나자마자 곧 미소 짓는다. 그러나 이러한 미소는 아직 사회적이지 않으므로 사람을 향한 것이 아니다. 그 미소는 아기가 잠에 빠져들 때 보통 나타나는 눈을 감고 짓는 미소다.

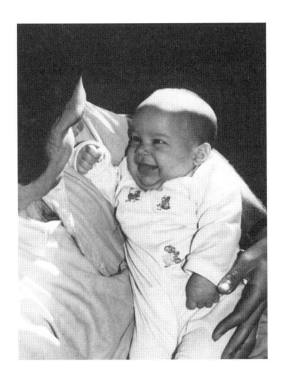

그림 3.2

눈을 보고 미소 짓는 아기의 모습은 사랑의 감정을 일으키고 애착을 촉진한다.

이는 아기에게 "미소를 지어주고, 말을 건네고, 토닥거리기도 하며 안아 올려주기도 한다"(Bowlby, 1982, p. 246). 미소는 그 자체로서 사랑해주고 돌봐주는 상호작용(아기가 건강하게 생존할 수 있는 기회를 증가시키는 행동)을 촉진시키는 유발자인 것이다.

아기가 얼굴을 보고 미소 짓기 시작할 때쯤 되면 또한 **옹알이**(babbling, 그리고 초기 옹알이와 꼬록꼬륵 소리내기)가 시작된다. 아기는 주로 사람의 목소리에 옹알거리는데, 특히 사람의 얼굴을 보았을 때 그렇다. 미소와 같이 옹알이도 처음에는 비선택적이다. 아기는 주위에 있는 사람이 누구건 가리지 않고 옹알거린다. 아기의 옹알이는 돌보는 이를 즐겁게 하며, 돌보는 이로 하여금 되받아 이야기하게끔 한다. "미소와 같이 옹알이도 아기와 어머니 간의 사회적 상호작용을 증진시킴으로써 어머니가 유아 가까이 있도록 하는 기능을 가진 사회적 유발자인 것이다"(p. 289).

울음(crying) 역시 돌보는 이와 아기를 가까이 붙어있게 한다. 울음은 고통스러운 부르짖음과 같다. 이것은 아기가 도움이 필요하다는 신호다. 아기는 고통스럽거나, 배고프거나, 춥거나, 불편할 때 울게 된다. 아기는 자신이 쳐다보고 있던 사람이 시야에서 사라질 때도 운다. 생후 첫 주에는 사라지는 사람이 누구인가는 문제가 안 된다. 마찬가

그림 3.3

모로반사 : 놀란 아기는 껴안는 몸짓을 보여준다.

지로 아기는 자기를 안아서 흔들어주거나 자신의 요구에 주의를 기울이는 사람이 누구
인가는 상관하지 않는다(pp. 289- 296).

아기는 **붙잡기 행동**(holding on)에 의해서도 부모와 가까이 있을 수 있다. 신생아는 두
가지의 붙잡기 반응을 갖췄다. 하나는 **파악반사**(grasp reflex)다. 펴진 손바닥에 어떤 물
건이 닿으면 손을 자동적으로 꽉 쥐게 된다. 다른 하나는 **모로반사**(moro reflex)인데, 큰
소리에 놀라거나 혹은 갑자기 지탱하는 힘을 잃었을 때(아기 머리를 밑에서 받쳐주다
가 갑자기 놓쳤을 때처럼) 나타난다. 이때의 반응은 팔을 쫙 펼쳤다가 도로 가슴 주변으
로 가져오는 것이다. 이 행동은 마치 어떤 것을 껴안으려는 듯이 보인다(그림 3.3 참조).
Bowlby는 오래전부터 이런 반사가 아기를 돌보는 부모를 붙잡으려고 하는 것으로 생각
했다. 예컨대 약탈자를 보고 어머니가 갑자기 달려갈 때 아기는 손으로 어머니의 아무
부분이라도 붙잡아야만 한다(그림 3.4 참조). 만일 아기가 붙잡는 것을 놓친다면 이번
에는 다시 어머니를 껴안아야 할 것이다(p. 278).

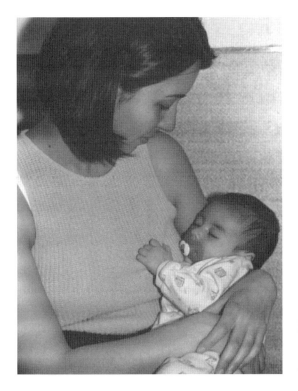

그림 3.4

파악반사 : 한 달 된 이 아기는 파악반사를
사용해 엄마의 셔츠를 잡고 있다.

아기는 또한 **찾기반사**(rooting reflex)와 **빨기반사**(sucking reflex)를 갖추고 있다. 뺨에
무엇이 닿으면 자동적으로 머리를 그 쪽으로 돌리며, 입에 어떤 것이 닿을 때까지 '더듬
어' 찾는다. 물론 찾기반사와 빨기반사는 아기가 보다 용이하게 젖을 먹을 수 있도록 해
준다. 하지만 Bowlby는 이들 반사가 아기와 어머니 간의 상호작용을 가져오기 때문에
이들을 또한 애착행동으로 간주하고 있다(p. 275).

2단계(3~6개월) : 낯익은 사람에게 초점 맞추기 약 3개월 초부터 아기의 행동은 변한
다. 그 하나로 모로반사·쥐기반사·찾기반사를 포함한 많은 반사가 사라진다. 그러나
Bowlby가 더 중시한 것은 아기의 사회적 반응이 좀 더 선택적이 된다는 점이다. 3~6개
월 사이의 아기는 차츰 낯익은 사람을 보고서야 미소를 짓는다. 낯선 사람을 볼 때는 단
순히 응시하기만 한다(Bowlby, 1982, pp. 287, 325).

옹알이도 보다 선택적이 된다. 4~5개월 된 아기는 자신이 알고 있는 사람이 있을 때
만 옹알거린다(p. 289). 또한 이 무렵부터 아기는 좋아하는 사람이 달래야 가장 쉽게 울

음을 그친다. 5개월경의 아기는 마침내 사람에게 손을 뻗쳐 머리카락 등 신체의 일부분을 만지고 붙잡기 시작한다. 그러나 이것 역시 아기가 그 사람을 알고 있을 때만 그렇게 한다(pp. 279, 300).

이와 같이 이 단계의 아기는 주로 낯익은 사람에게만 반응한다. 아기는 보통 두세 사람을 좋아하며, 그중 특히 어느 한 사람을 좋아한다. 이 사람이 가까이 있을 때는 잘 웃고 잘 옹알거린다. 주요 애착인물은 보통 어머니지만 아버지나 다른 돌보는 이가 될 수도 있다. 아기의 신호에 가장 잘 반응해주고, 아기와 가장 잘 놀아주는 이에게 강한 애착을 발달시키는 것 같다(pp. 306-316).

3단계(6개월~3세) : 강한 애착과 능동적 접근추구　약 6개월경이 되면 어떤 특정 인물에 대한 아기의 애착은 더욱 강해지고 배타적이 된다. 특히 아기는 어머니 모습이 사라질 때 울면서 **분리불안**(separation anxiety)을 보인다.

연구자들은 또 어머니가 잠깐 나갔다 온 후에 아기가 어머니를 맞이하는 강도에 주목했다. 어머니가 다시 돌아왔을 때 아기는 전형적으로 미소 짓고, 안아 올릴 수 있는 거리까지 접근하며, 어머니 품에 안기면 어머니를 껴안고 기뻐하며 까르르 웃는다. 어머니 또한 이 재결합에 대한 기쁨을 보여준다(1982, pp. 295, 300).

부모에 대한 애착의 새로운 배타성은 7, 8개월 정도에 나타나는 **낯선이 불안**(fear of strangers)에서 볼 수 있다. 낯선이를 보았을 때의 반응범위는 약간의 경계를 보이는 정도에서 크게 우는 정도까지 이르는데, 강한 반응은 보통 아기가 아프거나 친숙하지 못한 상황에 있을 때 나타난다(pp. 321-326).

그러나 아기가 강한 정서만 표현하는 건 아니다. 8개월 정도 되면 아기는 보통 기어다닐 수 있게 되어 떠나가는 부모를 **능동적으로 뒤따라갈 수 있게 된다.** 부모가 급히 떠나가거나 낯선 환경에 처하게 되면 아기는 부모와의 접촉을 다시 유지하기 위해 부단히 노력할 것이다(pp. 256-259)(그림 3.5 참조).

영아가 능동적으로 부모를 따라갈 수 있게 되면 아기의 행동은 **목표수정체계**(goal-corrected system)를 구축하기 시작한다. 즉 부모가 어디에 있는지를 지켜보다가 떠나려 하면 재빨리 뒤따라가서 부모와 다시 가까이 있게 될 때까지 자신의 움직임을 '수정'하거나 조절한다. 아기가 다시 부모 가까이 있게 되면 이들은 전형적으로 두 팔을 뻗쳐 안

그림 3.5 8개월 된 아기가 엄마를 따라가려고 애쓰고 있다.

아달라는 몸짓을 하기도 한다. 안아주면 다시 마음을 가라앉힌다(p. 252).

　아기는 애착인물을 향해 다가갈 뿐만 아니라 종종 그들로부터 멀어져 가기도 한다. 이는 특히 아기가 돌보는 이를 **외부세계를 탐색하기 위한 안전기지**(secure base)로 삼을 때 분명하게 나타난다. 한두 살 먹은 아이가 엄마와 공원이나 놀이터에 가면 아이는 대개 잠시 동안 엄마와 가까이 붙어있다가 과감하게 탐색하러 나선다. 하지만 수시로 되돌아보면서 엄마와 시선이나 미소를 교환한다. 심지어 모험을 하기 위해 앞으로 더 나아가기 전에 엄마에게 다시 되돌아올 때도 있다. 이렇듯 아이는 "엄마가 여전히 그곳에 있다는 것을 자기 스스로 확인하기 위해" 짧은 접촉을 시도해본다(p. 209).

　엄마를 외부세계 탐색의 안전기지로 삼을 때 아기는 행복한 탐험가가 된다. 물론 이따금씩 엄마의 존재를 확인하며 어떤 경우에는 돌아올 수도 있지만, 전반적으로 아기는 엄마와 어느 정도 떨어져서도 편안하게 외부세계를 탐색할 수 있다. 그러나 이 상황이 갑자기 변할 수도 있다. 만일 아기가 힐끗 뒤돌아 보았을 때 엄마와의 접근성이 어려워 보이면(좀 더 위협적으로는 엄마가 떠나려는 것처럼 한다거나) 황급히 되돌아온

다. 또한 큰 소리 같은 어떤 사건에 의해 놀라게 되면 아기는 급히 엄마에게 되돌아온
다. 이런 환경에서 아기는 신체적으로 엄마와 가까이 있기를 원하고, 엄마로부터 떨어
져 다시 탐색하러 가기 전에 많은 위로가 필요할 것이다(Bowlby, 1988, p. 62, 1982, pp.
257-259, 373).

1세 말경에 아이는 애착대상에 대해 일반적인 **작동모델**(working model)을 발달시킨
다. 즉 아이는 매일매일의 상호작용을 통해 돌보는 이의 접근 가능성과 반응성에 대한
기대를 형성하기 시작한다. 예를 들어, 엄마가 가까이 있을 가능성에 대해 의심스러워
하는 아이는 엄마와 떨어져 외부세계를 탐색하는 것을 불안해할 것이다. 이와 반대로
"엄마는 나를 사랑하고, 내가 필요로 할 때는 언제나 그곳에 있을 거야"라고 믿는 아이
는 용기와 열정을 가지고 외부세계를 탐색할 것이다. 그렇다고 해도 이 아이도 가끔씩
은 엄마의 존재를 확인할 것이다. 왜냐하면 엄마에 대한 요구는 항상 활성화되어 있기
때문이다(Bowlby, 1973, pp. 203-206, 1982, pp. 354, 373).

4단계(3세에서 아동기 말까지) : 동반자 행동   2세 혹은 3세 이전의 아이들은 오로지 돌
보는 이와 가까이 있으려는 데만 관심을 기울인다. 아이들은 돌보는 이의 계획이나 목
표는 생각하지 않는다. 2세 아이에게 부모가 "우유를 얻어오기 위해 잠깐 옆집에 간다"
는 사실은 무의미하다. 아이는 단지 함께 가기만 원한다. 이에 비해 3세 아동은 그런 계
획을 어느 정도 이해하며, 부모가 없는 동안 부모의 행동을 상상할 수 있다. 그래서 아
동은 부모가 잠깐 떠나는 것을 기꺼이 허용하게 된다. 즉 아동은 동반자와 같은 관계로
행동하기 시작한다. 그러나 여전히 3세 아동은 부모의 돌봄에 대한 요구가 크기 때문에
아이가 견딜 수 있는 떨어져 있는 시간이 길지는 않다.

각인으로서의 애착

지금까지 우리는 아동의 애착을 세부적으로 검토해왔다. 이번에는 애착행동이 동물에
서의 각인과 유사한 과정을 밟는다는 Bowlby의 명제를 평가해볼 차례다. 우리가 알고
있듯이 각인은 동물이 사회적 본능의 유발자극을 학습하는 과정이다. 특히 어린 동물
들은 어떤 움직이는 대상을 따를 것인가를 학습한다. 새끼는 처음에는 광범위한 대상
을 기꺼이 따르려 하지만, 이런 범위는 급격히 좁혀진다. 각인 시기의 끝무렵에 새끼들

은 어미만 따르게 된다. 그 후에는 공포반응으로 인해 새로운 애착형성이 어려워진다. 이때 각인의 민감기가 끝난다.

비록 매우 느리게 발달하긴 하지만 인간에게서도 유사한 과정을 관찰할 수 있다. 생후 첫 몇 주 동안 아기는 이동하면서 능동적으로 대상을 따를 수 없다. 그러나 그들은 사람들에게 사회적인 반응을 보인다. 아기는 미소 짓고, 옹알이를 하고, 붙잡으며, 우는 등의 행동을 한다. 이 모두는 사람들을 가까이 있게 하는 것들이다. 처음에는 아무에게나 그런 반응을 보이지만, 6개월경에는 그 대상이 몇몇 친숙한 사람으로 국한되고, 결국에는 어느 한 사람에게 애착하게 되며, 이 사람만이 가까이 있기를 원한다. 이때쯤 아기는 낯선 사람에 대한 공포를 보이며, 기어다니는 것을 학습하면서 자신에게 가장 중요한 애착대상이 떠나려 할 때마다 따라다닌다. 따라서 아기는 특정 인물에게 각인을 한 것이며, 따르는 반응을 유발한 것은 바로 애착대상이다.

인생주기에 걸친 애착과 분리

Bowlby는 주로 아동기의 애착에 대해 저술했지만 애착은 인생주기 전반에 걸쳐 중요하다고 믿었다. 청소년은 부모의 지배로부터 벗어나지만, 부모에 대한 애착은 계속된다. 성인은 스스로가 독립적이라고 생각하지만, 위기에 닥치면 사랑하는 사람과 가까이 있으려고 한다. 노인은 자신들이 점점 더 젊은 세대에게 의존해야 한다는 것을 알게 된다. Bowlby가 말한 바와 같이 일반적으로 홀로 있다는 것은 인간생활에 있어 가장 큰 공포 중 하나다. 우리는 그런 공포를 어리석고 신경증적이며 혹은 미성숙한 것으로 간주하지만, 그 배후에는 그럴 만한 생물학적인 이유가 있다. 인류역사를 통해 인간은 동료의 도움으로 위기를 잘 극복해왔고, 위험을 헤쳐나올 수 있었다(Bowlby, 1982, p. 207, 1973, pp. 84, 143, 165).

성인애착에 대한 글에서 Bowlby는 사람들이 어떻게 서로에게 지지의 안전기지를 제공하는지 강조했다. 여러분은 그런 행동이 초기에 시작되는 걸 기억할 것이다. 예를 들어 1, 2세 아이가 양육자와 함께 새로운 공원에 갔을 때 아이는 양육자를 탐색을 위한 안전기지로 사용한다. 양육자가 필요할 때 가용하다는 걸 아는 아이는 주변을 열심히 탐색한다. Bowlby는 유사한 행동이 건강한 성인 파트너십의 특징이라고 말했다(1979, pp. 204-205). 파트너들은 그들이 확고한 배경(필요할 때 그들을 정서적으로 지지해주고 도와줄 믿을 수 있는 어떤 사람)을 가지고 있음을 안다. 사람들은 지지해줄 것임을 알면 앞으로 나아가 삶의 도전을 만날 용기를 가진다. 친척이나 친구가 지지의 안전기지를 제공하기도 한다. "요람에서 무덤까지 애착대상이 제공하는 안전기지로부터 생기는 일련의 길고 짧은 소풍으로 우리의 삶이 이루어질 때 우리는 가장 행복하다"고 Bowlby는 말했다(1988, p. 62).

애착은 전생애 동안 활성화되어 있기 때문에 분리와 상실은 개인에게 큰 변화를 일으킨다. 이것은 사람이 이혼이나 사망으로 인해서 부모를 잃었을 때 분명히 알 수 있다. 애착 연구자들은 과부생활을 가장 철저히 연구했고, 그들은 사별한 사람의 반응이 분리로 고통스러워하는 아이들의 반응과 많이 유사함을 발견했다. 가장 극적으로 사별한 사람도 죽은 사람을 찾는다.

"나는 돌아다니면서 찾고 있어요." 한 과부가 말했다. "무덤에 가도… 그는 그곳에 없어요." 다른 사람들은 마치 사랑하는 사람을 그곳에서 찾을지도 모르는 것처럼 사랑했던 사람과 자주 사용했던 오래된 곳에 마음이 끌린다. 때로 그들은 죽은 사람을 큰 소리로 부른다. 조사 면접에서 한 과부가 갑자기 울기 전에 "오 Fred, 나는 당신이 필요해요!"라고 소리쳤다(Bowlby, 1980, p. 90). 1993년도 연구는 배우자가 죽은 뒤 1년 뒤에 반응자의 63%가 때때로 배우자가 그들과 함께 있다고 느끼는 걸 발견했다(Shaver & Fraley, 2008, p. 51). 가끔 사별한 사람들은 길에서 죽은 배우자를 보거나 밤에 집안을 돌아다니는 소리가 들린다고 생각한다(Bowlby, 1980, p. 89).

많은 친구들과 전문가들은 비탄에 빠진 사람이 비이성적이라고 믿는다. 그들은 사별한 사람에게 과거를 생각하는 대신에 감정을 가라앉히고, 현실을 보며, 미래에 집중하라고 말한다. Bowlby의 관점은 다르다. 진화의 경로에서 사라진 사랑하는 사람을 찾는 간절한 마음이 우리의 강력한 생물학적 기질이 된다. 간절한 마음 아래에는 "모든 상실은 부활 가능하다"는 전제가 있다. 불가능한 걸 바라면서 우리는 계속 찾는다(Bowlby, 1979, p. 86). 그리고 사랑했던 사람과 재결합하려는 욕구는 자연스럽기 때문에, 그것이 설혹 우리에게 비현실적인 충격을 줄지라도 존중되어야 한다. 만약 도움이 되길 바란다면 사별한 사람에게 그들의 감정이나 바람에 대해 자유롭게 말할 기회를 주어야 한다. 이런 기회는 건강한 재적응을 촉진한다(Bowlby, 1979, pp. 86, 97, 100−101).

Bowlby가 애착이론을 시작했지만, 애착이론의 현재와 같은 대중적인 발달은 그의 동료인 Mary Ainsworth의 연구 덕택이다.

Ainsworth의 이론

생애 소개

Mary D. S. Ainsworth(1913~1999)는 오하이오에서 태어나 토론토에서 자랐고, 16세에 토론토대학교에 입학했다. 대학에서 그녀는 William Blatz의 심리학 이론에 강렬한 인상을 받았는데, Blatz는 부모가 자녀에게 어떻게 안전을 제공하거나 제공하지 않을 것인가에 대해 강조했다. 그녀는 Blatz의 생각이 Ainsworth 자신이 왜 사회적 환경에서 약간 내성적인지에 대해 설명해주고 있다고 느꼈다. 그녀는 토론토대학교에서 박사학위를 받았고, 몇 년간 그 대학에서 심리학을 가르쳤다. 1950년에 Len Ainsworth와 결혼해 영국으로 갔는데, 거기서 Bowlby의 연구 보조자 광고를 보고 응모하여 채용된 후 40년간에 걸쳐 Bowlby와 공동연구를 하게 되었다.

1954년에 남편 Len이 우간다의 교수로 가게 되어 그녀는 우간다의 캄팔라 근교 마을에 2년간 머물면서 아기가 어떻게 자신의 어머니에게 애착하게 되는지에 대해 세심하게 자연관찰을 하였다(Karen, 1994). 이 연구는 1967년에 『우간다의 영아(Infancy in Uganda)』라는 책으로 출판되었는데, 이 책에서 Ainsworth는 Bowlby가 그의 저술에서 개관해놓은 애착단계에 대해 중요한 네 가지 방식으로 서술했다.

첫째, 마을 사람들은 다양한 육아를 한다. 여러 명의 여성이 아기를 돌본다. 그럼에도 불구하고 Ainsworth는 아기가 Bowlby가 주요 애착대상이라고 불렀던 한 양육자에게 가장 강한 애착을 형성하는 걸 보았다.

둘째, Bowlby가 그의 저서에서 초안을 만들었던 애착 단계를 처음으로 공식화했다.

셋째, Ainsworth의 우간다 연구는 아기가 어떻게 자신의 어머니를 안전기지로 삼아 외부세계를 탐색하는지에 대해 연구했다. 실제로 Bowlby는 영아의 안전기지 행동의 발견 공로를 인정했다.

넷째, Ainsworth는 아이들의 애착행동에 차이가 있음을 알았는데, 그 애착행동은 중요한 3개의 애착 양상과 일치한다. 아프리카에서 미국으로 돌아온 Ainsworth는 볼티모어에서 23명의 중산층 가정의 아기와 엄마들을 연구하기 시작했다. 우간다 연구보다 더 정교한 볼티모어 연구는 애착 양상에 대한 우간다 연구를 반복하며 확장했다.

Bowlby는 그의 후기 저술들(예 : 1988)에서 이런 패턴들을 강조했으며 이 패턴들은 많은 연구를 자극했다.

애착 양상

볼티모어 연구에서 Ainsworth와 제자들은 아기와 엄마를 집에서 관찰했는데(아기가 1세가 될 때까지), 3주마다 4시간씩 방문했다. 이 영아가 12개월이 되었을 때, Ainsworth는 아기가 새로운 환경에서는 어떻게 행동하는지를 보고자 했다. 그래서 아기와 엄마들을 존스홉킨스대학교의 놀이방으로 오도록 했다. Ainsworth는 특히 아기가 외부세계를 탐색할 때 어떻게 자신의 엄마를 안전기지로 삼는지와, 두 번의 짧은 분리에 어떻게 반응하는지를 알고자 했다. 첫 번째 분리에서는 엄마가 자기 아기를 낯선 이(우호적인 여자 대학원생)와 함께 있도록 하고 떠난다. 두 번째 분리에서는 아기만 혼자 남도록 한다. 각 분리시간은 3분으로 하되, 아기가 지나치게 불안해하면 그 기간을 짧게 했다. 전체 과정은 20분 정도였으며, 이 과정을 **낯선 상황**(Strange Situation)이라 불렀다. Ainsworth와 공동 연구자들(Ainsworth, Bell, & Stanton, 1971; Ainsworth et al., 1978)은 세 가지 애착 양상을 관찰했다.

1. 안정애착 영아 엄마와 함께 놀이방에 들어온 아기는 곧바로 엄마를 안전기지로 삼아 탐색을 시작했다. 그러나 엄마가 방을 떠나자 그들의 탐색행동은 줄어들었고 때때로 눈에 띄게 불안정해졌다. 엄마가 돌아오자 아기는 능동적으로 엄마를 반기면서 잠시 동안 엄마 곁에서 머물렀다. 일단 엄마에 대해 안심이 되자 이 아기는 주위환경을 다시 열심히 탐색했다.

Ainsworth는 이런 아기에 대한 가정에서의 이전 관찰결과를 살펴본 후, 엄마들이 아기의 울음이나 다른 신호에 전형적으로 민감하고 즉각적으로 반응했다는 것을 발견했다. 이 엄마들은 아기가 안정을 필요로 할 때 항상 옆에 있어 주었다. 이 아기는 집에서 거의 울지 않았으며, 탐색할 때 엄마를 안전기지로 삼았다.

Ainsworth는 이 영아가 건강한 유형의 애착행동을 보여준다고 믿었다. 매일매일 지속되는 엄마의 반응성은 아기로 하여금 엄마를 보호자로서 신뢰하게 했다. 낯선 상황에서도 단순히 엄마가 있다는 사실만으로 이 아기는 주위환경을 능동적으로 탐색했다. 이와 동시에 이 새로운 환경에서 엄마가 나가거나 들어올 때 아기의 반응은 엄마와의 근접성에 대한 강한 요구(인간의 진화에 걸쳐 매우 큰 생존가를 가졌던 요구)를 보여 주었다. 북미 중산층 표본의 경우 1세 아동이 이런 유형을 보인 비율은 약 60%로 나타났다. 노동자 계층 표본은 다음 유형에서 약간 더 높은 백분율을 보인다(Berk, 2019, p. 186).

2. 불안정-회피 영아   이 영아는 낯선 상황에서 매우 독립적인 것처럼 보인다. 놀이방에 들어오자마자 아기는 장난감을 탐색하기 위해 쏜살같이 달려간다. 이 아기도 탐색을 하기는 하지만, 엄마를 안전기지로 삼지는 않았다(때때로 엄마가 있나 없나를 살펴보지 않는다는 점에서). 이들은 엄마의 존재를 무시했다. 엄마가 방을 나가도 불안정해지지 않았으며, 엄마가 다시 돌아왔을 때에도 가까이 가지 않았다. 엄마가 들어 올리려하면 엄마를 피하려고 몸을 틀거나, 시선을 피했다. 북미 중산층 표본의 경우 이런 회피유형을 보인 영아비율은 약 15% 정도로 나타났다(Berk, 2019, p. 186).

이 영아가 낯선 상황에서 독립성을 보였기 때문에 많은 사람들은 이들을 이례적으로 건강하다고 보았다. 그러나 Ainsworth는 이 영아의 회피행동을 보았을 때, 이들이 어느 정도의 정서적인 어려움을 가지고 있을 것이라고 추측했다. 이 영아의 비애착 행동은 Ainsworth로 하여금 고통스러운 분리를 경험한 아동을 연상하게 하였다.

이들을 가정에서 관찰해본 결과는 Ainsworth의 추측을 지지했는데, 무언가 잘못된 것이 있었다. 엄마들에 대한 관찰결과는 아기에게 덜 민감하고, 간섭적이며 거부적인 것으로 평가되었다. 또한 아기는 자주 불안정했다. 비록 일부 아기는 집에서 매우 독립적이었으나, 많은 아기는 엄마가 어디 있는지에 대해 불안해했다.

이에 대한 Ainsworth의 전반적인 해석은 다음과 같다. 이런 아기가 낯선 환경에 들어오면, 아기는 엄마의 지원을 기대하지 못하게 되며, 따라서 방어적인 방식으로 반응하게 된다. 즉 아기는 자신을 보호하기 위해서 무관심하거나 자족적인 몸짓을 선택했다. 과거에 수많은 거부를 당해서 힘들었기 때문에, 아기는 더 이상의 실망을 회피하기 위해 엄마에 대한 요구를 감추려고 시도했다. 그리고 엄마가 돌아왔을 때는 마치 엄마에 대한 어떤 느낌도 거부하는 것처럼 엄마를 쳐다보지 않았다. 아기는 마치 "누구지? 내가 아는 사람인가? 당신은 내가 필요할 때 도와주지 않을거야"라고 말하는 듯이 행동했다(Ainsworth, Bell, & Stanton, 1971, p. 47; Ainsworth et al., 1978, pp. 241-242, 316).

　　Bowlby(1988, pp. 124-125)는 이 방어적인 행동이 고착되어 성격의 한 부분으로 된다고 보았다. 이러한 아동은 커서 지나치게 자기신뢰적이고 남과의 유대를 형성하지 못하는 성인, 즉 경계를 풀고 다른 사람들과의 가까운 관계를 충분히 형성하지 못하는 사람이 된다.

3. 불안정-양가적 영아　이러한 영아는 낯선 상황에 들어오면, 엄마에게 달라붙어 있으려 하고 엄마가 어디에 있는지에만 온통 관심이 집중되어 거의 탐색을 하지 않았다. 아기는 엄마가 방을 나가면 심하게 불안정해졌고, 엄마가 되돌아왔을 때 엄마에 대한 반응은 매우 양가적이었다. 어떤 경우에는 엄마에게 손을 내밀었으나 또 다른 경우에는 화가 나서 엄마를 밀쳐 버렸다.

　　이런 엄마들은 가정에서 전형적으로 비일관적인 방식으로 아기를 다루었다. 즉 어떤 때는 아기에게 따뜻하고 반응적인 반면, 다른 때는 이와 반대였다. 이러한 비일관성으로 인해 아기는 자신이 엄마를 불렀을 때 엄마가 올지 안 올지에 대해 불확실해했다. 그 결과로 아기는 평소에 늘 엄마 가까이에 있고자 했다. 이런 욕구는 낯선 상황에서 매우 커진다. 이 아기는 엄마가 놀이방을 나가면 매우 불안해했고, 엄마가 돌아오면 가까이 가려고 매우 애를 썼다. 그러나 또한 엄마에 대한 분노를 표출하기도 했다. 이 양가적 양상은 때로 '저항'이라고도 불리는데, 왜냐하면 아기가 엄마와 접촉하고자 매우 애쓰기도 하지만 한편으로는 접촉에 대해서 저항하기 때문이다. 북미 중산층 표본에서 1세 아동이 이런 유형을 보인 비율은 약 10%로 나타났다(Berk, 2019, p. 186).

4. 비조직화된/비지향적 영아　상당한 기간 동안 연구자들은 일부 아동의 낯선 상황 행동이 위 3개 유형에 완벽하게 들어맞지 않는 걸 발견했다. 1980년대 후반에 Mary Main과 Judith Solomon은 200개의 변칙적인 사례를 연구하여 많은 아동이 독특한 행동을 하는 걸 보았는데, 특히 엄마가 놀이방으로 돌아왔을 때 그런 행동을 했다. 예를 들어, 아기는 얼굴은 돌리고 엄마를 향해 걸어가거나, 황홀한 상태로 얼어붙어 있거나, 혼란스러운 표정으로 주변을 돌아다녔다. Main과 Solomon은 아기가 그런 상황을 다루는 전략

이 없었다고 말했다. 그러한 행동에 대해 연구자들은 네 번째 범주인 비조직화된/비지향적 애착을 제안했다. 그리고 이후의 많은 애착 연구가 이 범주를 포함시켰다. 이 범주는 북미 중산층 표본의 약 15% 아동에게서 나타난다(Berk, 2019, p. 186).

다른 영아에 비해 비조직화된 것으로 분류된 영아는 더 자주 신체적 학대로 고통을 받았다. 낯선 상황에서 아이는 엄마의 도움을 바랐지만 엄마가 또한 공포의 원천이기도 했기 때문에 도움을 구하지 못한 것으로 보인다.

그러나 이 범주에 속하는 모든 아기가 학대받지는 않았다. Main과 동료들은 부가적인 정보를 엄마-자녀 상호작용 비디오 테이프를 보면서 찾으려고 했는데 이 사례들은 낯선 상황 자료도 있었다. 그 테이프는 엄마들이 때때로 놀라는 것처럼 보이거나 또는 엄마들이 위협이나 몸짓으로 아이들을 놀라게 하는 걸 보여주었다. 다른 엄마들은 '해리(dissociative)' 상태에 빠져들었다. 즉 그들의 마음은 어느 곳인가로 가버린 것처럼 보였다. 이런 다양한 반응은 부모 자신이 그런 상황을 다룰 수 없음을 말하며, 이것은 심지어 아이들에게 더 큰 공포를 느끼게 한다(Duschinsky, 2020, 3장).

추적 연구

이후의 발달 많은 연구들이 낯선 상황에서 안정애착된 영아는 아동기를 거쳐 청소년기에 이르기까지 계속 다른 유형의 영아와는 다르게 행동했다는 것을 발견했다. 인지적 과제에서 안정애착된 아동은 인내와 자기신뢰 등에서 더 높게 평가받았다. 여름캠프와 같은 사회적 상황에서도 이들은 친절함과 지도력에서 더 높게 평가받았다. 물론 영아 애착만이 이후의 모든 행동을 결정하지는 않는다. 지속적인 가족 지원 같은 다른 요인들이 영향을 준다. 그러나 영아기의 안정애착은 그 아이가 좋은 출발을 하게 해준다(Weinfield et al., 2008).

비교문화 연구 Judi Mesman, van IJendoorn, Sagi-Schwartz(2018)는 아프리카, 라틴 아메리카, 인도네시아, 이스라엘, 일본, 대한민국, 서유럽, 미국을 포함하는 세계 여러 지역에서 이루어진 애착연구들을 개관했다. 개관한 결과는 Ainsworth가 우간다 마을에서 실시한 연구에서처럼 여러 지역에서 다양한 육아가 매우 일반적으로 이루어졌음에도 불구하고 우간다에서처럼 영아는 특정 양육자와 특별한 유대를 형성했다.

Mesman의 개관은 어떤 작은 사냥꾼/채집생활자 사회에서의 양육에 대한 인류학적 설명을 포함한다. 이 사회들에서 대부분의 양육자는 아기 울음에 즉각적으로 반응하고 요구에 따라 아기에게 젖을 먹인다. 이런 설명은 민감하고 반응적인 양육이 우리가 진화해온 긴 과거 동안에 두드러진 양육방식이었다고 말한다.

Mesman은 또한 낯선 상황은 거의 모든 표본에서 동일한 4개 애착 유형을 만들어냈다고 보고했다. 안정애착은 보통 지배적인 유형이었지만 가난에 시달리는 집단에서는 드물었다. 이것은 경제적 압력이 아이의 안정감을 파괴했다는 걸 말해준다. 이런 일이 일어나는 방식에 대한 자연적 연구가 필요하다.

미국과 서유럽 표본에서 회피애착 유형 아동의 백분율이 가장 높은 것은 주목할 만하다. 아마도 서구문화의 독립에 대한 강조가 부모로 하여금 아기의 요구를 거절하게 했고, 아기는 부모를 회피함으로써 자신을 방어하는 것일 수 있다.

양육자 민감성 Ainsworth는 안정애착이 아동의 신호와 요구에 대한 엄마의 민감성으로 인해서 생긴 산물이라고 보았다. 이 주장은 이론적으로 매우 중요한데, 동물행동학자들은 발달이 적절하게 진행되기 위해서 필요한 몸짓을 아동이 이미 선천적으로 가지고 있다고 믿기 때문이다. Ainsworth의 주장은 다른 연구자들에 의해 매우 일관적으로 지지되었다. 게다가 아이가 보이는 단서에 어머니가 더 민감하게 반응하도록 해주는 중재프로그램은 안정애착을 더 촉진했다. 동시에 모성 민감성과 영아의 안정애착 사이의 통계적 관련성은 애착이론가들이 생각하는 것보다 종종 더 보통이다(Fearon & Belsky, 2018).

대부분의 연구들이 어머니가 제공하는 양육에 초점을 두었지만 일부 연구는 아버지의 양육을 조사했다. 일반적으로 연구들은 아버지의 민감성과 안정애착 사이에도 통계적 관련성이 있음을 밝혀냈지만, 어머니와 영아 사이의 상관보다는 더 작았다. 양육자에는 부모뿐만 아니라 베이비시터와 조부모 및 다른 사람들도 자주 포함된다. 그렇기 때문에 이들을 포함하는 충실한 양육맥락이 연구될 때 영아의 안정을 결정하는 요인을 더 잘 파악하게 될 것이다.

아동과 성인에서의 작동모델

아동　애착에 관한 연구는 급격한 속도로 진전되어 왔으며, 그중에서도 주종을 이루는 주제는 내적인 작동모델에 관한 것이다. Bowlby는 애착대상의 반응성에 대한 아동의 기대가 바로 작동모델이라고 보았다. 이런 작동모델은 내적인 정신적 사건을 포함하므로 영아를 대상으로 연구하기에는 매우 어렵다. 그래서 아기에게 그의 생각과 느낌을 물어볼 수는 없다. 그러나 3세 이후에는 연구가 가능해진다. 예를 들어, Bretherton, Ridgeway, Cassidy(1990)는 3세 아이가 애착 상황에 관한 이야기를 완결할 수 있다는 것을 발견했다. 이들은 가족과 함께 걷다가 넘어져서 무릎을 다친 아이에 대한 이야기를 완결할 수 있었다. 예견했던 바와 같이 안정애착된 아이들은 다른 유형의 아이들에 비해 이야기의 완결 부분에서 가장 자주 부모가 반응적이고 도움을 주는 것으로 기술했다 (예 : 부모가 다친 무릎에 밴드를 붙여주는 것 등).

성인의 낭만적 관계　성인 역시 애착에 관한 작동모델을 발달시켰다. 초기 연구는 Ainsworth의 세 가지 애착 양상은 성인이 찾고 있는 사랑하는 배우자 관계의 종류의 특성을 나타낸다고 말한다(Zeifman & Hazan, 2018, p. 425 ; Feeney, 2018, pp. 441-446).

　안정된 작동모델을 가지고 있는 성인은 지지기반을 제공할 배우자(그를 위해 항상 그곳에 있을)를 원한다. 그들은 일이 잘 안 될 때 안심시켜주고, 아플 때 돌보아주며, 기대한 시간에 나타나지 않으면 그를 찾는 배우자를 원한다. 이 양상에 맞는 성인은 그들의 배우자에게 같은 지지와 돌봄을 주고 싶어 한다.

　회피적 작동모델을 가진 성인은 관계에서 많은 것을 기대한다. 그들은 긴시간의 관계를 피하는 경향이 있다. 그들은 성관계를 가지면서도 정서적 거리를 유지한다. 인터뷰에서 그들은 자기신뢰와 성취보다 친밀감이 덜 중요하다고 했다.

　양가적 작동모델을 가진 성인은 사랑에 목마르지만 거부를 두려워한다. 그들은 종종 배우자가 성실할 것을 요구하지만 성실한지 걱정한다. 그들은 다른 사람들이 이해하기 어렵다는 걸 발견한다.

　어떤 연구는 작동모델과 성적 관계(sexual relationship) 사이의 관계를 조사했다. 안정모델을 가진 사람들은 자신에 가장 만족스러워하는 경향이 있다. 회피적인 개인은 성관계를 갖지만 일시적 만남과 하룻밤만의 정사를 좋아한다. 양가적인 개인은 그들의 성파트너에게 "싫어"라고 말하는 게 종종 어렵다. 또한 그들은 성파트너에게 화를 내며 대치하게 된다(Feeney, 2018).

양육자의 태도   많은 연구들이 양육자의 작동모델에 초점을 두었다. 이 연구는 Mary Main과 동료들(Main et al., 1985; Main & Goldwyn, 1987)이 성인애착 인터뷰에서 어머니와 아버지 자신의 어릴 때 기억에 대해 인터뷰하면서 시작되었다. 부모 반응의 개방성과 유연성에 초점을 둔 이 인터뷰에서 Main은 유형을 찾아냈는데, 이것은 이들 자녀의 낯선 상황에서의 분류와 상관관계가 높았다(Hesse, 2008). Main이 찾아낸 유형은 다음과 같다(Main & Goldwyn, 1987).

> **안정/자율 유형** : 자신의 어릴적 경험에 대해 솔직하고 자유롭게 말하는 경우. 이런 부모는 안정애착된 자녀를 갖는 경향이 있다. 부모가 자신의 감정을 수용하는 것은 영아 자녀의 신호와 요구를 수용하는 것과 명백하게 상관이 있다.
>
> **애착실종 유형** : 자신의 애착경험이 중요하지 않은 것처럼 말하는 경우. 이런 부모는 불안정–회피애착된 아이를 갖는 경향이 있다. 부모는 자신의 경험을 거부하는 것과 마찬가지로 아기의 근접추구를 거부하는 경향이 있다
>
> **자기몰두 유형** : 아직도 부모의 사랑과 인정을 얻기 위해 내적으로든 외적으로든 분투하는 경우. 그들 자신의 요구가 채워지지 않아서 영아 자녀의 요구에 일관적으로 반응하기 어렵다.

비조직화된 영아 애착범주의 도입에 따라 연구자들은 성인애착 인터뷰에서 이에 대응하는 양상을 찾았다. 연구자들은 '비조직화'된 자녀를 가진 부모는 그들 자신의 상실과 실망을 이야기할 때 의식과 논리적 사고에서 착오를 보이는 걸 발견했다(Lyons-Ruth & Jacobvitz, 2008). 이러한 착오는 자녀를 다루는 그들의 능력을 방해하는 고통스러운 감정을 반영하는 것일 수 있다.

아기가 출생하기 전 인터뷰에서 부모가 보여준 인터뷰 분류는 그들의 아기가 1세가 되었을 때 보여준 첫 번째 3개 애착 분류와 상관있음을 여러 연구가 발견했다. 일반적으로 약 70%가 중첩된다(Main, 1995, p. 446). 가장 새로운 범주인 비조직화된 범주에 대해서는 그와 같은 자료가 수집되지 않았다.

Bowlby/Ainsworth 연구의 실제 적용

시설양육   Bowlby와 동료들은 아동양육 실제에 큰 영향을 주었다. Bowlby의 1951년도 세계보건기구 보고서는 고아원의 정서적 결핍에 대한 의식을 높였다. 아동을 개인적으로 더 많이 돌보기 위해서 고아원은 위탁돌봄(foster care)에 아이들을 보냈다. 그러나 위탁 부모는 큰 어려움에 처했다. 붕괴된 가정에서 그들에게로 온 많은 아이들이 정서적 문제가 있었는데 위탁부모는 적절한 정신건강 서비스를 찾을 수 없었다(Rutter & Azis-Clauson, 2018; Sheppard, 2022).

또한 Bowlby는 James Robertson과 함께 걸음마기 아동이 부모와 떨어져 있게 되는 병원 실상과 싸웠다. 이 싸움에서 Bowlby와 Robertson은 크게 승리했다. 사실 건강관리 전문가들은 처음에는 부모가 아이들과 함께 있도록 허락하라는 그들의 권고에 저항했다. 그러나 1970년대경 부모가 함께 있는 것은 통상적인 병원관례가 되었다(Karen, 1994, 6장).

양육   Ainsworth의 안정애착 양상이 대중의 관심을 얻게 되면서 많은 부모가 자녀에게 안정애착을 길러주고 싶어 했다. 부모는 '애착양육(attachment parenting)'이라 불리는 운동을 시작했다. 그러나 거기에 문제가 하나 있었다. 애착양육은 흔히 가까운 부모/영아 신체접촉, 길어진 모유수유, 가정출산, 함께 자는 것을 요구한다. 발달심리학자 Diana Divecha(2018)가 지적한 바와 같이 이런 실천은 안정애착에 도움이 되긴 하지만, Bowlby와 Ainsworth가 말한 안정애착에 적합한 건 아니다. 그들의 초점은 더 구체적이다. 그것은 아기의 울음과 아기가 보내는 신호에 대한 양육자의 반응성이다.

아기의 신호에 대한 반응성의 논의는 자주 버릇 없게 기르는 것에 대한 질문으로 변한다. 옆에 있으며 주의를 기울여주기를 바라는 아기의 요구를 모두 충족시켜야 하는가?

Bowlby와 Ainsworth의 입장은 Gesell의 입장과 같다. 영아는 진화를 통해 건강한 발달을 촉진하는 몸짓을 제공받았으며, 따라서 영아에게 반응해주는 것이 가장 현명하다는 것이다. 부모로서 우리는 아기가 울면 바로 아기에게 가고, 아기의 미소에 답해주며, 아기가 옹알이를 하면 이에 답해주는 등 그런 충동에 따라야 한다. 영아는 자신들에게 필요한 경험의 세계로 우리를 안내하는 생물학적인 준비태세가 갖춰져 있으며, 우리가 이에 따를 때 아기와의 관계가 가장 행복하게 발달될 것이다.

Bell과 Ainsworth(1972)의 연구는 이러한 아동중심적 입장에 대해 강력한 지지를 제공한다. 그들은 영아의 신호에 민감하고 적절하게 반응하는 부모는 1세 때 안정애착된 아기로 키운다는 걸 발견했다. 가정에서 이 아기는 다른 아기에 비해 덜 울고 비교적 독립적이다. 그들은 필요하면 언제든 부모의 주의를 끌 수 있다는 느낌을 발달시키기 때문에 편안한 상태로 세상을 탐색할 수 있는 것으로 보인다. 그런 영아는 확실히 부모가 어디 있는지 확인한다. 애착체계는 너무 강력해서 완전히 작동이 안 될 수는 없다. 그러나 새로운 상황에서조차 그들은 엄마의 존재에 대해 지나치게 걱정하지 않는다. 그 대신에 엄마를 탐색을 위한 안전기지로 사용한다. 그들은 엄마에게서 과감히 떨어져 주변을 탐색하러 가면서 엄마를 돌아보고 가끔 엄마에게 돌아오기도 하지만 곧 다시 앞으로 나간다. Bowlby는 "그 그림은 탐색과 애착 사이의 행복한 균형"이라고 말했다(1982, p. 338).

뒤이은 연구는 부모 민감성의 역할을 똑같이 지지하지 않았다. 부모 민감성과 안정애착 사이의 통계적 상관은 단지 중간 정도였다. 그러나 그 상관은 믿을 수 없을 정도로 일관적이다. 즉 그 상관들은 연구마다 나타난다. 여기서 핵심은 안정애착을 길러주고 싶은 부모는 어린 자녀에 대해 민감하게 반응을 해야 한다는 것이다.

스마트폰   오늘날의 성인은 자녀와 함께 있을 때 스마트폰이나 태블릿에 종종 열중하곤 한다. 2014년 Jenny Redesky와 동료들은 실상에 대한 자료를 수집했다. 그들은 보스턴 지역의 주로 중산층 동네에 있는 패스트푸드 식당에서 양육자와 아동의 55개 사례를 관찰했다. 관찰자들은 가까운 테이블에 앉아 아이들의 나이를 영아에서 약 10세까지 범위로 판단했다. 양육자의 73%가 식사하는 동안 모바일 기기를 사용했고, 29%는 전체 시간 대부분을 사용했다. 일부는 모바일 기기에서 눈을 떼지 않았다.

성인이 기기를 보고 있는 동안에 아이들은 어른의 주의를 끌기 위해 몸부림치거나 도발적인 행동을 자주 했다. 그러나 성인은 일반적으로 그들을 무시하거나 꾸짖었다. 한 어린 소년이 여성 양육자의 얼굴을 태블릿 화면에서 들어 올리려 했지만 그녀는 아이의 손을 치워버렸을 뿐이다. 다른 아이가 그의 양육자의 주의를 얻으려 시도하자 그녀는 테이블 아래서 아이의 다리를 찼다. 몇몇은 아이를 조용히 시키기 위해 자신의 아이에게 가지고 놀라고 태블릿을 주었다.

Bowlby와 Ainsworth 연구 이후 오랜 시간이 지나서 모바일 기기는 대중적이 되었지만 그들의 반응은 쉽게 상상이 된다. 그들은 양육자가 필요할 때 아이의 욕구를 충족시킬 수 있고, 반응적일 때 아이들은 안전하다고 느끼며 낙관하면서 다른 사람에게 손을 내민다. 하지만 식당 연구에서 성인이 보인 방식으로 양육자가 행동하면 아이들은 훨씬 더 많은 어려움을 겪는다.

식당 연구가 2013년에 실시되었지만, 최근의 더 많은 연구는 그와 비슷한 결과를 얻었다(Braune-Krickau et al., 2021). 양육자가 핸드폰을 손에서 내려놓는게 쉽지는 않겠지만, 그들이 하는 어떤 시도든 할 만한 가치가 있을 것이다.

평가

Darwin은 인간은 다른 종들(우리와 공통 조상을 가진)과 많은 정서와 인지적 역량을 공유한다고 주장했다. Darwin의 입장은 그 시대에 혁명적이었으며 현재까지도 저항에 부딪히고 있다. 많은 과학자는 우리 인간종이 다른 동물들과 대단히 다르고 우월하다고 믿는다(Balcombe, 2006, pp. 25-27). 이런 감상에도 불구하고 Bowlby는 인간과 다른 동물의 애착행동 사이에 있는 유사성을 강조했다. 인간 걸음마기 아기가 엄마와 분리되면 엄마를 따라가며 울 때, 그들은 새끼오리, 새끼거위, 새끼사슴, 어린 원숭이와 침팬지 그리고 많은 다른 어린 동물이 하는 행동과 같은 행동을 하는 것이다.

이러한 관점을 채택한 Bowlby는 아이의 행동을 새로운 관점으로 다듬었다. Bowlby 이전에는 사람들이 부모와 가까이 있으려는 아이들의 요구를 단지 어리고 미숙한 것으로 보았다. 그러나 Bowlby는 그것은 동일한 진화적 기능(그것은 아이를 보호한다)에 기여하기 때문에 우리 인간종의 타고난 기질의 부분이 되었다고 주장했다. 만약 인간 아이가 부모와 가까이 있으려는 본능이 없었다면 많은 아이들이 죽었을 것이다.

Bowlby, Ainsworth와 동료들은 아이들의 근접성 욕구를 계속 존중하라고 권고했다. 그들은 우리가 아이들에게 가용할 때(그리고 아이들의 울음과 다른 애착몸짓에 반응적일 때) 아이들은 잘 발달한다고 주장했다. 그 아이들은 안정애착 양상을 발달시키고, 그것은 아이들이 신뢰와 낙관적 관점을 가지고 삶과 만나는 걸 가능하게 해준다.

Ainsworth의 양상은 여러 뛰어난 연구자들의 상상력을 붙잡았다. 그들은 우리의 지식을 확장시키기 위해 열정적으로 일하고 있다. 그러나 동시에 Bowlby의 원래 동물학적 접근은 무대 뒤로 사라졌다. 오늘날의 논문과 저서들은 인간애착에만 거의 초점을 둔다. 사람들은 Bowlby의 원래 영감이 비인간 동물의 연구에서 온 것을 알지 못한다.

더 구체적으로 말하면 초기 인간은 다른 종과 같은 이유로 애착행동을 발달시켰다는 Bowlby의 제안과 많은 학자들이 거리를 두었다. 애착행동은 어린아이를 약탈자로부터 보호했다. Bowlby는 혼자 남아있다면 약탈자의 쉬운 먹이가 되었겠지만 양육자를 따라가는 걸음마기 아이들은 먹이가 되지 않았다고 추측했다.

많은 현대 학자들은 이 생각을 받아들이기 힘들어한다. 그들은 보호가 애착이 가져오는 많은 이익 중 하나라고 지적한다. 애착은 수유, 따뜻함, 은신처, 성인의 안내도 제공한다(Zeifman & Hazen, 2018, p. 423; Cassidy, 2018, p. 5). Bowlby는 그의 후기 연구에서 약탈에 대해 많은 것을 말하지 않았다(1988, p. 167).

저자는 약탈을 말하는 게 시대에 뒤처진 거라는 사실을 깨달았다. 그것은 사나운 큰 동물의 위협이 항상 있었던 시기로 우리를 데려간다. 그 시기는 더이상 존재하지 않는다. 그러나 우리 마음에서 그 시대를 넘어갔는가? 어린아이들의 가장 무서운 꿈은 흔히 늑대, 악어, 사자, 뱀에 대한 것이다(Burton, 2014). 그리고 모든 연령의 사람은 영화나 책 속의 큰 약탈자들에 의해 놀라서 떨게 된다. 약탈은 여전히 인간 심리에 박혀있다.

저자는 Ainsworth의 낯선 상황에서 아동이 보여준 '비조직화'된 행동을 생각할 때 약탈자 공포를 명심하는 게 도움이 된다고 믿는다. 엄마와 분리될 때 그리고 엄마가 방에 돌아왔을 때 많은 아이들이 얼어붙어 꼼짝 못 한다. 학자들은 아이들이 엄마를 무서워하고 그 상황을 어떤 조직화된 방식으로도 다룰 수 없기 때문에 그렇게 된다고 생각한다. 그러나 학자들은 일반적으로 많은 동물이 약탈자의 위협을 받으면 얼어붙는다는 사실은 간과한다. 이것은 약탈자들은 움직이지 않는 대상은 공격하지 않기 때문이다. 저자는 얼어붙음(freezing)이 비조직화된 행동에 대한 최선의 이해가 아니라고 생각한다. 그보다는 이 얼어붙음 반응이 생존을 돕기 때문에, 인간의 조상을 포함한 많은 동물이 발달시킨 무의식적인 원시적 반응이다.

저자는 동물행동학은 인간과 다른 동물 사이의 연속성을 계속 고려해야 한다고 믿는다. 글상자 3.1은 이런 접근이 아동의 놀이에 대한 이해를 어떻게 더 깊게 해주는지 제안한다.

글상자 3.1 동물행동학의 확장 : 놀이 사례

놀이, 특히 자유로운 신체적 활동 놀이는 오늘날 끊어질 위기에 처해 있다. 교육정책 수립자들은 아동이 더 중요한 것, 즉 학업기술을 숙달해야 한다고 믿는다. 그래서 학교는 유치원에서 놀이를 많이 없앴다. 많은 학교가 초등학교 학년에서 휴식을 빼거나 줄였다. 또한 부모도 조기 학업지도를 위해 기꺼이 놀이를 희생시킨다. 부모는 조기 학업지도가 미래의 성공이 시작되도록 아이들을 도울 거라고 믿는다(Miller & Almon, 2009; Berk, 2019, p. 289; Crain, 2021, pp. xvii–xxii).

그러나 아이들의 놀이는 확장 가능한가? 또는 놀이는 아이들이 충분히 발달하려면 존중되어야 할 타고난 요구인가?

첫째, 비인간종에게서 놀이를 생각해보자. 놀이에 대한 눈에 띠는 사실 중 하나는 포유동물에서, 특히 어린 포유동물에서 아주 흔하다는 점이다. 우리는 어린 침팬지, 원숭이, 고양이, 개, 늑대, 양, 염소, 쥐 등 생각할 수 있는 모든 포유동물이 노는 것을 본다. 심지어 문어가 노는 것도 볼 수 있다(Balcombe, 2006).

게다가 그 동물들은 선천적으로 놀게 태어난 것으로 보인다. 새끼 고양이나 강아지를 관찰한다면 여러분은 이러한 인상을 받았을 거라고 단언한다. 저자는 최근에 아기염소의 놀이를 보고 충격을 받았다. Boomer는 동물농장 보호구역에서 태어났는데 저자와 아내가 발견했다. 출생 후 10일 안에 Boomer는 뛰어 돌아다니고 뛰어오르는 재주를 부렸다. 그는 바위 위로 기어 올라가고 아래로 뛰어내리는데, 착지하기 전 몸을 앞뒤로 여러 방향으로 돌리면서 뛰어내린다. 그가 헤매며 다닐 때 주기적으로 공중으로 뛰어오르며 다리를 새로운 방향으로 뻗는다. 그동안 어미는 Boomer를 내내 지켜보고 있지만 끼어들지는 않는다. 저자는 다른 염소들(모든 성체들)이 그런 익살맞은 행동을 하는 걸 본 적이 없다. Boomer는 분명히 그 조작방법들을 다른 동물에게서 배우지 않았다. 그는 내적으로 동기화되어서 그 행동들을 했다.

학자들은 놀이의 적응적 가치에 대한 다양한 가설을 받아들였다. 중요한 한 가지 가능성은 놀이가 즉흥적 대처능력을 발달시켜서 동물들이 예상 못 한 사건을 다룰 수 있게 된다는 것이다. 만약 Boomer가 약탈자를 피하려고 바위에서 뛰어내렸다면 Boomer는 자기 마음대로 되는 여러 개의 재주 대안(acrobatic alternative)을 갖게 될 것이다(Spinka, Newberry, & Bekoff, 2001).

그러면 인간에 대한 시사점은 무엇인가? 진화이론에서 놀이가 다른 모든 포유동물에서 발견되었다는 사실은 매우 중요하다. 그것은 인간의 놀이욕구는 우리 종의 독특한 문화나 또는 다른 동물종에서 인간이 가지쳐 나온 후의 진화역사에서만 발달된 건 아님을 말한다. 오히려 놀이욕구는 다른 신체적 구조의 많은 부분처럼 다른 동물들과 같이 공유하는 조상에 뿌리를 두고 있다.

더구나 인간 아이에서 놀이는 아마도 비슷한 적응기능(즉흥적 대처역량의 발달)을 한다. 분명히 인간 아이는 다른 어린 동물들처럼 달리고, 점프하고, 신체적 놀이를 하지 않는다. 막대기를 사람을 나타내는 데 사용하고 상상적 시나리오를 만들어낼 때처럼 인간 아이는 또한 상징적 환상도 이용한다. 그러나 즉흥적 대처를 하려는 (그리고 창조하고 상상하려는) 충동은 의심할 바 없이 우리 종의 생존을 돕는다. 그 충동은 아마 다른 어린 동물들에 있는 유사한 충동과 진화적 연장선에 있을 것이다.

만약 인간 아이의 놀이가 선천적 충동이나 욕구를 나타낸다면 우리는 그것을 좌절시키기보다는 허락하는 것의 결과를 보아야 한다. 여러 연구에서 유치원 놀이가 다른 사람의 관점에서 사물을 보는 능력과 마찬가지로 문제해결과 창의성 같은 인지역량도 강화한다고 말한다(Hirsh-Pasek et al., 2009; Taylor & Carlson, 1997). 그리고 놀이박탈은 심각한 현상이 된다. Peter Gray(2013)는 1950년 이후의 놀이감소는 아동기 불안과 우울의 증가와 동시에 일어난다는 것을 보여주었다. Gray는 이런 두 경향은 놀이 상실이 정신건강 문제를 일으켰다는 걸 증명하진 않는다는 사실을 인정했지만, 아이들이 놀이가 주는 즐거운 느낌과 주도권을 상실한 좋은 사례를 만들었다.

놀이가 선천적 욕구라는 부가적 증거는 게토와 홀로코스트 밀집캠프에 있는 아이들에 대한 George Eisen(1988)의 잘 알려지지 않은 설명에서 나온다. 사람들은 배고픔, 괴로움, 공포가 아이들의 놀이욕구를 완전히 억압했다고 말할 수 있지만 그런 일은 일어나지 않았다. 희생자들의 일기와 보고서들을 요약하여 Eisen은 "놀이는 외적 상황을 상관하지 않고 자발적으로 또 통제할 수 없게 갑자기 시작된다"고 말한다(1988, p. 66). 제조된 장난감이 없는 아이들은 (진흙, 눈, 낡은 천조각과 나무조각으로) 장난감을 만들었다. 의심 많은 면접원이 작은 소녀에게 아우슈비츠에서 어떻게 놀 수 있었는지 묻자 아이의 얼굴이 환해지며 "하지만 나는 놀았어요! 나는 아무것도 없이 놀았어요! 눈을 가지고! 눈뭉치를 가지고!"라고 말했다(p. 72).

로지 게토에서 아이들은 담배상자를 가지고 게임을 했다. 담배상자는 귀중해졌다. 한 관찰자가 "아이들의 눈은 그 상자들을 간절히 바라며 그것들을 향해 손을 뻗는다"고 썼다(Eisen, 1988, p. 69). 베르겐벨젠 밀집캠프의 수용인인 Hanna Levy-Haas는 아이들의 놀이에 대한 갈망은 '본능적 충동'이라고 결론 내리고 "나는 놀이가 아이들 자신의 영혼에서 솟아 나오는 충동이라고 느낀다"고 썼다(pp. 60–61).

그리고 아이들의 놀이 충동은 다른 동물에서와 마찬가지로 인간 아이에서도 선천적이라는 것이 매우 가능해 보인다. 그렇다면 이를 무시하는 교육정책 입안자들은 인간종의 기본적이고 창의적인 측면을 무시하는 것이다.

Montessori의 교육철학

생애 소개

이 책에서 논의하는 발달론자들 대부분이 교육에 관한 생각을 가지고는 있지만, 실제 아동을 가르치는 데 자신을 헌신했던 사람은 Maria Montessori뿐이었다. Montessori (1870~1952)는 이탈리아의 안코나 지방에서 태어났다. 그녀의 아버지는 사회에서 여성의 역할에 대해 전통적인 생각을 가지고 있던 성공한 공무원이었다. 아버지와는 대조적으로 어머니는 Montessori가 가능하면 그녀의 생에서 할 수 있는 모든 것을 하기를 바랐다. 어머니의 희망은 이루어졌다. 10세가 되던 해, 심하게 앓았던 Montessori는 걱정하는 어머니에게 "걱정마세요, 어머니. 나는 죽을 수가 없어요. 할 일이 너무 많아요"라고 했다고 한다(Kramer, 1976, p. 28). Montessori는 26세에 이탈리아 역사상 최초의 여의사가 되었다.

Montessori가 맨처음 전문적인 관심을 보였던 것은 정신지체 분야였다. 그녀는 시설에 수용된 지체아들이 경험에 허기져 있는 것을 보고 깊은 인상을 받았으며, 만일 올바른 방법을 사용한다면 그들을 가르칠 수 있을지도 모른다고 생각했다. 그녀는 정신지체와 교육에 대해 가능한 한 많은 책을 읽었으며, 자신의 직관이 Rousseau의 정신을 이어받았던 Johann Heinrich Pestalozzi, Edouard Séguin, Friedrich Froebel 등과 같은 초기 교육자들에게로 연결되는 것을 알았다. 그 책들은 Montessori로 하여금 지체아들에게는 읽기나 쓰기와 같이 꼭 알아야 한다고 생각되는 것들도 가르칠 수 없다는 걸 깨닫게 만들었다. 이것이 좌절감만을 가져온 건 아니다. 그대신 처음에는 단순히 아동을 관찰하고 그들의 자연적인 성향과 자발적인 흥미에 주의를 기울여야 한다. 그러면 우리들은 아동 자신의 자연적인 성향이나 학습방법들을 이용할 수 있는 위치에 서게 될 것이다. 예를 들면, Séguin은 발달지체아들이 그들보다 나이가 어린 정상아들과 마찬가지로 자신의 감각을 자극하고 신체활동을 하도록 하는 사물들에 가장 관심이 많다는 사실을 발견했다. 따라서 그는 이들에게 크기가 다른 구멍에 넣을 수 있는 물건, 실로 꿸 수 있는 구슬, 단추나 레이스를 달 수 있는 옷감조각 등 구체적이면서도 유용한 과제들을 주었다(Kramer, 1976, p. 61).

Montessori는 Séguin의 접근방법을 따라 그의 도구들 중에서 많은 것을 이용하고, 또 그녀 자신이 새로운 도구들을 만들어냈다. 다행히도 그 새로운 접근방법은 효과가 있었으며, 그녀는 같은 방법으로 읽기와 쓰기를 포함한 더욱 어려운 과제들을 가르치려고 시도했다. 발달지체아들은 사물을 만지고 느끼는 것으로 가장 잘 배우는 것 같아서 그녀는 글자를 따라 손가락을 움직이면서 계속 가지고 노는 걸 좋아할 수 있는 나무로 된 글자를 주었다. 이런 방법으로 그녀는 많은 지체아들도 같은 연령의 정상아들만큼이나 잘 읽고 쓸 수 있도록 가르쳤다.

지체아들을 위해 일하는 동안에 Montessori는 함께 일하던 동료의사 Giuseppe Montessano와 사랑하게 되었으며, 그들 사이에 Mario라는 아들을 하나 두었다. 그러나 그들은 Montessano 부모의 반대로 인해 표면적으로는 결혼하지 않았다(Kramer, 1976, p. 92). 그 당시 이탈리아의 상황으로는 사생아가 있다는 소문이 나면 그녀의 경력은 심한 손상을 받게 되었으므로 그녀는 친구의 충고에 따라 Mario를 시골 유모에게 보냈다. 그 후 계속 아들을 방문하곤 했는데, 후에 그 아들은 Montessori운동에서 중요한 교육자가 되었다. 그러나 이 소문은 Montessori를 위기에 몰아넣었으며, 그녀는 카톨릭 신앙으로 이를 견뎌냈다.

1907년, Montessori는 로마시의 한 구역인 산로렌초의 빈민가에 살고 있는 아동을 교육하는 책임을 맡았으며, 거기서 그녀는 50명 이상의 극도로 가난한 아동, 즉 실업자, 거지, 성매매 여성, 범죄자의 자녀들을 위해서 학교를 설립했다. 카사 데이 밤비니(Casa dei Bambini), 즉 '어린이집'이라고 불리는 이 학교에서 Montessori는 자신의 생각과 방법을 계속 발전시켰으며, 이는 매우 성공적이어서 1913년경에는 가장 유명한 여성 중 하나가 되었다. 그녀의 생각은 전 세계적으로 교육과정을 변화시킬 것처럼 보였으나, 교육의 주류에서 너무 벗어난 급진적인 것으로 판명되어 5년이 채 못 되어 소수의 추종자들을 제외하고는 그녀를 기억하는 사람들이 거의 없었다. 그녀의 업적이 다시 한번 심리학자나 교육자, 일반대중들의 관심을 끌기 시작한 것은 1960년대에 이르러서였다 (Kramer, 1976; Lillard, 1972).

발달이론

비록 Montessori의 관심이 이론적이기보다는 실제적인 데 있었지만, 그녀는 Rousseau의 영향을 받은 뚜렷한 이론적 입장을 발전시켰다. 그녀는 아동이 우리가 만들려고 하는 대로 만들어진다는 생각은 잘못된 것이라고 주장했으며, 그 이유는 아동도 자기 고유 의 **성숙촉발**(maturational prompting)로 인해 자신의 힘으로 배우기 때문이라는 것이다 (Montessori, 1936a, p. 22, 1949, pp. 17, 223). 또한 Rousseau와 마찬가지로 아동은 성인 과는 아주 다르게 생각하며 배운다고 주장하였다(Montessori, 1936b, p. 69).

　　Montessori 이론에서의 중심 요소는 **민감기**(sensitive period) 개념인데, 이는 결정적 시기와 유사하다. 즉 민감기는 유전적으로 계획된 기간으로서 아동은 특별히 이 기 간 동안 어떤 과제를 숙달하고자 노력하고, 또 숙달할 수 있게 된다. 예를 들면, 언어 획득과 손의 사용을 시작하게 되는 민감기가 있어서 이 기간 동안에 아동은 그런 능 력들을 숙달하는 데 전력을 다한다. 그리고 "만일 자연이 아동에게 그렇게 하도록 계 획한 바로 그 시기에 이런 경험들을 즐기지 못한다면, 아동으로 하여금 그 경험을 하 도록 이끌어준 특별한 민감성은 사라지고 그 결과 발달을 방해하는 결과를 남길 것이 다"(Montessori, 1949, p. 95).

질서에 대한 민감기

주로 생후 처음 3년간에 나타나는 첫 번째 민감기 동안 아동은 질서에 대한 강한 욕구 를 가진다.[1] 아기는 움직일 수 있게 되자마자 물건들을 제자리에 놓기를 좋아한다. 만 일 책이나 펜이 제자리에 있지 않으면 그들은 단호히 그것들을 원래 자리로 갖다 놓는 다. 그리고 스스로 움직일 수 없을 정도로 어릴 때조차도 제자리에 있지 않은 무언가

---

[1] Montessori는 민감기의 연령 구분에 있어 다소 애매했기 때문에 이 장에서 제시된 연령은 확고한 것이 아니다.

를 보면 동요한다. 한 예로, Montessori는 방문객이 우산을 탁자 위에 놓았을 때 우는 6개월 된 여아에 대한 이야기를 했다. 그 여아는 탁자 위를 보고 한동안 울다가 엄마가 그 이유를 알아채고 우산 놓는 선반 위에 우산을 놓았을 때에야 비로소 조용해졌다 (Montessori, 1936b, p. 50).

매우 일반적인 이 반응이 우리에게는 어리석은 것으로 보인다. 왜냐하면 질서에 대한 성인의 욕구는 다른 차원에 속하기 때문이다. 성인에게 질서는 어떤 외부적인 즐거움을 제공해주는 것이지만, 어린 아동에게 있어서 질서는 본질적인 것이다. "그것은 동물들이 걸어다니는 땅이나, 물고기가 헤엄치는 물과 같은 것이다. 생후 1년 동안 영아는 그들이 후에 지배해야 하는 환경으로부터 **정향원리**(principle of orientation)를 도출해낸다"(p. 53).

세부에 대한 민감기

1세에서 2세 사이의 영아는 작고 세밀한 것에 주의를 기울인다. 예를 들어 그들은 우리가 주목하지 못하는 작은 곤충들을 탐지한다. 또는 그들에게 그림을 보여주면, 우리가 중요하게 생각하는 주된 대상은 무시하고 대신 배경에 있는 작은 대상에 초점을 맞추는 것처럼 보인다. 세부에 대한 이런 관심은 아동의 정신발달에 있어서 어떤 변화를 나타내는 것이다. 그들은 처음에는 반짝거리는 물체나 밝은 빛 또는 색깔 등에 이끌렸던 반면, 이제는 가능한 한 완전하게 그들의 경험을 채우려고 노력한다. 아주 세밀한 것에 대한 어린 아동의 관심은 성인을 어리둥절하게 만든다. 이는 아동의 "**정신 성격**(psychic personality)이 성인과는 매우 다르며, 단순히 그 종류에서만 다른 것이 아니라 그 정도에서도 다르다"는 것에 대한 또 다른 증거가 된다(Montessori, 1936b, p. 69).

양손 사용에 대한 민감기

세 번째 민감기는 손의 사용과 관계된다. 18개월에서 3세 사이에 아동은 끊임없이 물건을 움켜잡으려 한다. 그들은 특히 뚜껑을 여닫거나 그릇에 물건을 집어넣고, 쏟아내고, 물건을 쌓는 일 등을 즐긴다(Montessori, 1936b, p. 83). 다음 2년 동안에는 그들의 동작과 촉감을 세련되게 다듬는다. 예를 들면, 4세 아동은 눈을 감은 채 물체를 손으로 만져 그것을 확인하는 것, 즉 성인보다는 아동에게 훨씬 더 흥미 있는 그런 게임을 즐긴다

(Montessori, 1948a, pp. 127, 229).

걷기에 대한 민감기

가장 쉽게 볼 수 있는 것은 걷기에 대한 민감기다. Montessori는 걷는 법을 배우는 것은 일종의 제2의 탄생이라고 말했다. 즉 아이는 무력한 존재에서 능동적인 존재로 바뀌게 된다(Montessori, 1936b, p. 77). 아기는 억제할 수 없는 충동에 의해 걷는 것을 시도하게 되며, 걷는 방법을 배울 때 대단한 자부심을 가진다.

우리는 걷기의 의미가 성인에게서와 아동에게 있어서 서로 다르다는 것을 종종 인식하지 못한다. 우리 성인이 걸을 때는 마음속에 어떤 목적지를 가지고 있다. 즉 우리는 어딘가로 가고자 한다. 반면에 아장아장 걷는 아기는 걷는 그 자체가 목적이다. 예를 들면, 아기는 반복해서 계단을 오르락 내리락 거리기도 한다. 그들은 어디로 가기 위해 걷는 것이 아니다. "자신의 기능을 완전하게 하기 위해서 그리고 결과적으로 그들 내부의 창조적인 무엇인가에 대한 목적을 달성하기 위해서 걷는다"(p. 78).

언어에 대한 민감기

다섯 번째의 민감기는 (아마도 모든 민감기 중에서 가장 두드러진 것으로) 언어의 획득과 연관된다. 놀랄 만한 것은 아동이 이같이 복잡한 과정을 학습하는 속도이다. 언어를 배우기 위해서는 단지 단어나 그 의미뿐 아니라, 말의 다양한 부분을 어떻게 배열해야 하는지 가르쳐주는 규칙체계인 문법도 배워야 한다. 예를 들어 우리가 "**컵이 탁자 위에 있다**"라고 말할 때 여기에 부여한 의미는 단어들을 나열한 순서에서 나온 것이다. 만일 "**위에 컵이 탁자 있다**"라고 말한다면 그 의미를 파악하기 어려울 것이다(Montessori, 1949, p. 25). 문법에 내재된 규칙들이 너무 알기 어렵고 추상적이어서 언어학자들도 아직 형식적인 방법으로 그것들을 이해하려고 노력하는 중이다. 그러나 아동은 그런 규칙에 대해 많은 생각을 하지 않고도 그 규칙들을 숙달한다. 만일 두 가지 언어에 동시에 노출된다 하더라도 아동은 두 가지 모두 숙달하게 될 것이다(p. 111).

언어를 파악하는 아동의 능력이 이처럼 크기 때문에 Montessori는 아동이 특별한 종류의 언어적 수용력이나 **기제**(mechanism)를 부여받았음에 틀림없다고 결론지었다(p. 113). 이 기제는 나이 든 아동이나 성인의 정신생활에 있는 어떤 것과도 매우 다른 것이다. 성인이 외국어를 배울 때는 매우 신경 써서 시제 · 전치사 · 수식어 등에 관한 규칙을 암기하려고 의식적으로 노력하면서 대단히 힘들게 배우는 반면, 어린 아동은 언어를 **무의식적**으로 흡수한다.

Montessori의 묘사에 의하면 아동의 언어획득은 일종의 각인처럼 보인다. 생후 수개월에서 2.5세 또는 3세 사이의 어떤 결정적 시기에 아동은 환경으로부터 소리 · 단어 · 문법 등을 흡수하기 위한 내적인 준비가 되어 있다. "아동은 그런 인상들을 그의 마음으로가 아니라 그의 삶 자체로서 흡수한다"(p. 24). 소리는 믿을 수 없을 정도로 강한 인상과 정서를 일으킨다. 즉 소리는 아동의 몸에 있는 보이지 않는 섬유들을 작동시키며, 그 소리를 재생시키고자 할 때 이 섬유들은 진동하기 시작한다(p. 24). 성인은 그런 경험이 어떤 것인지 상상할 수 없는데, 이 경험이 가능한 경우는 우리가 교향악에 깊은 감명을 받았을 때 느꼈던 감정을 회상하고 다음에 그보다 몇 배 더 강한 유사한 감정을 상상하려 할 때다. 언어에 대한 이런 특별한 민감성은 생후 3년 정도만 유지되고 그 후로는 사라진다.

Montessori는 언어획득이 선천적인 것이며 성숙요인에 의해 지배되기 때문에 아동은 그들이 성장하는 곳이 어디건 간에 동일한 단계를 거쳐 언어를 발달시킨다고 주장했다(p. 111). 예를 들면, 모든 아동은 옹알이 단계에서부터 단어를 말하기 시작하는 단계로 진행하며, 그런 다음에는 두 단어 문장을 함께 사용하는 단계로 들어선다(예 : "남자애 간다"). 그 뒤로는 점점 더 복잡한 문장구조를 알게 되는 시기가 뒤따른다.

Montessori는 이런 단계들이 점진적이고 연속적인 방식으로 나타나지는 않는다고 강조했다. 아동은 아무런 진전도 없는 것처럼 보이는 기간을 몇 차례 겪고 난 다음에 새로운 성취를 급격히 증가시킨다. 예를 들면, 아동은 갑자기 많은 새 단어를 입 밖으로 쏟아내거나, 또는 접미사나 접두사 등과 같은 언어의 일부분을 구성하는 일단의 규칙들을 급격히 숙달하게 된다(p. 114).

약 3세에서 6세 사이의 아동은 더 이상 무의식적으로 단어나 문법을 흡수하지는 않지만 아직도 언어에 대한 일반적 민감기에 있다. 이 기간 동안 더욱 의식적으로 새로운 문법 형태를 배우며, 그렇게 하는 데서 커다란 기쁨을 느낀다(그림 4.1 참조).

아동은 5~6세가 되어 정규학교에 갈 준비가 되는 시기에 이미 말하는 것을 다 배운다. "이런 모든 일은 가르치는 사람 없이 일어난다. 그것은 자발적인 획득이다. 그런데

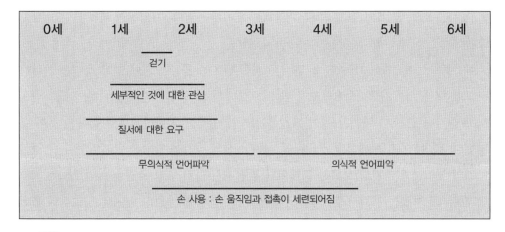

| 0세 | 1세 | 2세 | 3세 | 4세 | 5세 | 6세 |

걷기

세부적인 것에 대한 관심

질서에 대한 요구

무의식적 언어파악　　　　　　　의식적 언어피악

손 사용 : 손 움직임과 접촉이 세련되어짐

그림 4.1 초기의 민감기

우리는 아동이 이 모든 것을 스스로 해낸 후에야 이들을 학교에 보내 굉장한 대우를 해 주듯이 알파벳을 가르친다"(p. 115). 또한 우리는 아동의 뛰어난 성취에 비하면 사소한 것인 그들의 결점에 초점을 맞추는 주제넘은 짓을 한다. 우리는 아동에게 모든 것을 가르칠 수 있다는 성인의 생각과 성인이 아동 스스로의 학습능력에 대해 과소평가한다는 것을 알고 있다.

가정에서의 조기교육

이렇듯 여러 민감기마다 아동은 어떤 경험을 독립적으로 숙달하고자 하는 내부충동에 이끌린다. 교육의 목적은 이런 과정을 도와주는 것이다. 아동은 2~3세 정도 되어야 비로소 유아원이나 Montessori학교에 들어갈 수 있기 때문에, 부모와 양육자들이 사실 최초의 교육자인 것이다.

아동심리에 대한 공식적인 지식을 가져야만 도움이 되는 것은 아니다. 우리에게 필요한 것은 태도다. 우리는 무엇보다 독립적으로 숙달하려는 아동의 노력을 존중해야 하기 때문에, 그들에게 학습하라고 지시하는 것이 우리 일이 아님을 인식할 필요가 있다. 우리는 아동의 내적 구성력(construction)에 대한 믿음을 가져야 한다. 동시에 우리는 아동을 무시하거나 방치해서는 안 된다. 우리가 할 수 있는 것은 그들에게 가장 필요한 것들을 학습할 기회를 제공하는 것이다. 우리는 아동의 자발적인 흥미를 지켜보고 그들에게 그런 흥미를 추구할 기회도 줄 수 있다.

예를 들어 Montessori(1936b, p. 49)는 6개월 된 여아를 유모차에 싣고 정원을 거니는 보모에 대해 이야기했다. 매일매일 아기는 오래된 회색벽에 박혀있는 하얀 대리석을 보고 즐거워했다. 이 아기는 돌이 똑같은 장소에 있음을 발견하고 즐거워하는 것이 분명했다. 즉 이 아기는 세상에서 질서에 대한 자신의 감각을 발달시키고 있었다. 어쨌든 아기의 흥미를 알아차린 보모는 그때마다 멈춰서서 아기가 그 광경을 바라보도록 해주곤 했다. 그 보모는 자기가 걷는 속도대로 아기를 밀고 가지 않고 아기의 자발적인 흥미가 자기를 이끌어가도록 했다. 그 보모는 일상적인 의미에서 아기를 가르친 것이 아니라 이상적인 교사로서 행동하고 있었던 것이다. 그녀는 무엇이든지 자발적으로 연결지을 수 있는 기회를 아기에게 주고 있었다.

또 다른 예를 들면, 부모는 걷기 민감기에 있는 자녀를 도울 수 있다. 어떤 부모는 아이가 이런 새로운 기술을 익힐 때 아이 뒤를 따라다니는 것을 즐거워한다. 그들은 아이가 걸어가면 그 뒤를 따라가고, 아이가 새로운 장면을 탐색하기 위해 걸음을 멈추면 그들도 함께 멈춰 선다. 또한 아이가 계단오르기 같은 걷기의 새로운 측면도 익힐 수 있는 시간을 준다. 이와 같이 부모는 아이 자신의 리듬을 따르며, 자녀가 그런 새 기술을 숙달하면서 자랑스러워하는 것을 바라보고 즐거워한다(11장).

그러나 어떤 부모는 아동이 자기 스스로 그리고 자기 고유의 방식으로 걷는 것을 익히는 데 충분한 기회를 주지 못한다. 그들은 아이에게 걷는 법을 가르치려 애쓰지만, 그런 훈련은 아마도 아이에게 그 자신의 노력이 부적합하다는 느낌을 줄 것이다. 또는 부모는 걷는다는 것이 아이들에게 의미하는 바를 깨닫지 못하고 있다. 즉 그들은 아이들도 그들처럼 어딘가로 가려고 한다고 추측한다. 그래서 보다 빨리 아이들을 목적지에 데려다주기 위해 아이들을 안아서 데려가든지 유모차에 태워서 밀고 간다. 또는 부모는 아이들이 걸어서 어디로 가게 될까 봐 두려워서 아이들 주위에 안전울타리 같은 것을 설치한다(11장).

물론 아이들은 결국 걷기를 배우게 된다. 그러나 부모의 반응은 아이들 자신의 내적인 리듬과 독립성에 대한 그들의 느낌에 영향을 준다. 즉 어떤 경우에는 아이가 중요한 기술을 자기 힘으로 숙달하게 되었을 때 자유감과 자신감을 얻게 되나, 또 다른 경우에는 자신의 숙달하고자 하는 노력이 부정적 반응을 초래함을 발견하게 되어 그 결과로 자신의 내적인 촉발에 관해서는 우물쭈물하며 억제하게 될 수도 있다. 아동이 처음 걷기를 배운 방식과 이후의 운동능력이나 신체적 매력이 서로 연관된다는 것은 가능한 이야기다.

아동이 쉽게 걸을 수 있게 되면 다음에는 자기를 둘러싼 집 밖과 자연환경을 탐색할 수 있게 된다. Montessori는 자연이 아동을 격려하는 것을 보고 매우 감명받았다. 부모와 함께 공원이나 초원을 걸어가거나 언덕을 올라가는 2세 아이는 매우 놀라운 힘을 보여준다. 어른 생각으로는 아이에게 불가능할 정도의 먼 거리를 매우 행복하게 걸어간다. 자연환경은 또한 어린 아동의 관찰력을 자극한다. 걷는 동안에 아동은 자주 서서 냇물이나 동물, 떨어진 나뭇가지 등을 오랫동안 쳐다보면서 완전히 몰두하기도 한다. 어린 아동에게 자연을 자유로이 탐색하고 연구하는 기회를 주면, 그들은 행복하고 안정된다. 자연과의 접촉은 활발한 정서적인 필요를 충족시키는 것 같다(Montessori, 1948a, 4장).

Montessori학교

아동이 2.5세 정도가 되면 Montessori학교에 들어갈 수 있다. 거기서 그들은 6세 정도의 아동과 같은 교실에서 배우게 되는데, 이는 Montessori어린이집에서와 거의 비슷한 연령범위다. Montessori학교는 개방되어 있기 때문에 아동은 계속해서 Montessori의 상위과정을 밟을 수 있다(때로는 고교과정까지도). 어쨌든 여러 연령의 아동이 섞이게 되는데(예 : 6~9세), 이는 Montessori가 아동이 이런 환경을 즐긴다는 것을 발견했기 때문이다.

독립성과 집중

Montessori학교의 교육 목적은 집에서의 교육 목적과 동일하다. 교사는 아동에게 지시하거나, 가르치거나, 훈련하거나, 감독하려 하지 않고 대신 아동에게 **독립적**으로 숙달할 수 있는 기회를 주려고 노력한다. 만약 학교환경이 적절한 도구들(다양한 민감기에 있는 아동의 내적욕구에 상응하는 도구들)을 가지고 있다면 아동은 성인의 감독 없이 자기 힘으로 그 도구들을 열심히 조작할 것이다.

적절한 환경을 만들기 위해 Montessori는 처음에 이 다양한 도구에 대한 아동의 행동을 단순히 관찰하는 데 상당한 시간을 보냈다. 그런 다음 아동 자신이 그녀에게 가장 유용하다고 말한 도구들을 계속 사용했다. 아동은 이런 것들을 다소 극적인 방식으로 알려주었다. 즉 그들은 자신의 깊은 내적인 욕구를 충족시켜주는 도구들을 접하게 되었을 때 놀라울 정도의 **집중**을 보였다.

Montessori는 어린이집에서 4세 여아가 실린더를 가지고 노는 것을 보았을 때, 아동의 집중적인 노력을 하는 능력을 처음으로 깨달았다. 이 여아는 나무로 된 실린더 꽂이의 구멍에 서로 다른 크기의 실린더를 모두 꽂을 때까지 계속해서 구멍에 실린더를 넣고 있었다(그림 4.2 참조). 그런 다음 이 아동은 그것들을 모두 꺼내서 섞은 다음 다시 시작했다. 그러는 동안 이 여아는 자기 주위에 있는 세상에 대해 까맣게 잊고 있었다. 그 여아가 이런 시행을 14번 반복한 후에 Montessori는 그 여아의 집중력을 검사해보기

그림 4.2

소년이 나무로 만든 실린더를 열심히 조작하고 있다.

(St. Michael's Montessori School, New York City, Haledjian photo.)

로 했다. Montessori가 학급의 나머지 아동을 큰 소리로 노래 부르며 행진하게 했을 때도 여아는 단지 자기 일만 계속하고 있었다. 그다음에는 의자 위에 여아를 앉힌 채 의자를 탁자 위에 올려놓았다. 그러나 여아는 자기 무릎 위에서 실린더를 모으는 일만 계속했고, 주위의 방해에 대해서는 알지 못하는 듯했다. 마침내 42번이나 이런 시행을 반복한 후에야 그 여아는 꿈에서 깬 사람처럼 하던 일을 멈추더니 행복하게 미소지었다(Montessori, 1936b, p. 119).

그 후에도 Montessori는 이와 같은 현상을 수없이 목격했다. 민감기의 내적인 욕구를 충족시키는 과제가 주어졌을 때, 아동은 그것들을 계속 반복해서 해본다. 그리고 그런 일을 끝냈을 때는 쉬며 기쁨을 느낀다. 그들은 내적인 평화를 얻은 것처럼 보인다. 아동은 집중적인 작업을 통해서 자신의 진정한 또는 정상적인 상태를 성취한 것 같다. Montessori는 이런 과정을 **정상화**(normalization)라고 하였다(Montessori, 1949, p. 206). 그래서 Montessori는 이런 종류의 혼신의 노력을 위한 가장 좋은 환경을 만들어주는 것을 목표로 삼았다.

자유선택

환경을 조성해주는 과정에서 Montessori는 아동이 무엇을 배워야 하는가에 대한 자신의 생각을 접어두고, 그들이 자유롭게 도구를 선택하도록 했을 때 무엇을 선택하는지 보려고 했다. 그녀는 아동에게 자유선택을 시키면, 그들 각자에게 가장 매혹적인 과제를 선택한다는 것을 알았다. 예를 들면, 2세 아동은 방안을 자유롭게 돌아다니게 되었을 때 끊임없이 물건들을 일렬로 정돈하고 그것들을 순서대로 놓는 것을 보았다. 또 한 아동이 물컵을 떨어뜨리면 다른 아동이 달려와 부서진 조각들을 모으고 마루바닥을 닦는 것도 볼 수 있었다(Montessori, 1936b, p. 121). 그녀가 관찰한 것은 아동의 질서에 대한 욕구였다. 따라서 그녀는 아동이 그런 욕구들을 충족시킬 수 있도록 환경을 바꾸었다. 조그만 세면대를 마련해두어 아동이 자기의 손과 칫솔을 씻을 수 있도록 했고, 조그만 책상과 의자를 만들어 그것들을 똑바로 정리할 수 있도록 했으며, 또한 선반을 낮게 하여 아동이 자신의 도구를 제자리에 놓을 수 있도록 했다. 이런 방식으로 일상생활에서의 활동이 교과과정의 한 부분이 되었다. 모든 아동이 이런 활동을 즐거워했으며, 특히 2세 아동이 가장 진지하게 받아들였다. 혹시 제자리를 벗어난 것은 없는지 보기 위해 그들은 계속해서 방안을 살폈다. 그들에게는 환경을 정돈하는 것이 가장 깊은 내적 욕구를 만족시키는 것이었다(Montessori, 1948a, p. 48).

오늘날 Montessori의 교구 중 핵심적인 것들은 대체로 정해져 있지만, 교사는 아직도 자유선택의 원칙에 많이 의존한다. 아동은 각자 선반으로 가서 자기들이 조작하고 싶은 기구를 선택한다. 교사는 아동이 그 순간의 자기들의 내적인 욕구를 충족시켜주는 과제를 자유롭게 선택할 것이라는 신념을 가지고 있다.

비록 자유선택을 허용하더라도 교사는 때때로 아동이 다룰 만하다고 여겨지는 새로운 과제를 아동에게 소개해주기도 한다. 이런 소개는 아주 미묘하게 이루어진다. 교사는 분명하고 간단하게 새로운 도구를 제시하고는 한발 물러서서 아동의 행동을 관찰한다. 이때 교사는 아동이 집중하는 것과 반복하는 것을 지켜본다. 만일 그 새 과제에 대한 준비가 안 되어 있는 것처럼 보이면, 일단 치워두고 다음에 사용하도록 한다. 교사는 아동에게 특정한 과제를 '반드시' 학습해야 한다는 인상을 주지 않도록 조심해야 한다. 왜냐하면 그런 일은 아동이 자신의 성향을 따르는 능력을 훼손할 것이기 때문이다. 만일 아동이 그 도구를 활발하게 다루기 시작하면 교사는 물러서서 아동이 독립적으로 조작해보도록 둔다(Lillard, 1972, pp. 65-68).

Montessori에 의하면 교사는 기본적으로 수동적인 태도, 즉 관찰자의 태도를 가져야 한다(Montessori, 1936a, p. 39). 교사는 대부분의 시간을 아동 각자의 특정한 욕구와 준비상태를 가늠해보면서 그들을 단순히 지켜보며 보낸다.

보상과 벌

Montessori학교의 교사는 지시자가 아니라 추종자다. 가장 많이 다루어야 할 필요가 있는 것들을 알려주면서 방향을 제시하는 것은 아동이다. 이 점에 있어서 Montessori학교의 교사는 아동에 대한 어떤 정해진 목표를 가지고 있으며, 아동의 교육을 책임지는 전형적인 교사와는 매우 다르게 행동한다.

전형적인 교사는 학습시키려고 하는 과제에 대해 아동의 열성이 부족한 것을 자주 발견한다. 그래서 교사는 칭찬·성적·위협·비난 등의 외적인 상이나 벌에 크게 의존한다. 그러나 그런 외적 유인물은 종종 역효과를 일으키는 것으로 보인다. 아동이 외적인 평가에 너무 관심을 갖게 되어 잘못된 답을 하거나, 바보같이 보이는 것을 너무 두려워한 나머지 자신의 일에 깊이 집중할 수 없게 되는 일이 매우 자주 생긴다. 이런 압력에 의해 그들은 어느 정도의 교구를 학습하게는 되겠지만, 쉽사리 학교나 학습과정을 싫어하게 될 수 있다(Holt, 1964; Montessori, 1948a, p. 14).

외부적인 평가는 또한 아동에게서 독립성을 앗아간다. 아동은 자신이 무엇을 해야 하고 무엇을 말해야 하는지를 알기 위해 교사와 같은 외적 권위자에게 곧 주의하기 시작한다. Montessori는 권위자들이 주로 아동을 그들의 의지에 굴복시키려고 상이나 벌을 사용한다고 보았다. Rousseau처럼 Montessori도 외적 인정을 염려하는 아동이 어떻게 독립적인 사고를 배울 것이며, 인습적 사회질서를 어떻게 감히 비판할 수 있을지에 대해 회의적이었다(Montessori, 1948a, pp. 14-18).

그래서 Montessori학급에서는 상이나 벌을 사용하지 않는다. Montessori학교 교사는 그들이 아이들의 자발적인 성향에 주목한다면, 아동이 스스로 열심히 다룰 도구를 발견할 수 있으리라는 신념을 가지고 있다. 아동은 자신의 능력을 완전하게 하고자 하는 타고난 추동으로 인해 그렇게 할 것이며 외적 유인물은 불필요하게 될 것이다.

전통적인 교사는 흔히 아동은 자신이 잘했는지 잘못했는지 여부를 알아야 할 필요가 있으므로 보상과 벌이 필요하다면서 보상과 벌을 정당화한다. Montessori도 아동이 그들의 실수로부터 배울 필요가 있다는 것에는 동의하지만, 그런 정보를 얻기 위해 성인에게 의지하는 것은 원치 않았다. 따라서 그녀는 내재적으로 **오류통제**(control of error)가 가능한 도구를 많이 개발했다. 예를 들면, 공간적 차원을 가르치는 실린더는 이런 통제를 한다. 만일 아동이 각각의 실린더를 적당한 구멍에 넣지 않으면 하나의 실린더가 남게 된다. 이것을 보면 아동의 흥미는 고조되고, 그러면 어떻게 그것을 바로 잡을 것인가를 스스로 생각한다.

점진적 준비

Montessori는 아동이 한 번에 많은 기술을 배울 수 없다는 것을 알았다. 예를 들면, 4세 아동은 독립적이 되려는 자연적인 욕구로 인해 자신의 단추를 채우고 구두끈을 묶는 법을 매우 배우고 싶어 하지만, 그런 과제는 그들에게 너무 어려운 것이다. 그들은 소근육 운동기술이 부족하기 때문이다.

이런 문제를 다루기 위해서 Montessori는 아동이 숙달할 수 있는 수준에서 단계별로

그림 4.3

끈 매는 연습을 하는 아동과 일상생활에
서 하는 일들을 연습하는 아동

(St. Michael's Montessori School, New York
City, Haledjian photo.)

기술을 배울 수 있게 하는 도구들을 개발했다. 구두끈을 매는 경우에는 폭넓은 끈 묶기
종목(그림 4.3 참조)을 개발해서 아동이 대근육 운동으로 올바른 끈 묶기 패턴을 연습
할 수 있도록 했다(Montessori, 1948a, p. 93). 그녀는 또한 간접적 준비의 원리를 이용
했다(p. 224). 다시 말해 아동에게 야채를 자르거나(그림 4.3 참조) 연필을 쥐는 것과 같

은, 구두끈 묶기와는 무관한 과제를 주어 그것을 통해 손놀림 기술을 완전하게 할 수 있도록 했다. 필요한 모든 하위 기술을 점진적으로 숙달하게 되면 그 후에는 아동이 자신의 구두끈을 묶으려고 결심했을 때 쉽게 묶을 수 있게 된다.

읽기와 쓰기

앞에서는 예를 들면서 Montessori 방식(예 : 실린더와 일상생활에 대한 연습)의 일부가 되는 과세들을 몇 가지 소개했다. 여기서 Montessori학교 교과과정의 모든 구성요소를 살펴볼 수는 없지만, Montessori가 읽기와 쓰기 같은 중요한 문제에 접근한 방법을 보여주고자 한다.[2]

Montessori는 아동이 약 4세 정도가 되면 대단히 열심히 읽기와 쓰기를 배우려 한다는 것을 발견했다. 이는 아직 그들이 언어에 대한 일반적인 민감기에 있기 때문이다. 그들은 이제 막 무의식적인 언어숙달을 마쳤으며, 이제는 읽기와 쓰기를 익힘으로써 보다 의식적인 수준에서 언어에 대한 모든 것을 열심히 배우려 한다. 이와는 대조적으로 보통 학교에서 하는 것처럼 6~7세가 되어서야 글을 가르치려 한다면 그때는 이미 언어에 대한 민감기가 지났으므로 그 과제는 더욱 어려워질 것이다(p. 276).

4세 아동은 보통 읽기 전에 쓰기를 숙달할 것이다. 이것은 쓰기가 더욱 구체적이고 감각적인 활동이므로 어린 아동의 학습유형에 잘 맞기 때문이다(p. 233). 그러나 아직 한꺼번에 쓰기를 모두 가르칠 수는 없다. 만일 4세 아동에게 한 가지 발음을 하게 하고 그것을 써보라고 하면 제대로 할 수 없을 것이다. 따라서 일련의 분리된 예비적 훈련을 통해서 쓰기를 소개해야 한다.

처음에는 아동에게 연필잡는 법을 가르치고 그다음에는 줄을 벗어나지 않고 윤곽을 그리는 훈련을 시킨다. 아동은 가능한 한 정확하게 그리고 싶어 하는데, 이는 그들이 정확한 손움직임에 대한 민감기에 있기 때문이다. 그들은 또한 야채를 자르고, 물을 붓고, 은그릇을 닦는 것과 같은 일상생활에서의 연습을 통해 눈과 손의 정확한 협응을 숙달하고 있기도 하다.

또 다른 훈련에서는 샌드페이퍼로 만든 문자를 나무판 위에 붙여놓은 것을 손가락으로 더듬어본다(그림 4.4 참조). 예를 들면, 'm' 소리를 내면서 손가락을 문자의 윤곽에

---

[2] 수학교수법에 대한 요약은 Montessori(1948a, 18~19장) 참조

그림 4.4

샌드페이퍼로 된 종이 위에 쓰여진 문자를 익히고 있는 여아

(St. Michael's Montessori School, New York City, Haledjian photo.)

따라 움직인다. 인쇄체보다는 필기체가 더 좋은데, 그 이유는 아동이 필기체의 움직임이 더욱 자유롭고 자연스럽다는 것을 알기 때문이다. 이런 연습을 통해 그들은 문자의 움직임을 만드는 법을 익히게 된다. 그들은 아직 발음을 배우고 촉감을 세련시키기 위한 민감기에 있기 때문에 이런 연습을 반복하고 싶어 한다. 그들은 자주 눈을 감고 손가락만 가지고 문자를 따라 더듬어보기를 좋아한다. 이와 대조적으로 6세 아동은 이미 촉감을 위한 민감기에서 벗어났으므로 샌드페이퍼 문자에서 아무런 즐거움도 느끼지 못한다. 아동의 손가락이 문자에서 벗어나 나무판 위에 닿으면 나무의 촉감은 샌드페이퍼의 촉감과 다르므로 문자들은 저절로 내재적 오류통제기능을 가진다(p. 229).

세 번째 훈련에서는 움직일 수 있는 알파벳 문자들로 단어를 만들어보라고 아동에게 준다. 예를 들면, 아동은 고양이 그림을 본 다음 문자들을 발음해보고 그 문자들로 단어를 만든다. 이것 역시 말의 요소에 대한 자발적인 흥미로 인해서 끊임없이 되풀이하게 된다(pp. 234-237).

아동은 이것과 함께 다른 분리된 훈련들을 통해 쓰기에 포함되는 다양한 기술을 배운다. 그들이 마침내 이런 기술을 모두 함께 사용하여 글자 쓰기를 일단 시작하면 그 뒤에는 보통 **쓰기의 폭발**(explosion of writing)이 따르게 된다. 그들은 하루 종일 쓰기를 계속한다(p. 239).

쓰기가 읽기방식을 이끈다. 쓰기를 통해 아동은 단어와 글자들에 대한 근육적 기억과 시각적 기억을 형성하게 되고, 따라서 단어와 문자를 재인할 수 있다. 결과적으로 쓰기를 익힌 5~6세 아동은 대체로 교사의 도움을 거의 받지 않고도 읽기를 배울 수 있다(Lillard, 1972, p. 122). 아동은 종종 아무도 자기들한테 읽기를 가르쳐준 일이 없다고 말하곤 한다. 그럼에도 불구하고 Montessori는 그 과정을 도왔는데, 그녀가 사용한 기본적인 방법은 카드에 인쇄된 단어 하나를 보여주고 그것을 발음해보게 하고, 그 뒤에는 그것을 더욱 빨리 발음해보라고 하는 식으로 진행된다. 대부분의 경우 아동은 단어를 빨리 익히고 혼자 힘으로 단어를 읽기 시작한다.

쓰기와 읽기에 대한 준비기간 동안 아동은 책을 쳐다보지도 않는다. 그 후 그들이 처음 책을 집어들었을 때는 대체로 즉시 읽기 시작할 수 있다. 결과적으로 아동이 책과 관련해서 종종 느끼는 좌절감은 이런 식으로 해서 모두 피할 수 있게 된다. 그다음에는 '읽기의 폭발'이 뒤따른다. 아동은 보이는 대로 읽기를 좋아한다(Montessori, 1948a, p. 253).

각각의 세부적 단계를 마련한 Montessori의 세심한 배려는 인상적이다. 모든 훈련은 각각 아동의 자연적인 학습방식에 상응하는 것이기 때문에 아동이 쉽게 배울 수 있게 배열되어 있다. 이런 방법은 아동에게 단순히 과제를 부과하고 그들의 잘못을 비난하는 데 대부분의 시간을 쓰는 대다수 교사의 방법과는 상당한 대조를 이룬다. Montessori는 비난이 굴욕적이고 무의미한 것이라고 생각했다. 따라서 교사는 아동을 비난하여 눈물을 흘리게 하는 대신 아동이 자신의 기술을 익혀가도록 교사로서 도울 수 있는 방법을 찾아야 한다(Montessori, 1949, p. 245).

나쁜 행동

우리는 Montessori학교의 교사가 아동에게 어떠한 기대도 부과하지 않고, 칭찬이나 비난조차도 하지 않으면서 아동의 독립성을 키워나간 방법에 대해 강조해왔다. 이것은 **지**

적(知的)인 작업에 해당되는 것으로, **도덕적** 비행은 또 다른 문제다. 도구를 남용하거나 학급친구들에게 함부로 대하는 것은 용납되지 않는다.

Montessori학교에서 도구나 타인에 대한 존중은 대체로 매우 자연스럽게 발달된다. 아동은 작업이 자기 자신에게 얼마나 중요한 것인가를 알기 때문에 다른 아동의 작업도 존중한다. 만일 그들이 열심히 집중하고 있는 다른 아동을 방해한다면, 이 아동은 혼자 있고자 하는 자신의 생각을 그들이 자동적으로 존중해주도록 하는 방식으로 주장하는 것이 보통이다. 그러나 때로 교사가 간섭해야 할 때도 있다. Montessori는 이런 경우 잠시 동안 그 아동을 격려할 것을 권하고 있다. 이런 방법을 통해 아동은 그 작업이 다른 사람들에게 어떠한 가치를 갖는지와 자신이 잘못한 것이 무엇인가를 느낄 수 있는 기회를 갖게 된다. 그러면 그 아동은 더 이상 다른 사람을 방해하지 않고 건설적인 작업을 시작하게 될 것이다(Montessori, 1948a, pp. 49, 60).

일반적으로 훈육에 대한 Montessori의 견해는 대부분의 교사의 견해와 다르다. 교사 대부분은 학급을 통제하는 것이 그들의 일이라고 생각한다(p. 53). 그들은 "모두 제자리에 앉아요!" 하고 소리 지른다. Montessori학교 교사는 이런 복종에는 흥미가 없다. 진정한 훈육은 위협이나 보상처럼 외부로부터 부과되는 것이 아니고, 아동의 행동이 "최초의 무질서한 행동으로부터 자발적으로 조절되는 행동으로 변화"하려 할 때 아동 내부로부터 생기는 것이다(p. 55).

Montessori의 견해에 의하면 나쁜 행동은 일반적으로 아동이 자신의 일을 성취하지 못하고 있음을 시사해주는 것이다. 따라서 성인의 과제는 아동에게 성인 자신의 권위를 강요할 것이 아니라, 각각의 아동을 보다 주의 깊게 관찰하여 그들의 내적인 발달적 욕구를 충족시킬 수 있는 도구들을 소개해주는 것이다. 교사는 학년 초 처음 며칠 동안은 어느 정도 들뜨고 산만한 행동들이 나타날 것을 예상한다. 그러나 일단 아동이 자신의 일을 정하게 되면 거기에 매우 깊게 몰두하므로 훈육은 거의 문제되지 않는다고 한다.

교육에서의 자연

이제까지 저자는 Montessori 교육이 교실 안에서만 일어나는 것처럼 기술했다. 그러나 Montessori는 아동에게 자연과의 많은 접촉이 필요하다고 믿었다. 이런 주장을 하면서 그녀는 자신이 현대의 추세에 강하게 반대하고 있음을 알아차렸다. 현대사회는 자연을 평가절하한다. 현대사회는 인공적이고 실내적인 환경을 조성하여 우리로 하여금 안전하고 편안하다고 느끼도록 하고 있으며, 이로 인해 우리는 흙, 식물, 야생 등의 요소들과 우리 간의 연결이 끊어진 정도를 모른다. 우리는 이런 상실로 인해 우리 생활이 얼마나 삭막해졌는지를 모르며, 더욱 비감하게도 아동에게 필요한 자연의 중요성에 대해 간과하고 있다(4장).

Montessori에 따르면 아동은 우리보다 자연과의 친화력이 더 있으며, 자연과의 풍부한 접촉을 통해서 얻는 바가 많다. 아동은 자연환경 안에서 자발적으로 조용히 주의를 기울이며, 진중한 관찰력을 발달시킨다. 아동은 또한 정서적으로도 풍부해진다. 하나의 꽃, 곤충, 동물을 보는 것으로도 아동은 기쁨과 경탄으로 채워진다. 아동은 그런 것들을 눈여겨보면서 생에 대한 사랑을 발달시킨다(pp. 70-71).

Montessori는 아동이 자연에 순응하는 정확한 연령대를 지적하지는 않았지만, 이 특별한 민감성이 청소년기까지 지속된다고 하였다(Montessori, 1948b, p. 35). 어떻든 Montessori는 현대생활이 아동을 자연으로부터 철저히 분리시켜 그들의 관찰력이나 외

글상자 4.1 학교 사태에 대한 두 6세 소년의 견해

1. 누가 너에게 읽기를 가르쳤지?

    정규학교 아동 :　　　　우리 선생님이요.

    Montessori학교 아동 :　아무도 안 가르쳐줬어요. 내가 책을 읽을 수 있는지 없는지 보려고 했더니 바로 책을 읽을 수 있었어요.

2. 네가 원하는 것은 무슨 일이든지 할 수 있겠지?

    정규학교 아동 :　　　　아니요. 그렇지만 우리가 원할 때는 언제든지 화장실에는 갈 수 있어요. 그러나 네 번 이상은 안 돼요.

    Montessori학교 아동 :　원하는 것은 무엇이든지 할 수 있어요.

3. 공부하고 있는 다른 친구를 괴롭히면 어떻게 되지?

    정규학교 아동 :　　　　선생님한테 꾸중 들어요.

    Montessori학교 아동 :　그 아이는 '미안하지만 가주겠니? 나는 바빠'라고만 말할 거예요. (너는 어떻게 하겠니?) 다른 애 공부하는 걸 방해하고 싶지 않으니까 바로 떠날 거예요.

부세계에 대한 사랑의 감정을 사라지게 만든 것은 공포스러운 일이라고 믿었다.

도시의 경우, 특히 아동을 자연 그대로의 자연에 접촉시킬 수 없었으므로 Montessori는 정원 가꾸기와 동물 기르기에 의지했다. 그녀는 이를 어린이집(3~6세)에 도입했으며 초등학교에도 도입했다(Montessori, 1909, 10장, 1948a, p. 75). 이런 활동은 아동으로 하여금 몇몇 중요한 장점을 발달시키게 한다. 하나는 책임감이다. 아동은 부지런하면서 사랑스럽게 씨앗에 물을 주고 동물을 돌본다. 아동은 또한 인내심을 가지고 예측하는 것을 배운다. 그들은 식물이 제철에 어떻게 자라는지 보고 식물 자신의 시간대에 따라 살아가는 것을 기다릴 줄도 알게 된다. 끝으로 아동은 자연에 대한 감정을 강화한다. 다른 것들을 살아나게 하고 또 자라나게 하면서 아동은 자신도 생물의 일부이며, 자기들보다 훨씬 더 큰 무엇의 일부라는 생각을 발달시킨다. 즉 영적으로 성장한다.

환상과 창의성

Montessori는 동화나 우화, 다른 공상적인 이야기들을 통해 아동의 환상적 생활을 풍부하게 해주려는 시도에 대해 비판적이었다. 그녀는 환상을 현실과 유대가 끊긴 정신의 산물이라고 보았다(Montessori, 1917, p. 255).

환상에 대한 Montessori의 입장은 우리가 아동의 자연적 성향을 따라야 한다는 그녀의 가장 기본적 입장과 모순되는 것처럼 보인다. 왜냐하면 그녀도 인정했듯이 아동은 환상에 대한 자연적인 소질을 가지고 있기 때문이다. 그녀가 말한 바와 같이 "아동의 심성은 우리 성인의 심성과 다르다. 아동은 뚜렷이 제한되어 있는 한계로부터 벗어나 비현실인 환상의 세계에서 방황하기를 좋아한다"(p. 255). 그러나 그녀는 아동이 이런 성향을 극복하도록 돕고 싶어 했다. 우리가 동화책을 읽어주거나 산타클로스에 대해 이야기해주면, 단지 그들에게 쉽게 믿는 성품만 북돋아줄 뿐이다. 더구나 이런 이야기를 들을 때 아동은 부여된 인상을 단순히 받아들이기만 하는 수동적인 태도를 가진다. 그들은 변별력과 판단력(아동이 길러야만 하는 것은 바로 이 힘이다)이 잘 발달되지 않았기 때문에 공상적인 일을 믿는다.

Montessori는 예술가들이 지니고 있는 것과 같은 창조적인 상상력의 사용은 인정했다. 그러나 그녀는 예술가의 창조성은 항상 현실과 연결되어 있다고 주장했다. 그들은 우리보다 형태·색채·조화·대비에 대해 잘 인식한다. 우리가 만일 아동을 창의적이 되도록 하고 싶다면, 그들의 변별력을 발달시키도록 도와주어야 한다(pp. 250-251).

그림 그리기를 예로 들면, Montessori는 아동이 그리고자 하는 내적 충동이 강하다는 것은 알았지만 '제 마음대로 그리는 것'을 격려하지는 않았다. 그대신 아동으로 하여금 삽화 색칠하기나 색종이 자르기 등을 통해 형태나 색깔들을 변별하도록 도와주었다. Montessori는 아동의 자유로운 그림 그리기를 억제한 것이 아니라 아동의 관찰력과 변별력을 고양시키는 것이 목적이었다(Montessori, 1948a, 20장).[3]

초등교육과 중등교육

Montessori는 3~6세 아동이 다니는 어린이집을 위해 개발한 방법론으로 잘 알려져 있다. 이 연령대의 아동은 민감기에 해당하며, 인상에 대해 강력한 방식으로 흡수할 때다. 그러나 또한 Montessori는 초등학교 연령대(6~12세)를 위한 세부적인 프로그램을 개발했으며, 청소년기와 청년기를 위한 전반적인 교육 아이디어의 초안을 만들었다. 최근 수십 년 동안 점점 더 많은 수의 초등학교나 중학교, 심지어는 고등학교까지도 Montessori 프로그램을 전개하고 있다.

초등학교나 그 이후의 교육에 대한 Montessori의 철학은 어린 아동에 대한 접근과 똑같다. 그녀는 교육이 아동이 배워야만 할 것들에 대한 어른의 생각으로 시작되는 것을 반대했다(Lillard, 1996, p. 75). 어른들의 목표가 지배적이 되면, 너무나 많은 수업이 아동 자신의 필요와 흥미와는 상관이 없어진다. "우리는 아동이 듣고 싶어 하지 않을 때도 듣도록 만들고, 말할 것이 없을 때도 쓰도록 만들며, 아무런 호기심이 없을 때도 관찰하도록 만든다"(Montessori, 1917, p. 269). 그 대신 교육은 아동의 내부에 들어있는 활발한 성장력이 작동하도록 도와주어야 한다. 성장하는 아동은 자신을 발달시킬 특정 활동에 대해 내적인 욕구(정말로 갈망하는)를 가지고 있으며, 우리는 아동이 이 활동들을 할 수 있도록 해주어야 한다.

초등교육(6~12세) 6~7세가 되면 아동의 발달욕구는 중요한 변화를 겪는다. 이 시기 전에는 걷기, 언어, 감각과 같은 개인적인 능력을 발달시키는 것이 아동의 가장 큰 욕구

---

[3] 음악교육에 관한 논의는 Montessori(1948a, 21장) 참조

였다. 이제 아동이 보다 더 지적이게 되면서 초점은 밖으로 향하게 된다. 아동은 외부세계에 관해서 모든 것을 배우고자 하는데, 여기에는 사회와 옳고 그름 등이 포함된다. 아동은 물체들이 왜 현재의 상태대로 있는지를 알고자 하며 외부세계에 대해 점차 더 숙달되어 간다. 그런 가운데 아동은 매우 야심차게 된다. 이제는 교과서나 참고서에서 가르치는 따로 분리된 기술이나 정보에 흥미를 잃는다. 그들은 외부세계를 전체로서 이해하고자 한다. 즉 큰 그림을 파악하고자 한다.

Montessori는 '우주계획'이라는 제목하에 일련의 이야기를 소개했는데, 여기에는 태초의 지구, 생의 기원, 초기 인류, 기술의 발달 등이 포함된다. 이 이야기들은 궁극적인 진리를 가르치려는 것이 아니라, 아동의 상상력을 고양하고, 또 답을 발견하기 위해 질문도 하고 찾아보도록 자극하기 위해서다. 예를 들면, 아동이 초기 인류가 어떻게 옷을 만들고 먹을 음식을 마련했을까에 대해 알고 싶어 할 수 있다. 어린 아동과 마찬가지로 Montessori학교에서는 스스로 답을 찾고 문제를 해결하려는 아동의 내적 충동을 존중한다(Lillard, 1996, 4장; Montessori, 1948a, pp. 4, 15).

6~12세의 아동 역시 가족이나 학교를 떠나서 외부세계를 탐색하고자 한다. 이 욕구를 충족시키기 위해 Montessori는 소위 '밖으로의 탐험'이라는 활동을 제안했다. 아동은 보통 2~3명의 다른 아동과 함께 그들이 사는 지역에 대한 탐사연구를 수행한다. 이들은 박물관이나 동물원, 천문관, 연못, 도서관, 예술가의 작업장, 식물원 등을 방문할 수 있다. 그 범위는 매우 넓다. 교사가 관계자들에게 아동이 방문할 것이라고 미리 알려주기는 하지만, 전형적으로 아동은 교사 없이 자기들 스스로 한다. 교사는 또한 아동에게 안전지침을 준다든가 소개서 등을 주기도 한다. 교사가 안전하고 아동이 좋아할 만한 탐사환경을 만들기는 하지만, 어디까지나 그 탐험을 선택하는 것은 아동이며, 자기들 스스로가 그 탐사연구를 해낸다(Lillard, 1996, 7장).

중등학교 Montessori는 중등학교에 대한 교육방법을 충분하게 개발하지는 못했지만 몇 가지 생각을 제시했다(예 : Montessori, 1948b). 그녀는 청소년이 사회를 개선하려는 깊은 욕구를 가졌으나, 이와 동시에 청소년기의 특징인 자신에 대한 의구심을 가지고 있다고 믿었다. Montessori에 따르면 자신감을 찾는 유일한 방법은 실제로 의미 있는 일(협업적인 벤처사업에 종사하기)을 해보는 것이다. 아직 청소년에게는 자연에 대한 감성이 살아있으므로 이상적인 것은 농장일이며, 농장경영에 가능한 한 많은 책임을 청소년에게 주어야 한다. 하나의 대안으로서 근교의 호텔을 경영해볼 수도 있다. 그들은 비용, 요금, 손님의 일정, 홍보 등에 대해 이해할 수 있다. 학생들은 그와 같은 경제적인 모험을 통해서 많은 양의 학문적 재료를 배울 수 있으며(예 : 호텔 회계를 통한 수학), 또 실제 일을 통해 가치감을 느낄 수 있다. 현재의 Montessori중등학교에서는 샐러드바나 가게를 운영하는 것과 같은 사업활동을 할 수 있도록 되어 있다(Coe, 1996).

Montessori는 분명히 시골환경을 좋아했는데, 거기서 청소년은 맑은 공기를 마시고 운동을 하면서 자연에 대한 느낌을 유지할 수 있기 때문이다. 그러나 Montessori는 또한 기술혁신을 가치 있게 보았으며, 청소년이 현대의 농장기술 및 다른 기계들이 문명에 어떻게 기여했는지 이해하기를 바랐다. 그녀는 청소년이 인류의 기술진전과 동일시함으로써 자신감을 얻을 수 있다고 생각했다(Montessori, 1948b, pp. 117-118).

평가

발달적인 또는 아동중심적인 교육의 토대는 아동에 대한 신뢰다. 더 적절한 표현은 아동 내부를 이끄는 자연법칙에 대한 신뢰다. Rousseau, Pestalozzi, Gesell 등이 이 점을 지적했다. 어른이 목표를 정해놓고 아동에게 영향력을 행사해서는 안 된다. 대신 아동이 자연적으로 나타나는 흥미를 추구할 수 있도록 기회를 주는 과제를 제공해야 한다. 그러나 Montessori 이전에는 아무도 아동에게 그와 같은 과제가 얼마나 필요한지, 혹은 얼마나 많은 에너지를 아동이 그와 같은 과제에 쏟는지를 알지 못했다. 어린이집에서 3~6세의 아동은 특정 과제를 자유롭게 선택하여 그것에 매우 깊이 집중했다. 그 일을 끝냈을 때 아동은 행복하고 상쾌하며 평온해 보였다. 아동은 자신을 발전시킬 수 있었기 때문에 평화로워 보였다. 집중강도는 생애 첫 6년 동안에 가장 강했다. Montessori는 모든 교육이 아동 자신들이 무엇을 가장 배우고자 하는지를 고려해야 한다고 믿었다.

Montessori 교육은 얼마나 효과적일까? 저자의 경험으로는 Montessori학교를 방문해 보았거나 거기에 자녀를 보낸 사람들은 대개 깊은 인상을 받는다. 초기수준(3~6세)에서 사람들은 교실 내 조용한 품위에 놀란다. 모든 이들이 신중하게 일하고 있는 그곳의 분위기는 거의 수도원의 분위기와 비슷하다. 교사는 소리 지르지도 않고 아동은 다른 아동을 존중한다. 부모는 자기 자녀들이 점차 독립적이 되어가며 학교를 좋아하는 것을 보게 된다. 초등학교 수업에 대해서 부모와 방문객은 아동의 목적성에 다시 한번 감명받는다.

그러나 심리학자들은 Montessori 교육의 효율성에 대한 경험적인 연구를 보고 싶어 한다. 이에 대한 훌륭한 연구는 드물지만(Marshall, 2017) 결과의 전반적인 양상은 나타났다. Montessori학교 아동의 테스트 점수는 다른 아동의 테스트 점수만큼 향상되었다. 하지만 연구자들을 더 감동시킨 것은 Montessori학교가 길러준 집중력, 신뢰성, 독립성 같은 아동의 태도였다(Chattin-McNichols, 1992; Evans, 1975, pp. 270-275; Kahn, 1993, p. 18; Miller & Dyer, 1975). 전통적인 학교 학생들에 비해 Montessori학교 학생들은 그들의 작업이 더 흥미 있다는 걸 발견하고 급우들을 더 많이 존중한다(Rathunde & Csikszentmihalyi, 2005; Lillard & Else-Quest, 2006).

만일 Montessori가 이 결과 양상을 들을 수 있었다면 아마도 기뻐했을 것이다. 왜냐하면 그녀의 1차적인 목표가 성취검사에서 높은 점수를 받는 것이 아니라 긍정적인 태도였기 때문이다. 만일 Montessori학교의 아동이 어린 나이에 읽기와 쓰기를 배운다면 그것대로 좋은 일이지만, Montessori의 총체적인 철학에 의하면 이것은 단지 운좋은 우연이다. Montessori는 4세 아동의 쓰고자 하는 내적 충동을 발견했다는 단지 그 이유로 인해 4세 아동에게 쓰기와 읽기를 가르치는 걸 선택했다. 만일 아동이 10세가 되었을 때에야 그런 충동이 나타난다는 것을 발견했다면, Montessori는 아동이 10세가 될 때까지 쓰기를 가르치지 않았을 것이다. Montessori는 단지 어른들이 아동이 과제를 가능한 한 빨리 배우기를 갈망하니까 그 과제를 아동에게 부과하는 것은 원치 않았다. 그녀는 아동이 표준기술을 얼마나 빨리 배우는가 또는 단계적 성취검사에서 어느 정도까지 진전될 수 있는가에는 관심이 없었다. 오히려 그녀는 학습에 대한 아동의 태도에 더 관심을 두었다. 그녀는 학습에 대한 자연적인 사랑을 이용하지 않고 협력적이고 독립적인 작업을 위한 아동의 역량, 즉 내적인 계획에 따라 전개되는 역량을 발달시켜주고 싶어 했다. 그녀는 다음과 같이 말한 적이 있다.

미래에 대한 나의 비전은 시험을 치루고 그 증명에 의해 고등학교에서 대학교로 진학하는 사람들에 대한 것이 아니라, 개인의 내적 진화를 구성하는 스스로의 활동에 의해 자신의 노력으로 독립성의 더 높은 단계로 나아가는 개인에 대한 것이다(Montessori, 1970, p. 42).

비록 Montessori가 교육자로는 잘 알려져 있지만, 혁신적인 이론가로서는 과소평가 되고 있다. 그녀는 발달적인 사고에서 요즘 다뤄지고 있는 것들 중 많은 것을 이미 예견 했다. 한 예로, 그녀는 지능발달에서 민감기 또는 결정적 시기의 가능성에 대해 주장했 던 초기의 사람들 중 하나였다. 언어획득에 대한 그녀의 통찰력은 더욱 인상적이었다. 일찍부터 그녀는 아동이 무의식적으로 복잡한 문법규칙을 숙달하며 이를 가능하게 해 주는 내적인 기제를 가지고 있음에 틀림없다는 제안을 했는데, 이는 Chomsky의 연구를 예견한 듯한 생각이었다(이 책 17장 참조).

Montessori는 또한 자연과 접촉하고자 하는 아동의 욕구에 관심을 기울인 최초의 인 물 중 하나였다. 그녀는 특히 아동이 자연에 잘 순응하며 또한 자연에 풍부하게 노출될 때 도움을 많이 받는다고 말했다. 이 시기가 정확히 언제인지는 구체화하지 않았지만, 아동의 관찰력과 기타 특성들(예 : 살아있는 외부세계와의 연결감)을 발달시키기 위 해서는 자연에 대한 경험이 필요하다고 믿었다. 오늘날 이와 같은 생각은 '생명공학론 (biophilia hypothesis)' 연구자들 사이에서 발견할 수 있다(Wilson, 1993). 이 학자들은 아 동이 어떤 연령대에 자연에 대한 느낌을 발달시키지 못하면 이 느낌을 다시는 확립하지 못한다고 주장한다. 그러나 그런 가능성을 연구하는 연구자들의 수는 현재 매우 적다. 대부분의 연구는 현대사회의 일반적인 가정(자연에 대한 느낌이 필수적으로 중요하지 는 않다)에 따르는 것으로 보인다. 중요한 것은 아동의 사회적 발달과 지적인 기술로서 향후에 아동이 실내에서 일하는 하이테크 직장에서 필요한 것이다. Montessori는 아동 과 자연의 연결을 매우 중요하게 여기는 소수의 학자들 중 하나다(Crain, 1997).

Montessori에 대한 비판들은 무엇일까? Dewey(Dewey & Dewey, 1915)는 Montessori 교사가 때로는 아동의 자유와 창의성을 제한한다고 생각했다. 어떤 아동이 어려운 과 제도구를 가지고 새로운 방식으로 놀려고 한다면(예 : 실린더를 맞추는 것이 아니라 그 걸 굴리면서 놀려고 할 때), 교사는 다른 것을 시도해보도록 제안할 것이다. 즉 이 아동 에게는 혁신이 허용되지 않는다. 이에 대해 Montessori 교사는 아동이 그와 같은 과제에 대해 내부적으로는 부적합하다고 생각하며, 그래서 아동 자신이 준비되어 있는 과제에서 훨씬 더 창의성을 느낄 것이라고 대답할 것이다. 그럼에도 교사는 자기들이 간섭하는 횟수가 적기를 희망한다.

좀 더 일반적으로 보아 Montessori는 아동기의 더 표현적, 정서적인 측면을 무시했다. 그녀는 학급 내에서의 자유놀이를 억제했을 뿐 아니라 환상과 자유롭게 그리기 등도 억제했다. 초등교육까지는 학급 내에서의 사회적 상호작용도 두드러지지 않는다. 초기 Montessori 교육은 몰개인적이고 사실에 입각한 특징에만 국한된 경향이 있다. 아동은 자신에게 매우 의미 있는 일에 깊이 몰입하지만, Montessori로서는 어린 아동의 사회적, 상상적, 예술적인 발달도 좀 더 인정했어야 했다.

그림 그리기의 경우, Montessori는 아동의 작업에서 나타나는 특별한 측면을 간과했다. 어린 아동의 자발적인 그림 그리기는 새롭고 생생하고 아름답게 조직화되는 단계를 거친다(Gardner, 1980). Montessori가 어린 아동의 그리고자 하는 자연적인 충동을 발견하고 방해하고 싶어 하지 않았지만, 한편으로는 그 충동의 자연스러운 만발에 대해서는 간과했다.

저자는 또한 Montessori가 동화에 대해 잘못된 시각을 가지고 있다고 생각한다. Montessori는 동화와 상상적인 이야기는 아동을 현실에서 멀어지게 한다고 말했다. 또한 동화는 아동이 수동적으로 듣게만 한다고 믿었는데, 이는 어른들로부터 단지 수동적으로 인상을 전해 듣기만 하는 것으로 보았다. 그러나 동화에 대한 Bettelheim(1976)의 저서는 이와 다른 시각을 보여준다. Bettelheim은 아동이 동화는 꾸민 이야기라는 것을 알기 때문에, 이를 듣는 아동이 이 상상적인 사건을 믿지는 않는다고 주장했다. 이야기들은 '옛날에', '옛날 옛적에' 등 처음 시작부터 그것이 꾸민 것이라는 점을 분명히 한다(p. 117). 아동은 이야기 자체가 실제적인 외부사건을 나타내는 것이 아니라 비밀스러운 소망과 열망의 내적인 영역을 나타내주는 것임을 직관적으로 이해한다. 예를 들면, 『헨젤과 그레텔』은 분리에 대한 아동의 공포를 다룬 것이며, 이런 방법으로 분리불안에 대한 한 가지 해결책을 제시한다. 그것은 아동으로 하여금 독립적이 되도록 하고, 또 자기 자신의 지혜를 사용하도록 간접적으로 북돋아주기도 한다.

더욱이 동화를 듣는 과정도 Montessori가 인식했던 것보다 훨씬 더 능동적일 수 있다. 아동이 이야기를 들을 때는 자기 자신의 방식으로 그것을 해석하고 자신의 상상을 통해 이야기 장면들을 채운다. 아동이 내심으로 맞붙어 씨름하던 문제가 이야기 중에 거론

되면 아동은 거듭해서 그 부분을 듣고 싶어 한다. 이는 Montessori 아동이 외적인 연습을 반복했던 것과 똑같은 현상이다. 그리고는 마침내 아동은 어떤 문제를 해결한 것처럼 조용하고 평화로운 상태에서 그 이야기로부터 깨어난다.

그렇다면 Montessori는 아동기의 몇몇 중요한 요소인 놀이, 그림 그리기, 동화 등의 가치를 경시했다고 볼 수 있다. Montessori가 그런 간과를 했다 해도 이는 그녀의 공헌에 비교할 때 사소한 것이다. Montessori는 그 누구보다도 더 Rousseau, Gesell 등이 주장한 발달철학을 어떻게 실제로 적용시킬 수 있는지를 보여주었다. 그녀는 우리가 어떻게 아동의 자발적인 경향을 따르며, 또 그들에게 스스로 열정을 가지고 배울 수 있도록 해주는 도구들을 제공하는 것이 가능한지도 보여주었다. Montessori는 역사상 매우 훌륭한 교육자 중 한 사람이었다.

Werner의 유기체 비교이론

생애 소개

Heinz Werner(1890~1964)는 오스트리아의 비엔나에서 태어나 자랐다. 그는 공부를 좋아하는 소년이었지만 음악도 좋아해서 일곱 살에는 바이올린을 배우기 시작했다. 김나지움(우리의 고등학교 과정)을 졸업한 후에 Werner는 잠시 엔지니어가 되려고 생각했었지만 마음을 바꾸어 음악을 공부하기 위해서 비엔나대학교에 입학했다. 그러나 대학에 들어간 그의 관심은 철학과 심리학으로 빠르게 확산되었다. 이러한 변화는 그가 강의실에 잘못 들어갔던 어느 날 시작되었다. 음악수업에 참석하려고 했던 그는 Kant 철학에 대한 강의를 듣고 있는 자신을 발견하게 되었다. 그는 밖으로 나가는 것이 너무 난처해서 강의실에 앉아있었다. 그러나 그 강의 주제에 너무 마음을 빼앗기게 된 그는 곧 전공을 철학과 심리학(이 두 분야는 아직 합쳐져 있었다)으로 결정하였다. 하지만 음악에 대한 관심은 여전히 남아있어서 심미적 즐거움의 심리학에 대한 박사 논문을 썼다.

1917년 Werner는 함부르크연구소에 합류하여 그곳에서 새로운 심리학 운동인 게슈탈트 심리학에 대한 활발한 토론에 참가하였다. 게슈탈트 심리학자들은 우리가 사물을 지각할 때 전체 형태, 즉 **게슈탈트**(gestalt)를 지각하며 전체 형태는 부분적 요소로는 분석될 수 없다고 주장했다. 예를 들면 그림 5.1에서 원이 점 또는 짧은 선으로 이루어졌는가와는 상관없이 우리는 원들을 직접 지각한다. 이것은 원이 부분들을 합친 것 이상인 하나의 완전한 형태(whole pattern)라는 걸 뜻한다.

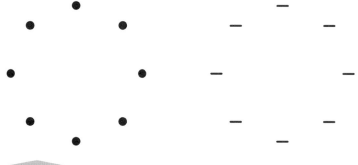

형태지각의 예 : 우리는 2개 형태가 서로 다른 요소들로 이루어졌음에도 불구하고
둘 다 원으로 지각한다.

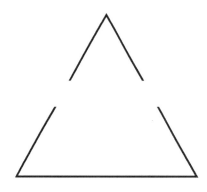

게슈탈트의 완결원리 : 우리는 완전한 형태로
완결하거나 완성하려는 경향이 있다.

　　게슈탈트 심리학자들은 우리의 형태경험은 중추신경계의 조직화하려는 힘(organizing force)에 의해서 지배된다고 주장하고 그 힘들이 작용하는 원리들을 보여주려고 했다. 그중 하나의 원리인 완결(closure)은 형태를 완성하려는 경향을 말한다. 예를 들어 그림 5.2는 분리된 2개의 선으로 지각되지 않고 조각들을 잃어버린 하나의 삼각형으로 지각된다. 우리는 이것을 전체적이고 의미 있는 하나의 형태로 지각하려는 경향이 있다.

　　Werner가 게슈탈트 심리학에 큰 영향을 받았음에도 불구하고 그것은 우리에게 친숙한 게슈탈트 심리학이 아니다. 우리에게 친숙한 게슈탈트 심리학은 위와 같은 예들을 보여준 Max Wertheimer, Kurt Koffka, Wolfgang Kohler가 이끌었다. 이 심리학자들은 흔히 베를린 학파라고 불렸다. Werner는 자신을 Felix Krueger 등으로 이루어진 라이프치히 학파와 더 가깝게 동일시했다. 이들은 지금까지 미국에 거의 알려지지 않았다. 라이프치히 학파는 전반적인 게슈탈트 원리들에 동의하지만 베를린 학파의 방향은 진정으로 전체적인 것이 아니라고 믿었다. 왜냐하면 베를린 학파는 행동하고, 느끼는 전체로서의 유기체 대신에 지각에만 너무 좁게 초점을 두었기 때문이다. 라이프치히 학파는 또한 더 발달적으로 지향되어 있었다. 앞으로 우리가 보게 될 바와 같이 라이프치히 학파의 관점은 Werner의 유기체-발달적 저술에 큰 영향을 주었다.

함부르크에 있는 동안 Werner는 대단히 많은 글을 썼고, 그의 유명한 첫 번째 판(1926)인『정신발달의 비교심리학(Comparative Psychology of Mental Development)』(2판, 1948)을 출판했다. 이 책은 하나의 대담하고 전면적인 모험이었다. 이 책에서 Werner는 다양한 문화에서 살고 있는 사람들에서 발견되는 패턴들을 비교하고, 심지어 인간과 다른 종(種)들 사이에서 발견되는 패턴들을 비교하는 데 적절하게 정의된 발달개념이 어떻게 사용될 수 있는지를 보여주려고 노력했다.

1933년 나치는 Werner를 유태인이라는 이유로 함부르크 연구소에서 해고하였다. 그는 네덜란드에서 수개월을 보내고 미국으로 갔다. 미국에서 Werner는 미시간의 웨인카운티훈련학교(Wayne County Training School)의 연구심리학자 지위를 포함하는 여러 직업을 가졌다. 그곳에서 1936년에서 1943년 사이에 Werner는 정신지체 아동과 뇌손상 아동에 대한 수많은 연구를 했다. 1943년 브루클린대학교에서 그에게 첫 번째 전임 강사직을 주었는데, 지금 우리가 보면 대단히 낮은 순위인 전임강사 순위에 그를 할당했다. 이곳에서 Werner는 지난날의 위대한 이론가로 인정받지 못하고 있었다.

그럼에도 불구하고 그는 연구를 계속했고 1947년 클라크대학교에서 심리학과 교육학 교수로 그를 채용했다. 클라크대학교에서 마음이 맞는 동료들 및 열정적인 학생들과 함께 연구하면서 그는 진정한 지적 고향을 찾았다. 그가 가르친 초기 학생들은 Werner를 형식적이지만 매우 개방적인 마음을 가졌으며 학생들에게서 최상의 것을 이끌어내는 드문 능력을 가진 친절한 사람으로 기억한다(Franklin, 2004; Witkin, 1965).[1]

---

[1] Margery Franklin과 Joseph Glick이 이 전기적 소개에 도움이 되는 말과 추억을 제공했다.

발달에 대한 Werner의 견해

심리학자는 보통 발달에 대해 느슨한 방식으로 말한다. 그러나 Werner는 발달개념에 명확한 정의가 필요하다고 믿었다. 그의 주장에 의하면 발달은 시간경과 이상의 것을 말한다. 우리는 발달하지 않고 나이가 들어갈 수도 있다. 더 나아가 발달은 크기의 증가 이상을 말한다. 우리는 더 커질 수도 있고 더 살찔 수도 있지만 그것이 반드시 발달인 것은 아니다. 발달은 구조에서의 변화를 포함하며 **계통발생적 원리**(orthogenetic principle)에 따라 정의될 수 있다.

> 발달이 일어날 때면 언제든지 상대적으로 분화(differentiation)가 덜 된 상태로부터 분화와 위계적 통합(hierarchic integration)이 증가한 상태로 진행된다(Werner & Kaplan, 1956, p. 866).

이 2개의 개념(분화와 위계적 통합)을 더 자세히 살펴보자. **분화**는 전체가 다른 형태와 기능을 가진 부분들로 나뉠 때 발생한다. 예를 들면, 배아(embryo, 임신 8주까지의 태아)는 하나의 공 모양의 단일체로 시작해서 나중에 뇌, 심장, 간, 신장과 같은 서로 다른 기관으로 분리된다. 이와 비슷하게 태아의 운동활동은 태아의 사지와 몸통이 더 이상 '큰 움직임(mass action)'으로 함께 움직이지 않고 별개로 움직이게 될 때 더 많이 분화된다.

행동이 분화됨에 따라, 행동은 또한 **위계적**으로 **통합**된다. 즉 행동은 보다 더 높은 조절중추의 통제를 받게 된다. 예를 들면, 중추신경계에 있는 더 높은 수준의 조직화 회로(organizing circuit)가 사지와 몸통을 통제하게 됨에 따라, 태아에서는 사지와 몸통이 보다 더 분화될 뿐만 아니라, 더 유연해지고 더 협응된다(Hofer, 1981, pp. 97-100).

계통발생적 원리는 많은 실제 상황에서의 행동을 기술한다. 예를 들면, 아동이 그림을 그리기 시작할 때는, 처음에는 앞뒤로 왔다 갔다 하는 같은 종류의 움직임을 한다. 이것은 순환적인 낙서를 만든다. 아동이 다른 종류의 줄긋기를 경험함에 따라서 아동의 그림은 더 분화된다. 또한 우리는 아동의 그리기가 아동이 세운 계획의 통제 아래 있게 되었을 때 위계적 조직화를 본다. 그림을 계속해서 그리고 난 뒤에 그림이 무엇처럼 보이는지 결정하는 대신에, 아동은 자기의 줄긋기를 이끌어갈 하나의 계획과 이미지를 가지고 그리기 시작한다.

계통발생적 원리는 또한 성격발달에도 적용된다. 예를 들면, 청소년은 인생에서 자기가 추구하고 싶은 목표와 그들이 추구하고 싶지 않은 목표를 구분한다. 그리고 청소년이 선택한 목표는 그들의 많은 일상 행동을 위에서 통제한다. 예를 들어, 의사가 되기로 결정한 소녀는 많은 일상 활동을 마음속의 목표에 맞추어 조직할 것이다. 이들은 목표를 세우기 전까지는 종종 자기의 삶이 응집과 구조가 부족한 것으로 느낀다. 그들은 자신을 찾을 수 없다고 불평한다. 그들은 자신을 이끌 목표가 필요하다.

유기체적 지향

우리는 전체적인 유기체 안에서 일어나는 발달을 연구하려 노력해야 한다고 Werner는 주장했다(Werner & Kaplan, 1963, pp. 4-5). 심리학에서 이런 지향은 표준이 아니다. 심리학 연구자들은 보통 지각, 인지, 언어, 기억 같은 과정을 연구하는데, 그것들이 마치 분리된 활동인 것처럼 연구한다. Werner는 우리는 성인을 연구할 때 이런 구획화된 접근이 문제가 없다고 생각한다고 지적한다. 왜냐하면 성인 기능이 매우 분화되어 있기 때문이다(1948, p. 49). 예를 들면 어른인 우리는 보통 생각과 느낌을 구별할 수 있다. 그래서 우리는 사고를 하나의 분리된 활동으로 연구하는 것이 옳다고 믿는다. 그러나 심지어 어른도 육체에서 정신이 분리되지는 않는다. 우리는 여전히 인지 과정이 유기체의 나머지 부분들과 관련되는 방법을 고려할 필요가 있다.

어린 아동에게로 방향을 돌린다면 구획화된 연구는 훨씬 더 문제가 된다. 어린 아동의 경우는 심리적 기능이 아직 미분화되어 있다. 예를 들면 어린 아동의 지각은 운동행동과 정서를 혼동한다. 나무로 된 삼각형을 보고 있는 아동은 어른처럼 삼각형을 단순히 기하도형으로 보지 않는다. 이것은 날카롭게 보이기 때문에, 구멍을 파는 어떤 도구, 위협이 되는 것이다. 늘 해왔듯이 아동의 '형태 지각(form perception)'을 분리된 활동으로 연구할 때, 우리는 그것이 아동의 경험 안에서 어떻게 일어나는지 간과하게 된다. 우리는 형태지각이 이미 행동과 정서에서 분화된 것처럼 형태지각을 연구하지만 이는 분화된 것이 아니다(Wapner, Kaplan, & Cohen, 1973).

자기-환경 분화 수준

Werner는 아동이 환경으로부터 그들 자신을 분리하는 과정에 특히 관심이 있었다. 그는 이것이 세 수준을 거쳐 진행된다고 제안했다. 이 수준들은 개략적으로 영아기, 아동기, 청소년기와 일치하지만 Werner는 연령에 관심이 없었다. 그는 상이한 발달패턴에만 관심이 있었다(Werner, 1948, p. 101).

처음에 **감각운동-감성적**(sensorimotor-affective) 수준에 있는 영아는 자신의 즉각적인 행동, 감각, 감정에서 분리된(분화된) 외부세계를 거의 경험하지 않는다. 영아는 사물을 빨고, 만지고, 잡고 있는 동안에만 사물을 안다. Piaget(1936b)가 보여주었듯이 어린 아기가 잡고 있던 장난감을 놓친다면 그 아기는 마치 장난감이 더 이상 존재하지 않는 것처럼 행동할 것이다. 영아에게 자신과 떨어져서 존재하는 사물은 의미가 없다.

점차 아동은 보다 더 순수하게 **지각적**(perceptual) 수준의 기능에 도달하게 되어 자신에게서 분리되어 '외부에 있는' 사물들을 지각한다. 아동은 뒤로 물러나서 사물을 보고, 사물을 가리키고, 사물의 이름을 묻고, 사물을 기술한다. 아동은 일정한 정도의 객관성을 획득한다. 그러나 여전히 아동 자신과 외적 환경과의 분명한 경계는 없다. 예를 들어 아동은 달, 바람, 해, 나무, 구름을 그들처럼 심리적 특성을 가지며, 그들 자신의 삶에 성격이 관련되는 것처럼 그것들도 성격이 관련된다고 생각한다. 여덟 살 소년이 태양에 대해 다음과 같이 말했다. "태양은 우리가 그것을 좋아하는 걸 알아요. 태양이 우리를 따듯하게 해주는 게 너무 좋아요"(Piaget, 1926, p. 246).

물리적 세계에 대한 가장 분리된 객관적인 관점을 가지려면, 우리는 **개념적 사고 수준**(conceptual level of thought)까지 올라가야만 한다. 즉 우리는 외부의 물리적 세계를 정서나 욕구에 상관없이 추상적 이론과 물리법칙과 관련해서 생각해야만 한다.

원시수준으로 돌아가기

Werner는 발달이 목적론적(teleological)이라고 믿었다. 그것은 발달이 성숙한 최종상태를 향하고 있음을 의미한다. 그 결과로 인간은 추상적, 개념적 사고 양식을 향해 자연스럽게 진보한다. 그러나 이것은 우리가 일단 이러한 지적 조작이 발달하게 되면 그 지적 조작들에만 의존해야 함을 뜻하는 것은 아니다. 만약 그랬다면 우리의 삶은 공허하고 추상적이고 메마르게 되었을 것이다. Alfred Whitehead의 말처럼 세상은 '무음, 무취, 무색인 따분한 것'(1929, p. 88)이 되었을 것이다. 다행스럽게도 Werner는 우리가 초기 수준의 풍부함을 되살리는 과정을 보았다. 그는 그것을 **미시발생**(microgenesis)이라고 불렀다.

미시발생은 우리가 대상지각이나 문제해결과 같은 과제에 부딪칠 때마다 일어나는 발달과정을 말한다. 그 과정은 거의 동시적으로 일어나거나 또는 수일 동안이나 수주 동안 지속될 수 있다. 각각의 경우마다, 우리의 정신적 과정은 동일순서를 거쳐 진행된다. 이 순서는 일생 동안 일어나는 발달의 특징이다. 미시발생은 미분화된 수준에서 계속 되풀이되는 자기갱신(self-renewing) 과정이다.

우리가 미시발생 과정을 항상 잘 인식하는 건 아니다. 그러나 친숙하지 않은 새로운 상황에 있을 때 인식은 증대된다. 우리가 밤에 낯선 도시에 들어갔다고 상상하라. 처음에 우리 지각은 산만하며 감정적이기 쉽다. 우리는 낯선 소리, 빛, 냄새에 충격을 받고 혼란스럽다. 우리가 어디에 있는지 확신할 수가 없다. 그러나 곧 우리가 보는 도시의 모습이 더 분화되어 거리, 음식점, 버스정류장을 확인하게 된다. 그리고 마침내 우리는 도시의 여러 부분이 어떻게 서로 연결되어 있는지 알기 시작하며, 그 도시의 개념적인 지도를 만든다. 그렇게 해서 매우 짧은 시간 동안에 그 도시에 대한 우리의 지식이 아동기 발달에서 특징적으로 보이는 발달과정과 비슷한 발달과정을 거쳐 진행된다.

Werner는 사람들은 미시발생 과정에 개입하는 정도가 다르다고 주장했다. 어떤 사람들은 더 큰 **미시발생적 이동성**(microgenetic mobility)을 가진다. 그들은 더 멀리 더 뒤로 퇴행할 수 있고, 진보된 개념적 양상만큼 어린아이 같은 인상을 충분히 활용할 수 있다. 무엇보다도 이러한 퇴행능력은 창의적인 사람의 특징이다. 그들은 기꺼이 처음부터 다시 시작한다(Werner, 1957). 예를 들어, 많은 창의적 생물학자들은 문제에 대해 전개념적 수준에서 애매한 직관과 정서적 인상에서 생각을 시작하도록 자신을 허용한다. 일부는 신비한 미적 감각을 가지고 연구에 들어갔다(Carson, 1956; Dubos, 1961).

이와 반대로 다른 사람들의 생각은 분명히 미시발생적 이동성이 부족하다. 조현병 환자는 원시사고 형태로 퇴행한다. 그러나 그들의 사고는 그곳에 고정되어서 혼란한 상태가 된다. 역으로 많은 사람은 너무 빠르게 관습적이고 합리적인 양식으로 이동하기 때문에 사고에 풍부함과 창의성이 부족한 것으로 보인다. 일반적으로 Werner는 "창의적인 사람일수록 발달수준 면에서 조작의 범위가 넓다. 다시 말해 진보된 조작만큼 원시적 조작도 잘 활용하는 능력이 크다"고 말했다(1957, p. 145). 글상자 5.1은 창의적 과학자 Jane Goodall이 어린아이 같은 사고를 활용하는 방식을 보여준다.

글상자 5.1　Jane Goodall : 자연에 대한 어린아이 같은 느낌 되살리기

Jane Goodall은 세계적으로 유명한 동물연구가다. 1960년에 26세의 나이였던 Goodall은 아프리카 숲속으로 위험을 무릅쓰고 가서 침팬지의 정신적, 사회적 생활에 대해 중요한 발견을 했다. 최근 수십 년간 그녀는 사람들에게 침팬지들이 멸종위협을 받고 있다고 말하기 위해 세계를 여행했다. 또한 그녀는 행성 자체의 생존능력에 대해 청중들에게 경고한다(Crain, 2021).

Goodall은 1934년 런던에서 태어나 아동기의 많은 시간을 영국해협에 있는 바닷가 휴양도시에서 보냈다. 아버지 Mortimer는 엔지니어이며 경주용차 운전자였고, 어머니 Vanne는 주부였다.

Jane은 학교를 좋아하지 않았다. 그녀는 동물과 자연환경에 더 많은 흥미가 있었다. 그녀는 들판에 있는 큰 나무와 특별한 유대를 가지고 바람에 흔들리는 높은 나뭇가지에 앉아 자기가 나무의 삶의 한 부분이라고 느꼈다. 8, 9세 무렵 『타잔』 책을 모두 읽고 아프리카에서의 삶을 꿈꾸었다. 고등학교 졸업 후 대학교에 가고 싶어 했지만 학비가 없었다. 어머니는 비서가 되면 세계 어느 곳에서든 취직할 수 있다고 말했고, Jane은 비서직을 택했다(Goodall, 2003, pp. 20, 30, 33).

Jane은 어느 날 케냐로 간 어린시절 친구로부터 뜻밖의 편지 한 통을 받았는데, 그녀에게 케냐를 방문하고 싶은지 물었다. 그것은 전율의 순간이었다. 그녀는 돈을 모아 케냐로 여행을 갔다.

아프리카에서 그녀는 Louis Leakey를 만났는데, 그는 아내인 Mary Leakey와 가장 초기의 인간 같은 존재 일부의 화석을 발굴하고 있었다. Goodall의 동물에 대한 열정과 지식에 감명받은 그는 그녀를 개인비서로 채용하여 탄자니아의 곰베 보호구역에 있는 침팬지를 연구하게 했다.

영국 정부는 백인 여성이 위험하게 아프리카 지역을 혼자 들어가는 것을 허가하지 않았다. 그래서 Goodall의 어머니가 동행했다. Jane이 숲속으로 침팬지를 관찰하러 간 동안 Vanne는 베이스캠프에 머물렀다. 이것은 어려운 일이었다. 동물들은 사람과의 접촉을 피하기 때문에 그녀는 망원경으로 멀리서 그들을 관찰할 수밖에 없었다.

3개월 후 그녀의 자금은 바닥이 났고, 프로젝트를 포기해야 할 것처럼 보였다. 그녀는 두 가지 사실(침팬지는 고기를 먹고, 도구를 사용한다)을 발견했는데, 그것이 과학뉴스가 되었고 새로운 연구기금을 받게 되었다. 운이 좋게도 그녀는 이런 발견을 했고 곰베에 남게 되었다.

그녀는 새로운 기금을 받자 '압박이 없어졌다'고 느껴서 숲의 즐거움을 느낄 시간을 가졌다(Goodall, 2003, p. 71). 그녀는 숲을 단어나 표지 없이 어린아이의 방식으로 경험하려고 했고, 그러자 모든 것이 새로웠다. 그녀는 이것이 매혹적이라는 걸 발견했다.

그녀는 숲과 일체가 된다고 느꼈다. 그것은 평화로웠는데, 그녀는 이를 "내 존재의 핵심에 도달했다"고 말했다(p. 78). 나무껍질을 만졌을 때 그녀는 뿌리로부터 올라오는 생기를 거의 느낄 수 있었다.

자연과 연결되어 있다고 느낀 Goodall은 어린아이처럼 그것들과 대화한다. 즉 그녀는 마치 자연이 그녀를 이해하는 친구들인 것처럼 큰 소리로 말한다. "나는 매일 아침 산 정상에 도달할 때 '안녕, 정상'이라고 말하고, 물을 길 때 '안녕 냇물'이라고 하며, 머리 위로 바람이 윙윙거리면 '바람 아 맙소사 진정해'라고 말한다"(2003, p. 72).

Goodall의 자연과의 연결감은 중요한 새로운 관찰을 열어주었다. 침팬지가 자신과 같다고 가정한 그녀는 침팬지들에게 사람 이름을 붙였는데, 그녀가 가까이서 침팬지들을 알게 되면서 그녀는 침팬지가 인지능력, 풍부한 정서적 삶, 개별적 성격을 가지고 있음을 알았다.

Leakey는 만약 그녀에게 좀 더 높은 학위가 있다면 과학공동체가 Goodall의 연구결과를 더 진지하게 받아들일 거라고 믿었다. 그래서 Goodall을 케임브리지대학교에서 동물행동학을 공부하게 했다. 그곳에서 그녀는 침팬지에게 이름을 붙이고 그들에게 정서와 성격이 있다고 생각하는 것을 많은 과학자들이 언짢아하는 걸 보았다. 그들은 과학자는 비인간 동물을 비인격적 번호로만 확인해야 한다고 믿었다. Goodall은 박사학위를 받고 세미나의 과학연구를 계속 저술했다. 그것은 많은 통계를 포함했으나 침팬지의 인간적 기질에 대한 설명을 제공하는 것도 계속했다. 이 영역에서 그녀의 발견들은 마침내 우리의 원시적 친척(침팬지)에 대한 과학계의 관점을 바꾸어놓았다.

Goodall은 진보된 생각을 하는 사람은 생산적으로 어린아이 같은 경험을 할 수 있다는 Werner의 견해를 보여준다. 자신과 자연 사이의 경계를 내려놓은 그녀는 침팬지가 우리와 같다고 가정하고, 그것이 어떤지에 대한 특이한 발견을 했다(Crain, 2021).

비교 연구

Werner는 발달을 비교관점에서도 연구하고 싶어 했다. 즉 그는 발생학적 원리가 인간에서뿐만 아니라 많은 다양한 영역에서 보이는 발달패턴을 어떻게 서로 비교할 수 있게 해주는가를 보여주고 싶어 했다. 다양한 영역에는 여러 문화, 병리적인 상태들이 포함된다.

인상학적 지각

비교연구들 가운데에서 Werner는 인상학적 지각에 대해 가장 열정적으로 썼다.

자극의 역동적, 정서적, 표현적 특성에 반응할 때 우리는 자극을 인상학적으로 지각한다. 예를 들면 우리는 어떤 사람을 행복하고 활동적인 사람으로 지각하거나 아니면 슬프고 지친 사람으로 지각할 수도 있다. Werner는 우리가 다른 방식(예 : 자세를 통해서)으로도 정서를 지각할 수 있기는 하지만 가장 직접적으로 우리에게 정서를 전달하는 것이 인상(얼굴)이기 때문에, 이 지각양식을 인상학적이라고 불렀다.

그는 인상학적 지각과 **기하학적-기술적 지각**(geometric-technical perception)을 대비시켰다. 기하학적-기술적 지각에서는 사물을 모양, 길이, 색조, 너비, 그리고 기타의 객관적으로 측정 가능한 속성으로 지각한다. 기하학적-기술적 지각은 보다 더 사실적이고 실제적이다. 그것은 과학자와 기술자의 지각양식이다.

합리적인 성인인 우리는 인상학적 지각으로 제한한다. 우리는 바위, 막대기, 그리고 다른 무생물인 사물에서 정서를 지각하는 것은 어리석다고 느낀다. 물론 풍경이 장엄하거나 차분하다고 말할 때처럼 때때로 우리는 물리적 환경에 시적(詩的)인 것을 입히고 인상학적으로 반응한다. 그러나 우리는 더 비인격적 방식으로 물리적 환경을 지각하는 것이 더 타당하다고 믿는다(Werner, 1956).

아동에게 그 상황은 대단히 다르다. 자기-환경 간의 분명한 경계를 갖지 못한 아동은 전체 세상을 활기와 정서로 가득 찬 것으로 지각한다. 옆으로 누워있는 컵을 보고 있는 아동은 컵이 피곤하다고 말할 수 있을 것이다. 반짝거리는 거품이 이는 시냇물은 아이에게 감명을 주어 행복하게 만들 것이다. 아이들은 그들 자신 안에서 느끼는 것과 같

그림 5.3 한 5세 아동의 그림에서 인상학적 지각을 볼 수 있다(해가 웃고 있다).

은 힘과 정서를 무생물의 세계에서도 매우 자연스럽게 경험한다(Werner, 1948, pp. 67-82; 그림 5.3 참조).

아동처럼 토착민도 자기 이외의 세상과 강한 일체감을 느낀다. 그리고 또한 현대사회의 성인보다 더 큰 정도의 인상학적 지각도 보여주었다. 예를 들어, 미국 원주민은 그들이 자연과 하나라고 느끼고 자신을 둘러싼 모든 것, 바람, 나무, 심지어 돌까지도 생명과 감정을 가졌다고 느끼며 자랐다(Lee, 1959, p. 61). 따라서 그들은 백인의 환경에 대한 무관심에 종종 놀라곤 했다. 한 나이 든 윈투족 여인은 다음과 같이 말했다.

> 우리는 나무를 베지 않는다. 우리는 죽은 나무만 이용한다. 그러나 백인들은 땅을 갈아 엎고, 나무를 잡아 뽑고, 모든 것을 죽인다. 나무들은 "하지 말아요. 난 아파요. 나에게 상처를 입히지 말아요"라고 말한다. 그러나 백인들은 나무를 베고 자른다. 땅의 정령은 백인들을 미워한다. … 백인들은 모든 것을 파괴한다. 그들은 바위를 폭파해서 땅에 흩어지게 한다. 바위가 "하지 말아요. 당신은 내게 상처를 입히고 있어요"라고 말한다. 그러나 백인들은 관심을 두지 않는다. … 백인이 손을 댄 모든 곳들에서 지구가 괴로워한다(Lee, 1959, pp. 163-164).

이 노파의 태도는 엔지니어나 조사자가 가지고 있는 기하학적-기술적 접근과 완전히 다르다. 그녀는 환경을 생명과 정서가 풍부한 것으로서 인상학적으로 지각한다.

기술적으로 발전된 문화에서는 극적인 인상학적 지각의 예가 원시적 정신상태로 퇴행한 조현병 환자의 보고서에서 발견된다. 이런 환자들은 물리적 대상으로부터의 분리감을 잃게 되고 물리적 대상을 위험하게 살아 움직이는 것으로 경험하게 된다. 예를 들어, 한 환자는 안팎으로 열리는 자동문을 공포스럽게 쳐다보며 "저 문이 나를 잡아먹으려 해요!"라고 소리쳤다(Werner, 1948, p. 81).

이제까지 저자는 인상학적 지각은 우리들 대부분이 이미 오래전에 뛰어넘은 것으로 매우 이상하고 색다른 것이라는 인상(impression)을 전달해왔다. 그리고 그것은 어느 정도 사실이다. Werner(1956)는 우리가 발달함에 따라 인상학적 지각이 기하학적-기술적 관점으로 대치된다고 말했다. 우리는 점차 엔지니어나 기술자의 눈으로 세상을 보게 된다. 우리는 사물을 측정 가능한 속성과 실제적인 쓸모와 관련해서 평가한다. 심지어 사람까지도 양으로 나타낼 수 있는 비인격적 차원으로 범주화한다. 우리는 사람들을 IQ, 연령, 수입, 재산, 부양가족 수 등으로 규정한다.

그럼에도 불구하고 우리는 인상학적 지각의 역량을 절대로 잃어버리는 건 아니며 비록 기하학적-기술적 지각보다 느린 속도이긴 하지만 인상학적 지각도 우리 안에서 발달한다. 우리가 사람이 아닌 비인격적 형태에서 여전히 인상학적 속성들을 지각할 수 있음을 보여주기 위해서 Werner와 동료들은 몇몇 간단한 예시들을 고안해냈다. 그림 5.4는 2개의 선을 보여준다. 2개의 선 중에서 어느 선이 행복하고 어느 선이 슬픈가? 대부분의 성인은 즉각적으로 위로 움직여 올라가는 선이 유쾌함을 나타내며 아래로 경사진 선은 슬픔을 나타낸다고 말한다. 우리는 단순한 선들(물론 그 선들은 무생물 형태이다)이 역동적 패턴을 통해서 감정을 나타내는 것을 볼 수 있다.

무엇보다도 예술가의 눈을 통해 심미적으로 그 선들을 지각할 때 우리는 인상학적 특질을 인식한다. 현대 산업문화에서 우리에게 형태, 색깔, 소리, 움직임의 표현적 특징에 주의를 기울이도록 하는 사람들은 주로 화가, 시인, 음악가 등이다. 그들은 우리가 버드나무의 슬픈 자세, 천둥의 분노, 기운찬 음의 기쁨, 기하학적 기둥의 위로 향한 욕망을 경험하게 해준다(Arnheim, 1954; Werner, 1956).

세상을 강렬한 인상학적 방식으로 지각한 예술가는 러시아 화가 Wassily Kandinsky 다. 그는 색채에서 생생한 정서(예 : 파란색에서는 천상의 평온함, 초록색에서는 자기만족감, 빨간색에서는 생생하고 거친 움직임)를 경험했다(Kandinsky, 1994, pp. 182-

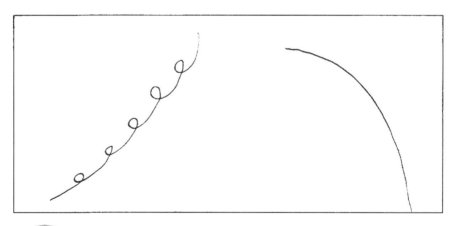

그림 5.4 선들이 감정을 나타낸다. 어느 선이 행복하고 어느 선이 슬픈가?

187). 그는 또한 어느 곳에서나 얼굴표정을 보았다.

"내게 얼굴을 보여주는 것은 별들만이 아니다. … 거리에 있는 들것에 누워 흰색 단추를 보고 있는 환자, 고분고분한 개짖는 소리, 이 모든 것들이 나에겐 인상을 가진다"(Werner, 1948, p. 71).

Kandinsky 같은 예술가들이 인상학적 역량을 발달시켜왔기 때문에 우리가 살고 있는 세계가 더 풍요로운 곳이 되었다.

감각의 통합

인상학적 지각을 하려면 앞서 말한 바와 같이 자기 자신과 대상을 하나로 통합해야 한다. Werner는 감각의 통합[때로 **공감각**(synaesthesia)으로 불림]에 대해서도 썼다.

Werner는 감각 간 경험이 아동기에는 일상적이라고 주장했다. 한 예로 그는 4세 소녀를 인용했는데, 소녀는 "아빠는 말해요. … 붐붐붐! 밤처럼 어둡게…! 그러나 우리는 낮처럼 밝게 말해요. … 빔빔빔!" 하고 말한다. 이 아이의 청감각들은 낮과 밤의 시각적 상도 불러냈다(Werner, 1948, p. 262).

경험의 감각 간 양식은 종종 토착민들에서 잘 발달된다. 예를 들어 서아프리카어에서 높은 음조는 작고, 빠르고, 뾰족하고, 화려한 색이나 얼얼한 맛인 것을 나타낼 수 있다. 낮은 음조는 크고, 느리고, 뭉툭하고, 무색이고, 무미(無味)인 것을 가리킬 수 있다(Werner, 1948, pp. 259-260).

감각 간 경험은 또한 환각제의 영향으로 원시적 상태로 퇴행한 현대의 서구 성인에서 점점 두드러지고 있다. 메스칼린(선인장의 일종인 용설란에서 뽑은 알칼로이드로서 흥분제로 사용됨)을 복용한 한 피험자는 다음과 같이 말했다.

> 소리가 들리고 얼굴들이 보이며 모든 것이 하나고 같은 것으로 생각된다. 내가 보고 있는지 듣고 있는지를 말할 수 없다. 나는 소리를 느끼고 맛보며, 냄새 맡는다. 이 모든 것이 하나다. 나, 자신이 소리다(p. 92).

감각 간 경험은 예술가의 특수 영역이다. 예를 들어, 화가 Kandinsky는 자신에게는 기하학적 도형조차도 '내적인 소리(inner tone)'와 '도형 자신의 독특한 향기'를 가진다고 썼다(Werner, 1956, p. 4). 좋은 음악도 음색이 황금빛이거나 창백할 때처럼 많은 감각을 통해서 우리에게 감동을 준다.

그림심상

Werner는 성인에 비해 아동은 그림심상을 더 많이 사용한다고 말했다. 우리는 아이들에게 단어를 정의하라고 할 때 가끔 이것을 볼 수 있다. 5세 아이에게 '소녀(girl)'라는 단어를 정의하라고 하면 아이들은 "그 애는 머리가 길고 치마를 입어요"라고 말할 것이다. 그 정의는 구체적인 그림심상에 근거한다. 그 애는 아직 넓고 개념적인 범주('인간의 어린 여자 구성원')로 정의하지는 않았다.

Werner는 어린아이들에서 그림심상이 매우 강력해서 많은 아이들이 선명한 **직관상**(eidetic imagery), 즉 우리가 통상 '사진기억'이라고 부르는 것을 가진다는 걸 관찰했다. 아이들이 그 장면을 보면서 말하고 있는 것이 아닐까 하고 생각할 정도로 아이들은 그들이 보았던 장면을 너무나 생생하고 자세하게 기술할 수 있다. 강력한 직관상 형태는 소수의 아동에게만 존재하는 것으로 보인다. 그러나 많은 아동이 어떤 직관상 형태를 가지고 있는데, 서구사회의 성인은 그런 경우가 매우 드물다(Haber, 1969; Werner, 1948, p. 143).

Werner는 토착민들은 보통 직관상을 가졌다고 믿었다. 그러나 이것을 증명하기는 어렵다. 어떻든 토착민 언어는 일반적 범주보다 그림심상을 더 선호함을 보여준다. 토착민 언어에는 일반적 용어는 거의 없으나 구체적 심상을 촉발하는 용어는 많다. 예를 들면 한 반투(Bantu, 아프리카의 중남부에 사는 흑인종의 총칭)어에는 '가다'라는 일반적 용어는 없지만, 서로 다른 종류의 걷기를 나타내는 많은 특수한 단어가 있다. "회복기 환자와 함께 천천히 조심하며 걷다"를 나타내는 단어와 "큰 더위로 메마른 땅을 뛰어 건너다"를 나타내는 단어가 있다(Werner, 1948, p. 267). 한 인류학자는 솔로몬 군도에 사는 사람들은 "다섯 사람이 도착했다"와 같은 일반적이고 추상적인 말은 절대로 하지 않는다는 것을 발견했다. 그들은 인사하려고 기다리고 있는 사람 각각을 묘사할 것이다(p. 288).

사회과학자들은 토착민의 추상적 용어를 생각하는 능력에 대해 오랫동안 논쟁해왔다. 면밀히 살펴볼 때마다 그 종족 사회의 구성원들은 추상적 범주를 사용하는 능력을 가지고는 있으나 항상 추상적 범주를 생각하는 건 아니라는 사실을 발견했다고 믿는다. (우리는 이것을 Piaget와 Vygotsky를 다룬 장에서 살펴볼 것이다.) 토착민에게는 사물과 사상을 정확하게 세부적으로 기술하는 것이 흔히 훨씬 더 중요하다. 그들은 많은 서구 시인과 작가들이 하는 방식으로 단어를 사용한다. 그들은 세상을 생생하고 그림 같은 심상으로 묘사한다.

상징형성 : 유기체론적 관점

Werner는 많은 논문을 썼지만 책은 단 두 권만 출판했다. 첫 번째 책은『정신발달의 비교심리학(Comparative Psychology of Mental Development)』(1948)이며, 지금까지 저자가 요약해왔다. 다른 책인『상징형성(Symbol Formation)』(Werner & Kaplan, 1963)은 언어에 대한 것이다.

언어연구는 최근 수년 동안 갑자기 많아졌다. 그러나 Werner의 관점에서 보면 언어연구의 전반적인 접근은 유기체적이지 않다. 즉 언어연구자들은 살아있고, 움직이며, 감각을 느끼는 유기체와는 상관없이 마치 진공상태에서 말과 문법 요소들이 발달되는 것처럼 말과 문법의 요소에만 초점을 두고 연구했다. 이와 반대로 Werner는 언어는 초기에 신체적 과정, 몸짓의 과정, 감성적(정서적) 과정을 포함하는 미분화된 매트릭스로부터 나타난다고 믿었다. 언어는 결국은 상대적으로 분리된 활동이 되지만 언어의 풍부한 유기체적 바탕을 완전히 잃지는 않는다.

제목인 '상징형성'이 말해주듯이 Werner의 초점은 상징의 형성에 있다. 상징은 어떤 것[어떤 다른 사물, 개념, 또는 사상(event)]을 나타내는 하나의 단어, 심상 또는 행위(action)이다. 예를 들면, '나무'라는 단어는 하나의 나무를 상징한다.

상징은 어떻게 형성되는가? 아마도 가장 공통된 관점은 표지(이름 붙임)이론(label theory)일 것이다. 우리는 단순히 우리 문화가 사물에 붙인 부호를 학습한다. 우리는 '나무'라는 단어는 나무에 어울리고, '컵'은 컵에 어울린다고 배운다. 이런 관점에서는 상징과 사물들 간의 연결은 순전히 인위적이다. 그것들은 우리 문화에 의해서 우리에게 전달된 관례일 뿐이다.

Werner는 그 과정을 매우 다르게 보았다. 물론 그도 아동이 문화의 표지를 학습한다는 점은 인정한다. 그러나 상징적 활동은 초기에 **신체적 행위와 정서**로부터 나타난다고 주장했다. 예를 들어, 사물을 나타내는 과정은 **무언가를 가리키는** 신체적 행동으로 시작한다. 작은 남자아이는 새롭고 흥미로운 어떤 것을 가리키고 "다(da)"라고 말한다. 그것은 엄마로 하여금 아이가 보고 있는 대상을 같이 보도록 초대한다. Werner의 관점에서 '가리키는 행동'은 엄마(또는 아이가 사랑하는 다른 사람)와 공유하는 기쁨과 분리될 수 없다(Werner & Kaplan, 1963, pp. 70-71).

신체적 행동(action)은 아동이 사용하는 많은 '자연스러운' 상징의 원천이다. Werner와 Kaplan은 핀, 빵부스러기, 애벌레를 나타내기 위해 같은 '아기말(baby talk)' 단어를 사용하는 한 살 여아의 예를 인용했는데, 다른 세 가지 사물에 같은 아기말 단어를 사용한 이유는 그것들은 모두 손가락으로 조심스럽게 집어 올려야 하기 때문이었다(1963, p. 118). 성냥을 나타내는 다른 아이의 단어는 fff였다. 그것은 성냥을 입으로 후하고 바람을 불어서 끌 때 나는 소리다(p. 101). 개를 'wfff', 커피 가는 기계를 'rrrr', 망치를 '붐(boom)'이라고 말할 때처럼, 아동의 다른 단어들은 동물과 사물들의 가장 인상적인 측면을 모방한다(p. 46).

아동은 자신이 사용하는 자연적 상징이 인위적인 방식으로 대상에 연결되어 있다는 사실을 잘 모르는 것이 분명하다. 상징 'boom'은 망치의 때리는 속성을 전달한다. 그러나 아동이 관습적인 언어를 사용하게 되면서 상징과 참조물 사이의 연결은 점점 사라지는 것으로 보인다. 도대체 '망치'라는 단어와 망치 사이의 내적 관계는 무엇인가? '붐-망치(boom-hammer)'나 '바-잠(bah-sleep)'을 말할 때와 같이 잠시 동안 아동은 자신의 자연적 상징과 관습적 언어를 조합해 사용함으로써 그 연결을 유지할 수도 있다. 그러나 순전히 관습적인 말하기로 이동함에 따라서 상징과 참조물 사이에 느껴지는 유사성은 어떤 것이라도 사라지는 것으로 보인다.

그러나 Werner는 그 연결이 완전히 깨지는 것은 결코 아니라고 믿었다. 그의 연구에서는 성인이 여전히 단어들을 사물의 역동적, 표현적 성질을 나타내는 것으로 경험할 수 있음을 발견했다. 한 남자가 '망치(hammer)'라는 단어를 말할 때 짧은 'ha'가 'mmm' 위로 세게 내려가는 것 같고 그것은 망치질의 감각을 촉발한다고 보고했다(p. 130). 다른 피험자는 독일어 단어 'Wolle'(영어의 wool)을 보면서 'll'의 둔하고 실오리 같은 성질을 말했다(p. 209).

독자들은 이러한 피험자들이 단지 Werner가 듣고 싶어 하는 반응만 한 것은 아닌지 궁금할 수 있다. 그러나 작가와 시인들도 단어들이 참조물의 속성을 나타낸다는 걸 우리가 알게 하려고 했다. 예를 들면, Balzac는 'vrai'(영어의 true) 같은 추상적 단어의 소리가 어떻게 진실(truth) 그 자체의 감정상태(feeling-tone)를 나타내는지 생각해보도록 요구했다. Balzac는 물었다. 단어에는

> 정직의 환상적인 힘은 없는가? 짧은 소리로 내리는 명령 안에서 모든 사물에 있는 독특한 진실의 있는 그대로의 희미한 모습을 찾을 수는 없는가? 이러한 음절은 뭐라 말할 수 없는 신선함을 나타낸다(Werner, 1948, pp. 257-258).

이를 요약하면 Werner는 관습적인 단어조차도 단지 무의미하고 인위적인 부호인 것만은 아니라고 주장했다. 우리가 순전히 객관적인 방식으로 관습적 언어의 외적 구조를 볼 때만 무의미하고 인위적인 것으로 보인다. 내적으로는 단어들을 참조물이 일으키는 것과 같은 신체적 감각을 촉발하는 표현적 형태로 지각한다. 상징과 참조물 간의 내적이고 유기체적인 결합은 유지된다.

이론적 쟁점

우리는 지금 인상학적 지각과 언어발달을 포함하는 여러 주제에 대한 Werner의 글을 개관해왔다. 그러나 Werner는 특정한 주제에만 관심이 있었던 것은 결코 아니다. 그는 그 주제들이 언급했던 더 큰 이론적 이슈에도 관심이 있었다.

발달의 다중선형적 성질

하나의 이론적 관심은 발달이 단선적이냐 아니면 다중선형적(multilinear)이냐, 즉 발달이 하나의 선을 따라 진행되느냐 아니면 여러 개의 분리된 선을 따라 진행되느냐였다(Werner, 1957). 인상학적 지각의 고려는 Werner가 이 질문에 답하는 것을 도와주었다.

인상학적 지각은 앞서 살펴본 바와 같이 사물의 역동적이고 표현적인 성질에 맞추어진다. 인상학적 지각은 아동에게서 우세한 지각의 초기 형태로 우리 문화에서는 보다

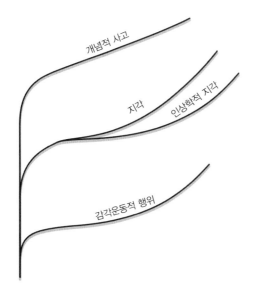

개념적 사고

지각

인상학적 지각

감각운동적 행위

그림 5.5

Werner는 서로 다른 발달의 선들이 가지 뻗어 나간다고 생각했다.

(J. Langer, *Theories of Development*. New York: Holt, Reinhart & Winston, 1969, p. 153에서 인용)

더 기하학적–기술적(geometric-technical) 조망으로 대치되었다. 창의적인 회상의 순간에서와 같이 우리는 때때로 인상학적 양식으로 되돌아갈 수도 있다. 그러나 우리는 일반적으로 보다 더 논리적이고 합리적인 사고양식에 의존한다.

만약 이것이 전체 이야기라면 우리는 발달을 하나의 인지양식이 다른 하나의 인지양식을 뒤따르게 되는 단선적인 것으로 결론지을 수 있다. 그러나 인상학적 지각 자체는 여전히 발달한다. 확신하건데 우리 대부분에게서 인상학적 지각은 우리가 그것을 육성하지 않기 때문에 단지 적당하게만 발달한다. 그러나 예술가들에서는 인상학적 지각이 매우 발달한다. 그러므로 우리는 발달을 분리된 선들이 자신의 경로를 따라가는 다중 선형적인 가지뻗기 과정으로 생각해야만 한다. 그림 5.5는 이러한 발달개념을 그림으로 보여준다.

비연속성 쟁점

더 기본적인 발달 이슈는 발달이 연속적인가 아니면 비연속적인가이다. 기본적으로 변화가 연속적이라고 말할 때는 변화를 단일한 **양적**(quantitative) 차원에서 측정할 수 있음을 제안하는 것이다. 줄자로 아동의 키를 잴 수 있는 것처럼 우리는 아동의 어휘력, 주의폭, 기억능력, 그리고 다른 많은 심리학적 변인을 하나의 양적 척도에 따라 측정할 수 있다. 대단히 많은 발달심리학 연구는 변화가 이런 방식으로 측정 가능하다고 가정해왔다. 많은 경우에 연속적이며 양화 가능한 측정의 개념은 과학의 본질로 보인다.

실제로 생물학자들은 많은 변화가 **질적**(qualitative) 변형을 포함하는 비연속적인 것임을 오랫동안 인정해왔다. 초기 형태는 종류가 다른 새로운 형태가 되어 나타난다. 새로운 형태들은 초기 것과는 다른 기능 패턴과 기능 양식을 가진다. 극적인 질적 변화의 예는 애벌레가 나비로 변하는 것과 같은 변태(metamorphosis)다. 그러한 경우에서는 많은 양적 비교가 무의미한 것이 된다. 예를 들면, 애벌레가 날 수 있는 속도를 측정하는 것은 의미가 없다. 애벌레들은 애벌레 자신의 이동양식(기기)을 가진다.

일부 발달심리학자들은 질적 변화를 강조하는 생물학자들을 더 많이 닮아왔다. 아동기로부터 성인기로의 변형은 변태만큼 극적이지 않을 수 있다. 그러나 Rousseau가 주장한 바와 같이 "아동기는 보고, 사고하고, 느끼는 자기 자신의 방식을 가지고 있다"(1762b, p. 54). 만약 이런 입장이 옳다면 아동의 고유한 것을 놓치지 않으면서 아동을 성인의 자로 측정하는 일은 불가능하다.

가능한 광범위한 관점을 취한 Werner는 양적 변화와 질적 변화 모두가 일어남에 주목했다. 그러나 Werner의 연구 자체는 적어도 서구문화에서는 가장 중요한 변화들은 질적인 것을 포함한다고 제안한다. 초기 아동기에서 그 이후로의 변이를 생각해보라.

일반적으로 어린 아동에서 우세한 지향은 예술적이다. 아동은 예술가처럼 인상학적으로 여러 감각기능을 동시에 사용하여, 선명한 그림 스타일로 이 세상에 접근한다. 특히 2세에서 7세 정도 연령 사이의 아동은 그림을 그리고, 노래하고, 가상(연극)놀이하는 걸 좋아하며, 그들의 활동은 힘이 넘치고 상상력이 풍부하다. Howard Gardner(1980)는 그들의 그림이 얼마나 특별한 종류의 완벽함을 달성했는지를 보여주었다. 5세에서 7세 사이의 아동은 새롭고 활기차며 균형이 잘 잡힌 그림을 늘상 그린다. 그 그림은 즐거움, 쾌활함, 강한 생명감을 표현한다. 실제로 많은 위대한 예술가들은 그들이 어린 아동이 가지고 있는 예술적 자질을 회복하려 했다고 말해왔다(Gardner, 1973, p. 20). Gardner(1980, p. 99)는 이것을 예술적 발달의 '황금기'라 불렀다.

그다음 8세경에 아동의 그림은 큰 변화가 일어난다. 그림은 보다 더 명확하고 기하학적이 된다(Gardner, 1980, 6장). 기하학적-기술적 지각이 뒤를 이어받는 것으로 보인다. 그림에서 어린 아동의 기운찬 생기는 사라진다(그림 5.6과 5.7 참조). 아동은 더 논

그림 5.6

6세 남아가 그린 줄넘기를 하는 소녀 그림은 활발함과 균형을 보여준다.

(Howard Gardner, *Artful Scribbles*에서 인용. Copyright ⓒ 1980 Howard Gardner의 허락하에 재인쇄함)

리적, 이성적으로 되어간다.

어린 아동이 예술적 충일만을 보여주는 것이 아님은 분명하다. 그들은 이성적 사고의 시작도 보여준다. 그리고 자라가면서 보통 초기의 예술에 대한 사랑을 적어도 조금은 가지고 있다. 초기 아동기와 그 이후의 시기들 사이에 어떤 연속성이 있다. 하지만 초기 아동기에는 우세한 사고방식이 예술적인 것이므로, 더 나이 많은 아동과 성인이 사용하는 합리적, 논리적 사고기술(skill) 측면에서 어린 아동을 평가하는 것은 대체로

Andy가 여섯 살 때 그린 그림

Andy가 아홉 살 때 그린 그림

그림 5.7

Andy의 그림은 활동적인 스타일로부터 더 기하학적인 스타일로의 이동을 보여준다.

적절하지 않다. 그럼에도 이것이 연구자들이 일상적으로 하고 있는 것이다.

우리가 변화가 비연속적이라고 말할 때, 그것은 질적 변화를 포함하는 것을 의미한다. 그러한 변화는 갑작스러울 필요가 없다. 예를 들어, 추상적 사고는 구체적 사고와 질적으로 다를 수 있지만 서서히 나타날 수 있다. 비연속성은 단지 변화가 질적 이동을 포함한다는 점을 의미한다. 변화의 갑작스러움은 다른 문제다(Werner, 1957).

현상학

Werner에게 매우 친숙한 사상학파는 현상학(phenomenology)이다. 현상학자들은 아동(또는 누구든)을 연구할 때 우리가 해야 할 첫 번째 일은 아동에 대한 우리의 선입관을 버리는 것이라고 믿었다. 우리는 아동이 우리 성인처럼 생각한다고 가정할 수 없다. 우리는 아동 자체를 새로운 눈으로 보는 것이 필요하다. 무엇보다도 우리는 사물에 대한 아동의 주관적 경험을 알 필요가 있다. 우리는 이 세상이 어떤 식으로 아동에게 보이는지 아동의 **현상학적 세계**를 탐구할 필요가 있다.

Werner(1948, 12장)는 또한 자기 동료인 Jacob von Uexküll과 Marhta Muchow의 현상학적 연구에 대해 열광적으로 썼다. von Uexküll은 환경이 다른 종(種)들에게 얼마나 다르게 보이는지를 보여주려고 시도한 동물행동학자다. 예를 들면, 그는 파리의 반응을 분석하여 방(room)이 우리에게 보여지는 것보다 파리에게 얼마나 다르게 보이는지를 보여주었다. von Uexküll의 관점을 따르는 Muchow는 일상적 장면이 성인에게 보이는 것과는 다른 방식으로 아동에게 보일 수 있다고 생각했다. 그래서 그녀는 함부르크의 운하 선착장을 포함하는 몇몇의 일상적 장면에서 아동과 성인을 관찰하고, 그것이 아동과 성인에게 어떻게 보이는지를 추론했다(Wohlwill, 1984).

선착장은 가파른 비탈 밑에 있어서 그곳에 가려면 울타리가 처진 좁은 길로 걸어 내려갈 수 있었다. 이것은 성인이 갔던 방법이다. 그러나 아동은 그 길을 무시했다. 그 대신에 아동은 울타리 위로 기어오르고 그네를 타고 울타리 옆의 풀로 덮인 비탈길을 구르고 미끄러져 내려가면서 시간을 보냈다. 아동은 훨씬 더 많이 운동적인 경향이 있기 때문에, 아동은 전체적인 장면을 성인과는 매우 다르게 지각하는 것으로 보인다. 성인에게는 배경요소에 지나지 않는 울타리와 비탈이 아동에게는 중요한 전경(feature)이었다.

두 번째 장면은 도시에 있는 새로운 큰 백화점이었다. 어린 아동(6~9세)은 성인이 하는 것처럼 백화점에 접근하지 않았다. 아동은 파는 물건에는 관심을 두지 않고 대신에 활동과 게임을 할 수 있는 기회를 제공하는 영역으로 달려간다. 아동은 특히 계단, 엘리베이터, 에스컬레이터에 매력을 느꼈다. 아동은 에스컬레이터 위에서 진행 방향과 반대 방향으로 뛰어 올라가고 내려오기를 즐겼다. 여기서 다시 Muchow는 어린 아동은 성인과는 매우 다르게 장면을 경험한다고 추론했다.

젊은 나이에 사망한 Muchow는 자신의 연구를 우리가 원하는 것만큼 충분히 발전시키지 못했다. 그녀는 아동의 행동으로부터만 아동의 지각을 추론했다. 우리는 아동이 장면을 어떻게 보았는지를 보여주는 그림과 같은 다른 증거를 좋아한다. 그러나 그녀는 아동의 경이로운 세상을 기술하는 최초의 수고를 했다.

실제적 적용

Werner는 무엇보다도 먼저 이론가였고 자신의 연구의 실제적 적용에 대해서는 매우 적게 썼다. 그는 아동양육, 교육, 치료에 대해 많은 충고를 하지 못했다. 그럼에도 그녀의 글들은 많은 장면과 실제적 관련이 있다.

임상적 시사점

Harold Searles(1965)와 같은 정신분석가들은 조현병 치료에서 Werner의 개념이 큰 가치가 있음을 발견했다. Searles는 환자가 겪는 경험의 미분화된 특성을 이해하지 않고는 대부분의 조현병 환자를 이해할 수 없다고 믿었다. 이런 환자들은 자기 자신을 무생물인 대상이나 다른 사람으로부터 분리된 것으로 느끼지 못한다. 그들은 자기가 실제로 방이나 치료자의 한 부분이라고 느낄 수도 있다. 치료자가 이를 깨닫는 것은 그것 자체로 이로울 수 있다. 왜냐하면 어떤 사람이 환자 자신과 같은 방식으로 삶을 이해한다는 것을 환자가 느끼는 것은 환자를 돕는 일이기 때문이다. Searles는 Werner의 개념이 자신의 치료적 개입을 인도한 점들과 많은 구체적 방식을 논의했다.

조기의 읽기 쓰기에 대한 압력

Werner는 주류 교육에 대한 논문은 쓰지 않았다. 그러나 그의 전반적인 방향은 오늘날의 교육과 매우 관련이 높다. 미국 교육정책 입안자들은 공적인 학업 지도를 점점 더 어린나이에 실시하도록 압력을 가하고 있다. 심지어 그들은 유치원에서 읽기 쓰기 지도를 하라고 요구하고 있다. 그러나 Werner의 총체적 관점에서 본다면 읽기 쓰기가 발달하는 보다 더 광범위한 맥락은 고려하지 않고 읽기 쓰기와 같은 어떤 특수한 지적 과정에 초점을 두면 안 된다. 이런 경우에 구어와 다른 상징활동에 대한 풍부한 경험으로부터 읽기 쓰기가 어떻게 발달할 수 있는지를 고려해야 한다.

Werner는 아동의 구어 자체가 가진 활기찬, 행위지향적 특징을 강조했다. 아동은 많은 관습어를 배우기 전에 그들이 개를 'rfff' 망치를 'boom'으로 나타낼 때처럼, 그들을 둘러싼 생활에서 나오는 소리와 행동을 떠올리게 하는 자신의 단어를 만든다. 추가적인 연구들은 많은 초기 언어가 멜로디가 있다는 것도 밝혔다. 아기는 소리의 리듬과 운율을 가지고 놀기를 좋아하며 부모는 아기와 멜로디가 있는 쿠잉(cooing), 옹알이, 아기말을 하며 함께 논다. 아이들이 크면 달리고, 기어 올라가고, 점프하고, 놀면서 "Up a lup a dup, up a dup I go"라고 말하며 단어놀이를 계속한다. 그들은 예쁜 시도 만들어낸다. 유치원과 초등학교 저학년 시기 동안에는 이야기를 듣고 말하고 싶어 하며, 이야기 속의 사람이나 다른 것들을 나타내기 위해 인형, 막대기 등을 사용해서 가장놀이를 많이 한다. 그들은 또한 더 발전된 상징을 포함하는 그림 그리기를 좋아하며 그림 그리기에 몰두해 있을 때 노래와 이야기를 종종 만들기도 한다(Crain, 2003). 그런 모든 경험을 통해서 언어에 대한 사랑, 즉 언어의 리듬과 아름다움 그리고 흥분과 모험을 전달하는 언어의 힘에 대한 사랑을 발달시킨다. 구어에 대한 이러한 경험은 쓰기와 읽기를 보강하고 활기를 돋운다. 아동은 책이 가지고 있는 풍부함에 도달하기 위해서 책을 읽고 싶어 하고 그들 자신의 이야기, 농담, 시, 메시지를 적고 싶어 한다.

그러나 이른 학업지도는 이러한 풍부한 경험을 밀쳐낸다. 오늘날의 유치원(심지어 유아원도)은 공식적인 학업지도를 너무 많이 하고 있어서 아이들이 리듬을 만들거나 가장놀이, 그림 그리기, 노래하기, 이야기 나누기를 할 시간이 거의 없다. 대신에 어른들이 몰려와 아이들에게 추상적이고 기계적인 방법으로 읽기 쓰기 기술을 가르친다. 아이들은 구어의 즐거움과 모험을 즐기기 위해서 책을 찾지 않는다. 왜냐하면 이러한 즐거움과 모험을 경험할 기회가 없었기 때문이다. Werner는 그러한 읽기 쓰기 지도에 대해 구체적인 언급을 하지는 않았지만 그의 총체적이고 유기체적인 지향은 우리에게 읽기 쓰기가 더 자연스럽게 출현할 수 있는 다양한 경험에 더 많은 관심을 둘 것을 요구한다.

성인교육

Werner는 또한 성인교육의 중요성을 증진시킬 수 있는 개념을 제공했다. 이 개념은 **미시발생적 이동성**(microgenetic mobility) 개념이다. Werner는 가장 창의적인 사고는 자신을 진보적인 합리적 분석에 사고를 국한시키지 않고 전개념적 과정(신체적 감각, 직관 등과 융합된 전체적 인상들)을 충분히 사용하면서 시작된다고 제안했던 것을 기억할 것이다. 만약 그렇다면 예술과 과학, 의학, 건축을 포함하는 많은 분야의 교육자들은 그들이 학생에게 길러주고 고양시키려는 사고의 범위를 더 확장시키려고 할 수 있다.

의사교육이 적절한 예가 된다. 의사교육에서는 순전히 합리적인 문제해결 기술을 가르치려는 노력이 점점 커지고 있다. 젊은 의사들은 종종 결정 나무(decision tree), 순서도(flow chart), 그리고 컴퓨터에 근거한 인지이론으로 부터 만들어진 다른 도구들을 포함하는 순수하게 논리적인, 단계적 진단평가를 하도록 격려받는다. 그러나 Werner의 미시발생적 이동성 개념은 환자가 의사에게 준 인상이나, 기분, 느낌을 가지고 전개념적 수준에서 생각하기 시작할 때 의사들은 더 완전한 임상적 판단을 한다고 제안한다.

Werner의 관점을 따르는 저자의 아내(소아과 의사)와 저자(Crain & Crain, 1987)는 서로 다른 능력 수준에 있는 소아과 의사들에게 도시의 대형병원 응급실로 내원한 열이 있는 영아를 검진할 때 그들의 생각과 인상을 보고하도록 요청했다. 녹음한 것의 분석은 의사로 일한 지 얼마 안 된 의사는 검진 동안 환자를 순전히 객관적이고 논리적인 방식으로 생각하려고 노력했다는 걸 밝혀주었다. 이와 대조적으로 가장 경험이 많고 존경받는 소아과 의사들은 아기가 자신에게 일으키는 감각과 느낌을 통해 아기의 건강에 대한 포괄적인 감을 얻기 위해서 먼저 아기와 비형식적인 상호작용을 하였다. 그 의사들의 접근은 더 큰 미시발생적 이동성(개념적 접근으로 나아가기 전에 먼저 더 원시적이고, 직관적인 과정을 사용)을 보여주었다. 그러므로 의학적 결정에 순수한 논리적 접근을 강조하는 교육자들은 가장 성숙한 임상적 판단이 나타나는 풍부한 전개념적 바탕을 간과할 수도 있다.

평가

오늘날 많은 사람들이 Werner를 역사적인 유물로 간주한다. 사람들은 Piaget 이론(두 사람 모두 1920년대에 저술을 시작했다)과 유사한 이론을 구축했던 사람으로 그를 희미하게 기억한다. 그러나 발달심리학의 권위자가 된 것은 Werner가 아닌 Piaget다. Werner는 확실히 Piaget의 잘 알려진 발달의 정의(발생학적 원리)에 기여했고 몇몇 중요한 사람들에게 영향을 주었다. 그러나 대체로 그는 뒷전으로 물러났다.

먼저 이러한 무관심에 대한 몇몇 가능한 이유들을 알아보고, 그를 다시 한번 진지하게 받아들일 필요를 생각해보자.

Werner는 부분적으로 그의 이론이 너무 추상적이고 어렵기 때문에 간과되어 왔다. 더욱이 중요한 이슈에 대해서 그는 종종 애매하고 입장이 분명하지 않았다. 어떤 발달학자에게서나 우리가 알고 싶어 하는 것 하나는 그 학자의 발달적 변화에 대한 입장이다. 저자는 어느 정도까지 변화를 타고난 성숙과정으로 보는가? 또는 환경적 영향의 산물로 보는가? Werner의 생물학적 모델은 성숙론자의 모델이다(Baldwin, 1980). 그러나 만약 Werner가 확실하게 이에 대해 말한 것을 찾으려 하면 헛수고로 끝날 것이다. 그 대신에 "발달심리학은 타고난 기능 대 획득된 기능이라는 사소한 문제의 해결에 힘을 쏟을 것이 아니라 정신활동 유형의 확립과 기술에 힘을 쏟아야 한다"(Werner, 1948, p. 18)는 말을 발견할 것이다. Werner는 그저 기본적인 이슈를 피하려고 했다.

비슷한 맥락에서 Werner가 성인이 아이디어를 흡수하는 것과는 반대로 아동은 자발적으로 자신의 아이디어를 만들어낸다는 것을 어느 정도까지 믿었는지 알고 싶을 수 있다. 이에 대해 Werner는 놀랍게도 언급하지 않았다. 예를 들어, 그의 저서 『상징형성』(1963)에서는 성인의 상징과는 너무 달라서 자발적으로 만들어짐에 틀림없는 초기 상징들을 집중적으로 기술한다. 하지만 책을 쓴 Werner와 Kaplan은 "우리 생각으로는 자유로운 '발명'의 문제가 문헌에서 과도하게 강조되었다"(p. 102)라고 말했다. 여기서 다시 Werner는 자신이 오직 아동 사고의 패턴에만 관심이 있다고 말하며 분명한 입장을 취하지 않았다.

Werner는 부분적으로는 모든 관점에서 가치를 보려고 한 관용적인 사람이었기 때문에 분명하게 언급하지 않은 것일 수도 있다. 그는 또한 어느 정도의 이론적 느슨함은 좋다고 믿었다. 그는 다른 사람들이 자신들의 특정 연구 분야에서의 상세한 부분들을 구체화하는 데 자유롭게 느낄 수 있도록 자기의 개념들을 일반적이고 모호하게 유지하길 원했다(Glick, 1983). 그가 분명한 단계 세트를 제안했었다면 연구자들은 그 단계들을 검증하고 그가 옳았는지 틀렸는지를 입증할 수 있었다.

그러나 모호함과 어려움과는 상관없이 Werner의 이론은 점차 더 중요해지고 있다. 그 이유는 우리 문화의 광범위한 추세와 관련된다.

우리 문화는 지금까지 과학과 공업기술에 지배되어 왔다. Theodor Roszak(1972)가 강조한 것처럼 우리는 세상을 거의 절대적으로 논리, 수, 기계적 연결로 이루어진 정신적 범주를 통해 세상을 보게 되었다. 우리의 모델로 컴퓨터를 택했기 때문에 합리적인 의사결정을 우리의 궁극적인 목표로 삼았다. Roszak는 이 과정에서 우리가 비합리적인 경험양식과의 연결을 상실했다고 말한다. 우리는 우리 자신을 꿈, 정서, 직관과 타고난 신체리듬으로 이루어진 유연한 세상으로부터 잘라냈다. 동시에 우리는 자연에 대한 우리의 느낌을 잃어버리고 자연을 단지 탐구하고 통제해야 할 물리적인 것으로 격하시켰다. 우리의 위대한 공업기술의 힘을 탐구하기 위해서 유기적인 세상을 "지금 도시산업적인 세상을 채우는 고층 건축물과 건축물의 인테리어 유리와 알루미늄, 스테인리스 스틸과 플라스틱처럼 생명이 없고 번쩍거리며 메마른" 인위적 환경으로 바꾸었다(p. 89). 자연과의 정서적 연결 없이 우리는 자연을 더 커다란 파괴에 취약하게 내버려둔다.

우리는 어떻게 자연과 연결될 수 있는가? Werner는 그 연결이 보이는 곳을 가리킨다. 그는 아이들과 토착민이 땅과 어떻게 연결되었다고 느끼는지 설명했다. 그들은 유대감을 인상학적 지각(바람, 시냇물, 나무, 그 외의 자연의 측면들과 생기와 느낌을 공유하는 경험을 하면서)을 통해 주로 발달시킨다.

우리는 더 아이 같아지거나 토착민의 태도를 채택할 수 있을까? 많은 현대 성인은 그 생각에 저항할 것이다. 그들은 미성숙하고 퇴행한 것처럼 보이는 걸 바라지 않는다.

다행스럽게도 현대의 성인이 자연과 연결될 사회적으로 수용 가능한 방식들이 있다. 한 가지 방법은 자연연구다. 많은 공원과 자연센터들이 대중의 자연현상 이해를 강화하는 프로그램을 실시하고 있다.

Werner는 예술의 역할을 제안했다. 시인, 화가, 음악가, 그 외의 예술가들은 해뜰 때 꽃의 기쁨, 바람의 신음소리, 기울어진 나무의 피곤함, 반짝이며 흐르는 시냇물의 노래

를 전달한다. 그런 식으로 예술은 자연에 대한 우리의 느낌을 깊게 해주며 자연을 보호
하고 싶게 만든다. 교육에서 예술을 옹호하고 그것들을 우리 자신의 삶의 부분으로 만
드는 것은 우리의 일이다.

Piaget의 인지발달이론

생애 소개

당대의 심리학자들 중 Jean Piaget(1896~1980)만큼 훌륭한 이론가를 찾아보기는 어렵다. 그는 단 하나의 포괄적이고도 설득력 있는 지적 발달이론을 수립했다.

Piaget는 스위스의 작은 대학촌인 뇌샤텔에서 태어났는데, 그의 아버지는 대학의 중세 역사학자였다. Piaget(1952)는 아버지를 세심하고도 체계적인 사상가라고 말했다. 반면, 어머니는 매우 감성적이어서 그녀의 행동은 때로 가족 내에 긴장된 분위기를 조성하기도 했다. Piaget는 아버지의 학구적인 방식을 채택하고 가족의 갈등으로부터 벗어나 고독한 연구 속으로 도피했다.

Piaget는 어릴 때부터 과학자로서의 소질을 보여줬는데, 10세 때는 공원에서 본 백변종 참새에 관한 논문을 썼다. 또 고등학교 때는 연체동물에 관한 연구를 했는데, 이로인해 외국학자들의 초청을 받기도 했으며, 박물관에서는 관장직을 제의해오기도 했다. 이 모든 것은 그의 어린 나이로 인해 철회되었다.

15세에 Piaget는 자신의 종교적 · 철학적인 신념에 과학적인 토대가 부족하다는 것을 깨닫고 지적인 위기를 경험하게 되었다. 그리하여 그는 철학과 과학을 연결하는 방법을 발견하고자 폭넓은 독서를 했으며, 집필하는 데서도 비록 그 집필이 자기 자신만을 위한 것이었을지라도 새로운 아이디어들을 쏟아냈다. 이런 탐구는 그의 모든 시간을 차지하진 않았지만(21세에 자연과학 분야에서 박사학위를 받았다) Piaget의 보다 광범위한 탐구는 때로 그를 혼란에 빠지고 지치게 했다. 마침내 23세가 되어서야 그는 한가지 계획을 세웠다. 먼저 그는 아동심리 분야에 대한 과학적 연구를 통해서 정신의 발달을 연구하고자 했다. 그런 후 자신의 발견들을 인식론에서 제기된 보다 광범위한 문제, 그리고 지식의 근원에 관한 철학적 문제를 해결하는 데 사용하려 했다. 이 새로운 구상을 그는 '발생학적 인식론(genetic epistemology)'이라 불렀다(Ginsburg & Opper, 1988, pp. 2-3; Piaget, 1952).

1920년에 Piaget는 파리의 비네 실험실에서 일하면서 아동에 관해 연구하기로 결심했다. 거기서 그의 연구과제는 아동용 지능검사를 만드는 일이었다. 처음에 그는 이 작업을 매우 지루하다고 생각했으며, 지능검사가 요구하는 답이 맞았는지 틀렸는지를 채점하는 데는 별 관심이 없었다. 그러나 곧 더 어린 아동의 반응, 특히 틀린 답에 대해 관심을 갖게 되고 그들의 **오류**가 일관적인 유형을 따르고 있음을 발견했다. 그것은 어린 아동의 사고가 그 나름대로 독특한 특성을 가지고 있음을 시사했다. Piaget는 어린 아동이 나이 든 아동이나 성인에 비해 단순히 더 '우둔한' 것이 아니라 전혀 다른 방식으로 사고한다고 생각했다(Ginsburg & Opper, 1988, p. 3).

아동의 독특한 생각들을 알아보기 위해 Piaget는 아동이 '일련의 질문과 답으로 구성된 인위적인 경로'로 반응하길 강요하는 표준화된 검사를 버리고 '자발적인 경향의 흐름을 촉진하는' 보다 개방적인 임상적 면담을 고안했다(Piaget, 1926, p. 4). 그는 또한 아동의 자발적인 활동을 관찰하는 데 많은 시간을 보냈다. 그 이유는 아동의 사고에 관한 성인의 선입견을 버리고 아동 자신으로부터 배우기 위해서였다.

파리에 있는 동안 Piaget는 그의 새로운 접근에 기초한 두 가지 연구를 발표했다. 하지만 이 새 연구의 대부분은 그가 1921년 이래로 재직해 있던 제네바의 루소연구소에서 이룬 것이었다. 그는 1차적으로 4세부터 12세 사이의 아동과 면담했다. 거기서 그는 약 7세 이전의 아동은 꿈이나 도덕성, 그 밖의 여러 가지 주제에 대해 질적으로 다른 방식으로 사고한다는 것을 발견했다.

1925년에 Piaget의 첫딸 Jacqueline가 태어났는데, 이를 계기로 영아의 인지적 행동에 관한 일련의 중요한 연구들이 시작되었다. Piaget와 부인 Valentine Châtenay는 Jacqueline와 다음에 태어난 Lucienne, Laurent의 행동을 세심하게 관찰했다.

1940년 초에 Piaget는 다시 아동과 청소년에 대한 연구를 하게 되었지만 연구의 초점을 바꾸었다. 그의 초기 연구들은 꿈이나 도덕성, 일상생활에서 아동이 흥미를 가진 주제를 다루었지만, 새로운 연구들은 수학적·과학적 개념에 대한 아동의 이해에 초점을 두었다. 이는 그의 가장 중요한 주제로서 그가 사망할 때까지 계속되었다(Ginsburg & Opper, 1988, pp. 15−16).

마침내 1950년대에 Piaget는 인식론의 철학적인 문제들로 관심을 바꾸었다. 물론 아동의 인지발달에 대한 연구는 계속되었다. 이 책에서는 Piaget의 인식론에 관해서는 언급하지 않을 것이다. 우리가 할 일은 그의 발달이론을 이해하는 것이기 때문이다.

Piaget의 연구는 시대에 따라 심리학자들로부터 다른 반응을 불러일으켰다. 그의 첫 연구는 세계 여러 곳에 있는 심리학자들로부터 열광적인 관심을 불러일으켰지만, 점차 관심이 줄어들었는데, 특히 미국에서 그랬다. 그 이유 중 하나는 심리학자들이 그의 기본입장을 이해하기 힘들었기 때문이다. 또 그들은 Piaget의 방법론에도 반대했다. Piaget는 특정 아동의 사고를 이해하는 데 도움이 된다고 생각하면 면담 동안 질문을 수시로 바꾸었다. 많은 심리학자들이 지적하듯 이는 표준화 면담규범에 위배되는 것이다. Piaget는 또한 표본의 크기 및 연구결과의 통계적 요약에 관한 보고 같은 일을 무시했다. 이런 문제는 아동기 사고의 풍부하고 상세한 실례들보다 중요하지 않다고 생각했기 때문이다(Flavell, 1963, pp. 10−11, 431; Ginsburg & Opper, 1988, p. 6).

전반적으로 Piaget의 연구는 방법론적인 단점을 가지고 있었지만, 1960년대에 들어와 그의 연구에 대한 관심이 극적으로 되살아났다. 이후 수십 년간 수많은 심리학자들이 Piaget 이론의 위대함과 중요성을 인식했다. 많은 연구자들이 그의 주장을 의심하고 그가 틀렸음을 증명하려 했으나, 그들도 역시 Piaget 이론이 중요하다는 것은 인정하고 있다.

이론의 개관

Piaget의 연구는 여러 해에 걸쳐 변화해왔지만, 각각의 연구들은 통합되어 하나의 단계이론을 구성하고 있다. 가장 일반적인 단계, 즉 시기들이 표 6.1에 제시되어 있다.

이 단계들을 자세히 검토하기 전에 우리는 두 가지 이론적인 요점에 주목해야 한다. 첫째, Piaget는 아동이 각 단계들을 각기 다른 속도로 통과한다고 생각했으며, 그래서 단계와 연관된 나이는 중요하게 여기지 않았다. 그러나 아동이 각 단계를 **불변적 순서** (invariant sequence), 즉 동일한 순서를 거쳐 발달한다고 주장했다.

표 6.1 일반적인 발달시기

제1기	감각운동기(출생~2세). 아기는 즉각적인 외부세계에 대처하기 위해 빨기, 쥐기, 두드리기와 같은 신체적인 행동도식을 조직화한다.
제2기	전조작기(2~7세). 아동은 사고하는 것을 배운다. 다시 말해서 상징과 내적 이미지를 사용하게 된다. 그러나 그들의 사고는 비체계적이고 비논리적인 것으로서 성인의 사고와는 매우 다르다.
제3기	구체적 조작기(7~11세). 아동은 체계적으로 사고하는 능력을 발달시킨다. 단, 구체적인 사물과 구체적인 행위에 대해서만이다.
제4기	형식적 조작기(11세 이후). 순전히 추상적이고 가설적인 수준에서도 체계적으로 사고할 수 있는 능력을 발달시킨다.

둘째, 단계를 논의하면서 **발달적 변화**의 본질에 관한 Piaget의 일반적인 견해를 마음에 새겨둘 필요가 있다. 어떤 학자들(예 : Bandura & McDonald, 1963)은 Piaget가 불변적인 단계 순서를 제안했기 때문에 그를 성숙론자라고 추정하지만 그렇지는 않다. 성숙론자들은 단계 순서가 유전자 속에 들어있으며, 단계들은 내적인 시간표에 따라 나타난다고 믿는다. 그러나 Piaget는 각 단계들이 유전적으로 결정되어 있는 것이 아니라, 사고가 점점 더 포괄적으로 되어가는 것을 나타낸다고 생각했다. 아동은 계속적으로 환경을 탐색하고 조정하며 환경을 이해하고자 노력하는데, 이런 과정에서 아동은 환경을 다루기 위해 새롭고 보다 정교한 구조들을 능동적으로 구성한다(Kohlberg, 1968).

Piaget는 생물학적인 개념을 한정된 방식으로만 사용한다. 그는 영아가 빨기반사 같은 반사를 가지고 태어나는 것을 관찰했는데, 반사는 생후 1개월 동안은 중요하나 이 시기 후의 발달에는 훨씬 영향을 적게 준다.

게다가 Piaget는 때로 모든 유기체에서 발견되는 생물학적 경향성의 관점에서 아동의 활동을 기술했다. 이런 경향성들로는 동화, 조절, 조직화가 있다. **동화**(assimilation)란 무엇을 먹거나 소화시킬 때처럼 받아들이는 것을 의미하는데, 지적인 영역에서 우리는 대상이나 정보를 우리의 인지구조에 동화시켜야 한다. 예를 들면 성인은 책을 읽음으로써 정보를 동화하며, 아기는 대상을 잡음으로써 그것을 동화시켜 자신의 파악도식에 집어넣으려 한다.

어떤 대상이 현존하는 구조에 맞지 않을 경우 우리는 **조절**(accommodation)을 통해 우리의 구조를 변화시켜야 한다. 예를 들면 아기는 장애물을 먼저 제거해야 블록을 잡을 수 있다는 것을 알게 된다. 이런 조절을 통해 영아는 외부세계에 대처하는 방법을 점차 효율적이고 정교하게 구성해가기 시작한다.

세 번째 경향성은 **조직화**(organization)로서, 예를 들어 4개월 된 남아는 대상을 쳐다보고 그것을 잡을 수 있게 된다. 그는 곧 그가 보는 대상을 잡음으로써 이 두 가지 행동을 결합하려 할 것이다. 더 정신적인 수준에서 우리는 이론을 정립한다. 즉 항상 우리 생각을 응집된 체계로 조직화하려 한다.

따라서 비록 Piaget는 각 단계들이 유전적인 부호로 짜여진 것이 아니라 아동 스스로에 의해 구성되는 것이라고 믿었지만, 그 구성과정에 대해서는 생물학적 경향성의 관점에서 설명하고 있다(Ginsburg & Opper, 1988, pp. 16-19).

Piaget는 성숙론자도 아니지만 학습이론가는 더더욱 아니다. 그는 아동의 사고가 성인의 가르침이나 다른 환경적 영향에 의해 형성된다고 생각하지 않는다. 아동은 발달하기 위해 환경과 상호작용해야 하지만, 새로운 인지구조를 이루게 하는 것은 환경이 아니라 바로 아동 자신이다.

따라서 발달이란 내적인 성숙이나 외적인 가르침에 의해 좌우되는 것이 아니라, 아동 자신의 행동을 통해 보다 분화되고 포괄적인 인지구조를 세워 나가는 **능동적인 구성과정**이다.

제1기 감각운동기(출생~2세)

Piaget의 발달 제1기는 6단계로 이루어져 있다.

1단계(출생~1개월)[1] : 반사 사용 단계

Piaget가 영아의 행동구조에 관해 말할 때는 **도식**(scheme 또는 schema)이란 용어를 사용했다(예: Piaget, 1936a, p. 34). 도식이란 보기, 쥐기, 두드리기, 차기 등과 같이 외부환경에 대처하기 위한 행동패턴이라 할 수 있다. 앞에서 언급했듯이 영아는 자신의 활동

---

[1] 이 시기에 대한 연령 기준은 Flavell(1963)에 따랐으며, 각 단계의 제목은 Ginsburg와 Opper(1988)에 따랐다.

을 통해 도식을 구성하고 나중에는 구조들을 구성하지만, 그들의 첫 도식은 주로 타고 난 반사들로 구성되어 있다. 가장 현저한 반사는 **빨기반사**(sucking reflex)인데, 아기는 입술에 닿는 것은 무엇이든지 자동적으로 빨아댄다.

반사는 어떤 수동성을 내포하고 있어서 어떤 자극이 있기 전까지는 활동하지 않는 다. 그러나 Piaget는 빠는 행위 같은 반사가 곧 영아의 자발적인 행동의 일부가 됨을 보 여준다. 예를 들면 그의 아들 Laurent이 그전에는 빠는 행동을 하지 않았는데, 생후 이 틀 되었을 때 그런 행동을 하기 시작했다. 식간에도 그런 행동을 하는 것으로 보아 배 가 고파서라기보다 단지 빠는 행위 자체를 위해 빠는 것 같았다. Piaget는 우리가 일단 도식을 갖게 되면 그것을 능동적으로 사용하려는 욕구가 생긴다고 말했다(pp. 25 – 26, 35).

더군다나 아기는 배가 고플 때 엄마가 입에 젖꼭지를 물려주기를 가만히 수동적으로 기다리고만 있지 않는다. 생후 3일이 되었을 때 Laurent은 입이 엄마의 젖에 닿자마자 젖꼭지를 찾았다. 그는 엄마의 젖꼭지를 찾을 때까지 입을 벌리고 엄마의 가슴을 더듬 어 찾았다(p. 26).

아기는 젖꼭지뿐 아니라 옷, 베개, 담요, 손가락 그리고 그들이 우연히 스친 모든 것 을 빤다. Piaget에 의하면 그들은 모든 대상을 빨기도식에 동화시킨다(pp. 26, 32, 34).

비록 동화가 1단계에서 가장 현저한 활동이지만, 우리는 또한 조절의 시작도 탐지할 수 있다. 예를 들면 아기는 젖을 찾아먹기 위해 머리와 입술의 움직임을 적응시켜야 한 다. 이와 같은 적응은 조직화의 시초로서 아기는 자신의 움직임을 조직화하여 젖먹기 가 점차 원활하고, 빠르고, 효율적이 되도록 한다(pp. 29 – 31, 39).

2단계(1~4개월) : 1차 순환반응

순환반응은 아기가 우연히 새로운 경험을 하게 되고 그것을 반복하려고 애쓸 때 나타 난다(Piaget, 1936a, p. 55). 그 중요한 예는 엄지손가락 빨기인데, 우연히 손이 입에 닿 게 되고 그 손이 떨어지면 다시 가져오려고 애쓴다. 그러나 어떤 때는 그렇게 할 수 없 다. 아기는 손이 얼굴에 부딪히기는 하지만 손을 잡지는 못한다. 또한 팔을 내젓거나 입 으로 손을 추적하지만 팔과 손을 포함한 몸 전체가 같은 방향으로 움직이기 때문에 그 것을 잡을 수가 없다. Piaget의 말을 빌리면 그들은 손을 빨기도식에 동화시키는 데 필요한 조절을 할 수 없다. 여러 번의 실패 후에 아기는 빠는 행위와 손동작을 조직화하여 엄지손가락을 빨 수 있게 된다.

손가락 빨기와 같은 대부분의 1차 순환반응은 이전에 둘로 분리되어 있던 신체도식이나 동작들을 조직화하는 것을 포함한다. 예를 들면 한 여아가 반복해서 손을 얼굴로 가져가고 그것을 쳐다보곤 할 때 이는 1차 순환반응을 연습하는 것이다. 여아는 손움직임과 쳐다보기를 통합하고 있는 중이다(pp. 96–97).

이 순환반응들은 Piaget가 지적 발달에서 **구성과정**(construction process)이라고 말한 것을 잘 보여주고 있다. 아기는 능동적으로 서로 다른 동작들과 도식들을 '통합'한다. 여기에 포함되는 작업의 양을 강조할 필요가 있다. 영아는 여러 번의 실패 후에야 비로소 분리된 움직임들을 겨우 통합시킬 수 있게 된다.

3단계(4∼8개월) : 2차 순환반응

둘째 단계의 발달을 **1차 순환반응**이라고 했는데, 그 이유는 아기 자신의 여러 신체부분들이 협응하기 때문이다. **2차 순환반응**은 아기가 자신이 아닌 **외부**에서 흥미로운 사건들을 발견하고 이를 반복하려 할 때 일어난다(Piaget, 1936a, p. 154). 예를 들어 어느 날 Piaget의 딸 Lucienne는 요람에 누워있을 때 자신의 다리를 움직였는데, 그것이 머리 위에 달려있는 인형을 움직이게 했다. 그녀는 잠시 인형을 바라보고는 다시 다리를 움직이고 인형의 움직임을 주시했다. 다음 며칠간은 이런 장면을 되풀이했는데, 즉 다리로 차고 인형의 흔들림을 보면서 종종 '까르르' 하고 웃었다(pp. 157–159).

Piaget는 때로 2차 순환반응을 '재미있는 광경을 지속시키려는 것'이라고 말했다(p. 153). 그는 영아가 적당하게 새로운 사건을 볼 때 미소 짓고 웃는다고 주장했다. 동시에 영아는 그들 스스로의 힘, 즉 사건을 재차 만들어낼 수 있는 능력을 즐기고 있는 듯하다.

4단계(8∼12개월) : 2차 도식의 협응

앞의 3단계에서 영아는 하나의 결과를 얻기 위해 단일행동, 예를 들어 매달린 인형을 움직이기 위해 차는 행위를 하게 된다. 4단계에서 영아의 행위는 좀 더 분화되며 하나의 결과를 얻기 위해 2개의 분리된 도식을 협응하게 된다. 이런 새로운 수행은 영아가

장애물에 부딪혔을 때 가장 명백하게 나타난다. 예를 들면 어느 날 Laurent이 성냥갑을 잡으려 할 때 Piaget가 손으로 그것을 가로막았다. 처음에 Laurent은 Piaget의 손을 무시하면서 그것을 넘거나 둘러가려고만 했지 치우려고는 하지 않았다. Piaget가 계속 손으로 가로막자 Laurent은 상자로 돌격하기 위해 자기 손을 흔들기도 하고 몸을 흔들기도 하며 머리를 이리저리 젓는 등 여러 가지 '기묘한' 몸짓을 했다(1936a, p. 217). 마침내 며칠 후 Laurent은 성냥갑을 잡기 전에 방해되는 손을 쳐서 장애물을 제거하는 데 성공했다. 그리하여 Laurent은 목표를 얻기 위해 둘로 분리된 도식(치기와 잡기)을 협응시켰다. 여기서 하나의 도식인 치는 행위는 목표, 즉 상자를 잡기 위한 수단이 되었다.

이와 같은 간단한 관찰은 아동이 경험과 시공간에 대한 기본 범주들을 어떻게 발달시키는지를 이해하는 데 매우 중요하다. 우리는 아기에게 말을 걸 수도 없고, 시간과 공간에 대한 그들의 경험에 대해 물어볼 수도 없지만, 그들의 행동을 통해서 그런 범주들이 어떻게 발달하는지를 알 수 있다. Laurent이 상자를 잡기 위해 손을 치우는 것을 배웠을 때, 그는 공간상으로 어떤 사물이 다른 것보다 앞에 있고, 시간상으로는 한 사건이 다른 사건보다 **선행**한다는 것을 깨달은 것이다(Ginsburg & Opper, 1988, p. 52).

5단계(12~18개월) : 3차 순환반응

3단계에서의 영아는 단일한 결과(재미있는 광경을 지속시키려는)를 얻기 위해 단일행동을 수행한다. 4단계에서는 하나의 결과를 얻기 위해 두 가지 분리된 행동을 한다. 한편 5단계에서는 서로 다른 결과를 관찰하기 위해 다른 행동들을 시도해본다.

예를 들어 어느 날 Laurent은 새 식탁에 흥미를 보였다. 그는 식탁을 주먹으로 여러 번 쳤는데, 그의 행동이 만들어내는 다른 소리들을 듣기 위해 때로는 세게 때로는 부드럽게 쳤다(Piaget, 1936a, p. 270).

이와 마찬가지로 12개월 된 저자의 아들 Tom은 욕조에 앉아 수도꼭지에서 쏟아지는 물을 바라보고 있었다. 그는 자신의 손을 수도꼭지 아래에 대고 물이 어떻게 바깥쪽으로 퍼져나가는지를 살펴봤다. 그는 이 행위를 두 번 반복해 재미있는 광경을 지속시켰다(3단계). 그런 다음 Tom은 수도꼭지에 가깝게 혹은 멀게 손의 위치를 변경시켜 물이 다른 각도에서는 어떻게 퍼져나가는지를 관찰하면서 그의 행위에 따른 새로운 결과들을 살펴보았다.

여기서 중요한 점은 영아는 성인의 가르침 없이도 스스로 학습하며 외부세계에 대한 선천적인 호기심으로부터 그들의 도식을 발달시킨다는 점이다.

6단계(18개월~2세) : 사고의 시작

5단계의 아동은 작은 과학자로서 자신의 행동을 변화시켜 그 결과를 관찰한다. 그들의 발견은 모두 직접적인 신체적 활동을 통해서 일어난다. 6단계에서 아동은 행동하기 전에 상황에 대해 좀 더 내적으로 사고하는 것 같다.

6단계의 행동으로 가장 널리 알려진 예로는 'Lucienne와 성냥갑'의 예가 있다. Piaget 는 성냥갑 속에 사슬을 넣었는데, Lucienne는 즉각 그것을 꺼내려고 했다. 그녀는 사슬을 찾기 위해 두 가지 도식을 보여줬는데, 성냥갑을 뒤집는 것과 손가락을 성냥갑의 틈속에 집어넣는 행동이었다. 그러나 그런 도식으로는 사슬을 찾을 수 없었다. 그러자 그녀는 묘한 일을 했다. 즉 하던 행동을 멈추고 성냥갑의 틈을 주의 깊게 바라본 다음 계속해서 여러 번 입을 크게 벌렸다 오므렸다 하더니 재빨리 성냥갑을 열고 사슬을 꺼냈다(Piaget, 1936a, p. 338).

Piaget(p. 344)는 5단계의 아동은 여러 가지 다른 행동을 시도해보는 느린 시행착오 과정을 통해 사슬을 꺼냈을 것이라고 말한다. Lucienne는 행동하기를 멈추고 상황에 관한 사고를 했기 때문에 그 결과를 더욱더 빨리 얻을 수 있었다. 그녀는 아직 말을 잘할 수 없었기 때문에, 수행하는 데 필요한 행동을 상징적으로 나타내기 위해 운동동작(입놀림)을 한 것이다.

6단계에서 아동의 진전은 모방에 쏟는 그들의 노력에서 볼 수 있다. Piaget는 아동이 얼마 동안은 새로운 모델을 전혀 흉내 낼 수 없다는 것을 관찰했다. 그들은 자신의 행동목록에 이미 존재하는 행동들만 재현할 수 있을 뿐이다. 비록 5단계에서는 실험적인 시행착오를 통해 필요한 조절을 하여 새로운 행동을 모방할 수는 있지만, **지연된 모방**(deferred imitation, 모델을 관찰한 후 여러 시간이나 여러 날이 지난 후에 하는 모방)을 할 수 있는 것은 6단계에서다. 예를 들면 16개월 된 Jacqueline는

그녀가 자주 보는 어린 남아가 왔는데, 오후에 그 남아는 굉장히 화를 냈다. 그는 아기놀이울(play-pen)에서 나오려고 아기놀이울을 밀며 소리 지르고 발을 동동 굴렀다.

> Jacqueline는 전에 결코 본 적이 없는 이 광경을 놀래서 보고 있었다. 다음 날 그녀는 자기의 아기놀이울에서 소리를 지르고 발을 여러 번 계속해서 구르면서 그것을 움직이려 했다. 모든 장면에 대한 이런 모방은 매우 놀라운 것이었다(Piaget, 1946, p. 63).

Piaget는 Jacqueline의 모방이 하루 뒤에 나타났으므로 틀림없이 그녀는 내부에 모델의 내적 표상을 가지고 있었을 것이라고 말했다. 그녀는 그 남아의 행동을 말로 나타낼 어휘가 부족했기 때문에 아마도 어떤 형태의 운동표상을 했을 것이다. 그녀는 남아의 행동을 보았을 때 아주 간단한 근육동작들로 그 행동을 모방했을 것이며, 그런 동작들이 나중의 모방행동의 기반이 되었을 것이다.

대상영속성의 발달

이제까지 6단계로 된 감각운동기의 주요 특징을 살펴봤다. Piaget는 이 시기에 이루어지는 다른 발달들도 연구했다. 그는 영아가 어떻게 영구적인 사물과 시간, 공간 그리고 인과성에 대한 개념을 구성하는지 보여주고 있다. 지면의 제한 때문에 가장 중요한 발달인 대상영속성의 발달만 간단히 살펴보기로 한다.

1단계와 2단계 동안 영아는 그들 외부에 사물이 존재한다는 것을 전혀 모른다. 만약 사람이나 사물이 시야에서 사라지면 영아는 그것을 마지막으로 본 곳을 잠시 응시할 뿐이다. 만약 사물이 다시 나타나지 않게 되면 다른 사물로 눈을 옮기고 더 이상 그것을 찾으려 하지 않는다. 왜냐하면 아기는 보이지 않으면 잊어버리기 때문이다(Piaget, 1936b).

3단계에서 새로운 진전이 이루어지는데, 이때 아기는 외부세계를 자주 탐색하고 상호작용하면서 외부 대상들의 영속성에 대한 진전된 감각을 갖게 된다. 만일 그들이 보고 있는 동안 사물이 공중에서 떨어진다면 그것이 떨어진 곳을 쳐다본다. 그들은 또한 사물의 일부분을 가리더라도 그것을 찾을 수 있다(예 : 장난감의 일부가 담요로 가려진 경우). 또한 영아 자신이 잠시 사물을 옆으로 치우고 다른 곳을 보다가도 다시 원래의 사물에 주의를 기울일 수 있다. 그러나 그 사물이 그들의 행동과 연관되어 있을 때만 그렇게 할 수 있다. 이 단계의 영아는 다른 사람에 의해 완전히 감춰진 사물은 찾을 수 없다.

대상연속성의 진정한 시작은 4단계에서 나타난다. 아기는 이제 완전히 숨겨진 대상을 찾을 수 있다. 만약 우리가 인형을 담요로 완전히 가리면 아기는 담요를 들추고 인형을 찾아낼 것이다.

그러나 Piaget는 이 단계에서 흥미로운 한계성이 있음을 발견했다. 만약 A지점에 사물을 숨기면 영아는 그것을 찾아낼 수 있다. 그러나 이때 그 사물을 B지점으로 옮겨 숨기면 영아는 처음에 찾아냈던 A지점에서 그것을 찾으려 한다. Piaget에 의하면 영아는 일련의 위치이동(숨긴 장소의 위치이동)을 추적할 수 없다.

5단계의 아동은 옮겨놓는 것을 볼 수 있다면 그런 위치이동을 추적할 수 있다. 그러나 보이지 않는 위치이동을 추적할 수 있는 것은 6단계에서다. 예를 들어 Jacqueline가 소파 주위를 돌아감으로써 그 밑으로 굴러간 공을 발견할 수 있게 되는 것은 바로 6단계다. 이때 그녀는 공은 보이지 않지만 공의 궤적을 속으로 그려볼 수 있는 능력을 가지고 있기 때문에 그렇게 할 수 있는 것이다.

Piaget에 의하면 그런 우회행동은 매우 중요한 것이다. 이는 아동이 **그룹**(group)이라 불리는 수학적 모델의 특성을 지닌 공간감각을 구성했음을 보여준다. 일례로, Jacqueline의 우회는 **연합성**(associativity)의 원리(서로 연결된 여러 길을 통해 한 지점에 도달할 수 있다)를 보여준다. 또한 그녀는 공을 원래의 상태로 되돌림으로써 **가역성**(reversibility)의 그룹 원리도 보여준다. 이와 마찬가지로 우회행동은 일관성 있는 그룹 구조를 정의하는 다른 원리들도 나타낸다(Piaget & Inhelder, 1966, pp. 15-17).

일상적으로 우리는 영아가 엄청나게 진전하는 것을 볼 수 있다. 생후 초기에 그들은 사물이 시각과 행동에 관계없이 그들과 떨어져 존재한다는 것을 알지 못한다. 감각운동기 말에 가서야 대상들은 분리되고 영속적이 된다. 그리하여 아동은 독립된 대상을 포함하는 우주를, 그리고 그 우주 안의 많은 것 중에서 자신도 단지 하나의 대상임을 깨닫게 된다. 따라서 대상영속성과 더불어 그들은 자신이 독립된 개체라는 것을 명확하게 깨닫게 된다(Piaget, 1936b, pp. 108-109).

제2기 전조작기(2~7세)와 제3기 구체적 조작기(7~11세)

감각운동기 끝무렵에 영아는 즉각적인 환경에 대처하기 위해 효율적이고 잘 조직화된 행동들을 발달시킨다. 이 감각운동 기술은 일생 동안 계속 사용되지만 다음 단계인 전조작기에 중요한 변화들이 일어난다. 아동의 정신은 새로운 수준, 즉 이미지와 단어를 포함하는 상징의 수준으로 급속히 발달한다. 그 결과 아동은 자신의 사고를 모두 재조직화해야 하는데 그것은 한 번에 이루어지지는 않는다. 전조작기 동안 아동의 사고는 기본적으로 비체계적이고 비논리적이다. 구체적 조작이 시작되는 7세 정도가 되어야 비로소 사고는 정신적 수준에서 조직화된다(Piaget, 1964a, p. 22).

상징적 활동의 성장

아동은 눈에 보이지 않는 사물이나 행동을 표상하기 위해 상징을 사용하기 시작한다 (Ginsburg & Opper, 1988, p. 70). 실제로 앞에서 보았듯이 아동은 감각운동기 말의 여섯 번째 단계에 상징을 사용하기 시작한다. 예를 들어 Lucienne는 성냥갑을 열기 전에 입을 열었는데, 이는 아직 수행하지 않은 행동을 표현하기 위해 입을 사용한 것이다. 마찬가지로 지연된 모방은 과거의 사건에 대한 일종의 내적 표상이다. Piaget는 초기의 상징은 언어적이 아니라 운동적인 것이라고 강조했다.

또한 우리는 아동의 가상놀이에서 비언어적인 상징을 발견할 수 있는데, 가상놀이도 감각운동기의 마지막에 시작한다. 어느 날 Jacqueline는 헝겊조각을 베개라고 가정하고 헝겊을 베고 웃으며 자는 척했는데, 헝겊이라는 대상을 가지고 현재 보이지 않는 베개를 나타내는 데 사용했으므로 그녀의 놀이는 상징적이라 할 수 있다(Piaget, 1946, p. 96).

가상놀이(make-believe play)가 발달하면서 아동은 단어를 추가하기 시작한다. Jacqueline가 만 2세를 지났을 때 자기 손가락을 테이블을 따라 움직이며 "말이 빨리 걸어"라고 말했다. 며칠 뒤에는 우편카드를 테이블을 따라 돌리면서 "자동차"라고 말했다. 그녀의 단어들은 손가락이나 우편카드와 마찬가지로 즉각적인 상황에서 존재하지 않는 사물을 상징하는 것이다(Piaget, 1946, p. 124).

언어는 전조작기 초기(약 2~4세) 동안에 급격히 발달하며 아동의 시야를 굉장히 넓혀준다. 언어를 통해 아동은 과거를 다시 체험할 수 있고 미래를 예견할 수 있으며, 사건을 다른 사람에게 전달할 수 있다. 그러나 어린 아동의 정신은 아주 급속도로 확장되기 때문에 처음에는 이치에 맞는 논리성이 결여되어 있다. 이런 현상은 어린 아동이 단어를 사용할 때 나타나는데, 그들은 실제 사물의 유목을 나타내기 위해 단어를 사용하는 것이 아니라, 단지 **전개념**(preconcept)으로 사용한다. 예를 들어 Jacqueline는 세 살 무렵에 아빠를 '많은 Lucienne와 많은 Jacqueline를 가진' 사람이라고 말했다(p. 255). 그녀는 '아동'이라는 일반적인 **유목개념**을 아직 갖지 못했을 뿐 아니라, 그 유목 내에서 Lucienne와 Jacqueline란 이름을 가진 사람은 단지 작은 하위집합에 불과하다는 것을 이해하지 못했다.

이 시기의 아동은 일반적인 유목개념을 갖지 못하므로 그들의 추론은 특수한 것에서 특수한 것으로 이동하는 **전환적인**(transductive) 것이다. 예를 들어 4.5세가 된 Lucienne는 "난 아직 낮잠을 안 잤어, 그래서 지금은 오후가 아니야"라고 말했다(p. 232). 그녀는 오후라는 것이 많은 독특한 사건들을 포함하는 일반적인 시간이며, 그녀가 낮잠을 자는 것은 단지 그 일부에 지나지 않는다는 것을 이해하지 못했다.

일부 심리학자들은 아동이 언어를 숙달함에 따라 좀 더 논리적으로 사고하는 법을 배운다고 믿는다. 이런 점에서 언어는 우리에게 개념적 범주를 제공한다(Brown, 1965 참조). 그러나 Piaget는 이에 동의하지 않았다. 언어는 우리가 다른 사람들과 의사소통할 수 있는 공유된 상징의 원천을 제공하기 때문에 대단히 중요하지만, 그것 자체가 논리적 사고구조를 제공하는 것은 아니라는 것이다. 그보다는 논리는 행위로부터 유래하며 영아는 말하기 전의 감각운동기 동안에 논리적으로 일관된 행위체계를 발달시키고, 그 후에 나타나는 논리는 보다 내적으로 조직화된 행위일 뿐이라는 것이다(Piaget & Inhelder, 1966, pp. 86-90). 내적 행위가 어떻게 논리적 체계를 형성하는지를 연구하기 위해 Piaget는 아동에게 여러 가지 과학과제를 주었다. 그는 보통 4세 된 아동에게 그런 실험을 했는데, 왜냐하면 이 나이 정도의 아동은 앉아서 과제에 집중할 수 있으며 또 실험자와 의사소통을 할 수 있기 때문이다.

과학적 추리

연속적인 양(액체)에 대한 보존개념   이는 Piaget의 가장 유명한 실험이다. 한 실험(Piaget & Szeminska, 1941, p. 17)에서 아동에게 똑같은 높이로 물을 채운 A1, A2 두 컵을 보여준다(그림 6.1 참조). 그런 다음 2개의 컵에 같은 양의 물이 들어있느냐고 물으면 아동 대부분이 그렇다고 대답한다. 다음에 실험자(혹은 아동 자신)는 A2의 액체를, 높이는 더 낮고 밑면적은 더 넓은 컵 P로 옮겨 붓는다. 그리고 나서 액체의 양이 여전히 같은지를 묻는다. **전조작기** 수준에 있는 아동의 반응은 2개의 하위단계로 나뉜다.

첫 번째 하위단계에 있는 아동은 보존개념을 이해하지 못한다. 즉 양이 같다는 것을 알지 못하여 "A1이 더 높기 때문에 양이 더 많다"고 말한다. 때로는 "P가 더 넓기 때문에 양이 더 많다"라고 이야기한다. 어떤 경우든 아동은 높이나 넓이 중 어느 한 가지 차원에만 '중점'을 둔다. 아동은 오직 하나의 지각 차원(그것이 보여주는 측면)에 의해서 영향받기 때문에, 액체량이 여전히 같아야 한다는 것을 논리적으로 이해하지 못한다.

두 번째 하위단계에 있는 아동은 보존개념으로 한 걸음 더 다가가기는 하지만 아직 성취는 못한다. 아동은 "A1의 물이 더 높기 때문에 양이 더 많다"고 말했다가 나중에는 "P가 더 넓으니까 더 많다"고 말하기도 하면서 혼란에 빠진다. 이 아동은 **직관적 조절**(intuitive regulation)을 보인다. 즉 2개의 지각 차원을 고려하기 시작하지만 아직 두 차원을 동시에 추리하지는 못하며, 한 차원에서 변화가 다른 차원에서의 변화와 상쇄된다는 것을 인식하지 못한다. 그러나 그가 혼란을 겪는다는 것은 자신이 자기모순에 빠져 있음을 깨닫기 시작함을 의미하며, 곧 이 모순을 해결하여 보존개념의 단계로 나아가게 될 것이라는 좋은 지표가 된다.

아동은 일반적으로 7세 정도에 액체의 보존개념을 획득하게 되는데, 이렇게 되었을 때 **구체적 조작기**(concrete operation) 단계로 들어서게 된다. 아동은 기본적으로 세 가지 논거에 의해 보존개념을 획득하게 된다. 첫째, "더 붓거나 더 덜지 않았으므로 액체의 양은 같다"라고 대답할 수 있다. 이것을 **동일성**(identity) 논거라 한다. 둘째로 "이 컵은 여기가 더 길지만, 저 컵은 여기가 더 넓다. 따라서 액체의 양은 같다"라고 말할 수 있다. 이를 하나의 변화가 다른 변화로 인해 서로 상쇄된다는 **보상성**(compensation) 논거라 한다. 다시 말해 아동은 변화는 조직화된 체계의 일부분이라고 보아 한 차원에서의 변화가 다른 차원에서의 변화를 보상한다고 추정한다. 셋째로 "이것을 전에 있던 컵에 똑같이 다시 부을 수 있기 때문에 두 컵의 양은 같다"라고도 말할 수 있다. 이것을 **역조작**(inversion) 논거라 한다(Piaget & Inhelder, 1966, p. 98). Piaget는 구체적 조작기의 아동은 이 세 가지 논거를 모두 사용하여 사고할 수 있다고 믿었다. 그러나 어떤 주어진 과제에 대해 자발적으로 그 세 가지 논거를 사용하는 것은 아니라고 보았다.

이 논거들의 근저에 있는 것을 **논리적 조작**(logical operation), 즉 **가역적인 정신적 행위**(reversible mental action)라 한다(p. 96). 높이에서의 변화가 밑면의 넓이에서의 변화에

그림 6.1

양의 보존개념에 관한 실험. 그림에 있
는 아동은 A1 비커와 A2 비커에는 똑
같은 양의 액체가 들어있다는 것을 안
다. 그런 다음 A2 비커의 액체를 P 컵
에 붓고 나서는 A1 비커에 있는 액체
의 높이가 더 높기 때문에 A1 비커에
있는 액체의 양이 많다고 주장한다.

의해 상쇄된다고 말할 때, 아동은 마지막 결과는 결국 원래 양으로 되돌아간다는 것, 즉 가역적이라는 것을 이해하는 것이다. 물론 아동이 역조작 논거를 사용해 "물을 다시 부을 수 있다"고 주장할 때 가역성 원리는 명확해진다.

조작이 정신적 행위라는 점을 주목할 필요가 있다. 아동은 자신이 말하고 있는 변형을 실제로 수행하거나 본 것은 아니다. 예를 들어 아동은 물을 다시 붓는 것을 생각만 한 것이다. 조작은 영아의 행위(아동이 담요 밑에 장난감을 놓고, 담요를 치우고 장난감을 찾아낼 때처럼)와 유사하지만, 훨씬 더 정신적인 수준에 있다.

사람들은 때로 어린 아동이 단지 언어의 어려움 때문에 보존개념을 이해하지 못하는 것은 아닌가 하고 생각한다. 아동은 실험자가 '더 많은'이라고 말하는 것을 '더 높은(큰)'이라고 생각해 더 높은 컵을 지적할 수도 있다는 것이다. 그러므로 좀 더 아동이 쉽게 이해할 수 있도록, 예컨대 "어떤 컵의 물을 마셔야 더 많이 마실 수 있을까?"라고 바꿔 질문해볼 수도 있다. 하지만 그래도 여전히 어린 아동은 보존개념을 이해하지 못한다(Peill, 1975, p. 7, 2장).

그렇다면 어떻게 아동이 보존개념을 배울까? 가장 쉬운 대답은 보존개념을 가르치면 될 거라는 것이다. 그러나 앞으로 보게 되겠지만, 보존개념을 가르치는 것은 예기치 않은 벽에 부딪치게 된다. 전조작기 아동은 어른의 설명을 진실로 믿지 않는다.

Piaget는 아동이 **자발적**으로 보존개념을 숙달한다고 주장했다. 결정적 시기는 전조작기의 두 번째 하위단계인데, 이 시기의 아동은 처음에는 "한쪽 컵이 더 높기 때문에 더 많다"라고 말하다가 "다른 쪽 컵이 더 넓기 때문에 더 많다"라고 하면서 혼란을 겪는다. 즉 아동은 **내적 모순상태**에 빠지는데, 이는 한 단계 더 높아져야 해결된다. 때로 우리는 그런 변화가 바로 우리 눈앞에서 일어나는 것을 볼 수 있다. 아동은 "이것이 더 많아요…. 아니, 저것이 더 넓은데…, 아닌데… 기다려봐요. 둘 다 똑같아요. 이것이 더 큰 것처럼 보이지만 더 넓은 컵에 부었기 때문에 양은 똑같아요"라고 말한다.

수의 보존개념   수 보존개념에 대한 한 실험(Piaget & Szeminska, 1941, pp. 49 – 56; Inhelder, 1971)에서 Piaget는 아동에게 한 줄의 달걀컵과 한 묶음의 달걀을 준 다음 각 컵에 하나씩 채울 수 있을 만큼의 달걀을 집어보라고 했다. 전조작기 아동의 반응은 다시 2개의 하위단계로 나뉘었다.

첫 번째 하위단계의 아동은 줄에 있는 달걀의 개수를 무시하고 컵과 달걀의 줄의 길이만 똑같게 했다. Piaget가 '실제로 컵 속에 달걀을 넣어보라'고 하자 그들은 달걀이 너무 많거나 혹은 너무 적은 데 놀랐다.

전조작기의 두 번째 단계에 있는 아동은 자발적으로 각 컵의 아래에 1개씩의 달걀을 놓는 일대일 대응을 만들어냈다(그림 6.2 참조). Piaget에 의하면 이들은 정확한 지각적 배열을 만들기 위해 직관적인 집근방법을 사용했다. 그러나 그들의 성공은 이와 같은 단순한 지각적 배열에만 한정되었다. Piaget가 그중 한 줄의 달걀을 모아놓으면(때로는 펼쳐놓으면), 아동은 어느 한쪽이 더 많다고 주장했다. 양(액체) 보존개념에서와 마찬가지로 아동은 논리보다는 즉각적인 지각에 의해 좌우되기 때문에 보존개념을 이해하지 못했다. 그들은 한 줄이 훨씬 더 길게 보이기 때문에 '개수는 같다'라는 추리를 못했다.

더욱이 이 단계의 아동은 때로는 답이 흔들리기 시작한다. 한 줄이 더 길기 때문에 더 많다고 말했다가 다음 순간에는 다른 줄이 더 조밀하기 때문에 더 많다고 생각한다. 이런 갈등상태는 구체적 조작기로 이행하는 과도기라는 것을 나타낸다.

구체적 조작기의 아동은 각 줄의 길이는 다르지만 각 줄에 있는 개수는 똑같다는 것을 이해하게 된다. 그들은 두 줄에 "아무것도 추가하거나 빼내지 않았으므로 개수는 같

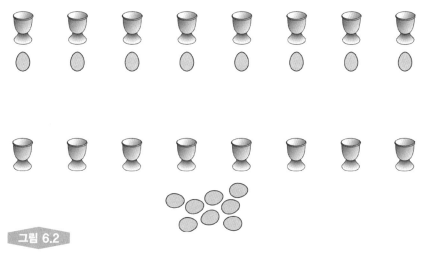

그림 6.2

수 보존개념에 관한 실험. 어린 아동도 흔히 두 줄의 개수가 똑같도록 할 수 있지만, 만일 실험자가 한 줄의 길이를 길게 하거나 짧게 하면 이 아동은 개수가 달라졌다고 생각한다.

다"(동일성)라든가, "한 줄이 더 길지만, 다른 줄은 더 조밀하게 모아져 있으므로 개수는 같다"(보상성), 또는 "이 줄을 다시 더 길게 늘리면 서로 똑같기 때문에 개수는 같다"(역조작)라고 추리한다.

다른 보존개념 실험   Piaget는 물질이나 무게, 부피, 길이의 보존개념과 같은 여러 종류의 보존개념을 연구했다. 예를 들어 물질의 보존개념에 관한 실험에서 아동에게 점토로 만든 2개의 같은 공을 보여준 후, 하나의 공을 핫도그처럼 더 길고 가는 모양으로 만드는 것을 보게 한다. 전조작기의 아동은 이제 두 공이 서로 다른 양을 지닌 점토로 되어 있다고 생각한다.

여기서는 더 이상 여러 가지 보존개념에 대해 언급하지 않겠지만, 이것들은 모두가 똑같은 논리적 개념(동일성, 보상성, 역조작)의 숙달과 관계된다는 것을 주목해야 한다. 그러나 어떤 종류의 보존개념은 다른 것들에 비해 좀 더 어렵고 더 나중에 숙달되는 것으로 보인다.[2] 이렇듯 보존개념은 구체적 조작기 내에서 점차적으로 습득된다.

유목화   전형적인 유목화 실험(Piaget & Szeminska, 1941, pp. 161-181)에서 Piaget는 18개는 갈색이고 2개는 흰색인 도합 20개의 나무 구슬을 아동에게 제시했다. Piaget는 아동으로 하여금 대부분의 구슬이 갈색이고 2개는 흰색이지만, 그것들은 모두 나무로 만들어졌음을 확인시켰다. 그리고 나서 "갈색구슬이 더 많니, 나무구슬이 더 많니?"라고 질문하자 전조작기 아동은 갈색구슬이 더 많다고 대답했다. 그들은 2개의 흰구슬에 비해 갈색구슬의 수가 훨씬 많은 데 압도되어 갈색구슬과 흰구슬 모두가 더 큰 집합인 나무구슬에 속한다는 것을 깨닫지 못했다. 보존개념에서처럼 아동은 구체적 조작기 동안에 이런 유목화 과제를 숙달하게 되는데, 여기에서도 동일한 논리적 조작이 관여되는 것으로 생각된다(p. 178).

사회적 사고

자아중심성   Piaget는 과학적 사고와 사회적 사고 간에는 각 단계마다 일반적인 상응관

---

[2] 사실 일련의 보존개념, 즉 물질, 무게, 부피의 보존개념을 숙달하는 것은 항상 같은 순서(물질 → 무게 → 부피의 순서)로 이루어지는 것 같다(Ginsburg & Opper, 1988, pp. 151-153; Piaget & Inhelder, 1966, p. 99).

계가 있다고 믿었다. 예를 들어 전조작기 아동은 보존개념 과제에서 두 가지 차원을 고려하지 못하는 것과 마찬가지로 다른 사람들과의 관계에서도 한 가지 관점 이상을 생각하지 못한다. 전조작기 아동은 흔히 '자아중심적'이어서 모든 것을 오직 자신의 관점에서만 생각한다. 이는 어린 아동의 대화에서 명백한데(Piaget, 1923), 예를 들면 어린 여아는 자신이 가리키고 있는 장소가 친구의 시야에는 안 보인다는 사실을 생각하지 못하고 "나는 이걸 여기에 놓을 거야"라고 말한다.

자아중심성에 관한 Piaget의 연구 중 가장 널리 인용되는 것은 아동의 공간지각에 관한 것이다. 이 연구(Piaget & Inhelder, 1948)에서는, 아동으로 하여금 3개의 산으로 만든 모형 주위를 한 바퀴 돌아보게 하여 그 모형이 다른 각도에서 어떻게 보이는지를 알 수 있게 한다. 그런 다음 아동을 그 모형의 한쪽 편에 앉히고, 그와 반대편 쪽에는 모형을 보고 있는 인형을 놓아 서로 정면으로 대하게 했다. 그런 후, 여러 개의 사진 중에서 아동이 본 것을 가장 잘 나타낸 사진과 인형이 본 것을 나타낸 사진을 고르라고 했다. 모든 아동이 자신이 본 것을 나타내는 사진을 골라낼 수 있었지만, 가장 어린 아동(약 4~6세)은 인형이 본 것을 나타내는 사진을 고르는 데도 자신이 본 것과 똑같은 사진을 선택했다. 그들은 인형의 조망이 자신의 조망과 다르다는 것을 이해하지 못한 것이다.

따라서 자아중심성이란 자신의 **조망**(perspective)과 다른 사람의 조망을 구별하지 못하는 것을 의미한다. 그렇다고 이것이 이기적이라거나 독단적이라는 의미는 아니다. 이는 다음과 같은 예에서 명확해진다. 어느 날 두 소년이 엄마의 생일선물을 사려고 아줌마와 함께 쇼핑을 했다. 형인 7세 소년은 보석을 하나 골랐고, 3.5세인 동생은 모형차를 골랐다. 여기서 어린 동생의 행동이 이기적이거나 탐욕적인 것은 아니다. 그는 조심스레 선물을 싸서 엄마가 좋아하길 기대한다고 말하면서 엄마에게 선물했다. 하지만 그의 행동은 자아중심적이다. 엄마의 관심이 자신의 관심과 다르다는 사실을 고려하지 못했기 때문이다.

또한 대다수의 어린 아동은 동물이 자기와 같은 흥미를 가질 것이라고 생각한다. 그림 6.3에서 아동은 수탉이 자신처럼 그림책을 좋아할 거라고 기대한다. 어린 아동은 다른 존재들과 의사소통한다고 느낀다(Piaget, 1926, p. 246).

자아중심적인 동안에 아동은 곁에 있으면서도 따로 노는 경향이 있다. 예를 들어 모래놀이를 하는 두 아동은 각기 자신의 구성물을 만든다. 자아중심성을 극복함에 따라 그들의 행동은 공동의 노력으로 통합하게 된다. 그리하여 각각 모래에 굴을 파서 결국에는 서로 통하도록 연결시키는데, 그렇게 하려면 다른 사람의 조망을 고려해야 한다. 그런 협동놀이는 구체적 조작기 단계에 가서야 나타난다.

자아중심성은 또한 **집단 독백**(collective monologue)을 촉발시킨다. 두 어린 여아는 놀이를 하면서 대화하는 것처럼 보이지만, 실제로는 각자 자신의 마음속에 있는 것에 대해서만 말하고 있다. 한 여아는 자신이 만들고 있는 장난감집에 대해 말하고, 다른 여아는 자신이 가본 여행에 대해 말하고 있을 수 있다. 여기에는 서로 간의 연결이 전혀 없다. 아동은 자아중심성을 극복해가면서 상대방의 반응이나 관점을 고려하게 된다.

따라서 또래 간의 많은 상호작용이 초기에는 자아중심적이다. Piaget(1923, p. 101, 1932, p. 94)는 성인과의 상호작용이 줄어들고 다른 아동과 상호작용을 더 많이 하게 되

그림 6.3　어린 아동은 수탉이 자기처럼 그림을 흥미로워할 거라고 가정한다.

면서 아동은 점차 자아중심성을 극복해간다고 생각했다. 아동은 성인이 그들의 마음을 이해하는 데 비해 또래들은 그렇지 않다는 것을 알게 된다. 결국 아동은 자신을 상대방에게 이해시키기 위해 다른 아동의 관점을 고려하게 된다.

게다가 아동은 다른 아동의 권위에 감동받지 않으며 그들과 갈등상태에 빠져도 별로 개의치 않는다. 그들은 또래들과 다투기도 하고 때로는 타협하며 그들과 협동하기도 한다. 그리하여 여러 가지 상이한 관점과 관심을 통합하기 시작한다(Piaget, 1924, p. 205).

아동이 일차적으로 또래와의 상호작용을 통해 자아중심성을 극복하든 못하든 간에, Piaget 이론의 가장 중요한 점은 아동 자신이 상이한 관점들이 있다는 사실을 파악하는 데서 능동적인 역할을 한다는 점이다. 이런 점에 대해 저자는 당시 5세이던 저자의 아들 Adam이 실제로 그렇게 하는 것을 본 적이 있다. Adam은 나와 함께 차를 타고갈 때 몇 분 동안 조용히 있더니, "아빠는 제가 기억하는 것을 기억하지 못할 거예요"라고 말했다. 무슨 의미인지 물었더니, "저는 제 구두에 관해 생각했지만 아빠는 제가 무얼 생각하는지 알 수 없잖아요. 제가 기억하는 것을 아빠는 기억할 수 없어요"라고 했다. 이때 그는 다른 사람들의 관점이 자신의 것과 다르다는 것을 스스로 깨달은 것 같았다. 완전하게 자아중심성을 극복한 것 같지는 않았지만, 무엇을 터득했든 그가 스스로 터득했다는 점이 중요한 것이다.

도덕판단 Piaget는 많은 영역에서 아동의 사회적 사고(도덕적 사고 포함)에 대해 연구했다. Piaget는 고전적 저서인 『아동의 도덕판단(The Moral Judgment of the Child)』(1932)에서 공기놀이의 규칙을 아동이 어떻게 이해하는지에 대해 특별한 관심을 기울였다.

Piaget는 우선 아동이 실제로 공기놀이를 어떻게 하는지 관찰했는데, 4~7세 아동은 전형적으로 자아중심적인 방식으로 한다는 것을 발견했다. 두 명의 남아가 이 놀이를 하게 되면, 각자가 자기 방식대로 놀이를 했다. 그들은 또 이긴다는 개념이 거의 없었다. 그래서 한 남아가 "나도 이겼고 너도 이겼어!"라고 외칠 수도 있다. 약 7세가 지난 아동은 공통의 규칙에 따르려 하고, 이 규칙에 의거하여 이긴다(pp. 29−46).

Piaget는 다음으로 규칙에 대한 아동의 **사고**에 대해 연구했는데, 특히 규칙이 바뀔 수 있다고 생각하는지에 관심을 두었다. 10세가 될 때까지의 아동은 규칙이 고정되어 있어서 바뀔 수 없다고 생각한다. 그들은 흔히 그런 규칙이 어떤 권위자, 즉 국가 또는 신으로부터 주어진 거라고 말했다. 진정한 게임이 되기 위해서 규칙은 변경될 수 없다고 주장했다.

10세가 지나면 아동은 좀 더 상대적이 되어 규칙은 단지 게임을 하기 위해 상호 합의된 약속이라고 생각했다. 아동은 더 이상 규칙이 고정되거나 절대적이라고 여기지 않고, "규칙이란 아이들이 새로운 규칙을 만들어냄에 따라 여러 해에 걸쳐 변화되어 왔을 것이다"라고 말했다. 또한 게임하는 아이들이 모두 동의한다면, 그들 자신도 규칙을 변경할 수 있다고 말했다(pp. 50-76).

Piaget는 규칙에 대한 이런 상이한 개념들이 2개의 기본적인 도덕적 태도를 보여준다고 말했다. 첫째, 어린 아동의 특징은 도덕적 **타율성**(heteronomy)으로, 이는 성인이 부여한 규칙에 맹목적으로 복종하는 것을 뜻한다. 아동은 그들이 항상 따라야만 하는 하나의 강력한 법이 있다고 생각한다. 좀 더 나이 든 아동에게서 나타나는 두 번째 도덕성은 **자율성**(autonomy)이다. 이 도덕성에 의해 규칙은 협동을 위해서 동등한 사람들이 만든 것이라고 여기게 된다(pp. 401-406).

Piaget는 도덕적 타율성은 자아중심성과 연계된다고 보았다. 즉 아동은 규칙을 단지 하나의 관점(강력한 성인이 만든)에서만 본다. 자아중심적 형태로서의 도덕적 타율성은 약 10세경에 극복되는데, 이는 자아중심적 놀이가 보통 7세경에 극복되는 것에 비해 매우 늦게 극복된다. 여기서 Piaget는 도덕적 타율성이 자아중심적 사고의 한 형태로서 **사고**는 '행위'보다 늦게 나타난다고 말했다. 아동은 또래들과의 협동적인 놀이를 많이 할 필요가 있다. 그 과정에서 아이들은 모두를 만족시키기 위해 규칙을 변경할 수 있다는 것을 알게 된다. 이는 의식적인 차원에서 규칙의 상대성을 논의하게 되는 단계 이전이다(pp. 94-95).

비공식적인 놀이에서 놀이규칙 만들기에 대한 나이 많은 아동의 관심은 매우 강해질수 있다. Piaget(1932, p. 50)는 10~11세 아동집단이 눈싸움을 준비하는 데 드는 과정을 기술했다. 그들은 게임의 '우승자'를 뽑고, 자신들을 팀으로 나누고, 샷의 거리를 정하는 규칙을 논의하고 규칙을 위반하는 데 대한 적합한 벌칙에 대해 논의하는 데 긴시간을 보냈다. 한 예에서는 아동이 실제로 눈싸움을 시작하기도 전에 집에 불려갔는데, 그들 모두 (실제로 게임은 못 하고 게임 전 규칙을 만들기 위해 토론한) 그 시간에 대해 만족하는 것 같았다(Ginsburg & Opper, 1988, p. 98). 그들에게 흥미 있는 것은 규칙을 논의하는 것이었다. 그 연령의 아동은 작은 변호사 같았는데, 어느 것이 정당하고 옳으냐에 대해서 논의했다. 그들은 그 과정에서 정의의 개념을 발달시켰다.

물활론 Piaget는 어린 아동의 생각이 나이 든 아동이나 어른의 생각과 어떻게 다른지 설명했다. Werner처럼 Piaget는 어린 아동이 생물과 무생물 간의 구별을 어른과 같은 방식으로 하지 않는다는 것을 관찰했다. Werner가 말했듯이 어린 아동은 물리적인 물체를 포함하여 모든 것을 인상학적으로 지각해 거기에 생명과 감정을 부여한다. 큰 소리를 내는 트럭은 화난 것으로, 하나의 구름은 외롭다고 생각한다. Piaget는 물리적 외부 세계에 대한 이런 관점을 **물활론적**(animistic)이라고 불렀다.

비록 Piaget와 Werner 둘 다 어린 아동에게서 나타난 유사한 태도를 보고 충격받았지만, 그들의 연구는 서로 약간 달랐다. Werner가 사물에 대한 아동의 직접적인 지각에 관심이 있었던 반면, Piaget는 아동의 생명에 대한 개념이나 정의에 관심이 있었다.

Piaget는 아동이 처음에는 생명을 활동과 연계시킨다는 것을 발견했다. 예를 들면 어느 한 남아의 경우

> "해는 살아있니?"-"네." "왜?"-"빛을 내니까요." "촛불은 살아있니?"-"네, 그것도 빛을 내니까요. 촛불은 빛을 낼 때는 살아있지만, 빛을 안 낼 때는 살아있지 않아요…." "그럼, 장난감 총은?"-"소리를 내니까 살아있어요"(Piaget, 1926, p. 196).

이와 같은 생각은 4~6세 사이의 아동에게는 공통적이다.

좀 더 후에 6~8세 사이의 아동은 움직이는 것에 한해 생명을 부여한다. 예를 들면

> "돌은 살아있니?"-"네." "왜?"-"움직이니까요…." "그게 어떻게 움직이지?"-"굴러서요." "탁자는 살아있니?"-"아뇨, 그건 움직이지 못해요…." "자전거는 살아있니?"-"네." "왜?"-"그건 가니까요"(p. 196).

8세가 지나서야 비로소 스스로 움직이는 것에 한해서 생명을 부여하며, 그 후가 되어

서야 식물과 동물에 한정시킨다.

Piaget는 이와 비슷한 사고의 단계를 무생물에게 감정과 의식을 부여하는 것에서도 발견했다. 아동은 처음에 사물이 어떤 형식으로든 반응하면 그것은 감정을 가지고 있다고 믿는다. 예를 들어 막대기는 불에 타니까 뜨거움을 느낀다고 믿는다. 좀 더 후에는 움직이는 것에 한해 감정과 의식을 부여하다가 끝으로는 동물에게만 그것들을 부여한다.

그리하여 아동은 점차적으로 자신들의 물활론을 포기하면서 대부분 어른의 구별특성을 갖게 된다. Piaget 이론에서의 물활론은 Werner에서의 인상학적 지각과는 차이가 있다. 즉 Werner의 인상학적 지각은 어른이 되어가면서 점차 적어지기는 하지만 그래도 남아서 우리의 예술적 혹은 시적인 사고방식에 기여한다. 그러나 Piaget의 물활론은 단순히 극복된다.

꿈 Piaget의 초기 연구 중 한 연구에서는 꿈에 대한 아동의 개념을 조사했다(1926, 3장). 어린 아동은 생명에 대한 개념과 마찬가지로 꿈에 대해서도 특별한 단계를 순서적으로 밟아 이해하게 되는 것 같다. Piaget의 첫 연구 이래로, 다른 연구자들(특히 Kohlberg, 1966a)은 Piaget의 꿈의 순서를 더욱 다듬었다.

처음에 아동은 꿈이 실제라고 믿는다. 예를 들면 4세 된 여아에게 꿈에 나타난 거인이 실제로 거기 있었느냐고 질문하면, "정말로 거기 있었어요. 하지만 내가 깼을 때 사라져 버렸어요. 마루 위에서 발자국을 보았어요."라고 말한다(Kohlberg, 1966a, p. 6). 그 후 아동은 꿈이 실제가 아니란 것을 깨닫게 되기는 하지만, 더 나이 든 아동이나 성인과는 아주 다른 방식으로 꿈을 생각한다. 그들은 자신의 꿈이 다른 사람들에게도 보이며, 바깥으로부터(밤이나 하늘로부터, 혹은 밖의 빛들로부터 창문을 통해) 들어오는 것이라고 생각한다. 또한 꿈은 그들이 꾸고 있는 동안 그들의 외부에 그대로 남아있다고 생각한다. 마치 영화를 보는 것처럼 꿈도 방안에서 바로 자기 눈앞에서 일어나는 것으로 본다. 단계를 지나면서 점차로 아동은 꿈이 비실제적인 것일 뿐만 아니라, 그 내적 근원과 내적 소재도 볼 수 없다는 것을 알게 되며, 성인이 가르쳐주는 꿈의 다른 특성도 알게 된다. 6세나 7세경, 즉 구체적 조작기 초에 가서야 보통 그들은 꿈의 성질을 완전히 이해하게 된다.

그러면 아동은 어떻게 꿈에 관해 배우게 되는가? 우선 어른으로부터 배운다고 추측할 수 있다. 그들이 악몽을 꿨을 때 부모는 "걱정하지 마라. 그것은 단지 꿈일 뿐이지 실제가 아니란다. 그것은 오직 너의 마음속에 있던 거야"라면서 그들을 안심시킨다. 그러나 Piaget 학파는 아동 스스로가 꿈이 가진 여러 특성을 발견한다고 주장한다. 예를 들어 Kohlberg(1966a)는 아동이 불변적인 6단계의 순서로 꿈을 숙달해나가므로 그들의 사고가 성인의 가르침에 의한 것이 아니라고 주장한다. 즉 어른은 그처럼 세분화되고 면밀한 순서로 꿈에 관해 가르치려고 하지는 않는다. 그보다 아동 스스로가 쉬운 것부터 꿈에 대한 여러 상이한 개념을 점차 익혀나간다.

성인의 가르침이 어떤 역할을 하는지에 대한 정보를 더 얻기 위해 Kohlberg(1966a)는 미개사회의 아동을 대상으로 꿈에 대한 면담을 실시했다. 그 사회에서의 어른은 꿈이 실제와 같다고 믿는다(대만의 아타얄족). 하지만 아동은 어른의 그런 믿음에도 불구하고 미국 혹은 스위스 아동과 마찬가지로 순서대로 단계를 밟아나가는 것 같았다. 즉 먼저 꿈이 비현실적이라는 것을 깨닫게 되고, 다음에는 볼 수 없다는 것과 그 외 여러 사실을 발견했다. 마침내 그들이 마지막 단계에 도달하면 다시 어른의 영향을 받아 꿈이 실제라는 견해를 받아들이고 만다. 그러나 처음에는 모든 어른의 믿음과는 반대로 꿈의 단계 순서를 따라 발달하기 때문에, 어른의 견해가 아동의 학습에서 유일한 결정요인이 될 수 없다.

요약 및 결론

Piaget는 전조작기 아동의 사고는 더 나이 든 아동이나 성인의 사고와는 매우 다르다고 주장한다. 전조작적 사고는 자아중심성, 물활론, 도덕적 타율성, 꿈을 외적 사건으로 생각하는 것, 유목화 개념의 부족, 보존개념의 부족 등과 그 외에도 이 책에서 다루지 않은 특성들로 특징지어진다.

그 특성의 목록은 길며 "이 모든 특성이 공통적으로 가지고 있는 것은 무엇인가?"라고 물을 수도 있을 것이다. Piaget는 이론이 각 발달단계마다 기본적인 통일성이 있다고 주장하는 만큼, 그런 의문은 Piaget 이론의 중심을 이룬다. 유감스럽게도 Piaget는 우리가 가진 이런 의문에 많은 관심을 기울이지는 않았지만, 가장 자주 전조작기의 여러 특성을 자아중심성 개념에 연계하려고 했다(예 : 1964a, pp. 41-60).

말할 때 아동은 자신의 관점에서만 사태를 생각하기 때문에 자아중심적이다. 물활론

(물리적 대상에게 생명을 부여하는 것)도 자아중심성에서 비롯된다. 아동은 모든 사물이 자신과 마찬가지로 기능한다고 가정한다. 이와 유사하게 Piaget는 또한 꿈에 대한 어린 아동의 개념도 자아중심성과 관련되어 있음을 보여주려 했다. 아동이 자아중심적인 한, 그들은 각 개인이 꿈과 같은 개인적이며 주관적인 경험을 갖게 되는 정도를 깨닫지 못한다. 더군다나 도덕성 영역에서 자아중심성은 도덕적 타율성과 잘 맞아떨어진다. 어린 아동은 규칙을 다만 하나의 관점에서 보아 위로부터 주어진 절대적인 것이라고 여긴다. 따라서 그들은 어떻게 규칙이, 상이한 목표들을 협동적인 방식으로 통합하기 위해 둘 이상의 행위자들 간에 이루어진, 상호계약에 근거하고 있는지를 아직 알지 못한다.

보존개념 실험과 같은 과학적 과제에 대한 아동의 수행과 자아중심성 사이에도 연관성이 있다. 자아중심적인 아동이 사물을 한 가지 관점에서만 보는 것과 마찬가지로, 보존개념을 가지고 있지 못한 아동은 문제의 한 측면에만 초점을 맞춘다. 예컨대 물을 하나의 컵에서 '높이는 낮으나 더 넓은 컵'으로 옮겨 부으면, 이 아동은 뚜렷한 한 가지 차원(높이)의 차이에만 '집중'한다. 즉 이 아동은 아직 탈중심화(decenter)하지 못하고 상황의 두 가지 측면을 동시에 고려할 수 없다.

구체적 조작기의 아동은 한 문제의 2개 측면을 동시에 고려할 수 있다. 사회적인 상호작용에서도 자신이 말하는 것뿐만 아니라 상대방의 요구도 같이 생각한다. 또 그들은 보존개념 실험을 할 때도 바로 눈으로 가장 잘 볼 수 있는 변화뿐 아니라 보상적인 변화도 고려할 줄 안다. 이렇듯이 두 가지 관점의 통합은 사회적 사고와 과학적 사고 모두의 근간을 이룬다(Piaget, 1947, pp. 156-166).

제4기 형식적 조작기(11세~성인)

구체적 조작기의 아동은 **정신행위**(mental action)에 대하여 체계적으로 사고할 수 있다. 예를 들면 물을 새 컵에 부을 때 실제로 그 행동을 해보지 않고도 그 과정을 거꾸로 이행하는 것의 결과를 이야기할 수 있다. 그러나 그들의 사고는 구체적 상황 안에서 일어난다(1964b). 이와 달리 형식적 조작기의 사고는 순전히 추상적이고 가설적인 영역까지 확장된다.

추상적 추리를 할 수 있는 능력은 다음 질문에 대한 응답에서 볼 수 있다. "만약 Joe가 Bob보다는 작고 Alex보다 크다면 이 중에서 누가 가장 클까?"라고 질문하면, 구체적 조작기의 아동은 실제로 사람들을 세워놓고 그들의 키를 비교해야만 이 문제를 풀 수 있다. 이를 넘어서면 단지 추측할 뿐이다. 그러나 형식적 조작기에 있는 청소년은 그들의 사고를 단지 마음속만으로도 배열할 수 있다(Piaget, 1964a, p. 62).

Piaget는 가설적 가능성에 대해 추리하는 능력에 대해 큰 관심을 기울였다. 한 실험(Inhelder & Piaget, 1955, pp. 107-122)에서, 아동에게 무색의 액체를 담은 1, 2, 3, 4 표시가 붙은 4개의 플라스크와 함께 역시 무색의 액체를 담은 g라는 표시가 있는 작은 플라스크를 주었다. 그들이 할 일은 이 액체들을 섞어 노란색을 만들어내는 것이었다.

전조작기의 아동은 전형적인 혼란상태를 만들어냈다. 그들은 아무렇게나 액체들을 마구 뒤섞었다.

구체적 조작기에 있는 아동은 보다 체계적으로 행동했다. 그들의 전형적인 전략은 각 플라스크에 g를 붓는 것이었다. 즉 g를 1, 2, 3, 4의 병에 각각 한 번씩 부었다. 하지만 그다음에 포기했다. 왜 그만두냐고 물으면 그들이 할 수 있는 것을 다했기 때문에 더 이상 할 것이 없다고 말했다. 따라서 이들의 행위로부터 약간의 체계적인 면을 볼 수 있었는데, 이는 구체적 조작기의 아동이 보존개념 과제에서 두 가지 차원을 동시에 생각할 수 있는 체계적인 행동으로부터 예측할 수 있던 바와 마찬가지였다. 그러나 그들은 아직도 제한된 범위의 가능성만을 고려했을 뿐이다.

형식적 조작기의 청소년은 플라스크에 어떤 것을 하기 전에 **모든 가능성**에 대해 체계적으로 다루었다. 그들은 먼저 여러 조합을 시도해보고 나서 가능한 모든 조합이 포함되도록, 다른 조합을 시도하기에 앞서 지금까지 시도했던 조합을 기록했다.

청소년은 한 상황에서의 여러 가능성을 미리 생각해보고 나서 그것들을 체계적으로 검증하는데, 이때 그들은 마치 진짜 과학자처럼 행동한다. 예를 들어 10대의 한 소녀가 새로운 토양이 식물에 미치는 효과를 검증하려 한다고 하자. 형식적 조작기에 속하는 그녀는 단순히 한 지면에는 새로운 토양을, 또 다른 지면에는 오래된 토양을 넣어 어떤 집단이 더 크게 자라는지 관찰하는 것으로 끝내지 않는다. 그 소녀는 실험을 시작하기 전에 새 토양 외의 다른 가능한 영향도 고려한다. 아마도 햇빛도 영향을 미치게 되므로, 모든 식물이 같은 양의 빛을 받도록 하며, 물의 양도 또한 중요하므로 그런 변인들도 통제한다.

그런 추론에서 그 소녀는 가설에 대해 체계적 방식으로 생각한다. 소녀는 한 가지 가능성만을 생각하지 않는다. 오히려 다른 가능한 변인들의 효과를 통제함으로써 하나의 가능성을 분리해낸다.

다른 시기에서와 마찬가지로 Piaget는 형식조작적 사고를 묘사하는 데 **논리-수학적**(logico-mathematical) 모델을 도입했다. 이 모델은 어떤 면에서는 초기의 발달수준에서 적용하던 것과 유사하지만 그 수준을 능가하는 것이다. 이 모델은 매우 복잡하므로 여기서는 다루지 않겠다. 그러나 사고는 형식적 조작기 수준에서 가장 높은 정도의 **평형**(equilibrium)에 도달한다는 것을 주목해야 한다. 그중에서도 특히 여러 가지 조작이 좀 더 긴밀하게 상호 관련지어지며, 가장 넓게 가능한 영역인 가설적 가능성 영역까지 적용된다는 것을 의미한다.

Piaget는 청소년에 관한 대부분의 연구를 수학적이고 과학적인 추리에 제한시켰지만, 청소년의 사회생활에서 형식적 조작이 하는 역할에 대해서도 깊이 생각했다(Inhelder & Piaget, 1955, 18장). 1차적으로 현재의 세계(here and now)에만 사는 구체적 조작기의 아동과는 달리 청소년은 좀 더 원대한 문제, 즉 자신들의 미래와 그들이 속하게 될 사회의 본질에 관해 사고하기 시작한다. 그런 과정에서 그들의 새로운 인지능력은 놀라운 이상주의와 공상적 이상주의에 도달할 수 있다. 그들은 자유, 정의, 사랑과 같은 추상적인 원리와 이상을 이해할 수 있게 되며, 현존하는 사회와는 판이하게 다른 가상적인 사회를 상상한다. 그리하여 청소년은 더 나은 세계에 관한 이론을 세우는 몽상가가 되기도 한다.

Piaget는 그런 이상주의적이고 유토피아적인 사고가 새로운 종류의 자아중심성을 수반한다고 생각했다. 이 새로운 자아중심성을 완전히 이해하기 위해서는 아동이 새로운 지적 영역에 들어설 때마다 자아중심성이 어떻게 나타나는지를 돌아볼 필요가 있다. 먼저 영아는 이 세계가 그들 자신의 행위와는 별개로 분리되어 있다는 것을 알지 못한다는 점에서 자아중심적이다. 그들은 외적 사물이 영속적인 존재라는 것을 인식하지 못한다. 감각운동기의 끝에 가서야 아동은 영속적인 대상으로 이루어진 세계에서 그 자신은 다만 일부로서 놓여있다는 것을 알게 된다.

다음 단계인 전조작기에서 아동은 새롭고 광대한 세계(언어와 상징적 표상, 타인과의

의사소통 포함)에 들어서게 된다. 이 시기의 아동은 다시 한번 자아중심적이 되며, 자신
의 즉각적인 관점 이상은 고려하지 못한다. 점진적으로 이들은 그들 바로 앞에 있는 구
체적인 사물에 한해서는 가능한 여러 관점을 고려할 수 있게 된다.

끝으로 청소년은 더 넓은 세계, 즉 가능성의 세계에 들어서게 되며 이때 다시 자아중
심성이 나타난다. 이때의 자아중심성은 청소년이 자신의 생각에 무한한 힘을 부여하는
데서 엿볼 수 있다. 그들은 자신의 생각을 현실적으로 검증해보려 하지 않고 '굉장한 미
래를 그리거나 관념을 통한 세계의 변혁'을 꿈꾸게 된다(p. 346). Piaget는 청소년이 실
제로 성인 역할을 수행하게 될 때에야 비로소 이러한 자아중심성의 마지막 형태를 극복
한다고 했다. 성인 역할을 하게 되면 그들은 자신의 사고에 대한 한계점과 문제점을 알
게 되며, 이론적 구상이나 유토피아적인 환상은 그것들이 현실세계에서 어떻게 작용하
는지에 따라서만 가치를 갖게 된다는 사실을 깨닫게 된다.

이론적 쟁점

단계개념

많은 심리학자는 자신의 연구결과를 단지 편리하게 요약하기 쉬운 수단으로 막연히 '단
계'라는 용어를 사용한다. 그러나 Piaget의 경우는 그렇지 않다. Kohlberg(1968)가 강조
했듯이 Piaget 학파의 단계개념은 발달의 본질에 대한 여러 가지의 강한 입장을 취하고
있다.

첫째, 엄격한 단계이론에서는 단계의 순서는 불변적이어야 한다. 단계를 통과하는
속도는 사람마다 다를 수 있으며, 또 어떤 사람들은 Piaget의 가장 높은 단계에 도달하
지 못할 수도 있다. 그러나 한 단계를 통과해 다음 단계로 나아가는 것은 불변적인 순서
를 통과하게 될 것이다.

둘째, 단계는 성장이 질적으로 상이한 기간으로 나뉜다는 것을 의미한다. 만일 지
적 발달이 연속적인 양적 과정이라면 분리된 단계로 나누는 것은 임의적이 될 것이다
(Flavell, 1963, p. 19). 예를 들면 만일 지식을 0점에서 100점까지의 점수로 매길 수 있다
면 40점, 50점, 70점 단계로 나누는 것은 다른 점수를 기준으로 나누는 것과 마찬가지
다. 그러나 Piaget는 서로 다른 시기에서의 사고는 질적으로 다른 과정을 통해 조직화된

다고 믿었다. 예를 들면 구체적 조작기의 사고는 형식적 조작기의 사고와 질적으로 다르다(전자는 구체적인 대상과 행위에 대해서는 논리적이지만, 아직 추상적이거나 가설적이지는 못하다). 따라서 두 시기 간에는 자연스럽고 타당한 구별이 있는 것이다.

셋째, 단계는 일반적인 특성을 나타낸다. Kohlberg는 다음과 같은 질문을 하여 이 점에 대해 논했다. 4세 아동은 다이아몬드 모양을 그리지 못한다. 그러나 5세 아동은 그릴 수 있다. 그러면 5세 아동은 다이아몬드 그리기 단계에 도달했는가? Kohlberg는 다이아몬드 모양을 그리는 것은 너무 특수하기 때문에 단계라고 부를 수 없으며, 따라서 그런 제안은 다소 어리석은 것이라고 말했다. 만일 우리가 그런 특정한 성취를 단계라고 부른다면 수천 개의 단계가 생길 것이다. 그러므로 많은 새로운 일을 할 수 있는 **지각-운동협응**(perceptual-motor coordination) 단계에 도달했다고 말하는 것이 훨씬 더 적절할 것이다. 이와 마찬가지로 Piaget의 단계들은 사고의 일반적인 패턴을 나타낸다. 만일 아동이 어떤 특정 단계에 있다는 것을 안다면, 우리는 많은 과제에 걸쳐 아동의 행동을 예견할 수 있을 것이다. 물론 전적으로 그렇지만은 않다. 왜냐하면 아동은 서로 다른 영역(예 : 과학적 추리 대 사회적 추리)에서 다소 다른 단계에 도달해 있을 수 있기 때문이다. Piaget는 그런 불규칙성을 **격차**(décalage)라 불렀다. 그러나 각각의 일반적인 시기에서의 수행에는 본질적인 통일성이 있어야 한다.

넷째, Piaget(Inhelder & Piaget, 1955)는 그가 말하는 단계들이 위계적 통합을 나타낸다고 믿었다. 다시 말하면 낮은 단계가 사라지는 것이 아니라 더 넓은 새로운 구조에 통합(혹은 지배)된다는 것이다. 예를 들면 형식적 조작을 하기 시작한 10대 소년은 여전히 구체적 조작을 사용할 수 있어서 구체적이고도 가시적인 사태에 대해 체계적으로 설명할 수 있다. 그러나 이 소년은 이 사태가 훨씬 더 넓은 범위의 이론적인 가능성 중 하나일 뿐이라는 것을 알며, 이보다 더 어려운 문제에 대해서는 더 넓은 범위(형식적 조작)로 접근하려 할 것이다.[3]

다섯째, Piaget는 다른 엄격한 단계이론가들과 마찬가지로 이 단계들이 모든 문화에서 같은 순서로 진행된다고 주장했다. 이 주장은 독자들을 자주 당혹스럽게 한다. 각기 다른 문화는 각기 다른 신념, 특히 도덕에 관하여 다른 신념을 가르치지 않는가? 이 문

---

[3] Piaget 학파 학자들은 연속적인 위계적 통합이 전조작기를 제외한 모든 시기에 걸쳐 발달을 특징 지운다고 본다. 전조작기의 비논리적인 양상은 유지되는 것이 아니라 단순히 극복되는 것으로 본다(Inhelder, 1971 참조).

제는 다음 장에서 다루겠지만, 일반적으로 Piaget 학파는 Piaget 이론이 특수한 신념에 대한 것이 아니라 저변에 있는 인지능력에 관한 것이라고 대답한다. 따라서 어린 아동은 성(性)이나 싸움에 대한 문화적 신념과는 관계없이 권위자가 용서하거나 처벌한다는 생각에 기초하여 자신의 견해를 가질 것이다. 형식적 조작기인 청소년 시기에 들어와서야 비로소 자신의 특수한 신념이 어떻든 간에 도덕문제에 관한 추상적이고 이론적인 논문을 쓰게 될 것이다.

요컨대 Piaget는 엄격한 단계이론을 발전시켰는데, 그가 주장한 단계들은 (1) 불변적인 순서를 따라 전개되고, (2) 질적으로 다른 패턴을 보이며, (3) 사고의 일반적인 속성을 나타내고, (4) 위계적 통합을 나타내며, (5) 모든 문화에 걸쳐 보편적이라고 믿었다.

단계에서 단계로의 이행

Piaget는 단계의 구조에 대해서는 많은 주의를 기울였지만, 다른 단계로의 이행에 대해서는 별로 주의를 기울이지 않았다. 그러나 그는 그 논제에 대해 명확한 견해를 가지고 있었다.

그는 생물학적 성숙이 발달에서 중요한 역할을 한다는 점을 인정했다(1946b). 예를 들면 아동은 신경계의 최소한의 성숙 없이는 구체적 조작을 할 수 없다. 그러나 Piaget는 성숙만이 주도적 역할을 하는 것이 아니라고 주장했다. 왜냐하면 발달의 속도는 아동이 살고 있는 환경에 의해 더 좌우되기 때문이다. 빈곤한 시골에서 자란 아동은 흔히 느린 속도로 발달하는데, 이는 확실히 지적인 자극이 부족하기 때문이다. 이처럼 환경 역시 중요하다.

그러나 Piaget는 학습이론가들처럼 환경의 역할을 과장하기 쉽다고 봤다. 학습이론가들은 아동의 정신이 주로 외적인 교육과 모델링의 산물이라고 믿는다.

Piaget의 견해에 따르면 환경은 중요하지만 부분적으로만 그렇다. 환경은 아동을 육성하고 자극하며 아동에게 도전하지만, 아동은 스스로 인지구조를 쌓아올린다. 아동은 환경을 탐색하면서 **흥미**를 끄는 사태에 직면하게 된다. 그들은 과거의 경험과 완전히 일치하지 않으며 적당히 새로운 사건들에 특히 호기심을 가진다. 따라서 아동은 이 사건들을 알기 위해 자신의 행동을 적응시키며, 이런 과정에서 외부세계에 대처하기 위한 새로운 방식을 만들게 되는 것이다.

예를 들면 앞서 언급했듯이 저자의 아들 Tom은 한 살 때 수도꼭지 밑에 손을 대고 물이 사방으로 퍼져나가는 걸 보고 놀라워했다. 그는 더 많은 것을 알기 위해 손을 위아래로 조정해보고, 그렇게 하여 서로 다른 결과를 얻기 위해서는 다른 행동을 능동적으로 시도해보는 것이 효과적임을 알았다(감각운동기 5단계). 이런 행동에서 보듯이 아동의 정신을 구성하는 것은 환경이 아니라 새로운 인지도식을 발달시키는 아동 자신이다.

인지발달을 촉진시키는 경험은 재미있기도 하지만, 보통 아동을 **갈등상태**에 빠지게 한다. 이 갈등의 개념은 Piaget가 **평형화**(equilibration)라고 칭하는 발달변화에 관한 공식적인 모델에 포함되어 있다(1964b). 우리는 이 용어를 사용하지는 않았지만, 아동이 보존개념을 습득하는 방법을 설명할 때 이미 이 모델의 핵심을 논의했다. 예를 들면 어린 소녀는 진흙으로 만든 공이 늘어난 것을 보고 처음에는 양이 늘어났다고 생각하지만, 얼마 후 점토의 너비가 좁아진 것을 생각하고는 진흙이 줄어들었다고 말한다. 이처럼 그녀는 자신의 처음 견해와 모순되는 것을 지각하게 된다. 그 아이는 길이와 너비를 둘 다 생각하면서 혼란을 겪는다. 이런 갈등은 아동으로 하여금 하나의 변화가 다른 변화를 상쇄한다는 것을 깨닫도록 동기화시켜 결국 보존개념을 발견하도록 이끈다. Piaget의 평형화 모델은 아동이 처음에는 한 차원을, 다음에는 다른 차원을, 결국은 두 차원 모두를 고려하게 될 가능성에 대한 수적인 확률을 나타내고자 하는 것이다.

Piaget의 평형화 모델은 철학적으로는 변증법이라 볼 수 있다. **변증법**의 핵심주장은 우리의 생각이 반대증거에 직면하게 되면 그것은 곧 새롭고 더 나은 아이디어를 형성하도록 동기화시키며, 이때 변화가 발생한다는 것이다.

갈등을 주는 새로운 정보의 또 다른 원천은 사회환경이다. 예를 들어 전조작기 아동은 또래들과 상호작용하면서 함께 논쟁을 하고 갈등을 겪는 과정에서 자아중심성을 극복한다. 그런 교류에서 아동은 다른 사람들이 자기와 다른 견해를 가지고 있으며, 협동적으로 행동하기 위해서는 서로 다른 이해관계를 통합해야 한다는 것을 알게 된다. 관점들을 통합하는 이런 능력은 과학적 사고의 성장에 도움을 주는데, 이 과학적 사고에서도 여러 차원의 통합이 중요하기 때문이다(Piaget, 1947, pp. 156-166).

Piaget는 아동이 흥미롭고 갈등적인 정보로부터 새로운 인지구조를 발달시키는 여러 상이한 방법을 밝혀내려고 했다. 발달이 항상 자발적인 과정이라는 점을 강조하는 것이 중요하다. 새로운 정보를 동화하고, 모순을 해결하여 새로운 인지구조를 만들어내는 사람은 바로 아동 자신이다.

교육을 위한 시사점

Piaget는 교육에 관해서 광범하게 언급하지는 않았지만 약간의 권고를 하고 있다. 그의 전반적인 교육철학은 본질적으로 Rousseau나 Montessori 철학과 흡사하다. Piaget 역시 진정한 학습은 교사에 의해 주어지는 것이 아니라, 아동 자신으로부터 나오는 것이라고 본다. 즉 학습은 자발적인 발명과 발견의 과정이다. 이런 점은 영아에게 명확히 들어맞는 말인데, 영아는 스스로 외부세계를 단순히 탐색하고 조작하는 것만으로도 상당한 지적 향상을 이룬다. 이는 좀 더 큰 아동에게도 역시 해당된다. 따라서 교사는 아동에게 지식을 주입하려 하지 말고 아동이 흥미로워하고 도전이 될 재료들을 찾아주고 아동 스스로 문제를 해결하도록 허용해야 한다(Piaget, 1969, pp. 151-153, 160).

Rousseau와 Montessori처럼 Piaget 역시 아동의 수준에 맞는 교육을 실시하는 것이 중요하다고 강조했다. 그는 단계에 대한 Montessori의 성숙적 견해에는 동의하지 않으나, 그 일반적인 원리는 여전히 타당한 것으로 여겼다. 즉 교육자는 아동의 흥미와 학습양식이 각 시기에 따라 어느 정도 다른지를 알고 있어야 한다.

구체적 조작기에 들어선 한 소년을 상상해보자. 그는 논리적으로 사고하기 시작하지만, 그의 사고는 아직도 구체적인 대상과 활동에만 한정된다. 따라서 그는 실제적인 것들을 능동적으로 다룰 수 있는 수업을 받아야 한다. 예를 들어 이 아동에게 분수에 관해 가르치려면, 도표를 그리거나 강의를 하거나 언어적으로만 하는 토론을 가르쳐서는 안 되며, 구체적인 대상들을 여러 부분으로 나누는 일을 하도록 해야 한다(Flavell, 1963, p. 368). 그가 언어적인 수준에서 학습할 수 있을 거라고 추정한다면 이는 우리의 자아중심적인 생각이다. 즉 아동이 우리와 똑같은 수준에서 학습할 수 있다고 가정하는 것이 된다. 이렇게 되면 아동이 이해하기 어렵고 또 부적절한 수업이 될 것이다.

아동의 발달단계에 맞춰 교육한다는 원리는 자명해 보인다. 그러나 불행히도 언제나 그렇게 시행되는 것은 아니다. 한 예를 들면, 1950년대 후반에서 1960년대 초에 걸쳐 소련이 최초의 인공위성 스푸트니크호를 쏘아 올리자 이에 대응하기 위해 미국에서 주도한 교육과정 혁신의 물결이다. 소련을 따라잡기 위해 교육학자들은 '새수학', '새 과학' 등으로 불리는 교과과정을 도입했는데, 그것은 매우 어린 나이에 추상적이고 이론적인 추론을 가르치도록 설계되었다. 처음에는 이 방식이 그럴듯해 보였으나 새로운 교과과정은 결국 성공하지 못했다. 그 이유는 Kohlberg와 Gilligan(1971)에 따르면, 구체적 조작기나 그 아래 단계에 있는 어린 아동에게 형식적 조작기의 추상적인 능력을 요구하는 생각을 가르치려 했기 때문이다. 교과과정 혁신운동은 아동이 배워야 할 것들에 대한 성인의 생각에 의해 시작되었기 때문에 아동의 인지수준을 무시했다.

1970년대 후반과 1980년대 초에 걸쳐 위와 유사한 경향이 나타났는데, 이는 오늘날까지 계속되고 있다. 미국의 국가 지도자들은 일본에게 기술적 우위에서 밀린다고 걱정하면서 새로운 수월성 교육을 요구하기 시작했다. 부모 역시 자녀의 장래를 걱정하면서 조기교육을 원했다. 그 결과 점점 더 어린 나이(유치원 혹은 더 어린 나이)에 더 많은 학업지도를 하게 되었다. Piaget 학파의 한 사람인 David Elkind(1981, 1986)는 그런 추세에 반대한 최초의 몇 사람 중 하나였다. 그가 지적했듯이 5세 아동은 주로 놀이와 주변환경과의 직접적인 감각접촉을 통해 배운다. 워크북과 워크시트 등을 가지고 하는 공식적인 교육은 어린 아동의 자연스러운 학습양식과는 어울리지 않는다. 그것은 일차적으로 어린 아동에게 학습은 부자연스럽고 스트레스를 주는 것이라고 가르치게 된다(우리는 이 주제를 이 책의 끝부분에서 다시 논의할 것이다).

특정 아동에게 가장 자연스러운 교육경험을 찾아낸다는 것은 그리 쉬운 일이 아니다. 인지발달 단계에 대한 지식은 도움이 될 수 있으나, 아동은 각기 다른 영역에서 각기 다른 단계에 있는 경우가 종종 있다(Piaget, 1969). 정말 필요한 것은 교사의 민감성과 융통성이다. 즉 아동의 행위를 가까이서 보고, 아동으로부터 배우며, 아동의 자발적인 흥미에 따르려는 기꺼움이 있어야 한다(Ginsburg & Opper, 1988, p. 239). 능동적인 학습은 언제나 흥미를 전제로 하기 때문이다(Piaget, 1969, p. 152).

Piaget는 Rousseau나 Montessori와 마찬가지로 학습은 능동적인 발견과정이어야 하며 동시에 아동의 발달단계에 맞아야 한다고 믿었다. 그러나 Piaget는 하나의 관점에서는 Rousseau나 Montessori와 의견이 달랐다. Piaget는 사회적 상호작용에 대해 커다란 교육적 가치를 부여한다. 아동은 다른 사람과의 관계를 통해서 두 가지 관점을 동시에 고려함으로써 2개의 차원을 동시에 통합하는 논리적인 사고를 부분적으로 시작한다. 그러므로 우리는 이런 상호작용을 격려해야 하며, 가장 바람직한 상호작용은 자기 또래들과 어울리면서 느끼는 것처럼 기본적인 동등성을 느낄 수 있어야 한다. '옳은' 답을 알고 있는 권위자에게 지배받는다고 느끼는 한, 아동은 관점의 차이를 제대로 이해하지 못할 것이다. 반대로 집단 속에서 다른 아동과 함께 토의하는 아동은 다른 관점들을 자신의 사고에 대한 도전자극으로 다루는 좋은 기회를 얻게 된다(pp. 173－180).

Kamii의 구성주의

Piaget의 생각을 유치원과 저학년에서 학교수업에 도입해보려는 몇몇 노력이 있어 왔다(DeVries & Kohlberg, 1987, 3장). 일부 교육자들은 Piaget 과제인 보존개념, 유목화 등에 초점을 맞추었다. 다른 사람들은 Piaget 이론의 기본정신에 더 관심을 두었다. 이 접근법의 옹호자로는 Constance Kamii를 들 수 있다.

Kamii는 Piaget 학파의 전제(진정한 인지발달은 아동이 자신의 지식을 구성할 때 나타난다)에서 출발했다. 아동은 스스로 이해하는 기회가 필요하다. 그러나 Kamii가 발견한 바로는, 교사가 워크북과 시험을 이용하는 한 아동은 그렇게 할 수 없었다. 그런 방식(워크북과 시험)을 사용하면 아동은 '정답'을 찾아내기 위해 고심한다. 그 정답은 교사가 맞다고 표시하게 될 답이므로(즉 교사가 결정하는 것이므로), 아이들은 스스로 문제를 해결하려고 생각하지 않는다. 따라서 교사는 워크북과 시험을 사용하는 대신, 아동으로 하여금 스스로 생각하여 흥미 있고 의미 있는 경험이 될 수 있는 경험을 제공해야 한다. Kamii에 따르면 그런 문제들은 아동의 일상생활에서 찾을 수 있다. 예를 들면 초등학교 1학년은 카드게임을 하거나, 밖에서 하는 게임에서 점수 적기, 학급에서의 투표, 출결석 인원점검 등의 산수문제를 열중해서 해낸다. 아동이 그런 활동을 할 때 교사는 아동의 산수에 대한 흥미를 자극하는 질문을 할 수 있다. 아동이 소프트볼 게임을 한다면, "11점을 얻으려면 몇 점을 더 얻어야 되지?"와 같이 질문할 수 있다. 아동이 푸딩을 가져왔을 때는 "컵의 개수가 모두가 먹기에 충분할까?" 등을 질문할 수 있다. 교사의 이런 질문은 아동의 마음을 움직일 것이다. 이때 교사는 문제해결을 반드시 아동에게 맡겨야 하며, 또한 아동의 '잘못된 답'도 존중해야 한다. 왜냐하면 아동은 무엇이 정답인지 알기 위해 어른에게 가야 한다고 느끼는 것보다는 자신이 해낸 오답에 대해 도전하는 것이 더 바람직하기 때문이다(Kamii, 1985, pp. 119－121, 161－165; Kamii &

DeVries, 1977).

아동이 2, 3학년으로 올라가자 Kamii는 아동의 수학적 사고를 자극하는 보드게임이나 카드, 주사위 등의 개수를 늘렸다. 그녀는 또한 아동에게 더하기나 빼기 등의 표준적인 문제를 내줬으나, 간섭하지 않고 항상 아동 스스로의 해결을 격려했다. Kamii는 전통적인 교수법(예 : 18 더하기 17을 할 때, 먼저 8 더하기 7을 하여 1을 10자리에 올린다 등)을 강하게 반대했다. 그녀는 그런 교수법은 아동으로 하여금 왜 그가 그런 일을 하는지에 대한 아무런 이해 없이 기계적으로 따라 하게 가르친다고 말했다. 구성적 수업에서의 아동은 자신에게 의미 있는 방법을 만들어낸다(예 : "난 7과 8은 남겨놓고, 이 10자릿수에 있는 2개를 먼저 더할래" 등). 아동은 아주 어려운 문제도 해결방법을 찾아내며, 흔히 그 방법들은 독특하다(Kamii, 1994, 2004).

Kamii는 이런 접근법을 아동의 학교생활 전반에 걸쳐 적용했다. 어떤 아동이 카드게임을 하는 동안에 논쟁을 한다면, 교사는 이에 참견하여 그 문제를 해결해주려는 유혹을 참아야 한다. 대신 "너희 모두에게 공평한 방법을 생각해보겠니?" 등의 질문을 하는 것이 좋다(Kamii, 1985, p. 48). 이런 방식을 통하여 교사는 아동 스스로가 정의의 문제에 대해 생각하도록 촉진할 수 있다.

Kamii(1973)는 Piaget 학파의 교수법이 일반학교 교수법보다 아동에게 문제에 대해 생각할 시간을 더 주고 있다고 말했다. Kamii는 중력에 관한 수업을 예로 들었다. 초등학생 아동은 더 큰 나무블록은 물에 뜨는 데 비해 더 작은 핀은 물속에 가라앉는 것을 보면 놀란다. 그런 일이 왜 일어나는지를 이해하려면 시간이 꽤 걸린다. 따라서 교사는 아동에게 이를 설명하려는 유혹을 받기 쉽다(특히 새로운 수업으로 옮겨가려 할 때). Kamii는 교사에게 기다리라고 말한다. Kamii에 따르면, "정답을 듣고 정답은 항상 선생님의 머리에서 나온다"는 것을 배우기보다는 그 문제에 대해 궁금해하고 생각해보는 시간을 갖는 것이 훨씬 더 낫다(p. 225).

Kamii(1985, 1994, 2004)는 자신이 초등학교에서 가르쳤던 산수방법에 대한 평가연구를 했다. 전통적으로 표준화된 검사에서는 Kamii가 가르친 아동과 전통적인 방법으로 배운 아동이 비슷한 수준이었다. 그러나 그녀가 가르친 아동은 그 문제에 담겨있는 논리에 대한 이해가 탁월했으며 또한 독립성이 강했다. 한 교사가 1학년 여아에게 힌트를 주려 하자, 그 여아는 "잠깐만요, 제 머리로 생각 좀 해보고요"라고 말했다(Kamii,

1985, p. 235). Kamii에게 그와 같은 반응은 매우 중요하다. Rousseau나 Montessori처럼 Kamii 역시 아동이 얻는 지식의 양에는 관심이 없으며 아동 스스로 생각하려는 욕구에 보다 더 관심을 두었다.

평가

1960년대 이래로 Piaget는 수많은 연구와 이론적 논쟁들을 자극했다. 이 모든 것을 요약할 수는 없고, 몇 가지 추세와 쟁점을 살펴보기로 하자. 저자는 이를 몇 가지 기본적인 질문을 통해 정리할 것이다.

연구결과는 Piaget를 지지하는가

앞에서 언급했듯이 Piaget의 연구는 과학적 측면에서의 결함 때문에 비판을 받아왔다. 예를 들면 결코 대표적 표본이라 할 수 없는 자기 자녀 3명을 관찰해 일부 결론을 냈다. 결과적으로 1960년대 초에 Piaget에 대한 재발견이 이루어졌을 때 많은 사람들이 그의 발견을 반복할 수 있는지 궁금해했다. 이 연구들은 보통 서양문화뿐만 아니라 일부 비서양문화에서의 아동까지도 포함했다.

단계의 순서 전반적으로 보아 Piaget 과제를 사용한 연구는 그의 단계 순서를 반복했다. 즉 아동은 하위단계, 단계, 그리고 시기들을 Piaget가 처음에 발견한 순서대로 발달해나가는 것 같다. 그의 단계 순서는 특히 감각운동 단계에서 잘 맞는 것 같다(Dasen, 2022; Harris, 1983).

연구는 또한 Piaget의 과학적이고 수학적인 추리에 대한 더 진전된 단계를 지지했다. 모든 젊은이가 제일 높은 단계에 이르는 것은 아니지만, 그들이 거쳐서 도달한 정도까지는 순서대로 진행된다(E. Evans, 1975; Lovell, 1968; Neimark, 1975).

그러나 사회적 사고에 대한 Piaget의 단계들에 대해서는 명확하지 않은데, 예로 물활론(Looft & Bartz, 1969), 도덕판단(Kohlberg, 1964), 자아중심성(Damon, 1983, pp. 120-121) 등을 들 수 있다. 이러한 과제에서 어린 아동과 나이 든 아동 사이의 차이가 언제나 확연하지는 않다.

저자가 강조하고 싶은 것은, 이런 반복연구는 Piaget가 만든 과제를 그대로 반복해서 사용했다는 것이다. 좀 더 뒤에 우리는 Piaget의 과제들을 변형시켜서 Piaget의 결론에 의문을 제기하는 몇몇 연구들을 살펴볼 것이다(pp. 120-122 참조).

단계의 보편성 Piaget의 단계 순서가 전반적인 지지를 받긴 했으나, 단계들이 일반적인 사고양식을 보여준다는 그의 주장은 별로 지지받지 못하는 것 같다. 연구자들은 동일 사고단계에 있는 과제들 간의 상관관계가 낮다고 보고했다(Dasen, 2022; Flavell, 1977; Gelman & Baillargeon, 1983, pp. 169-172; Miller, 2011, pp. 77-79). 예를 들면, 양의 보존개념을 할 줄 아는 아동이 그와 같은 양식의 사고단계로 보이는 유목화 과제는 해결하지 못할 수도 있다. Piaget도 아동이 서로 다른 과제를 다른 속도로 숙달한다는 것을 알았으나[그는 이를 **격차**(décalage)라고 불렀다] 그보다는 일관성에 더 무게를 두었다.

그런 많은 부정적인 발견에 의해서(예 : Bandura, 1986, pp. 484-485) 많은 심리학자들이 Piaget의 단계이론을 포기하려 했다. 심리학자들은 아동의 사고가 광범위한 정신구조를 반영하는 일반적인 시기를 통과하는 것이 아니라, 그 대신 단지 수많은 과제특정적인 기술을 배운다고 보았다. 즉 아동은 산수기술, 읽기기술, 의사소통 기술 등을 배우는 것이지 그 기술들의 기저에 일반적인 정신구조가 있는 것은 아니라고 보았다. John Flavell 같은 Piaget에 동조적인 일부 심리학자들도 때때로 일반적 단계의 존재에 대해 의문을 품었다(Flavell, 1985, p. 295).

그러나 Piaget의 단계이론을 포기하는 것은 성급해 보인다. 5~7세 사이의 아동을 생각해보자. Sheldon White(1965, 1970)와 다른 연구자들(예 : Kegan, 1985; Sameroff & Haith, 1996)은 이 시기의 아동이 매우 중요한 심리적 변화를 겪는다는 증거를 많이 축적했다. **5세에서 7세로 넘어가는 데** 포함되는 변화는 Piaget 과제에 대한 반응보다 훨씬 많다. 여기에는 다양한 학습맥락에서의 행동도 포함된다. 이 변화 전의 아동은 일반적으로 충동적이며 산만하고 환상에 젖어있다. 그 이후에는 더 논리적이고 이성적이며 합리적이 된다. 전 세계에 걸쳐서 이 시기는 문화가 중요한 책임감(더 어린 아동을 돌보는 것까지 포함)을 아동에게 부여하는 시기다(Weisner, 1996).

다방면에 걸쳐서 5세에서 7세로의 변화에는 창조성의 상실이 나타난다. 7, 8세 이전 아동의 그림에는 생명과 조화로움이 가득하다. 그 이후에는 아동의 그림이 점점 더 기하학적이고 정밀해진다. 7세 이전의 아동은 가상놀이에 몰두하여 심지어는 상상 속의 친구도 만들어낸다. 7세경이 되면 이 가상세계는 사라진다. '마법의 용 퍼프'라는 노래에서와 같이 상상 속의 친구는 아동이 자라서 더 이상 마법을 믿지 않게 되면서 사라진다. 아동은 논리적이고 현실적이 된다(Crain, 2003).

따라서 광범하고도 단계적인 변혁이 이 시기에 일어난다는 강력한 증거가 있다. White(1965, 1996)가 말했듯이 Piaget 이론은 그 변혁을 설명할 수 있는 이론이다. 아동은 구체적인 조작적 사고를 할 수 있게 되면서 좀 더 논리적이고 합리적으로 삶에 접근하기 시작한다.

그러나 아직도 Piaget 과제 간의 낮은 일관성 문제가 남아있다. 일부 연구자들은 일반적인 어떤 특정 시점(예 : 그 시기의 끝)에는 매우 높은 수준의 보편성이 있다고 믿는다(Flavell, 1982; Uzgiris, 1964). 이 가능성은 더 연구해볼 수 있을 것이다.

Sheldon White(1996)는 단계이론이 검사와 과제가 있는 연구실을 벗어나 아동의 일상생활을 이해하도록 돕는 방식을 아는 것이 더 중요하다고 주장했다. 그의 생각에 따른다면, 향후의 연구는 두 가지의 단계가 될 것이다. 첫째로는, 실제 생활에서 5~7세 사이의 변화에 대한 일관성의 정확한 추정치를 얻는 것이며, 다음으로 일관성이 발견되면 구체적 조작기의 특정한 측면이 이 일반적 변화와 관련이 깊은지를 알 수 있다.

Erikson의 장에서 우리는 Piaget의 단계들이 인생의 상이한 지점에서 일어나는 매우 일반적인 변화들을 이해하는 데 어떻게 도움이 되는지를 다시 생각할 것이다.

문화는 어떻게 발달에 영향을 주는가

이제까지 저자는 비서양 문화에서의 연구도 Piaget 이론을 지지한다고 말해왔다. 이제는 그에 대해 의문을 제기하는 비교문화적 연구를 알아보겠다.

구체적 조작기로의 이행 Pierre Dasen 등은 시골마을과 종족사회의 아동은 동일한 순서로 발달하지만, 구체적 조작기에 이르는 것은 좀 더 늦은 나이임을 발견했다. 때로 그 격차는 3년 이상이었다(Dasen, 1993, 2022). 그러나 Dasen은 그와 같은 결과를 표면적으로 보는 것에 반대하고 그 과제들에 적용되는 문화적 맥락에 주의할 것을 요구했다.

그런 점을 분명히 밝히는 연구에서 Ashley Maynard와 Patricia Greenfield(2003)는 미

국 로스앤젤레스와 멕시코 치아파스 고원에 있는 아주 작은 마을 마얀의 아동을 비교했다. 로스앤젤레스의 아동은 중류층 또는 중상류층이었고, 마얀의 아동은 가난하고 정식 교육을 받지 못했다.

연구자들의 초점은 베틀짜기(loom weaving) 활동이었는데, 마얀 마을 대부분의 가족들이 종사하고 있다. 여아들은 3세 정도에 장난감 베틀로 베틀짜기 활동을 시작하여 7~8세가 되면 어른용 베틀로 옮겨갔다. 이 어른용 베틀은 더 발전된 정신능력을 요구했다. 소녀들은 정경크릴(직조 준비를 위해 많은 날실을 감는, 같은 간격으로 늘어선 나무못이 박힌 가대–역주) 위에 있는 실들이 짜여지는 의류의 크기와 패턴을 어떻게 바꾸게 될지를 미리 알고 있어야 한다. Maynard와 Greenfield에 따르면, 이러한 예견을 할 수 있는 능력이 구체적 조작을 요구하는 것이다.

연구자들은 로스앤젤레스와 치아파스에 있는 아동에게 두 세트의 문제를 냈다. 하나는 Piaget가 사용했던 것이고, 다른 하나는 어른이 의류를 짜는 데 포함되는 예측 종류들을 만드는 아동의 능력을 평가하는 것이다.

로스앤젤레스 아동은 Piaget의 보존개념 문제를 전체 미국 아동이 푸는 나이에 풀었으나, 마얀족 아동은 Piaget 과제를 더 어려워했다. 그러나 방직 관련 문제에서는 마얀족 아동이 로스앤젤레스 아동보다 더 잘했다. 이는 특히 방직경험이 있는 마얀족 소녀들에게서 그랬다. 그러나 방직하는 것을 관찰만 한 마얀족 소녀들도 로스앤젤레스의 소년, 소녀들보다 더 나았다. 이런 연구에 따르면, 만일 우리가 토착 아동의 능력에 대해 진정으로 알고 싶다면 그들의 문화와 관련된 문제를 제시할 필요가 있다.

형식적 조작기 이 시기에는 추상적 개념과 가설적 가능성에 대해 이야기한다. 그들의 생각은 때론 아주 이론적이다. 다른 때에는 그들의 생각이 실제 사건과 연관된 것 같지만, 실험을 설계하는 경우는 그들은 먼저 가설적인 수준에서 고려한다.

놀랍게도 대부분의 서구 중류층 성인은 Piaget 과제에서 가장 높은 단계인 형식적 조작 단계를 계속해서 보여주지는 않는다. 더구나 조그만 마을이나 종족 공동체에서 사는 사람들은 형식적 조작을 보여줄 필요가 거의 없다. 이러한 발견은 Piaget의 발달단계가 그가 초기에 믿었던 것처럼 보편적이지는 않다고 말한다(Berk, 2019, p. 381; Dasen, 1993, 2022).

Piaget(1972)는 그의 마지막 10년 동안 그와 같은 발견을 설명하기 위해 자신의 생각을 수정했다. 그에 따르면 대부분의 사람들은 어느 정도 형식조작적 사고를 달성하지만 이는 주로 특별한 관심이나 능력의 영역에서다. 목수는 철학이나 물리학에 관해서는 형식적, 이론적으로 말하지는 못하지만, 자신이 지으려는 것에 대해서는 형식조작적으로 설명할 것이다. 열심히 공부하는 법학과 학생은 화학과목에서 마주친 문제에 대해서 형식조작적 사고를 하지는 않겠지만, 헌법적인 쟁점을 논의할 때는 그렇게 할 것이다.

이와 비슷하게 Tulkin과 Konner(1973)는 작은 부족의 어른들은 수학적이고 과학적인 추리를 요하는 Piaget 과제에서는 형식적 조작을 사용하지 못하지만, 그들 자신에게 긴박한 중요성을 가진 문제를 다룰 때는 형식적 조작을 사용할 것이라고 주장했다. 예를 들어 아프리카 칼라하리족은 동물추적에 관해 말할 때는 '인간정신의 추론적이고 분석적인 능력을 최대한 동원하는' 방식으로 가설을 발전시키고 비중을 둔다(p. 35).

Dasen(2022)은 이에 대한 연구가 결국에는 Piaget의 생각을 지지할 것이라고 짐작했다. 즉 모든 사회의 대부분의 사람들은 그들이 가치를 두는 과제에서 형식적 조작에 이를 것이라고 짐작했다. 우리는 이것이 정말 그럴지 기다려봐야 한다.

그러나 Dasen이 옳다고 해도 저자는 형식적 조작에 인지발달의 금메달을 주는 것은 실수라고 생각한다. 그렇게 하는 것은 발달의 목표에서 문화적 차이를 무시하는 것이기 때문이다.

현대 사회에서 우리는 추상적이고 가설적인 생각에 부가적 가치를 부여하고 있다. 우리는 특히 과학자와 엔지니어들이 즉각적인 상황을 넘어 새로운 가능성을 생각하는 방식에 가치를 둔다. 이러한 접근이 고속 컴퓨터와 우주여행 같은 깜짝 놀랄 만한 성취를 이뤄냈다.

토착민들은 일반적으로 중요한 것에 대해 서로 다른 생각을 가지고 있다. 그들은 때때로 형식적 조작을 하지만, 그들 곁의 자연환경에 대한 아름다움과 감탄스러움에 대해 더 관심 있어 한다. 예를 들면, Luther Standing Bear는 전통적인 라코타족에서 아동이 자신들의 감각을 발달시키고 흙이나 바람, 꽃, 개울, 동물 등 주변에 있는 것들의 눈에 띄는 특성을 관찰하도록 격려하는 방식을 기술했다. 이런 방식으로 아동은 모든 것에 존재하는 위대한 영혼을 숭배하게 된다(Standing Bear, 1933, pp. 193-195).

아동은 정말 스스로 배우는가

아마도 Piaget에 대해 가장 논쟁이 많은 부분은 인지발달이 과연 자발적인 과정인가에 대한 것이다. Piaget에 따르면 아동은 성인의 직접적인 가르침 없이도 스스로 자신의 인지구조를 발달시킨다. 자발적 학습의 명확한 증거는 영아에 대한 Piaget의 관찰에서 보이는데, 영아를 가르치려고 하기 이전에 이미 영아는 주위환경을 탐색하는 것만으로도 엄청나게 지적인 진전을 이룬다. 사실 우리는 아동을 가르치기 시작하면서부터 아동의 자연적인 호기심을 억누르는 것처럼 보인다. 학교에서 아동은 흥미를 잃고, 게을러지고, 반항적이 되며 실패를 두려워한다. Piaget 학파의 관점으로 교육의 주요 과제는 아동이 세상에 나올 때 가지고 나왔던 호기심을 그대로 살려두는 것일지도 모른다.

Piaget의 아동은 스스로 배운다는 말이 곧 진공상태에서 배운다는 것을 뜻하지는 않는다. 다른 아동이 그 아동의 사고를 자극하거나 도전할 수도 있으며, 이는 어른도 마찬가지다. 앞서 보았듯이 Kamii는 아동이 사고하도록 자극하는 질문을 했다.

그러나 Piaget는 아동에게 정답이나 올바른 과정을 가르치는 것이 곧 생산적이라고는 믿지 않았다. 그 대신 아동의 호기심을 자극하여 스스로 해결해내도록 하는 문제들(그들을 흥분시키는)을 만났을 때 아동은 그들의 마음을 발달시킨다고 믿었다(Duckworth, 2006).

그러나 많은 심리학자들, 특히 미국의 학습심리학자들은 성인의 가르침이 Piaget가 생각한 것보다 훨씬 더 중요하다고 믿는다. 이를 보여주기 위해 그들은 **훈련효과 연구**를 개발했는데, 대부분이 4~5세의 아동에게 보존개념을 가르치는 것이었다.

이들 연구의 주요 발견은 보존개념을 가르치기가 종종 어렵다는 것이다(E. Evans, 1975; Siegler & Alibali, 2020, p. 44). 예를 들어, 단순히 정답을 설명하고 강화하는 것만으로는 보존개념을 가르치기 어렵다. 그리고 또 만일 한 과제를 해결한다 해도 이 능력이 새로운 과제들로 항상 일반화되지는 않는다. 더욱이 학습이 항상 깊은 데까지 이르는 것도 아니다. 사람들은 한 아동에게 액체 보존개념을 확실히 알도록 가르쳤지만 그 아동에게 자신이 마시고 싶은 것(예 : 음료)을 고르라고 선택권을 주면 항상 더 큰 잔을 선택했다고 저자에게 말했다.

그럼에도 불구하고 보존개념을 가르칠 수 있다. 첫 번째로 매우 성공적인 실험은 Rochel Gelman(1969)의 실험으로, 아동이 가장 관계있는 자극(예 : 한 줄의 길이보다 그

줄에 있는 대상들의 개수)에 주의를 기울일 때 강화함으로써 개수와 길이에 대한 보존개념을 알도록 가르쳤다. 그 훈련은 효과가 있어서 그 아동의 60%는 즉각적으로 물질과 액체에 대한 보존개념 능력을 보여주었다. Gelman의 훈련절차는 매우 힘든 것으로, 이틀에 걸쳐 192번을 시행했었다. 그러나 같은 방법을 써서 더 짧은 기간에 성공한 연구도 있다(Brainerd, 2003). 그러나 어린 아동은 다른 아동보다 훈련시키기에 훨씬 더 힘들었다(Siegler & Alibali, 2020, p. 44).

훈련방법이 효과가 있을 때조차도 과연 그런 방법에 아동이 일상생활에서 보존개념을 습득하는 방식을 정확히 반영하는지는 의문의 여지가 있다. 또한 그와 같은 훈련방식이 아동의 감정에 미치는 효과에 대해서도 생각해볼 여지가 있다. 아동은 스스로 문제를 해결할 때 자신의 발견능력에 자신감을 갖게 된다. 그러나 이들이 자신이 옳은지 혹은 무엇을 생각해야 하는지에 대해 끊임없이 이야기해야 하는 훈련과정을 겪게 된다면, 자신의 사고능력을 불신하도록 쉽게 학습할 수 있다.

Piaget(1970)는 이와 관련해 추가적인 생각을 언급했다. 즉 우리는 흔히 자발적인 발달이 느리게 진행되기 때문에 바람직하지 않고, 직접적인 가르침이 빠르기 때문에 바람직하다고 가정한다는 것이다. 이에 대해 Piaget는 Howard Gruber의 관찰을 예로 들었다. Gruber는 새끼 고양이의 대상영속성에 대해 연구했는데, 새끼 고양이는 인간 영아보다 훨씬 더 빠른 속도로 대상영속성을 발달시켜 나갔다. 그러나 "더 이상의 진전은 없었으며, 따라서 진전의 속도가 느리다는 것이 궁극적으로 더 큰 진전을 못한다는 생각은 의문이다"(1970, p. 111). Piaget는 또한 Darwin이 그의 기본적인 생각들을 공식화하는 데 굉장히 오랜 시간이 걸렸으며(이 기간에 더해 그의 생각이 논쟁적이었기 때문에 출판하는 데), 아마도 느리다는 것이 어떤 때는 훌륭한 발명의 조건일 수도 있다고 생각했다.

Piaget는 아동의 능력을 과소평가했는가

근래에 많은 연구자들(그중 일부는 훈련효과 연구를 수행했음)은 Piaget가 아동의 능력을 과소평가했다는 것을 보여주려 했다. 즉 Piaget의 생각보다 아동이 똑똑하다는 것을 보여주려고 시도했다.

감각운동기의 역량 몇몇 연구자들은 **지연된 모방**(어떤 사건을 관찰한 뒤 몇 시간 또는 며칠 후에 모방하는 것)에 대해 연구했다. 이는 앞서 Piaget의 관찰에서 언급한 바 있다. 어느 날 그의 딸 Jacqueline는 어떤 남아가 그의 아기놀이울에서 굉장히 화를 내는 것을 놀래서 보고 있었다. 그 남아는 아기놀이울에서 나오려고 아기놀이울을 밀며 소리 지르고 발을 동동 굴렀다. 다음 날 Jacqueline는 아기놀이울에서 그 남아의 행위를 정확하게 모방했는데, 심지어 발을 구르는 것도 흉내 냈다. 지연된 모방은 Piaget의 감각운동기 6단계, 약 18개월경에 발달하기 시작한다. Piaget는 그것이 새로운 상징적 표상능력을 나타내는 것이라고 말했다. 아동은 사건을 내적으로 표상하고 그 표상을 후에 수행해내는 어떤 방식을 가졌음에 틀림없다.

Andrew Meltzoff(1988)는 Piaget의 관찰에 의문을 제기했는데, 그는 9개월 정도 된 아기도 24시간 후에 모방행동을 보이는 것을 발견했다. Meltzoff의 실험에서는 어른이 플라스틱 달걀을 흔들어 딸랑이 소리를 내는 것을 아기가 보도록 하였다. 24시간 후 그 아기에게 플라스틱 달걀을 주었을 때, 그들의 절반 정도가 어른의 행위를 모방했다.

Meltzoff의 연구는 Piaget가 생각한 것보다 더 어린 나이의 영아에게 표상능력이 있다는 것을 보여주는 증거로 많이 인용되고 있다. 그러나 Meltzoff 연구에서의 영아는 자신들에게 친숙한 매우 단순한 행위를 재생한 것이다. 예를 들어 달걀은 실제로 흔들 수 있는 또 하나의 딸랑이다. 영아는 새로운 행동의 많은 이미지를 저장할 필요가 없었다. 이와 달리 Jacqueline는 세부적인 영화장면을 기억해내는 배우처럼 행동했다. 일부 행위, 특히 발구르기는 그녀에게는 완전히 새로운 것이었다. Jacqueline는 그 장면에 대한 내적인 이미지를 다음 날까지 마음에 간직했다가 그것을 재생해낼 때 참조한 것이다.

Meltzoff 연구 이후에 연구자들은 좀 더 복잡한 사건에 대한 지연된 모방(예 : Jacqueline가 모방한 것)에 대해 시험했다. 현재까지의 자료는 6개월 정도의 영아도 일부 지연된 모방능력이 있지만 몇 번씩 되풀이해서 보아야 하며 또한 완전하게 재생해내지는 못하는 것으로 보인다. 지연된 모방이 점차적으로 확고해지는 것은 대략 13~24개월 정도 되어야 한다. 이는 Piaget가 지연모방이 나타난다고 말한 시기와 같다(Barr, Dowden, & Hayne, 1996; Bauer, 2006).

다른 연구자들은 **대상영속성**이 Piaget가 말한 것보다 이전에 발달한다는 것을 보여주고자 했다. Piaget는 감각운동기의 4단계인 8, 9개월 정도 되어야 완전히 감춰진 대상을 찾는다고 보았다. 담요로 장난감을 덮으면, 아기는 더 이상 그것을 찾지 않는다. 그러나 Renée Baillargeon(1987)은 여기에서의 문제는 아기가 감춰진 대상에 신체적으로 접근하는 것을 요구하기 때문이라고 주장했다. 만일 보는 것만 포함된다면, 아기는 대상영속성을 좀 더 일찍 보일 것이다.

Baillargeon의 잘 알려진 연구(1987)에서는 아기로 하여금 움직이는 스크린이 상자에 접근하는 것을 보도록 한다. 스크린이 상자에 가까이 가고, 그 스크린은 그것을 보는 아기의 시야를 차단한다. 그 상자는 이미 아기의 시야에서 사라진다.

그 실험은 두 집단의 아기가 서로 다른 일을 보게 짜여있다. 일부 아기는 그 스크린이 상자에 닿아서 정지된 것처럼 보았으나, 다른 아기는 그 스크린이 마치 상자가 더 이상 숨겨져 있지 않은 것처럼 지나쳐버리는 걸 보았다. Baillargeon은 3.5~4.5개월 정도 된 아기가 마치 놀란 듯이 감춰진 상자를 지나쳐버리는 영상을 더 오래 보는 것을 발견했다. Baillargeon은 아기가 분명히 놀란 것은 그 영아가 감춰진 사물이 계속 존재할 거라고 기대하는 걸 가리킨다고 말한다. 그들은 대상영속성 개념을 보여준 것인데, 이는 Piaget가 말한 시기보다 훨씬 더 어린 나이다.

Baillargeon의 첫 번째 실험은 논란을 낳았다. 일부 심리학자들은 더 오랜 시간을 쳐다봤다는 것이 불가능한 사건에 의해 놀란 것이라고 말할 수 있느냐고 따졌다. 그러나 Baillargeon 연구는 많은 새로운 연구들을 자극했고, 대부분의 발달연구자들이 Baillargeon이 옳다고 결론 내렸다. Piaget는 그의 실험을 너무 미숙한 운동체계에 의존했기 때문에 영아의 지식을 낮춰 보았다는 것이다. 만일 실험에서 영아가 목표물을 보기만하는 것이었다면(신체적으로 상호작용하지 않고) Piaget가 발견한 것보다 훨씬 더 일찍 그 지식을 보였을 것이다(Lin, Stavans, & Baillargeon, 2022).

그러나 Piaget에 대한 그런 비판은 그 이론의 핵심을 간과한 것으로 보인다. 그 비판들은 영아의 '운동체계'를 사소한 문제로 보아 정말로 중요한 점(영아의 지식)으로부터 우리의 주의를 딴 데로 돌렸다. 그 비판들은 운동행위가 논리적이고 과학적인 사고의 근간이라는 Piaget의 강력한 통찰을 간과한 것이다.

완전히 감춰진 대상을 찾아내는 아기의 능력을 생각해보자. 아기가 그런 능력을 갖게 되면, Piaget가 보여주었듯이 그들은 일상에서 끊임없이 대상을 감추고 찾는 행위를 한다. 한 예에서 Piaget의 딸 Lucienne는 자기의 발을 담요로 가렸다가 걷어내고, 다시 가리는 등의 행위를 계속했다. 며칠 후 Lucienne는 딸랑이를 깔개 밑에 감췄다가 찾아내는 행위를 끊임없이 했다(Piaget, 1936b, p. 172). Piaget는 이 신체적인 행위가 논리적 가역조작의 요소들을 포함하고 있으며, 후에 아동은 이를 더 정신적인 차원에서도 수행할 수 있게 된다고 말했다(예 : 생각만으로 "지금 나는 카드 5장을 잃었으니까, 원래 가지고 있던 대로 하려면 새 카드 5장을 획득해야 돼"). Piaget는 모든 수학과 논리는 그것이 아무리 발전된 수준이라 해도 행위(더하기, 빼기, 결합, 약분, 추론 등)를 포함한다고 말했다. 좀 더 발전된 수준에서는 이를 마음속으로 더 빨리 혹은 더 짧은 시간에 해낼 수 있지만, 그렇더라도 그것은 결국 행위이며 그 전조는 감각운동 활동에서 찾을 수 있다.

비록 Piaget가 논리와 진전된 추리가 행위로부터 나온 것이라고 입증하지는 않았지만, 감각운동기 5단계의 '능동적 실험'에 대한 특히 강력한 사례가 있다. 이 시기의 아동은 다른 결과를 보려고 여러 가지 행동을 시작한다. 예를 들어, 그들은 서로 다른 높이에서 물체를 떨어뜨려 보면서 그 효과를 알아본다. 수년 후에는 그와 같은 실험이 순전히 정신적인 차원만으로도 가능해진다. 이는 마치 의학자가 '내가 약 복용량을 2배 혹은 3배로 했을 때 어떤 일이 발생할까?'라고 스스로 생각하는 것과 같다. 이 의학자의 실험적 접근은 그 시초가 영아기 때의 능동적인 신체적 실험에서 비롯된 것으로 보인다.

Baillargeon 및 다른 연구자들의 실험은 영아가 Piaget가 말한 것보다 '더 유능하다'는 것을 보여주는 것으로, 영아에 대한 '더 긍정적인' 시각을 제공한다고 주요한 학자들은 말한다(Flavell, Miller & Miller, 2002, pp. 75, 330; Miller, 2011, p. 84). 그러나 Piaget의 관점은 부정적인가? Piaget가 말했듯이 영아가 스스로 그렇게 열심히 탐색하는 모습보다 더 감탄스러운 것이 있겠는가? 대상을 감췄다가 꺼내보고, 결과가 어떨지 알기 위해 서로 다른 행위를 시도해보는 아기는 바로 연구자다! 더욱이 Piaget는 이런 감각운동적인 탐구가 이후의 발전된 사고를 가져온다고 주장했다. 그런 탐구에 시간이 좀 더 필요하다고 해서 그것을 왜 부정적이라고 여겨야 할까? Piaget가 말한 바와 같이 논리적이고 과학적인 사고의 발달은 기념비적인 사건이다.

앞서 말한 새로운 실험들은 영아가 어떤 지식은 Piaget가 관찰한 것보다 더 일찍 갖게 된다는 것을 뜻한다. 그런 실험들(아기가 단지 앉아서 사건을 보기만 하는)은 다른 한편

Piaget를 일부 인정하기도 한다. 아마도 아기의 초기 지각적 지식에는 선천적인 요소가 있는 것 같다. 그 실험들은 발전된 논리적 조작이 어떤 감각운동적 기초를 갖는지에 대한 Piaget의 상세한 설명의 가치를 떨어뜨리지 못한다.

전조작기의 역량　많은 심리학자들은 Piaget가 전조작기 아동의 지적 능력을 과소평가했다는 것을 보여주려 했다. 그들은 보존개념이나 자아중심성, 유목화 및 다른 주제들에 관한 Piaget 과제를 변형하거나 단순화함으로써 3~5세 아동도 더 나이 든 아동이나 성인과 같이 생각할 수 있다는 것을 보여주려 했다. 그 결과들은 Piaget가 어린 아동의 결함을 지나치게 강조했음을 보여준다고 그들은 말한다.

　초기 연구에서 Borke(1975)는 어린 아동이 Piaget가 말한 것만큼 자아중심적이지는 않다고 주장했다. 그녀는 비록 3~4세 아동이 Piaget의 세 산 과제에서는 어려움을 겪지만, 그 과제를 단순화했을 때는 덜 자아중심적이었다고 보고했다. 다른 연구자들도 유사한 결과를 발견했다. 예를 들어 2세 영아도 자신이 보고 있는 정육면체의 면이 맞은편의 다른 사람이 보는 면과 다르다는 것을 아는 것 같다(Gelman & Baillargeon, 1983; Siegler & Alibali, 2020, p. 45).

　최근 연구의 주제는 아동의 '마음이론'(사람들이 어떻게 생각하는가에 대한 아동의 이론)인데, 많은 발견이 자아중심성과 관련된 것이다. 예를 들면 한 아동에게 곁에 사탕 그림이 있는 상자를 보여주면 당연히 그 안에는 사탕이 들어있다고 추측할 것이다. 그러나 실제로는 크레용이 들어있는 것을 보여준다. 그런 다음 그 아동에게 상자 안을 보지 못한 다른 사람들은 그 상자 안에 무엇이 들어있다고 생각할지를 질문한다. 3세 아동은 흔히 다른 사람들이 그 상자 안에 크레용이 있다고 생각할 거라고 추측한다. 3세 아동은 다른 사람들이 자신들이 지금 알고 있는 것을 알 거라고 자아중심적으로 가정한다. 이런 과제에서는 일반적으로 아동이 4~5세 정도 되면 자아중심성을 극복하는데, 이는 Piaget가 주장한 시기보다 빠른 것이다(Flavell, Miller, & Miller, 2002; Berk, 2019, p. 227).

　연구자들은 또한 어린 아동이 수학이나 과학 과제를 합리적으로 생각할 수 있다는 것을 보여주려 했다. 예를 들어 Gelman(1972)은 어린 아동에게 수 보존개념 능력이 있음을 시사했다. 앞서 보았듯이 Piaget는 대상들이 늘어선 길이를 늘이거나 줄이면 전조작기 아동은 숫자가 달라졌다고 믿는 것을 보여주었다. 즉 어린 아동은 논리나 숫자보다는 눈앞에 보이는 지각적 형태(줄의 길이가 어떻게 보이느냐에 따라)에 의해 더 영향받는 것 같다. 그러나 Piaget 과제에서는 줄의 길이를 이루는 대상들의 수가 보통 8개 정도였다. 이와 달리 Gelman은 3~5세 아동에게 수가 적은 2~4개 정도의 대상을 제시했는데, 그 결과 아동은 길이의 변화를 무시하고 숫자에 의해서만 판단했다. 어린 아동은 이런 작은 수의 세트에 대해서는 보존개념을 보여주었다.

Gelman의 발견이 반드시 Piaget와 정면으로 대치된다고 말할 수는 없다. 작은 수의 대상들로 만든 줄은 지각적 변화를 거의 주지 못할 것이며, 따라서 어린 아동이 논리나 수에 근거하여 지각적인 변화를 무시했다고는 할 수 없다. 어쨌든 Gelman의 연구와 같이 Piaget 과제를 단순화한 많은 연구들은 큰 영향을 주었다. 영아를 대상으로한 연구처럼 어린 아동을 대상으로한 연구는 Piaget가 아이들의 사고에 대한 부정적 그림을 제공했다는 믿음을 널리 퍼뜨리는 데 기여했다(예 : Berk, 2013, p. 249; Keil, 2022, 5장; Miller, 2011, pp. 82-84; Siegler & Alibali, 2020, pp. 42, 57 참조).

이제부터는 Rousseau가 했을 법한, 강하게 발달적인 관점에서 응답할 것이다.

첫째, Piaget에 대한 비판은 아동기에 대한 긍정적 견해와 아동기 초기의 급격한 발달을 동일시한 것 같다는 점이다. 우리는 Rousseau가 그랬던 것처럼 논리적 구조의 발달이 시간이 걸리는 것에 대해 왜 비관적이냐고 물어야 한다. Piaget 자신은 이 점에 대해 영아발달과 관련시켰고, 마찬가지로 여기에도 적용한다.

게다가 Piaget에 대한 비판은 어린 아동의 생각이 우리와 같이 합리적이고 논리적인 한 유능하다고 여긴다. 그러나 이것은 맞지 않는 잣대인데, 왜냐하면 어린 아동의 생각은 질적으로 우리 성인과 다를 것이기 때문이다. 이것은 저자가 Werner(pp. 86-87) 장에서 이미 했던 말인데, 어린 아동의 지향점은 나이 든 아동이나 성인과 달라서 예술가의 지향과 유사하다. 사실 전조작기의 두 가지 양상이 예술적 지향에 공헌한다. 첫째, 많은 과제에서 전조작기 아동은 자신의 지각을 판단의 기준으로 한다. 예술가 역시 풍경이나 나는 새의 아름다움을 우리에게 보여줄 때 지각에 더 가치를 둔다. 둘째, 전조작기 아동의 물활론적이거나 인상학적 태도가 바로 예술가들이 활용하는 것이다. 그것이 그들로 하여금 외부세계에 대한 역동적, 정서적, 표현적인 면을 잡도록 돕는 것이다(하늘의 슬픔이라든가 산들바람의 부드러움이라든가 등).

어린 아동은 그들의 예술적 지향을 여러 가지로 나타낸다. 그들은 그리기, 노래하기, 시 짓기 등을 좋아하며 흥미 있는 일을 발달시킨다. 예를 들어 6, 7세가 되면, 그들은 지속적으로 새롭고, 생기 있고, 아름답게 구성된 그림을 그린다. 많은 위대한 예술가들은 어렸을 때의 예술적 지향을 다시 찾으려 한다고 말했다. 이 시기가 지나면 그들의 작품은 좀 더 기하학적이거나 딱딱하게 되어 생명력이 없어진다. 즉 논리적 지능이 인계받는 것으로 보인다(Gardner, 1973, p. 21, 1980). 게다가 어린 아동의 환상적인 생활과 연극 같은 쾌활함 또한 논리보다는 예술과 관련 있는 정신적 조직화다.

따라서 Piaget에 대한 비판에 대해서 저자는 각 단계마다 독특한 특성, 자기 완결성이 있다고 말하고 싶다. 아동기 초기에는 이 완결성이 논리적이기보다는 예술적이다. 우리는 무엇보다도 아동이 매우 비논리적이지 않다는 걸 보여줌으로써 아동에 대한 긍정적 관점을 제공하지는 못하지만, 어떻게 전조작기 사고가 아동의 진정한 강점(예술적 영역에서)이 되는지를 생각함으로써 긍정적 관점을 제공할 수 있다.

불행하게도 Piaget는 자신을 이런 반응을 만들 수 없는 구석으로 몰아넣었다. 비록 각 발달단계마다 있는 뚜렷한 특징을 이해하는 것을 목표로 그의 경력을 시작했지만, 전조작기 단계의 특별한 힘에 대해서는 전혀 말하지 않았다. 그는 계속해서 더 나이 든 아동의 논리에 전조작기 아동의 논리를 비교했는데 그것을 전혀 측정하지 않았다. 그의 저술에서 전조작기 아동은 "기본적인 논리를 잡지 못하고", "계속해서 같은 실수를 반복하는" 존재이다(Piaget & Szeminska, 1941, pp. 13, 142). 만일 Piaget가 전조작기적 사고를 제대로 알았더라면, 그는 그것을 예술과 밀접하게 관련된 특성으로 보았을 것이다.

결론

이제까지 우리는 Piaget 이론에 대한 많은 비판을 살펴봤다. 다음 장부터는 다른 주요 이론가들(Bandura, Vygotsky, Chomsky)의 Piaget와의 논쟁을 다룰 것이다. 현재로서는 그와 같은 위대한 학자들이 Piaget의 이론과 자신의 생각을 경쟁시키고 있다는 것을 알아둘 필요가 있다. 그 자체가 바로 Piaget 이론의 위상을 말해주는 것이다. 모든 논쟁들이 명백해지고 나서도 Piaget 이론은 남아있을 것이라고 단언한다. 그의 약점이 무엇이든 간에, 그의 이론이 인지발달의 필수적인 측면을 다룬 것은 틀림없다.

CHAPTER
07

Kohlberg의 도덕발달 단계

생애 소개

Piaget 학파의 전통을 이은 대표적인 연구는 Lawrence Kohlberg(1927~1987)의 연구다. Kohlberg는 도덕발달에 초점을 맞춰 Piaget의 초기 연구를 월등히 능가하는 도덕적 사고에 관한 단계이론을 제시했다.

Kohlberg는 뉴욕주의 브롱스빌에서 자랐으며, 매사추세츠주에 있는 앤도버학교에 다녔는데, 이 학교는 학업적 요구를 하는 사립고등학교였다.[1] 그는 곧바로 대학에 가지 않고, 대신 이스라엘 건국운동을 도우러 갔다. 거기서 그는 영국의 차단을 통과해 유럽에서 이스라엘로 귀환자들을 수송하는 비행기의 부조종사로 활약했다. 그 후 1948년 시카고대학교에 입학했고, 입학성적이 아주 좋았으므로 단 몇 강좌만 이수하고도 학사학위를 받을 수 있었다. 그는 이 과정을 1년 내에 다 끝내고 시카고대학교 대학원 심리학과에 들어갔다. 처음에는 임상심리학자가 되려 했으나, Piaget에 흥미를 갖게 되어 도덕문제에 대해 아동이나 청소년과 면담하기 시작했다. 그 결과를 박사학위 논문(1958a)으로 제출해 그의 새로운 단계이론이 탄생된 것이다. Kohlberg는 1962년부터 1968년까지 시카고대학교에서 가르쳤으며, 이후 1987년에 그가 사망할 때까지 하버드대학교에 재직했다.

Kohlberg는 허심탄회하고 겸손했다. 강의할 때 그는 흔히 휴일에나 입을 법한 면셔츠와 헐렁한 바지를 입고 나왔다. 그는 평소 수업을 시작할 때 즉흥적인 질문을 하면서 진

---

[1] 이 전기 부분을 쓰는 데 도움을 준 David F. Ricks에게 감사드린다.

행했다. 학생들은 처음에 그가 도대체 어떤 사람인지 잘 모르다가 곧 그가 진정한 학자이며 철학과 심리학의 중요한 쟁점들에 대해 깊이 있게 사색하는 사람이라는 것을 알게 되었다. Kohlberg는 학생들에게 그런 쟁점에 대해 그와 함께 깊이 사색하도록 초대했다. 그는 강의와 저서를 통해 다른 사람들이 Rousseau, John Dewey, James Mark Baldwin 같은 '과거 심리학자' 저술가들의 지혜를 이해하도록 도왔다.

불행하게도 Kohlberg는 생애 마지막 20년간을 열대병과 우울증으로 고생하다 59세를 일기로 익사했다.

Piaget의 도덕판단 단계

Kohlberg는 대학원에 다닐 때 Piaget의 도덕판단 연구에 깊이 감명받았다. Kohlberg가 보기에 Piaget는 도덕철학의 근본적인 문제에 관해 어린 아동과 이야기하면서 그들의 진정한 생각을 추출해냈지만, Piaget의 연구는 불완전한 것으로 보였다.

Piaget의 **도덕판단**(moral judgement) 연구는 두 단계이론으로 집약된다. 10~11세 미만의 아동이 도덕적 딜레마를 하나의 방식으로만 생각하는 데 비해 보다 나이 든 아동은 이와 다르게 생각한다. 어린 아동은 규칙을 고정적이고 절대적이라고 생각한다. 규칙은 어른이나 신이 주신 것이므로 변경할 수 없는 것으로 믿는다. 나이 든 아동의 견해는 좀 더 상대적이다. 이들은 모든 사람이 동의한다면 규칙을 변경할 수도 있음을 이해한다. 규칙은 신성하고 절대적인 것이 아니며 인간이 협동하며 살아가기 위해 사용하는 도구인 것이다.

대략 같은 시기인 10세 정도에 아동의 도덕적 사고는 또 다른 전환을 거친다. 어린 아동은 결과에 근거해 도덕판단을 하는 데 반해, 나이 든 아동은 판단의 기초를 의도에 둔다. 예를 들면 아빠를 도우려다 큰 잉크 얼룩을 만든 소년과 주변에서 놀 때 작은 잉크 얼룩을 만든 소년의 이야기를 들려주면, 어린 아동은 첫 번째 소년이 더 나쁘다고 말한다. 어린 아동은 주로 손상의 양(결과)을 고려하는 데 비해, 나이 든 아동은 행동 저변에 깔려있는 동기를 근거로 잘잘못을 판단하는 것 같다(Piaget, 1932, p. 130).

도덕판단에 대한 Piaget의 연구는 보다 더 세부적인 내용들이 많으나, 그는 10~12세 동안에 일어나는 일련의 변화를 중시했는데, 이 시기가 바로 형식적 조작이 가능한 단계로 접어들기 시작하는 때다. 그러나 이 시점에서도 지적 발달은 계속된다. 이 시기는 정확히 형식적 조작기의 초기이며 적어도 16세까지는 계속 발달한다. 따라서 도덕문제에 대한 사고는 청소년기를 거쳐 계속 발달한다고 생각할 수 있다. 그래서 Kohlberg는 도덕적 딜레마에 대해 아동과 청소년을 대상으로 면담했으며, Piaget의 단계를 넘어서는 그의 단계이론을 세웠다. 그는 6단계를 밝혀냈는데, 전반기의 세 단계까지만 Piaget의 단계와 공통점이 많다.

Kohlberg의 방법론

Kohlberg(1958a)의 주요 표본은 시카고 거주 중하류계층 가족 출신의 소년 72명으로 구성되었다. 그들의 연령은 10, 13, 16세였다. 후에 그는 더 어린 아동, 비행소년, 다른 미국도시 출신의 소년 소녀, 다른 나라 출신의 소년 소녀들을 더 참가시켰다(Kohlberg, 1963, 1970).

기본 면담은 다음과 같은 일련의 딜레마로 구성된다(Kohlberg, 1963, p. 19).

Heinz가 약을 훔치다

유럽의 어느 마을에 특이한 종류의 암으로 거의 죽음에 임박한 여인이 있었다. 의사들의 생각으로는 여인을 구할 수 있는 약이 한 가지 있는데, 라듐의 일종으로서 같은 마을에 사는 한 약사가 최근에 발견해낸 것이다. 그 약은 원가가 비싼 데다가 약사가 원가의 10배나 되는 값을 요구하고 있었다. 그는 라듐 제조에 200달러를 들이고는 조그만 약 한 알에 2,000달러를 요구했다. 앓고 있는 여인의 남편인 Heinz는 자신이 알고 있는 모든 사람에게 찾아가 돈을 빌리려 했으나, 약값의 절반밖에 안 되는 1,000달러밖에 빌릴 수 없었다. 그는 약사를 찾아가 아내가 죽어가고 있으니 약을 싸게 팔거나 아니면 후에 갚게 해달라고 부탁했다. 그러나 약사는 "안 됩니다. 나는 이 약을 발견했고 이걸로 돈을 벌려 합니다"라고 말했다. 그래서 Heinz는 절망한 나머지 약국을 부수고 들어가 자기 아내를 위해 약을 훔쳤다. 과연 이 남편은 그처럼 행동해야만 했는가?

Kohlberg는 피험자가 이 딜레마에 대해 "예" 또는 "아니요"라고 대답하는 것에 관심이 있지 않고, 그 답을 하게 만든 추론에 관심이 있었다. 면담자는 **왜** 피험자가 'Heinz는 약을 훔쳐야만 했다' 혹은 '훔치지 말았어야 했다'고 생각하는지를 알고 싶어 했다. 그런 후 면담계획에 따라 아동의 추론을 이해하는 데 도움될 만한 새 질문을 했다. 예를 들면 Heinz가 약을 훔칠 권리가 있는지, 그가 약제사의 권리를 침해했는지, Heinz가 붙잡힌다면 재판관은 어떤 선고를 내릴 것인지 등에 대해 아동에게 더 묻는다. 다시 말하면 대답의 저변에 깔린 추론에 주된 관심을 둔다. 면담자는 더 많은 딜레마를 제시해서 피험자의 도덕적 사고에 대한 좋은 표집을 얻으려 한다.

Kohlberg는 일단 여러 가지 반응을 단계별로 분류하고 나서 자신의 분류가 **신뢰성**이 있는지를 알아보고자 했다. 특히 다른 사람들도 아동의 원래 대답에 자기와 같은 방식으로 점수를 주는지 알고자 했다. 다른 판단자들에게 반응표집에 대해 독립적으로 점수를 매기도록 한 다음, 모든 평정자가 동의한 정도를 계산했다. 이를 **평정자 간 신뢰도**(interrater reliability)라 한다. Kohlberg는 이러한 동의 정도가 높은 것을 발견했다. 연구자들은 Kohlberg의 면담법을 사용할 때마다 전체 표집을 점수화하기 전에 또한 평정자 간 신뢰도를 계산해야 한다.[2]

Kohlberg의 6단계

제1수준 : 전인습적 도덕성

1단계 : 복종과 처벌 지향   Kohlberg의 1단계는 도덕적 사고에 대한 Piaget의 첫 번째 단계와 비슷하다. 아동은 의심할 여지없이 복종해야 하는 고정불변의 규칙은 강한 권위자가 내려준 것이라고 추측한다. Heinz 딜레마에서 이 아동의 전형적인 응답은 Heinz가 약을 훔치는 것은 나쁘다는 것이다. 그 이유를 물으면, "법에 어긋나니까요" 또는 "훔치는 것은 나쁘니까요"라고 그것이 전부인 양 말한다. 더 상세히 물어보면 훔치는 것은 '벌받기 때문'에 나쁘다고 대답하는 것에서 알 수 있듯이 대체로 이들은 수반되는 결과에만 비추어 반응한다(Kohlberg, 1958b).

1단계에 있는 아동의 대다수가 Heinz의 도둑질에 대해 반대하긴 하지만, 그 행동을

---

[2] 다른 형태의 신뢰도에 대한 논의를 보려면 Colby et al(1983) 참조

지지하면서 여전히 1단계의 추론을 전개하는 것이 가능하다. 이를테면, 아동은 "Heinz가 처음에는 부탁을 했고, 또한 큰 물건을 훔친 것도 아니기 때문에 훔치는 것은 괜찮으며, 그는 벌을 받지 않을 것이다"라고도 말할 수 있다(Rest, 1973 참조). 비록 아동이 Heinz의 행동에 동의한다고 해도 논리는 여전히 1단계에 머문다. 즉 권위자가 허용한다든가 처벌하는 것에 관심을 기울인다.

Kohlberg는 1단계를 **전인습적**이라고 했는데, 이는 아동이 아직 사회구성원으로서의 빌인을 히지 못하기 때문이나. 내신 이 아동은 노닉성을 자기 외부의 일(위대한 사람이 해야만 한다고 말한 것)로 여긴다(Colby, Kohlberg, & Kauffman, 1987a, p. 16).

2단계 : 개인주의와 교환   이 단계에서 아동은 권위자에 의해 내려진 단 하나의 올바른 견해가 있는 것이 아니라는 것을 알게 된다. 서로 다른 개인들은 다른 견해를 가지고 있다. 이 단계의 아동은 "Heinz는 아내를 구하기 위해 훔치는 것이 정당하다고 생각할 수 있으나, 약사는 그렇지 않다고 생각할 수 있다"라고 말한다. 모든 것이 **상대적**이기 때문에 궁극적으로는 **각자**의 이익에 따라 결정한다. 한 아동은 Heinz가 자기 아내가 살기를 원한다면 약을 훔칠 수도 있고, 또는 좀 더 젊고 예쁜 여자와 결혼하고 싶다면 훔치지 않을 수도 있다고 대답했다(Kohlberg, 1963, p. 24). 다른 아동은 다음과 같이 말했다.

> 그들 부부는 자녀가 있어서 그들을 돌볼 사람이 필요하니까 Heinz는 훔쳐도 된다. 그러나 만일 그가 훔치면 감옥에서 오랜 세월을 보내야 하기 때문에 훔치지 않을 수도 있다(Colby, Kohlberg, & Kauffman, 1987b, p. 208).

따라서 Heinz에게 올바른 것은 그 자신의 이익을 충족시키는 것이다.

여기서 보면 1, 2단계의 아동은 모두 벌에 대해 이야기한다. 그러나 그것을 보는 견해가 다르다. 1단계에서는 벌이 아이 마음속에서 옳지 않은 것과 연결되어 있다. 벌은 곧 불복종이 옳지 않다는 것을 '증명'한다. 이와 대조적으로 2단계에서 벌이란 단지 개인이 자연스럽게 피하고 싶어 하는 것일 뿐이다.

비록 2단계의 응답자들이 때로는 비도덕적인 것처럼 들리지만, 그들은 옳은 행위에 대한 생각은 가지고 있다. 거기에는 **공평한 교환** 또는 공평한 거래라는 생각이 있다. 즉 그 철학은 호의가 보답받는 것 중 하나로, "오는 것이 있으면 가는 것도 있다"는 것이다. Heinz 이야기에 대하여 아동은 흔히 "약사가 공평한 교환을 하려 하지 않았으니까 Heinz가 훔치는 것은 옳다"라고 말했다. 즉 약사가 Heinz에게서 돈을 빼앗으려 했다는 것이다. 또는 "아내가 언젠가는 보답할 테니까" 아내를 위해 Heinz가 훔치는 것은 괜찮다고 말할 수도 있다(Colby et al., 1987c, pp. 16-17).

2단계의 아동도 아직 전인습적인 수준에 있는데, 왜냐하면 그들의 응답이 아직은 사회구성원으로서가 아니라 고립된 개인으로서의 응답이기 때문이다. 이 단계의 아동은 개인들끼리 주고받는 호의는 보지만, 아직 가족이나 공동체의 가치에 대해서는 모르고 있다.

제2수준 : 인습적 도덕성

3단계 : 좋은 대인관계　이 단계에 있는 아동(대체로 이 시기에 10대에 들어섬)은 도덕을 단순한 거래 이상으로 본다. 이들은 사람들이 가족이나 사회의 기대에 부응해서 '좋은(또는 착한)' 방식으로 행동해야 한다고 믿는다. 좋은 행동이란 좋은 동기를 가지고 있으며 상대방에 대한 사랑, 공감, 신뢰, 배려 등의 개인 간 감정을 갖는 것을 말한다. 소년들은 Heinz가 "아내의 생명을 구하려는 좋은 사람이다", "사랑하는 사람의 생명을 구하려는 좋은 의도를 가지고 있다"는 이유를 들어 Heinz가 훔친 것은 옳다고 주장했다. 심지어 Heinz가 아내를 사랑하지 않았을지라도 "어떤 남편도 자기 아내가 죽게 되는 것을 가만히 바라볼 수만은 없을 것이기 때문"에 Heinz는 약을 훔쳤어야 한다고 말했다(Kohlberg, 1958b; Colby et al., 1987c, pp. 27-29).

Heinz의 동기가 좋았다면 약사의 동기는 나빴다. 3단계의 아동은 약사를 "이기적이다", "탐욕스럽다", "자신에만 관심 있고 다른 생명에는 무관심하다"고 말했다. 때로는 약사에 대해 몹시 화를 내면서 약사를 감옥에 보내야 한다고 말하기도 했다(Colby et al., 1987c, pp. 20-33). 13세의 Don은 전형적인 3단계 반응을 보였는데, 다음과 같다.

과도한 값을 요구하여 누군가를 죽게 내버려두는 것은 불공평한 약사의 잘못이다. Heinz는 아내를 사랑했고 그녀를 구하고자 했다. 나는 누구라도 그러리라고 생각한다. Heinz가 감옥에 가리라고는 생각하지 않는다. 재판관은 모든 측면을 살펴보고 약사가 너무 많은 돈을 요구했다는 걸 알게 될 것이다(Kohlberg, 1963, p. 25).

우리는 Don이 등장인물의 성격특질과 동기에 따라 문제를 정의하고 있음을 볼 수 있
다. 그는 사랑하는 남편, 공정치 못한 약사 그리고 이해성 많은 재판관에 대해 말한다.
그의 대답은 '인습적 도덕성'이라고 불릴 만하다. 왜냐하면 인습적 도덕성은 공동체의
구성원이라면 누구나 앞서 말한 그런 태도를 가질 것(공동체 구성원 누구라도 Heinz처
럼 행동하는 것이 옳다)이라고 가정되기 때문이다(p. 25).

　앞서 언급했듯이 Kohlberg의 처음 세 단계는 Piaget의 두 단계와 유사하다. 둘 모두
무조건적인 복종에서 상대적인 관점, 그리고 좋은 동기에로의 전환이 있다. 그러나
Kohlberg는 그런 전환이 2단계가 아닌 3단계에서 일어난다고 생각했다.

4단계 : 사회질서 유지　3단계의 추론은 가족이나 가까운 친구 같은 두 사람 관계에서 잘
적용되는데, 이런 관계에서는 상대방의 감정이나 욕구를 알고자 노력하며 이를 도우려
애쓴다. 4단계에서는 좀 더 광범위하게 전체로서의 사회와 관계를 가진다. 이제는 사회
질서가 유지되도록 법에 복종하고 권위를 존중하며, 개인의 의무를 수행하는 데 역점
을 둔다. Heinz 이야기에 대한 반응에서 응답자들은 대체로 Heinz의 동기가 좋은 것은
이해하지만, 그렇다고 도둑질을 용인하지는 않는다. 우리 모두가 그럴 만한 이유가 있
을 때마다 법을 어긴다면 사회는 어떻게 되겠는가? 그 결과는 혼란상태일 것이다. 그러
면 사회는 기능하지 못한다. 한 청소년의 설명을 예로 들면 다음과 같다.

> 내가 Spiro Agnew처럼 법과 질서 애국심을 부르짖자는 이야기는 아니지만, 만일 모든
> 사람이 자기 자신만이 가지고 있는 옳고 그름의 기준에 따라 행동한다면 사회는 혼란
> 상태가 될 것이다. 내 생각에 오늘날의 문명세계에 있는 유일한 것은 법치구조로서 이
> 는 사람들이 모두 따라야 하는 것이다. [사회]는 중심적인 틀을 [필요]로 한다(Colby et
> al., 1987c, p. 89).

4단계의 응답자들은 사회 전체를 조망하는 입장에서 도덕적 결정을 하기 때문에, 이들
은 제몫을 충분히 해내는 사회구성원으로서의 관점에서 생각한다(Colby, Kohlberg, &

Kauffman, 1987a, p. 17).

1단계의 아동이 도둑질은 법을 어기는 것이므로 그런 행동에 반대했음을 기억할 것이다. Kohlberg가 처음에 나타난 반응의 배후에 깔린 논리를 조사해야 한다고 주장하는 이유는, 피상적으로는 1단계와 4단계의 응답자들이 같은 반응을 보이기 때문이다. 1단계 아동은 "훔치는 것은 나쁘다", "그것은 법에 어긋난다"고 말하지만, 도둑질한 사람은 감옥에 간다는 말 외에 더 이상의 상세한 설명은 하지 못한다. 반면 4단계의 응답자들은 사회 전체를 위한 법의 기능을 개념화하고 있다. 그런 개념을 어린 아동은 파악하기 어렵다.

제3수준 : 후인습적 도덕성

5단계 : 사회계약과 개인의 권리 4단계에서 사람들은 사회기능을 지키고 싶어 한다. 그러나 순조롭게 기능하는 사회라고 해서 반드시 좋은 사회는 아니다. 전체주의 사회도 잘 체계화되어 있을 수 있으나, 그것이 도덕적 이상은 아니다. 5단계의 사람들은 '좋은 사회를 위해서는 무엇이 필요한가?'라는 질문을 한다. 그들은 사회를 매우 이론적인 방식으로 생각하기 시작하며, 자신이 속한 사회에서 한 발 물러서서 사회가 지켜야 할 권리와 가치에 대해 고려한다. 그런 다음에야 그들은 현재 사회를 그에 비추어 평가한다. 즉 그들은 '사회보다 우선하는(prior-to-society)' 관점을 취한다(Colby, Kohlberg, & Kauffman, 1987a, p. 20).

5단계의 응답자들은 좋은 사회란 사람들이 모두의 이익을 위해서 자유롭게 참여하는 사회계약이라고 믿는다. 이들은 한 사회 내의 서로 다른 사회집단은 서로 다른 가치를 가진다는 것을 안다. 그러나 합리적인 사람들은 모두 두 가지 점에서 동의하리란 것을 믿는다. 첫째로는 모든 사람들이 자유, 생명, 보호 등의 **기본권리**를 원한다는 것, 둘째로는 부당한 법을 개정하는 것과 사회발전을 위한 절차가 **민주적**이길 바란다는 것이다.

Heinz 딜레마에 대해 응답할 때 5단계의 응답자들은 일반적으로 법을 위반하는 것을 반대한다는 뜻을 분명히 한다. 법은 우리가 민주적인 방법에 의해 바꿀 때까지는 지키기로 약속한 사회계약이다. 그럼에도 불구하고 아내가 살아야 할 권리는 보호받아야 할 도덕적 권리다. 따라서 5단계의 응답자들은 때로 Heinz가 훔친 일에 대해서 강하게 방어해준다.

아내를 지켜주는 것은 남편의 의무다. 그녀의 생명이 위험에 처해 있다는 사실은 우리
가 Heinz의 행위를 판단하는 모든 기준을 넘어서는 일이다. 생명은 재산보다 훨씬 더
중요하다(Kohlberg, 1976, p. 38).

이 청소년은 계속 '도덕적인 입장'에서 생명의 가치는 어느 누구에게도 마찬가지기
때문에 Heinz는 낯선 사람일지라도 구해줘야 한다고 말한다. 이 응답자에게 재판관이
Heinz를 처벌해야 하느냐고 물었더니, 그는 다음과 같이 말했다.

도덕적 측면과 법적 측면이 함께 고려되어야 한다. 여기서는 이 둘이 갈등하고 있다.
재판관은 도덕적 측면에 더 비중을 줘야 하겠지만 법도 수호해야 하기 때문에 Heinz
에게 가벼운 처벌을 해야 한다(Kohlberg, 1976, p. 38).

다음에 5단계의 응답자들은 법보다 우선하는 '도덕'과 '권리'에 대해 이야기한다. 그
러나 Kohlberg는 응답자의 언어적 표현만으로 그 사람이 5단계에 있다고 판단하지 않아
야 한다고 주장했다. 즉 그들의 사회적 관점과 추론양식을 살펴볼 필요가 있다는 것이
다. 4단계에서 역시 응답자들은 자주 '생명의 권리'에 대해서 말한다. 하지만 4단계에
서의 생명의 권리란 그 사회나 종교집단의 권위자에 의해서 합법화된 것을 말한다(예 :
성경). 가정해서 만일 그들의 집단이 생명보다 재산을 더 가치 있다고 한다면, 4단계의
응답자들도 그렇다고 할 것이다. 이와 대조적으로 5단계에 있는 사람들은 사회가 가치
를 두어야 할 것들에 관해서 독립적으로 사고하기 위해 노력한다. 예를 들면 그들은 종종
생명이 없으면 재산은 의미가 없다고 추론한다. 그들은 사회가 어떠해야 하는지에 대해
논리적으로 결정하려 한다(Colby et al., 1987c, pp. 53-55; Kohlberg, 1981, pp. 21-22).

6단계 : 보편적 원리   5단계의 사람들은 '좋은 사회'의 개념을 지향한다. 그들의 주장은
(1) 특정한 개인의 권리는 보호되어야 하며, (2) 민주적인 절차를 통해 쟁점을 정리해야
한다고 주장한다. 그러나 민주적인 과정을 거쳤단 것만으로 그것이 항상 정당한 결과
를 가져오는 것은 아니다. 예를 들면 다수는 소수에게 불리한 법에 찬성할 수 있다. 따
라서 Kohlberg는 우리가 정의를 실현하는 원리를 규정하는 더 높은 단계인 6단계가 있

어야 한다고 믿었다.

　Kohlberg가 말한 정의의 개념은 Mohandas Gandhi나 Martin Luther King 같은 도덕적 지도자뿐만 아니라 Immanuel Kant나 John Rawls 같은 철학자들의 개념을 따른 것이다. 이와 같은 사람들에 의하면 정의의 원리는, 모든 사람의 개인으로서의 존엄성을 존중하면서 모든 집단의 주장을 중립적으로 다룰 것을 요구한다. 따라서 정의의 원리는 보편적이다. 즉 모든 이에게 적용된다. 우리는 어떤 사람들에게는 도움이 되지만 다른 사람들을 해치는 법에 투표해서는 안 된다. 정의의 원리는 모든 사람을 똑같이 존중할 것을 요구한다.

　Kohlberg에 따르면 실제 세계에서 우리는 어느 한 상황을 상대방의 눈을 통해 볼 때에야 올바른 결정을 내릴 수 있다. Heinz 딜레마에서 보면, 모든 사람(약사, Heinz, Heinz의 아내)이 다른 사람의 역할을 해봐야 한다는 의미다. 이 역할을 중립적으로 하기 위해서 사람들은 '무지의 베일'(Rawls, 1971), 즉 궁극적으로 자기가 어떤 역할을 할지 모르는 것처럼 해야 한다. 만일 약사가 그렇게 한다면, 그는 생명이 재산보다 우선적임을 알게 될 것이다. 왜냐하면 그가 아내의 역할이 될 때 생명보다 재산을 앞세우는 우를 범하기는 싫을 것이기 때문이다. 따라서 그들은 모두 아내의 생명을 지키는 것에 동의할 것이다. 이것이 올바른 해결이다. 여기서 우리가 알아야 할 것은 그와 같은 해결은 중립성을 요구할 뿐만 아니라 모든 사람이 똑같이 존중되어야 한다는 원리도 요구한다는 점이다. 만일 아내가 다른 사람들에 비해 덜 가치 있는 것으로 여겨진다면, 정의로운 해결책은 이루어지지 않는다.

　Kohlberg는 1975년까지 일부 응답자들에게 6단계의 점수를 주었으나 그 이후에는 더 이상 그러지 않았다. 그 이유는 6단계의 논리를 끝까지 지속적으로 유지하는 사람이 극히 적다는 점이었다. 또한 Kohlberg는 자신의 면담 딜레마가 5단계와 6단계의 사고를 구분하지 못한다고 결론지었다. 이론적으로는 6단계의 응답자들이 명확하고도 광범위한 보편적 원리(개인적 권리만이 아니라 정의 포함)에 대한 개념을 가지고 있어야 하는데, 면담에서 이를 찾아내지 못했다. 그래서 그는 6단계를 그의 매뉴얼에서 제외시키고 6단계는 '이론적인 단계'라 부르면서 모든 후인습적 반응들을 5단계로 기록했다(Colby, Kohlberg, & Kauffman, 1987a, pp. 35-40).

　5단계와 6단계를 구분하는 하나의 쟁점으로 시민불복종을 들 수 있다. 5단계 사고를 하는 사람들은 사회계약과 민주적 절차를 통한 법개정에 몰두되어 있기 때문에 시민불복종에 대해서는 머뭇거릴 것이다. 단지 한 개인의 권리가 명백하게 위협받는 상황에서만 법에 저촉되는 행위들이 정당화될 것이다. 이와 대조적으로 6단계에서는 정의에의 참여로 시민불복종을 더 강하고 더 광범위하게 이론적 설명을 할 것이다. Martin Luther King 목사는 법이란 그것이 정의에 근거를 두고 있을 때에만 정당하다고 보았으며, 정의에의 참여는 정당하지 못한 법에 대한 불복종의 의무를 동반한다고 주장했다. 물론 킹 목사는 법과 민주적 절차(4단계와 5단계)에 대한 일반적인 요구를 알고 있었다. 그래서 그는 자신의 행위에 대한 처벌을 기꺼이 수용했다. 그럼에도 불구하고 그는 더 높은 단계의 정의의 원리가 시민불복종을 요구한다고 믿었다(Kohlberg, 1981, p. 43).

요약

1단계의 아동은 권위자가 말한 것이 옳다고 생각한다. 옳은 일을 행하는 것은 권위에 복종하는 것이며 동시에 처벌을 면하는 것이다. 2단계의 아동은 더 이상 어떤 유일한 권위에 의해 강하게 영향받지 않는다. 그들은 모든 문제에는 또 다른 측면이 있음을 알게 된다. 모든 것이 상대적이기 때문에 각자 자신의 이익에 따르면 된다. 물론 다른 사람과 서로 호의를 교환하는 것이 유용하다는 것도 안다.

3, 4단계의 청소년은 인습적인 사회의 구성원으로서 그 사회의 가치와 규범, 기대 등을 사용하여 생각한다. 3단계에서는 선한 사람을 강조하며, 선한 사람이란 자기와 가까운 사람에게 도움이 되는 동기를 갖는 것을 의미한다. 4단계에서는 사회 전체를 유지하기 위해 법에 복종하는 데로 관심이 바뀐다.

5, 6단계에서는 사회 자체의 유지에는 덜 관심을 가지며, 좋은 사회를 만들기 위한 원리와 가치에 더 관심을 기울인다. 5단계에서는 기본권과 모든 사람에게 말할 기회가 주어지는 민주적 절차를 강조하며, 6단계에서는 가장 정의로운 합의의 원리를 규정한다.

7단계의 가능성

정의의 개념을 발달시킨 사람들은 종종 그것을 가져오기 위해 일했다. 하지만 그들은 또한 심각한 방해에 부딪혔다. 그들은 의심과 절망의 시기를 통과했다. 1950년대와

1960년대의 Martin Luther King과 시민권리운동 활동가들은 그런 시기를 겪었다. 우리들 중 누구라도 마찬가지로 그것들을 잘 통과할 수 있다. 아무도 그렇게 하지 않는데, 왜 나는 도덕적으로 행동해야 하는가? 밖의 세상은 자기이익에 사로잡혀 있는데, 왜 나만 관대하게 행동해야 하는가? 내가 가장 사랑하는 사람이 죽어가고 고통당하고 있는데 아무것도 할 수 없을 때 왜 나는 살기 위해 애써야만 하는가?

이런 종류의 질문에 대한 하나의 답은 Albert Camus(1948, 1955) 같은 실존주의자들에게서 나온다. Camus는 우리의 노력이 헛되더라도 우리가 꾸준히 노력한다면 품위를 가질 수 있다고 믿었다. 세상이 의미 있는 것을 아무것도 주지 않더라도 우리는 옳다고 믿는 걸 위해 일함으로써 의미를 만든다.

Kohlberg는 하나의 대안을 제시했다. 절망에 대한 대답은 그가 말하는 7단계, 즉 영적 태도에서 나올 수 있음을 보았다.

7단계는 도덕적 추론의 단계가 아니고, 오히려 개인의 경험과 그 반성으로부터 나오는 영적인 발달단계를 나타낸다. 그것은 조직된 종교에 얽매일 필요가 없다. 그것은 어느 것이 공평하냐 또는 옳으냐를 따지는 6단계의 노력을 대체하지 않지만, 어떤 사람들에게는 옳은 것을 위해 일하는 것에 대한 정서적 지지를 준다. 그것은 자기 자신보다 훨씬 큰 존재의 부분이 되는 느낌, 즉 생명, 신이나 자연과 하나가 되는 느낌이다. 초월적 전체의 일부라고 느끼는 사람은 더 이상 하찮고 희망이 없다고 느끼지 않는다. 그런 사람은 심지어 죽음 앞에서도 용기를 느낀다(Kohlberg & Power, 1981).

Martin Luther King은 그의 개인적 견해를 다음과 같이 표현했다. "우주는 애정 어린 목적의 통제 아래 있으며, 옳음을 위해 투쟁하는 가운데서 사람들은 우주적 동지애를 가진다고 나는 확신한다"(1963, p. 153). 그가 맞서고 있는 게 무엇이든, 이 '우주적 동지애'는 그를 지탱하게 한다.

7단계에 대한 Kohlberg의 아이디어는 James Fowler의 '아동과 성인의 믿음의 발달' 연구뿐만 아니라 도덕적 지도자들의 생애에도 근거를 두었다. 매우 한정된 자료를 근거로 Kohlberg는 6단계에 이어 7단계를 주장하였다. 7단계는 '도덕적으로 행동하는 것이 무의미하다고 느낄 때에도 왜 사람들은 도덕적으로 행동해야 하는가?'라는 의문에 대한 답으로 6단계 후에 온다. 만약 7단계가 이렇게 늦게 나타난다면 7단계는 매우 드물 것이다(Kohlberg & Power, 1981). Kohlberg의 동료 중 한 사람인 John Gibbs(2019, p. 105)

는 7단계의 생각은 종종 더 일찍 생기며 때때로 청소년기에 나타난다고 한다.

어떤 경우에도 Kohlberg는 7단계를 그의 도덕단계 순서에 추가할 생각은 없었다는 걸 강조하고 싶다. 오히려 그는 그것을 통해 일부 사람들이 도덕적 힘을 얻는 자각(consciousness)의 한 유형 정도로 생각했던 것 같다(Kohlberg & Power, 1981).

이론적 쟁점

발달은 어떻게 일어나는가

Kohlberg는 자주 Piaget와 같은 방식으로 발달적 변화에 대해 썼다.

Kohlberg(예 : 1968, 1981, 3장)는 새로운 단계들이 생물학적 성숙 때문에 일어나는 것이 아니라고 말했다. 발달적 변화는 유전적 청사진에 따라 전개되는 것이 아니다.

또한 발달적 변화가 사회화의 산물도 아니라고 주장했다. 즉 사회화의 대리자(예 : 부모나 교사)가 직접적으로 새로운 형태의 사고를 가르치지는 않는다.

그 대신 새로운 단계들은 도덕문제에 대한 우리 자신의 사고로부터 나타난다. 사회적 경험은 물론 발달을 촉진하겠지만, 이는 우리의 정신과정을 자극함으로써 그렇게 되는 것이다. 남들과의 논쟁이나 토의를 거치면서 우리의 견해가 검토되고 도전받는 걸 보게 되며, 그리하여 좀 더 새롭고 좀 더 포괄적인 입장으로 생각해내도록 동기화된다. 새로운 단계들은 이러한 더 광범위한 견해들을 반영한다(Kohlberg et al., 1975).

예를 들어 새로운 법에 대해 논의하는 젊은 남녀를 생각해보자. 남자는 법이 사회조직에 필수적이기 때문에 모든 사람이 좋건 싫건 간에 그 법을 준수해야 한다고 주장할 수 있다(4단계). 그러나 여자는 나치 독일은 잘 조직화되었지만 도덕적이진 않았음을 지적했다. 그래서 남자는 자신의 견해에 반대되는 증거를 보게 된다. 그는 인지적인 갈등을 경험하게 되고, 그 문제를 좀 더 충분히 생각하게 되면서 5단계로 약간 나아가게 될 것이다.

Kohlberg는 또한 역할수행의 기회와 다른 사람의 견해를 생각해보는 기회를 통해서 변화가 오기도 한다고 언급했다(예 : Kohlberg, 1976). 아동은 다른 아동과 상호작용하면서 어떻게 서로의 견해가 다른지, 협동적인 활동을 하기 위해 다른 견해들을 어떻게 통합하는지를 배우게 된다. 그들은 문제점을 논의하고 그들 간의 차이점을 이해하면서 어떤 것이 공평하고 정의로운지의 개념들을 발달시켜 나간다.

저자가 도덕적 진전에 대한 Kohlberg의 관점을 기술한 바와 같이 그것은 Piaget의 관점과 같다. 다만 Kohlberg가 새로운 것을 추가한 것이다. 그가 말한 것은 젊은이들에게는 자신의 단계보다 한 단계 높은 추론에 노출시킬 필요가 있다는 것이다(1975). Kohlberg는 젊은이들이 같은 수준에 있는 또래들과의 상호작용을 통해 유의미한 진전을 할 것이라는 Piaget의 믿음을 반대했다. 대신에 Kohlberg는 더 진보한 사람들로부터의 자극이나 지도가 필요하다고 보았다. 이와 같은 견해를 지지하기 위해 그는 "도덕적으로 진보된 아동은 도덕적으로 더 높은 단계에 있는 부모를 가졌다"고 하였다(p. 676). 우리는 이와 관련하여 '교육을 위한 제언'에서 보게 될 것이다.

단계개념

Piaget는 진정한 정신단계는 몇 가지 기준을 충족시켜야 한다고 주장했던 것을 기억할 것이다. 그 기준들은 (1) 사고방식의 질적인 차이, (2) 구조화된 전체, (3) 불변적 순서로의 진행, (4) 위계적인 통합으로 특징지어짐, (5) 비교문화적 보편성 등이다. Kohlberg는 이 기준들을 중요하게 여겼으며 자신이 만든 단계들이 그 기준에 맞는다는 것을 보여주려고 노력했다. 이 점들에 대해 하나씩 살펴보자.

1. 질적인 차이　Kohlberg의 단계들은 서로 간에 질적인 차이가 있음이 명백해 보인다. 예를 들어 1단계의 반응(권위에의 복종)은 2단계의 반응(각자가 원하는 대로 행동하기)과는 매우 다르게 보인다. 이 두 단계는 양적인 차원에서는 달라 보이지 않는다. 질적으로만 다르다.

2. 구조화된 전체　단계들은 고립된 반응들로 이루어진 것이 아니라, 여러 가지 다른 종류의 쟁점에 걸쳐 일관적으로 나타나는 일반적인 사고양식이라는 의미로 Kohlberg는 단계를 **구조화된 전체**라고 했다. 그의 점수채점 설명서를 읽어보면 이것이 사실임을 알 수 있다. 즉 다양한 항목에 걸쳐 같은 종류의 사고가 다시 나타난다. 예를 들어, 한 항목의 질문에서 "약속은 왜 지켜져야 하나요?"라고 물으면, 1단계 아동은 Heinz 딜레마에서처럼 규칙에의 복종 측면에서 응답한다. 이에 비해 2단계 아동은 각자의 이익에 근거

한 호의교환에 초점을 맞춘다(예 : "그 사람이 나중에 당신을 위해 무언가 해줄 필요가 있을지도 모르니까요"). 이와 비슷하게 단계가 높아지면 높아진 만큼 이 항목에 Heinz 딜레마에서 했던 반응과 비슷한 반응을 한다(Colby et al., 1987c, pp. 802－854).

이에 더해 Kohlberg와 동료들(Colby et al., 1983)은 응답자들이 어느 한 특정 단계의 반응을 하는 정도에 대한 양적인 측정자료를 얻었다. 일부 응답자들이 단계와 단계 사이의 전환기에 있어서 완벽한 일관성을 기대할 수는 없었으나, 응답자들은 그들이 우세한 것으로 섬수 매겨진 단계에서는 9개의 딜레마에서 3분의 2 정도의 일관성을 보였다. Kohlberg는 이 정도는 확실한 일관성이라고 생각했으나 다른 연구자들은 그의 발견에 의문을 제시했다(Gibbs, 2019, pp. 84-87). 저자는 그 연구가 결국 구조화된 전체로 단계를 보는 Kohlberg의 견해를 지지한다고 생각하지만, 그 논란은 현재 가라앉지 않았다(Gibbs, 2019, pp. 84-87).

3. 불변적 순서   Kohlberg는 자신이 만든 단계들이 불변적인 순서로 전개된다고 믿었다. 아동은 언제나 1단계에서 2단계로, 다음은 3단계로 진행해나간다. 그들은 단계를 뛰어넘거나 뒤죽박죽된 순서로 나아가지 않는다. 모든 아동이 궁극적으로 최상의 단계까지 올라가지는 않는다. 아마도 그들은 지적 자극이 부족했을 수 있다. 하지만 그들이 거친 단계 내에서는 순서대로 진행한다.

단계 순서에 대한 Kohlberg의 증거들 대부분은 **횡단적**(cross-sectional) 자료에서 나온 것이다. 즉 Kohlberg는 나이 어린 아동이 나이 든 아동보다 더 낮은 단계에 있는지를 알기 위해 다양한 연령층의 아동을 면담했다. 그림 7.1은 그의 첫 번째 연구에서 얻은 자료를 요약한 것이다. 보는 바와 같이 1, 2단계는 가장 어린 아동에게서 주로 나타나며, 연령이 증가할수록 보다 상위단계가 더 자주 나타난다. 따라서 이 자료는 단계 순서를 지지해준다고 하겠다.

그러나 횡단적 결과는 결정적이지 못하다. 횡단적 연구에서는 각 연령별로 상이한 아동을 면담하므로, 개개의 아동이 실제로 단계들을 순서적으로 거쳐왔다는 보장은 없다. 예를 들면 3단계에 있는 13세 소년이 그가 어렸을 때 1, 2단계를 순서적으로 진행해왔다는 보장은 없다. 보다 결정적인 증거는 동일한 아동을 오랜 기간에 걸쳐 연구하는 종단적(longitudinal) 연구로부터 나와야 할 것이다.

초기 2개의 주요 종단적 연구(Holstein, 1973; Kohlberg & Kramer, 1969)는 10대들을 표집하여 3년 간격으로 조사했다. 그 결과들은 다소 모호하다. 두 연구 모두에서 대부분의 응답자들은 같은 단계에 머물거나 다음 단계로 이동했으나 더러는 한 단계를 뛰어넘는 경우도 있었다. 더욱이 그 연구들에서는 일부 응답자들이 퇴보한 것으로 나타났다. 이는 Kohlberg를 실망시켰는데, 왜냐하면 그는 단계들이 항상 앞으로 나아가야 한다고 믿었기 때문이다.

Kohlberg는 이 결과들을 보고 자신의 채점방법을 개정했다. 이미 그는 자신의 첫 번째 채점규준(1958b)이 응답자의 **응답내용**에 너무 치우쳐 응답내용의 근저에 있는 **추리**를 소홀히 했다고 믿었다. 그래서 종단적 연구결과가 단계 건너뛰기와 퇴행을 보여주자 1975년에 Kohlberg는 좀 더 정확한 채점체계를 개발하기로 결정했다. Kohlberg와 동료들은 높은 점수를 주는 데 더 엄중한 매뉴얼을 만들었다. 높은 단계의 추론은 더 명확

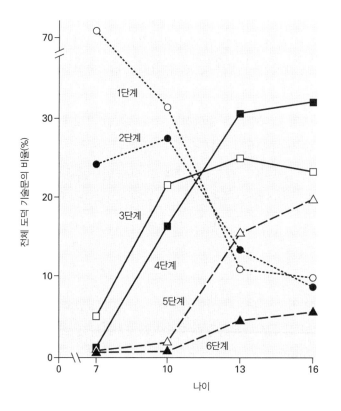

그림 7.1

네 연령층에서의 도덕판단의 여섯 가지 유형

(Kohlberg, L. Use of 6 types of moral judgments at 4 ages. *Human Development*, 6, p. 16. Copyright ⓒ 1963. S. Karger A.G.의 허락하에 재인쇄함)

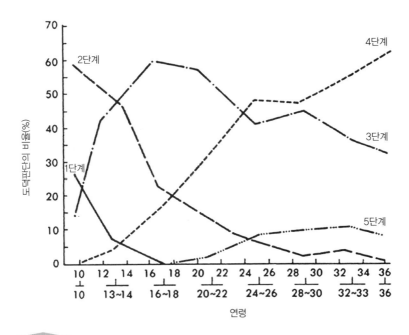

그림 7.2 각 연령집단별 도덕판단 단계의 평균 비율

(Colby et al., *The measurement of moral judgment*, Vol. 1, 1987, p. 101. Cambridge University Press의 허락하에 재인쇄함)

하게 나타나야만 했다. Kohlberg는 이 작업 중 단계기준에 맞는 사람이 너무 적은 6단계를 버리기로 결정했다. Kohlberg와 동료들은 새 매뉴얼을 사용해 원래 표본으로 새로운 종단적 분석을 수행했는데, 이때 단계 뛰어넘기 현상이 없고 매우 적은 퇴행만 있음을 발견했다. 다른 종단연구들도 비슷한 결과를 보였다(Colby et al., 1983).

Kohlberg의 새로운 종단적 연구는 도덕발달에 대한 이전의 그림을 다른 방식으로 바꾸게 하였다. 그림 7.1은 Kohlberg의 첫 번째 연구에서 나타난 연령에 따른 변화를 보여주고 있는데, 여기서 보면 4단계가 16세 연령에서 우세하게 보인다. 그러나 Kohlberg는 새로운 점수체계를 사용한 연구에서 나이가 2, 30대가 되어야 비로소 4단계가 우세해지는 걸 발견했다(그림 7.2). 5단계 역시 20대 중반이 되어서야 나타나기 시작하며, 이 단계는 우세해지는 연령대가 없다.

4. 위계적 통합 Kohlberg가 자신의 단계들이 위계적으로 통합된다고 말한 의미는 이전

단계에서 얻은 통찰을 잃지 않고 그것을 새로운 광범위한 틀로 통합한다는 뜻이다. 예를 들면 4단계의 사람들은 3단계의 주장을 이해하지만 이제는 그것을 좀 더 넓은 고려 범위에 종속시킨다. 그들은 Heinz가 좋은 동기를 가지고 훔쳤다는 것을 이해하지만, 만일 좋은 동기를 가졌다고 모두 훔친다면 사회구조는 무너질 것이라고 지적한다. 따라서 4단계에서는 동기에 대한 고려를 전체 사회에 대한 좀 더 넓은 관심에 종속시킨다.

위계적 통합 개념은 Kohlberg 이론에서 매우 중요한데, 이것이 단계 순서의 방향을 설명해줄 수 있기 때문이다. Kohlberg는 성숙론자가 아니기 때문에 단계 순서가 유전자에 들어있다고 말할 수는 없다. 그래서 그는 새로운 단계가 도덕문제를 다룰 때 어떻게 더 광범위한 틀을 제공하는지를 보여주려 했다. 4단계는 3단계의 한계를 극복하고 좀 더 광범한 사회조직에 관심을 둔다. 마찬가지로 5단계는 4단계의 약점을 인식한다. 잘 조직화된 사회가 반드시 도덕적인 것은 아니다. 따라서 5단계에서는 도덕적인 사회를 만들기 위한 권리와 규칙 있는 절차를 고려한다. 각각의 새로운 단계는 이전 단계의 통찰을 유지하면서 그것을 더 넓은 틀에 넣는다. 이런 점에서 각각의 새로운 단계는 이전 단계보다 인지적으로 더 적합해진다.

만일 단계의 위계적 본질에 대한 Kohlberg의 생각이 맞다면, 사람들은 이전 단계의 생각을 이해할 수 있지만 그것이 열등하다고 여길 것이다. Rest는 청소년에게 다른 단계들의 토의장면을 보여주었는데, 이를 통해 그 사실을 확인했다. 즉 그들은 하위 단계의 추리를 이해는 했지만 좋아하지는 않았다. 그들이 좋아한 것은 가장 높은 단계였는데, 그 단계를 그들이 이해했든 못했든 간에 관계없이 그랬다. 이런 사실은 그들이 상위단계의 더 큰 적합성에 대한 어떤 직관적인 감각이 있다고 말해줄지도 모른다(Rest, 1973; Rest, Turiel, & Kohlberg, 1969).

5. 문화 간 보편성　모든 단계이론가들과 같이 Kohlberg는 단계 순서가 보편적이고 모든 문화에 걸쳐 동일하다고 주장했다. 언뜻 보기에 이 제안은 놀라운 것일 수 있다. 서로 다른 문화들은 서로 다른 도덕신념을 아동에게 가르침으로써 서로 다르게 사회화시키지 않을까?

Kohlberg의 대답은 다음과 같다. 물론 서로 다른 문화들은 다른 신념을 가르친다. 그러나 그의 단계들은 어떤 특정한 신념을 뜻하는 게 아니라 근저에 있는 추리양식을 뜻한다(Kohlberg & Gilligan, 1971). 예를 들면 어떤 문화는 신체적인 싸움을 제지하려는 반면, 다른 문화는 그것을 격려할 수도 있다. 결과적으로 아동은 싸움에 대한 다른 신념을 갖게 되겠지만, 이들은 같은 단계에서는 같은 방식으로 싸움에 관해서 추론할 것이다. 예를 들어 1단계에 있는 어느 한 문화의 아동은 "싸움은 벌받으니까 옳지 않다"라고 말할 것이며, 다른 문화의 아동은 "싸움은 벌받지 않으니까 옳다"라고 말할 것이다. 이와 같이 신념은 다르지만, 두 아동은 똑같이 근저에 있는 방식[신체적 결과(처벌)]에 의거해서 추리한다. 이는 그들이 인지적으로 파악할 수 있는 수준이 그 정도이기 때문이다. 후에는 앞의 첫 번째 아동은 "모든 사람들이 언제나 싸운다면 무정부상태가 되므로 싸움은 나쁘다"라고 말할지 모른다. 반면 두 번째 아동은 "사람은 누구나 자신의 명예를 지켜야 한다. 그렇지 않으면 모두가 모두를 모욕할 것이고, 그렇게 되면 사회 전체는 무너질 것이다"라고 말할 수 있다. 다시 말하면 특정한 신념은 서로 다르며, 따라서 상이한 문화적 가르침을 반영하지만 그 근저에 있는 추리는 동일한 것이다. 이 경우의 추론은 4단계로서 사회질서와 같은 추상적인 것을 사고할 수 있는 시기다. 아동은 신념과는 무관하게 언제나 1단계 이후 어느 정도가 지나면 4단계 사고로 이행하는데, 이는 인지적으로 그만큼 더 세련되어지는 까닭이다.

Kohlberg는 각 단계는 그 이전 단계보다 개념적으로 앞서기 때문에 모든 문화권에서 단계의 순서는 동일하다고 주장했다. 그와 다른 연구자들은 멕시코나 대만, 튀르키예, 이스라엘, 유카탄, 케냐, 바하마, 인도 등을 포함한 다양한 문화권의 아동이나 성인과 면담했다. 이 연구들의 대부분은 횡단적이었으며, 종단적인 연구도 약간 있었다. 이 연구들은 Kohlberg의 단계 순서를 지지했다. 서로 다른 문화의 아동이 단계들을 거쳐가는 한도 내에서는 순서적으로 이동했다(Edwards, 1981; Gibbs et al., 2007).

이와 동시에 서로 다른 문화에 있는 사람들은 단계 순서를 거쳐가는 속도가 달랐으며 도달하는 최종 단계도 달랐다. 미국 도시 대부분의 중류층 성인은 4단계까지 도달했으며 소수가 일부 5단계 추리를 사용했다. 다른 나라 도시지역의 사람들도 이와 비슷했다. 그러나 많은 나라의 고립된 마을, 소규모 지역에서는 4단계가 더 드물고, 5단계는 완전히 없었다(Berk, 2013, pp. 505-506; Edwards, 1981; Gibbs et al., 2007).

Kohlberg(Nisan & Kohlberg, 1982)는 이런 결과를 Piaget 이론으로 해석할 수 있다고 보았다. 이 이론에서 문화적 요인은 아동의 도덕적 사고를 직접 조성하지는 않지만 사고 자체를 자극한다. 사회경험은 아동의 생각을 자극하여 새로운 생각을 하도록 동기화한다. 그러나 전통적인 사회에서는 3단계 이상의 도덕판단을 자극하지 않을 것이다. 즉 돌봄이나 공감의 규범이 그 집단의 일대일 상호작용을 관리하는 데 가장 효과적일 것이다. 따라서 이 단계를 뛰어넘는 생각을 자극할 일이 거의 없다.

이와는 대조적으로 젊은이들이 마을을 떠나 도시로 가면, 그들은 개인 간 유대관계가 붕괴된 것을 보게 된다. 그들은 돌봄이나 공감이라는 집단규범이 도시생활의 몰개인적 상호작용에서는 거의 영향력이 없으며, 도덕적 행위를 하도록 만들기 위해 형식적 법치구조가 필요하다는 것을 알게 될 것이다. 그들은 또한 조직이 원활하게 기능하기 위해서 새롭고 다양한 공식적 역할(예 : 관리자, 십장, 노동자)의 협조가 필요하다는 걸 인식하게 된다. 따라서 도시에서는 4단계의 도덕성으로 생각하는 게 자연스럽다. Keniston(1971)은 또한 젊은이들이 대학에 가게 되면, 교수들이 아동기나 청소년기에 검토해보지 않았던 가설들에 대해 의문을 갖도록 유도하는 강의를 듣게 된다고 덧붙였다. 따라서 그들은 도덕문제에 대해 새로운 후인습적 방식으로 생각하도록 자극받게 된다.

그럼에도 불구하고 전통적인 마을 사회들에 대한 결과는 놀라우며, Kohlberg의 단계가 비서구적인 철학을 공평하게 평가하는 데 실패했을 가능성을 야기한다. 한 예로 Kohlberg의 공동저자인 John Snarey가 제시한 인도의 50세 정도 된 사람의 면접내용을 알아보자. 반려동물에 관한 문답을 하면서 응답자는 비인간 동물을 포함해 모든 살아 있는 것들에 대한 일체감을 우리가 의식할 필요가 있다고 말했다.

> 살아있음은 모두가 알고, 모두에게서 이해되고 느껴지는 것이며,… 영적인 의식은 사람이 힘없는 희생자를 선택하기보다 생명의 일체감을 인식하도록 밀고 가야 한다 (Gibbs et al., 2007, p. 456에서 인용).

이 사람의 생각은 Kohlberg의 매뉴얼에 따라서 점수를 매기기가 어려우나 앞서가고 있다고 보여진다.

유사한 생명일체감이 세계 곳곳에 있는 토착민들에게서 보인다(Suzuki & Knudtson, 1992). Kohlberg 역시 생명일체감에 관해 썼으나 그것을 7단계에 집어넣고, 6단계의 도덕단계에 넣지 않았다. 저자는 문화적으로 포용 가능한 단계이론은 이것을 도덕원리로 고려할 것이라고 믿는다.

도덕적 사고와 다른 형태의 인지

Kohlberg는 또한 자신의 도덕단계들과 다른 형태의 인지를 결부시키려 했다. 그는 우선 그의 단계들을 그 기저에 있는 인지구조의 측면에서 분석했으며, 다음으로는 순전히 논리적이고 사회적인 사고와 병행하는지 살펴보았다. 이런 목적하에 그는 자신의 단계들을 **역할수행 능력**(타인의 관점을 고려하는 능력)의 측면에서 분석했다(Kohlberg, 1976; Rest, 1983).

1단계의 아동은 관점이 다르다는 것을 거의 인식하지 못한다. 그들은 단지 하나의 올바른 관점, 즉 권위자의 관점만 있다고 가정한다. 2단계의 아동은 사람들이 이익과 관점이 서로 다르다는 것을 인식한다. 그들은 자아중심성을 극복한 것으로 보이며, 관점은 개인에 따라 상대적이란 것을 안다. 또한 그들은 어떻게 사람들이 서로에게 이로운 방식으로 그들의 이익을 조정하는지를 안다.

3단계의 사람들은 역할수행을 좀 더 깊이 좀 더 공감적인 과정으로 개념화한다. 즉 타인의 감정에 관심을 갖게 된다. 4단계의 사람들은 좀 더 확장된 사회전반적 개념을 갖게 되어 사람들이 법체계를 통해 어떻게 자신들의 역할을 조정하는지에 대한 개념을 갖게 된다.

끝으로 5, 6단계의 사람들은 사람들이 자신의 이익을 어떻게 조정하는지에 대해 좀 더 이상적인 생각을 하게 된다. 5단계의 사람들은 민주적인 절차를 강조하며, 6단계에서는 모든 집단이 어떻게 정의의 원리에 입각하여 서로의 관점을 수용하는지를 고려하게 된다.

Kohlberg는 도덕단계는 관점들이 어떻게 다른지와 어떻게 통합되는지에 대한 확장된 통찰을 반영한다고 말한다. 그와 동료들은 이러한 도덕적 통찰이 어떻게 논리적 추론 및 사회적 추론의 발달과 관련되는지를 연구했다. 기본적 연구결과는 도덕적 사고는 논리적 향상과 사회적 향상에 따라 일어나며 그것들에 달려있다는 것을 보여준다

(Colby, Kohlberg, & Kauffman, 1987a, pp. 12−15). 예를 들면 아동은 도덕 분야에서 자아중심성을 극복해야 2단계로 진행하는데, 이는 논리적이고 사회적인 사고에서 이와 병행하는 진전이 이루어진 후에야 가능하다. 만일 이런 양식이 맞다면 우리는 논리적이고 심지어 사회적으로는 통찰적이지만 아직 도덕추론에서는 덜 발달된 개인을 예상할 수 있을 것이다.

도덕적 사고와 도덕적 행동

Kohlberg의 척도는 도덕적 사고에 관한 것이지 도덕적 행동에 관한 것은 아니다. 많은 상황에서 우리는 무엇이 옳은지 분명히 알 수 있지만 그에 따라 행동하지는 않을 수 있다. 우리는 자기이익을 우선하거나, 우리 행동이 소용없다고 느끼거나, 용기 있게 도덕적 신념을 주장하지 못할 수 있다. 따라서 도덕적 판단과 도덕적 행동과의 완전한 상관관계를 기대할 수는 없다. 하지만 Kohlberg는 어떤 관계가 있을 것이라고 생각했다.

그는 일반적인 가설로서 도덕판단 단계가 높을수록 좀 더 안정적이고 일반적인 기준을 채택하기 때문에 도덕행동은 더욱 일관적일 것이라고 예측했다(Kohlberg et al., 1975). 예를 들면 3단계에서는 타인의 인정에 기초해서 결정을 하는데, 이는 상황에 따라 달라진다. 그러나 4단계에서는 규칙이나 법을 참고한다. 따라서 사람들이 도덕적 단계순서가 올라가면 도덕행동 역시 좀 더 일관적이 될 것이라고 기대할 수 있다. 이 가설을 지지하는 일부 연구들도 있으나(예 : 거짓말에 대해) 그 증거가 명확하지는 않다(Blasi, 1980; Brown & Herrnstein, 1975; Kohlberg & Candee, 1984).

사회적으로 관련된 연구에서 Haan, Smith, Block(1968)이 1964년의 버클리 자유언론 운동 참가자들을 대상으로 도덕추리에 관한 연구를 했다. 연구자들은 시위자들이 후인습적인 민주적 원리에 의해 동기화되었는지를 알고 싶었다. 연구자들은 시위자들의 사고가 비시위자들 표본의 사고보다 더 후인습적이라는 것을 알았다,

전반적으로 본다면 도덕적 사고와 도덕적 행동 간의 관계는 약하다(Berk, 2013, p. 506). 그래서 심리학자들은 개인의 믿음에 따라 행동하도록 동기를 줄 수 있는 다른 요인에 관심이 있다. 하나의 변인은 **도덕적 정체성**으로서 도덕적인 것이 자아감에 중요한 정도를 말한다(Gibbs, 2019, p. 165).

여성에 대한 Gilligan의 입장

1977년에 Kohlberg의 동료이자 공동 저자였던 Carol Gilligan은 하나의 논문을 발표했는데, 그녀는 Kohlberg의 연구가 여성에게 불리하게 편향되어 있다고 비판했다. Gilligan은 이 논문을 확장하여『다른 목소리(In a Different Voice)』(1982)라는 책을 냈는데, 이 책은 수많은 논쟁을 불러일으켰으며, 또한 많은 새로운 생각들을 자극했다.

Gilligan은 Kohlberg가 그의 단계들을 오로지 소년들과의 면담만을 통해서 발전시켰기 때문에 그 단계들은 결정적으로 남성지향적이라고 지적했다. 남성들에게는 향상된 도덕적 사고가 규칙이나 권리, 추상적인 원리들을 주제로 이루어진다. 이상적인 것은 형식적 정의로서 모든 집단의 경쟁적인 주장들을 중립적으로 평가하려는 것이다. 개인은 그 상황으로부터 한발 물러서서 일종의 이론적으로 공정한 도덕적 해결을 모색하려 한다. Gilligan은 이런 도덕성 개념이 도덕문제에 관한 여성의 목소리를 무시한다고 주장한다.

Gilligan에 따르면 여성들에게서 도덕성이란 권리와 규칙에 무게를 두는 것이 아니며, 그 대신 대인관계나 동정심, 돌봄 등에 무게를 두는 것이다. 이상적인 것은 몰개인적인 정의가 아니라 좀 더 우호적이고 살아가는 방식과 연결된 것이다. 이에 더해 여성의 도덕성은 상황적이다. 즉 가상적인 딜레마에 대한 추상적인 해결책이 아니라 실제의 현재진행형인 인간관계에 연결되어 있다.

Gilligan에 의하면 이런 성별 차이 때문에 Kohlberg의 점수척도에서 남성과 여성은 종종 다른 단계로 채점된다. 여성들은 흔히 3단계로 채점되는데, 이 단계는 인간관계에 중점을 두는 단계다. 반면 남성들은 4단계나 5단계로 채점되는데, 이 단계들은 사회조직과 권리에 대한 좀 더 추상적인 개념을 반영한다.

여러 연구가 Gilligan의 성차 비난에 대해 수행됐다. 대체로 Kohlberg의 단계별 성차는 나타나지 않았다. 소녀들은 소년들보다 조금 일찍 3단계에 도달하나, 전반적으로는 동일수준에서 수행한다(Berk, 2013, p. 503). 따라서 Gilligan이 Kohlberg의 단계에서 제시한 성적 편향의 비판은 지지받지 못했다.

동시에 Gilligan은 Kohlberg가 강조한 추상적 정의지향이 아닌 돌봄윤리에 대한 주의를 환기시켰다. 그리고 여성은 돌봄지향적인 데 끌리는 것으로 보인다. 초기연구(1983)

에서 Nora Lyons(1983)는 남성과 여성에게 "도덕성이란 당신에게 어떤 의미인가?"라고 질문했다. 아래의 성별 차이가 전형적이었다(p. 125).

> 남성 : 도덕성이란 어느 것이 옳으냐, 무엇을 해야 하느냐를 아는 방식에 대해 추론하는 것이다.
> 여성 : 도덕성이란 당신이 타인의 생활에 영향을 줄 수 있다는 하나의 의식 또는 민감성이다.

남성이 추상적 권리에 대해 말하는 데 비해, 여성은 타인과의 관계 속에 있는 자신들을 생각하면서 돌봄윤리에 대해 말했다.

그 후의 연구는 이 성별 차이가 오히려 적다는 것을 발견했다. 비록 여성들이 돌봄에 더 강조점을 두기는 하지만, 대부분의 사람들은 정의와 돌봄 모두를 지향한다. 이는 넓은 범위의 문화에서 사실이다(Pratt, Skoe, & Arnold, 2004; Berk, 2013, p. 506).

Gilligan은 또한 여성들의 도덕지향이 발달하는 방식을 개괄했다. 그녀는 여성의 돌봄과 우호적 관계에 대한 개념이 실제 생활장면(가상적인 생활장면이 아니고) 안에 있다고 믿었기 때문에, 그녀는 개인적 위기(낙태를 결정해야 하는)를 겪는 여성들을 면담했다. 이 면담을 통해 Gilligan은 여성이 전인습적 단계에서 인습 단계, 후인습적 단계까지의 어떻게 발달하는지를 기술했다. 전인습적 수준에서는 낙태가 자신에게 의미하는 것, 자기들의 이익과 관련된 이야기를 주로 했다. 인습적 단계에서 그들은 엄마같이 돌보는 위치를 택한다(타인들이나 사회가 정의하는). 후인습적 수준에서는 인간관계에서 누적된 지식에 기초해 자신들이 통찰을 이루었다(Gilligan, 1982, p. 74).

여성에 대한 논의를 통해 Gilligan은 무엇이 '이기적'인가, 무엇이 '책임 있는 것'인가를 알게 된다고 말했다. 첫 번의 전인습적 단계에서는 자기 자신에 대해 강조를 하는데, 인습적 단계로 오면 사회적으로 정의된 타인에 대한 책임성으로 이동한다. 후인습적 단계에 이르면 여성은 자신과 타인들이 실제로는 상호의존적이라는 통찰을 발달시킨다. Claire라는 여인의 말을 인용해보면, 다음과 같다.

> 당신 혼자로는 아무런 의미가 없다. 그것은 한 손으로 박수 치는 소리나 마찬가지다.

한 남자의 소리 또는 한 여자의 소리, 거기에는 뭔가 부족함이 있다. … 당신은 누군가
타인을 사랑해야 한다. 왜냐하면 당신이 그들을 좋아하지 않는다 할지라도 그들은 당
신과 분리될 수 없기 때문이다. 그것은 당신의 오른손을 사랑하는 것과 같은 방식이
다. 그들은 당신의 일부다(1982, p. 160).

Claire와 그녀처럼 생각하는 사람들이 인간을 넘어 모든 생명체가 서로 연결되어 있
다는 데까지 그들의 관점을 확장시키는 것을 아는 일은 흥미로울 것이다. 그렇게 되면
그들은 비서구적 문화와 관련된 지혜를 갖게 되고, Gilligan의 돌봄지향이 이런 지혜를
향한 발달경로를 제공하게 된다.

교육을 위한 시사점

Kohlberg는 사람들이 가능한 한 가장 높은 도덕적 사고단계까지 이르는 것을 보고 싶어
했다. 가능한 최선의 사회는 사회질서의 필요성을 이해할 뿐 아니라(4단계), 정의나 자
유와 같은 보편적 원리들에 대한 통찰력(6단계)도 가지고 있는 사람들을 환대할 것이다
(Kohlberg, 1970).

그러면 어떻게 도덕발달을 촉진시킬 수 있는가? Piaget의 지지자로서 Kohlberg는 학
생들이 능동적인 사고자(능동적으로 자기의 인지구조를 재조직화할 수 있는)가 될 때
변화가 나타날 거라고 믿었다. 이런 과정은 종종 그들의 생각에 도전하는 아이디어
를 만날 때, 그들로 하여금 더 좋은 생각이 나도록 동기화할 때 생긴다(Kohlberg et al.,
1975).

따라서 Kohlberg는 제자 Moshe Blatt에게 아동이 도덕문제를 능동적으로 맞붙어 논
쟁할 기회를 갖도록 해주는 집단토론을 이끌도록 했다(Blatt & Kohlberg, 1975). Blatt는
6학년 아동에게 열띤 논쟁을 벌이도록 하는 도덕적 딜레마를 제시하고 나서 대부분 토
론은 아동에게 맡겼다(p. 133).

그러나 또한 토론에 개입했다. 그는 대부분의 아동이 속한 단계보다 한 단계 정도 높
은 수준의 주장을 격려하고 지원했다. Blatt와 Kohlberg는 학생들의 진전을 향상시키는
데 이러한 개입들이 필요하다고 믿었다. 그러나 그러한 개입은 아동은 스스로 생각을

생각해야만 한다는 Piaget의 신념에 어긋난다.

여기 하나의 예가 있다. Blatt는 아들이 심한 부상을 당해 급히 병원에 가야 하는 Jones 라는 사람에 대한 이야기를 해줌으로써 전형적인 토론을 시작했다. Jones는 차가 없었 으므로 낯선 사람에게 가서 자신의 처지를 이야기하고 차를 빌려줄 것을 요청했다. 그 러나 낯선 사람은 중요한 약속이 있다면서 그의 청을 거절했다. 그래서 Jones는 강제로 차를 빼앗았다. 그런 다음 Blatt는 아동에게 Jones가 그렇게 했어야만 했는지를 물었다.

이에 따른 토론에서 아동 B는 Jones가 차를 빼앗을 만한 충분한 이유가 있으며, 만일 그의 아들이 죽는다면 낯선 사람은 살인에 대해 책임져야 할 것이라고 말했다. 아동 C 는 낯선 사람이 법을 위반한 것은 없다고 지적했다. 아동 B는 낯선 사람이 법적으로는 잘못이 없다고 해도 그의 행동이 아무래도 잘못이라고 느꼈다. 그래서 아동 B는 인지적 긴장상태에 있었다. 그는 낯선 사람의 행동이 잘못이라고 느끼긴 했지만, 이런 느낌에 대해 말할 수 없었다. 그는 그 문제에 대해 더 깊이 생각하도록 도전을 받은 것이다.

이 시점에서 Blatt는 답을 말해주었다. 낯선 사람의 행동은 법적으로는 잘못이 없으나 도덕적으로는, 즉 하느님의 법에 따르면 잘못이라고 말해주었다(실험장소는 주일학교 였다). Blatt는 '올바른' 견해를 가르치는 권위자 역할을 했다. 그렇게 함으로써 그는 아 동 B가 자발적으로 자신의 견해를 구축할 기회를 빼앗았다. 만약 Blatt가 독립적 사고에 대해 더 강하게 믿었더라면, 그는 아동의 갈등을 단순히 명료화시켜 주었을지도 모른 다. 예를 들어, Blatt는 "그 행동이 법적으로는 잘못이 아니지만 네가 느끼기에는 어딘가 잘못이 있는 듯 싶지"라고만 말하면, 학생 B에게 그 상황을 깊이 생각할 기회를 준다.

Kohlberg-Blatt의 방법은 Piaget의 이론을 부분적으로 지지해준다. Piaget는 Blatt가 학 생들을 자극하여 생각하도록 한 것에 대해서는 찬성했겠으나, Blatt가 끼어들어 논의에 개입하고 지시한 것에 대해서는 칭찬하지 않았을 것이다.

이 연구에서 6학년 학생들은 12주 동안 논의 집단에 참가했다. Blatt는 이 집단의 절 반 이상이 12주 후에 완전히 한 단계 위로 올라가는 것을 관찰했다. 이러한 변화는 그 런 논의를 진행하지 않은 집단에서 보다 매우 컸다. Blatt는 이를 재발견하려고 다른 연 령집단 또는 더 긴 일련의 수업을 사용하였다. 그러나 위를 향한 변화는 적어서 평균적 으로 1/3단계가량이었다. 대다수 다른 연구들도 작은 변화를 발견하였다(Schlaefli, Rest, & Thoma, 1985, p. 320, fn; Snarey & Samuelson, 2014).

정의 공동체 접근　Blatt가 연구를 시작한 지 몇 년 뒤 Kohlberg는 또 하나의 전략을 개발했는데, 정의 공동체(Just Community) 접근이었다. 이 접근법은 개인에게는 초점이 주어지지 않으며 집단에게 초점이 주어진다. Kohlberg는 매사추세츠주의 케임브리지대학교 노동자 계급 프로그램에서 특별한 고등학교 프로그램을 시작했다. 그와 동료들은 고등학생들을 민주적 의사결정 집단에 참가하게 하고 자신들을 도덕적 공동체 집단이라고 생각하게 격려했다.

처음에는 공동체적 느낌이 없었다. 그러나 도둑문제가 불거지자, 학생들은 그것을 일상의 문제로 여겼다. 한 학생이 뭔가를 훔치면, 그에게는 너무나 나쁜 일이 되어버렸다. 그러나 1년이 지나자 그 학생들은 도둑질을 집단 내 신뢰, 돌봄 정도를 반영하는 공동체의 문제로 여겼다. 결과적으로 도둑질이나 다른 문제행동들이 급격히 줄어들기 시작했으며, 학생들은 여러 면으로 서로 돕기 시작했다. 이 초기의 실험은 다른 학교들에 비슷한 프로그램을 만들게 했다(Reimer, Paolitto, & Hersh, 1983; Snarey & Samuelson, 2014).

개인으로서 정의 공동체 학생들은 Kohlberg 단계에서 향상되기는 했으나, 그들의 진전은 작았다. 큰 변화는 집단에의 참여 정도나 도덕가치 같은 변인들에서 나타났다(Snarey & Samuelson, 2014).

딜레마에 대해 논의하면 정의 공동체 접근은 Piaget의 이론적 입장으로부터 방향을 바꾸었다. 공동체가 민주적 결정에 참가했으나, 성인 또한 상당한 권위를 행사했다. 그들은 기본적 규칙을 만들었고, 자기들의 입장을 고수했다. Kohlberg는 케임브리지대학교에서 적극적으로 참여했고, 초기에 학생들이 도둑질을 수용했을 때 그도 역시 적극 목소리를 높였다. "그는 학생들에게 도둑질을 개인이 아니라 공동체에 위해를 끼치는 행위"라고 생각하도록 설득하였다(Reimer, Paolitto, & Hersh, 1983, pp. 242–243; 또한 p. 254 참조).

성인의 권위문제는 발달이론에서 중요하다. 앞서 보아왔듯이 Rousseau는 독립적 생각에 높은 가치를 두었으므로 성인의 지시를 강하게 반대했다. 이는 Piaget 학파 교육자인 Constance Kamii도 마찬가지로 "답을 듣고, 올바른 답은 항상 선생님의 머리에서 나온다"고 알기보다 학생들이 계속 생각하고 궁금해하는 것이 더 낫다고 말했다. Kamii는 교사가 어떤 성인의 권위를 강요하지 않으면서도 학생들의 사고를 자극하는 방식을 보여주려고 했다. 이와는 반대로 Kohlberg는 학생들을 발달 사다리 위로 올라가게 하는 데 너무 열심이어서 어른의 영향을 옹호했다. Kohlberg의 동료 연구자인 John Gibbs도 Kohlberg의 이런 입장을 비판한 바 있다(Gibbs, 2019, pp. 95–96, p. 63). 10장에서는 Kohlberg의 입장이 러시아의 위대한 심리학자 Lev Vygotsky와 유사함을 알게 될 것이다.

평가

Kohlberg는 Piaget의 도덕적 사고단계들을 크게 확장했다. Piaget가 기본적으로 도덕적 사고에서의 두 단계를 밝히고 후기 단계가 10세와 12세 사이에 나타난다고 한 반면, Kohlberg는 청소년기에 이어 성인기까지 발달하는 추가적인 단계들을 밝혀냈다. 그는 어떤 사람들은 자신이 속한 사회를 더 이상 그냥 주어진 것으로 생각하지 않고, 좋은 사회는 어떠해야 되는지에 대해 심도 있게 자율적으로 사고하는 후인습적 단계까지 이른다고 했다.

후인습적 도덕성의 제안은 사회과학에서 보기 드문 일이다. 대부분의 사회과학자들은 사회가 아동으로 하여금 그 사회의 가치를 승인하게 하는 방법에 인상을 받았다. Kohlberg의 주장에 따르면 아동은 언젠가는 현존하는 사회제도를 평가하는 근거인 권리, 가치, 원리의 개념을 형성할 것이다.

Kohlberg 이론은 날카로운 비판을 받았다. 그중 하나는 그의 교육적 개입이 성인의 지도를 선호하는 데 있다. 이것이 기본적인 문제였으나, 더 광범한 비판들이 있었다. 많은 학자들이 Kohlberg의 남성 및 서양문화 편향을 비난했다. 이러한 비판은 Kohlberg가 상호연결성, 즉 다른 사람들이나 모든 살아있는 것들과의 일체감보다는 추상적인 권리와 정의의 원리를 강조하는 Kant 학파의 전통을 따라 연구했다고 지적한다. 저자는 이 비판이 가치 있다고 믿는다.

그럼에도 불구하고 우리는 Kohlberg가 연구했던 Kant 학파의 철학적 전통을 최소화해서는 안 된다. Broughton(1983)이 주장했듯이 정의의 도덕성은 국가의 억압적 힘에 맞서 싸우도록 고취시킨다. 이것은 다른 윤리적 지향은 다룰 준비가 덜 되어 있는 것으로 보이는 싸움이다. Gilligan의 돌봄의 윤리는 매일의 생활에서 일어나는 대인관계에 자연스럽게 초점을 두며, Martin Luther King이 정의의 이름으로 도전했던 강력한 법체계에 초점을 두지 않는다.

무엇보다도 Kohlberg는 우리의 생에서 큰 의문점들을 해결하려고 애썼다. 도덕성의 궁극은 무엇인가? 왜 도덕적이어야 하는가? 우리가 질 것이 뻔한 상황에서도 어떻게 계속할 것인가? 그의 대답을 듣고 싶어 할 수도 있지만, 그는 우리에게 숙고하라고 한다.

CHAPTER
08

학습이론
Pavlov, Watson, Skinner

앞 장들에서는 발달적 전통에 서있는 이론가들에 대하여 논의했다. 이 이론가들은 주요 발달은 내적인 힘, 즉 생물학적 성숙이나 각 개인 스스로가 경험을 구조화하는 것에 의해 좌우된다고 믿는다. 이 장과 다음 장에서는 이들과는 반대로 Locke의 전통을 따르는 이론가들의 연구에 대해 설명할 것이다. 이들은 외부로부터, 즉 외부환경에 의해 행동이 형성되어 가는 과정을 강조하는 학습이론가들이다.

Pavlov와 고전적 조건형성

생애 소개

Ivan Petrovich Pavlov(1849~1936)는 현대 학습이론의 아버지다. 그는 러시아의 랴잔주에서 가난한 시골 목사의 아들로 태어났다. Pavlov는 자신도 목사가 되고자 했으나, 21세가 되었을 때 자신이 과학적인 일에 더 흥미가 있다는 것을 알았다. 오랫동안 그는 생리학적 소화 연구에 전념했으며, 1904년에는 소화기계에 관한 연구로 노벨상을 받았다. 50세의 Pavlov가 그의 유명한 연구인 조건반사 연구를 시작한 것은 상을 수상하기 바로 직전이었다. 이 새로운 흥미는 개의 타액분비의 특성에 관한 우연한 발견으로 나타났다. 보통 개는 음식이 혀에 닿으면 침을 분비한다. 이것은 타고난 반사다. 그러나 Pavlov는 그의 개가 입안에 음식이 들어가기 전에도 침을 분비한다는 것을 발견했다. 개는 음식이 가까이 오는 것을 보거나 가까이 오는 발소리를 들었을 때도 침을 분비했다. 전에는 반응을 일으키지 못했던 자극, 즉 새로운 중성자극에 대해 반사가 조건형성된 것이다.

한동안 Pavlov는 이 새로운 발견에 대해 연구할 것인지, 아니면 그전의 연구를 계속할 것인지를 결정하지 못했다. 마침내 오랜 기간의 고민 끝에 그는 조건형성 과정에 대한 연구를 시작했다. 그러나 Pavlov는 자신이 심리학자가 아니라 생리학자로서 연구하는 것이라고 믿었다. 사실 Pavlov는 그의 실험실에 있는 모든 사람에게 생리학 용어만을 사용하도록 요구했다. 만약 그의 조수들이 심리학 용어(예 : 개의 감정이나 지식 등을 나타내는 용어)를 사용하는 것이 발견되면 벌금을 물도록 했다(R. Watson, 1968, pp. 408 – 412).

기본 개념

고전적 조건형성　전형적인 실험(Pavlov, 1928, p. 104)에서는 개를 어두운 방에서 함부로 날뛰지 못하도록 하는 장치에 매어놓고 나서 전등을 켠다. 30초가 지난 후 음식을 개의 입에 넣어주어 타액분비반사를 유발한다. 이런 절차를 몇 차례 반복하는데, 불빛이 켜질 때마다 음식을 준다. 한참 후에는 처음의 타액분비와는 아무 관계가 없었던 불빛 자체가 타액분비 반응을 일으키게 된다. 즉 이 개는 불빛에 대해 반응하도록 조건형성된 것이다.

Pavlov의 용어(1927, 강의 2와 3)로는 음식을 제시하는 것은 **무조건자극**(unconditioned stimulus, US)이다. 즉 동물이 음식에 대해 침을 분비하도록 조건형성시킬 필요가 없는 자극이다. 이에 반해 불빛은 **조건자극**(conditioned stimulus, CS)이다. 즉 불빛의 침을 분비시키는 효과는 조건형성이 필요하다.[1] 음식에 대한 침분비는 **무조건반사** (unconditioned reflex, UR), 불빛에 대한 침분비는 조건반사(conditioned reflex, CR)라 하며, 이런 과정 자체를 **고전적 조건형성**(classical conditioning)이라 부른다.

이 실험에서 우리가 주목해야 할 점은 CS가 US보다 먼저 주어진다는 것이다. 즉 Pavlov는 음식을 제시하기 전에 불을 먼저 켰다. 그가 제기한 의문 중 하나는 이것이 조

---

[1] Palvov는 실제로는 *conditional*이나 *unconditional*이라는 용어를 사용했으나, 지금은 심리학자들이 일반적으로 사용하는 용어인 *conditioned*와 *unconditioned*로 옮겼다.

건형성을 시키는 데 가장 좋은 순서인가 하는 것이었다. 그와 제자들은 앞에 말한 순서가 맞다는 것을 발견했다. CS가 US 후에 주어지면 조건형성이 되기가 상당히 어렵다(1927, pp. 27－28). 다른 연구들은 CS가 US보다 0.5초가량 먼저 주어졌을 때 조건형성이 가장 잘 이루어진다는 사실을 말해주고 있다(Schwartz, 1989, p. 83 참조).

Pavlov는 조건형성의 다른 원리도 몇 가지 발견했는데, 그중 몇 개를 간략히 설명할 것이다.

소거　조건형성이 한 번 형성되었다고 해서 그 조건자극이 계속 영원히 작용하는 것은 아니다. 예를 들면 Pavlov는 불빛을 타액분비를 위한 CS로 만들 수는 있으나 음식 없이 불빛만 여러 번 제시하면 불빛은 그 효과를 잃기 시작한다는 것을 발견했다. 침의 분비량은 점점 적어져 마침내는 전혀 분비되지 않는다. 이때 바로 소거가 일어난다(Pavlov, 1928, p. 297).

또한 비록 조건반사가 소거된 것처럼 보이지만, 보통 어느 정도 **자발적 회복**(spontaneous recovery) 현상도 있다는 것을 발견했다. 예를 들면 한 실험(Pavlov, 1927, p. 58)에서 개가 음식을 보는 것, 즉 CS만으로 침을 분비하도록 훈련시켰다(전에는 음식이 입 안에 있을 때만 침을 분비했다). 다음에는 CS만 3분 간격으로 6번 주었는데, 6번째에는 더 이상 침을 분비하지 않았다. 따라서 반응은 소거된 것처럼 보였다. 그러나 2시간의 휴식을 취한 후에 CS만을 주었는데도 다시 적당량의 침을 분비했다. 따라서 이 반응은 자발적으로 회복된 것이다. 만일 CS와 US를 주기적으로 다시 짝지어 주지 않으면서 이 반응을 계속 소거시키기만 한다면 이 자발적 회복 효과도 사라질 것이다.

자극일반화　하나의 반사가 단 하나의 자극에만 조건형성이 된다 해도 그 특정 자극만 그 반사를 유발하는 것은 아니다. 반응은 더 이상 조건형성을 시키지 않더라도 비슷한 자극들에 대해 일반화되는 것 같다(Pavlov, 1928, p. 157). 예를 들면 어떤 음조의 종소리에 침을 분비하도록 조건형성된 개는 다른 음조의 종소리에도 반응한다. 유사한 자극이 반응을 생성해내는 능력은 원래의 CS와 유사한 정도에 따라 다르다. Pavlov는 그 자신이 **방사**(irradiation)라고 명명한 기저생리적 과정 때문에 자극일반화가 일어난다고 믿었다. 최초의 자극은 뇌의 특정 부위를 흥분시키고, 이것은 다시 대뇌의 다른 부위에 방사 또는 확산된다는 것이다(p. 157).

변별 처음의 일반화는 차차 분화과정으로 대체된다. 예를 들면 만일 다른 음조의 종을 계속 울린다면(음식은 주지 않고) 개는 원래의 CS에 가장 가까운 음조에만 국한하여 좀 더 선택적으로 반응하게 된다. 또한 한 음조의 소리에는 음식을 주고 다른 음조에는 음식을 주지 않음으로써 적극적으로 변별을 일으킬 수도 있다. 이를 자극변별 실험이라 부른다(Pavlov, 1927, pp. 118–130).

고차적 조건형성 끝으로 Pavlov는 일단 개를 CS에 확고하게 조건형성시키면 이 CS만 가지고 또 다른 중성자극에 연결시켜서 조건형성시킬 수 있다는 것을 보여주었다. 예를 들면 한 실험에서 Pavlov의 제자는 개로 하여금 종소리에 침을 분비하도록 훈련시킨 후, 종소리만 검은 사각형과 짝지어 제시했다. 많은 시행 후에는 검은 사각형만으로도 타액분비 반응을 일으켰다. 이것을 **2차 조건형성**이라 한다. Pavlov는 3차 조건형성도 어떤 경우에는 가능하다는 사실을 알았으나 그 이상은 하지 못했다(p. 34).

평가

어떤 점에서 볼 때 Pavlov의 기본 개념은 새로운 것이 아니었다. 이미 17세기에 Locke는 지식은 **연합**에 기초한다고 말했다. 그러나 Pavlov는 Locke를 넘어섰으며, 경험적인 실험을 통해 연합의 몇 가지 원리를 밝혀냈다. 즉 순수한 추측의 영역에서 학습이론을 꺼냈다. 뒤에 보게 되겠지만 Pavlov가 조건형성에 관해 알아야 할 모든 것을 발견한 것은 아니다. 특히 그가 말한 조건형성은 어느 정도 선천적인 반응의 범위로 제한되어 있는 것 같다. 그럼에도 불구하고 그는 학습이론을 확고한 과학적 기반 위에 올려놓은 최초의 학자였다.

Watson

생애 소개

Pavlov식 원리를 심리학 주류의 일부로 만드는 데 가장 큰 공헌을 한 사람은 John B. Watson(1878~1958)이다. Watson은 미국 사우스캐롤라이나의 그린빌 근처에 있는 한 농가에서 태어났다. 그는 자신의 학창시절에 대해 "나는 게을렀으며, 말을 잘 안 듣는 학생이었고, 내가 아는 한 낙제점수를 넘어본 적이 없었다"고 회상했다(Watson, 1936, p. 271). 그럼에도 불구하고 그는 퍼먼대학교에 진학했고, 시카고대학원에 들어가 동물을 대상으로 심리학 연구를 시작했다. 박사학위를 받은 후에는 볼티모어에 있는 존스홉킨스대학교에 자리를 잡았으며 여기서 가장 활발한 연구를 했다.

1913년에 Watson은 "행동주의 입장에서 본 심리학"이라는 선언문을 발표함으로써 심리학에 큰 영향을 주었다. Watson은 이 논문에서 과학으로서의 심리학에는 **내성법**에 의한 의식의 연구가 들어설 자리가 없다고 주장했다. 심리학은 '의식, 정신상태, 마음, 만족, 내성적으로 검증 가능한, 상상 등과 같은 용어'를 버려야 하며(Watson, 1913, p. 166), 그 대신 '행동의 예측과 통제'를 심리학의 목표로 삼아야 한다고 주장했다(p. 158). 특히 심리학은 자극, 반응, 습관형성만을 연구해야 하며, 그렇게 함으로써 심리학은 다른 자연과학과 마찬가지로 과학이 될 수 있다고 주장했다.

조건반사에 관한 Pavlov와 러시아 학자들의 연구를 읽고 난 1년 후에 그는 Pavlov식 조건형성을 사고의 초석으로 삼았다. 그리하여 1916년에 어린 아동에 대한 연구를 시작하여 발달의 문제에 학습원리를 적용시킨 최초의 주요한 심리학자가 되었다.

1929년에 Watson의 학문적 경력에 갑작스러운 종말이 닥쳐왔다. 그의 아내는 Watson이 그의 대학원 조교와 관계를 가지고 있음을 알게 되자 그와 이혼했다. 이혼이 선정적으로 공표되자 그는 존스홉킨스대학교에서 해임당했다. Watson은 그의 학생인 Rosalie Raynor와 재혼하여 사업세계에 발을 들여놓았다(Hansen & Jordan, 2019). 사업적 감각을 얻기 위해 그는 한때 커피 외판원과 뉴욕의 큰 백화점인 메이시에서 서기로 일하기도 했다. 그러나 그는 지금의「코스모폴리탄」,「하퍼스」,「매콜즈」등과 같은 잡지에 계속 기고했다. 이 논문들에서 그는 주로 아동발달에 대한 자신의 생각을 발전시켰다.

기본 개념

환경론 Watson은 행동주의자였다. 그는 오직 외현적 행동에 대해서만 연구해야 한다고 말했다. 그는 또한 환경론자였으며 다음과 같은 유명한 제안을 했다.

> 나에게 12명의 건강한 영아와 그들을 키울 잘 형성된 나 자신만의 특수한 세계를 제공해준다면, 나는 그들 중 아무라도 택해 훈련시켜 내가 선택한 어떤 유형의 전문가(그들의 재능이나 기호, 성향, 능력, 적성, 인종에 관계없이 의사나 법률가, 예술가, 상인, 장관뿐만 아니라 거지, 도둑에 이르기까지)라도 만들 수 있다고 장담할 수 있다(1924, p. 104).

그다음 문장에서 Watson은 "내가 지나친 주장을 한다는 것을 인정한다. 그러나 이와 반대편의 옹호자도 마찬가지로 수천 년 동안 자신의 주장을 그렇게 해오고 있다"라고 덧붙였다(p. 104).

정서에 대한 연구 Watson의 주요 관심사 중 하나는 정서의 조건형성이었다. 그의 주장에 의하면 출생 시에는 학습되지 않은 세 가지 정서반응, 즉 공포, 분노, 사랑만이 있다고 한다. 사실 우리가 관찰 가능한 것이라곤 세 가지 서로 다른 신체 반응뿐이나 그것들을 간략히 정서라고 부르는 것이다.

Watson(1924, p. 152−154)에 의하면, **공포**는 영아가 갑자기 움찔거리거나 깜짝 놀라고, 숨을 가쁘게 쉬며, 주먹을 꽉 쥐고, 눈을 꼭 감거나 딩굴고 우는 등의 행동을 할 때 관찰된다. 공포를 일으키는 무조건 자극은 단 두 가지뿐이다. 하나는 갑작스러운 소음이고, 다른 하나는 신체를 지탱하는 힘을 상실할 때(예 : 아기의 머리가 갑자기 뒤로 젖혀진 경우)다. 좀 더 나이 든 아동은 낯선 사람, 쥐, 개, 어둠 등과 같은 다양한 종류의 것들을 무서워한다. 그러므로 공포반응을 일으키는 대부분의 자극은 학습된 것임에 틀림없다. 예를 들면 어린 소년이 뱀을 무서워하는 것은 그가 뱀을 볼 때마다 큰 비명소리에 놀랐기 때문이다. 즉 뱀이 조건자극이 된 것이다.

분노란 처음에는 학습되지 않은 반응으로서 신체동작을 구속하는 데 대한 반응이다. 예를 들어 만약 2세 된 여아를 가고 싶은 곳으로 못 가게 붙들면 그녀는 소리 지르고 몸을 경직시키기 시작한다. 길 가운데서 막대기처럼 뻣뻣하게 드러누워 버린 채 얼굴이 새파랗게 질릴 때까지 고함지른다(p. 154). 비록 분노가 처음에는 한 상황(강제로 붙잡혀 있는)에 대한 반응이지만 나중에는 여러 상황에서 나타난다. 즉 아동은 세수를 하라거나, 변기에 앉으라거나, 옷을 벗으라거나, 목욕하라는 등의 말을 들을 때도 화를 내게 된다. 이와 같은 명령은 그런 상황에서의 신체적인 구속과 연합되기 때문에 분노를 일으키게 된다. 예를 들면 옷을 벗으라는 말에 아동은 화를 내는데, 이는 그 명령이 처음에 강제로 붙잡혀 있던 상황과 연합되기 때문이다.

사랑이란 처음에는 피부를 쓰다듬거나 간지럽히거나, 가볍게 흔들거나, 톡톡 건드림으로써 자동적으로 일어나는 반응이다. 이때 아기는 미소 짓거나, 소리 내어 웃거나, 즐거운 소리를 내기도 하며 우리가 보기에 다정하고 유순하며 상냥한 반응을 한다. 비록 Watson이 Freud를 위해 사용한 것은 아니지만, 그런 반응은 "특히 젖꼭지, 입술, 성기와 같은 소위 성감대라고 부르는 부위를 자극함으로써 유발하기 쉽다"는 것에 주목했다(p. 155).

영아는 처음에는 어떤 특정인을 사랑하지 않지만 곧 사랑하도록 조건형성된다. 엄마의 얼굴은 흔히 아기 자신을 톡톡 건드려주거나, 흔들어주거나, 간지럽혀주는 행동과 함께 나타나므로, 엄마의 얼굴은 그 자체로서 엄마에 대해 좋은 감정을 일으키는 조건 자극이 된다. 후에는 어떤 식으로건 엄마와 연합된 사람들이면 모두 이와 같은 반응을 일으키게 된다. 그러므로 타인에 대해 부드럽거나 긍정적인 감정은 2차 조건형성을 통해 학습된다.

사실 정서에 관한 Watson의 글 중 많은 것은 추측이었다. 그것도 막연한 추측이었다. 그의 말에 따르면, 세 가지 기본 정서는 여러 자극에 연합되며, "그런 반응과 그것의 변형에 추가사항을 표시한다"고 했다(p. 165). 그러나 그 후의 정서발달이 어떻게 발생하는지에 관해서는 거의 언급하지 않고 있다. Watson의 독특한 점은 그가 한 실험연구인데, 그의 주요 실험은 Albert B라 불리는 11개월 된 영아의 공포 조건형성에 대한 것이다.

어린 Albert의 공포 조건형성   Watson과 Raynor(Watson, 1924, pp. 159-164)는 Albert가 흰쥐에 대한 공포를 갖도록 조건형성시킬 수 있는지 알아보고자 했다. 실험의 시초에 Albert는 그런 공포를 보이지 않았다. 그 후 실험자는 네 번에 걸쳐 쥐를 보여주면서 동시에 Albert의 머리 뒤에서 막대기를 세게 두드려 놀라는 반응을 일으켰다. 다섯 번째 시행에서 Albert는 쥐만 보고도 얼굴을 찡그리고 울면서 움츠렸다. 즉 그는 쥐를 두려워하도록 조건형성된 것이다. 보다 충분히 조건형성시키기 위해서 다시 두 번 더 쥐와 큰 소리를 함께 제시하고, 다음 시행에서는 쥐만 제시했더니 Albert는 울면서 되도록 빨리 먼 곳으로 기어가려고 애썼다.

며칠 지난 후 Watson과 Raynor는 자극일반화에 대해 조사했다. 그들은 Albert가 여러 물건을 가지고 놀지만 털이 있는 것은 모두 무서워하는 것을 발견했다. 즉 Albert는 토끼나 개, 털코트, 면화솜, 산타 가면 등을 볼 때마다 울거나 조마조마해했다. 전에는 이런 것들을 무서워해본 적이 없었다. 따라서 Albert의 공포는 털이 있는 모든 대상에 일반화된 것이다.

실제 적용

Watson의 실용적이며 혁신적인 중요한 업적은 공포를 탈조건형성하는 방법이었다. 그는 앞서 말한 Albert의 공포를 탈조건형성시키지는 못했다. 왜냐하면 고아인 Albert가 입양되어 Watson이 그런 시도를 하기 전에 마을을 떠났기 때문이다. 그러나 Watson은 동료인 Mary Cover Jones가 Peter라는 3세 남아의 공포를 제거하는 절차에 대해 조언을 했다.

Peter는 공포를 제외하고는 모든 면에서 적극적이고 건강한 아이였다. 그는 흰쥐, 토끼, 털코트, 깃털, 면화솜, 개구리, 물고기, 그리고 기계 장난감까지 무서워했다. Watson은 "사람들은 Peter라는 아이가 단지 Albert B가 자란 경우라고 생각하겠지만, Peter는 엄연히 다른 아이로서 그의 공포반응은 '집에서 형성'된 것이다"(1924, p. 173)라고 했다.

Jones는 Peter로 하여금 다른 아이들이 토끼와 함께 노는 것을 보게 하는 등 여러 가지 방법을 시도했다. 그러나 그녀와 Watson이 따른 절차는 다음과 같다. Peter를 높은 의자에 앉혀놓고 오후 간식을 준 후, Peter가 불안하지 않을 만큼 멀리서 우리에 들어있는 흰토끼를 보여주었다. 그다음 날에는 Peter가 경미한 불안을 느낄 정도까지만 토끼를 더 가까이 접근시켰다. 그날의 치료는 여기에서 끝났다. 이와 똑같은 일을 매일 반복했는데, 이때 실험자는 Peter가 너무 불안하지 않도록 주의하면서 토끼를 점점 가까이 접근 시켰다. 마침내 Peter는 한 손으로 과자를 먹으면서 다른 한 손으로는 토끼와 놀 수 있게 되었다. Jones는 이와 같은 방법으로 Peter의 다른 공포들도 거의 제거했다.

Jones의 기법은, 비록 Locke(1장)가 전에 이미 예견했었지만, 당시에는 매우 혁신적이 었다. 오늘날 그 기법은 **체계적 둔감화**라고 불리는 **행동수정**의 한 형태로 알려져 있다 (Wolpe, 1969 참조). 피험자는 긴장을 풀고 서서히 공포자극에 접하게 된다. 실험자는 항상 피험자가 지나치게 불안해하지 않도록 확인해야 한다. 이렇게 되면 피험자는 점차 로 대상이나 상황에 대해 공포보다는 편안한 감정을 연합시키는 것을 학습하게 된다.

Watson은 자신의 조언을 공포 제거를 위한 치료절차에만 국한시키지 않았다. 그는 또한 아동양육에 대해서도 많은 언급을 했는데, 그는 이것을 과학적인 사업으로 바꿔 보고자 했다. Watson은 그중에서도 특히 부모가 자녀를 엄격한 시간표에 따라 양육할 것을 권했으며, 자녀를 껴안아주거나 키스해주거나 어루만져 주는 것 등을 삼가라고 주장했다. 왜냐하면 부모가 그렇게 하면 아이들은 곧 부모의 모습과 관대한 반응을 연 합하여 부모로부터 떨어져 스스로 세계를 탐색하는 것을 배우지 못하기 때문이라고 했 다(Watson, 1928, p. 81). Watson의 충고는 1930년대에는 상당한 영향력이 있었으나 그 영향력이 지속되기에는 너무 극단적인 것이었다. 그래서 Spock나 Bowlby 등의 영향으 로 부모는 그들의 계획을 다소 완화했으며, 자녀에게 더 다정하게 대하게 되었다. 그럼 에도 불구하고 Watson의 좀 더 일반적인 목표(아동교육을 과학적인 학습원리의 확고한 기반 위에 구축하려는 목표)는 미국에서 육아의 중요한 부분으로 남아있다.

평가

Watson의 노력 덕분에 고전적 조건형성의 틀은 심리학 이론의 초석이 되었다. 심리학 자들은 대상이나 사람에 대한 많은 반응들은 이 조건형성 과정을 통해서 발달한다고 결 론내렸다(Liebert, Poulos, & Marmor, 1977 참조).

이와 동시에 이 모델이 제한점을 가지고 있다는 것도 알 필요가 있다. 하나는 연구자 들은 영아의 반응을 조건형성시키는 것은 Watson이 시사한 것보다 훨씬 더 어렵다는 사실을 발견했다. 이는 특히 생후 한 달 동안에 그런 것으로 보인다(Lamb & Campos, 1982; Sameroff & Cavanaugh, 1979). 아마도 고전적 조건형성은 일단 영아가 Piaget의

1차 순환반응을 발달시킨 후에야 더 쉬워지는 것 같다. 일단 영아가 감각운동 행위(예 : 소리 나는 것을 쳐다봄)를 협응할 수 있게 되면, 여러 가지 연합을 더 쉽게 배운다.

또한 인간이 학습하게 되는 조건형성 자극의 종류에도 제한점들이 있다. 예를 들어 연구자들은 영아를 대상으로 쥐 대신 커튼이나 나무블록 같은 사물에 고전적 조건형성을 시도했으나 매우 힘들었다. 아마도 인간은 선천적으로 특정 자극을 두려워하는 성향이 있는 것 같다. 서로 다른 반응들과 연합되는 자극의 종류들도 생물학적인 한계가 있는 것으로 보인다(Harris & Liebert, 1984, pp. 108-109; Seligman, 1972).

끝으로 학습이론의 관점에서 고전적 조건형성은 특정한 종류의 반응에 국한되는 것으로 보인다. 고전적 조건형성은 반사나 선천적 반응(많은 정서반응 포함)의 조건형성에 가장 잘 적용되는 것 같다. 하지만 이런 종류의 조건형성이 말하기나 도구 사용, 춤, 체스놀이와 같은 능동적이고 복잡한 기술을 어떻게 학습하는지를 설명할 수 있을지는 의문이다. 그런 기술을 숙달할 때 우리는 자극에 대한 선천적 반응에만 국한하는 것이 아니라 가장 효과적인 방법을 찾아내기 위해 자유로이 시행착오적인 행동을 많이 한다. 따라서 학습이론가들은 조건형성의 다른 모델을 발전시켰는데, 그중 가장 영향력 있는 것이 B. F. Skinner의 이론이다.

Skinner와 조작적 조건형성

생애 소개

B. F. Skinner(1905~1990)는 펜실베이니아주 서스쿼해나의 작은 마을에서 자랐다. 소년시절에는 학교생활을 좋아했고 썰매나 뗏목, 수레 같은 것들을 즐겨 만들었다. 그는 또 소설과 시도 썼다. 고등학교 졸업 후에는 뉴욕에 있는 해밀턴대학에 진학했다. 그는 그 대학이 자신에게 맞지 않는다고 느꼈으나 영문학 전공의 우등생으로 졸업했다.

그 후 2년 동안 Skinner는 작가가 되고자 애썼으나 결국 자신이 '말할 만한 중요한 것이 없기 때문'에 성공하지 못할 것이라고 결정했다(1967, p. 395). 그는 인간과 동물의 행동에 관심이 있었으므로 하버드대학교 심리학과 대학원에 등록했으며, 거기서 학습에 대한 연구를 하고, 학습에 대한 자신의 생각들을 명확하게 말하기 시작했다. Skinner는 미네소타대학교(1936~1945년), 인디애나대학교(1945~1947년), 하버드대학교(1947년부터 1990년 사망할 때까지)에서 가르쳤다.

과학자로서의 성공에도 불구하고 Skinner는 자신이 옛날에 가졌던 관심을 완전히 포기하지 않았다. 그 하나로, 무엇을 만드는 데 대한 어린 시절의 열정을 계속 발휘했다. 예로, 그의 첫아이가 태어났을 때는 새롭게 개량된 아기침대를 만들기로 결정했다. 이 침대는 '아기상자'라고도 불리는데, 옷을 많이 입힐 필요가 없을 정도로 적당히 따뜻하며 자유롭게 움직일 수 있는 침대이다. 이것은 때로 사람들이 생각하듯 아기를 훈련시키는 장치가 아니며, 단지 좀 더 안락한 침대일 뿐이다. 문학에 대한 Skinner의 흥미 역시 다시 살아나 1948년에는 자신의 조건형성 원리에 기초한 이상사회를 묘사한 『월든투(Walden Two)』라는 소설을 출판하기도 했다.

조작적 모델

Skinner도 Watson처럼 엄격한 행동주의자였다. 그는 심리학이 애매한 정신상태(예 : 목표, 욕구, 목적 등)를 나타내는 말들을 써서는 안 되며, 대신 명백한 외현적 행동연구에 한정되어야 한다고 믿었다. 이에 더해 Skinner는 Watson과 마찬가지로 환경론자였다. Skinner는 유기체가 유전적 자질을 가지고 태어난다는 것은 인정하지만, 주로 환경이 어떻게 행동을 통제하는지에 관심을 가졌다.

그러나 Watson과는 대조적으로 Skinner가 연구한 조건형성의 주요 모델은 Pavlov식 조건형성이 아니다. Skinner에 의하면 Pavlov가 연구한 조건형성은 반응적 행동에 관한 것이다. 이런 행동은 이미 알려진 자극에 의해 자동적으로 유발되는 반응이다. 예를 들면 음식 섭취는 자동적으로 침분비를 유발하며, 큰 소음은 자동적으로 놀라는 반응을 유발한다. 대부분의 반응적 행동은 대개 단순한 반사다.

Skinner가 가장 흥미를 느낀 두 번째 부류의 행동은 **조작적**(operant) 행동이라 부른다. 조작적 행동에서는 Pavlov의 개처럼 동물을 우리 안에 묶어놓지 않고 자유롭게 움직이게 하여 환경에 대해 '조작'하도록 한다. 예를 들면 Thorndike(1905)가 행한 초기 실험에서 퍼즐상자 안에 있는 고양이는 냄새를 맡거나 발톱으로 할켜보고 높이 뛰기도 하다가 우연히 걸쇠를 당기는 반응을 하게 되며, 이로 인해 음식을 얻어먹게 된다. 이런 성공적 반응은 다시 일어날 가능성이 커진다. 이 경우 그 반응을 자동적으로 유발한 사전 자극을 찾아볼 수 없다. 오히려 동물은 반응을 방출하고, 그중 어떤 반응은 유리한 결과를 가져오기 때문에 미래에도 일어날 가능성이 더 커진다. Skinner 용어로 말하면 행동은 그 행동 후에 나타나는 강화자극에 의해 통제된다(Skinner, 1938, pp. 20−21, 1953, pp. 65−66). 반응적 조건형성과 조작적 조건형성의 두 모델은 그림 8.1에 그려져 있다.

조작적 조건형성을 연구하기 위해 Skinner는 'Skinner 상자'라는 장치를 만들었다. 이것은 작은 상자인데, 그 안에서 동물은 마음껏 돌아다닐 수 있도록 되어 있다(그림 8.2 참조). 한쪽 편에는 지렛대가 있고, 이것을 누르면 자동적으로 먹이나 물이 나온다. 쥐와 같은 동물은 처음에는 이리저리 돌아다니다가 마침내 지렛대를 누르게 되고, 그럼으로써 보상을 받게 된다. 시간이 흐름에 따라 동물은 지렛대를 더 자주 누른다. Skinner에 의하면, 가장 중요한 학습의 척도는 **반응률**이다. 즉 반응이 강화되면 반응의 발생률

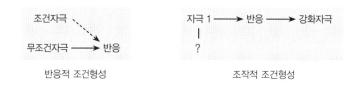

그림 8.1

반응적 조건형성과 조작적 조건형성. 반응적(Pavlov식) 조건형성에서는 자극이 반응에 앞서 나타남으로써 자동적으로 반응을 유발해낸다. 조작적 조건형성에서는 최초의 자극을 알 수 없다. 즉 유기체는 단순히 반응을 방출하며, 이 반응은 반응 후에 나오는 강화자극에 의해 통제된다.

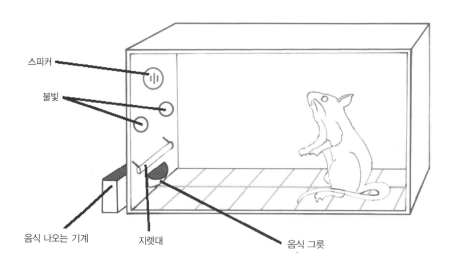

그림 8.2   쥐용 스키너 상자

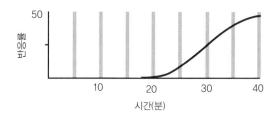

그림 8.3

전형적인 학습곡선

(Skinner, 1938, p. 69에서 인용)

은 증가한다. Skinner의 장치에서 지렛대를 누르는 것은 자동적으로 그래프에 기록되므로 실험자가 장시간 그 옆을 지킬 필요가 없다. 그 자료는 그림 8.3과 같은 학습곡선으로 나타난다.

Skinner는 조작적 행동이 반응적 행동에 비해 인간생활에서 훨씬 더 중요한 역할을 한다고 믿었다. 이를 닦거나 차를 운전하거나 책을 읽을 때의 우리 행동은 특정 자극에 의해 자동적으로 유발되는 것은 아니다. 예를 들어 밝은 불빛이 자동적으로 눈을 깜박이게 하는 것과는 달리 책을 단지 쳐다보는 것만으로 독서반응이 유발되는 것은 아니다. 우리는 과거에 경험한 독서의 결과에 따라 책을 읽을 수도 있고 읽지 않을 수도 있다. 만약 책을 읽음으로써 좋은 성적 같은 보상을 받았다면 우리는 그런 행동을 할 가능성이 커진다. 즉 행동은 그 행동의 결과에 의해 결정된다(Munn, Fernald, & Fernald, 1974, p. 208).

조건형성의 원리

강화와 소거 Skinner 학파 학자들은 많은 실험을 통해 영아기부터 시작하여 인간의 행동은 강화자극에 의해 통제될 수 있다는 것을 보여주었다. 예를 들면 영아는 빨아서 달콤한 액체를 먹게 되면, 달콤하지 않은 액체를 먹게 될 때와는 반대로 빠는 반응률을 증가시킨다(Lipsitt, 1975). 이와 마찬가지로 영아의 미소나 발성률도 그 행동에 대해 실험자가 미소 짓거나, 쓰다듬어주거나, 주의를 기울여주는 등의 보상이 따라오면 증가될 수 있다(Brackbill, 1958; Rheingold, Gewirtz, & Ross, 1959).

이 같은 실험에서 실험자는 여러 가지 다른 종류의 강화물을 다루게 된다. 음식이나 고통 제거 같은 강화물은 **1차 강화물**이며, 이들은 '자연적인' 강화속성을 가지고 있다. 이와 달리 성인의 미소나 칭찬 또는 주의를 기울여주는 것 같은 강화자극을 **조건형성된 강화물**이라 한다. 이들의 효과는 1차 강화물과의 빈번한 연합에서 생긴다(Skinner,

1953, p. 78).

조작적 행동도 반응적 행동과 마찬가지로 **소거**된다(p. 69). 예를 들면 아동은 '단지 주의를 끌기 위해' 어떤 짓들을 하기 때문에(p. 78), 지나치게 울거나 분노발작을 하는 것과 같은 바람직하지 않은 행동은 그런 일이 발생할 때마다 주의를 기울여주지 않고 계속 내버려둠으로써 소거시킬 수 있다(Etzel & Gewirtz, 1967; Williams, 1959).

한편 분명히 소거된 것처럼 보이는 조작적 행동도 **자발적 회복**을 보일 수 있다. 예를 들면 주의를 기울여주지 않음으로써 소거되었던 어린 소년의 분노발작은 새로운 상황에 놓이게 되면 다시 나타나기 시작한다(Williams, 1959). 이런 행동은 더 소거되어야 한다.

강화의 즉각성   Skinner(1953, p. 101, 1959, p. 133)는 반응에 대해서 즉시 강화해줄 때 그 반응률이 가장 높아진다는 것을 발견했다. 예를 들면 쥐는 지렛대를 누를 때마다 즉시 먹이알을 받아먹게 될 때만 지렛대를 누르는 비율이 높아진다. Bijou와 Baer(1961, p. 44)가 지적했듯이 이 원리는 아동양육에서 중요하다. 예를 들면 만약 어떤 아버지가 아들이 신문을 갖다줄 때마다 즉시 기쁨을 표시하면, 이 아이는 다음 날도 그 행동을 반복할 것이다. 그러나 만약 아버지가 무언가에 정신이 팔려 아들의 행동을 강화하는 것을 몇 분동안 지체했다면, 이 아이의 행동은 강화되지 않을 것이다. 사실 강화되는 것은 강화받는 순간의 소년의 행동이다. 예를 들면 만약 강화받는 순간에 아들이 벽돌을 쌓고 있었다면 강화되는 것은 신문을 가져다주는 행동이 아니라 벽돌을 쌓는 행동이 된다.

변별자극   우리는 조작적 조건형성이 반응을 일으키는 처음 자극을 염두에 두지 않고도 설명될 수 있다고 했다. 이것은 사실이지만, 그렇다고 해서 그와 같은 자극들이 중요하지 않다는 뜻은 아니다. 반응에 선행하는 자극은 그 반응에 대한 상당한 통제력을 가질 수도 있다.

예를 들면 Skinner(1953, pp. 107-108)는 비둘기가 목을 뻗칠 때마다 강화를 주었다. 이때 Skinner는 비둘기가 목을 뻗치도록 한 처음 자극에 대해 전혀 아는 바가 없었다. 그는 단지 비둘기가 그런 반응을 방출하기를 기다려서 강화를 주었을 뿐이다. 그러나 다음에는 불빛신호가 켜졌을 때만 그 반응에 대해 강화를 주었다. 몇 번을 그렇게 한 후, 비둘기는 불빛이 꺼졌을 때보다 켜졌을 때 더 자주 목을 뻗었다. 즉 불빛은 **변별자극**이 된 것이다. 불빛은 행동에 대한 강화가 주어지는 때를 나타내기 때문에 그 행동을 통제하게 된 것이다.

Skinner(pp. 108-109)는 일상행동이 어떻게 변별자극과 결합되는지를 보여주는 많은 예를 들고 있다. 과수원의 경우 빨갛게 익은 사과는 달고 그렇지 않은 다른 것들은 시다고 할 때, 빨간색은 따서 먹으면 바람직한 결과가 나온다는 것을 알려주는 자극이 된다. 이와 마찬가지로 어떤 사람의 미소는 그 사람에게 접근하면 긍정적인 반응을 얻게 될 기회라는 사실을 우리는 알게 된다. 찡그렸을 때 접근하면 거절 같은 혐오적인 결과를 얻는다. 이것이 사실인 한, 타인의 얼굴표정은 우리가 그에게 접근할 가능성을 통제하는 변별자극이 된다.

비록 변별자극이 상당한 통제를 하긴 하지만, 그런 통제가 반응적 조건형성에서처럼 자동적인 것은 아니다. Pavlov의 실험에서는 먼저 주어진 자극이 반응을 자동적으로 유발한다. 그러나 조작적 조건형성에서 그런 자극은 반응이 일어날 가능성을 높게 할 뿐이다.

일반화　반응적 조건형성처럼 조작적 조건형성에서도 **자극일반화** 과정이 있다(Skinner, 1953, p. 132). 아버지를 보고 "다다"라고 말하고 엄마나 형제를 보면 그러지 않도록 강화받는 어린 여아가 있다고 하자. 여기서 아버지는 변별자극이다. 그러나 이 여아가 길거리에서 본 낯선 남자에게도 "다다"라고 말하는 것은 흔히 있을 수 있는 일이다. 즉 자극이 일반화된 것이다. 이때 부모는 여아가 제대로 구별하도록 가르쳐야 한다. 부모는 여아가 아버지를 보고 "다다"라고 말하면 "옳지"라고 말해주지만, 다른 남자를 보고 그럴 때는 그렇게 해주지 않는다.

마찬가지로 **반응일반화**도 볼 수 있다. 예를 들면 말할 때 어떤 단어의 복수형을 사용하는 것에 대해 강화받은 아동은 강화받은 적이 없는 다른 단어의 복수형도 말하곤 한다. 즉 강화는 특정 반응뿐 아니라 동일한 일반적 부류의 다른 반응에도 영향을 미친다(Lovaas, 1977, pp. 112-113).

행동조성　조작적 행동은 **실무율**(all-or-nothing)로 습득되는 것이 아니며, 보통 조금씩 점진적으로 학습된다. Skinner(1953, p. 92)는 비둘기에게 벽면의 한 지점을 쪼도록 학습시키는 것도 점진적으로 조성되어야 한다는 것을 보여주고 있다. 만약 우리가 비둘기를 상자에 넣고 그 지점을 쫄 때까지 기다린다면, 며칠 또는 몇 주일을 기다려야 할지도 모른다. 오랫동안 비둘기는 그 지점 근처에도 가지 않는다. 그러므로 우리는 비둘기의 행동을 조성해야 한다. 먼저 비둘기가 그 지점을 향해 돌아설 때 먹이를 준다. 그러면 그 행동의 빈도가 증가한다. 다음에는 그 방향으로 약간 움직일 때까지 먹이 주는 것을 보류한다. 그렇게 하여 비둘기가 벽면 앞에 다가갈 때까지 계속 강화해준다. 이렇게되었을 때 우리는 비둘기의 머리 움직임을 강화할 수 있게 되는데, 처음에는 앞으로 움직이기만 해도 먹이를 주다가 결국에는 실제로 그 지점을 쪼았을 때만 강화한다. 이런 과정을 통해 우리는 점차 원하는 반응을 조성한다. 조성은 또한 '점진적 접근법'이라고도 하는데, 이는 원하는 반응에 점점 더 접근할 때마다 강화가 주어지기 때문이다.

우리는 이와 같은 점진적 조성과정으로 여러 가지 인간 기술을 가르친다. 예를 들면 한 소년에게 야구배트 휘두르는 것을 가르칠 때, 그가 배트의 손잡이를 올바르게 쥐면 "좋아"라고 말해준다. 그다음에는 플레이트 위로 걸어 올라갈 때 "좋아"라고 말해준다. 그리고 나서 발 자세, 수평으로 휘두르기 등으로 옮겨가면서 점차적으로 완전한 행동을 조성한다.

행동연쇄 학습된 행동은 반응연쇄로 조직화될 수 있다. 야구에서 흥분되는 경우는 타자가 공을 강하게 치고, 1루로 전력질주한 다음, 2루에 도달하기 위해 모험을 할 때다. 경험이 많은 선수는 종종 별개의 행동들을 매끄러운 하나의 순서로 수행한다.

Skinner 학파 학자들은 이런 각 단계를 강화와 자극의 관점에서 보려 했다. 배트로 공을 바로 쳤다는 감각이 배트를 휘두르는 행동을 강화하고, 이것이 또한 다음 행동, 즉 베이스로 달려가는 행동을 유발(자극)한다. 선수가 달리고 있을 때 외야수를 지나서 날아가는 공의 모습은 2루에 안전하게 도달하려는 시도를 자극한다. 그 선수의 다음 행동들은 비슷한 방식으로 분석될 수 있다(Schwartz, 1989).

강화계획 Skinner(1953, p. 99)는 우리의 일상 행동이 매번 **연속적**으로 강화되는 경우는 드물고, 대신 **간헐적**으로 강화되는 것을 관찰했다. 우리는 스키를 타러 갈 때마다 항상 스키 타기 좋은 눈을 발견하는 것은 아니며, 파티에 갈 때마다 항상 재미있는 것도 아니다. 그래서 Skinner는 여러 가지 간헐적 강화계획의 효과에 대해 연구했다.

간헐적 강화가 **고정간격** 계획에 의해 주어질 경우 유기체는 특정한 시간이 지난 후의 첫 반응에 대해 강화를 받는다. 예를 들면 비둘기는 원판을 쫀 후에 먹이를 받지만, 다음의 쫀는 행동이 강화받으려면 3분을 기다려야 하며, 그다음에 또다시 3분을 기다려야 하는 과정이 계속된다. 이 계획하에서의 반응률은 대체로 낮다. 높은 반응률은 **고정비율** 계획 때 얻을 수 있는데, 예를 들어 비둘기는 항상 다섯 번씩의 쫀는 반응 후에야 먹이를 받게 된다. 그러나 이 두 가지 계획 모두에서의 반응은 강화 후에 잠시 뜸해진다. 이것은 마치 비둘기가 다음 강화까지는 아직 멀었다는 것을 알고 있는 것같이 보인다(p. 103). 학생들은 흔히 학기말 과제를 끝낸 직후 그런 효과를 경험하게 되는데, 이때는 또 다른 숙제를 시작하는 일이 힘들다.

고정계획에 의해 반응이 뜸해지는 것은 강화를 예상할 수 없는 방식으로 변화시키면 피할 수 있다. **변화간격** 계획하에서는 평균적으로 볼 때는 일정 시간 후에 강화가 주어지는 것이지만 그 간격은 여러 가지 간격으로 되어 있어 일정치 않다. **변화비율** 계획하에서는 보상을 받기에 필요한 반응의 수를 변화시킨다. 이 두 계획을 적용하면 유기체는 계속적으로 높은 반응률을 보이는데, 특히 변화비율 계획하에서 그렇다. 보상이 언제 주어질지 모르기 때문에 유기체는 계속적으로 반응하게 된다.

만약 바람직한 행동을 가르치고자 한다면, 처음에는 연속적인 강화를 주는 것으로 시작하는 것이 가장 효과적이다. 그런 방식이 행동을 처음 시작하게 하는 데 가장 효과적이기 때문이다. 그러나 그 행동을 또한 오래 지속시키고 싶다면 어떤 시점에서부터는 간헐적 강화계획으로 바꾸어야 한다(Bijou & Baer, 1961, p. 62).

Skinner의 가장 중요한 발견 중 하나는 연속적으로 강화된 행동에 비해 간헐적으로 강화된 행동이 더 소거되기 힘들다는 것이다. 이는 많은 아동의 좋지 않은 행동이 왜 그렇게 멈추기 어려운가에 대한 이유이기도 하다. 예를 들어 우리는 아동이 칭얼대며 조르는 행동을 항상 묵살할 수 있으나, 만약 가끔 한 번씩 들어주면 그 아이는 계속 그런 행동을 하게 된다(Bijou & Baer, 1961, p. 62).

부적 강화와 벌 지금까지 정적 강화에 대해 논의해왔다. 강화란 반응을 강하게 하는 것

(반응률의 증가)을 말하며, 정적 강화는 음식이나 칭찬, 주의를 기울여주는 것과 같은 긍정적인 결과를 줌으로써 반응을 강화하는 것이다. 반응은 또한 부적 강화를 통해 강화될 수도 있는데, **부적 강화**란 불쾌한 또는 혐오스러운 자극을 제거하는 것을 말한다. 이런 방식으로 인해 기본적으로 강화되는 것은 혐오자극으로부터 도피하려는 경향인데, 그런 예는 다이빙대에서 물속에 뛰어듦으로써 친구들의 조롱을 피하는 것을 학습하게 되는 소녀에게서 볼 수 있다(Skinner, 1953, pp. 73, 173).

반대로 **벌**은 그 행동을 강화하려는 게 아니라 제거하려는 것이다. Skinner의 생각에 따르면, "벌은 현대생활에서 가장 보편적인 통제기법이다. 이런 유형은 잘 알려져 있다. 만약 어떤 사람이 당신이 원하는 대로 행동하지 않으면 때려 눕혀라. 아이가 못된 짓을 하면 두들겨주어라. 어느 나라의 국민이 못된 짓을 하면 폭격해버려라"(p. 182).

그러나 벌이 항상 효과적으로 작용하는 것은 아니다. 초기 실험에서 Skinner(1938)는 쥐가 지렛대를 누를 때마다 벌을 주었더니(지렛대가 뒤로 넘어갔다가 쥐의 다리를 세게 때리도록 했다) 그 반응이 단지 일시적으로 억제된다는 것을 발견했다. 결국 벌은 소거보다 반응을 더 빨리 제거하지 못했다. 다른 연구들(예 : Estes, 1944)에서도 이와 비슷한 결과를 얻었고, 그런 발견은 일상의 경험이 옳음을 확인해준다. 부모가 아이를 때리면 한동안은 잘하지만, 그 아이의 못된 행동은 후에 다시 나타난다.

Skinner는 벌을 반대하는데, 벌이 원치 않는 부작용을 유발하기 때문이다. 예를 들면 학교에서 꾸지람을 들은 아이는 곧 자신을 억제하거나 갈등을 겪는 것처럼 보인다. 아이는 두려운 결과 때문에 공부하는 것과 공부를 피하려는 것 사이에서 갈피를 못잡는다. 이 아이는 공부를 시작했다가 그만두거나 마음이 산란해지고 서투른 행동을 하게 될지도 모른다(Skinner, 1953, pp. 190-191).

Skinner는 아동을 벌주는 대신 소거시키려고 노력하는 것이 좋다고 권고했다. "만약 어떤 아동의 행동이 단지 부모를 화나게 함으로써 강화되어 왔다면, 이제 부모가 더 이상 화내지 않고 그대로 버려두면 그 행동은 사라질 것이다"(1953, p. 192). 종종 Skinner 학파의 학자들은 바람직하지 못한 행동에 대한 소거와 바람직한 행동에 대한 정적 강화를 결합시킬 수 있다고 주장한다. 예를 들어 한 연구에서 교사는 유치원 아동이 공격적인 행동을 할 때는 전혀 주의를 기울이지 않다가, 사이좋게 협동적일 때는 칭찬하고 주의를 기울여주었다. 그 결과 교실은 더 조용해졌다(P. Brown & Elliott, 1965).

내적 상태 : 사고, 감정, 추동

사고　때로 Skinner는 **텅빈 유기체론**(empty organism theory)을 제창하여 외적인 행동만 연구하고 내적인 상태는 무시했다는 말을 듣는다. 이런 평가는 정확하지만 지나치게 단순화한 감이 있다. Skinner는 내적 세계가 존재한다는 것을 부정하지 않는다. 우리는 치통으로 고통을 느끼는 것처럼 내적 감각을 가지고 있다. 우리는 또한 사고한다고 말할 수도 있다. 사고는 단지 약하거나 내현적인 형태의 행동인 것이다. 예를 들어 우리는 자기 자신에게 크게 말하기보다는 침묵 속에서 이야기하며, 장기를 둘 때 말의 움직임을 침묵 속에서 생각하기도 한다. 그러나 이런 사적인 사건은 그것을 사람들에게 보이도록 드러내어 측정할 방법이 없다면 과학적 심리학의 연구대상이 될 수 없다(Skinner, 1974, pp. 16-17, 7장).

　Skinner는 특히 우리가 사고를 행동의 원인이라고 보려는 경향 때문에 고심했다. 우리는 '가게에 가고 싶다는 생각'이 들었기 때문에 가게에 가고, 비둘기는 먹이가 주어질 것을 '예상'하기 때문에 원판을 쫀다고 말한다. 그러나 이런 식으로 말하는 것은 잘못이다. 우리가 가게에 가고, 비둘기가 원판을 쪼는 것은 그런 행동이 과거에 강화받았기 때문일 뿐이다. 목표나 기대에 관한 어떤 논의도 불필요한 것이다. 뿐만 아니라 그런 논의는 환경의 통제효과, 즉 행동에 대한 올바른 설명을 불가능하게 한다(Skinner, 1969, pp. 240-241, 1974, pp. 68-71).

감정　Skinner는 인간이 사고를 하는 것과 똑같이 정서도 가지고 있다는 사실을 인정한다. 그러나 감정은 사고와 마찬가지로 행동의 원인이 되지는 않는다. 우리는 '영화관에 가고 싶어서' 또는 '그러고 싶다고 느껴서' 영화관에 간다고 말할지 모르나 이 말은 아무것도 설명해주지 않는다. 우리가 영화를 보러 간다면, 이는 그런 행동이 과거에 강화를 받았기 때문이다(Skinner, 1971, p. 10).

　정서반응 자체도 학습이론 원리에 따라 설명될 수 있다. Watson에 대한 논의에서 우리는 정서반응이 어떻게 고전적 조건형성에 의해 학습될 수 있는가를 보았다. Skinner는 조작적 분석도 또한 설명이 가능하다고 믿는다. 많은 정서는 여러 가지 서로 다른 강화 우발사건의 부산물이다. 예를 들면 자신감은 잦은 정적 강화의 부산물이다. 야구공을 항상 정확하게 칠 수 있게 되면, 자신감과 숙달감을 갖게 된다(Skinner, 1974, p. 58).

반대로 강화가 더 이상 주어지지 않으면 낙담하여 무기력해진다. 고정비율 계획이나 고정간격 계획하에서는 보상을 받은 후에 계속 반응하기가 어려운데, 이는 보상을 당분간 더 이상 기대할 수 없기 때문이다(p. 59).

조작적 분석은 또한 여러 유형의 정서행동이 지속되는 이유를 설명해준다. 어린 소녀가 계속적으로 공격행동을 한다면 그 행동의 결과를 알아보는 것이 중요하다. 그녀의 행동이 주의를 끌거나 다른 아동의 장난감을 얻는 데 성공하는가? 만약 그렇다면 그녀의 공격성은 계속될 것이다. 이와 마찬가지로 행복이나 양순함, 동정, 공포, 그리고 다른 정서적인 반응을 나타내는 행동이 지속된다면, 이는 그 행동들이 긍정적인 결과를 가져왔기 때문이다(Bijou & Baer, 1961, pp. 73－74; Skinner, 1969, pp. 129－130).

따라서 Skinner는 정서를 환경통제의 산물이라고 보면 쉽게 이해할 수 있다고 믿었다. Freud 학파처럼 정서를 행동의 정신 내적인 원인으로 보는 것은 무익하다. 예를 들면 Freud 학파는 성(性)을 두려워하는 어떤 남자에 대해 그가 내적 감독기관인 초자아로부터 벌받을 것을 예상하기 때문에 그렇다고 말할 것이다. Skinner에 따르면 그런 논의는 아무런 보탬도 되지 않는다. 만약 어떤 사람이 성을 회피하는 이유를 알고 싶다면 과거에 있었던 그의 성행동에 대한 결과를 보아야 할 것이다(Skinner, 1974, 10장).

추동　Skinner는 행동의 원인이 유기체 내부에 있다는 것을 거부함으로써 여러 가지 어려운 문제점에 부딪히게 되었다. 특히 추동의 개념에 대해서 고민했다. 배고픔이나 목마름 등의 추동은 행동을 동기화하는 내적 상태를 의미하는데, Skinner 자신도 강화를 효과적으로 하기 위해 실험하는 동물에게 먹이와 물을 주지 않았다.

Skinner는 추동을 내적 상태, 즉 정신적이거나 생리적인 것으로 생각할 필요가 없다고 주장했다. 우리는 단순히 동물에게 먹이와 물을 주지 않는 시간을 정확히 재고 그런 조작이 반응률에 미치는 효과를 조사하면 된다(Skinner, 1953, p. 149).

그러나 추동의 개념은 Skinner 학파에게 하나의 고민거리로 남아있기 때문에, 그들은 추동개념에 대한 언급 없이도 강화를 개념화시킬 수 있는 방식을 찾고자 했다. David Premack(1961)은 흥미로운 제안을 했는데, 강화를 단순히 반응이 일어날 순간적인 확률로 보자는 것이다. 즉 그 순간에 일어날 확률이 높은 행동은 확률이 낮은 행동에 대한 강화물로 작용할 수 있다는 것이다. 아동이 식사를 해야 할 시간인데도 놀기에 더 바쁠 경우 노는 것은 식사하는 것에 대한 강화물로 이용될 수 있다. 우리는 단순히 "식사하고 난 뒤에 더 놀아라"라고 말하면 된다(Homme & Totsi, 1969). 이런 식으로 개념화하면 먹는 것이나 마시는 것은 강화물로서의 특별한 지위를 갖지 않아도 된다. 먹는 것이나 마시는 것은 다른 모든 행위와 마찬가지로, 어떤 특정 시간에 일어날 수 있는 확률에 따라 좋은 강화물이 될 수도 있고 그렇지 않을 수도 있다.

종특유 행동

Skinner는 행동의 원인을 유기체 내부에서 찾을 필요가 없다고 주장했다. 즉 행동은 외부환경에 의해 통제된다는 것이다. 그러나 환경적 통제에는 어떤 한계가 있는 것 같다. Watson의 평가에서 간단히 언급된 바와 같이 각각의 종은 어떤 행동을 다른 행동보다 쉽게 배우게 하는 특정 유전적 자질을 가지고 있다. 예를 들면 조작적 조건형성 연구는 쥐에게 어떤 사물을 보고서 그냥 지나치도록 학습시키거나, 인간이 아닌 종에게 언어행동을 가르치는 것은 어려운 일이라는 걸 발견했다(Skinner, 1969, p. 201). 학습이론가들이 말하듯이 종이 학습할 수 있는 것에는 생물학적인 '한계'가 있다.

Skinner 학파는 종특유 행동을 흔히 반응 **지형학**(topography)으로 다룬다. 즉 실험자는 조성될 수 있는 언어행동의 종류처럼 그들이 다룰 수 있는 행동을 지도를 그리듯이 상세하게 기술한다. 이 지형학은 단지 강화가 행동을 조성하고 유지하는 방식에 대한 기술(記述)일 뿐 분석의 핵심은 아니다. 그럼에도 불구하고 지형학은 필수적이다(pp. 199-209).

Skinner는 종특유 행동도 넓은 의미에서 환경적 우발사건의 산물이라고 주장한다. 왜냐하면 그런 행동은 진화과정에서 종이 특정 환경 속에서 생존해나가는 데 도움이 되었으므로 그 종의 행동목록의 부분이 되어버렸기 때문이다. 이와 같이 환경은 모든 행동, 즉 한 동물의 생애에 나타나는 행동뿐만 아니라, 그 종이 과거의 진화과정에서 했던 행동까지도 선택적으로 강화한다(pp. 199-209).

실제적 적용

Skinner의 연구는 쉽게 실제적으로 적용할 수 있다. 우리는 Skinner 학파 학자들이 분노발작을 어떻게 소거시키는지 또는 소란한 교실을 어떻게 바로잡는지 알아본 바 있다.

행동문제를 바로잡기 위해 조작적 기법을 사용하는 것은 행동수정의 한 분야다. 조작적 기법은 Watson과 Jones에 의해 처음 사용된 체계적 둔감화 절차를 보완한 것이다. 14장에서는 자폐증 아동에게 조작적 치료를 하는 것을 볼 것이다.

프로그램 학습　Skinner는 또한 교수기계(teaching machine)와 프로그램 학습을 고안하여 정상 아동의 교육에도 중요한 공헌을 했다(Skinner, 1968). 교수기계는 간단한 장치로서 아동으로 하여금 짧은 문장을 읽고 질문에 답하도록 하면서 손잡이를 돌려 그 답이 맞았는지를 알아볼 수 있도록 되어 있다. 사실은 기계 자체보다는 그 내부에 들어있는 프로그램 재료가 훨씬 중요한데, 요즘은 흔히 이 재료를 간단한 소책자 형태로 제시하거나 컴퓨터에 설치하기도 한다. 프로그램 학습이 어떤 것인지를 알아보려면 다음에 제시된 자료[2]를 읽고 괄호 안을 채워보라. 이때 왼쪽의 답을 종이로 가리고 문제를 풀고 나서 답을 맞추어본 후 다음 문제로 넘어가도록 한다.

작은 단계	1. Skinner는 학습이 **작은 단계**들로 이루어지는 방식을 기술하였다. 그는 유능한 프로그램 교수는 조각가와 같아서 교습재료들을 조금씩 ＿＿＿ ＿＿로 나누어서 제시한다고 하였다.
즉각적으로	2. Skinner는 또한 **즉각적**으로 **강화**받을 때 신속하고 지속적으로 학습이 일어남을 발견하였다. 너무 자주 피드백이 지연되는 것은 ＿＿＿＿ 강화받는 것보다 못하다.
즉각적으로 강화	3. 예를 들어, 부모는 자녀의 희사행동을 칭찬하기 전에 몇 분간 기다릴 수도 있다. 행동은 ＿＿＿ ＿＿할 때 강화된다.

아동을 위해 프로그램 읽기의 예가 그림 8.4에 제시되어 있다.

프로그램 학습에는 학생 스스로가 독립적으로 자신의 속도에 따라 공부한다. 각 학생이 자기가 쉽게 숙달할 수 있는 수준에서 시작하도록 학습단위가 구성되어 있다. 처음부터 학생이 실수를 많이 하는 것을 원치 않는데, 그렇게 되면 학생에게는 학습에 대한

[2] N. L. Munn, L. D. Fernald와 P. S. Fernald가 지은 『심리학 개론(Introduction to Psychology)』(3판)의 pp. 249－250에서 인용

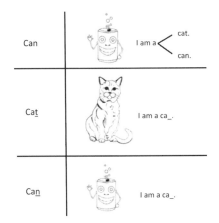

Can	I am a < cat. can.
Ca<u>t</u>	I am a ca_.
Ca<u>n</u>	I am a ca_.

그림 8.4

아동을 위한 프로그램 교수법

(Sullivan, M. W., Programmed learning in reading. In A. D. Calvin, Ed., *Programmed Instruction: Bold New Venture.* Bloomington: Indiana University Press, 1969, p. 111에서 인용)

긍정적인 강화가 부족할 것이기 때문이다. 행동조성에서처럼 처음에 학생의 행동목록 중에 있는 반응을 강화하는 것으로 시작하여, 거기서부터 점차적으로 쌓아간다.

놀랍게도 프로그램 학습의 근저에 있는 원리는 Montessori 원리와 겹친다. Skinner와 Montessori는 둘 다 학습을 개별화된 자기진도에 맞춘 활동, 즉 학생 자신의 수준에서 시작해 점차적으로 기술을 쌓아가는 활동으로 만들길 원했다. 그 둘에게 목표는 학습이 비판이나 처벌에 의해 파괴되지 않고, 지속적으로 긍정적인 경험이 되게 만드는 것이다.

그러나 두 접근법은 다르기도 하다. 하나는 프로그램 학습은 어린 아동이 읽어야 할 자료를 포함하는 데(그림 8.4 참조) 비해, Montessori 자료는 주로 신체적이다. 읽기를 배울 때에도 Montessori 아동은 샌드페이퍼 문자나 금속조각 같은 것을 가지고 시작한다. Montessori는 어린 아동은 그 같은 신체적인 활동들이 더 자연스럽다고 생각했다.

좀 더 기본적으로는 아동의 공부가 어른의 지시로부터 얼마나 자유로우냐의 정도에서 차이가 난다. Montessori는 교사가 뒤로 물러나 있는 동안 아동이 자기 자신의 과제를 선택하여 그것을 하도록 하였다. 그녀는 아동이 스스로 어떤 것들이 맞지 않는지, 실린더가 어떻게 맞춰지는지, 물이 어떻게 쏟아지는지, 그밖에 그들에게 중요한 것은 무엇이든지 발견하길 바랐다. 그러나 이와 반대로 프로그램 학습에서는 어른들의 지시가 어디에나 있다. 비록 책을 가지고 아동이 독립적으로 공부하는 것 같지만, 사실은 성인(프로그램 개발자)이 각각의 작은 반응들을 조직해놓은 것이다. 아동은 어른이 이끄는 대로 이 사회적 권위자(프로그램 학습 개발자)가 아동이 한 것이 맞다고 하는지를 반복적으로 체크해야 한다. 아동은 아마도 그들 자신이 세상에 대한 발견들을 했다는 느낌을 덜 받을 것이다.

그럼에도 불구하고 그 두 가지 방법 사이의 유사성(특히 두 방법 모두 학습을 긍정적인 경험으로 만드는 것)을 간과하지 않는 것이 중요하다. 비록 그 자신의 용어일지라도 Skinner가 Montessori의 신체적 과제를 인정하는 것을 상상할 수 있다. Skinner는 그들이 자발적인 발견을 허용하기 때문이 아니라, 물리적 환경으로부터 긍정적인 피드백을 쉽게 얻어내는 반응을 아동이 하도록 허용하기 때문이라고 말할 것이다.

부과된 과제를 시작하는 법 대학이 학기말을 향해가면 많은 학생이 압도당하는 느낌을 받는다. 그들은 공부할 게 너무 많고, 써야 할 과제가 너무 많아서 시작도 못한다. 그들은 곧 포기할 것 같다.

이런 일이 생기면 Skinner의 조성의 원리를 생각하면 도움이 될 것이다. 학습은 아주 작은 단계들로 일어날 수 있다. 나는 종종 강의시간에 학생들에게 정말 하기 쉬운 어떤 행동부터 시작하라고 말한다. 교재에서 하나의 문장을 쓰거나 또는 세 줄을 읽으라고 한다. 다음에는 잠깐 쉬면서 자신에게 보상(예 : 사과 한 쪽)을 주라고 한다. 같은 일을 다시 하는데, 매번 자신에게 보상을 하면서 쓰는 양이나 읽는 양을 아주 천천히 늘린다.

학생들은 때로는 이에 반대하는데, "이거는 도움이 안 돼요. 한두 문장으로는 아무것도 이룰 수 없어요"라고 한다. 그러나 일단 시작하고 나면, 그들은 보통 자신들이 생산적으로 일했음을 인정한다.

우리는 이 '작은 단계' 원리를 다른 많은 활동에 적용할 수 있다. 예를 들어 신체 모양을 바꾸려 한다면 첫 번째로 생각할 것은 1킬로미터(커다란 차이를 가져오는 거리)는 뛰어야 한다는 것이다. 그러나 보통 우리는 그렇게까지 뛰면 너무 피곤하니까 다음 훈련을 연기하게 된다. 다시 한번 시작을 작게 하는 것이 더 좋다. 아마도 20미터를 뛰는 것으로 시작하면 된다. 그렇게 한 다음 점차적으로 거리를 늘린다. 그러면서 여러분 자신에게 매번 보상으로 한턱을 낸다. 조금씩 조금씩.

Skinner의 '작은 단계' 아이디어는 원래 그가 처음 생각한 것이 아니다. 우리는 Locke가 같은 접근을 추천했고, Watson과 Montessori도 같은 접근을 추천했음을 알고 있다.

근래에는 심리학자인 B. J. Fogg(2020)가 생활을 개선하는 베스트셀러 책을 썼는데, 그 책의 많은 권고들은 '작은 단계'의 원리를 응용한 것이다. 그 접근법은 계속되고 있다.

평가

Skinner는 학습이론의 범위를 굉장히 넓혔다. 그는 고전적 조건형성의 한계를 주목한 후, 유기체가 자유로이 활동하면서 그 결과에 따라 통제되는 조작적 행동의 본질을 탐구했다. 일련의 뛰어난 연구를 통해 그는 이런 통제가 이루어지는 방법, 즉 강화계획, 행동조성, 변별자극의 영향 및 다른 요인에 의한 통제방법을 보여주었다. 나아가서 Skinner는 자신의 생각이 실용적인 중요성도 충분히 가지고 있음을 보여주었다.

그런 과정에서 Skinner는 여러 방면의 논쟁을 불러일으켰다. 어떤 점에서 그의 연구는 권위주의의 도구가 될 수 있다. 왜냐하면 타인의 행동을 통제하고, 조정하고, 또 그에 대한 계획을 세우는 방식을 제시해주고 있기 때문이다. 이에 대한 Skinner의 대답(예 : 1974, p. 244)은 환경이 행동을 통제하는 것은 사실이지만 그 사실에 대한 지식을 어떻게 사용하는가는 우리에게 달려있다는 것이다. 우리는 인도주의 목적에 알맞는 환경을 만들 수도, 그렇지 않을 수도 있다.

발달론자들도 Skinner 학파와 가치문제에 관해 열띤 논쟁을 한다. 발달론자들은 우리가 아동을 이해하고자 노력해야 하며 그들 스스로 생각할 수 있는 기회를 주어야 할 때, 아동의 행동을 통제하고 변화시킨다는 이야기를 하는 것에 진력낸다. 그러나 많은 Skinner 학파 학자들에게 그런 감상은 낭만적이고 고지식한 것이다. 왜냐하면 아동은 주로 외부환경의 영향을 통해서 발달하기 때문이다.

좀 더 객관적으로 볼 때 Skinner와 발달적 전통의 저자들 간에는 핵심적으로 세 가지 방식에서 의견의 불일치를 보이고 있다. 첫째, 발달론자들은 종종 내적 사건에 대해 언급한다. Piaget는 복잡한 정신구조에 대해 기술하고 있다. Freud 학파도 무의식적 환상에 대해 논하고 있다. Skinner에 의하면 그런 개념들은 과학적 발전을 저해하는 것으로서 우리의 연구는 외현적 반응과 환경적 자극의 측정에 한정할 때에야 비로소 과학적인 발전을 한다고 믿었다. 그러나 이 점에 대해서는 Skinner의 견해가 너무 극단적이라고 여겨지고 있다. 무의식을 믿는 학습이론가들은 거의 없지만, 많은 사람들이 연구에 내적, 인지적 사건을 포함시킨다. 즉 이들도 내적·인지적 사건에 대한 가설들이 비록 직접적으로는 측정할 수 없다 해도 이론에 포함되어야 한다고 믿고 있다. 다음 장에서는 Bandura의 인지적 학습이론을 논의할 것이다.

둘째로, Skinner 학파 연구자들은 발달단계(행동이 명백한 양식 또는 질적인 차이를 보이는 기간)의 타당성을 의심한다. 대신에 그들은 행동이 점진적이고 연속적인 방식으로 형성된다고 믿는다(Bijou, 1976, p. 2; Skinner, 1953, p. 91). Piaget와 Kohlberg의 장에서 보았듯이 발달론자들은 아직도 그들의 단계구조들의 타당성에 대해 연구 중이므로, 이 불일치성은 금방 끝날 것 같지는 않다.

Skinner와 발달론자들 사이에 의견차이를 보이는 세 번째 쟁점은 가장 중요한 것이다. 이는 행동변화의 근원에 대한 문제다. 발달론자들은 행동이 전적으로 외적 환경에 의해서 유형화된다고 믿지 않는다. 그들은 결정적인 경우에 아동의 사고, 감정, 행동은 자연적으로 발달한다고 주장한다. 예를 들어 Gesell은 아동이 서고 걷고 이야기하는 등의 행동을 하게 되는 것은 내적인 성숙적 촉발에 의한 것이라고 믿었다. Piaget는 성숙론자는 아니지만 일차적으로 발달적 변화의 원천은 환경이 아니라 아동이라고 보았다. 아동은 어느 정도 신기한 사건에 대한 자발적인 관심으로부터 시작해서 외부세계에 대처해나가는 데 필요한 더 복잡하고 분화된 구조를 구성해나간다.

예를 들어 블록을 떨어뜨리면서 나는 소리를 듣고는 블록을 반복해서 자꾸 떨어뜨려서 새롭고 재미난 소리를 계속 들으려는 어린 여아를 생각해보자. Skinner의 이론에 의하면, 그 소리는 그녀의 행동을 통제하는 강화물이다. 그러나 이 강화물은 곧 그 효력을 잃게 되는데, 이는 그 여아가 좀 더 복잡한 결과에 관심을 갖게 될 것이기 때문이다(Kohlberg, 1969a). 예를 들어 이 여아는 서로 다른 높이에서 물건을 떨어뜨려 여러 가지 다른 소리를 들으려 할 것이다. 따라서 Piaget에게서 외부적인 강화는 행동의 결정자가 될 수 없다. 왜냐하면 그런 것들은 흔히 아동의 관심이 발달함에 따라 변하기 때문이다. Piaget에게서 행동의 주요 변인은 더욱 더 복잡해져가는 사태에 대한 아동의 자발적인 호기심이다.

그러므로 발달론자들은 아동이 타인의 가르침이나 외적 강화와는 다소 독립적으로 자기 스스로 성장하고 학습하는 방식을 개념화하고자 노력한다. 이와 동시에 환경이 또한 상당한 정도로(흔히 Skinner가 말한 방식으로) 행동을 통제하고 강화한다는 사실을 아무도 부정할 수는 없다. 더욱이 Skinner의 이론과 연구에는 다른 연구자들이 부러워할 만한 명확성과 세련된 단순함이 있다. 과학적인 방법과 이론에 대한 Skinner의 위대한 업적은 영원히 남을 것이다.

Bandura의 사회학습이론

생애 소개

선구적인 학습이론가들은 일반적으로 물리적 환경 속에서 동물을 가지고 실험하여 자신들의 개념을 발달시켰다. 그들은 동물이 어떻게 미로를 달리며, 어떻게 수수께끼 상자를 해결하고, 어떻게 Skinner 상자에서 지렛대 누르기를 학습하는지 관찰했다. 다음에 Skinner 학파와 연구자들은 같은 원리가 사회적 맥락에서의 인간의 학습에도 어떻게 적용되는지를 보여주었다. 쥐가 음식을 얻기 위해 지렛대를 누르는 것과 마찬가지로 사람들은 사회적인 보상을 얻기 위해 타인들과 상호작용하는 것을 학습한다.

그러나 Albert Bandura(1925~2021)는 사회적 상황에서의 인간의 학습은 Skinner와 학습이론가들이 말하는 것을 넘어선다고 주장했다. Bandura는 우리는 사회적 상황 속에서 모방을 통해 많은 것을 학습하며, 모방에는 **인지과정**이 포함된다고 말했다. 우리는 단지 모델을 관찰하면서 우리가 본 것을 정신적으로 부호화하여 수많은 정보를 획득한다.

1960년대와 1970년대에 Bandura는 관찰학습과 모델의 효과에 관한 그의 생각을 다듬었다. 1980년대 초에는 우리의 노력이 자신의 역량에 대한 우리의 믿음(자기효능성에 대한 믿음)에 의해 영향받는 방식에 주의를 기울였다. Bandura의 일생에 걸친 연구는 현대 심리학의 중심 위치를 차지하고 있다.

Bandura는 캐나다 앨버타주 먼데어 지역의 아주 작은 마을에서 1925년에 태어났다. 그의 부모는 10대 때 동부유럽에서 먼데어로 이민을 왔다. 그들은 농가를 농장으로 바꾸고, 농장을 지키기 위해 태풍과 가뭄에 맞서 싸웠다. 그는 소년으로 할 수 있을 때 공부를 열심히 하기 시작했다. 그의 부모는 교육받지 못했으나 교육을 중요시하고

Bandura에게 이런 가치관을 심어주었다. 단 20명만 다니는 고등학교에 다닌 후에, 그는 브리티시컬럼비아대학교에 다녔는데, 학비를 벌기 위해 오후에는 목공예 공장에서 일했다(Bandura, 2006; Evans, 1989).

Bandura는 우연히 첫 번째 심리학 수업을 듣게 되었다. 그는 아침 일찍 수업을 듣는 공대와 의대생들과 함께 통학을 했는데, 빈 시간이 생겼다. 그래서 심리학 과목을 듣게 되었고, 여기서 바로 심리학 주제에 심취하게 되어 전공으로 택했다. 그는 학사학위를 받은 후 임상심리학 전공으로 아이오아대학교 대학원에 입학했다. 거기서 그는 Robert Sears와 사회학습이론의 다른 선구자들의 연구에 감동하게 되었으며, Bandura는 사람들의 생활을 조성하는 데에서 모델이 하는 역할에 대해 진지하게 생각하기 시작했다(Bandura, 2006; Evans, 1989; Zimmerman & Schunk, 2003).

대학원 졸업 후에 Bandura는 스탠퍼드대학교의 교수가 되었으며 그곳에서 그의 나머지 생애를 보냈다. 1974년에는 미국 심리학회 회장에 뽑혔는데, 이름뿐인 회장에 머무르지 않고 심리학적 서비스에 대한 연방예산 삭감에 대항할 조직을 구성하는 등 적극적으로 활동했다. 오랜 기간에 걸쳐 Bandura는 많은 명성과 상을 받았다. 이전의 학생들은 그의 비꼬는 듯한 유머를 애정을 가지고 말했으며, 또한 많은 요구를 하면서도 도움을 주는 스승이라고 칭찬했다(Zimmerman & Schunk, 2003).

기본 개념

관찰학습

Skinner 이론에서의 학습은 흔히 유기체가 학습하기 위해서 행동해야만 하는 점진적인 과정으로 보인다. 유기체는 반응을 방출하고 이 반응은 점차 그 결과에 의해 조성된다. 그러나 Bandura(1962)는 사회상황 속에 있는 사람들은 단지 다른 사람들의 행동을 관찰함으로써 더 빨리 학습한다고 주장한다. 예를 들면 아동이 새 노래를 배우거나 부모 흉내를 내는 소꿉놀이를 할 때 이들은 종종 새로운 행동의 긴 순서를 순식간에 획득하는 것처럼 보인다.

관찰학습의 강력함에 대해서는 인류학 문헌(Bandura & Walters, 1963, 2장; Honigmann, 1967, p. 180)에 잘 나타나 있다. 예를 들어 과테말라의 한 하위문화에서 소녀들은 모델을 단지 관찰만 하고도 직물 짜는 법을 배운다. 교사(즉 모델)는 직물기 조작에 대해 시범을 보이고 소녀들은 단지 관찰만 한다. 그런 다음 소녀가 준비되었다고 생각하면 직물기를 넘겨받는데, 보통 첫 번째 시행에서부터 직물 짜는 일을 능숙하게 해낸다. Bandura(1965a)의 용어로 말하면 그녀는 **무시행 학습**(no-trial learning)을 보여주는 것이다. 즉 전적으로 관찰만을 통해 새로운 행동을 즉시 획득하는 것이다. 그녀는 각각의 작은 반응에 대해 서로 다른 강화를 받는 시행착오 학습의 지루한 과정을 거칠 필요가 없다.

새로운 행동이 단지 관찰을 통해 획득된다면 그런 학습은 **인지적**인 것으로 보인다. 예를 들면 과테말라 소녀가 교사(모델)를 지켜보고 아무런 연습도 없이 완벽하게 모방해낼 때 그녀는 그 행동에 대한 내적 표상에 의존했음에 틀림없다. 내적 표상은 그녀 자신의 수행을 안내한다. Bandura는 Skinner와 달리 학습이론은 내적인 인지 변인들을 포함해야 한다고 믿는다.

관찰은 또한 새로운 행동이 가져올 가능한 결과도 알려준다. 우리는 다른 사람이 새로운 행동을 시도할 때 어떤 결과가 나타나는지 보게 된다. Bandura는 이런 과정을 **대리강화**(vicarious reinforcement)라 부른다. 대리강화 역시 하나의 인지과정이다. 우리는 어떤 직접적인 행동을 하지 않고도 그 행동의 결과에 대해 예상할 수 있다.

우리는 많은 종류의 모델(살아있는 모델뿐 아니라, TV에서 보거나 책에서 읽는 것과 같은 **상징적 모델**)을 통해 학습한다. 상징적 모델의 또 다른 형태는 언어적 지시인데, 예를 들어 운전교습소에서 강사가 운전하는 행동을 묘사할 때와 같은 경우다. 그런 경우 강사는 시범과 더불어 언어적 묘사를 해서 우리가 알아야 할 대부분의 것들을 가르친다. 이는 참 다행스러운 일이다. 왜냐하면 만일 전적으로 우리 자신의 행동결과에 의해서만 운전을 배워야 한다면, 우리들 중 살아남는 사람은 거의 없을 것이기 때문이다(Bandura, 1962, pp. 214, 241).

관찰학습 과정을 더 자세히 알기 위해 Bandura가 분류한 네 가지 하위과정을 살펴보기로 하자.

관찰학습의 네 가지 구성요소

1. 주의 과정   첫째, 우리의 주의를 끌지 못하는 모델은 모방할 수 없다. 모델은 특색이 있고, 성공, 명성, 세력, 그리고 다른 매력적인 특성을 갖추고 있기 때문에 종종 우리의 주의를 끈다(Bandura, 1971, p. 17). 특히 TV는 매력적인 특성을 갖춘 모델을 성공적으로 제시해 우리의 생활에 강력한 영향을 준다(Bandura, 1977, p. 25). 주의 또한 관찰자의 흥미 같은 심리적 특성에 의해 좌우된다. 그러나 그런 변인에 대해서는 별로 알려진 것이 없다(p. 25).

2. 파지 과정   우리는 흔히 모델을 관찰한 후 어느 정도의 시간이 지난 다음에 그 모델을 모방하기 때문에, 모델의 행동을 상징적인 형태로 기억하는 어떤 방식을 가져야만 한다. Bandura(1965a, 1971, p. 17)는 이런 상징적 과정을 **자극근접**(stimulus contiguity, 동시에 발생하는 자극들 사이의 연합)이라는 용어로 설명했다. 예를 들면 한 남자가 새로운 도구인 드릴을 사용한다고 가정해보자. 우리는 그가 어떻게 (드릴용의) 송곳을 조이고, 그것을 어떻게 밀어넣는가 등을 볼 수 있다. 그 과정이 지난 후에는 단지 드릴만 보고도 그것과 연합된 많은 이미지가 떠오르게 되며 그런 것들이 우리의 행동을 이끈다.

위의 예에서 자극들은 모두 시각적이다. 그러나 Bandura(1971, p. 18)에 의하면 우리는 보통 이런 자극들을 언어적 부호와 연합시킴으로써 사건들을 기억한다고 한다. 예를 들어 한 운전사가 새로운 길을 택해 가는 것을 볼 때, 우리는 그 길과 단어들(예 : 1번 도로, 다음은 12번 출구)을 연결시킨다. 후에 우리 자신이 그 길을 운전하려 할 때는 이 언어적 부호가 그 길을 따라가도록 도와준다.

5세 이하의 어린 아동은 아직 단어로 사고하는 데 익숙치 못하므로 아마도 시각적 영상에 매우 많이 의존해야 할 것이다. 이것이 그들의 모방능력을 제한한다. 따라서 그들에게 언어적 부호를 사용하도록 가르침으로써, 즉 그들이 모델을 보고 있는 동안 모델의 행동을 언어적으로 묘사하도록 요구함으로써 모방을 증진시킬 수 있다(Bandura, 1971, p. 19; Coates & Hartup, 1969).

많은 기억과제에서 어린 아동은 자신의 능력이나 한계를 고려하지 않는다. 예를 들어 Vygotsky(1931b, p. 71)는 어린 아동이 주어진 과제가 쉽든 어렵든에 관계없이 억제되지 않은 열의를 가지고 덤벼드는 것을 관찰했다. 그들은 마치 무엇이든지 기억

할 수 있다고 생각하는 것 같았다. 현대 용어로 말하면 이 아동은 **상위인지적 인식**
(metacognitive awareness)이 부족하다. 아직 자신의 인지기술을 관찰하고 평가하지 못한
다. 5세에서 10세경의 아동은 점차적으로 자신의 기억능력을 평가하게 되고, 언어적 암
송(기억을 더 잘하기 위해 자신에게 반복적으로 말하는 것)과 같은 기억에 도움되는 것
들을 사용할 줄 알게 된다. Bandura(1986, p. 89)는 모델이 언어적인 암송이나 다른 기
술을 사용하도록 아동에게 도움을 줄 수 있다는 실험적인 증거를 요약했다.

3. 운동재생 과정   행동을 정확하게 재생하려면 그에 필요한 운동기술을 갖춰야 한다.
예를 들면 한 소년은 아버지가 톱을 사용하는 것을 지켜볼 수는 있으나, 신체의 힘과 민
첩성이 부족하기 때문에 제대로 모방할 수는 없다. 관찰을 통해서는 단지 새로운 **반응
패턴**(예 : 어떻게 나무를 올려 세우고, 어디에 톱을 대는지 등)은 알 수 있지만, 새로운
신체능력(예 : 힘으로 나무를 자르는 것)을 얻지는 못한다. 그런 신체능력에는 신체적
인 성장과 연습이 있어야 한다(Bandura, 1977, p. 27).

4. 강화와 동기 과정   Bandura는 그 이전의 인지학습이론가들(Tolman, 1948)처럼 새로
운 반응의 획득과 수행을 구별했다. 우리는 모델을 관찰하여 새로운 지식을 획득할 수
는 있으나, 그 반응들을 수행할 수도 있고 수행하지 않을 수도 있다. 예를 들면 한 소년
이 이웃 사람이 어떤 비속어를 쓰는 것을 듣고 그런 새로운 단어를 배울 수는 있겠지만
그것을 재연하지 않을 수 있다.

수행은 강화와 동기 변인에 의해 좌우된다. 즉 보상을 얻게 될 것 같으면 우리는 실제
로 타인을 모방할 것이다. 부분적으로는 그 일에 대해 과거에 받은 **직접적인 강화**도 중
요하다. 위의 예에서 만일 그 소년이 과거에 욕하는 것에 대해 존경과 찬사를 받은 적이
있다면 그는 이웃 사람을 모방하려 할 것이다. 반면 그런 행동에 대해 벌을 받았다면 그
이웃 사람을 모방하는 것을 주저할 것이다.

수행은 또한 **대리강화**(모델에게 발생한 결과를 보는 것)에 의해서도 영향을 받는
다. 만일 그 이웃 사람이 욕을 했을 때 이에 대해 칭찬받는 것을 본다면 소년은 그를 모
방할 것이다. 만일 그 이웃 사람이 벌을 받는다면, 소년은 모방하려 하지 않을 것이다
(Bandura, 1971, p. 46, 1977, pp. 117－124).

끝으로 수행은 **자기강화**(우리가 스스로의 행동에 대해 내리는 평가)에 의해서도 어느 정도 좌우된다. 우리는 나중에 이 과정에 관해 논의하게 될 것이다.

결론　모델을 성공적으로 모방하기 위해서는 (1) 모델에 주의를 기울여야 하고, (2) 본 것을 상징적 형태로 저장하는 어떤 방식을 갖춰야 하며, (3) 그 행동을 재연하기 위해 필요한 운동기술을 갖춰야 한다. 그런 조건들이 갖춰지면 모델을 어떻게 모방하는지 알게 될 것이다. 그러나 아직 모방하지 않을 수도 있다. 실제 수행은 (4) 강화 가능성에 따라 좌우되는데, 그중 많은 부분이 대리강화이다.

　실제로는 이 네 가지 요소가 완전히 분리된 것은 아니다. 특히 강화과정은 주의를 기울이는 데 영향을 준다. 예를 들어 우리는 흔히 강력하고 유능하며 존경받는 모델에게 주의를 기울인다. 왜냐하면 열등한 모델보다는 그런 모델을 모방하는 것이 더 긍정적인 결과를 가져온다는 것을 알기 때문이다.

사회화 연구

Bandura의 네 가지 과정 모델은 모방학습에 대한 정교한 분석을 제공한다. 보다 광범위한 수준에서 Bandura의 주요 관심 중 하나는 사회화 과정(사회가 그 구성원들을 사회적으로 용인되는 방식으로 행동하도록 유도하는 과정)에 있다.

　사회화는 거의 모든 종류의 행동, 심지어 전문 기술에까지도 영향을 미치는 총괄적인 과정이다. 예를 들어 미국의 많은 10대 소년들은 운전을 배우지 않으면 자신의 사회집단에 어울리지 못할 것이라고 생각한다. 그러나 자동차운전은 모든 문화에서 요구되는 일은 아니며, 보다 더 넓은 관련성을 가진 사회적 행동종류들이 있다. 예컨대 모든 문화에서는 공격성을 표현하는 것이 어떤 때 용인되는지를 구성원들에게 가르치려 하며, 또한 협동, 희사, 돕는 양식도 가르치려 한다. 따라서 공격성과 협동행동은 모든 문화에서 사회화의 '목표'다(Hetherington & Parke, 1977, p. 231). 다음 몇몇 절에서 사회화 과정에서의 몇 가지 표적행동에 대한 사회학습적 분석에 대해 살펴볼 것이다.

공격성

Bandura(1967; Bandura & Walters, 1963)는 다른 행동뿐 아니라 공격성의 사회화도 부분적으로는 조작적 조건형성의 문제라고 믿는다. 예를 들면 부모나 혹은 사회화 대리인은 아동이 사회적으로 적합한 방식(예 : 게임이나 사냥에서)으로 공격성을 표현할 때는 보상을 주고, 사회적으로 용인되지 않는 방식(예 : 더 어린 아동을 때릴 때)으로 공격성을 표현할 때는 벌을 준다. 그러나 또한 사회화 대리인은 다양한 종류의 모델을 제시함으로써 아동에게 많은 것을 가르치기도 한다. 아동은 공격적인 모델을 관찰하고 그 모델이 언제 강화받는지를 주시하며 이에 따라 모방한다. Bandura는 몇 가지 실험에서 이런 과정을 조사해왔으며, 이 실험들 중 하나는 현재 하나의 고전으로 간주되고 있다.

이 연구(Bandura, 1965b)에서 Bandura는 4세 아동에게 개별적으로 한 남자 모델이 약간 새로운 공격행동을 하는 영화를 보여줬다. 이 모델은 보보인형[1]을 넘어뜨리고, 그 위에 타고 앉아 "코 한방 먹어라, 퍽!", "박살나게 퍽! … 누워있어!" 등과 같이 소리치며 주먹질을 했다(pp. 590–591). 각 아동은 세 조건 중 하나에 배정되었는데, 이 조건들은 각 아동이 똑같은 영화를 보게 되지만 마지막 부분만 다르게 끝나는 것들이었다.

1. **공격성–보상** 조건에서는 영화 끝 장면에 가서 모델이 칭찬받고 한턱도 받았다. 즉 다른 어른이 나타나 모델을 '강한 챔피언'이라 불렀고 그에게 초콜릿바와 음료수 같은 것을 주었다(p. 591).
2. **공격성–벌** 조건에서는 모델을 '깡패'라고 부르며 때려주어 겁을 먹도록 하였다(p. 591).
3. **결과 없는 조건**에서는 모델의 공격행동에 대해 상이나 벌 중 아무것도 주지 않았다.

영화가 끝난 후 각 아동은 즉시 보보인형과 다른 장난감들이 있는 방으로 안내되었다. 실험자는 일방경을 통해 아동이 모델이 했던 공격행동을 얼마나 자주 모방하는지 관찰했다.

그 결과 모델이 벌받는 것을 본 아동은 다른 두 집단의 아동보다 훨씬 덜 모방했다.

---

[1] 바람을 넣어 사람 모양으로 크게 만든 풍선

즉 대리적 벌은 공격반응의 모방을 감소시켰다. 공격성-보상 집단과 결과 없는 집단 간에는 차이가 없었다. 이런 결과는 공격성과 같이 전형적으로 금지되는 행동에서 자주 발견된다. "이번에는 나쁜 결과가 나오지 않았다"는 것을 관찰하게 되면, 이는 대리적 보상만큼이나 쉽게 모방을 촉진시킨다(Bandura, 1969, p. 239).

이 실험에는 또한 첫 번째 실험만큼 중요한 두 번째 부분이 있다. 실험자는 아동이 있는 방에 가서 각 아동에게 영화에서 본 것을 추가해서 재현한다면 주스와 예쁜 그림딱지를 주겠다고 말했다. 이 유인물은 세 집단 간의 차이를 완전히 없애버렸다. 모든 아동은 모델이 벌받는 것을 본 아동을 포함해서 똑같은 정도로 모델을 모방했다. 따라서 대리적 벌은 단지 새로운 반응의 **수행**을 차단했을 뿐이지 그 **획득**을 막은 것은 아니다. 공격성-벌 조건에 있던 아동은 새로운 반응을 학습은 했으나 새로운 유인물이 도입될 때까지는 그 반응들을 재현하는 것이 현명하다고 느끼지 않았다.

위의 실험에서는 아동이 **새로이** 획득한 반응을 수행한 것이지만, 모델은 또한 **이전에 학습한 같은 종류**의 행동수행에도 영향을 줄 수 있다. 예를 들면 한 소년이 폭력영화를 본 후에 형제에게 거칠게 박는 행동했다고 하자. 그 아동의 거칠게 박는 행동은 새로 배운 것은 아니지만, 영화에서 본 같은 종류의 행동에 의해서 촉발되었다(Bandura & Walters, 1963, p. 72; Liebert, Poulos, & Marmor, 1977 pp. 146-147).

성역할

사회화되는 동안에 아동은 자신의 성에 맞는 방식으로 행동하도록 배운다. 사회는 '남성적' 특질이나 '여성적' 특질을 발달시키도록 아동을 격려한다.

물론 **성특질**도 부분적으로는 유전과 연결되어 있을 수 있다. 사회학습이론가들은 이 가능성을 부인하지는 않지만, 그들은 더 많은 것이 사회화 과정의 연구, 특히 모방의 역할에 관한 연구로부터 얻을 수 있을 것으로 믿는다(Bandura & Walters, 1963, pp. 26-29; Mischel, 1970).

성역할 학습에서 획득과 수행 간의 구별은 특히 중요하다(Mischel, 1970). 아동은 그 행동을 수행하지 않고 표면상의 관습적 성역할을 획득할 수 있다. 그들은 단지 그 행동을 관찰만 하면 된다. 유명한 인류학자 Margaret Mead(1964)는 에스키모 사회에서 이것에 어떻게 일어나는지 말했다. 에스키모 사회에서 소년들은 사냥하고 눈집을 짓도록

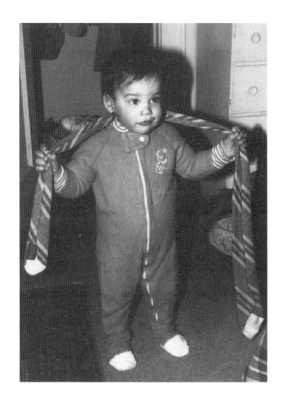

그림 9.1

이 여아는 아버지를 모방하고 있다. 이 여아는 얼마 후에는 여성을 모방해야 강화를 더 받는다는 것을 알게 될 것이다. 그러나 아직은 관찰을 통해 '남성적' 기술에 관해 많은 것을 배울 것이다.

격려받지만 소녀들은 그렇지 않다. 통상 소년들만 그런 활동에 참여하는데, 그럼에도 불구하고 소녀들은 소년들이 하는 걸 지켜보다가 비상시에는 동일한 기술을 실행할 수 있다. 소녀들은 단지 관찰만으로 그 기술을 습득한다(그림 9.1 참조).

아동은 또한 서로 다른 성의 활동을 하는 것이 억제될 수도 있다. 어떤 기술을 시행해 볼 기회를 많이 갖지 못하거나 강화받지 못하면, 아동은 그것들에 대해 주의를 기울이는 걸 그만둘 것이다. 따라서 성유형화된 사회적 강화는 관찰만으로도 부정적인 영향을 줄 수 있다(Grusec & Brinker, 1972; Maccoby & Wilson, 1957).

친사회적 행동

희사(sharing), **도움**(helping), **협동**(cooperation), **이타성**(altruism)과 같은 친사회적 행동의 본질과 근원에 대한 상당한 관심이 있다. 사회학습이론가들은 적합한 모델의 노출에 의해 친사회적 행동이 쉽게 영향받을 수 있다는 것을 보여줌으로써 이 분야에서 선구적 역할을 해왔다. 전형적인 연구(Rushton, 1975)에서 7~11세의 아동에게 한 성인모델이 볼링게임을 하고 난 후 자신이 받은 상금 중 얼마를 '불우아동 기금'에 기부하는 것을 보여주었다. 그 후 바로 이 아동은 혼자 그 게임을 하고 나서 많은 기부를 했는데, 이 타적인 모델을 보지 못한 통제집단보다 훨씬 더 많이 기부했다. 더욱이 그런 모델을 관찰한 아동은 두 달이 지난 뒤에도 이전과는 다른 실험자와 이전과는 다른 방에 있을 때 조차도 더 많이 기부했다. 분명히 관대한 모델에의 비교적 짧은 노출조차도 아동의 희사행동에 상당히 영속적인 영향을 준다.

수많은 실험에서 모델이 아동의 희사행동뿐 아니라 어려움 속에 있는 사람을 돕는 행동, 협동, 그리고 다른 사람들의 감정에 대한 관심에도 영향을 준다는 것을 보여주었다(Bryan, 1975; Mussen & Eisenberg-Berg, 1977, pp. 79-90). 이 영역에서의 실험 결과들은 부모의 행동 또한 자녀의 이타성과 연결된다는 자연상태에서의 연구에 의해서도 지지되는 것 같다(DeHart, Sroufe, & Cooper, 2004, p. 353; Mussen & Eisenberg-Berg, 1977, pp. 86-90).

시범과 설교　사회화 대리자는 행동적 본보기뿐 아니라 미덕을 설교하고 어떻게 행동해야 하는지도 이야기해줌으로써 아동을 가르친다. 그런 언어적 기법은 친사회적 행동에 대한 연구에서 가장 많이 연구되었다. 이를 간단히 개관해보기로 하자.

연구자들은 설교가 강력하지 않으면 비효과적인 것을 발견했다. 만일 성인이 단지 "희사하는 것은 좋은 일이다"라고만 말한다면, 아동은 그 말보다 그 성인이 실제로 행하는 것에 훨씬 더 영향받을 것이다. 만일 성인이 희사를 한다면, 그가 이타성을 설교하건 탐욕을 설교하건 그에 상관없이 아동 또한 희사할 것이다(Bryan & Walbek, 1970). 그러나 설교가 좀 더 강력해지고 마음에 오래 남는 감동적인 설교와 명령의 형태를 취한다면 이는 효과적일 수 있다(Mussen & Eisenberg-Berg, 1977, pp. 151-152).

그러나 G. M. White(1972)의 연구에서 볼 수 있듯이 명령은 강압적이어서 역반응을 일으킬 수도 있다. 이 실험에서 어떤 아동은 자신들이 받은 상금 중 일부를 불우아동에게 희사하라고 말한 어른과 함께 볼링을 했고, 다른 아동은 단지 이타적인 본보기에 따를 기회만 주어졌다. 그 직후의 관찰 결과 희사하라는 명령을 받았던 아동은 혼자 게임을 할 때도 더 많이 희사했다. 그러나 사후테스트에서 이 아동의 희사행동이 현저하게 감소되었고 오히려 훔치는 일이 더 많이 일어났는데, 그 결과는 아마도 강압적 방법에 대한 그들의 분노를 반영한 것 같다.

자기조절

사람들은 사회화되면서 외부적인 보상이나 벌에 좌우되지 않고 점차로 자신의 행동을 조절한다. 즉 자신만의 내적인 기준을 확립해 이에 따라 자기 자신에게 보상이나 벌을 준다. 예를 들면 한 여성이 남들은 전혀 모를지라도 자신의 도덕적 위반에 대해 스스로를 비난할 수 있다. 그녀는 자기행동이 스스로의 기준을 위반했기 때문에 자기 자신을 벌주는 것이다.

Bandura는 사람들이 성공과 성취를 추구하면서 자신의 수행을 어떻게 평가하는지에 대해 특히 관심을 뒀다. 어떤 사람들은 지극히 높은 성취목표를 설정하고 거기에 도달할 때만 자신에게 보상한다. 예를 들어 한 예술가는 남들이 찾아내지도 못하는 결함을 스스로 고친 후에야 자신의 작품으로 인정한다. 다른 사람들은 덜 완벽한 작품에도 만족할 수 있다.

자기평가 기준은 어떻게 획득되는가? Bandura는 그것이 부분적으로는 직접적인 보상과 벌의 산물이라고 믿는다. 예를 들면 딸을 가진 부모가 딸이 매우 높은 수준의 성적을 낼 때만 인정해준다면, 얼마 후 그 딸은 그 기준을 자신의 것으로 채택한다.

그러나 Bandura의 초점은 역시 모델의 영향에 모아져 있었다. 몇몇 실험에서 Bandura와 동료들(Bandura & Kupers, 1964; Bandura, 1986, pp. 341-342)은 아동이나 성인이 타인에게서 관찰한 자기평가 기준을 채택한다는 것을 보여주었다. 예를 들면 한 성인모델이 볼링게임에서 높은 점수를 냈을 때만 스스로를 칭찬하면서 사탕을 먹는 것을 본 아동은 자신의 차례가 되었을 때 높은 자기평가 기준을 채택했다. 이와 반대로 낮은 자기평가 기준을 보여주는(그리고 심지어 점수가 낮을 때에도 자신에게 한턱을 내는) 성인모델을 본 아동은 자신들도 낮은 기준을 채택했다.

일상생활에서의 상황은 매우 복잡하다. 왜냐하면 아동은 다양한 모델(예 : 부모, TV 주인공, 또래들)을 보게 되는데, 어떤 모델은 높은 자기평가 기준을 보이고 또 어떤 모델은 그렇지 않다. 아동은 어떤 모델을 따를 것인가?

Bandura(1986, pp. 342-343)는 아동이 성인보다는 또래들의 자기평가 기준을 채택하는 경향이 있다고 말했는데, 왜냐하면 아동은 또래들이 세운 낮은 기준을 좀 더 쉽게 수행할 수 있기 때문이다. 그러나 Bandura는 또한 아동으로 하여금 높은 기준을 택하도록 할 수도 있다고 했다. 예를 들면 아동에게 높은 수행 또래(높은 자기평가 기준을 충족시키는)와 어울리도록 격려할 수도 있고, 아동에게 높은 기준을 채택하여 보상받는 모델을 보여줄 수도 있다. 또는 높은 기준을 설정하고 결국에는 크게 성공해서 사람들의 갈채를 받는 과학자나 운동선수에 관한 이야기를 읽어줄 수도 있다.

높은 자기평가 기준을 채택한 사람들은 일반적으로 열심히 노력하는 사람들이며, 열심히 일함으로써 실제적인 성취를 이루어낸다. 이와 동시에 높은 목표는 성취하기 어려우며, 그래서 높은 목표를 설정한 사람들은 실망감과 우울증을 겪게 될 수도 있다. Bandura에 따르면 이와 같은 사람들은 하위목표를 설정함으로써 그런 우울증을 피할 수 있다. 즉 자신의 진전을 최종 목표에 맞춰 재지 말고, 실제로 가능한 매일의 목표들을 세우고 그것을 달성했을 때 스스로에게 보상하는 것이다(pp. 354, 359−360). 앞서 살펴본 Locke, Watson, Skinner, Montessori처럼 Bandura도 작은 단계 방식을 추천한다.

자기효능성

우리는 자신의 행동을 조절할 때 자기관찰을 한다. 우리는 현재 수행하고 있는 일에 대해 스스로의 기준과 목표에 기초해서 평가한다. 다른 상황에서는 자신의 일반적인 능력을 반영하면서 "나는 수학을 잘해" 또는 "나는 수영을 못 해"와 같은 결론을 내린다. Bandura는 이런 일반적인 판단을 **자기효능성 평가**라고 부른다(1986, 9장). 그의 경력의 후반부에서 자기효능성은 Bandura 연구의 중심주제가 되었다.

Bandura는 자기효능성 평가는 우리 스스로의 동기화 수준에 강력한 영향을 준다고 믿는다. 우리가 어떤 과제를 잘한다고 믿으면, 우리는 그 일을 열성적으로 하며 일시적인 좌절에도 버틴다. 우리가 스스로의 능력을 의심하면, 우리는 그 일을 덜 열심히 하며 어려움에 닥쳤을 때 쉽게 포기하게 된다(p. 394).

Collins(Bandura, 1986, p. 391에서 인용)의 실험은 자각된 자기효능성이 단지 능력의 문제가 아님을 보여준다. Collins는 아동을 수학능력에 따라 두 집단으로 나눈 후 아동에게 자신의 능력에 대한 그들 스스로 의견을 물었다. 그런 다음 모든 아동에게 어려운 문제를 주었다. 예측했듯이 높은 능력집단의 아동이 낮은 능력집단의 아동보다 훨씬 잘 해냈다. 그러나 자각된 자기효능성은 별개의 효과가 있었다. 각 능력집단 내에서 스스로 수학을 잘한다고 믿는 아동은 문제를 더 많이 풀었으며, 자신들이 실패한 문제를 계속 푸는 것을 선택했고, 수학에 대해서 더 긍정적인 태도를 보였다.

물론 자신의 능력을 너무 높게 평가할 수도 있다. 이는 특히 신체적인 손상이 초래될 수 있을 때 그렇다. 만일 우리가 경사가 높은 슬로프에서 자신의 능력을 과도평가한다면 크게 다칠 수도 있다. 그러나 Bandura는 일반적으로 우리의 역량을 과도평가하거나 성공할 것이라는 믿음을 갖는 것이 좋다고 믿는다. 인생에는 실망, 좌절, 장애, 불공평 등 많은 어려움이 널려있다. 그러므로 낙관적인 자기효능성은 유용하다. "끈질긴 생존자들은 스스로를 굳게 믿기 때문에 엄청난 노력을 해낼 수 있으며, 자신의 꿈을 추구하는 데서 나타나는 수많은 역경을 견뎌낼 수 있다"(Bandura, 1998, p. 57).

자기효능성 평가의 원천

Bandura(1986, pp. 399−408)는 자기효능성 평가는 네 가지 정보원천에 기초한다고 말했다.

1. 가장 영향력 있는 지식의 원천은 **실제 수행**(actual performance)이다. 주어진 과제마다 성공한다면, 우리의 효능감은 증가한다. 우리가 반복해서 실패하면, 우리의 자신감은 떨어진다. 우리가 어느 한 영역에서 자기효능감을 안정적으로 발달시키면, 일시적인 좌절에 크게 영향받지 않는다. 우리는 이 실패를 노력이 부족했다거나 허술한 전략을 썼기 때문이라고 돌리면서 다시 노력하는 경향이 있다. 그래서 다시 한번 성공하면, 우리의 효능감은 더 높아진다.

2. 자기효능성 평가는 또한 **대리경험**(vicarious experience)에 영향받는다. 만일 다른 누군가가 어느 한 과제에서 성공하면, 우리는 우리도 할 수 있다고 생각한다. 이는 특히 다른 사람들도 대략 우리와 같은 정도의 능력을 가졌다고 믿을 때 해당된다.

3. 또 다른 변인으로는 **언어적 설득**(verbal persuasion, 활력을 북돋는 말)이 있다. 누군가가 우리에게 어떤 과제를 수행할 수 있다고 설득하면, 우리는 보통 더 잘하게 된다. 물론 너무 어려운 과제에는 이런 설득이 효과가 없다. 그럼에도 불구하고 외부로부터의 격려는 도움이 된다. 왜냐하면 성공은 보통 타고난 능력에 의해서라기보

다는 우리가 들인 노력에 의해서 더 좌우되기 때문이다.

4. 끝으로 우리는 우리의 능력을 **생리적 단서**(physiological cue)에 부분적으로 기초해서 판단한다. 예를 들면 우리는 어떤 과제가 너무 어려워서 피로나 긴장을 느낀다고 해석한다. 이와 동시에 사람들은 종종 똑같은 신체적 단서에 대해 다르게 반응한다. 예를 들어 400미터 달리기에 출전할 준비를 하는 어떤 소녀는 자신의 불안을 자신이 너무 긴장해서 잘하지 못할 거라는 신호로 생각할 수 있다. 그러나 다른 소녀는 그와 똑같은 신체적 단서를 놓고 자신이 점화되고 있으며, '아드레날린이 넘치고' 최선을 다할 준비가 되어 있기 때문이라고 생각할 수 있다.

Bandura(1994)는 자기효능성이 전생애에 걸쳐서 어떻게 발달하는지에 대해 매우 예비적인 방식으로 개관했다. 영아는 외부환경을 탐색하면서 자기효능감을 발달시키며 그 환경을 자신이 통제할 수 있다는 감각을 갖게 된다. 아이들이 성장하면서 그들의 사회세계는 더 넓어지고 아동은 자기 또래를 자기효능성의 모델로 여긴다. 그들은 또한 학교와 운동장에서의 또래들의 수행과 자신을 비교한다.

10대는 이성과의 데이트 같은 새로운 영역에서 자기효능성을 평가한다. 젊은 성인은 노동자로서 또는 부모로서의 새로운 능력을 평가해야 하며, 노인은 은퇴에 적응하고 새로운 생활양식을 만들어가면서 자신들의 능력을 재평가해야 한다. 탄력적인 자기효능감은 개인으로 하여금 일생을 통해 활력과 생동감을 가지고 앞으로 나아가게 해준다. 자기효능감이 낮으면 사람들은 우울증이나 단념, 고통스러운 자기회의 등에 빠지기 쉽다.

추상적 모델링과 Piaget의 단계

Bandura(1971)는 심리학자들이 통상적으로 모델링을 정확한 모방과정으로만 보는 것을 관찰했다. 예를 들면 정확한 모방은 한 아동이 친구의 명확한 행동(예 : 친구가 'L' 자를 쓰는 방식)을 모방하려 할 때 일어난다. 그러나 아동은 또한 **추상적 모델링**(abstract modeling)도 한다. 그들은 특정한 행동의 저변에 깔려있는 일반적인 규칙이나 원리들을 끌어내고, 그것을 사용하여 스스로 매우 새로운 행동을 만들어낸다. 예를 들어 영어권의 아동은 그들이 듣는 모든 말로부터 복수를 만드는 규칙이 's'음을 첨가하는 것이라는 규칙을 끌어내서 수많은 새로운 문장을 생성하는 데 사용한다. Bandura에 의하면, 이와 유사하게 아동은 Piaget가 논의한 종류의 개념을 이끌어낸다. 아동은 모델을 관찰함으로써 새로운 도덕규칙이나 보존개념 원리를 끌어낼 수 있다.

　Bandura는 추상적 모델링을 어느 정도 Piaget 학파식의 맥락에서 본다. Piaget와 마찬가지로 Bandura도 아동을 하나의 능동적인 주체로 본다. 즉 아동은 규칙을 끌어내고 개념을 파악한다. 그러나 Bandura는 외부환경(특히 모델)이 어떻게 아동이 배우는 개념의 종류에 영향을 주는가에 더 역점을 두었다. 후에 우리는 모델이 어떻게 아동의 개념발달에 영향을 주는지에 대한 Bandura와 동료들의 연구를 살펴볼 것이다. 여기서는 우선 Piaget 이론과 Bandura 이론을 좀 더 자세히 비교해보기로 하자.

Bandura와 Piaget

Piaget는 아동이 외부세계에 대한 내적인 흥미로부터 자기 스스로 많은 것을 배운다고 생각했다. 아동은 특히 현재 자신의 인지구조에는 딱 맞지 않으나 좀 더 새로운 자극에 대해 호기심을 느낀다. 예를 들면 저자의 아들인 Tom이 11개월일 때 많은 것을 손으로 잡을 수 있었는데, 물을 손으로 잡으려 해도 그렇게 되지 않자 무척 놀랐다. 그러자 그는 계속 시도해보고 또 실패하면서 물이 그의 행동에 어떻게 반응하는지를 알아보았다. Tom은 어른의 인정이나 외적강화에 의해 동기화된 것은 아니었다. 그는 문제 자체에 몰두한 것이다. 또한 그 문제에 대해 매우 흥미 있어 했기 때문에 계속해서 그 문제에 매달렸고, 그 후 몇 개월이 지난 후 물을 잡아두는 방법을 발견했다.

　이를 Piaget의 견해로 말하면, 아동은 내적으로 흥미로운 문제를 풀어가면서 자신의 인지구조를 구성한다. 그 과정에서 아동의 사고는 일련의 광범위한 변형(즉 **단계**)을 겪는다. 이 단계들은 다시 아동이 매우 흥미롭게 여길 새로운 종류의 문제를 보여준다. 왜냐하면 아동은 현재 자신의 수준보다 한 단계 바로 위에 있는 사건이나 활동에 대해 계속해서 가장 호기심을 갖기 때문이다. 이런 '적당한 간격'의 원리는 또한 모방에도 포함된다. 즉 아동은 모델의 행동이 자신의 행동보다 약간 더 복잡할 때 자발적으로 흥미를 느낀다(Kohlberg, 1966b, 1969a, p. 434; Kuhn, 1974). 이것이 바로 아동이 자기보다 약간 나이 든 아동의 뒤를 열심히 따라다니면서 그 아동이 하는 것을 그대로 하려 하는 이유다. 따라서 Piaget 학파 학자들은 아동 생활에서 모델링의 영향에 대한 연구에 많은 시간을 투여하지 않았다. 대신 각 단계에서 아동의 인지행동에 대해 많은 연구를 했는데, 왜냐하면 아동이 속한 단계가 바로 그 아동이 열심히 찾아낼 모델의 종류를 결정하기 때문이다.

이와 반대로 Bandura는 일차적으로 환경론자다. 그는 아동이 스스로 발견하고 스스로의 생각을 만들어낸다는 것도 일리가 있지만, 실제로 아동의 정신은 환경이나 모델 또는 환경이 제공하는 사회적 훈련에 의해 구조화된다고 본다(Bandura, 1977, p. 183; Bandura & Walters, 1963, p. 44).

몇몇 주요 연구(1977, 1986, 1997)에서 Bandura는 그의 환경론을 약간 완화시켰다. 그는 개인들, 그들의 행동, 그리고 환경 간의 '상호 영향'에 대해서도 썼다. 그러나 그는 아직도 Piaget보다 훨씬 더 환경론자이며, Piaget의 이론에 대해 강력히 반대하는데, 특히 두 가지 기본적인 Piaget식 주의(主義)에 반대한다.

첫째, Bandura는 아동이 어느 정도 새로운 사건에 대한 내적인 흥미에서 많은 것을 스스로 배운다는 것에 대해 반대한다. 만일 아동이 그들 자신의 수준보다 약간 높은 모든 것에 대해 이해하도록 동기화된다면, 아동은 언제나 배우는 중일 거라고 그는 말했다. 하지만 이는 그렇지 않다. 아동이 배우길 바란다면, 우리는 아동을 동기화시키고 도와줘야 한다. 우리는 아동을 가르치면서 보상과 벌을 주고 적합한 모델을 제공해줘야 한다. 얼마 후에 아동은 틀림없이 자기동기화된 학습자가 될 것이다. 그렇다고 해서 이것이 곧 외부세계에 대한 자연적인 호기심 때문에 생긴, 학습 자체를 위한 학습이라는 뜻은 아니다. 오히려 그 아동은 자신들의 내적 기준에 맞추는 것을 학습한다(예 : 시험에서 90% 맞추기). 더욱이 이 내적 기준은 그 자체가 사회적 가르침과 모델링 영향의 산물이다(Bandura, 1986, pp. 340, 480-488, 1989, pp. 8-9, 34-35).

Bandura(1997, p. 219)는 내적인 흥미가 존재한다는 것을 인정하지만, 그것은 우리가 우리의 성취기준을 충족시키고 자기효능감을 발달시킨 **후**에 나타난다고 말했다. 예를 들면 우리는 생물학에서 점수를 잘 받은 후에라야 생물학 과목 자체를 좋아하기 시작한다. 즉 내적인 흥미가 먼저인 것은 아니다.

둘째, Bandura는 Piaget 단계의 타당성에 대해 의문을 제기한다. 아동이 학습재료들을 순서적으로 숙달한다는 점에서 그 단계들은 그럴듯해 보인다. 그러나 이는 사람들이 보통 어려운 문제를 풀기 전에 쉬운 문제를 풀기 때문이다. Piaget의 단계 순서는 특별한 것이 없으며, Piaget가 주장하듯이 절대적인 것도 아니다.

더욱이 단계개념은 사고가 넓고 통일된 구조(넓은 범위의 과제에 걸친 아동 사고의 근저에 있는)로 조직화되고 또 재조직화된다고 본다. 예를 들면 구체적 조작기의 아동은 동일한 논리적 조작을 매우 다양한 문제에 적용해야 한다. 그러나 Bandura는 그런 의미에서의 단계는 존재하지 않는다고 본다. 사고는 서로 별개인 수많은 기술로 구성되어 있는데, 그 기술들은 인지 영역마다 다르다. 예를 들어 읽기, 쓰기, 산수과목 등은 각각 자체적으로 전문 기술과 그 하위기술을 포함한다. Piaget의 단계는 아동의 사고를 넓은 범주로 묶어놓은 것으로서 각 영역의 독특한 사고에 관해서는 알려주지 못한다 (Bandura, 1986, pp. 484–485).

Bandura는 Piaget의 발달에 관한 견해가 잘못되었다고 주장한다. 아동은 스스로 배우지 않으며, 또한 그들의 사고가 넓은 단계 변형을 거치지도 않는다.

Bandura와 동료들은 자기들의 이론이 우세하다는 것을 보여주기 위해 몇몇 고전적인 연구들을 수행했다. 그중 한 연구에서 Bandura와 McDonald(1963)는 모델링의 영향이 Piaget의 도덕추리 단계를 바꿀 수 있다는 것을 보여주려 했다.

도덕추리 Piaget는 도덕판단의 두 단계 이론을 제시했는데, 두 단계로 나눈 한 측면이 결과 대 의도였다는 것을 독자는 기억할 것이다. 즉 어린 아동은 결과 면에서 잘못된 행동을 판단하는 반면, 나이 든 아동은 행동의 배후에 있는 의도에 기초해서 판단하는 경향이 있다. 예를 들어 어린 아동은 아빠를 도우려다 커다란 잉크 얼룩을 만든 소년이 주변에서 놀다가 작은 잉크 얼룩을 만든 소년보다 더 나쁘다고 말하기 쉽다. 어린 아동은 결과(손상의 양)에 초점을 두지만, 나이 든 아동은 대체로 저변의 동기에 더 중점을 둔다.

Bandura는 5~11세 아동에게 12개의 이 같은 항목을 제시해서 Piaget가 말한 연령변화를 발견했다. 그러나 Bandura는 모든 연령에서 적어도 어느 정도는 두 종류의 추리를 모두 보여준다는 것을 강조하면서 단계들이 분명히 구분되지 않는다는 점을 강조했다.

이 사전검사에 이어 Bandura는 아동의 사고가 모델링의 영향에 의해 바뀔 수 있다는 것을 보여주려 했다. 실험의 주요 부분에서 아동은 그들의 지배적인 추론에 **상반**되는 반응을 한 성인모델이 칭찬받는 것을 개별적으로 관찰했다. 이 모델링 절차는 효과가 있었다. 이 훈련절차는 사전검사에서 약 20% 수준이었던 아동의 덜 우세한 추론 사용을 새로운 항목에서는 50% 수준으로 증가시켰다.

이 실험에서는 아동이 사전검사 항목에 다시 한번 더 반응하는 즉각적인 사후검사도 포함되었다. 그 결과는 아동이 새로 획득한 반응양식을 계속 유지하고 있음을 보여주었다(약 38~53%).

Bandura는 이 연구가 "이른바 발달단계라는 것은 성인모델이 제시하는 것에 의해 쉽게 바뀌었다"는 것을 보여준다고 했다(Bandura & Walters, 1963, p. 209). 이 연구에서는 단계에 관한 어떤 것들도 고정되거나 불변적이지 않은 것처럼 보인다.

인지발달론자들은 그 연구를 의심스럽게 보았다. 그들도 모델링이 인지단계에 영향을 준다는 것은 인정하지만 그 영향이 적을 것이라고 생각했다. 왜냐하면 단계들은 넓고 깊게 뿌리박힌 인지구조를 나타내기 때문이다. 이론상으로는 아무 노력 없이 아동으로 하여금 우리가 바라는 방식으로 추리하도록 만들 수는 없다. 따라서 변화가 나타난다면, 단계 순서를 따르는 방향(한 단계 앞)으로 진행해야 한다.

사실 몇몇 실험에서 이런 변화는 Piaget의 단계보다 Kohlberg의 단계를 사용할 때 나타나는 결과라는 것을 발견했다(Gardner, 1982, p. 219). Kohlberg(1969)는 이런 결과는 그의 도덕단계들이 Piaget의 도덕단계보다 폭이 더 넓기 때문에 일어난다고 말했다. 그러나 Bandura(1986, pp. 494-496)는 이런 연구에서 모델링의 영향은 짧고 미약한 것이었다고 지적했다.

이렇듯 Bandura의 실험은 많은 논쟁을 일으켜왔음을 볼 수 있다. 그는 인지단계이론에 강력한 도전을 했다.

보존개념 사회학습이론가들은 또한 보존개념도 모델링을 통해 바꿀 수 있다는 것을 보여주려 했다. 주요 실험들에서 Rosenthal과 Zimmerman(1972; Zimmerman & Rosenthal, 1974)은 5세와 6세 아동이, 성인모델이 보존개념을 추리하는 것을 본 후, 종합 보존과제(양, 수, 무게 포함)를 상당히 숙달했다고 보고했다. 그러나 4세 아동은 보존개념 기술을 약간만 획득한 것을 발견했다.

이 결과에 대한 Rosenthal과 Zimmerman의 해석은 그들의 결론이 그들 자신의 이론적 지향을 반영하는 방식을 보여준다. 그들은 모델링이 보존개념에서 신속하고 본질적인 변화를 일으켰다고 결론 내렸다. 그들은 보존기술은 아마도 사회화(아동이 속한 문화에서 성인의 가르침)의 산물일거라고 믿고 있다. 발달론자들은 이에 대해 회의적일 것이며, 모델링 경험에서 효과를 얻을 준비가 아직 되지 않은 아동에게서 나타나는 미약한 결과를 지적하려 할 것이다.

실제적 시사점

Bandura의 연구는 육아와 교육에서 모델의 중요성에 대한 우리의 인식을 높이는 데 많은 기여를 할 것이다. 대부분의 부모와 교사는 아동에게 모범을 보여줌으로써 그들을 교육한다는 것을 이미 알고 있지만, 모델링이 얼마나 영향을 줄 수 있는가에 대해서는 간과해왔다. 중요한 것은 체벌의 경우다. 많은 부모가 아이들이 싸우면 이후로 싸움을 하지 않도록 하기 위해 아이들을 때리는데, 그 결과 아이들이 더 많이 싸우게 되는 것만 본다(Bandura & Walters, 1963, p. 129). 이에 대한 가능한 설명으로는, 부모가 때리는 것은 다른 사람에게 어떻게 해를 입히는가에 대한 좋은 본보기를 무심코 아이들에게 제공하고 있다는 것이다(Bandura, 1967). 이와 마찬가지로 우리는 아동의 행동에서 어떤 좋지 못한 부분을 제거할 수 없을 때마다 우리가 그 행동을 우연히 그 아이에게 본보이고 있지는 않은지 스스로에게 물어보아야 한다.

Bandura에 의하면 모델링에는 많은 형태가 있다. 우리에게 친숙한 것은 행동적 모델링이다. 즉 어떤 활동을 수행함으로써 그 활동의 본을 보이는 것이다. 지시하거나 명령을 내릴 때처럼 모델링이 언어적으로 행해지기도 한다. 사회학습 연구자들은 여러 종류의 모델링이 가진 효과를 평가했으며, 그들의 발견은 부모와 교육자들에게 중요할 것이다. 특히 흥미로운 것은 아동에게 희사하도록 명령하는 것의 효과를 조사한 G. M. White(1972) 등의 연구다. 처음에는 명령이 효과 있는 듯 보이지만, 그 영향력은 시간이 흐름에 따라 감소되고, 오히려 분노와 반항심을 생성하기도 한다. 결국 우리 자신의 행동을 통해 단순히 관대함과 돕는 행동의 본보기가 되는 것이 더 좋을 것이다. 그러면 아동은 그렇게 하도록 강요받는다는 느낌 없이 우리의 모범을 따를 수 있다.

사회학습이론가들은 또한 행동은 사람이나 살아있는 모델에 의해서만 영향받는 것이 아니라 대중매체에 노출되는 모델에 의해서도 영향받을 수 있음을 보여주었다. TV

와 비디오게임은 청소년에게 매우 인기가 있는데, 그것들은 많은 폭력행동을 포함한다. 연구자들은 이런 매체들이 아동의 공격적 사고, 정서 행동을 증가시킨다는 것을 발견했다(Berk, 2019, p. 268).

대중매체에서 제시하는 모델의 종류는 역사적으로 권리를 빼앗긴 집단의 지도자와 관련 있다. 시민권 지도자와 여성주의자들은 TV와 동영상이 전통적으로 여성과 유색인종을 고정관념적인 역할로 묘사했고, 그렇게 함으로써 그들이 생에서 어떤 사람이 될 것인지에 대한 사람들의 감각을 제한한다고 지적한다. 따라서 활동가들은 여성과 유색인종을 가정주부나 범죄자보다는 의사나 과학자 같은 새로운 종류의 모델로 대중매체에서 제시하도록 노력해왔다. 사회학습이론은 그 활동가들이 사회변화를 위한 좋은 전략을 채택해왔다는 것을 말해주고 있다.

모델링은 행동에 대해 강한 영향력을 갖기 때문에, 치료적 도구로서도 전망이 밝다. Mary Cover Jones(1924)의 유명한 실험에서 모델링은 Peter의 털이 있는 사물에 대한 두려움을 감소시키기 위해 사용된 방법 중 하나였음을 독자는 기억할 것이다. Bandura 등은 모델링이 어떻게 공포감소를 도울 수 있는가를 보다 체계적으로 보여주는 수많은 연구를 했다. 예컨대 한 실험(Bandura, Grusec, & Menlove, 1967)에서 개를 무서워하는 4세 아동은 개와 함께 침착하게 노는 아동을 관찰하고 난 후에는 그들 스스로도 개를 덜 두려워하게 되었다.

Bandura(1986)는 치료자들이 환자를 진단하고 치료할 때, 특히 환자의 자기효능성 평가에 주의를 기울여야 한다고 촉구한다. 예를 들어 Bandura는 치료자가 공포증을 치료하기 위해 어떤 기법을 사용하든지 간에(모델링이든 또는 다른 기법이든 관계없이) 환자로 하여금 공포자극을 다루는 능력이 스스로에게 있다는 것을 느끼게 해준다면 그 치료는 가장 효과가 있을 것이라고 믿었다. 이와 마찬가지로 이완이나 상상유도 등의 고통을 다루는 기법도 환자로 하여금 자신이 느끼는 고통의 양을 스스로 다룰 수 있다는 느낌을 갖게 해줄 때 가장 치료가 잘된다(pp. 425-445).

소아과 의사들은 자기효능성 이론이 천식을 앓는 아동에게 효과적이라는 것을 발견했다. 너무 자주 의사들은 환자에게 집에 가서 어떻게 하라고만 말해준 다음, 환자들이 그것을 제대로 안 지킨다고 불평한다. 의사들은 환자에게 자기효능감을 느끼도록 해줬을 때 더 좋은 결과를 얻었다. 자녀의 천식에 대해 부모가 흔히 무력감을 느끼기 때문에, 건강관리 종사자들은 집에서 알레르기를 제거할 수 있는 방법에 대해 시범을 보여주고 부모에게 긍정적인 피드백을 주며, 그 일을 효과적으로 할 수 있다는 믿음을 갖도록 도와준다(Hussain-Rizvi, Kunkov, & Crain, 2009).

Bandura(1994)는 또한 자기효능성을 약하게 만드는 사회상황에 대해서도 주의를 환기시켰다. 그는 순위 매기기와 경쟁적 평가 같은 표준 학교 실제(standard school practice)가 많은 아동에게 부적절감을 느끼게 만드는 것을 보았다. 아동이 좀 더 협조적으로 공부하고 자신들의 공부를 스스로의 개인적 진전에 따라 판단하도록(다른 학생들과 비교하는 것이 아니라) 하는 것이 더 좋다고 보았다. Bandura는 또한 교사 스스로도 자기효능감을 갖는 것이 중요하다고 보았다. 교사가 자신이 하는 일이 효과가 있을 것이라고 믿을 때, 그 믿음이 곧 아동에게 모델로서의 역할을 한다.

오늘날 언론의 관심은 가짜 뉴스다. 자기효능성 이론의 영향을 받아 Toby Hopp (2022)는 페이스북에서 가짜 정보를 탐지해내는 자신의 능력을 믿는 사람들은 다른 사람들보다 가짜 정보를 더 잘 식별한다는 걸 발견했다. 그 이유는 자신의 정신적 능력에 대한 믿음은 신중한 사고를 동기화하기 때문이라고 말했다. Hopp는 특히 가짜 뉴스 탐색에서의 숙달감에 초점을 맞춘 훈련프로그램을 권유한다.

평가

Bandura의 연구는 수년에 걸쳐 변화되어 왔다. 처음에 그는 Skinner 학파의 모델(학습하기 위해서는 행동해야 한다)이 어떻게 잘못되었는지를 보여주려 했다. 학습은 또한 모델 관찰도 포함하는데, 이는 인지과정이다. 초기의 연구에서 Bandura는 모델의 영향력에 초점을 맞추었으며, 그와 동료들은 모델의 영향력이 얼마나 강력한지를 보여주는 일련의 우수한 실험들을 고안했다. 1977년에 그는 다음과 같이 썼다.

> 우리는 모델의 본보기 행동을 통해 사람들로 하여금 이타적으로 행동하거나, 자진해서 봉사하거나, 만족을 지연 또는 추구하거나, 애정을 보이거나, 처벌적으로 행동하거나, 특정 음식이나 의복을 좋아하거나, 특정한 주제를 이야기하거나, 탐구적이거나 또는 수동적이거나 등 어떤 종류의 행동도 할 수 있도록 만들 수 있다(p. 88).

1980년대 중반 이후 Bandura의 이론은 점차 넓은 범위로 확장되어서 그는 모델링에 대한 강조를 덜 두었다. 하지만 여전히 그 개념은 그의 전반적인 환경적 지향과 함께 그의 연구와 저술 전반에 이어지고 있으며, 발달론적 입장에 큰 도전을 제시했다. 그러므로 발달론자들의 반응을 생각해보는 것이 유용하다.

발달론자들은 환경이 행동에 영향을 주며, 때로는 Bandura가 기술한 방식으로도 영향을 준다는 것을 인식하고 있다. 그러나 발달론자들은 아동의 내부에서 나타나는 성장의 종류(아동의 내적인 성숙촉진 요인과 외부세계에 대한 자발적인 흥미)에 대해 높은 가치를 부여한다. 일반적으로 Bandura는 그와 같은 성장의 중요성을 경시했다.

발달론자들 중 Bandura와의 논쟁에 가장 많이 관여한 사람들은 Piaget 학파였다. Piaget 학파는 아동이 적당히 새로운 사건에 대한 자발적인 흥미로부터 배운다고 믿는다. Bandura(1986, pp. 480-482)는 이 주장을 받아들이지 않았다. 그는 아동이 결과적으로 자신들에게 돌아오는 칭찬과 같은 강화를 얻기 위해 학습하며, 그 강화는 결국에는 그들이 그들 스스로에게 주게 된다고 말했다. 그러나 Bandura 자신의 연구는 그의 주장을 반박한다.

몇몇 실험에서 모델은 그가 말하는 '적당히 새롭거나' 혹은 '비교적 독특한' 행동(Bandura, 1962, pp. 250, 252, 1965b, p. 116)을 수행했다. 즉 모델은 보보인형을 때리거나, 주위를 걸어다니거나, 물건을 선반에서 떨어뜨리고, 다른 익살꾼의 익살맞은 행동을 했다. Kohlberg(1969a, p. 435)가 지적했듯이 이런 행동은 4세 아동의 상상을 사로잡도록 직관적으로 설계된 것으로 보이며, 몇몇 실험에서는 아무 강화가 없었는데도 아동은 쉽게 이런 행동을 모방했다(Bandura, 1965b; Bandura & Huston, 1961; Bandura, Ross, & Ross, 1961). 아동은 그런 행동이 본질적으로 흥미 있다고 생각했기 때문에 그 행동을 그럴듯하게 재연했을 수 있다. 강화변인은 확실히 모방을 증대시키거나 변화시킬 수 있지만, 적당히 새로운 것에 대한 아동의 자발적인 흥미(강화받지 않은) 또한 모방을 가능하게 한다.

Bandura(1986, pp. 480-482)는 매일매일의 관찰에서 적당히 새로움의 원리란 맞지 않는다고 주장한다. 만일 사람들이 적당히 새로운 사건에 대한 내적인 흥미로부터 배운다면, 그들은 끊임없이 배워야만 할 것이다. 왜냐하면 사람들은 항상 약간은 새로운 정보에 끊임없이 마주치기 때문이다. 그러나 Bandura는 사람들이 일반적으로 열성적인 학습자가 아니라고 말한다. 사람들은 보통 자신들의 배움을 직업적 전문기술 분야 같은 생활에서의 한두 가지 영역으로 제한하고 있다.

Piaget 학파(예 : Kamii, 1980)나 다른 발달론자들(예 : Montessori, 1936b)도 사람들이 때로 배움에 대해 냉담할 때가 있다고 동의한다. 그러나 이런 관찰이 곧 사람들이 외부세계에 대한 내적 흥미가 없다고 증명하는 것은 아니다. 오히려 그것은 아동의 자연스러운 호기심이 억제되었다는 것을 보여주는 것이다.

발달론적 견해로 보면 아동은 배움에 대한 열정을 가지고 생을 시작하며, 첫 몇 해 동안에 어른의 지도 없이 스스로 엄청난 양을 배운다. 그 후에 어른들은 아동을 잡아서 학교에 보내면서 이들의 학습을 책임진다. 어른들은 모델링을 가지고 아동에게 어떤 것을 생각하고 어떻게 사고하는지에 영향을 주고 가르친다. 아동은 성인을 즐겁게 해야 한다는 압박감을 느끼면서 성인이 가르치는 방식으로 생각하려고 노력하게 된다. 결과적으로 아동은 자신의 자발적인 흥미에 따르는 것을 중지하고 스스로 발견하는 즐거움을 잃는다.

Bandura는 그 역시 자기동기화된 학습을 믿지만, 그것은 다른 종류라고 말한다. Bandura의 견해에 따르면 사람들은 외부세계에 대한 자발적인 흥미로부터 학습하는 것이 아니며, 자신의 내적인 목표와 기준을 성취하기 위해서 학습한다. 아동은 외적인 기준을 내면화하며, 이 기준들을 성취할 때 이와 관련하여 긍정적인 자기평가를 한다. 예를 들면 시험공부를 하는 대학생은 모든 과목에 걸쳐 'A'학점을 받을 정도로 충분히 공부했다고 확신할 때 자기 자신에게 만족할 것이다. Bandura(1997, p. 219)는 사람들은 자신의 내적 기준을 충족시키고 자신의 능력에 대해 좋게 느끼기 시작한 후에야 학습 자체를 즐긴다고 말한다.

저자는 Bandura가 오늘날 현대사회의 지배적인 학습의 종류에 서광을 비췄다고 믿는다. 우리는 끊임없이 기준을 설정하고 우리 자신의 진전과 능력을 평가하는 것 같다. 그러나 저자는 또한 지나친 자기 평가는 사람을 제한하고 약하게 만든다고 믿는다. 우리는 자기 자신에게 몰두하게 되어 외부세계(자연이나 다른 사람들, 예술, 세계)에 대한 순진무구한 기쁨을 잃는다.

Piaget 학파는 또한 Bandura가 인지구조나 단계들의 중요성을 경시한다고 믿고 있다. Bandura도 인지적 기술이 아동이 학습하고 모방할 수 있는 것의 한계를 지워준다는 것은 인정하지만, 그 인지적 기술이 넓은 단계구조에 속한다고는 믿지 않으며, 그 대신 인지는 수많은 특수한 독립된 기술들로 구성된다고 믿는다.

이 쟁점에 대한 Bandura의 입장은 광범한 지지를 받는다. 저자가 6장에서 제안했듯이 Piaget 학파 사람들은 각 단계가 일반적인 구조라는 걸 보여주어야 하는데, 그것을 증명하기에는 해야 할 것들이 너무 많다.

저자는 Bandura가 Piaget 학파에게 그들의 생각을 좀 더 강하게 만드는 방식으로 도전했다고 믿는다. 그러나 Bandura의 공헌은 Piaget 학파에 대한 도전만이 아니고 그보다 훨씬 더 크다. 그의 모델링과 자기효능감 개념은 인간 행동에 대한 우리들의 이해를 크게 확장시켰다.

Vygotsky의 사회역사적 인지발달이론

생애 소개

이 책은 발달전통을 따르는 이론가들, 즉 발달적 변화를 주로 내적인 힘에 관련된 것으로 보는 학자들에 초점을 둔다. 예를 들면 Gesell은 내적인 성숙촉발을 강조했다. 반면 Piaget는 아동을 스스로 발견하는 존재로 보았다. 이와 대조적으로 우리는 외적 환경의 역할을 강조한 학습이론가들의 생각도 알아보았다.

그러나 일부 독자들은 이러한 이론적 분류에 불만스러울 수 있다. 여러분은 왜 우리가 발달을 어느 한쪽에 관련된 것으로만 봐야 하는지 질문할 수 있다. 하나의 이론이 내적인 힘과 외적인 힘 둘 다에게 중요한 역할을 할당할 수는 없을까?

이와 같은 통합이론의 구축은 가치 있는 목표다. 그러나 통합이론을 구축하는 데 많은 진전을 이룬 사람은 거의 없다. 앞서 본 바와 같이 Bandura는 행동을 다중적으로 결정되는 것, 즉 다양한 내적 변인과 외적 변인에 의해 영향받는 것이라고 단언했다. 그러나 그는 또한 안으로부터 변화가 일어나는 방식에 대한 발달적 관점을 계속 의심했다. 나중에 우리는 Freud와 Erikson이 내적인 힘과 외적인 힘을 자기들의 정신분석이론에 엮어놓은 방식을 논의할 것이다. 인지발달 영역에서 발달적인 힘과 환경적인 힘 모두를 논의했던 주요 이론가는 러시아인인 L. S. Vygotsky(1896~1934)였다.

Vygotsky는 Gesell, Werner, Piaget의 초기 저술들을 읽었고 그들이 언급한 내재적 발달 종류의 중요성을 인정했다. 동시에 그는 사회역사적 환경의 맥락 안에서만 인간을 이해할 수 있을 뿐이라고 믿는 마르크스주의자였다. 그러므로 Vygotsky는 '2개의 발달 경로' 사이의 상호작용을 허용하는 이론을 만들려고 했다. 하나는 안으로부터 나타나는 '자연적 경로(natural line)'이고 다른 하나는 외부로부터 아동에게 영향을 주는 '사회역사적 경로(social-historical line)' 또는 문화적 경로(cultural line)다(Vygotsky, 1931a, p. 17).

Vygotsky는 단지 부분적으로만 성공했다. 그가 38세 나이에 결핵으로 요절했을 당시에는 통합 발달이론의 개략만을 기술했을 뿐이다. 그럼에도 불구하고 많은 심리학자들은 우리가 마침내 견고한 통합이론을 구축하게 된다면, 그것은 Vygotsky가 우리에게 준 출발선에서 구축할 것이라고 믿는다.

Lev Semenovich Vygotsky는 서러시아의 항구도시인 고멜에서 자랐다. 그의 아버지는 은행간부였고 어머니는 교사였는데, 어머니는 여덟 자녀를 키우는 데 인생의 대부분을 보냈다. 가족은 재미있는 대화를 좋아했다. 그것은 어린 Vygotsky에게 영향을 준 특성이다. Vygotsky는 토론, 모의재판, 논쟁에서 친구들을 이끌었기 때문에, 10대 시기의 Vygotsky는 친구들 사이에서 '꼬마교수'로 불렸다. Vygotsky는 역사, 문학, 시를 읽는 것도 좋아했다(Wertsch, 1985, pp. 3-4).

17세가 되었을 때 Vygotsky는 모스크바대학교에 들어가길 원했다. 그러나 그는 유태인이었기 때문에 주별 할당제와 싸워야 했다. 유태인에게는 모스크바대학교 등록자의 단 3%만 할당되었다. 처음에 Vygotsky는 자기 머리가 매우 좋기 때문에 확실히 합격할 것이라고 생각했다. 그러나 그가 구두시험을 다 마치기 전에 교육부 관리가 추첨기계로 유태인 지원자를 선발하도록 바꿨다. Vygotsky는 모든 희망을 잃었다고 느꼈지만 운 좋게 추첨에서 뽑혀 모스크바대학교에 입학했다.

대학교에서 Vygotsky는 법학을 전공했다. 그러나 그는 샤냡스키인민대학교의 폭넓고 다양한 다른 영역의 과정도 이수했는데, 이 대학에는 반차르주의 경향 때문에 모스크바대학교에서 쫓겨난 교수들이 많았다. Vygotsky는 1917년 모스크바대학교에서 법학사 학위를 받고 졸업한 뒤 고향인 고멜로 돌아왔다(Wertsch, 1985, pp. 5-6).

1917년(공산주의혁명이 일어난 해)과 1924년 사이에 Vygotsky는 중등학교에서 문학을, 지역 교육대학에서 심리학을 가르쳤으며 신체적 장애가 있는 사람들의 교육에 관심을 가지게 되었다. 또한 그는 예술심리학에 관한 박사논문을 쓰고 있었다. 이 기간 동안에 그는 결핵을 앓게 되었다(Wertsch, 1985, pp. 7-8).

1924년 1월 6일에 Vygotsky는 의식심리학에 대한 강연을 하기 위해 레닌그라드로 갔다. 시골에서 온 무명 젊은이인 그의 연설은 명료하고 우수했기 때문에 청중 가운데 있던 젊은 심리학자들은 충격을 받았다. 그중 한 사람인 A. R. Luria(1902~1977)가 모스크바심리학연구소의 자리를 Vygotsky에게 제안했고, Vygotsky는 그 자리를 수락했다. 연구소에서 일한 처음 1년 동안에 Vygotsky는 논문을 끝내고 박사학위를 받았다(p. 8).

모스크바에서 Vygotsky는 곧 영향력 있는 인물이 되었다. 그가 강의할 때는 학생들이 만원인 강당의 밖에 서서 열려있는 창문으로 강의를 들었다. 그가 여행할 때는 학생들이 그의 여행을 축하하는 시를 썼다. Vygotsky는 그의 아이디어가 자극적이기 때문만이 아니라 사명을 가지고 젊은 마르크스주의자들 집단을 이끌었기 때문에 그런 열광을 받았다. 그 사명은 새로운 사회주의 사회를 구축하는 데 도움이 되는 심리학의 창출이었다(p. 10).

삶이 짧을 것이라는 것을 아는 사람처럼 Vygotsky는 무서운 속도로 일했다. 그는 할 수 있는 한 빨리 읽고 강의하고 연구했다. 그리고 신경학적 장애가 있는 아동과 성인을 치료하는 클리닉을 돕기 위해 넓은 지역을 여행하기도 했다. Vygotsky의 하루 스케줄은 때로 너무 바빠서 저술은 새벽 2시 이후에 했다. 그때가 자신을 위해 가질 수 있는 조용한 시간이었다. 그는 마지막 3년 동안에 기침이 너무 심해서 때로는 며칠씩 지친 상태로 있곤 했다. 그럼에도 불구하고 그는 38세 나이로 사망할 때까지 일했다(pp. 12-14).

Vygotsky의 저술 중 몇몇은 1934년 그가 사망한 지 얼마 지나지 않아 출판되었다. 그러나 1936년 소비에트 정부는 그의 책에 대해 금지령을 내렸는데, 이는 1956년까지 지속되었다. Vygotsky가 공산당이 비난하는 지능검사에 대해 몇몇 연구를 한 것이 금지의 주된 이유였다. 실제로 Vygotsky는 지능검사의 관습적인 사용을 비판했고 지능검사를 새로운 방식으로 사용했다. 그러나 그런 세밀한 구분은 당국에겐 효과가 없었다. 다행스럽게도 Vygotsky의 동료와 학생들이 그의 연구를 계속했고, 오늘날 그의 생각은 전 세계의 심리학자와 교육자들 사이에 매우 널리 알려져 있다(Cole & Scribner, 1978; Kozulin, 1986, pp. xxiv-xxv).

Marx의 인간 본성에 관한 견해

Vygotsky가 마르크스주의자 노선을 따르는 심리학을 만들고자 했으므로, Vygotsky를 자세히 논하기 전에 인간 본성에 대한 Karl Marx(1818~1883)의 일부 아이디어를 간단히 개관하는 것이 도움이 될 것이다.

인간 본성에 대한 Marx의 언급은 비교적 간결하며, 주로 그의 초기 저술들에 나타나 있다(Marx, 1844, 1845; Marx & Engels, 1846). Marx는 인간이 생물학적 요구를 가진다는 것을 인정했으나, 인간의 도구 사용능력과 생산능력을 강조했다. 도구를 발명하고 사용함으로써 인간은 자기의 환경을 지배하고 자기의 요구를 충족시키며 이상적으로 자기의 가장 깊은 창의적 잠재력을 실현시킨다. Marx가 또한 강조했던 생산은 본질적으로 사회적 과정이다. 사람들은 함께 농작물을 심고 추수하며 물물교환을 하고 기계를 조립한다.

이런 일반적인 언급 외에 Marx는 인간 본성에 대해서 거의 말하지 않았다. 실제로 그는 인간을 사회역사적 맥락을 떠나 추상적으로 기술하는 것은 잘못이라고 주장했다. 도구 사용능력과 기술적 생산능력이 인간의 특징이긴 하지만, 인간이 일하고 생산하는 조건은 역사를 통해 변화한다. 예를 들면 중세기 기술공의 작업조건은 19세기 공장 노동자의 작업조건과 매우 달랐다. 그렇다면 인간을 이해하기 위해서는 역사와 역사적 변화의 역동을 이해할 필요가 있다(Marx, 1845, pp. 107−109; Marx & Engels, 1846, pp. 118−121, 129).

Marx의 관점에서 보면 역사는 일련의 갈등과 해결로 이루어진 **변증법적**(dialectical) 과정이다. 새로운 생산력(예 : 새로운 제조방식)은 기존의 사회 체계와 갈등을 빚게 되고, 새로운 사회 체계가 자리 잡게 된다. 예를 들면 18세기와 19세기 유럽에서 새로운 공장의 설립은 신진 자본가 계층에게 엄청난 양의 돈을 벌 기회를 주었으나, 구식의 봉건제도가 그 진행을 방해했다. 그런 갈등은 봉건제도를 폐지하고 새로운 체계(자본가들이 그들이 원하는 것만큼 많은 돈을 버는 것을 허용하는 자유기업 체계)를 확립하는 결과를 가져왔다(Marx, 1859; Marx & Engels, 1872, pp. 336−340; Mills, 1962, pp. 82−83).

Marx는 자신의 시대(19세기 후반)는 변증법적 역사의 새로운 단계를 경험하고 있다고 믿었다. 기술적 진전은 이제 자유기업 체계에 의해 방해받고 있었다. 그런 갈등의 해결책은 노동자들이 산업을 인수해서 모두에게 이익이 되도록 산업을 조직하는 공산주의 혁명이어야 했다.

Marx는 Hegel에게서 변증법 개념을 차용했다. 그러나 Marx는 그 개념을 매우 다른 방식으로 사용했다.

Hegel에서는 역사의 변증법이 의식과 아이디어 영역에서 일어난다. 즉 하나의 관점은 반대 관점과 갈등을 빚고 그것이 새로운 합(合, synthesis)을 가져온다. 이와는 대조적으로 Marx는 아이디어들 사이의 갈등은 피상적이라고 믿었다. 실제로 중요한 갈등은 사회적이고 경제적인 갈등이다. 사실 대부분의 아이디어와 가치는 단지 특정 사회·경제적 이익만을 정당화한다. 중세 왕들은 충성과 명예를 찬양했다. 신진 자본가들은 자유와 자유경쟁을 선호했다. 그리고 두 집단 모두 자기들이 모든 가치 중에서 가장 높은 가치를 나타내고 있다고 믿었다. 실제로는 두 집단 모두 단지 자신들의 사회·경제적 이익을 정당화하는 의견을 말했을 뿐이다.

그래서 Marx는 의식(사람들의 아이디어, 가치, 사고방식 등)이 마치 독립적으로 존재하는 것처럼 의식의 본질을 분석한 학자들을 매우 비판했다. Marx는 사람들이 생각하는 것은 역사발전의 특정한 한 시점에서 그들의 물질적 생활(일하고, 생산하고, 물물교환하는 방식)에 달려있다고 말했다.

그러나 역사발전에 의해서 사고의 **내용**만 달라지는 것은 아니다. 인류의 **인지적 역량**(cognitive capacity)도 역사적 변화, 특히 기술발전의 결과로서 변화했다. 적어도 이것은 Marx의 공저자인 Friedrich Engels(1820~1895)의 입장이었다. Engels는 초기 기술(초기 도구 사용)이 진보된 지능과 언어 같은 인간 고유의 특질을 발달시켰다고 강력하게 주장했다.

도구 사용과 인간진화에 대한 Engels의 입장

Engels(1925, pp. 47-49, 238-246)에 따르면 우리 조상들은 나무에서 내려와 땅 위에서 살기 시작하면서 도구 사용이 가능해졌다. 이런 새로운 생활양식은 인간이 직립자세를 발달시키는 것을 가능하게 했다. 직립자세는 손을 자유롭게 해서 돌도구를 만들 수 있게 해주었다. 일단 도구를 만들기 시작하자 인간의 마음은 확장되었다. 인간은 자르는 걸 쉽게 해주는 돌과 나무의 속성 같은 자연물의 새로운 속성을 발견하기 시작했다. 그들은 또한 처음에는 희미했지만 도구 사용의 기저에 있는 과학적 원리, 즉 지렛대 원리, 양의 원리, 힘의 원리를 알게 되었다.

또한 도구 사용은 새로운 양식의 협동과 의사소통을 가져왔다. 기술이 진보함에 따라서 사람들은 함께 일하는 것의 이득을 발견했다. 예를 들면 힘을 합치면 오두막과 배를 더 효율적으로 만들 수 있음을 발견했다. 하지만 그들은 이제 그렁거리기와 몸짓 이상의 어떤 의사소통 방식이 필요했다. 사람들은 서로에게 "오른쪽으로 돌아"와 "더 단단히 잡아당겨" 같은 지시를 할 필요가 있었다. Engels는 "(무엇인가를) 만들고 있는 사람들은 서로에게 **무언가 말할 것이 있는** 어떤 시점에 도달했다"고 말했다(p. 232). 그리고 사람들은 언어를 발달시켰다.

더 일반적으로는 기술이 환경에 대한 새로운 적응을 촉진했다. 손에 도구를 쥔 인간은 환경을 더 이상 그들이 발견한 것 자체로만 받아들이지 않았다. 인간은 환경을 바꿀 수 있었다. 어느 시점에서 인간은 과일과 야채를 발견한 곳이 어디든지 간에 그것을 줍는 걸 멈추고 땅을 고르고 자신들의 곡물을 심기 시작했다. 이 새로운 적응은 계획하기와 예측을 증진시켰다. 농사를 잘 지으려면 사람들은 수개월과 수년 먼저 계획을 세워야 한다. Engels는 그런 예측이 언제나 사람들이 꼭 해야만 하는 것도 훈련해온 능력도 아니었음을 관찰했다. 그럼에도 불구하고 사람들은 일단 도구와 기술의 힘을 알게 되자 환경을 자신들의 계획과 의도에 맞게 바꾸기 시작했다.

Vygotsky의 심리적 도구 이론

Vygotsky는 도구 사용에 대한 Engels의 저술에서 깊은 감명을 받았고 Engels의 통찰을 확장하려 했다. 사람들은 환경을 지배하는 도구를 개발한 것과 마찬가지로 자신의 행동을 지배하는 '심리적 도구'를 만들었다고 Vygotsky는 말했다. 예를 들어 Vygotsky 시대의 사람들이 사건을 기억하기 위해 손가락에 끈을 묶는 것처럼, 초기 인류는 새김눈이 있는 막대기와 매듭을 사용했다. 문화가 발달함에 따라 나중에는 사람들이 다른 정신적 도구들을 창조했다. 여행자들은 이전에 갔던 길을 다시 갈 수 있고 앞으로의 긴 여행을 계획하기 위해 지도를 사용하기 시작했다. Vygotsky는 사람들이 자기의 생각과 행동을 돕는 데 사용하는 다양한 심리적 도구를 **기호**(sign)라고 불렀으며, 문화가 제공한 기호를 조사하지 않고는 인간 사고를 이해할 수 없다고 주장했다(Vygotsky, 1930, pp. 39-40, 1931a).

의심할 바 없이 가장 중요한 단 하나의 기호체계는 **말**(speech)이다. 말은 많은 기능을 한다. 그러나 가장 본질적으로는 우리의 사고와 주의를 즉각적인 상황(우리가 바로 부딪치는 자극들)으로부터 자유롭게 해준다. 단어는 현재 상황을 뛰어넘어 사물과 사건을 상징화할 수 있기 때문에, 단어로 이루어진 말은 인간이 과거를 회고하고 미래를 계획할 수 있게 해준다(Luria, 1976, p. 10; Vygotsky, 1930, p. 26).

예를 들면 나는 재배한 채소를 사슴한테 습격당한 농부 가족을 알고 있다. 얼마 동안 그 가족은 상황이 일어날 때마다 단순히 각각의 당면한 상황에 대처했다. 즉 채소를 먹고 있는 사슴을 발견할 때마다 그걸 발견한 사람이 사슴을 쫓아버렸다. 그러나 얼마 후 그 가족은 함께 앉아서 장기적인 해결책을 의논했다. 그들은 새로 울타리를 치는 것, 울타리 높이가 얼마나 되어야 하는지, 도랑이 효과가 있을지에 대해 의논했다. 가족 중 한 사람은 이웃이 사슴을 사격하라고 권했다고 말했다. 지금 존재하지 않는 사물이나 사건을 상징화하는 단어들('울타리', '도랑', '사격')을 사용하여 그 가족은 계획을 세웠다(그들은 더 높은 울타리를 치기로 결정했다).

기호를 사용할 때 인간은 **매개행동**(mediated behavior)을 하는 것이라고 Vygotsky는 말했다. 즉 인간은 환경자극에 단지 반응만 하는 것이 아니다. 인간 자신의 기호도 인간 행동에 영향을 주거나 인간행동을 '매개'한다. 앞의 예에서 그 가족은 환경자극(사슴)에 직접적으로 반응할 뿐만 아니라 언어적으로 이루어진 계획에 근거한 행동도 한다("좋아, 우린 3미터 높이의 울타리를 세우기로 결정했다")(Vygotsky, 1930, pp. 19－40).

말의 획득은 성장하고 있는 아동에게 매우 중요하다. 말은 아동이 자기 집단의 사회생활에 지적으로 참여할 수 있게 해준다. 그러나 말은 그 이상의 일을 한다. 말은 또한 아동 자신의 개인적 사고도 촉진한다. Vygotsky는 3~4세경의 아동이 다른 사람과 나눴던 종류의 대화를 혼자서 자기 자신과 나누기 시작하는 것에 주목했다. 처음에는 아동이 이 대화를 소리 내어 말하고 우리는 아동이 놀이하면서 "이 바퀴가 어디로 갔을까? 여기로 왔나?"와 같이 말하는 걸 들을 수 있다. 얼마 후 6~7세경이 되면 아동은 그런 대화를 더 내적으로 조용하게 하기 시작한다. Vygotsky는 우리 자신에게 말하는(단어의 도움을 받아 생각하는) 능력은 우리의 사고력에 크게 기여한다고 믿었다.

다른 2개의 중요한 기호체계는 **쓰기 체계**와 **셈하기 체계**이다. 쓰기의 발명은 인간이 이룬 위대한 성취다. 쓰기는 사람이 영구적인 정보기록을 가질 수 있게 해주었다. 그러나 대부분의 아동에게 쓰기(그리고 읽기)학습은 정말로 투쟁이다. 왜냐하면 쓰기는 아동으로 하여금 자기에게 매우 자연스러운 신체적이고 표현적인 말에서 자신을 분리해서 추상적 상징인 단어를 사용하도록 강요하기 때문이다. 쓰기학습은 보통 많은 공식적인 지도를 필요로 한다(Vygotsky, 1934, p. 181, 1935, p. 105).

셈하기 체계도 인간진화에서 매우 중요한 것이었다. 초기 인류는 보는 것만으로는 사물(예 : 채소 혹은 소)의 양을 잴 수 없다는 걸 알았기 때문에 셈하기 체계를 만들었다고 Vygotsky는 주장했다. 그들은 계산을 도울 상징세트가 필요했다. 예를 들면 뉴기니섬의 파푸아인은 손가락과 신체 여러 부위를 사용해 사물들을 나타내는 계산법을 발명했다. 사회가 발달함에 따라 인류는 수판과 쓰여진 기호 같은 다른 셈하기 체계를 개발했다. 그들은 또한 점차 양을 특정 사물과 분리해서 추상적, 이론적인 방식으로 다루었다. 예를 들면 대수학(algebra)은 특정한 수를 구체화하지 않으면서도 일반적인 양적 범주를 다룬다. 만약 $a + 10 = b$라면, a와 b의 특별한 값에 상관없이 $a = b - 10$이다. 대수학과 수의 다른 이론적 사용에 숙달되려면 읽기와 쓰기의 숙달과 같이 보통 공식적인 지도를 받아야 한다(John-Steiner & Souberman, 1978).

Vygotsky는 문화적 기호체계가 인지발달에 중요한 영향을 준다고 주장했다. Gesell과 Piaget 같은 발달학자들은 그런 영향을 간과했다. Gesell과 Piaget는 마치 발달이 아동에게서만 일어나는 것, 아동의 내적 성숙적 촉발자 혹은 자발적인 발견으로부터 일어나는 것으로 보았다. Vygotsky는 그런 내재적 발달, 즉 발달의 '자연적 경로'가 중요함을 인정했다. 심지어 그것은 2세 정도까지는 인지발달이 일어나는 것을 지배한다(Vygotsky, 1930, p. 24). 그러나 그 이후 마음의 성장은 발달의 '문화적 경로', 즉 문화가 제공한 기호체계에 의해 더욱 더 영향받는다. 실제로 모든 독특한 인간사고력(인간을 다른 종과 구별하는 것)은 말과 다른 기호체계가 없었다면 불가능했을 것이다.

Vygotsky는 이에 덧붙여 가장 높은 사고 수준(순전히 추상적이거나 이론적인 추론 수준)은 쓰기, 수학, 그 밖의 추상적 개념에 대한 교육이 필요하다고 생각했다. 아동은 분명히 일상적인 경험에서 혼자 힘으로 어떤 개념을 발달시킬 수도 있다. 그러나 추상적 기호체계에 대한 교육을 받지 못하면 순전히 추상적인 사고양식은 발달하지 않는다. 그리고 그런 교육은 오직 기술적으로 진보된 사회에서만 널리 보급되기 때문에, 우리는 그런 사회에서만 우세한 순전히 추상적인 사고를 발견하게 될 것이다(Vygotsky, 1934, pp. 103, 206, 1935, p. 90; Luria, 1976, pp. 8, 161).

1931년에 Vygotsky는 이 후자의 가정(추상적 사고는 상대적으로 진보된 사회역사적 발달 수준의 산물이라는 것)을 검증할 독특한 기회를 보았다. 이 시기에는 소련 연방에 중앙아시아를 포함한 많은 변방지역이 있었다. 중앙아시아에서는 아직도 농부들이 봉건적 삶을 살고 있었다. 농부들은 작은 농장에서 일했고, 부자인 지주와 봉건적 영주에게 전적으로 의존했다. 그들 대부분이 문맹이었다. 새로운 소련정부는 전 국가를 현대적인 사회주의국가로 발전시키기 위해 집단농장 실습을 실시했다. 그곳에서 농부들은 집단으로 만나 생산계획을 세우고, 생산량 측정 등을 한다. 정부는 또한 농부에게 쓰기, 읽기, 수의 이론적 사용에 대한 단기과정을 실시했다. 1931년에는 정부가 아직 새로운 프로그램을 실행 중이었기 때문에, Vygotsky는 현대적인 사회생활을 시작한 성인의 정신과정과 여전히 옛날 방식으로 살고 있는 사람들의 정신과정을 비교할 기회를 발견했다.

실제로 Vygotsky 자신은 너무나 아파서 현장조사를 하기 위해 중앙아시아로 가지 않았다. 그러나 그는 Luria와 다른 사람들이 그 일을 하도록 독려했다. 연구의 한 부분으로 면접자들은 피험자들에게 다음과 같은 삼단논법을 제시했다(Luria, 1976, p. 108).

먼 북쪽에는 눈이 있고 모든 곰은 희다. 노바야는 먼 북쪽에 있다. 그곳에 있는 곰은 어떤 색일까?

교육받지 못한 피험자들은 그 질문을 순전히 이론적인 방식으로 다루는 것을 거부했다. 그들은 "나는 그곳의 곰이 어떤 색인지 몰라요. 그 곰을 본 적이 전혀 없어요"라고 말했다(p. 111). 면접자들이 '내가 한 말에 근거해서' 대답하라며 압력을 주었을 때, 그 농부들은 여전히 자기들의 개인적 경험을 넘어 말하기를 거부했다. 한 사람이 말했다. "당신의 질문은 그곳에 가본 사람만이 대답할 수 있어요. 그곳에 가본 적이 없는 사람은 당신 말에 근거해서 어떤 말도 할 수 없어요"(p. 109). 이와 대조적으로 새로운 프로그램에 참가했던 농부들은 기꺼이 이론적 수준에서 삼단논법을 다루었으며 그 질문에 정확하게 답했다(p. 116).

이 연구는 완벽하지 못했다. 특히 Luria는 교육받지 못한 피험자들이 연역적으로 사고하는 것을 거부했을 뿐 아니라 연역적 사고를 할 수 없었다는 인상을 주었다. 그러나 때로 충분히 압력을 줄 때는 피험자들이 자기들의 뿌리 깊은 정신적 습관을 거스르고 그 질문에 정확하게 답했다. 그들은 추상적 사고를 할 수 있었다. 그들은 단지 그런 사고를 하지 않는 걸 선호했다.

그러나 그 연구는 마음이 사회역사적 변화의 산물이라는 마르크스주의자들의 주장을 전반적으로 지지한다. 그 연구는 통상적으로 심리학자들이 말하는 것처럼 '사고원리' 또는 '인지발달'을 추상적으로 의미 있게 논의할 수 없다는 걸 시사했다. 즉 우리는 아동이 속한 문화와 그 문화가 제공하는 기호체계를 알아볼 필요가 있다. Vygotsky가 말한 바와 같이 그런 사고도구가 변화함에 따라 마음도 다른 특성을 갖게 되기 때문이다.

우리는 모든 마르크스주의 심리학자들이 열정적으로 Vygotsky의 아이디어를 지지한 것은 아님을 주목해야 한다. 여러 명의 마르크스주의자들은 Vygotsky가 도구의 은유를 너무 멀리까지 확장했다고 주장했다. 그들은 도구는 실제 도구를 의미하며 말, 쓰기, 수학, 그 밖의 다른 '심리학적 도구'를 의미하지 않는다고 말한다(Kozulin, 1986, pp. xlviii−l 참조).

그러나 마르크스주의자로서의 그의 입장이 무엇이든 간에 Vygotsky는 발달심리학이 유망한 새로운 방향을 향하게 했다. Vygotsky는 내재적인 힘의 역할을 인정했으나 인지발달을 완전히 이해하기 위해서는 문화가 아동에게 제공하는 심리적 도구를 연구할 필요가 있다고 주장했다.

이 두 가지의 힘, 즉 내재적인 힘과 문화적인 힘은 일반적으로 대립되는 것으로 보인다. 아마도 이 때문에 대부분의 학자들이 두 가지의 힘을 모두 강조하지 않고 그중 하나의 힘을 강조했을 것이다. 이와 대조적으로 Vygotsky는 변증법적 이론을 훈련받아서 반대되는 힘들이 상호작용하여 새로운 변형을 이루어가는 방식을 고려하는 것을 가장 중시했다. 자기 자신의 방식으로 이 세상의 의미를 만들려고 노력하면서 성장하고 있는 아동은 문화를 만나게 되는데, 문화는 그 문화의 특별한 심리학적 도구들을 아동이 사용하길 기대한다. 그런 상호작용은 연구하기 복잡하고 어렵다. Vygotsky만이 상호작용 연구를 시작했으며, 그는 일반적으로 변증법의 한쪽 면, 즉 문화가 아동에게 주는 영향에 초점을 두었다. 다음 부분에서 우리는 이런 심리적 도구들 일부가 획득되는 방식에 대한 Vygotsky의 통찰을 살펴볼 것이다.

기억 보조도구

Vygotsky는 인류가 가지고 있던 가장 초기의 심리적 도구 중 일부는 기억 보조도구이며, 그런 도구들은 오늘날에도 여전히 매우 중요하다고 주장했다. Vygotsky와 동료들은 아동이 기억 보조도구를 획득하는 방식을 알기 위해 다양한 연구를 실시했다.

한 실험에서 Vygotsky(1931a, pp. 70-71)는 서로 다른 색을 볼 때 색에 따라 다른 방식으로 반응하도록 아동과 성인을 가르쳤다. Vygotsky는 피험자들에게 빨간색을 볼 때는 손가락을 하나 올리고, 초록색을 볼 때는 단추를 누르는 식으로 반응하라고 말했다. Vygotsky는 때로는 과제를 단순하게 때로는 어렵게 만들었으며, 특정 시점에서 기억 보조도구를 제공했다.

그러한 실험들에서 4~8세 사이의 가장 어린 아동은 전형적으로 마치 어떤 것이든 기억할 수 있는 것처럼 행동했다. 과제가 단순하든 어렵든 간에 그 아동은 지시를 듣자마자 과제에 돌입했다. 실험자가 그들에게 '기억하는 걸 도와줄' 그림과 카드를 제공할 때, 그들은 그 보조도구들을 보통 무시하거나 혹은 부적절하게 사용했다. Vygotsky는 어린 아동은 '자신의 능력과 한계를 아직 모르거나' 아니면 사물을 잘 기억하기 위해 외적인 자극을 사용하는 방법을 모른다고 결론지었다(1931b, p. 71).

9~12세 사이의 더 나이 든 아동은 전형적으로 Vygotsky가 준 그림을 사용했으며 그런 보조도구는 그들의 수행을 향상시켰다. 흥미롭게도 그런 보조도구의 첨가가 항상 성인의 기억을 향상시키는 것은 아니었다. 그러나 이것은 성인이 어린 아동처럼 기억 보조도구를 더 이상 사용하지 않기 때문이 아니었다. 오히려 성인은 지시를 암송하여 내적으로 자기 마음에 새겨두기 때문에 외적 단서가 필요하지 않았던 것이다(Vygotsky, 1930, pp. 41-45).

오늘날의 기준으로 보면 이런 실험은 매우 비형식적이다. 그러나 그 실험들은 현대 심리학의 주요 주제가 된 영역을 개척한 연구였다. 그 주제는 **상위인지**(metacognition), 즉 사람들의 자기 자신의 사고과정에 대한 인식을 말한다[자기 자신의 기억과정에 대한 구체적인 인식을 **상위기억**(metamemory)이라 부른다]. Vygotsky와 마찬가지로 현대 심리학자들은 아동이 어떻게 자신의 사고를 인식하게 되는지, 그리고 아동이 사고를 향상시키기 위해 심리적 도구와 전략을 사용하는 것을 어떻게 배우는지를 밝혀내려고 한다(Flavell, Miller, & Miller, 2002, pp. 163−167, 262−263; Siegler & Alibali, 2020, pp. 186−190).

말

가장 중요한 심리적 도구는 말이다(Vygotsky, 1930, p. 24, 1934, p. 256). 말은 우리의 사고와 주의를 즉각적인 지각장(perceptual field)으로부터 자유롭게 해준다. Vygotsky는 이 자유가 우리를 다른 종들과 구별해준다고 말했다.

이런 차이를 보여주기 위해서 Vygotsky는 원숭이의 문제해결에 대한 Köhler(1925)의 연구에 주의를 환기시켰다. Köhler는 잡을 수 없는 창살 밖의 장소에 바나나를 하나 뒀을 때, 막대기가 원숭이의 시각장 내에 있을 경우 원숭이는 목적을 위해 막대기 하나를 사용하는 것을 발견했다. 이와는 달리 인간 사고는 즉각적인 환경을 넘어 더 자유로운 범위를 갖는데, 그것을 가능하게 해주는 것이 말이다. 단어는 자주 눈앞에는 없는 사물을 나타내기 때문에, 우리는 그 원숭이가 처한 것과 같은 상황에서 우리 자신에게 어떤 물건이 그 바나나에 닿을 수 있는지, 바나나에 닿을 수 있는 막대기나 장대가 주위에 있는지를 물어볼 수 있다. 이렇게 우리는 심사숙고하고 우리의 탐색을 지시하는 데 단어를 사용한다.

Vygotsky는 이러한 내적 대화를 하는 능력은 세 단계로 발달한다고 말했다(Vygotsky, 1934, pp. 29−40).

1. 초기에는 부재하는 사물의 참조물이 아동과 다른 사람과의 작용에서 생긴다. 예를 들면 2세인 여아는 엄마에게 어떤 물건을 찾는 것을 도와달라고 요청할 수 있다.
2. 다음은 3세경으로, 아동은 어머니가 한 말과 유사한 말을 자기 자신에게 말하기 시작한다. 장난감을 가지고 놀면서 "내 삽이 어디 있을까? 난 삽이 필요해"라고 말할 수 있으며, 자기와 가까운 주변에서 없는 물건을 찾기 시작할 수 있다.

얼마 동안 아동은 이 자기안내적(self-guiding)인 말을 소리 내어 말한다. 우리는 아동이 놀거나 문제를 풀면서 혼자 말하는 것을 자주 듣는다. 그리고 6세 초반에 아동의 자기지시적(self-directed)인 말은 점차 조용해지고 생략되며 우리가 알아들을 수 없게 된다.

3. 마지막으로 8세경에는 이런 말을 전혀 들을 수 없다. 그러나 아동의 자기지시적인 말이 사라진 것은 아니다. 그것은 단지 보이지 않는 표면 밑으로 내려가 자신과만 하는 소리 없는 대화인 **내적인 말**(inner speech)로 바뀌었다.

그래서 그 전반적인 과정은 사회적 상호작용의 **내면화**(internalizing) 중 하나다. 부모-자녀 사이에서 발생하는 대인과정(interpersonal process)으로 시작된 것이 아동 내부에서 일어나는 정신내적 과정이 된다. Vygotsky는 이 일반적인 진행이 모든 '더 높은 수준의 정신과정'의 발달 및 문화적 기호에 따라 달라지는 모든 사고 형태와 주의 형태의 발달이 가진 특징이라고 믿었다. 실제로 그는 그러한 진행이 일반법칙이라고 말했다.

> 아동의 문화적 발달에서의 기능은 어떤 것이라도 2개의 무대, 2개의 국면으로 나타난다. 처음에는 사회적 국면으로, 다음에는 심리적 국면으로 나타난다(1931a, pp. 44-45).

이런 법칙은 Vygotsky와 동료들 입장에서 보면 마르크스주의 심리학의 초석이었다. 마르크스주의자는 개별 아동의 안에서 (아동의 마음으로부터 저절로 자라는) 생각의 기원을 찾지 않으며, 외적인 사회적 존재에서 생각의 기원을 찾는다(Vygotsky, 1930, p. 45). "아동은 행동의 사회적 형태를 배워서 그것을 자신에게 적용한다"고 Vygotsky는 말했다(1931a, p. 40).

자기중심적인 말

사회적 말을 내면화하는 과정에서 아동은 많은 시간을 스스로에게 소리 내어 말하며 보내는 단계(2단계)를 거친다. 이런 종류의 말에 주목한 첫 번째 사람은 Piaget(1923)였다. 그는 이것을 **자기중심적 말**(egocentric speech)이라 불렀다. 예를 들어 Piaget는 두 명의 5세 여아가 모래상자에서 함께 놀 때 각각의 여아는 상대방 여아가 자기가 말하는 것이 무엇인지 모를 수 있다는 사실을 고려하지 않고 주제에 대해 열심히 말하는 것을 관찰했다. Piaget는 이런 말을 '자기중심적'이라고 했다. 왜냐하면 그런 말이 아동의 일반적인 자기중심성을 나타낸다고 생각했기 때문이다. 그 아동은 듣는 사람의 관점이 자기 관점과 같다고 자기중심적으로 추측하기 때문에, 듣는 사람의 관점에 맞춰 말하지 않는다. Piaget는 4~7세 사이의 아동이 하는 말의 약 45% 정도가 자기중심적이라고 추정했다(1923, p. 51).

Vygotsky는 자기중심적 말이 이 연령집단에서 매우 우세함은 인정했으나, Piaget가 내린 이론적 의미에는 동의하지 않았다. Piaget의 관점에서 자기중심적 말은 기본적으로 쓸모없는 것이다. 그것은 단지 아동사고의 결함을 반영할 뿐이다. 이와 반대로 Vygotsky는 그것의 긍정적인 기능을 강조했다. 자기중심적 말은 아동의 문제해결을 돕는다. Piaget 연구 중 하나(1923, p. 14)에서 6.5세인 Lev는 "나는 저기 있는 저 그림을 그리고 싶어, … 나는 어떤 것을 그리고 싶어, 나는 그림을 그릴 거야. 나는 그림을 그릴 큰 종이가 필요해"라고 말하는데, 특정한 사람에게 말하는 것이 아니다. Vygotsky의 관점으로 보면 Lev의 자기지시적 말은 Lev가 자신의 활동을 계획하고 지시하도록 돕는다(Vygotsky, 1934, p. 29).

Vygotsky는 또한 자기중심적 말의 궁극적인 운명에 대해서 Piaget에 동의하지 않는다. Piaget는 아동이 자기중심성을 극복함에 따라 자기중심적 말은 그냥 사멸한다고 시사했다. Vygotsky는 그것이 그냥 사라지는 것이 아니고, 밑으로 내려가 우리가 문제를 풀려고 할 때 종종 우리 자신과 하는 소리 없는 대화인 내적인 말로 바뀐다고 주장했다. 자기중심적 말의 감소를 그것이 사라지는 징조로 보는 설명은 "아동이 손가락을 사용하던 것을 그치고 머리로 더하기를 시작했을 때 아동이 셈하기를 멈췄다고 말하는 것과 같다"고 Vygotsky는 말했다(1934, p. 230).

그리고 Vygotsky는 자기중심적 말이 매우 유용하며 내적인 말로 가는 길에 있는 중요한 중간역이라고 주장했다. 그러나 이에 대한 Vygotsky의 견해에 동의한다 할지라도 우리는 그것에서 알기 어려운 어떤 점이 있다는 Piaget 말에 동의할 수 있다. 아직 어떤 완전한 방식으로 말하진 않지만, 그 아동은 누구에겐가 말하려는 것으로 보인다. 예를 들면 방 건너편에 한 어른이 조용히 앉아있는데 팅커토이(미국제 조립식 장난감)를 가지고 혼자 놀고 있는 한 아동이 말한다.

바퀴들이 이리로 온다, 바퀴들이 이리로 온다. 오, 우리는 이것을 모두 다시 시작해야

해요. 우리는 바퀴가 구르는 걸 막아야 해요. 보세요, 막았어요. 우리는 이것을 모두
다시 시작할 거예요. 우리가 왜 그렇게 하려는지 아세요? 내가 바퀴를 다른 방향으로
보내야 하기 때문이에요(Kohlberg, Yaeger, & Hjertholm, 1968, p. 695).

그 아동은 듣는 사람에게 말하는 것처럼 보이지만(예 : "왜 그런지 아세요…?"라고 물음), 그 사람이 반응하는 것을 기다리진 않는다.

  Vygotsky에 따르면 아동의 자기지시적인 말은 아직 사회적인 말로부터 분화되지 않았기 때문에 당혹스럽다. 그 아동은 말을 자기 자신의 활동을 지시하는 데 사용하려는 것인데, 그러나 아직 (다른 사람과 주고받는) 사회적 의사소통의 형태로 말한다. 자기지시적 말이 '분화'되고 자신의 특성을 갖는 데는 잠시 시간이 걸린다. 자기지시적 말이 더 조용해지고 더 생략되어서 내적인 말로 되는 것은 점진적으로 이루어진다(Vygotsky, 1934, pp. 229-232).

Vygotsky-Piaget 이슈 관련 연구 Vygotsky는 자신의 자기중심적인 말이 Piaget의 자기중심적인 말보다 더 정확하다는 걸 검증할 방법을 생각하려고 노력했다. 그의 가장 유명한 연구에서 Vygotsky는 만일 자기중심적인 말이 문제해결 기능을 한다면, 과제가 좀 더 어려워질수록 자기중심적인 말이 증가할 것이라고 보았다. Piaget는 자기중심적인 말에 긍정적 기능이 있다고 보지 않기 때문에, 그의 이론은 그러한 예측을 하지 않는다.

  그래서 Vygotsky는 아동의 과제를 좀 더 어렵게 하려고 여러 가지를 했다.

  예를 들어 어느 한 어린이가 그림을 그릴 준비가 되었을 때, 그는 갑자기 종이가 없거나 또는 필요한 색연필이 없다는 것을 발견한다. 다른 말로 하면 그 어린이의 자유로운 활동을 방해하여 우리는 그가 문제에 직면하게 하였다(Vygotsky, 1934, pp. 29-30).

  이러한 상황에서 5~7세까지의 자기중심적인 말의 비율(자기가 한 모든 말 중에서 자기중심적 말의 비율)이 거의 2배가 되었다(Luria, 1961, p. 33). 그 어린이들은 자기 자신에게 이야기함으로써 문제를 풀려고 하였다. 예를 들어, 한 어린이는 "색연필이 어디 있지? 나는 파란 연필이 필요해. 신경쓰지 마, 나는 빨간 색으로 칠하고 거기에 물을

묻힐 거야. 그러면 그것은 진해져서 파란색으로 보일거야"라고 말했다(Vygotsky, 1934, pp. 29-30). 이 연구는 Vygotsky가 말한 대로 어린 아동에게서 자기중심적 말이 문제해결적 기능을 한다고 시사했다.

이 연구는 광범하게 되풀이되었고, 그 결과는 Vygotsky 연구와 대부분 일치하였다. 그러나 하나의 조건이 있었다. 과제가 너무 어려우면 아동은 자기안내의 말을 하지 않는다. 그들은 그냥 포기하고 더 이상 말하지 않는다. Laura Berk가 말한 바와 같이 과제는 "적당히 도전적"이어야 한다(2019, p. 222).

다른 연구가 Piaget와 Vygotsky의 대립되는 입장을 시험했는데, 대부분이 Vygotsky를 지지했다. 그것은 자기중심적이거나 자기지시적인 말이 긍정적인 기능을 하여 내적 언어로 바뀌는데, 그것이 계속해서 행동을 안내한다는 것이다(Berk, 2013, p. 267; Kohlberg, Yaeger, & Hjertholm, 1968).

그럼에도 불구하고 여전히 Piaget가 부분적으로 맞을 수 있다. 일부 자기중심적인 말이 Vygotsky가 강조한 자기안내 기능을 한다고 하더라도, 일부 자기중심적인 말은 듣는 이의 시각을 고려할 수 없음을 반영할 수도 있다. 그래서 Piaget와 Vygotsky 둘 다 옳을 수 있다.[1]

자기통제

이제까지는 아동이 그림을 그리고 팅커토이로 어떤 것을 만들 때와 같이 아동이 자기안내적 말을 문제해결을 돕는 데 사용하는 방식에 초점을 두었다. 그러나 언어적 자기조절은, 또한 충동과 유혹을 극복한다는 의미에서 사람들이 정서적 자기통제를 하도록 돕는다. 일상 대화에서 우리는 이런 역량을 의지력이라 부른다.

Vygotsky에 따르면 의지력에 관한 기본적인 질문은 다음과 같은 것이다. 우리를 강력하게 끌어당기는 상황에서 우리가 그것에 저항하는 행동을 하는 것이 가능할까? 예를 들어, 어떻게 우리가 TV를 보다가 그만두고 대신 공부하러 갈 수 있을까?

Vygotsky(1932)의 대답은 우리는 우리 행동을 지시해줄 인위적인 자극을 만드는 데 단어를 사용한다는 것이었다. 만일 우리가 TV를 보고 있다면, 우리는 우리 자신에게

---

[1] 그들의 연구 보고에서 현대 심리학자들은 혼잣말(private speech)을 자기중심적 말과 소리 내어 하는 자기지시적 말 모두를 나타내는 것으로 사용한다.

"그래, 8시까지는 TV를 보겠지만, 이후에는 공부하겠어"라고 말할 수 있다. 우리는 우리의 행동을 통제하기 위해서 새로운 언어적 신호를 만든다.

늘 그렇듯이 Vygotsky는 우리가 처음에 사회적 상호작용을 통해서 그와 같은 신호를 획득한다고 주장한다. 우리가 어렸을 때 어른들은 우리의 행동을 지시하기 위해 신호를 자주 사용했다. 예를 들어 어른들은 "셋을 세는 동안에 물에 뛰어들어"라든가 "시계의 분침이 12에 도달하기 전에 TV를 꺼"라고 말할 수 있다. 조금 있다가 우리는 우리 자신에게 비슷한 신호를 주기 시작하는데, 처음에는 소리 내어서 다음에는 내적 언어로 조용하게 말한다.

Berk가 관찰했듯이 때때로 우리는 어린 아동이 자기통제를 하기 위해 말하는 것을 들을 수 있다. 불이 들어오는 전구소켓을 건드리려던 걸음마기 아기도 자신에게 말한다. "건드리지마." 그리고 손을 자기쪽으로 끌어당긴다. 소파에서 막 점프하려던 어린 소년도 자신에게 말한다. "안 돼." 그리고 기어 내려온다(Berk, 2001, pp. 89, 511). 몇몇 심리학자들은 아동이 특별한 과자를 먹기 전에 기다리라고 말을 들을 때처럼 아동이 만족지연을 배우는 과정에 대해 흥미 있어 한다. Berk는 이 역량은 언어의 발달과 함께 나타나며, 사람들은 어린 아동이 자기 자신에게 기다리라고 말하는 걸 종종 들을 수 있다고 지적한다(2001, p. 89).

행동의 언어적 조절에 대한 Luria의 연구

행동의 언어적 자기조절에 대한 정교한 분석은 Vygotsky의 동료인 A. R. Luria가 제공했다.

Luria는 성인 명령의 내면화에 초점을 두었다. 그는 아동이 성인의 명령을 따르고 그 다음에 그 명령을 자신에게 적용하는 방법을 알아보려고 했다. Vygotsky가 모든 자기조절이 명령의 내면화에만 국한된다고 시사하지 않았음을 주목해야 한다. 아동은 모든 종류의 대화를 내면화한다. 그러나 Luria는 명령에 초점을 두었다.

Luria는 성인명령에 따르는 아동의 능력이 상당히 천천히 발달함을 발견했다. 장난감 물고기가 테이블 위에 있다고 하자. 만약 14개월 된 아동에게 "그 물고기를 내게 가져와라"라고 말하면, 그 아동은 그렇게 할 것이다. 그러나 만약 빛나는 장난감 고양이를 아동 가까이에 두고 다시 "그 물고기를 내게 가져와라"라고 말하면, 그 아동은 빛나는 고양이를 가져올 것이다. 우리의 언어적 지시는 매력적인 자극이 가지고 있는 힘을 뛰어넘을 수 없다(Luria, 1960, p. 360).

다른 어려움이 또 존재한다. 한 실험에서 Luria는 2세 아동에게 고무풍선을 주고 그것을 누르라고 말했고 그 아동은 그것을 눌렀다. 그러나 Luria는 "그 아이는 반응을 멈추지 않고 두 번, 세 번, 네 번 눌렀다"라고 적었다(p. 360). Luria는 그 소년에게 지시를 한 번만 했다. 그러나 그 소년의 행동은 **반복**(계속)되었다.

더욱이 아동을 아주 쉽게 움직이도록 하는 우리의 명령은 아동의 행동을 **억제**하는 데는 거의 같은 힘을 발휘하지 못한다. 만약 실험자가 풍선을 누르고 있는 2세 아동에게 "이제 그만해라"라고 말한다면, 보통 그 명령은 거의 효과가 없다. 실제로 많은 경우에서 그 명령은 아동의 반응을 강하게만 만들 뿐이다. 아동은 심지어 더 열심히 누르기까지 한다(Luria, 1961, p. 53).

3세나 3.5세경이 되면, 아동은 구체적인 성인명령을 매우 잘 따를 수 있다(Luria, 1961, p. 70; Slobin, 1966, p. 131). 그러나 아동이 **스스로**의 언어적 지시를 따를 수 있을까?

한 실험에서 Luria는 아동이 어느 한 불빛을 볼 때는 아동에게 "눌러"라고 말하며 풍선을 누르게 했다. 그리고 아동이 다른 불빛을 볼 때는 "누르지 마"라고 말하며 누르기를 멈추게 했다. 그러나 3세와 3.5세인 아동은 불빛을 볼 때마다 눌렀다. 아동은 "눌러"라고 말하며 눌렀다. 그리고 "누르지 마"라고 말하면서도 눌렀다. 다시 말하면 말은 행위를 자극하지만 말의 억제효과는 약하다(Luria, 1960, pp. 374-375, 1961, pp. 90-91).

Luria는 어려움의 긍정적 측면은 어린아이가 말의 의미보다 말의 **자극적** 기능에 반응하는 것이라고 믿었다. 그렇기 때문에 "누르지 마"라는 말은 신호이므로 의미에 관계없이 단지 행위를 자극할 뿐이다.

Luria의 많은 연구는 아동이 5~6세경이면 자신의 많은 행동을 언어적으로 조절할 수 있음을 시사한다. 아동은 앞에서 언급한 종류의 실험을 쉽게 해낼 수 있다. 실제로 실험자는 단지 처음에만 아동에게 지시하면 된다. 그러면 아동은 스스로에게 어떤 말도 소리 내어 말하지 않으면서 정확하게 수행할 것이다. 그러나 Luria는 아동이 여전히 자신에게 언어적으로 지시한다고 믿었다. 단지 이제는 아동이 내적인 말을 통해 조용히 지시를 하고 있을 뿐이다. 그의 해석을 뒷받침하기 위해서 Luria는 더 복잡한 과제를 주거나 또는 과제속도를 올렸을 때 5~6세 아동은 자동적으로 자기 자신에게 다시 소리 내어 지시하기 시작했음을 보고했다(Luria, 1961, p. 93).

자기조절과 신경학적 기능 Luria는 자기조절의 사회적 기원을 강조한다. 먼저 아동은 다른 사람의 명령에 복종한다. 그 후에 아동은 자기 자신에게 명령한다. 동시에 Luria는 자기 행동을 조절하는 아동의 능력은 신경계의 성숙에 좌우된다는 것을 인정했다. 실제로 Luria는 생의 많은 부분을 자기조절과 그 밖의 정신기능의 기저에 있는 신경학적 성숙 연구에 바쳤다. 그는 역사상 위대한 신경학자 중 한 사람이다.

Luria의 통찰 중 많은 것이 제2차 세계대전 중 뇌손상으로 고통받는 환자들을 치료하는 동안에 나왔다. 다른 사람과 마찬가지로 Luria는 환자가 경험하는 어려움의 종류들은 손상의 세부적인 위치에 따라 크게 달라짐을 발견했다. Luria는 사람이 자신의 행동을 조절하는 능력은 전두엽, 특히 좌반구의 전두엽과 관련된다는 것을 발견했다. 전두엽 손상으로 고통받는 환자들은 다른 사람과 인사하고 옷을 입는 것 같은 단순한 습관적인 일은 여전히 할 수 있었다. 그러나 새로운 상황에서는 자신의 행동조절이 불가능했고, 그 결과로 환경자극의 노예가 되었다.

예를 들면 한 환자는 모스크바로 가는 기차를 타려고 역으로 갔는데 역에 도착한 그는 첫 번째 본 열차에 올라타고 반대방향으로 여행했다. 분명히 "모두 탑승하십시오"라는 말과 다른 사람들이 그 기차에 올라타는 광경은 그가 저항할 수 있는 것 이상이었다. 그는 자신에게 "이 기차는 내가 타야 할 기차가 아니야"라고 말할 수 없었고 이 말을 자신의 행동을 조절하는 데 사용할 수 없었다.

심한 전두엽 손상을 가진 환자들은 고집증의 문제도 가지고 있다. 즉 그들은 일단 하나의 활동을 시작하면 그것을 쉽게 멈출 수 없다. Luria는 전쟁 후에 작업치료를 받기 시작한 한 환자에 대해 말했다. "그는 나무 한 토막을 대패질하도록 지시를 받았다. 그는 나무판을 완전히 대패질하고 난 뒤에도 멈출 수가 없어 계속해서 작업대를 대패질했다"(Luria, 1982, p. 111).

그런 경우 환자가 말을 사용해 자신의 행동을 통제하는 것이 불가능했다고 추측해야 한다. 우리는 그들이 자신에게 효과적으로 "멈춰" 또는 "기다려"라고 말할 수 없었다고 가정한다. Luria의 일부 다른 연구들은 이런 가정을 더 직접적으로 지지한다. 한 연구에서 Luria는 환자에게 자기가 손가락을 세우거나 주먹을 올릴 때마다 그대로 따라서 하라고 요구했다. 이것은 환자들이 할 수 있었다. 그러나 Luria가 지시를 반대로 바꾸자 (손가락을 올릴 때 주먹을 올리고, 주먹을 올릴 때는 손가락을 올리라고) 환자들은 따라 하는 데 곤란을 겪었다. 그들은 Luria의 지시를 반복할 수 있었으나 그 지시를 자기들의 행동에 적용할 수는 없었다. 한 환자가 말했다. "당신의 것은 주먹이에요. 그러니까 나는 손가락을 올려야 해요." 그러나 그는 여전히 Luria를 따라서 주먹을 올렸다. 그는 자신의 행위를 조절하는 데 말을 사용할 수 없었다(p. 112).

내적인 말

일상적인 환경에서 어른들은 내적인 말을 통해 자신에게 내적으로 소리 없이 언어적 지시를 하는 능력을 발달시켜 왔다. 그러나 내적인 말은 조사하기가 매우 어렵다. Vygotsky는 작가와 시인들로부터 몇몇 단서를 얻었다. 그러나 그는 주로 아동이 보이는 자기중심적 말 연구에 의존했다. 즉 자기중심적 말이 밑으로 사라지기 직전에 볼 수 있는 변화들은 내적인 말이 어떤 것인지를 예고해준다고 추측했다(Vygotsky, 1934, pp. 226−227).

내적인 말은 사회적 말과 비교해 더 단축된 것처럼 보인다. 그것은 우리가 이미 알고 있는 것은 생략하고 새로운 것에 초점을 둔다. 때때로 우리는 같은 현상을 사회적 상황에서 관찰할 수 있다. Vygotsky는 버스를 기다리고 있는 여러 사람을 상상해보라고 했다. "버스가 접근해 오는 것을 보고 아무도 '우리가 기다리는 버스가 와요(The bus for which we are waiting is coming)'"라고 말하지 않을 것이다. 그 문장은 '온다(coming)'나 혹은 비슷한 다른 표현으로 축약되기 쉽다. 그 사람은 그의 말을 새로운 정보(버스가 도착했다)로 제한한다(1934, P. 236). 우리가 자신에게 소리 내지 않고 말할 때 비슷한 방식으로 우리 말을 축약한다.

내적인 말의 다른 특성은 **감각**이 의미보다 우세한 점이다. 단어의 감각은 단어가 우리 안에 일으킨 느낌(feeling)이다. 예를 들면 '사자(lion)'라는 단어는 우리가 어떤 맥락에서 그 동물을 생각하고 있느냐에 따라 공포에서부터 부드러운 동정심에 이르는 범위까지의 느낌을 촉발한다. 단어의 '의미'는 사전에서 보는 것과 같은 명확한 정의다. 단어의 의미는 정확한 의사소통에 매우 중요하다. 그러나 우리 자신에 대한 어떤 것을 생각하려고 단어를 사용할 때는, 단어의 감각이 강력한 영향을 준다(Vygotsky, 1934, pp. 244－245).

내적인 말을 더 잘 이해하기 위해서는 내적인 말이 미시발생적 과정에서 하는 역할을 알아볼 필요가 있다고 Vygotsky는 말했다(1934, pp. 245－249). 5장에서 말했던 미시발생은 우리가 지각하거나 과제를 수행할 때마다 발생하는 비교적 짧은 발달과정이다. 언어적 진술의 형성도 미시발생적으로 전개되며 내적인 말은 중요한 시점에 이 과정으로 들어간다.

언어적 진술을 만드는 행위는 정서(욕구, 흥미, 필요)와 함께 시작한다. 그 뒤를 희미한 생각 자극하기가 따른다. 그것은 항상 원래 느낌의 어떤 것을 포함한다. 내적인 말이 활동하게 되는 것은 이 시점이다. 우리는 생각을 잘 표현하기 위해 내적인 말을 한다. 이 과정은 유동적이고 역동적이다. 그리고 원래 생각의 뒤에 있는 느낌을 잃지 않으면서 명확한 진술을 하려고 애씀에 따라 우리의 사고와 언어는 둘 다 다양하게 변형된다(pp. 249-255).

때때로 우리는 우리의 생각을 표현할 단어를 도대체 찾을 수가 없다. 실례로 Vygotsky는 Gelb Uspensky의 소설에 있는 "가난한 농부는 몇몇 중요한 생활문제를 관리에게 말해야만 하는데 그의 생각을 말로 표현할 수 없었다"를 인용한다(p. 249). 그 가난한 사람은 신에게 도움을 청했으나 소용이 없었다.

단어를 잘 사용하는 시인들조차 옳은 단어를 찾는 데 어려움을 겪는다. 시인인 F. Tiutcheve가 "일단 말해진 생각은 거짓말이다"라고 말했듯이 작가들은 생각을 말로 옮기는 과정이 늘상 원래의 생각을 너무 왜곡시킨다고 느꼈다(Vygotsky, 1934, p. 254). Vygotsky는 이런 위험을 인정했다. 그럼에도 불구하고 그는 우리가 최선의 단어를 찾아야 한다고 느꼈다. 그러지 못한다면 생각은 실현되지 못한 채로 남겨질 것이다. 시인 Osip Mandelstam이 말했듯이 "소리 없는 생각은 어둠의 방으로 돌아간다"(Vygotsky, 1934, p. 210).

놀이

우리는 말(speech)이 아동을 즉각적인 물리적 상황에서 자유롭게 해주는 것을 보았다.

단어를 사용함으로써 아동은 지금 여기(here and now)를 넘어 사물과 사건에 대해 말할 수 있다. 어린 아동은 또한 놀이를 통해 구체적인 상황으로부터 자유롭게 되었다. 가장 놀이에서는 나무 한 조각이 사람이 되고, 막대기는 말이 된다. 아동은 사물이 새로운 의미를 갖는 환상의 세계를 창조한다. 놀이는 상상적 생각을 하는 데 하나의 큰 발걸음이다.

그러나 Vygotsky(1933)는 아동의 놀이는, 비록 자발적이고 상상적이긴 하지만, 완전히 자유로운 것은 아니라고 강조했다. 아동의 마음속에는 따라야 할 규칙이 있다. 두 명의 어린 소녀가 밤인 척하고 자러 가야 할 때 그들은 상상적 활동을 당면한 문제로 한정하는 암묵적인 규칙에 따라 행동한다. 그들은 요리를 한다거나 자전거를 타는 척하지 않는다. 그들은 오직 침대에서의 활동만을 할 뿐이다.

비슷하게 Vygotsky는 5, 7세인 두 여아에 대해 이야기했는데, 그들은 자매놀이를 하기로 결정했다. 그들은 묵시적인 규칙을 따라 옷도 비슷하게 입고 말도 비슷하게 했다.

놀이에서는 암묵적 규칙에 따라 아동은 실제의 생활에서보다 더 자기통제를 하였다. 그들은 자신의 즉각적인 요구가 아니라 그 역할이 요구하는 바에 따라 행동했다. 만일 세 명의 아동이 가게주인과 손님을 하기로 하고 사탕을 돈으로 하기로 하면, 그들은 사탕을 먹지 않는다. 그들은 사탕을 소품으로 사용하고 자신의 역할을 지속한다.

Vygotsky는 아동이 놀이에서 자기통제를 훨씬 더 많이 보여주기 때문에, 마치 "지금의 자신보다 머리 하나는 더 커보인다"(1933, p. 102). 그러나 놀이에서의 규칙을 부담스럽게 느끼지 않는다. 오히려 규칙을 지키는 걸 즐기고 있다. 놀이는, Vygotsky의 말에 따르면 나중에 자신의 안내하는 생각이나 도덕원리를 따르는 데에서 기쁨을 느끼는 것의 원형이다(p. 99).

7세 이후에 아동은 엄격한 규칙이 적용되는 놀이를 시작한다. Vygotsky(1934, p. 104)는 이때의 놀이는 한때 그랬던 자유롭고 환상적인 놀이가 아닌 것을 관찰했다. Vygotsky가 나이 든 아동의 놀이에 대해 쓸 때는, 눈싸움 같은 비공식적인 게임이 아니라 구조적이고 경쟁적인 운동을 주로 생각하고 있었다는 걸 주목해야 한다. 좀 더 비공식적인 게임에서 아동은 Piaget가 도덕판단의 논의에서 관찰한 바와 같이 규칙을 만들고 개정하는 일에 대해 더 자유롭게 느낀다.

학교교육

Vygotsky는 아동이 언어를 매우 자연스럽게 숙달하는 것을 발견했다(1935, p. 105). 그리고 초기 놀이가 아동 자신에게서 자발적으로 생기는 것처럼 말했다. 사람은 말과 놀이가 문화적 발달경로의 한 부분인 것과 마찬가지로 자연적 발달경로의 한 부분인 것인지를 물어볼 수 있다. 불행하게도 Vygotsky는 이것에 대해 많은 말을 하지 않았다. 그러나 그는 수학과 쓰기 같은 문화적 기호체계의 획득은 통상적으로 자연스럽게 일어나지 않음을 분명히 했다. 이것들은 학교에서 가르치며, 대부분의 아동은 이런 과목들을 힘들어한다. Vygotsky는 학교교육이 발달 중인 아동에게 줄 영향을 신중하게 고려한 첫 번째 심리학자들 중 한 사람이다. 여느 때처럼 Vygotsky는 그의 아이디어를 다른 사람의 아이디어, 특히 Piaget의 아이디어와 비교함으로써 발전시켰다.

Vygotsky와 Piaget 비교

Piaget는 발달과 가르침(teaching)을 뚜렷이 구분했다. Piaget는 발달이 아동으로부터 나오는 자발적 과정이라고 말했다. 발달은 내적인 성숙적 성장으로부터 생기며, 더 중요하게는 세상을 이해하려는 아동 자신의 노력으로부터 생긴다. Piaget의 관점에서 아동은 자신이 발견하고 자신이 견해를 만드는 작은 지적 탐색자다.

Piaget는 아동이 사회적 세계와 떨어진 채 고립되어 발달한다는 뜻으로 말하지 않았다. 다른 사람들은 아동의 사고에 영향을 준다. 그러나 그들이 아동을 직접 가르치려고 해서는 아동을 돕지 못한다. 오히려 그들은 아동 자신의 사고를 자극하고 도전을 줌으로써 발달을 촉진한다. 예를 들면 그것은 종종 아동이 친구들과 토론하고 논쟁할 때 발생한다. 만약 한 소녀가 자기 주장의 결점을 친구가 지적하는 걸 알게 된다면, 그 소녀는 더 나은 주장을 생각해내도록 자극받게 되며 소녀의 마음은 성장한다. 그러나 소녀의 지적 발달은 독립적인 과정이다. 왜냐하면 새로운 주장을 만들어내야 하는 사람은 다른 사람이 아닌 소녀 자신이기 때문이다.

독립적 사고의 한 제안자인 Piaget는 대부분의 학교에서 이루어지는 교사 위주의 지도에 매우 비판적이었다. 마치 아동의 머릿속에 자료를 쏟아 넣을 수 있는 것처럼 행동하면서 교사는 아동의 학습에 대해 책임지려 한다. 교사는 아동을 수동적 입장에 밀어넣는다. 더군다나 교사는 종종 아동이 잘 이해할 수 없는 수학, 과학, 그 외 영역의 추상적 개념을 제시한다. 때때로 아동은 확실히 어떤 것을 배우는 것처럼 보인다. 그러나 그들은 단지 '형식적인 문구(verbalism)'만을 획득한다. 즉 아동은 교사의 말 뒤에 있는 개념에 대한 어떤 진정한 이해도 없이 교사의 말을 되풀이한다. 만약 아동이 개념을 진정으로 이해하길 바란다면 성인은 스스로 그 개념을 발견할 기회를 아동에게 주어야만 한다(Piaget, 1969).

Vygotsky의 관점에서 자발적 발달은 중요하다. 그러나 Piaget가 믿었던 것처럼 지극히 중요한 것은 아니다. 만약 아동의 마음이 단순히 아동의 발견과 발명의 산물이라면, 아동의 마음은 대단히 크게 진보하지 않았을 것이다. 실제로 아동은 그들의 문화가 전달한 지식과 개념적 도구로부터 많은 이익을 얻는다. 현대사회에서 그것은 보통 학교에서 일어난다. Piaget가 말했던 것처럼 교사는 아동이 혼자서 배우기에는 너무 어려운 자료를 제시한다. 그러나 이것이 좋은 교육이 해야만 하는 일이다. 좋은 교육은 발달을 앞으로 당기며, 아동이 혼자서는 즉각적으로 이해할 수 없는 자료를 숙달하도록 도우면서 발달을 앞서 나가야 한다. 아동의 초기 이해는 피상적인 것일 수도 있다. 그러나 아동의 마음이 앞으로 움직이도록 해주기 때문에 교육은 여전히 가치가 있다.

과학적 개념

Vygotsky는 학교에서 가르치는 추상적 개념에서 특별한 가치를 발견했다. 그는 이 추상적 개념을 **과학적 개념**이라 불렀으며 사회과학에서의 개념(예 : 계층갈등)과 마찬가지로 수학과 과학에서의 범주개념에 포함시켰다(예 : 아르키메데스의 법칙). 그는 이런 개념을 아동이 스스로 배우는 자연발생적 개념과 대비했다. 아동은 대부분의 **자연발생적 개념**을 학교 밖의 일상생활에서 발달시키기 때문에, Vygotsky는 자연발생적 개념을 **일상적 개념**이라고도 했다(Kamii가 보여준 바와 같이 Montessori, Dewey, Piaget 학파처럼 학교에서도 아동이 스스로 발견하는 기회를 줄 수 없는 이유는 없긴 하지만).

Vygotsky는 과학적 개념의 교육은 아동에게 자연발생적 개념을 놓을 더 넓은 틀을 제공하기 때문에 어떤 경우에나 대단히 도움이 된다고 주장했다. 예를 들면 7세인 소년은 '할머니'에 대한 자연발생적 개념을 발달시켰을 수 있다. 그러나 그의 개념은 주로 자신의 할머니에 대한 심상에 근거한다. 만약 '할머니'라는 용어를 정의하라고 그 소년에게 요구하면, 그는 "할머니는 부드러운 무릎이 있어요"라고 대답할 수 있다. 교사가 추상적인 **가계도(조부모, 부모, 자녀** 포함)를 그림으로 표시하는 공교육은 아동에게 그의 자연발생적 개념을 넣을 더 넓은 틀을 마련해줄 수 있으며, 실제로 할머니라는 개념이 무엇인지를 이해하도록 도울 수 있다(Vygotsky, 1930, p. 50).

Vygotsky는 이런 종류의 공교육은 아동 사고에 인식을 가져온다고 주장했다. 아동이 '할머니'라는 개념을 특정인이라고 생각하는 한, 그 개념을 진정으로 알고 있는 것이 아니다. 그의 인식은 그 개념이 아니라 그 사람을 향하게 된다. '할머니'가 보다 더 일반적인 범주체계 안에 있는 단지 하나의 범주라는 것을 알 때에야 비로소 그는 그 개념을 알게 된다(Vygotsky, 1934, p. 171).

비슷한 과정이 아동이 쓰기를 배울 때 나타난다. 쓰기를 배우기 전에 우리는 많은 양의 구어를 숙달한다. 그러나 우리의 구어숙달은 아주 의식적인 수준에서 이루어지는 것이 아니다. 말하기는 어느 정도 노래와 같다. 그것은 신체적으로 표현되며 보다 자연스럽게 나온다. 이와 대조적으로 쓰기는 보다 형식적이며 추상적인 상징체계를 사용하며, 우리로 하여금 더 많이 의식적으로 신중하게 행동하도록 만든다. 쓰고 있을 때 우리는 항상 적절한 동사 형태, 문장이 끝나야 하는 시점 등에 관련된 의식적 결정을 하고 있다. 쓰기 학습은 많은 노력을 해야 하나 그것은 언어가 어떻게 구성되는지를 알도록 돕는다. Vygotsky는 "쓰기는 말하는 걸 의식하게 한다"라고 말했다(p. 183).

Vygotsky의 견해에 대한 지지는 Sylvia Scribner와 Michael Cole이 라이베리아의 바이인들(Vai people)을 대상으로 실시한 읽고 쓰는 능력의 효과에 대한 연구에서 나왔다(1981, pp. 151-156). 연구자들은 읽고 쓰는 능력이 있는 바이인과 그렇지 않은 바이인에게 여러 개의 문장을 제시했다. 그 문장들 중 일부는 문법에 맞지 않았다. 두 집단 모두 어떤 문장이 문법에 맞지 않는지를 완벽하게 말할 수 있었다. 그러나 읽고 쓰는 능력이 있는 바이인들은 그 이유를 더 잘 설명할 수 있었다(예 : 주어와 동사가 일치하지 않는다고 설명하기). 분명히 읽고 쓰기 훈련은 그들이 말을 더 많이 개념적으로 인식하게 해준다. 현대 용어로, 그들은 자신의 말에 대한 **상위인지적** 지식을 획득한 것이다.

새로운 개념수준으로 학습하는 것이 어떤 것인지를 더 잘 이해하기 위해서 우리는 학교에서 외국어를 공부하는 경험을 떠올릴 수 있다. 그 과정은 아마도 서툴고 자의식적으로 느껴졌을 것이다. 그러나 우리는 또한 우리가 모국어를 처음으로 인식하고 있는 것도 느꼈을 수 있다. 왜냐하면 다른 선택이 가능한 한 세트의 규칙을 선택하여 사용함으로써, 우리는 더 넓고 추상적인 틀 안에서 모국어를 보고 있기 때문이다(Vygotsky, 1934, p. 196). 괴테가 말했듯이 "외국어를 알지 못하는 사람은 자기 나라말도 실제로 알지 못한다"(Vygotsky, 1934, p. 160).

그리고 Vygotsky는 Piaget보다 과학적 개념의 가치를 더 많이 알고 있었다. Vygotsky 관점에서 과학적 개념과 자연발생적 개념은 모두 특유한 장점을 가진다. '할머니'와 '형' 같은 아동 자신의 자연발생적 개념은 '경험이 스며들어' 있다(p. 193). 그 개념들은 풍부한 개인적 감각과 심상으로 가득 차 있다. 추상적인 가계도 같은 과학적 개념은 상대적으로 무미건조하다. 그러나 과학적 개념은 아동에게 자신의 개념을 보는 더 넓은 틀을 제공한다.

과학적 개념과 자연발생적 개념 간의 상호작용 학교에서는 두 종류의 개념이 다음과 같은 방식으로 서로에게 영향과 이득을 준다. 교사가 '위로부터' 아래로 전달하는 과학적 개념은 둘 간의 상호작용 방식을 이끈다. 과학적 개념은 아동이 일상적으로 생각하던 것보다 더 추상적으로 생각하도록 압력을 주면서 인지발달에 새로운 목표를 제공한다.

그러나 얼마 동안 아동은 보통 그 새로운 개념의 이해를 어려워한다. 어쨌든 아동이 그 개념을 이해하는 것은 그들이 가지고 있는 자연발생적 개념의 공헌임에 틀림없다. 예를 들면 러시아의 전형적인 3학년 학급 학생들이 교사가 **계층갈등** 개념을 논의하는 것을 들을 때, 교사가 무엇에 대해 말하고 있는지 어렴풋이 알게 되는 것은 이미 부자와 가난한 사람에 대한 자연발생적 개념을 발달시켰기 때문이다. 교사가 압력을 줌에 따라 아동은 과학적 개념에 대해 더 많이 생각하도록 요구받으며, 얼마 후 아동은 자연발생적 개념이 보다 더 추상적인 도식에 맞춰지는 방식에 대한 이해를 발달시킨다 (Vygotsky, 1934, p. 194).

그리고 교육은 마음을 앞으로 몰아간다. Vygotsky가 강조했듯이 교육은 아이 몸에 옷을 입히는 것처럼 아동의 인지발달에 단지 어떤 새로운 것을 더하는 것만이 아니라, 오히려 발달을 깨우고 발달에 대한 새로운 길을 계획하면서 발달과 상호작용한다. Vygotsky는 심리학자들은 이런 상호작용을 알기 위해 최선을 다해야 한다고 말했다 (1935, pp. 80, 91).

그러나 Vygotsky 자신은 이런 상호작용을 연구하기가 어렵다는 것을 발견했다. 교육하면 자극되는 발달과정은 대체로 우리 눈에 보이지 않는다. Vygotsky가 알게 된 분명한 것 하나는, 교육을 하면 발달이 어떤 간단한 방식으로 뒤따라 일어나는 것이 아니라는 것이다. 2개의 곡선(하나는 교육곡선이고 다른 하나는 교육 후에 아동에게서 일어난 정신발달 곡선)을 그렸을 때 그는 그 두 곡선들이 서로 부합하지 않음을 발견했다. 예를 들면 세 단계나 네 단계의 교육이 아동의 수학 이해에 아무런 변화도 만들지 못하는 일이 종종 일어난다. 그리고

> … 다섯 번째 단계에 어떤 것이 갑자기 이해된다. 그 아동은 일반적 원리를 파악했고 아동의 발달 곡선은 뚜렷이 상승한다. 이 아동에게는 다섯 번째의 교육이 결정적이었지만 이것은 일반적 법칙이 될 수 없다. 일반적 원리가 그 아동에게 명확히 이해되는 전환점은 교과과정으로 앞당길 수 없다(Vygotsky, 1934, p. 185).

그러므로 교사는 아동이 배우는 방식을 규정할 수 없다. 교사는 단계적 방식으로 진행하는 교과과정을 만들 수 있다. 그러나 그것이 아동이 그 교사의 계획에 따라서 발달할 것이라는 걸 의미하는 것은 아니다. 발달은 그 자체의 리듬을 가진다. 그럼에도 성인의 가르침은 필요하다. 그것이 없이는 아동의 마음이 아주 많이 발달할 수가 없다(1934, p. 185).

근접발달영역

대부분의 교사는 아마도 Vygotsky의 전반적 관점에 동의할 것이다. 그들은 아동의 마음을 앞으로 움직이는 것이 자신들의 직업이며, 이를 위해서는 아동이 스스로 개념을 발견하는 것을 기다리지 말고 새 개념을 직접 가르쳐야 한다는 데 동의할 것이다. 그러나 동시에 교사는 어느 아동에게나 가르칠 수 있는 개념은 없다는 걸 알고 있다. 예를 들면 교사는 대부분의 1학년 학생들에게 대수 가르치기를 효율적으로 시작할 수 없다. 교사는 아동이 배울 준비가 된 수업 종류가 무엇인지를 결정하는 방식이 필요하다.

대부분의 학교는 표준화된 성취검사와 지능검사로 그런 결정을 한다. 예를 들어 학교는 3학년 학생에게 성취검사를 실시하고, 그 학생이 3학년 수준으로 수학을 하고 있

음을 알아내고, 그 아동을 중간 수준의 수학집단에 배정할 수 있다. 그러나 Vygotsky는 전통적인 검사들이 부적절하다고 주장했다. 그 검사들은 아동이 지금까지 어느 정도 발달해왔는지를 말해주는 아동의 실제 발달 수준만을 측정한다. 아동이 현재의 자기 수준을 넘어서는 새로운 자료를 배울 능력에 대해서는 말해주지 않는다.

전통적 검사들이 그런 한계를 갖게 된 이유는 그 검사들이 아동이 혼자서 작업할 때 성취할 수 있는 것이 무엇인가만을 측정하기 때문이라고 Vygotsky는 말했다. 그러나 과제를 혼자서 할 수 있기 전에 아동은 다른 사람과의 협력으로 그들의 지도와 지원을 어느 정도 받아서 과제를 수행할 수 있다. 새로운 학습에 대한 아동의 잠재력을 결정하기 위해서 이제 우리는 그 아동이 어떤 도움이 주어질 때 얼마나 잘할 수 있는지를 알아볼 필요가 있다.

Vygotsky는 전통적 지능검사에서 8세 수준의 점수가 나온 두 소년을 생각해보라고 요구했다(Vygotsky, 1934, p. 187). 두 소년은 검사가 요구하는 바와 같이 혼자 작업할 때 그 수준의 점수가 나왔다. 그러나 그 후 실험자는 너무 어려워서 소년들 혼자서는 풀 수 없는 몇 개의 새로운 문제들을 냈다. 그리고 유도질문을 하거나 해결하기 위한 첫 단계를 가르쳐주는 것과 같은 약간의 도움을 주었다. 이런 도움으로 한 소년이 12세 수준의 점수를 받은 반면, 다른 한 소년은 9세 수준의 점수를 받았다. 분명히 그 소년들의 새로운 학습에 대한 잠재력은 다르다. Vygotsky는 아동이 자신의 현재 수준을 넘어서 수행할 수 있는 거리를 **근접발달영역**(zone of proximal development)이라고 불렀다. 더 명확하게 그는 그 영역을

> 독립적 문제해결 수준으로 결정되는 실제 발달수준과 성인의 지도나 더 능력 있는 또래와의 협력을 통한 문제해결에 의해서 결정되는 잠재적 발달수준과의 거리라고 정의했다(1935, p. 86).

Vygotsky는 근접발달영역이 교육자들에게 각 아동의 진정한 잠재력에 대한 더 나은 지표를 제공하길 희망했다.

실제로 Vygotsky는 발달심리학에 대한 근접발달영역 개념의 유용성에 대해 열정적으로 썼다. 그는 마치 근접발달영역 개념이 이미 성숙된 기능뿐 아니라 현재 성숙과

정에 있는 기능도 설명하는 새롭고 향상된 탐조등을 제공하는 것처럼 논의했다. 아동이 도움을 받아 성취할 수 있는 활동에 초점을 둠으로써, 근접발달영역은 손을 잡아야만 걸을 수 있는 영아의 걷기능력 같은 막 발달하기 시작한 활동을 밝혀낸다. 근접발달영역은 '막 숙달되고 있는 기능의 숙달'(오늘은 도움이 있어야만 수행할 수 있으나 내일은 혼자서 수행할 수 있게 될 기능의 숙달)에 대해 많이 강조하지는 않았다(Vygotsky, 1934, p. 188).

그러나 Vygotsky가 옳다는 것, 즉 근접발달영역이 내적인 발달이 일어나는 것을 설명해준다는 것을 어떻게 알 수 있는가? **약간**의 도움이 아동을 빨리 성공하도록 할 수 있을 때, 우리는 자발적으로 발달 중인 역량을 관찰하고 있다는 것을 명백히 확신할 수 있다. 빠른 성공은 성인이 아동의 내부로부터 이미 출현하고 있던 능력을 도와주었다는 것을 시사한다.

그러나 Vygotsky는 성인이 가끔 **많은** 도움을 준다고도 말했다. 예를 들어 그는 "아동과 함께 공부하는 교사가 설명하고, 정보를 제공하고, 질문하고, 수정하고, 학생이 설명하도록 만들기 때문"에 아동이 추상적 개념을 사용할 수 있다는 것에 주목했다(1934, p. 191). 그런 경우 교사는 아동을 꼭두각시처럼 취급한 것이다. 그리고 교사가 아동 내부의 자발적인 어떤 것을 자극했다는 점이 분명하지 않다.

아마도 아동의 자발적 발달이 활성화되는지 여부를 알아보는 유일한 길은 아동을 관찰하는 일일 것이다. 아동이 열정적이며 호기심을 가지고 적극적으로 몰두하는가? 아니면 아동이 눈을 떼고 다른 곳을 보는가? 실제로 일부 연구(예 : Rogoff, Malkin, & Gilbride, 1984)는 근접발달영역 안에서 효율적으로 가르치는 성인은 아동의 자발적 흥미를 나타내는 신호를 지속적으로 찾는다는 걸 시사한다.

실제적 적용

Vygotsky는 새로운 사회의 건설을 돕고 싶어서 일부러 실제적인 문제들을 언급하는 이론구축에 착수했다. 지금까지 살펴본 바와 같이 그는 학교교육이 어떻게 아동발달을 촉진할 수 있는가를 보여주려고 했으며, 새로운 학습에 대한 각 아동의 잠재력을 측정하는 근접발달영역이라는 새로운 개념을 제공했다. 만일 우리가 아동이 무엇을 학습할 수 있는지 예측하고 싶다면, 아동이 혼자서 배울 때는 그가 할 수 있는 것이 무엇인지 볼 수 없기 때문에 우리는 어떤 도움이 주어질 때 아동이 얼마나 더 배울 수 있는지를 보아야 한다.

일부 연구자들은 그 영역이 가진 진단도구로서의 잠재력을 조사했다. 연구에서 성인의 도움을 측정하는 방식은 각자 달랐고 연구결과는 복잡하다(Seethaler et al., 2012). 그러나 전반적으로 근접발달영역은 전통적인 지능검사의 예측력을 더할 수 있을 것으로 보인다(Berke, 2019, p. 307).

근접발달영역은 교수과정 자체(아동 혼자서는 처음에 할 수 없는 문제해결 또는 전략 사용을 성인이 도울 수 있는 방법)에 대해 훨씬 더 많은 흥미를 자극했다. 전형적으로 심리학자와 교육자들은 이 과정을 **발판화**(scaffolding)라고 한다(Wood, 1998). 성인(또는 더 잘하는 또래)이 처음에는 많은 도움을 주지만, 아동이 활동하는 법을 알게 되면 도움을 줄인다. 이 도움은 건축이 완성되고 나면 치우는 일시적인 발판과 같다. 예를 들면 아이가 세발자전거의 페달을 밟고 핸들을 돌리는 것을 처음에는 부모가 돕지만 아이가 혼자서 자전거를 탈 수 있는 것처럼 보이면 혼자 탈 수 있게 옆으로 물러나는 것이다.

Ann Brown과 Annamarie Palinscar(1989)는 그들이 **상호 교습**(reciprocal teaching)이라 부르는 방법을 사용하여 읽기기술을 발판화했다. 처음에 교사는 아동에게 읽기 단락을 어떻게 요약하고 명료화하는지를 보여준다. 그런 다음에는 아동이 '교사가 되어' 소집단의 급우들에게 (요약과 명료화) 전략을 사용하도록 이끌게 했다. 교사는 계속해서 과정을 지도하지만 점차 아동에게 더 많은 책임을 준다. 이 방법은 긍정적 결과를 가져왔다(Berke, 2013, p. 271).

Elena Bodrova와 Deborah Leong(2007)은 「마음의 도구(Tools of the Mind)」라는 프로그램을 만들어 학령전 아동이나 유치원 아동을 대상으로 활동 계획하기, 과제에 집중하기, 분산요인 무시하기 등의 자기조절기술을 배우도록 했다. Bodrova와 Leong의 연구는 Vygotsky가 아동이 자기들의 가상놀이에서 놀랄 만한 자기조절을 하는 걸 관찰한 것에서 시작하였다. 예를 들어, 서클시간에 가만히 앉아있지 못하던 소녀가 가상놀이에서 학생 역할을 할 때는 가만히 앉아있을 수 있다(Bodrova & Leong, 2007, p. 132). 「마음의 도구」 프로그램을 사용하여 교사는 어린 아동이 가상놀이를 시작하고 유지하도록 도우려고 한다.

교사는 비디오나 현장학습, 책을 통해 아동에게 놀이주제를 소개할 수 있다. 또한 아동에게 **놀이계획**을 세우게 할 수도 있다. 아동은 자기들의 계획을 쓸 수도 있고(자기들의 최선을 다해), 그 활동에 들어가는 것들의 그림을 그릴 수도 있다. 아동은 자기들의 놀이계획을 가능한 한 구체적으로 만들도록 격려받는다. 전반적으로는 교사가 상당량의 코칭을 하겠지만, 점차적으로 코칭량을 줄인다(Tough, 2009, p. 35).

평가적 연구는 「마음의 도구」 프로그램이 유치원 아동의 공부기술이나 자기조절 기술은 촉진했으나 학령전 아동에게서는 그렇지 않았다고 말한다(Nesbitt & Farran, 2021). 이는 3~4세 아동을 포함한 학령전 아동이 아직 그 프로그램의 기대를 충족시킬 준비가 안 되어 있기 때문일 것이다. 계획을 만들고 고수하는 것은 그들에게 특히 어려울 것이다.

흥미롭게도 Vygotsky는 성인이나 더 잘하는 또래가 아동의 놀이를 돕는 방법에 관해서는 언급을 하지 않았다. 그는 놀이를 자발적인 발달로서 아동 자신에게서 나오는 것으로 보았다. 이 주제에 관해서 성인의 협조는 Vygotsky보다 「마음의 도구」에서 더 강조한다.

사실 일부 현재의 Vygotsky 학파들은 성인과 나이 든 또래들(아동 자신이 아닌)이 **첫 번째 가상놀이 에피소드**를 시작했다고 믿는다(Bodrova & Leong, 2007, p. 120; Berk, 2013, p. 270). 걸음마기 아기가 인형을 가지고 있으면, 성인은 "네 아기에게 음식을 먹으라고 말하렴" 하면서 어린이가 엄마 노릇을 하도록 돕는다. 그러나 저자가 믿기로는, 그 학자들이 성인의 역할을 과장했다고 본다. 한 연구는 부모가 한 살 짜리에게 어떤 가상놀이도 하도록 자극하지 못하는 걸 발견했다(Haight & Miller, 1993). 그 연령에서는 아동이 어떤 상상놀이도 좀처럼 하지 않는다. 그 아동이 2세가 된 다음에 다시 해보니, 41%의 아동이 놀이 에피소드를 시작했다.

두 번째 연구(Miller & Garvey, 1984)에서 연구자들은 부모가 2세 된 자녀의 상상놀이에 인형 같은 소품을 제공한 것을 발견했다. 그러나 아동은 이미 스스로 그 놀이를 시작했다.

확실히 부모나 나이 든 아동이 가상놀이를 지원하고 확장해줄 수는 있으나, 저자로서는 그들의 격려와 도움이 가상놀이의 시작에 필요한지는 모르겠다.

저자는 이 부분을 7장에서 살펴봤던 Kohlberg의 아동 도덕발달을 촉진하는 방법에 관한 한마디로 끝내고자 한다. 그의 일부 추종자들(예 : Snarey & Samuelson, 2014)은 그의 방법이 Vygotsky 학파의 특성을 가진다고 했다. 성인은 아동의 전반적인 수준보다 한 단계 더 높게 추론을 제시하고 지원하는 토론을 이끈다. Vygotsky의 용어로 말하면, 근접 발달영역 내에서 추론에 비계를 제공하려고 애쓰는 것 같다.

평가

Vygotsky의 연구는 전통적인 발달이론을 확장할 수 있는 중요한 길을 제시했기 때문에 큰 소동을 유발했다. Vygotsky는 Gesell, Piaget 등이 연구한 내재적 발달의 중요성을 알고 있었다. 즉 아이들은 내적인 성숙적 촉진자와 발명정신으로부터 자라고 학습한다. 그러나 이 힘들만으로는 아동을 멀리 데려갈 수 없다고도 말했다. 아동의 마음을 충분히 발달시키기 위해서는 그들이 속한 문화가 제공하는 지적인 도구들(언어, 기억보조물, 수적 체계, 쓰기, 과학적 개념 등)이 필요하다. 발달이론의 주요 과제는 이러한 도구들이 어떻게 획득되는지를 이해하는 것이다.

그리고 Vygotsky는 한발 더 나아가 내재적 발달과 문화적 힘이 어떻게 상호작용하여 새로운 변형을 만들어내는가를 알아야 한다고 하였다. 심리학이 궁극적으로 이해해야하는 것은 이런 갈등적인 힘들 사이의 상호작용이다.

Vygotsky의 제언은 초기의 것보다 더 인상적이다. 많은 심리학자들은 발달을 연구할 때 다양한 내재적 요인과 환경적 요인을 고려할 필요가 있다면서 절충적인 접근을 요구했다. 그런 말들은 합리적으로 들리지만, 그들은 이쪽이나 저쪽 힘 하나를 강조하는 이론가들 사이에 있는 진정한 갈등을 간과한다. Piaget 이론가들은 아동이 혼자 힘으로 개념을 획득한다고 믿는다. 환경론자들은 아동은 다른 사람으로부터 개념을 배운다고 믿는다. 어떻게 두 주장이 모두 옳을 수 있는가? 거기엔 논리적 대립이 존재한다.

변증법적 이론가인 Vygotsky는 새로운 관점을 제공했다. 변증법 이론에 따르면, 인생은 대립으로 가득 차 있다. 그리고 우리가 연구해야 할 필요가 있는 것은 반대되는 2개의 힘이 만날 때 어떤 일이 일어나는가이다. 우리는 혼자 힘으로 사물을 이해하려고 애쓰고 있는 성장 중인 아동이 자기에게 사물을 가르치려는 성인을 만날 때 어떤 일이 생기는지 알 필요가 있다. Vygotsky는 그런 상호작용은 복잡하며 거의 눈에 보이지 않는다는 걸 관찰했다. 실제로 Vygotsky는 상호작용을 더 잘 볼 필요가 있다는 걸 말할 때 확대경, X선, 망원경의 은유를 자주 사용했다(Cole & Scribner, 1978, p. 12; Vygotsky, 1933, p. 102, 1935, p. 91). 그러나 이런 상호작용은 연구하기 어렵긴 하지만, 매우 중요하다.

이와 동시에 Vygotsky의 연구는 편파성으로 인해서 고통받았다. James Wertsch(1985, pp. 40-49)가 지적한 바와 같이 내적이거나 자연적인 발달(아동 자신으로부터 나오는 발달)에 대한 Vygotsky의 설명은 모호했다. 더구나 이런 발달적 힘과 환경적 힘 사이의 상호작용을 연구해야만 한다고 말하긴 했지만, 그 자신의 연구는 주로 문화적 힘에 초점을 두었다. 예를 들면, 그는 기억 보조도구, 쓰기, 과학적 개념이 아동의 마음을 변화시키는 방식을 연구했으나, 아동의 내적·자연발생적 발달이 문화적 힘에 영향을 줄 수 있는 방식은 연구하지 않았다. 그는 아동이 그들의 문화를 어떻게 내면화하는지에 대한 좋은 그림은 주었지만, 이상주의적인 청소년이 하는 것처럼, 아동이 그들 문화에 어떻게 도전하고 비판하는지에 대해서는 거의 말하지 않았다.

Vygotsky의 연구가 가진 편파성은 용서할 만하다. 사람은 자신의 연구경력만큼 많은 연구를 할 수 있는데, Vygotsky의 경력은 비극적으로 짧았다. 다른 사람들은 발달과 문화 사이의 상호작용을 좀 더 충분하고 균형 잡힌 방식으로 연구할 수 있다.

문제는 Vygotsky가 학문적인 연구만 하지는 않았다는 점이다. 그는 또한 교육적인 실천을 구체화하려고 애썼으며 그의 교육적 아이디어들은 급속히 인기를 얻어가고 있다. 이런 상황에서는 어떤 편파성이라도 더 긴급한 일이 된다. 그리고 우리는 그것을 자세히 볼 필요가 있다. 다음 부분에서 저자는 Vygotsky 교육이론을 강력한 발달론적 관점, 즉 Rousseau, Montessori, Piaget 같은 저자의 관점에서 평가할 것이다.

Vygotsky는 발달론자들과 비교할 때 학교교육에 열심이었다. 교육은 발달을 앞으로 이끈다고 그는 말했다. 교육은 "발달을 방해하는 것이 아니라, 발달의 새로운 길을 열어준다"(1934, p. 152).

일상의 원칙에 근거하여 근접발달영역 안에서 공부함에 따라 교사는 아동을 앞으로 나아가게 한다. 즉 교사는 아동이 혼자서 풀 수 있는 과제만 주는 것이 아니라 더 어려운 과제도 준다. 그 과제들은 어떤 도움이 있어야만 풀 수 있는 과제다. 이런 식으로 교육은 아직 미발달한 상태에 있는 역량을 자극하고 발달을 앞으로 이끌고 나아간다.

처음에는 이런 종류의 진보적인 교육이 바람직한 것으로 보이기 쉽다. 그러나 발달론자들은 항상 발달을 가속화하려는 시도를 경계해왔다. 하나의 위험은 아동이 현재 단계에서 자신의 역량을 충분히 발달시킬 기회를 갖기 전에 아동을 앞으로 이끌 수 있다는 점이다.

하나의 예로서 Vygotsky 학파 학자들은 3~5세의 아동에게서 목표지향적이고, 자기조절적인 생각하기를 촉진하려고 했다. 혼자 내버려두면 이 연령의 아동은 과제에 매우 집중하거나 신중하게 접근하지 못했다. 그들은 관계없는 정보를 걸러내지도 못했고, 자신들의 진전도 감시하지 못했다.

이런 자기조절 기술은 미래의 학교성공에 필수적인 것이므로 Vygotsky 학파 교육자들은 아동이 그것들을 빨리 습득하도록 도우려 한다.

그러나 이 앞만 보고 가는 교육은 초기 아동기(열린 마음으로 세상의 풍부함과 다양함을 받아들이는)의 잠재력을 간과할 수 있다. 어린 아동은 마음속에 아무런 목표 없이도 그들이 발견하는 어떤 것이든 기뻐하며 돌아다닌다. 그들은 발견하는 모든 것(반짝이는 돌, 새 한 마리, 얕은 물가의 물고기 한 마리)에 마음이 사로잡힌다. 세상이 온통 마법에 걸린 것 같다. 성인인 시인이나 예술가, 자연주의자들이 이 신선한 개방성과 경이로움을 다시 느끼고 싶어 한다. 자연주의자인 Cathy Johnson(1990)은 우리의 인지적 성숙과 관련된 좁고 목표지향적인 접근법을 줄이려 한다고 말했다. Johnson은 만일 자신이 뜻밖의 재밌는 발견을 하고 싶다면, 자기 자신에게 돌아다니는 걸 허용할 필요가 있으며 무엇을 맞닥뜨리든 열린 자세를 가져야 한다고 말했다. 따라서 어린이의 세상에 대한 분명한 목적이 없는 접근은 유익하다고 보았다. 만일 우리가 목표지향적인 행동을 너무 일찍 강조하면, 우리는 인생에 대한 가치 있는 접근을 박탈하는 것이다(어린 아동의 세상에 대한 개방성에 대해 더 보려면 이 책의 15장 참조).

Vygotsky의 교육철학은 두 번째의 위험이 있다. Vygotsky에 따르면 교육은 아동을 앞으로 향하게 하는데, 교사와 좀 더 유능한 또래가 그 아동을 보조하기 때문이다. 타인의 도움으로 아동은 개인으로서의 자기를 넘는 문제들을 해결할 수 있게 되었다. Vygotsky가 이 점에서는 옳으나, 그는 외적 도움은 아동의 독립성을 훼손하는 정도를 간과했다. 발달론자들은 아동에게 도움을 주고 지시를 하게 되면, 그들에게 무엇을 어떻게 생각해야 하는지를 타인에게 의존하도록 격려하게 되어서 자기 자신이 스스로 생각하는 능력을 손상시키게 된다고 되풀이하여 경고했다.

사실 Vygotsky는 통상적으로 아동에게 문제해결을 이끄는 질문이나 첫발 같은 적은 양의 도움을 주어야 한다고 권고했다. 그럴 경우 아동의 독립성에 위협이 될 만하지는 않다. 그러나 때로 Vygotsky는 아동에게 많은 도움을 주어야 한다고 암시했다. 예를 들면 **왜냐하면**(because)의 개념에 대한 그의 연구를 논의할 때다.

Vygotsky는 매일의 관심사에 대한 이야기를 할 때 '왜냐하면'을 사용하기 전에 학교에서 배운 이론적인 주제에 대해 '왜냐하면'을 정확하게 자주 쓰는 여덟 살짜리 아동을 발견했다. 예를 들어 한 소녀가 "계획경제가 소련에서는 가능하다. 왜냐하면 소련에는 사적 재산이 없기 때문이다"라고 정확하게 말할 수 있다(Vygotsky, 1934, p. 191). Vygotsky는, 그 소녀의 성공이유는 "그 소녀와 같이 공부했던 교사가 설명하고, 정보를 제공하고, 질문하고, 수정해주고, 학생이 설명하도록 했기 때문"이라고 했다(p. 191). 그래서 그 소녀가 혼자 반응할 때에도 그 교사의 도움이 "안 보이게 존재했기" 때문이다(p. 191).

그러나 독립적 사고에 가치를 두는 사람들에게는 그 소녀의 맞는 반응이 축하할 일이 아니다. 그 교사의 도움이 이렇게 깊게 스며들었다면, 그 소녀 스스로가 생각하고 있다고 상상하기 어렵다. 그 소녀는 말하도록 프로그램된 것을 말하고 있는 인형 같은 존재다.

Vygotsky(1935)는 그런 반대를 참지 못했다. 그는 많은 발달론자들이 교육의 해로운 효과를 너무 강조하다가 교육을 저지하게 된다고 말했다. 그들은 아동이 '준비된' 상태일 때만 교육을 시작한다. 그것은 관련된 교육을 하기 전에는 역량이 충분히 성숙하길 기다려야 함을 의미한다. 그다음 교육을 한다. 아동을 앞으로 나아가게 하는 것은 아무것도 하지 못한다.

그러나 Montessori, Dewey, Piaget의 전통에 속한 발달론적 교육자들은 항상 그 역량이 완전해질 때까지 기다리지 않았다. 그들은 나타나고 있는 역량을 아동이 발달시킬 수 있도록 도울 수 있다고 믿었다. 그들은 아동의 흥미를 관찰함으로써 그렇게 한다. 흥미는 아동이 자신의 역량을 발달시키기 위해 공부하길 원하는 활동을 가리킨다. 그다음 교사는 그런 활동을 소개하고 아동에게 스스로 할 수 있는 기회를 준다.

일부 Vygotsky 추종자들은 Vygotsky와 강한 발달론자들 사이의 틈을 좁혔다. 그들은 과제를 통과하도록 이끄는 아동의 흥미와 열정(아동이 과제에 집중하게 하는)에 주의를 기울이는 교육을 강조했다(Griffin & Cole, 1984; Rogoff, 1998). 이 연구자들은 아동의 창의성이나 학습과정에의 참여를 억누르려 하지 않았다. 사실 한 에세이에서 Vygotsky(1935, pp. 116–119)는 교육은 아동의 생생한 흥미를 불러일으키고 아동의 자연적인 학습방식과 일치해야 한다고 말했다.

Vygotsky 학파의 한 사람인 Barbara Rogoff(2003, 8장)는 문제점의 일부는 Vygotsky가 학습이 주로 어른 주도로 이루어지는 학교에 초점을 둔 것이라고 했다. 많은 비서구 공동체에서는 아동이 일 관련 활동에 참여함으로써 또는 과제와 연관된 일에 더 솔선함으로써 더 자주 배운다. 예를 들면, 어린 마얀족 아동은 그들에게 필요한 모든 지원을 해주는 엄마와 함께 토르티야(스페인 음식)를 만들겠다고 결정한다. 많은 지역사회에서 아동은 관찰을 통해 성인의 일을 배우길 기대되고, "관찰과 현재 성숙 중인 활동에의 참가를 통해 아동은 학습에서 자신의 주의, 동기, 개입의 관리를 주도하는 역할을 한다"(Rogoff, 2003, p. 301).

그러므로 Rogoff는 어린이들이 자기들의 학습에서 능동적인 역할을 하는 방식을 강조한다. 그러나 그녀도 다른 Vygotsky 학파도 강한 발달론자적 입장에 찬성하지는 않는다. 그들은 특히 Piaget에 반대한다. Bruner(1984, p. 96)가 말한 대로, 그들은 Piaget가 말한 "인간발달의 이미지가 아동이 홀로 겪어야 하는, 즉 아동이 모든 것을 스스로 해결해야만 하는 모험"으로 여겨지는 것을 반대한다. 그 대신에 사회가 그동안 개발해왔던 지적 도구들을 아동에게 제공할 책임이 있다. 그리고 이것은 아이에게 교육과 도움을 제공하는 것을 의미한다. 만일 이와 같은 도움이 아동으로 하여금 지적인 지원을 받기 위해 다른 사람에게 의지하도록 강요한다면 그렇게 하라. 아동은 단순히 모든 것을 스스로 발견할 수 없다. 마음을 발달시키기 위해 아동은 성인이나 또는 좀 더 능력 있는 또래들의 도움이 필요하다.

그다음에 마지막 분석으로 Vygotsky와 발달론자들은 발달이 아동 및 아동의 흥미와 노력에 위임될 수 있는 정도에 대해 의견이 일치하지 않는다. 그리고 이런 불일치는 오랫동안 지속되기 쉽다. 그러나 그것은 좋은 일이 될 수도 있다. 왜냐하면 불일치는 양측의 생각을 유지하며 새로운 아이디어를 가져오는 일련의 도전과 반응인 '진행 중인 변증법'의 일부가 될 수 있기 때문이다.

Freud의 정신분석이론

생애 소개

이제까지 대부분의 장은 주로 운동발달 또는 인지발달에 초점을 맞추고 있었다. 이 장에서는 감정, 충동, 환상 등의 내적 세계를 주로 다룬 이론가들 집단(정신분석학자들)을 다룰 차례다. 정신분석이론의 창시자는 Sigmund Freud(1856~1939)다.

어느 정도 Freud의 생각은 Gesell 같은 발달론자들과 유사하다. Freud는 심리적 변화는 내적인 힘, 특히 생물학적 성숙에 의해 지배받는다고 믿었다. 그러나 Freud는 또한 성숙이 주체할 수 없는 성적이고도 공격적인 에너지를 가져오는데, 이를 사회가 통제해야 한다고 생각했다. 따라서 Freud 이론에서는 사회적인 힘도 강력한 역할을 한다.

Freud는 모라비아(현재 체코슬로바키아의 일부)의 프라이베르크에서 20세인 어머니와 40세의 늙은 아버지 사이에 장남으로 태어났다. 그의 아버지는 전처 소생의 성장한 아들 둘이 있었으며, 장사에서 크게 성공해본 적이 없는 모직 상인이었다. 그래서 그의 가족은 재정적인 어려움 때문에 그가 어릴 때 두 번이나 이사를 가야 했다. 처음에는 라이프치히로 이사했고, 다음에는 Freud가 4세 때 비엔나로 이사한 이후 그곳에서 쭉 살았다(Jones, 1961, 1장).

소년시절의 Freud는 매우 영리한 학생이었으며 가족들도 그가 공부를 열심히 하도록 격려해줬다. 부모는 Freud가 공부할 수 있도록 기름램프를 준비해주면서 다른 식구들은 촛불로만 지내기도 했다(Schultz, 1975, p. 302). Freud의 지적 관심은 다방면에 걸쳐 있어서 대학에 들어갈 때는 전공을 선택하는 데 어려움을 겪기도 했다. 약간 망설이기는 했지만, 결국 그에게 연구할 기회를 준 의대를 선택해 그곳에서 어류의 일종인

*Petromyzon*의 척수에 관해 중요한 연구를 했다(Jones, 1961, 3장과 4장).

26~35세 사이에 Freud는 자신이 어떤 중요한 발견을 할 수 있는 분야를 계속 탐색했다. 그는 기존에 확립된 신경학(neurology) 분야를 계속 연구했으나, 다른 가능성에 대해 더 관심이 있었다. 한때 그는 자신이 일시적으로 중독되었던 코카인의 혁명적인 사용법을 발견할 수 있을지도 모른다고 생각했다. 그는 또한 파리에 있는 Charcot의 연구실을 방문했는데, Charcot는 그곳에서 히스테리아의 신비를 연구하는 중이었다. 이 정신장애에 대한 연구가 바로 Freud의 크나큰 업적의 시발점이 되었다(Jones, 1961, 5, 6, 10, 11장).

히스테리아(hysteria)라는 용어는 생리적으로는 설명할 수 없는 기억상실이나 신체질환에 적용되는 말이다. 예를 들면 어떤 여자가 손목까지 손의 감각을 상실하는 '손마비'를 호소할 때 생리학적으로는 이 신체부분의 감각을 잃어버릴 만한 하등의 이상이 없는 경우를 말한다.

Freud는 히스테리아에 대한 첫 연구에서 Josef Breuer의 치료사례를 따랐는데, Breuer는 최면을 통해 'Anna O.'라는 여자의 잊어버린 생각과 감정이 드러나도록 도와줌으로써 그녀를 치료했다. Breuer와 Freud(1895)는 히스테리 환자들이 소원이나 감정을 의식으로부터 **억압**(repressed) 또는 차단하고 있다고 보았으며, 그렇게 억압된 에너지가 신체적 증상으로 전환된다고 여겼다. 따라서 치료는 마음의 분리된 부분, 즉 **무의식**(unconscious) 속에 들어간 감정을 노출시켜 이를 풀어주는 것으로 이루어졌다.

히스테리 환자에 관한 Freud의 초기 연구는 Elizabeth von R. Elizabeth라는 여자의 사례에서 알 수 있다. Elizabeth는 허벅다리에 히스테리적인 통증으로 고통받았는데, 이 통증은 형부와 산책하고 난 후에는 더 악화되었다. 그녀는 형부를 각별하게 생각했는데, 그녀는 이를 가족적인 애정일 뿐이라고 생각했다(Freud, 1910, p. 23). 그 후 언니가 죽어서 장례식에 참석했는데, 그녀는 죽은 언니의 침대 옆에 서서 한순간 "이제 그는 자유로운 몸이어서 나와 결혼할 수 있을 거야"라는 생각을 마음속에 떠올렸다(p. 23). 이 소원은 그녀의 도덕관으로서는 도저히 받아들일 수 없는 것이어서 떠오르는 순간 즉시 그 생각을 억압했다. 그 후 그녀는 심한 히스테리적인 통증을 느끼는 병에 걸렸다. Freud가 치료하러 갔을 때 그녀는 그런 일들을 까맣게 잊고 있어서 다른 기억과 더불어 그 일을 되살리는 데는 많은 시간의 정신분석작업이 필요했다. 왜냐하면 Elizabeth는 의식으로부터 그런 기억들을 추방할 만한 강한 이유를 가졌기 때문이다. 결국 그녀는 자신의 감정을 다시 인식할 수 있게 되었고, 어느 정도까지 그것을 받아들일 수 있게 됨에 따라 그 감정들은 더 이상 신체적 증상으로 나타날 필요가 없게 되었다.

Elizabeth나 다른 많은 환자들과의 작업에서 Freud는 Breuer가 사용했던 기법인 최면술을 사용하지 않았다. 그는 최면술의 여러 약점 중에서 그것이 오직 일부의 환자들에게만 가능하며 그들조차도 치료효과가 종종 일시적이라는 사실을 발견했다. 그래서 Freud는 최면술 대신에 **자유연상**(free association)이라는 새로운 방법을 개발했다. 이 방법은 환자들로 하여금 마음이 가는 데로 마음속에 떠오르는 모든 생각을 어떤 식으로든 순서짓거나 검토하지 말고 떠오르는 그대로 이야기하도록 하는 방법이다.

그러나 Freud는 자유연상이 비록 깊이 감추어진 사고와 감정에 도달하더라도 그것이 결코 완전히 자유롭지는 않다는 것을 알았다. 환자는 연상의 진행에 대해 강하게 저항한다. 그들은 어떤 주제를 차단하거나 다른 주제로 바꾸며, 자신의 생각이 너무 사소하거나 난처한 것이어서 이야기할 수 없다고 주장한다(Freud, 1920, pp. 249−250). Freud는 이렇게 연상이 차단되는 것을 **저항**(resistance)이라 불렀고, 이는 마음속에서 이루어지는 억압의 힘을 증명해주는 새로운 증거라고 여겼다(Breuer & Freud, 1895, p. 314). 다시 말해서 환자의 마음은 그 자신과 싸우는 상태에 있으며, 환자 자신의 '윤리적이거나 심미적인 또는 개인적인 암묵적 요구'로 인해 용납하기 어려운 소망들이 있으며, 따라서 이런 소망은 억압될 필요가 있다는 Freud 이론의 새로운 증거를 발견하게 되었다(Freud, 1910, p. 22).

Freud는 그의 이론을 세우면서 히스테리뿐 아니라 다른 신경증 환자들도 내적 갈등으로 고통받고 있을 것이라고 생각했다. 우리 모두는 자신이 인정할 수 없는 생각이나 욕구를 가지고 있다. 신경증에서는 억압과 갈등이 특별히 강하고 다룰 수 없게 되면서 그 결과로 증상들이 나타난다. 그럼에도 불구하고 갈등이란 인간의 상태를 특징짓는다(Freud, 1900, p. 294; 1933, p. 121).

Breuer와 Freud는 정신분석이론에서 최초의 고전인『히스테리에 관한 연구(Studies on Hysteria)』(1895)를 함께 출판했다. 그러나 곧 Breuer는 이 분야에서의 연구를 중단했다. 그의 결정은 그들의 연구방향 때문이었다. Freud는 히스테리 환자들이 의식에서 차단하고 있는 중심정서가 성(性)에 관한 것임을 계속 더 찾고 있었다. Breuer는 Freud의 생각에 일리가 있다고 느끼면서도 개인적으로 그런 생각을 싫어했고 난처한 것으로 여겼다. 더욱이 과학계는 이런 성에 관한 이론을 비웃었으며, 이것이 Breuer의 마음을 깊이 상하게 했다. 결국 Breuer는 독자적으로 이 새로운 분야를 연구하기 위해 Freud 곁을 떠났다.

연구에 박차를 가해 진행함에 따라 Freud는 환자들의 묻힌 기억이 점점 더 먼 과거, 즉 그들의 아동기에까지 도달한다는 것을 알았다. 그는 자신이 발견한 것을 이해하는 데 큰 어려움을 겪었다. 그의 환자들은 그들의 부모가 어린애였던 그들에게 어떻게 가장 비도덕적인 성적인 행동을 행했는지에 관해 반복해서 이야기했으나, Freud는 결국 그런 이야기가 대부분 환상이라고 결론 내렸다. 한동안 그의 연구는 수포로 돌아가는 듯했다. 즉 사실에 기초한 것이 아니라 허구에 기초를 둔 것이었다. 그러나 Freud는 환상 역시 우리 생활을 지배한다는 결론에 도달했다. 우리의 사고와 감정도 실제 사건만큼이나 중요할 수 있는 것이다(Freud, 1914a, p. 300; Gay, 1988, p. 95).

환자가 기억해낸 것의 진실 여부에 대해 고심하고 있던 해인 1897년에 Freud는 두 번째 연구, 즉 **자기분석**을 시작했다. 아버지가 사망했을 때 자신이 느낀 혼란이 동기가 되어 Freud는 자신의 꿈, 기억, 어린 시절의 경험들을 탐구하기 시작했다. 이런 분석을 통해 Freud는 그의 아동기 성욕이론에 대한 독자적인 확증을 얻었으며, 스스로 가장 큰 통찰이라고 생각하는 아동의 **오이디푸스 콤플렉스**를 발견했다. 다시 말하면, Freud(그리고 아마도 모든 아동도 똑같이)는 이성 부모에 대한 애정 때문에 동성 부모에게 강한 경쟁의식을 느꼈다는 것을 발견했다. Freud는 이 이론을 『꿈의 해석(Interpretation of Dreams)』(1900)에서 처음으로 발표했다. 그는 꿈의 해석을 "무의식에 이르는 왕도"라 불렀다(p. 647).

Freud의 자기분석은 쉬운 과정이 아니었다. 그는 "어떤 종류의 짐승이 몰래 기어다니는지 아무도 모르는"(Jones, 1961, p. 213) 무의식 영역을 탐구하기 시작했다. 때로는 생각할 수도 글을 쓸 수도 없었다. 그는 "자신이 결코 상상조차 해보지 않은 **지적 마비**"를 경험했다(p. 213). 게다가 그가 발견한 것(아동기 성욕에 대한 증거)은 당시 대부분의 과학계에서는 받아들일 수 없는 것이었다. 그의 동료들을 포함한 거의 모든 사람은 성이란 사춘기에나 시작되는 것이지 그 이전에는 시작되지 않는다고 믿었다. 순진한 아동이 성적인 욕구를 경험한다는 Freud의 주장은 그를 도착된 색광으로 여겨지게 했다.

이런 반응 속에서 Freud는 '완전히 고립되었다'고 느꼈으며 가끔 자신의 진로와 자신감을 잃어버릴까 봐 두려워했다(Freud, 1914a, p. 302).

Freud가 45세 되던 1901년에 그는 마침내 지적인 고립에서 벗어나기 시작했다. 그의 연구는 여러 젊은 과학자들과 작가들을 매혹시켰으며, 일부는 매주 토론에 참석해 Freud를 만나기 시작했다. 이 토론집단은 점차 공식적인 정신분석학파로 발전해갔다. Freud의 초기 제자들 중에는 Alfred Adler와 Carl Jung도 있었는데, 다른 몇몇 사람들처럼 이들도 결국에는 Freud와 헤어져 독자적인 정신분석이론을 확립했다.

Freud는 턱암으로 인해 고통 속에서 마지막 16년을 보내면서도 그의 인생이 끝날 때까지 자신의 이론을 계속 수정·발전시켰다. 1933년에 나치는 베를린에서 그의 책들을 불살랐고, 1938년에는 비엔나를 떠나 런던으로 가야 했다. Freud는 그곳에서 마지막 해를 보내고 83세를 일기로 세상을 떠났다.

심리성적 발달단계

이제까지 우리는 Freud의 연구가 그로 하여금 어떻게 성적인 감정이 아동기부터 활발하다는 것을 믿게 만들었는지를 살펴봤다. 그러나 Freud의 성개념은 폭이 매우 넓다. 그의 견해(1905)로 볼 때 '성'이란 단순히 성교만이 아니라 신체에 쾌감을 주는 모든 것을 포함한다. 특히 아동기의 성적인 느낌은 매우 일반적이며 확산되어 있다. 쾌감을 느끼기 위해 빠는 행위, 수음, 다른 사람의 신체를 보거나 자신의 신체를 보여주려는 욕망, 배설이나 보유, 흔드는 등의 신체운동, 심지어 물거나 꼬집거나 하는 잔인한 행동까지도 모두 이에 포함된다(pp. 585-594).

Freud가 이 다양한 행동을 성적이라고 여기는 데는 두 가지 주요한 이유가 있다. 첫째, 아동은 그런 행동에서 쾌감을 얻는 것 같다. 예를 들면 아기는 배고프지 않을 때도 빠는 행위를 즐긴다. 빠는 행위가 구강의 점막에 쾌감을 주기 때문에 아기는 자신의 손이나 손가락, 다른 물건들을 빤다(p. 588). 둘째, Freud가 아동기의 여러 행동을 성적이라고 여기는 이유는 그 행동들이 후에 어른의 성행동에 다시 나타나기 때문이다. 예를 들어 대부분의 어른은 빠는 행위(예: 키스), 보는 것, 과시행위, 성교 이전이나 성교 동안에 껴안는 등의 행동을 한다. 때때로 소위 성도착증 환자의 경우 어린 아동이 하는 성적인 행동만으로도(성교 없이) 절정에 도달한다. 예컨대 '엿보기 좋아하는 호색가'는 타인의 신체를 보는 것만으로도 절정에 도달할 수 있다. 신경증적 성인 역시 어린 시절의 성적인 욕망을 간직하고는 있으나, 죄의식과 부끄러움 때문에 그런 욕망을 억압하는 것이다(Freud, 1920, 20, 21장, 1905, pp. 577-579).

Freud의 이론에서 **리비도**(libido)는 개인의 일반적인 성에너지를 뜻하는 용어이며, 이것이 집중된 신체부위를 **성감대**(erogenous zone)라 한다(Freud, 1905, pp. 585-594, 611). 신체의 거의 모든 부분이 성감대가 될 수 있지만 아동기에서 가장 중요한 성감대 부위는 구강, 항문, 성기다. 이 성감대는 특정 **단계 순서**에서 아동의 성적 관심의 중심이 된다. 아동의 첫 번째 관심은 입에 집중되며(**구강기**), 다음에는 항문에(**항문기**), 그리고 결국에는 성기(**남근기**)로 옮겨간다. Freud는 이 순서가 성숙과정(타고난 생물학적인 요인)에 의해 지배된다고 생각했다(pp. 587, 621). 이와 동시에 아동의 **사회적 경험** 또한 발달에 결정적인 역할을 한다. 예를 들면 구강기에 많은 좌절을 경험한 아동은 입과 관련되는 일에 계속 몰두하는 발달을 보인다. 이제 Freud의 단계들을 좀 더 자세히 살펴보자.

구강기

처음 수개월 Freud는 "만일 영아가 표현할 수만 있다면 어머니의 젖가슴을 빠는 행위가 인생에서 가장 중요하다는 사실을 의심의 여지없이 인정할 것이다"고 말한 바 있다(Freud, 1920, p. 323). 영양공급을 받을 수 있기 때문에 빠는 것은 물론 매우 중요한 행위다. 아기는 살아남기 위해 빨아야만 한다. 그러나 이미 언급했듯이 Freud는 빠는 행위 자체가 또한 쾌감을 준다고 생각했다. 이것이 바로 아기가 배고프지 않으면서도 엄지손가락이나 다른 물건을 빠는 이유다. Freud는 이런 쾌감추구를 **자체애적**(自體愛的, autoerotic)이라 불렀다. 즉 아기가 자기 엄지손가락을 빨 때, 그들은 자기 충동을 다른 사람에게로 향하지 않고 자신의 몸을 통해 만족을 얻는다(Freud, 1905, p. 586).

자체애적 활동은 구강기에만 한정된 것이 아니다. 예를 들면 후에 아동은 자위행위를 하는데, 이 또한 자체애적이라 할 수 있다. 하지만 Freud는 아기가 자신의 몸에 열중하는 정도를 부각시키려 했기 때문에 구강기의 자체애적 성질을 강조했다. Piaget와 마찬가지로 Freud 역시 생후 약 6개월 동안 아기의 세계는 **대상부재** 상태라고 생각했다.

즉 아기는 그 자체로서 존재하는 사람이나 사물에 대한 개념을 가지고 있지 못하다. 예를 들어 젖을 먹을 때 아기는 엄마의 따뜻한 품을 경험하지만 엄마의 존재를 자신과 분리된 사람으로 인식하지는 못한다. 이와 마찬가지로 아기는 춥거나 젖거나 배고플 때 긴장을 느끼거나 심지어 공포까지 느끼지만, 고통을 제거해줄 사람이 자신과는 분리된 다른 누구임을 느끼지 못한다. 그들은 단순히 쾌감의 회복만을 기다린다. 따라서 비록 아기는 완전히 다른 사람에게 의존하고 있지만, 그 사람이 자신과 분리된 존재라는 것을 인식하지 못하기 때문에 자신이 타인에게 의존하고 있다는 사실을 깨닫지 못하는 것이다.

때로 Freud는 이 초기의 대상부재 상태를 일차적 나르시시즘의 하나라고 묘사했다(예: Freud, 1915a, p. 79). **나르시시즘**(narcissism)이란 자기애를 뜻하며, 연못 속에 비친 자기 모습에 반해 사랑에 빠진 Narcissus라는 소년에 관한 그리스 신화에서 따온 말이다. Edith Jacobson(1964, 1장)은 이 개념은 아기가 외부세계와 자신과를 여전히 구별할 수 없을 때에도 사랑하는 자기 자신에 대한 뚜렷한 개념을 가지고 있다는 뜻이므로 어느 정도 혼란을 일으킨다는 걸 관찰했다. 그러나 **자기애**라는 말은 아기가 처음에는 일차적으로 내부, 즉 자신의 신체에 관심의 초점을 둔다는 것을 말한다. Freud는 기본적인 나르시시즘 상태는 수면이라고 말했다. 왜냐하면 영아는 수면 시 따스함과 만족감을 느끼며 외부세계에는 전혀 관심을 두지 않기 때문이다.

구강기 두 번째 부분　　대략 6개월이 되면서부터 아기는 분리된, 필요한 존재로서의 타인, 특히 어머니에 대한 개념을 발달시키기 시작한다. 아기는 어머니가 떠나거나 혹은 어머니 대신 낯선 사람을 접하게 되면 불안해한다(Freud, 1936a, p. 99).

이와 동시에 또 다른 중요한 발달이 나타나는데, 바로 치아의 성장과 물려는 충동이 나타난다. Karl Abraham(1924a)이 지적했듯이 이 시기는 물거나 먹고자 하는 충동으로 인해 어머니로 하여금 피하게 만드는 사람이 바로 자신이라는 생각을 희미하나마 형성하는 시기다. 이 단계에서의 생활은 점차 복잡하고 고민스러워진다. 우리가 무의식적으로 좀 더 단순하고 만족스러운 때인 초기의 구강기로 되돌아가고자 소망하는 것은 그리 놀랄 만한 일이 아니다.

일례 : 헨젤과 그레텔 Freud는 영아의 정신생활에 관한 결론에 도달하기가 어려움을 알고 있었다. 아기는 말을 할 수 없으므로 자신의 감정이나 환상에 관해 우리에게 이야기해주지 못한다. 어느 정도는 정신병 상태에서 초기의 사고방식으로 되돌아가는 것 같은 성인을 분석하여 영아의 정신생활을 재구성할 수밖에 없다. 그러나 Freud 학파 이론가는 많은 신화나 요정 이야기 역시 아동의 초기 환상이나 관심들을 나타낸다고 주장한다.

Bruno Bettelheim(1976, pp. 159－166)은 헨젤과 그레텔의 이야기에 포함된 구강기 주제에 관해 썼다. 간단히 말하면 헨젤과 그레텔은 음식(우유)을 부주의하게 다룬 나머지 더 이상 먹을 것이 없어져 부모, 특히 어머니에 의해 숲속으로 보내진 두 명의 아이들이었다. 숲에서 그들은 생강빵으로 지어진 집을 발견하고는 게걸스럽게 뜯어먹었다. 그들이 위험스럽다고 느낄 만큼 많이 뜯어먹었을 때 "누가 내집을 뜯어먹느냐?"고 묻는 소리를 들었다. 그러나 그들은 "아마 바람소리일 거야"라고 말하면서 그 소리를 무시해버렸다(The Brothers Grimm, 1972, p. 90). 그때 그 집 여주인이 나타났는데, 처음에는 매우 반가운 척하면서 그들에게 많은 맛있는 음식과 멋진 침대도 주었다. 그러나 다음 날, 그녀는 어머니보다 더 나쁜 사람임이 밝혀졌다. 그녀는 바로 그들을 잡아먹으려는 마녀였던 것이다.

Bettelheim의 분석에 따르면 이 이야기의 주제는 주로 구강기 두 번째 부분에 관한 것이라 한다. 이 이야기는 아동이 돌보는 이로부터 몹시 무서운 분리를 경험하는 데서 시작된다. 여기에는 아동의 내적 충동이 그들이 저지르는 문제의 원인이라는 암시가 있다. 그들은 어머니의 젖에 무분별했으며 생강빵으로 만든 집을 탐욕스럽게 먹었다. 이들의 소원은 행복해 보이는 처음의 구강기로 되돌아가고자 하는 것이다. 그래서 그들은 마녀를 만났고, 아동에게 그녀는 일시적으로 '모든 것을 주는 원래 어머니, 모든 아동이 세계 어느 곳에서나 후에 다시 찾기를 희망하는 그런 어머니'다(Bettelheim, 1976, p. 161). 그러나 이는 불가능하다는 것이 밝혀졌다. 왜냐하면 그들은 자신들이 구강기에서 파괴적이었다는 것을 희미하게나마 느끼기 때문에 다른 사람들이 구강적인 복수를 할 것이라고 상상하게 되며, 마녀가 하려 했던 것이 이에 해당한다.

Bettelheim은 동화는 아동의 가장 깊은 두려움을 다룸과 동시에 거기에는 해결책이 있음을 아동에게 보여줌으로써 아동의 성장을 촉진시킨다고 말한다. 이 이야기에서 헨젤과 그레텔은 마침내 단순히 구강의 충동에 따라 행동하던 것에서 벗어나 성격의 보다 합리적인 측면을 사용하게 된다. 그들은 꾀를 내서(이성을 사용해) 마녀를 속인 후, 그녀를 죽이고 보다 성숙한 아이들이 되어서 집에 돌아온다.

고착과 퇴행 Freud에 의하면 우리 모두는 심리성적 발달단계의 모든 단계를 통과하며 구강기도 마찬가지다. 그러나 또한 어떤 단계에 고착될 수도 있는데, **고착**이란 우리가 어떤 단계를 넘어 얼마나 나아갔는가에 관계없이 이전 단계의 문제점이나 쾌락에 계속 몰두하는 것을 뜻한다. 예를 들어 만일 우리가 구강기에 고착됐다면 우리는 계속 음식에 집착하거나, 연필과 같은 사물을 물거나 빠는 행위에 편안함을 느끼거나, 구강으로 하는 성적 행동에서 쾌감을 느끼며, 혹은 구강적 쾌감을 위해 흡연이나 음주에 몰두하는 자신을 보게 된다(Abraham, 1924b; Freud, 1905).

　Freud(1920, p. 357)는 고착의 이유에 대해 확실히 말하고 있지 않지만, 정신분석학자들은 일반적으로 고착이란 문제가 되는 단계에서 과다한 만족이나 과다한 좌절을 경험했을 때 생긴다고 믿는다(Abraham, 1924b, p. 357; Fenichel, 1945, p. 65). 오랫동안 만족스러운 수유를 받은 아기는 계속해서 구강적 쾌락을 찾으려 한다. 다른 한편으로 구강기에서 깊은 좌절을 받았거나 결핍된 아기는 마치 구강만족을 쉽게 포기하지 않으려는 것처럼, 혹은 구강기의 욕구가 충족되지 않을 어떤 위험이 계속되는 것처럼 행동한다. 그래서 그런 아기는 커서 성인이 되었을 때에도 식사가 제시간에 나오지 않으면 걱정하며 식사가 곧 사라져버릴 것처럼 게걸스럽게 먹는다. 일반적으로 과다한 만족보다는 심각한 좌절이 가장 강한 고착을 낳는다(White & Watt, 1973, pp. 136, 148, 189; Whiting & Child, 1953).

　사람들은 때로 어떤 좌절을 경험하고서야 비로소 일상생활에서 구강적 특질을 보이게 된다. 그러고는 구강기의 고착지점까지 **퇴행**한다. 예를 들어 여동생이 태어나자 자신에 대한 부모의 사랑이 갑자기 줄어들었음을 알게 된 어린 소년은 구강기의 행동으로 퇴행해 이전에 포기했던 엄지손가락 빨기를 다시 시작한다. 혹은 남자친구를 잃게 된 10대 소녀는 우울해지면서 그때까지 특별한 관심을 두지 않았던 먹는 일에서 편안함을 느끼게 된다.

　퇴행경향은 아동기의 고착의 강도와 현재의 좌절의 크기에 의해 결정된다(Freud, 1920, 22장). 예를 들어 만일 구강기에 강하게 고착되었다면 현재 생활에서 비교적 조그만 좌절을 겪어도 구강기로 퇴행할 만한 충분한 원인이 될 것이다. 다른 한편 고착이 특별히 강하지 않더라도 크나큰 좌절은 이전의 발달단계로 퇴행할 만한 원인이 되기도 한다.

우리가 이야기해온 퇴행의 종류는 비교적 '정상'적인 사람들인 우리들 중 누구에게 서도 일어날 수 있다. 우리는 모두 때때로 인생에서 좌절을 경험하며, 그럴 때는 때로 이전의 좀 더 유아적인 행동방식으로 퇴행하기도 한다. 이런 퇴행은 단지 부분적이며 일시적이니만큼 병적인 것은 아니다. 예를 들어 누이동생이 태어났을 때 손가락 빠는 행위를 다시 시작한 아동은 대개 잠시 동안만 그렇게 할 뿐이다. 어떤 경우든지 다른 면 에서까지 유아처럼 행동하지는 않는다.

그러나 Freud는 고착과 퇴행의 개념이 좀 더 심각한 정서장애를 명확하게 하는 데 도 움이 된다고 믿었다. 특정 형태의 조현병은 발달의 첫 단계로 완전히 퇴행한다. 조현병 환자는 가끔 타인과의 상호작용으로부터 완전히 철회하거나 자신의 중요성에 대해 과 대망상을 가진다. 이런 환자는 자신이 신이며 자신의 생각이 전 세계에 영향을 미친다 고 생각하기도 한다. 이런 경우 이 사람은 처음의 나르시시즘의 상태로 완전히 퇴행한 것인데, 이때의 리비도는 자기에게만 쏠려있고, 자기와 외부세계와의 경계는 다시금 불안정하게 되는 것이다(Freud, 1920, pp. 422－424).

Abraham(1924a)에 의하면 우울증이 심한 경우에도 구강기로의 퇴행이 나타난다고 한다. 이런 우울증은 종종 사랑하는 사람을 잃었을 때 나타나며, 일반적인 증상은 먹기 를 거부하는 것이다. 아마 환자는 무의식적으로 사랑하는 대상을 파괴시킨 것이 바로 자신의 구강적 분노였다고 느끼기 때문에 자신을 처벌하고 있는 것이다.

항문기

2~3세 사이에는 항문부위가 아동의 성적 관심의 초점이 된다. 아동은 배설이 항문의 점막을 자극해 일으키는 쾌감을 점차 더 많이 느끼게 된다. 괄약근을 조절할 수 있을 만큼 성숙하면, 때로는 최후의 순간까지 배설을 참아 직장(直腸)의 압력을 증가시키면 서 마지막 방출의 쾌감을 높이려 한다(Freud, 1905, p. 589). 아동은 또한 그들의 배설물 에 자주 흥미를 느껴 그것을 가지고 놀거나 바르는 걸 즐긴다(Freud, 1913, pp. 88－91; Jones, 1918, p. 424).

아동이 본능적인 쾌락을 즐기는 것을 그치도록 종용하는 첫 시도가 바로 이 단계에서 극적으로 이루어진다. 어떤 부모도 어린 자녀가 오랫동안 배설물을 바르며 가지고 놀도록 내버려두지 않는다. 대부분의 부모는 매우 사회화가 잘된 개인들로서 배설물에 대한 일종의 혐오감을 느끼며, 곧 자녀에게도 같은 느낌을 갖게 만든다. 자녀가 어느 정도 준비되자마자 부모는 그들에게 배변훈련을 시킨다.

어떤 아동은 처음에는 자기 자신을 더럽혀서 부모와 맞선다(Freud, 1905, p. 591). 때로는 물건을 낭비하고 어지럽히고 자신을 지저분하게 함으로써 반항하기도 한다. 이런 특질은 **항문기 폭발적**(anal expulsive) 성격의 측면으로서 때로는 성인이 되어서까지 계속되기도 한다(J. F. Brown, 1940; Hall, 1954, p. 108).

하지만 Freud는 부모의 요구에 대해 앞의 것과는 반대 반응을 보이는 것에 대해 가장 관심 있었다. 그는 어떤 사람들은 청결이나 질서 또는 신뢰성에 지나치게 신경쓰는 것을 관찰했다(1908a). 이는 그들이 어렸을 때 부모의 요구를 거역하는 것이 매우 위험하다고 느낀 나머지 부모가 정한 규칙에 마음 조이며 동조했기 때문인 것으로 보인다. 이런 아동은 지저분하게 어질러놓는 대신, 더럽거나 냄새나는 것을 싫어하고 깨끗하고 질서정연하게 정돈하고 싶어 하는 강박적 욕구가 발달해 자기통제의 모델이 된다. 때로 **항문기 강박적**(anal compulsive)이라 부르는 이런 행동을 하는 사람들은 또한 권위에 복종하는 것에 분노를 느끼지만 자신의 분노를 감히 공개적으로 표현하지는 못한다. 대신 그들은 종종 소극적인 완고함을 보인다. 그들은 자신의 계획에 따라 어떤 일을 하려고 고집하면서 종종 다른 사람들을 기다리도록 강요한다. 또한 그들은 검소하고 인색하다. 이는 비록 어른들이 요구할 때 자신의 배설물을 포기했지만, 돈 같은 다른 것들은 움켜쥐고 다른 사람들이 빼앗아가지 못하게 하는 것처럼 보인다.

배변훈련은 대부분의 어린 아동에게 어느 정도의 고착을 일으키기에 충분할 만큼의 분노와 공포를 야기한다. 특히 미국에서 심한데, 거기서는 이런 훈련에 대해 매우 엄격한 경향이 있기 때문이다(Munroe, 1955, p. 287). 결과적으로 대부분의 사람들은 적어도 어느 정도는 '항문기 강박적'이거나 '항문기 폭발적' 혹은 이 둘을 조합한 성격으로 발달하게 될 것이다. 때로 이런 특징들이 개인의 인생에서 그리 심각한 영향을 주지는 않으나, 스트레스를 받을 때는 보다 두드러진 방식으로 나타난다. 예를 들어 작가는 자신의 작품에 대해 염려할 때 강박적인 행동을 보이기 쉽다. 어떤 작가는 작품에서 실수가 없는지 검토하고 또다시 검토하려는 강박적인 욕구 때문에 원고를 완성할 수 없는 경우도 있다. Freud 학파 이론가는 이런 행동을 자신의 자연적인 행동이 예기치 않은 비난을 받는 것을 학습했던 항문기로의 퇴행을 나타낸다고 본다. 즉 이 작가는 그의 첫 번째 '생산물'을 적절하게 배설할 때는 칭찬받지만 제멋대로 할 때는 더럽고 반항적인 것으로 여겨진다는 것을 학습했는지 모른다. 따라서 자신의 원고의 영향을 염려하는 이 작가는 모든 것이 틀림없도록 다 잘해놓으려 하는 것이다.

남근기 또는 오이디푸스기

약 3~6세 사이의 아동은 남근기 혹은 오이디푸스기에 들어간다. Freud는 이 단계를 여아보다 남아의 경우에 더 잘 이해했으므로, 여기에서도 남아의 경우를 먼저 논의하기로 한다.

남아의 오이디푸스 위기　오이디푸스 위기는 남아가 자신의 성기에 관심을 가지면서부터 시작된다. 이 '쉽게 흥분되고 변화하며, 또 감각 면에서도 매우 풍부한' 기관이 그들의 호기심을 불러일으킨다(Freud, 1923, p. 246). 그는 곧잘 자신의 성기를 다른 남성의 것이나 동물의 것과 비교해보고 싶어 하며, 여아나 성인 여자의 성기를 보려 한다. 또한 자신의 성기를 보여주는 것을 즐기며, 보다 일반적으로는 성적 인간인 성인으로서의 자신의 역할을 상상해보기도 한다. 그는 공격적이고 영웅적인 남자로서의 자신을 상상하는 환상에 빠지기 시작하며 이를 실험해보려 한다. 이런 의도는 환상 속에서 첫 번째 사랑의 대상인 엄마에게로 향한다. 그는 공격적으로 엄마에게 키스하려 하거나 밤에 함께 자기를 원하며 심지어 결혼까지도 생각한다. 아마 성교 그 자체는 아직 생각하지 못하지만 엄마와 함께할 무엇인가에 대해 생각한다.

　그러나 남아는 곧 야망에 넘쳤던 자신의 실험과 계획이 과도하고 부적합하다는 것을 알게 된다. 엄마와 결혼할 수도 어떤 성적인 유희도 즐길 수 없다는 사실을 깨닫게 된다. 그가 하고 싶은 만큼 많이 엄마를 만질 수도 껴안을 수도 바짝 붙어 잘 수도 없다. 왜냐하면 이제 그는 '다 큰 소년'이기 때문이다. 이와 동시에 아버지야말로 소년이 하고 싶어 하는 것은 무엇이나 다 할 수 있는 사람임을 눈치챈다. 아버지는 마음대로 엄마와 키스를 하고, 껴안기도 하며, 긴 밤 내내 엄마와 함께 잔다(밤에 성인이 하는 것은 무엇이든지 하면서). 그래서 오이디푸스 콤플렉스의 윤곽이 그려진다. 소년은 아버지를 엄마의 애정을 구하는 데서의 경쟁자로 보게 된다.

남아의 오이디푸스 욕구는 Freud가 쓴 '소년 Hans'(1909)의 경우에서 찾아볼 수 있다. Hans가 5세 되었을 때 그는 엄마에게 자기의 성기를 만져달라고 했고 밤에는 엄마와 함께 자길 원했다. 그러나 그의 아버지가 반대했다. 그날 밤에 Hans는 다음과 같은 꿈을 꾸었다.

> 어느 날 밤 방에 큰 기린과 쭈글쭈글한 기린이 있었다. 내가 쭈글쭈글한 기린을 방에서 가져갔기 때문에 큰 기린은 소리를 질렀다. 그러나 곧 멈추었고, 나는 쭈글쭈글한 기린의 등 위에 올라탔다(p. 179).

Freud에 의하면 Hans의 꿈은 아버지(큰 기린)로부터 어머니(쭈글쭈글한 기린)를 빼앗아 가지고 싶어 하는 그의 소망을 나타낸다.

물론 아버지가 너무 크기 때문에 남아는 경쟁적인 욕망을 현실적으로 실천할 수 없다. 경쟁적인 환상은 계속 즐길 수 있지만, 이 역시 위험한 일이다. 하나의 이유로는, 그는 아버지에 대해 질투를 느끼기도 하지만 또한 아버지를 사랑하고 있으며 필요로 하고 있기 때문이다. 따라서 아버지에 대한 자신의 파괴적인 욕구를 알고는 깜짝 놀라게 된다. 그러나 보다 중요한 것은 소년이 **거세** 가능성을 생각하기 시작한다는 것이다. Freud가 살던 시절에는 남아들이 자위를 하면 공공연히 거세의 위협을 주곤 했다. 요즘의 부모는 좀 더 세심한 배려를 하면서 자위를 못하게 하지만, 소년은 자기 누이나 다른 여자들에게는 남근이 없다는 사실을 깨닫고는 거세에 대해 염려하기 시작한다. 그는 여자도 한때 음경을 가졌지만 거세되었다고 생각하면서 이런 일이 자기에게도 일어날 수 있다고 결론짓는다. 따라서 오이디푸스적인 경쟁은 위험한 새로운 차원으로 접어들게 되는데, 소년은 이런 전반적 상황에서 벗어나야만 하는 것이다(Freud, 1924, p. 271).

전형적으로 소년들은 일련의 방어적 전략을 통해 오이디푸스적 난국을 타개한다(Freud, 1923, 1924). 그는 **억압**을 통해 엄마를 향한 근친상간적 욕망을 막는다. 즉 엄마에 대한 어떤 성적인 감정도 무의식 속으로 깊게 묻어버린다. 물론 여전히 엄마를 사랑하지만 이제는 사회적으로 받아들일 수 있는 **승화**된 사랑, 순수하고 보다 고

귀한 사랑만을 인정한다. 아버지에게 느꼈던 적대감정을 억압하고, 아버지와 **동일시**(identification)함으로써 그와의 경쟁심을 극복한다. 아버지와 싸우려고 애쓰는 대신 이제는 좀 더 아버지와 같은 사람이 되려 하며, 그리하여 어른이 된 느낌을 간접적으로 즐긴다. 이것은 마치 "네가 그를 이길 수 없다면 한패가 되어라"고 말하는 것 같다.

그 소년은 오이디푸스 위기를 극복하기 위해 마침내 **초자아**(superego)를 내면화한다. 즉 그는 부모의 도덕적 금지를 자신의 것으로 받아들이며, 그리하여 위험스러운 충동이나 욕망으로부터 보호해줄 일종의 내적 경찰이 존재하게 된 것이다. 초자아는 우리가 일반적으로 **양심**(conscience)이라고 부르는 것과 유사하다. 즉 나쁜 생각이나 행동에

그림 11.1 5세 소년과 6세 소녀가 그린 그림. 남근기의 성적 관심이 암시되어 있다.

대해 우리를 나무라고 죄의식을 갖도록 하는 내적인 목소리다. 아동이 초자아를 내면화하기 이전에는 단지 외부의 비판과 처벌에 의해서 고통받았지만, 이제는 자기가 자신을 비판할 수 있게 되어 금지된 충동에 대비한 내적 요새를 갖게 된다.

이상에서 살펴본 바와 같이 오이디푸스 콤플렉스는 말 그대로 복합적이다. 그러나 실상은 여기서 지적한 것보다 더욱 복잡하다. 소년의 경쟁심과 사랑은 양면적인 것으로서 그는 또한 아버지의 애정을 받는 엄마에게도 경쟁심을 느낀다(Freud, 1923, pp. 21 - 24). 뿐만 아니라 사랑과 질투의 대상이 되는 형제의 출생이나(Freud, 1920, p. 343) 부모와의 결별 등 다른 요인에 의해서도 상황은 복잡해진다. 여기서 우리는 무한한 요인들을 더 언급할 수 없으나, 좀 더 관심 있는 독자는 Fenichel(1945, pp. 91 - 98)의 책을 참조할 수 있다.

전형적인 결과   대략 6세경에 오이디푸스 콤플렉스가 해결될 때, 소년의 경쟁심이나 근친상간적 욕망은 일시적으로 의식의 저변으로 가라앉게 된다. 이제 그는 잠복기로 들어서게 되는데, 이 시기 동안에는 이러한 근심들로부터 비교적 자유로워진다. 하지만 오이디푸스적 감정은 무의식 속에 계속 존재하고 있다. 이 감정은 사춘기에 다시 한번 의식 속으로 뚫고 들어오려고 위협하며, 그 후 성인의 생활에 강력한 영향을 미치게 된다. 이런 영향은 많은 변이가 있는데, 전형적으로 2개의 중요한 영역이라 할 수 있는 경쟁과 사랑에서 느껴진다.

성인 남자가 다른 남자들과 경쟁하게 될 때 그는 이 경기장 안으로 첫 번째 약탈의 희미한 기억(과거에 아버지와 경쟁하던 기억)을 가지고 들어간다. 한 남자[아버지]와 감히 맞서 싸워보려 했던 첫 번째 경험에서 그의 남성성은 쓰라린 좌절을 겪었다. 그래서 그는 경쟁상대에 대해 다시 걱정할 것이다. 마음속에서 그는 여전히 작은 소년이며, 과연 자신이 정말 큰 어른이 될지 의심한다(Fenichel, 1945, p. 391; Freud, 1914b).

성인도 또한 경쟁충동에 대해 죄의식을 가질 수 있다. 그는 처음에 한 남자[아버지]와 경쟁할 때 자신의 경쟁상대를 없애버리고 싶어 했다. 그러나 두려운 나머지 그런 적대적 욕망을 억압했고, 그로부터 자신을 보호하기 위해 초자아를 형성했다. 하지만 아직도 다른 사람보다 더 성공하려는 욕망이 어느 정도 잘못된 것이라는 느낌을 어렴풋이 가지고 있다(Freud, 1936b, p. 311).

오이디푸스적 감정은 또한 인간의 애정경험에도 영향을 준다. Freud(1905)는 남자는 "무엇보다도 어머니에 관해 기억된 이미지를 추구한다"고 말한 바 있다(p. 618). 그러나 그런 욕망에는 문제가 있다. 그런 욕망은 어렸을 때의 거세불안 및 죄의식과 연합되었다. 따라서 지나치게 어머니의 모습을 불러일으키는 여성과 있게 되면 남자는 때때로 성적 불능이 된다. 그는 어머니와 연합된 깊고도 부드러운 감정을 야기하는 여성에게는 성적으로 억제하는 반면, 단순히 신체적 욕구의 배출구로 여기는 여성에게는 성적으로 대단히 능력 있는 사람이 된다(Freud, 1912).

Freud는 모든 사람이 이런 오이디푸스 위기를 경험하므로 모든 남자가 어느 정도는 그런 감정을 가지고 있다고 생각했다. 심각한 문제는 대개 어렸을 때 경험한 지나친 두려움에서 파생된다. 하지만 성격이 형성되는 시기인 초기 단계에서의 문제에 비하면 오이디푸스적인 문제는 비교적 덜 심각한 편이다.

여아의 오이디푸스 콤플렉스 Freud는 여아에게도 오이디푸스 콤플렉스가 있다고 생각했으나, "여아의 경우 우리가 이해할 수 없는 어떤 이유 때문에 훨씬 더 애매모호하고 불완전하다"는 점을 인정했다(1924, p. 274). 이 문제에 대한 그의 견해는 대략 다음과 같다. 5세 무렵이 되면 여아는 자기 엄마에 대해 실망한다(1933, pp. 122−127). 여아는 아기일 때 받았던 엄마의 부단한 사랑과 보살핌을 이제 더 이상 못 받기 때문에 뭔가 빼앗긴 느낌을 가진다. 동생이라도 태어나면 동생에게 주어지는 관심에 대해 화를 낸다. 더욱이 엄마가 자위와 같은 행위를 자꾸 금지시키므로 점점 더 화나게 된다. 마지막으로 가장 화나는 것은 자기에게 음경이 없다는 사실이다. 이 사실을 발견한 여아는 '이렇게 자신을 불완전하게 만들어 세상에 내보낸' 엄마를 비난한다(Freud, 1925a, p. 193).

여아의 성기에 대한 실망은 Ruth Munroe(1955, pp. 217−218)의 일화에서 찾아볼 수 있다. 그녀는 어느 날 자신의 4세 된 딸이 오빠와 함께 욕조 안에 있는 것을 관찰할 때까지는 Freud 이론에 매우 회의적인 심리학자였다. 그러나 딸이 갑자기 "나의 고추가 없어졌어"라고 소리쳤다. 딸은 처음으로 자기와 오빠의 신체를 비교해본 것이다. Munroe는 그녀를 안심시키려 했으나 허사였고, 딸은 몇 주 동안이나 소녀라고 부르는 것을 격렬히 반대했다. 이 조그만 소녀는 Freud가 말하는 **남근선망**(penis envy), 즉 남근을 가지고 싶어 하고 남자아이같이 되고 싶어 하는 욕망을 느꼈던 것이다(Freud, 1933,

p. 126).

그러나 그 여아는 여성으로서의 자존심을 다시 회복한다. 이런 일은 그녀가 아버지의 관심을 깨닫기 시작할 때 나타난다. 아버지는 그녀가 기저귀를 찬 어린 아기였을 때는 그다지 관심을 두지 않았을지 모르지만 이제는 여성으로 성장해가는 귀여운 딸을 칭찬하고, '귀여운 나의 공주님'이라고 부르면서 함께 장난을 치기도 한다. 이에 자극되어 여아는 자신과 아버지가 함께 등장하는 낭만적인 환상에 빠지기 시작한다. 처음에는 남근을 막연히 소원했던 그녀의 생각은 차츰 아기를 가지고 싶어 하고 그 아기를 아버지에게 선물로 주고 싶다는 쪽으로 바뀌게 된다.

남아의 경우와 마찬가지로 여아 역시 새로운 사랑의 상대를 독점할 권리를 가지고 있지 못하다는 사실을 발견한다. 결국 아버지와 결혼할 수도 없고, 자기가 하고 싶은 만큼 그를 껴안을 수도, 함께 잘 수도 없다는 것을 깨닫는다. 그러나 엄마는 이런 일들을 다 할 수 있는 것처럼 여겨져서 아버지의 애정에 대한 경쟁자가 된다. Freud는 이 오이디푸스 상태를 **엘렉트라 콤플렉스**(Electra complex)라고 불렀다(1940, p. 99).

여아의 오이디푸스 콤플렉스에 대해 Freud가 가장 어려워한 부분은 이런 콤플렉스를 해결하고자 하는 동기의 문제다. 남아의 경우 일차적인 동기는 분명하다. 즉 남아는 거세위협으로 인해 겁을 낸다. 그러나 여아는 잃어버릴 남근이 없기 때문에 거세의 두려움이 있을 수 없다. 그렇다면 도대체 여아는 왜 오이디푸스적 욕망을 포기하게 되는가? 한 논문에서 Freud는 그 대답을 알지 못한다고 솔직히 말하긴 했지만(1925a, p. 196), 여아가 부모의 애정을 상실할까 두려워하기 때문에 오이디푸스 위기를 해결하는 것이 아닌가 하고 추측했다(1933, p. 87). 그렇게 해서 결국 여아는 근친상간적 욕망을 억압하고 어머니를 동일시하며 금지된 욕구나 충동으로부터 자신을 억제하기 위해 초자아를 형성하게 된다.[1] 그러나 거세불안이 없는 만큼 오이디푸스적 감정으로부터 자신을 방어하려는 동기가 보다 약해서 결국 여성은 보다 약한 초자아를 발달시키게 될 것이다. 이 마지막 결론이 여성주의자들을 화나게 만들리라는 것을 Freud는 알고 있었지만, 그러나 이것은 논리적인 추리이며 사실상 여성이 도덕문제에서 남자보다 덜 엄격한 편이라고 그는 주장했다(p. 129).

---

[1] 남아에서와 마찬가지로 여아의 오이디푸스 콤플렉스도 대단히 복잡하다. 경쟁심은 부모뿐만 아니라 형제에 대해서도 마찬가지로 발달한다.

이렇듯 여아도 남아처럼 경쟁적이고 근친상간적인 환상에 빠지기도 하고 다음에는 그런 환상을 버린다. 어떤 면에서 보면 여아의 오이디푸스적 경험의 차후 결과는 남아의 경우와 비슷해 보인다. 예를 들어 여아 역시 한 남자[아버지]의 사랑을 위해 다른 여자[엄마]와 경쟁하려던 첫 번째 시도가 실패했다는 사실을 어렴풋이 기억할 것이므로 자신의 미래 전망에 대해 의심할 것이다. 하지만 여아의 오이디푸스적 경험이 남아의 경험과는 다른 만큼 결과 역시 다를 수 있다. 예를 들면 여아는 오이디푸스적 위기를 해결하고자 하는 욕구가 적은 만큼 그녀의 오이디푸스적 욕망은 후에 그녀의 인생에서 보다 공개적이고 솔직하게 나타날 수 있다(p. 129). 더욱이 오이디푸스적 경쟁에 들어가기 직전에 남근선망과 자신이 여자라는 데 대해 실망을 경험한다. 성인기에 이런 경험은 좀처럼 사라지지 않고 열등감과 분노의 원천이 된다(1931, p. 257).

잠복기

아동은 오이디푸스적 감정에 대한 강한 방어를 확립하면서 6세에서 11세까지 지속되는 잠복기에 들어간다. 잠복기라는 말에서 알 수 있듯이 이 시기에는 성적이고 공격적인 환상이 대부분 잠복상태에 있게 된다. 즉 무의식 속에 단단히 붙잡히게 된다. Freud는 이 시기의 성적 억압은 매우 광범위한 것이어서 오이디푸스 시기의 감정이나 기억뿐 아니라 구강기와 항문기의 것까지도 모두 억압된다고 보았다(Freud, 1905, pp. 580–585). 이제는 위험스러운 충동이나 환상이 내부 깊숙한 곳에 갇혀있으므로 아동은 그것들에 대해 지나치게 걱정하지 않게 되어 이 시기는 비교적 평온한 상태를 유지한다. 이제 아동은 스포츠나 게임, 지적 활동과 같은 구체적이고 사회적으로 받아들여질 수 있는 일에 에너지를 전환시킬 수 있을 만큼 자유롭다.

일부 Freud 추종자들은 이 시기의 성적 혹은 공격적 환상이 Freud가 시사했던 것처럼 그렇게 완전히 사라지지는 않는다고 주장했다(Blos, 1962, pp. 53–54). 예를 들면 8세 된 남아는 여전히 여아의 몸에 관심을 보이며 대개 이 무렵에 인생의 진정한 사실들을 발견한다. 그럼에도 불구하고 대부분의 Freud 학파 이론가들은 성적 관심이 그 굉장하고 압도적이던 특성을 상실하게 된다는 점에는 동의한다. 일반적으로 잠복기의 아동은 새로운 침착성과 자기통제를 갖게 된다.

사춘기(생식기)

잠복기 동안의 안정성은 오래 가지는 않는다. Erikson은 '잠복기는 사춘기라는 폭풍 이전의 소강상태'라고 말했다(1959, p. 88). 사춘기는 여아의 경우 약 11세, 남아의 경우 약 13세경에 시작되는데, 이 시기의 성적 에너지는 성인과 마찬가지의 힘으로 솟아 올라와 이미 확립된 방어벽을 깨뜨리려고 위협한다. 다시 한번 오이디푸스적 감정이 의식 속으로 파고들어 오려고 위협하는데, 이제는 그런 감정을 현실 속에서 수행할 만큼 충분히 성장해 있다(Freud, 1920, p. 345). Freud는 사춘기 후 개인의 주요 과제는 '부모로부터의 자유'라고 했다(p. 345). 이는 아들의 경우 어머니와 연결된 끈을 풀고 자신의 여자를 발견하는 것을 의미한다. 그는 또한 아버지와의 경쟁심을 버리고 아버지의 지배로부터도 자유로워져야 한다. 딸의 경우도 마찬가지다. 그녀 역시 부모와 떨어져 자기 나름의 삶을 확립해야 한다. 그러나 Freud는 그 독립이 결코 쉽게 오지는 않는다고 언급했다(1905, p. 346). 즉 오랫동안 부모에게 강하게 의존해왔기 때문에 정서적으로 그들로부터 떨어진다는 것은 고통스럽다. 우리 대부분은 진정한 독립이라는 목표를 결코 완전하게 달성하지 못한다.

청소년기에 관한 Anna Freud의 이론

Freud가 청소년기의 일반적인 과업을 다루기는 했으나, 이 단계의 독특한 긴장이나 행동패턴에 대해서는 거의 언급하지 않았다. 오히려 청소년기에 대한 정신분석적 연구에 최초로 많은 공헌을 한 사람은 그의 딸인 Anna Freud였다.

Anna Freud의 출발점은 Freud와 같다. 즉 10대들은 오이디푸스적 감정의 위험스러운 부활을 경험한다. 젊은이들은 전형적으로 동성의 부모에 대한 분노가 점차 자라나는 것을 가장 많이 느낀다. 반면 이성의 부모에 대한 근친상간적 감정은 보다 무의식적인 상태로 남아있다.

Anna Freud는 청소년이 오이디푸스 감정의 분출을 처음 경험할 때 그들의 첫 충동은 **도주**라고 했다. 10대는 부모 앞에서 긴장하고 불안해하며, 그들과 떨어져 있을 때는 안전감을 느낀다. 이때 어떤 청소년은 실제로 집을 뛰쳐나가기도 하지만, 많은 청소년은 집에서 '하숙생과 같은 태도'로 남아있는다(A. Freud, 1958, p. 269). 그들은 방에 틀어박혀있으며, 또래들과 함께 있을 때만 편안함을 느낀다.

때로 청소년은 부모를 전면적으로 **경멸**함으로써 부모로부터 벗어나려 노력한다. 그들은 의존과 사랑을 인정하지 않고 그와 완전히 반대되는 태도를 보인다. 이는 마치 부모에 대해 전혀 아무 생각도 하지 않음으로써 부모의 관여로부터 자유로워질 수 있다고 생각하는 것 같다. 여기서 다시 10대는 자신들이 갑자기 독립한 것 같은 환상에 빠지기도 하지만, 부모는 여전히 그들의 생활을 지배하고 있다. 왜냐하면 10대들은 그들 부모를 공격하고 조소하는 데 온 힘을 쓰기 때문이다(p. 270).

청소년은 때로 자신의 감정이 애착되는 대상에 관계없이 어떤 감정과 충동으로부터도 자신을 방어하려 한다. 그 하나의 전략이 **금욕주의**(asceticism)다. 즉 청소년은 모든 육체적인 쾌락을 피하려 애쓴다. 예를 들면 엄격하게 식사를 조절한다거나 매력적인 옷이나 춤, 음악 혹은 그 어떤 즐거움이나 시시한 것이 주는 쾌락을 부정하며, 또는 심한 신체훈련을 통해 자신의 몸을 단련하려고 노력하기도 한다.

충동에 대한 또 다른 방어로는 **주지화**(intellectualization)가 있다. 청소년은 성이나 공격성의 문제를 추상적이고 지적인 차원으로 전환시키려 한다. 그들은 사랑과 가족의 본질, 자유와 권위 등에 대한 정교한 이론을 세우기도 한다. 그런 이론들은 독창적이고 우수하긴 하지만 순전히 지적 수준에서 오이디푸스적 문제를 해결하기 위한 빈약하게 위장된 노력이기도 하다(A. Freud, 1936).

Anna Freud에 의하면 이 시기에 보이는 청소년의 혼란이나 필사적인 방어 및 전략은 실제로 정상적이며 예기된 것이다. 따라서 그녀는 대체로 심리치료를 권하지 않고 있다. 청소년에게 자기 나름의 해결책을 찾는 시간과 기회를 줘야 한다고 믿기 때문이다. 반면 부모는 조언을 받을 필요가 있다. 왜냐하면 '스스로 자유로워지려고 시도하는 청소년기의 자녀를 다루는 것보다 더 어려운 상황은 인생에서 찾아보기 힘들기' 때문이다(A. Freud, 1958, p. 276).

정신의 대리인

지금까지 Freud의 발달단계를 살펴보았다. 그의 이론은 이 밖에도 여러 가지 다른 개념을 포함하고 있으나, 이를 모두 살펴볼 수는 없다. Freud 이론에 대한 소개를 위해서는 정신의 대리인에 속하는 일군의 개념들을 더 살펴볼 필요가 있다. Freud는 이 주제에 관한 자신의 생각을 계속해서 수정했는데, 가장 잘 알려진 개념은 **원초아**(id), **자아**(ego), **초자아**(superego)이다.

원초아

원초아(id)는 Freud가 처음에는 '무의식'이라고 불렀던 성격의 한 부분이다(예 : 1915b). 이 원초아는 성격의 가장 원초적인 부분으로서 기본적인 생물학적 반사 및 추동을 포함하고 있다. Freud는 원초아를, 방출하려는 압력을 가하는 '펄펄 끓어오르는 흥분들로 가득찬 구덩이'로 비유했다(1933, p. 73). 동기와 관련해서 원초아는 **쾌락원리**(pleasure principle)에 지배된다. 목표는 고통을 최소화하고 대신 쾌감을 최대화하는 데 있다. Freud의 견해에서 쾌감이란 일차적으로 긴장감소를 뜻한다(1920, p. 365). 예를 들면 성교 중에는 긴장이 높아지다가 마지막 방출 때는 쾌감을 느낀다. 마찬가지로 우리는 배고픔을 해소하거나 방광의 긴장을 풀어버릴 때 기분 좋은 안도감을 느낀다. 일반적으로 원초아는 모든 흥분을 제거하고 조용한 상태로, 다시 말해 깊고 평화로운 수면상태로 되돌아가려고 애쓴다.

처음에 아기는 대부분 원초아에 의해 움직인다. 아기는 신체적 편안함 이외의 다른 것에 대해서는 거의 걱정하지 않으며, 가능한 한 빨리 모든 긴장을 방출해버리려 한다. 그러나 아기조차 좌절을 경험한다. 예를 들어 그들은 엄마가 젖을 줄 때까지 기다려야 한다. 이때 원초아가 하는 일은 바라는 대상의 이미지를 **환각**으로 보며 일시적으로 자신의 욕구를 만족시키는 것이다. 배고픈 사람이 음식 이미지에 대한 환각을 일으키거나, 수면 중에 목이 마를 때 잠에서 깨어 물을 마시는 대신 물 한 컵을 손에 들고 있는 꿈을 꾸는 것은 **소망충족**(wish-fulfilling)의 환상이 작용하는 것으로 볼 수 있다(Freud, 1900, p. 158, 165). 이런 환상은 Freud가 말하는 **일차과정사고**(primary process thinking)의 대표적인 예다(p. 535).

살아가는 동안의 많은 인상과 충동은 원초아 속으로 억압되는데, 그 속에서 기본적인 추동들과 나란히 있게 된다. '어둡고 접근할 수 없는' 이 정신 영역에는 논리나 시간감각 같은 것은 아무것도 없다(Freud, 1933, pp. 73-74). 인상이나 충동은 "실제로는 사라지지 않고, 수십 년이 지난 뒤에도 마치 방금 전에 생겨난 것처럼 작동한다"(p. 74). 게다가 원초아 속에 있는 이미지는 매우 유동적이어서 쉽게 다른 영역 속에 침투해 들어간다. 그만큼 원초아는 광대하고 무질서하고 비논리적이다. 이 영역은 외부세계와 완전히 차단된 곳이다. 이 신비로운 영역에 대한 우리의 지식은 꿈의 연구를 통해 얻을 수 있다.

이렇듯 원초아는 억압된 감각과 이미지뿐 아니라 기본적인 충동과 반사도 함께 지니고 있다. 지금까지 우리는 원초아의 성적 추동이나 배고픔, 갈증 같은 생존과 직결된 추동을 주목해왔다. 그러나 원초아는 또한 공격적이고 파괴적인 힘도 가지고 있다. 공격성에 대한 Freud의 견해는 복잡하며 과감하게 수정되어 왔지만, 공격성이 어떻게 긴장을 감소시키는 원초아의 기본원리를 따르는지는 알아볼 수 있다. 원초아에서는 고통이나 긴장과 연합된 이미지는 어떤 것이든 즉시 파괴되어야 한다. 자신이 사랑하고 필요로 하는 인물을 파괴하는 것도 원초아에게는 아무 문제가 안 된다. 이 같은 모순이 그런 비논리적인 정신 영역에서는 중요하지 않기 때문이다. 원초아는 단순히 방해되는 긴장을 즉각 감소시키기만 원할 뿐이다.

자아

만일 우리가 원초아에 의해서만 움직인다면 우리는 오래 살지 못할 것이다. 단순히 환각에 기초해서 행동하거나 자신의 충동만을 따라서는 살아남기 어렵다. 우리는 현실을 다루는 법을 배워야 한다. 예를 들면 작은 소년은 눈에 보이는 대로 충동적으로 음식을 가져올 수 없다는 것을 곧 배우게 된다. 만일 자기보다 큰 소년에게서 음식을 빼앗는다면 그 큰 소년이 그를 때릴 것이다. 따라서 그는 행동하기 전에 현실을 고려하는 걸 배워야 한다. 이렇게 즉각적인 충동을 연기시키고 현실을 고려하도록 하는 정신의 대리인을 바로 **자아**(ego)라고 부른다.

Freud는 '원초아는 길들여지지 않은 열정'을 뜻하는 반면, '자아는 이성과 분별력'을 뜻한다고 했다(1933, p. 76). 자아는 현실을 고려하므로 **현실원리**(reality principle)에 따른다고 말한다(Freud, 1911). 자아는 현실을 정확히 지각하며, 과거에 비슷한 상황에서 무슨 일이 일어났는지 검토하고, 이에 비추어 미래에 대한 현실적인 계획을 세울 수 있는 기회가 주어질 때까지 행동을 지연시키려고 애쓴다(Freud, 1940, p. 15). 이 합리적 사고방식을 **이차과정사고**(secondary process thinking)라 부르는데, 이에는 일반적으로 지각 또는 인지과정으로 생각되는 것들이 다 포함된다. 우리가 수학문제를 풀거나, 여행

계획을 세우거나, 혹은 글을 쓸 때 우리는 자아의 기능을 잘 사용하고 있는 것이다. 그러나 처음에 자아의 기능은 주로 신체적이거나 운동적인 것이다. 예를 들면 아이가 처음으로 걸음마를 배울 때 아무렇게나 움직이고 싶은 충동을 억제하며 부딪치는 것을 피하기 위해 어디를 향해야 하는지를 고려하는 등의 자아통제를 실행한다(p. 15).

자아라는 용어는 우리의 일상어에서 자주 듣는 말이다. 우리는 흔히 과장된 자기 이미지를 가지고 있는 사람을 '큰 자아'를 가지고 있다고 말한다. 비록 Freud 자신은 종종 이런 식으로 자아에 대해 쓰곤 했지만(예 : 1917), 많은 Freud 학파 사람들(예 : Beres, 1971 ; Hartmann, 1956)은 자아(ego)와 자기상(self-image)은 구별해야 한다고 주장했다. 엄격히 말해 자아는 현실을 정확히 판단하는 일, 충동을 조절하는 일 등의 오직 기능적인 면만을 말하며, 자기상은 우리 스스로에 대해 가지고 있는 모습으로서 자아 그 자체와는 구별된다고 말한다.

Freud는 자아의 기능이 원초아와는 어느 정도 독립적이지만 자아 역시 원초아에서 그 힘을 빌려온다고 강조했다. 그는 원초아와 자아의 관계를 말과 기수의 관계에 비유했다.

> 말은 이동력을 제공하는 반면, 기수는 목표를 설정하고 이 강력한 동물의 움직임을 유도해나가는 특권을 가지고 있다. 그러나 자아와 원초아의 관계는 말이 원하는 대로 기수가 끌려가는, 분명히 바람직하지 않은 상황이 자주 일어나기도 한다(1933, p. 77).

초자아

자아는 때로 성격의 '통제체계' 중 하나로 불린다(Redl & Wineman, 1951). 자아는 유기체를 손상으로부터 보호하기 위해 원초아의 맹목적인 열정을 통제한다. 예를 들면 앞서 우리는 음식을 가로채는 것이 현실적으로 안전한지 여부를 자신이 결정할 수 있을 때까지 먹을 것을 가로채고 싶은 충동을 어떻게 억제하는지 배워야 하는 소년에 대해 언급한 바 있다. 그러나 또한 우리는 다른 이유로 인해 우리의 행동을 통제하기도 한다. 우리가 다른 사람에게서 물건을 빼앗지 않는 이유는 그 행동이 도덕적으로 나쁘다고 믿기 때문이다. 옳고 그름에 대한 우리의 기준은 성격의 두 번째 통제체계인 **초자아**(superego)를 구성한다.

앞서 초자아의 기원에 대한 Freud의 견해를 살펴본 바와 같이 초자아는 오이디푸스 위기의 산물이다. 아동은 이 시기의 위험스러운 충동이나 환상에 대비하여 자신을 점검하기 위해 부모의 기준을 자기의 것으로 받아들인다. Freud는 이 시기 후에도 계속해서 초자아가 발달한다고 주장했다. 아동은 학교 선생님이나 종교 지도자 같은 사람들에게 계속 동일시하고 다른 사람들의 도덕적 기준을 자신의 것으로 채택한다(Freud, 1923, p. 27).

Freud는 초자아가 마치 2개의 부분으로 된 것처럼 쓰고 있다(pp. 24-25). 한 부분은 때로 **양심**(conscience)이라고 불린다(Hall, 1954). 이것은 우리에게 하지 말아야 할 것을 알려주고, 그 요구를 어겼을 때 죄의식을 갖게 하여 벌을 주는 초자아의 처벌적, 부정적, 비판적인 부분이다. 다른 한 부분은 **자아이상**(ego ideal)이라 불리는데, 이 부분은 긍정적인 열망들로 구성된다. 예를 들면 한 아이가 유명한 농구선수처럼 되고 싶어 할 때, 그 운동선수는 그 아이의 자아이상인 것이다. 자아이상은 더 추상적일 수도 있다. 이를테면 보다 너그럽다거나 용기 있다거나 정의와 자유의 원리에 헌신하는 사람이 되고 싶다는 등의 긍정적인 이상을 포함할 수 있다.

세 대리인의 자각수준

Freud가 그림 11.2를 통해 보여주는 바와 같이 원초아와 자아 그리고 초자아는 제각기 다른 자각수준에서 기능을 담당한다.

그림의 맨 밑부분에 있는 원초아는 의식과 현실 지각으로부터 완전히 제외되어 있다. 원초아는 전적으로 무의식적이며, 막대한 노력이 있어야만 그 작용을 의식화할 수 있다.

자아는 의식과 현실에까지 뻗어있는데, 이는 외부세계를 다루기 위해 발달하는 원초아의 일부이기 때문이다. 그림에서 보듯이 자아는 주로 **전의식**이라 부르는 영역에 머문다. 이 용어는 자각수준 밑에 있지만 비교적 적은 노력으로도 의식화될 수 있는 기능을 가리키는 것이다.

또한 자아 역시 부분적으로는 무의식적이다. 예를 들어 자아는 금지된 사고를 완전히 무의식적인 방식으로 억압한다.

초자아 역시 부분적으로는 무의식적이다. 우리는 도덕기준을 때로 자각하고 있지만

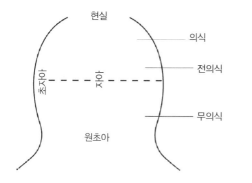

그림 11.2

마음 모델

(Freud, 1933, pp. 78－79에서 인용)

그것은 **무의식적**으로도 우리에게 영향을 준다. 예를 들어 우리는 갑자기 이렇다 할 이유도 없이 우울하게 되기도 하는데, 그 이유는 금지된 생각을 하는 것에 대해 초자아가 우리를 처벌하고 있기 때문이다.

초자아는 또한 꿈꾸는 동안 무의식적으로 작동한다. 꿈은 원초아에서 온 욕망들로부터 시작되지만 원초아의 많은 욕망들이 초자아의 기준에 벗어나는 까닭에 초자아는 꿈을 의식 표면까지 내보내기 전에 원래의 욕망들을 왜곡 또는 가장시킨다(Freud, 1940, p. 51). Freud가 제시한 하나의 예에서 한 어린 소년은 자신의 병 때문에 과식하지 말라는 주의를 받았다. 어느 유난히 배고픈 날 밤에 소년은 어떤 사람이 호화로운 식사를 즐기는 꿈을 꿨다(1900, pp. 301－302). 이와 마찬가지로 많은 성적 혹은 공격적인 욕망은 표면에 나타나기 전에 왜곡되고 가장되어야 한다. 잠에서 깨어난 즉시 우리가 기억하는 꿈은 왜곡된 것이므로, 그것을 단순하고 간단한 방식으로 해석할 수는 없다. 정신분석에서는 환자에게 꿈에 대해 자유연상하도록 요구한다. 즉 꿈의 각 측면과 관련하여 마음속에 떠오르는 것은 무엇이든지 모두 말하도록 한다. 이런 방식을 통해 원초아의 무의식적인 욕망이 결국 밝혀지고, 환자의 자아는 그것에 대해 의식적인 평가를 할 수 있게 된다.

자아의 중심 역할

최후의 분석에서 삶을 다루는 우리의 능력(우리의 정신적 균형)은 삶에 미치는 여러 압력에 대처해나가는 자아의 능력에 달려있다. 보다 자세히 말하면 자아는 어떻게 해서든 '세 명의 전제 군주'(원초아, 현실, 초자아)가 화합하도록 해야 하는 실행기관이다

(Freud, 1933, p. 78). 결과적으로 자아는 원초아의 생물학적 요구를 충족시켜 주면서 또 한편으로는 외부 현실을 고려해야 함과 아울러 초자아의 명령도 따라야 한다. 정신분석학자들은 화합과 질서를 가져오려는 자아의 노력을 자아의 **종합적 기능**이라고 말한다(Nunberg, 1931).

자아는 기본적으로 약하기 때문에 이런 임무가 어렵다. 앞서 언급했듯이 자아는 자신의 에너지가 없으므로 원초아로부터 빌려와야 한다. 따라서 자아는 세 독재자 중 어느 하나라도 만족시키지 못할까 봐 두려워서 불안해지기 쉽다. 불안은 다음과 같은 경우에 야기된다. 원초아의 기본적인 생리적 요구를 만족시키지 못해 무력감을 느낄 때, 초자아로부터의 도덕적인 처벌을 예상할 때, 외적 세계에서 위험에 직면할 때 그러하다. Freud는 다루어야 할 일이 너무 많아서 "우리는 종종 '인생은 쉽지 않아!'라고 소리치는 걸 참을 수 없는 게 어떤 것인지를 이해할 수 있다"고 말했다(p. 78).

Freud의 많은 저술에서 원초아와 초자아를 자아의 막강한 적수로 보고 자아가 어떻게든 달래고 통제해야 하는 상대로 여기는 것으로 보인다. 그러나 Freud는 또한 원초아와 초자아의 긴요한 필요성도 인식했다. 일부 Freud와 가까운 추종자들은 자아가 이 두 대리인(원초아와 초자아)을 긍정적으로 활용할 수 있는 방식을 상세히 설명했다. 여기에 중요하게 기여한 Kris(1952)는 원초아의 넘치고 감각적이며 꿈 같은 환상을 자아가 창조적 사고의 원천으로 활용할 수 있는 방법을 기술했다. 예를 들면 예술가는 일시적으로 자아의 단단한 통제와 현실적 사고를 포기하는데, 이는 무의식의 세계로 들어가 그 안에 있는 풍부한 상상과 영감을 주는 힘을 얻기 위해서다. Kris는 이 과정을 '자아의 후퇴'라 칭했으며, 이 개념은 Freud 학파의 이론 중에서 매우 중요하다. 5장에서 Werner가 미시발생학을 논의할 때 그와 같은 과정을 강조한 것을 기억할 것이다. Werner나 Freud 학파에게 원초적인 사고는 극복되어야 하는 것이 아니라 창의적인 일에 풍부한 원천이 되는 것이다.

자아의 방어기제

자아는 비록 약하긴 하지만 방어기제를 사용하여 지나친 불안을 피할 수는 있다. Freud(1926)는 중심적인 방어기제는 **억압**(repression, 사고나 환상, 충동 등이 의식에 떠오르는 것을 거부하는 것)이라고 생각했다. 앞서 아동이 오이디푸스 콤플렉스를 해결할 때 어떻게 성적이고 공격적인 충동과 환상을 억압하는지 살펴본 바 있다. 또한 Freud의 환자인 Elizabeth von R.의 사례에서도 억압을 간단히 보았다. Elizabeth는 죽은 언니의 침대 옆에서 "이제 형부는 자유로운 몸이야, 나와 결혼할 수 있을 거야"라고 생각했다. 그 소망은 그녀의 도덕(초자아)기준을 어기는 것이어서 즉시 그 생각을 억압했으며, 따라서 그런 생각과 그 장면 모두를 잊고 있었다.

Freud는 오랫동안 억압이 유일한 방어기제라고 생각했으나, 나중(1926)에는 다른 것들도 포함시켰는데, 그중 일부를 살펴볼 것이다. Anna Freud는 저서『자아와 방어기제(The Ego and the Mechanisms of Defense)』(1936)에서 억압이 가장 강력한 방어기제이며 흔히 다른 것들과 결합하여 사용된다고 말했다. 그녀는 또한 자아가 모든 방어기제를 무의식적으로 동원한다고 보았다(p. 52). 정신분석을 받는 환자가 자유연상을 하다가 갑자기 정신이 텅 빈 느낌이라고 말할 때는, 의도적으로 무엇을 감추는 게 아니라 환자의 자아가 자각 수준 아래에서 무의식적으로 생각을 억압하는 것으로 보인다.

두 번째의 방어기제는 **전치**(displacement)인데, 이는 한 대상에 대해 느끼는 충동이나 감정을 다른 대상에게로 바꾸는 것이다. Anna Freud(1936)는 자기 어머니에게 강렬한 분노를 느끼는 젊은 여성 환자를 예로 들었다. 그 여성은 어머니의 사랑을 잃을까 봐 무의식적으로 두려워했다. 그래서 그 여성은 어머니를 향한 분노를 억압하고, 그 분노를 다른 여성들에게로 전치했다. 오랫동안 그 여성은 항상 누군가 다른 여성을 격렬하게 싫어했다.

반동형성(reaction-formation)은 자신의 감정을 반대로 표현할 때 나타난다. Freud(1908a)는 항문강박성이 기저의 반동형성을 반영한다고 생각했다. 어지럽혀지는 것을 좋아하는 사람이 그 대신에 깨끗함과 청결함을 꽤 까다롭게 추구할 때 그렇다. 반동형성은 또한 청소년이 무조건적으로 부모를 경멸할 때도 나타난다. 즉 부모를 향한 사랑과 배려를 인정하는 대신, 부모에 대해 참을 수 없는 경우다(A. Freud, 1936).[2]

투사(projection)는 자신의 충동이나 감정, 특성을 다른 사람에게 귀인할 때 나타난다. 자신은 적대감 같은 것이 없다고 믿는 사람이 다른 사람들은 적대감으로 꽉 채워져 있

---

[2] 청소년에 대한 논의에서 A. Freud는 이 시기에 분출하는 성적, 공격적 충동을 피하려는 몇 가지 방식에 대해 언급했다. 그중 두 가지 전략(금욕주의와 주지화)이 표준적인 정신분석 교재에서 방어기제로 여겨지고 있다(예 : Waelder, 1960).

다고 생각할 때 그렇다. 그는 자신의 분노는 억압하고 그 분노를 다른 사람에게 투사한다. Bettelheim(1967)이 맞았다면, 투사는 헨젤과 그레텔 이야기에 함축되어 있다. 즉 아동 자신의 구강적인 탐욕과 폭식 소망이 사악한 마녀에게 투사되어 있다.

대부분의 방어기제는 우리가 금지된 욕망을 억압할 때처럼 내부에서 나오는 불안표출 충동이나 환상, 정서 등을 다룬다. 그런데 **부정**(denial)은 외부에서 온다. 그것은 사실을 부정함으로써 현실로부터 자신을 지킨다(A. Freud, 1936). 부정은 심각한 상황에서는 필요하기도 한데, 예컨대 엄마가 사망한 어린이가 "우리 엄마가 오늘 올 거야"라고 말할 때 그렇다. Elizabeth Kubler-Ross(1969)는 말기의 환자들이 보통 초기에 자신이 그 병을 앓고 있다는 사실을 부정하는 단계를 거친다고 하였다.

Anna Freud(1936)는 방어기제가 특정한 발달단계에 연계되어 있다고 주장했다. 억압은 오이디푸스 단계의 특징이며, 반동형성은 항문기, 투사와 부정은 원시적인 기제들로서 구강기의 특징이라고 보았다. 그러나 방어기제와 단계 간의 연결은 개략적일 뿐이다.

Freud(1926)의 주장에 따라 많은 정신분석가들이 서로 다른 방어기제들이 어떤 정서장애에서 작용하는가를 연구했다. 예를 들면 전치는 학교공포증을 포함한 많은 공포증에서 중요한 역할을 하는 것으로 나타났다. 학교에 입학한 어린 아동이 현저한 학교공포증을 보일 때가 있는데, 이는 어머니로부터 떨어져야 하는 불안을 학교공포증으로 전치했기 때문으로 보인다(White & Watt, 1973).

그와 같은 분석들의 가치를 부정하지 않으면서 일부 현대의 학자들은 좀 더 긍정적인 면에서 방어기제를 보고자 했다. 이들은 일부 방어기제는 건강한 대처전략으로 보라고 요구한다. 그들은 하나의 중요한 분야(건설적 대처)를 탐색 중인데, 방어기제 개념을 지나치게 확장한 감이 있다. 예를 들면 Valliant(2000)는 **억제**(suppression)를 건강한 방어기제라고 말했다. 억제는 실제로 방해적인 사고를 피하기 위한 **의식적인 노력**이다. 그러나 고전적 방어기제는 **무의식적**으로 작동한다.

전통적인 정신분석이론에서 볼 때 가장 건강한 방어기제는 **승화**(sublimation)다. 승화는 자아가 충동을 사회적으로 허용되는 일로 방향을 바꾸는 과정이다. 예를 들면 사람들은 자신의 공격적인 에너지를 경쟁적인 스포츠로 방향을 돌릴 수 있다. 또는 자신의 성적인 관심을 낭만적인 사랑을 주제로 한 예술활동, 즉 소설이나 그림 그리기로 승화시킬 수 있다.

자아의 발달

Freud 사후, 그의 추종자들은 자아의 발달과정에 관심을 두었다. Freud 자신은 이에 대해 언급한 것이 거의 없는데, 그의 주요 시사점(1911)은 추동이 좌절되기 때문에 자아가 발달한다는 것이다. 아기는 만족을 느끼는 한 현실을 다룰 이유가 없다. 그러나 그들은 좌절을 경험한다. 처음에는 환각을 통해 긴장을 줄이려고 노력하지만 그 효과는 오래가지 않는다. 따라서 그들은 현실에서 욕구를 충족시켜 주는 대상을 찾아야만 한다.

Freud의 주장에서 어려운 점은 원초아가 자아를 활성화시킬 때만 자아가 활동한다는 것이다. 그런 식으로 해석한다면 자아는 약하고 오직 원초아를 섬기는 것밖에 하지 않는다는 것이 된다.

Hartmann의 수정 Heinz Hartmann은 Freud의 가장 영향력 있는 추종자 중 한 사람으로서 Freud 이론은 자아의 다른 모습, 즉 자아에게 보다 많은 자율성을 허용하는 모습을 그려야 한다고 주장했다. Hartmann(1939, 1950)은 Freud가 자아가 그 자신의 유전적 뿌리를 가지고 있는 건 아닌지 궁금해한 것에 주목했다. 만일 그렇다면 운동성(몸 움직임), 언어, 지각, 인지 등과 같은 자아기능은 그 자신의 고유한 **성숙시간표**에 따라 발달할 것이다. 생물학적으로 지배받고는 있으나, 또한 본능적 추동과는 관계없는 내적 촉발자로 인해 아동은 걷고 말하고 물건을 잡는 등의 행동을 시작할 수 있다. 아동은 원초아가 쉬고 있을 때, 즉 '생에 갈등이 없을 때' 자아기능을 발달시킬 성숙적 욕구를 가진다. 이렇듯 원초아와는 독립적으로 자아가 발달할 수 있다. Hartmann의 주장은 자아발달에 관한 연구에서 주요한 돌파구로 여겨지고 있다.

자아발달과 대상관계 Freud 학파는 또한 자아성장을 가장 잘 유도하는 환경의 종류에 대해서도 연구했다. 그들이 환경에 대해 말할 때는 대체로 물리적인 세계보다는 타인들과의 세계에 대해 언급한다. 그들은 다른 사람들과의 상호작용을 **대상관계**(object relation)라 부른다.

Hartmann(Hartmann, Kris, & Lowenstein, 1946), Benedek(1938) 등에 의하면 처음에

가장 적합한 대인환경은 일관성 있게 만족을 주는 환경이다. 돌보는 사람이 일관성 있게 아기를 사랑해주면 아기는 그들에게 관심을 가지고, 또한 다른 사람들이 있는 외부 세계에 대해 알게 된다. 일관성 있는 보살핌은 본질적인 자아기능이라 할 수 있는 만족 지연 능력의 발달에 특히 중요한 것 같다. Benedek이 말한 바와 같이 어머니가 일관성 있고 사랑을 해주면 아기는 그녀를 **신뢰**하게 된다. 따라서 아기는 자신의 사소한 욕구가 얼마간 충족되지 않더라도 심하게 조바심을 내지 않고 참을성 있게 기다릴 줄 알게 된다. 아기는 자기를 곧 돌봐줄 거라는 사실을 알고 있다.

정신분석학이 발전해오면서 많은 연구자들은 대상관계를 전면에 내세워 왔다. 일부 분석자들은 아예 대상관계를 다른 것들[본능적 추동, 성적 충동 영역(libidinal zone), 자아기능 등]의 전면에 내세웠다. 이들에 따르면 사람들이 진정으로 원하는 것은 본능적 긴장을 해소하거나 자신을 위해 자아기능을 신장하는 것이 아니라 성숙한 대인관계를 발달시키는 것이다(Greenberg & Mitchell, 1983, 특히 6장 참조). 다음 두 장에서 Erikson과 Mahler의 이론을 보게 될 텐데, 이 둘은 정신분석이론을 고전적 Freud 개념을 유지하면서도 대상관계 방향으로 움직인 사람들이다.

실제적 시사점

Freud의 이론과 실제를 선명하게 구분하는 것은 불가능하다. Freud 이론은 환자에 대한 임상치료에서 나왔으며, 그의 추종자들도 심리치료를 자료의 주요 출처로 계속 이용하고 있다. 이 장에서는 병리학이나 치료보다는 정상적인 성장 및 발달의 측면에 초점을 맞추어 Freud 이론을 논의해왔다. 그러나 필요에 따라서는 전자의 영역에 속하는 주제(예 : 히스테리아)도 논의했다.

Freud의 치료연구에 대해 설명하는 것은 이 책의 범위를 벗어난다. 저자가 여기서 이야기할 수 있는 것은 정신분석의 주요한 목적이 억압되거나 차단된 경험을 되살려주는 데 있다는 것이다. 우리는 Elizabeth von R. Elizabeth의 사례에서 이런 작업이 왜 필요한지 보았다. Elizabeth는 형부에게로 향한 성적인 감정을 억압했으나, 그 감정이 사라지기는커녕 오히려 고통스러운 신체적 증상으로 전환되어 나타났다. 여기서 Freud가 생각한 유일한 해결책은, 우리의 사고나 감정이 우리를 통제하도록 내버려두지 말고 오히려 그것들을 통제할 수 있도록 좀 더 우리의 사고나 감정에 대해 의식적이어야 한다는 것이다. 그래서 그 말을 "원초아가 있던 곳에 자아가 있게 될 것이다"라고 표현했다(1933, p. 80).

아동치료는 성인치료와는 약간 다르게 진행된다. 아동에게는 논의하거나 회상하는 기회가 주어지지 않고, 대신 놀이를 통해 감정이나 환상 등을 표현하고 받아들이고 숙달하는 걸 배운다. 14장에서는 심한 장애아들에서 놀이가 어떻게 나타나는지 논의하게 될 것이다.

Freud가 정신분석이 우리의 문제를 완전히 치료할 수 있다고 믿지는 않았다는 사실을 주목할 필요가 있다. 우리는 모두 사회 속에 살고 있으며, 이 사회는 우리의 본능적 충동을 억압하도록 요구하므로 우리 모두가 어느 정도는 고통을 받고 있다. 더욱이 Freud는 치료자의 역할이 한정되어 있다고 보았다. 언젠가 한번은 Freud가 정신과 의사에게 정말로 치료할 수 있는지 물어보았다. 그 정신과 의사는 "불가능하다고 봅니다. 그러나 정원에서 정원사가 하는 것처럼 개인 성장을 방해하는 요소를 일부 제거시킬 수는 있겠지요"라고 대답했다. 그러자 Freud는 "그럼 우리는 서로 통하는 데가 있군요"라고 대답했다(Ellenberger, 1970, p. 461).

Freud 사상의 실제적 시사점은 단순히 환자를 치료하는 범위를 넘어서 확장한다. 그의 사상은 법, 예술, 문학, 종교, 교육 등을 포함하는 생애 전반에 걸친 모든 면에 실제적으로 영향을 주었다. 여기서 가장 우리의 흥미를 끄는 분야는 교육이다. 교육에 관한 Freud의 생각은 흔히들 생각하는 것처럼 그렇게 급진적이지 않았다. Freud는 사회란 항상 어느 정도의 본능적 포기를 요구한다고 믿었다. 따라서 아동 자신이 원하는 대로 모든 것을 할 수 있다는 기대를 갖게 한 채로 아동을 이 세상에 내보낸다는 것은 부당하다고 보았다(1933, p. 149). 또 한편으로는 훈육은 대체로 너무 과해서 아동이 자신의 신체나 자연적인 기능에 대해 불필요한 부끄러움이나 죄의식을 느끼게끔 만든다고 생각했다. Freud는 성교육의 필요성을 특히 강조했다. 그는 학교에서의 성교육 실시를 권장했는데, 아동은 학교에서 자연과 동물에 관한 수업에서 생식에 관해 학습할 수 있기 때문이다. 그러면 아동 스스로가 인간에 대해 필요한 결론을 이끌어내게 될 것이다(Freud, 1907).

Freud의 사상은 교육에서 좀 더 모험적인 실험을 하도록 자극을 주었다. 예를 들면 써머힐에서 A. S. Neill(1960)은 성적인 자유를 포함한 온갖 자유를 아동에게 허용했다. 그러나 그렇게 급진적인 개혁은 드물며, 아동에 대한 교사의 일반적인 태도에서 Freud 의 영향을 전형적으로 찾아볼 수 있다. 교사가 어떤 바람직하지 않은 행동을 자동적으로 훈계하는 대신 그 행동의 배후에 있는 정서적인 원인을 이해하려고 노력할 때 특히 이런 태도가 두드러지게 나타난다(Russell, 1971). 교사가 아동의 생활을 자세히 살펴본 다면 화가 나있거나 시무룩한 아동은 교사에게 화내는 것이 아니라 부모의 무관심과 같은 가정에서의 어떤 문제점으로 인해 깊이 좌절한 나머지 화를 낸다는 것을 알게 될 것이다. 혹은 겉보기에 게으른 10대 소년이 실제로는 성적인 또는 사회적인 실패에 대해 끊임없이 고민해왔음을 발견하게 될 것이다(White & Watt, 1973, p. 34). 교사는 항상 그런 문제들을 수정해줄 수는 없을 것이며, 심지어 학생들과 함께 그런 문제들을 논의하는 것 자체가 매우 조심스러운 일이라고 느낄 것이다. 왜냐하면 학생들은 어떤 문제에서는 자신의 프라이버시를 지키기 원하기 때문이다. 그럼에도 불구하고 어느 정도의 이해는 교사에게 도움이 된다. 그렇게 되면 교사는 즉시 처벌을 하거나 날카로운 비판을 하기보다는 많은 학생들을 도와주었던 태도, 즉 참고 용기를 북돋아주는 태도를 가질 이유가 생기기 때문이다.

평가

Freud는 금세기의 가장 위대한 사상가 중 한 사람이다. Freud 이전에도 무의식이라든가 초기의 성적 환상에 관해 알고 있는 시인이나 예술가 혹은 철학자들이 있었지만, 우리에게 이 문제를 진지하게 받아들이도록 한 것은 바로 Freud의 놀랄 만한 업적이다. 동시에 Freud는 고금을 막론하고 다른 어느 심리학 이론가보다 더 신랄하게 공격받는 사람이다. 심지어 오늘날까지도 그의 생각을 수치스럽게 여기는 사람들이 많다.

그러므로 Freud와 그의 추종자들이 때로 독단적이고 방어적으로 반응해왔다는 것은 놀랄 만한 일이 아니다. 어느 때는 다른 과학자들로부터 고립하여 그들 나름의 믿음의 진실을 재확신하기 위해 그들끼리 모여 마치 종교의 한 분파의 구성원들처럼 행동해왔고, 또 어떤 때는 Freud 학파 학자들이 인신공격적인 논박(공격하는 학자들의 생각에 대해서가 아니라 그들의 성격에 대한 논박)에 의지하기도 했다. Freud는 한 에세이(1925b)

에서 그를 비판하는 사람들이 그들 자신의 저항과 억압 때문에 Freud의 생각을 반대한다고 논박했다.

이렇게 감정적으로 격앙된 논쟁 가운데 정신분석에 대해 일리 있는 비판도 몇 가지 있어서 일부 Freud 학파 이론가들은 이런 비판을 터놓고 받아들여 이론상의 약점을 수정하려고 노력했다.

Freud에 대한 비판 중 가장 중요한 몇 가지는 인류학자들에게서 나왔는데, 그들은 Freud 이론이 문화적 한계를 가진다고 논박했다. 1920년대에 Malinowski 등은 오이디푸스 콤플렉스에 대한 Freud 이론을 겨냥해 오이디푸스 콤플렉스가 Freud가 상상했던 것처럼 그렇게 보편적이지 않다는 것을 지적했다. Malinowski는 오이디푸스 콤플렉스가 기초하고 있는 가족군(부, 모, 자녀의 핵 삼각관계)이 모든 문화권에서 다 발견되는 것이 아니라는 데 주목했다. 트로브리안드섬 주민들에서는 아동의 주요 훈육자는 아버지가 아닌 외삼촌이었다. 더욱이 가장 강한 근친상간 금기는 자녀와 부모 사이가 아니라 형제와 자매 사이였다. Malinowski는 그런 상황에서의 억압된 두려움과 갈망은 매우 상이하다고 지적했다.

> 우리는 오이디푸스 콤플렉스는 아버지를 죽이고 어머니와 결혼하고 싶어 하는 억압된 욕망이 있다고 흔히 이야기하지만, 트로브리안드섬에서 그들의 욕망은 누이와 결혼하는 것이며 외삼촌을 죽이는 것이다(Malinowski, 1927, pp. 80-81).

이렇듯 오이디푸스 상황은 Freud가 묘사했던 것과는 결코 똑같지 않다.

그러나 Malinowski는 Freud 이론을 전적으로 무시하려고 하지는 않았다. 오히려 Malinowski는 억압된 욕망이 꿈이나 마법, 민속 등의 투사를 통해 나타난다는 통찰에 대해 Freud에게 빚을 지고 있는 셈이다. 왜냐하면 그런 통찰은 Malinowski에게 중요한 이론적 도구를 제공했기 때문이다. Malinowski의 논박은 그런 투사가 문화적 배경에 따라 다양하다는 것이다. 트로브리안드섬 주민들에게서 오이디푸스적인 신화나 꿈은 발견할 수 없었지만, 강한 유혹이나 금기, 특히 남매관계에 중점을 둔 신화나 꿈은 많이 발견할 수 있었다. 예를 들면 비록 그들 스스로는 남매간의 근친상간적 욕망을 결코 인정하려 하지 않으나, 남매가 근친상간을 저질렀을 때 그 옛날 어떻게 마법이 일어났는지 등에 관해서는 이야기한다.

　Malinowski의 글이 발표될 당시에는 Freud와 그의 추종자들이 정신분석이론의 인류학적 수정에 반대했지만, 더 뒤의 Freud 학파 사람들(예 : Erikson, 1963; Kardiner, 1945)은 정신분석학과 인류학적 통찰을 결합해보려고 했다.

　Freud는 또한 여성 관련 주제에서의 문화적 편견 때문에 날카로운 비판을 받았다. 정신분석적인 글을 쓰는 Clara Thompson(1950) 같은 작가들과 현대 여성주의자들은 여성에 대한 Freud의 견해는 검토되지 않은 빅토리아식 사고방식을 반영한 것이라고 공격했다. Thompson은 Freud의 한계점이 그의 남근선망 개념에서 가장 뚜렷하게 나타난다고 말했다. 그녀도 소녀들이 소년들을 부러워하는 것은 인정하지만, Freud가 생각한 그런 이유는 아니라고 본다. Freud는 남근선망이 생물학적인 열등감에서 기인된다고 생각했는데, 이는 그가 살았던 사회의 편견과 잘 맞는 견해다. 그러나 그녀는 남근선망이 보다 문화적인 문제라고 말했다. 여아는 남성지배적 사회에서 남아와 동일한 특권을 누리지 못하기 때문에 남아에게 열등감을 느낀다. 여아들은 모험이나 독립, 혹은 성공의 기회가 부족하다. Freud는 사회적 동등성에 대한 여성의 정당한 갈망을 무시했다.

　연구자들은 또한 여성의 도덕성에 관한 논의에서 Freud가 문화적 편견을 보였다고 비난했다. Freud는 소녀들은 거세불안이 없기 때문에 강한 초자아를 내재화할 필요가 적다고 생각했다. 그리고 그 증거로 도덕적 문제에서 여성이 남성보다 더 감정적이고 유연하다는 사실을 지적했다. 그러나 이런 관찰은 단순히 그 자신의 문화적 고정관념을 반영한 것이라고 비평가들은 주장한다.

　경험적 증거는 Freud가 초자아 형성에 관한 그의 이론에 의문을 제기했어야 한다고 말한다. 먼저 그는 도덕성이 발달하는 방식에서 틀렸다. 대부분의 증거는 아동이 거세나 다른 신체적 처벌로 인해 해를 받을까 봐 두려워한 나머지 초기 도덕성을 획득하는 것이 아니라고 시사하고 있다. 신체적 처벌만을 두려워하는 아동은 단순히 붙잡히지 않으려고만 애쓴다(그리고 그 아동은 처벌하는 사람을 미워하게 될 것이다). 대신에 도덕성은 아동이 사랑을 경험하고 그것을 지키길 원할 때 발달하는 것으로 보인다. 사랑받는 아동은 부모의 인정을 얻기 위해 올바르게 행동하려고 노력한다(White & Watt, 1981, pp. 359－360; Berk, 2013, p. 488).

　더욱이 Freud는 아마 여성 초자아의 힘에 관하여 틀렸을 것이다. 그 문제가 된 것에 대한 Freud 시기의 자료가 없지만, 현재의 연구로는 일반적으로 여성이 남성보다 약간 더 정직하다고 알려져 있다(Garcia, Gil-Gomez de Liano, & Pascual-Ezama, 2021).

Freud에 대한 비판은 여기에 그치지 않았다. 여성주의 정신분석학자들(예 : Benjamin, 1988)은 Freud 이론이 너무 개인적이라고 본다. 사람을 추동과 자아기능을 가진 고립된 개인으로만 보게 되면, 우리는 사람들을 제대로 이해할 수 없다고 그들은 말한다. 우리는 대상관계(다른 사람들과의 관계)에 중점을 두어야 한다. 중요한 여성주의자들과 대상관계 이론가들 모두의 관점에서 인간은 성애욕구의 만족만을 추구하는 존재는 아니다. 그들은 관계를 추구한다(Greenberg & Mitchell, 1983, 6장).

Freud는 또한 과학적 배경에 대해서도 비판받았다. 그의 이론이 보편적인 아동발달에 근거함에도 불구하고 그 증거는 주로 성인으로부터, 즉 치료 중인 성인의 기억이나 환상으로부터 나온 것이다. Freud는 정상 아동의 대표적 표집을 통해 비편파적인 방식으로 자신의 가설을 검증해보지 않았다.

어떤 심리학자들은 Freud의 이론이 매우 불투명하고 복잡한 까닭에 과학적 가치가 없다고 생각한다. 사실 정신분석이론은 때로 똑같은 가능성을 지닌 상반되는 결과를 예언하는 것처럼 보이기도 한다. 예를 들면 항문기에 좌절을 경험한 아동은 질서정연함, 청결함, 복종 등의 습관을 발달시키거나, 그 반대 특성인 반항적이거나 지저분한 행동을 발달시키기도 한다. 그러면 어떤 아동이 과연 어떤 특질을 발달시킬 것인지 어떻게 예언할 수 있겠는가?

끝으로 Freud의 가설을 결코 부정할 수 없을 것처럼 보이는 맥풀리는 것이 있다. 예를 들어 만일 연구한 결과 이유(離乳)와 그 후의 구강적 행동 간에 아무런 관련성도 발견하지 못했다면 일부 Freud 학파 사람들은 우리가 Freud의 견해를 충분히 깊이 있게 이해하지 못해서 그렇다고 논박할 것이다.

그러나 어려움에도 불구하고 지금까지 막대한 양의 연구가 행해져 왔고, 앞으로도 계속 진행될 것이며, 결국에는 연구를 통해 그의 이론 중에서 타당한 명제와 타당치 않은 명제가 가려질 것이다. 연구자들은 Freud 이론과 계속 씨름할 것이며, Freud가 근본적으로는 올바른 노선에 서 있다고 생각하므로 그들이 할 수 있는 최선을 다해 그의 이론을 검증할 것이다. Hall, Lindzey, Campbell(1998)은 그의 이론이 온전한 인간을 이해하는 걸 추구한다고 말한다.

부분적으로는 실제 세계에서, 부분적으로는 가상의 세계에서 살고 있고, 갈등과 내적인 모순 때문에 고민하지만 합리적으로 사고하고 행동할 수도 있고, 잘 알지 못하는 힘과 자신의 통제 밖에 있는 열망에 의해 움직이고 있고, 혼란해지기도 명석해지기도 하며, 좌절하기도 만족하기도 하고, 희망적이며 절망적이기도 한, 이기적이기도 이타적이기도 한 살아있는 온전한 인간, 간단히 말해서 한 복잡한 인간을 이 이론에서 그려내려고 하는 것이다. 이런 모습은 많은 사람에게서 본질적으로 타당한 것이다(p. 77).

Erikson의 생의 8단계 이론

생애 소개

발달에 관한 정신분석이론 중 Erik H. Erikson(1902~1994)의 이론보다 내용이 더 풍부한 이론은 없다. Erikson은 Freud의 각 단계에서 아동이 수행해야 하는 과업에 대해 새롭고 확대된 견해를 보여줬다. 그리고 거기에다 성인기 이후의 세 단계를 새로 추가했다. 따라서 Erikson의 이론은 지금 전생애를 포괄한다.

Erikson은 독일의 프랑크푸르트에서 태어났다. 그의 부모는 덴마크 사람이었는데, 혼외관계로 그를 낳았다("Erik Erikson," 1994). 그의 어머니는 혼자서 그를 기르다가, Erikson이 세 살 때 지방 소아과 의사인 Homburger 박사와 재혼했다. Erikson의 어머니와 의부는 유대인이었으나 Erikson은 전혀 다른 외모를 가지고 있었다. 즉 키가 크고 금발에 눈이 푸른 덴마크인을 더 닮은 듯했다. 그는 유대소년들 사이에 '이방인'(비유대인)이란 별명이 붙기까지 했다.

소년 시절의 Erikson은 특별히 뛰어난 학생은 아니었다. 그는 몇 과목(특히 고대사와 미술)에서는 뛰어났지만 형식적인 학교 분위기를 싫어했다. 고등학교를 졸업하고 나서 그는 미래의 진로를 결정하지 못하고 망설였다. 그래서 대학에 가는 대신 일 년 동안 유럽을 돌아다녔고, 미술을 공부하기 위해 잠시 집으로 돌아왔다가 다시 여행을 시작했다. 후에 그는 이 시기를 자신의 유예기라 불렀다. **유예기**(猶豫期, moratorium)란 젊은이들이 자기 자신을 찾고자 노력하는 얼마간의 기간을 말한다. 이런 행동은 그 당시 많은 독일 청년들에게서 흔히 볼 수 있었다. Erikson의 전기작가인 Robert Coles(1970)에 의하면 "그의 가족이나 친구들은 Erikson을 괴팍스럽다거나 '병적'이라고 여기지는 않앉으며, 스스로를 찾고자 노력하는 방황하는 예술가로 받아들였다"(p. 15).

Erikson은 25세 때 Anna Freud와 Dorothy Burligham이 세운 비엔나의 신설 학교에서 아동을 가르칠 것을 수락하면서부터 마침내 자신이 해야 할 일을 발견하기 시작했다. 이 학교에서 Erikson은 수업이 없을 때면 Anna Freud 등과 함께 아동정신분석을 연구했고, 또 Anna에게 자신을 분석받기도 했다.

27세 때 Erikson은 Joan Serson과 결혼해서 가정을 꾸미게 되었다. 하지만 3년 후 1933년에는 히틀러의 출현으로 유럽을 떠나야만 했다. 그들은 보스턴에 정착했으며, 거기서 Erikson은 그 도시 최초의 아동분석가가 되었다.

그러나 Erikson의 본성 속에는 여행에 대한 충동이 깊이 뿌리박혀 있었다. 보스턴에 있은 지 3년 후 그는 예일대학교에 자리를 잡았는데, 그로부터 2년 후 다시 여행을 시작해서 사우스다코타 파인리지의 인디언 보호지역으로 갔다. 거기서 그는 라코타(수)족과 함께 살면서 그들에 관해 연구했고, 그 후 샌프란시스코로 이주했다. 거기서 아동에 대한 임상업무를 재개하고 캘리포니아대학교에서 정상 아동의 종단적 연구에 참여했다. 또한 시간을 내어 다른 인디언 종족인 유로크 어부들을 연구하러 캘리포니아 해안으로 여행하기도 했다. Erikson은 Freud가 손대지 않았던 미지의 영역을 연구했는데, 이는 바로 상이한 문화적 여건에서 자라는 아동의 생활과 정상 아동의 생활에 관한 것이었다.

매카시즘 시대였던 1949년에 Erikson은 몸담고 있던 캘리포니아대학 당국과 갈등을 일으켰다. 대학 당국은 모든 직원에게 국가에의 충성선서를 요구했는데, 그는 서명을 거부했다. 몇몇 동료들이 해고되자 그도 사직하고 매사추세츠의 스톡브리지에 있는 오스틴리그스연구소에 치료자로서 새로운 자리를 얻어 거기서 1960년까지 일했다. 그는 정식 학위를 받은 적이 없었음에도 하버드대학교에서 교수직을 제의받아 그때부터 사망할 때까지 재직했다.

Erikson의 가장 중요한 저서는 『아동기와 사회(Childhood and Society)』(1950)다. 이 책에서 그는 생의 8단계를 제시하고, 이 단계들이 다른 여러 문화권에서는 어떻게 전개되는지를 보여주었다. 이외에도 매우 영향력 있는 다른 두 권의 저서로 『젊은 청년 루터(Young Man Luther)』(1958)와 『간디의 진리(Gandhi's Truth)』(1969)가 있는데, 거기서는 정신분석적인 통찰을 역사적인 자료와 연결시켰다.

Erikson의 단계이론

일반적 목적

Freud는 신체부위에 중점을 둔 일련의 심리성적 단계들을 가정했다. 아동이 성숙함에 따라 성적 관심은 구강에서 항문, 항문에서 성기로 차례로 옮겨가며, 잠복기를 거친 후 초점은 다시 생식기 부위에 머물게 된다. 이렇듯 Freud는 발달을 연구하는 데 있어서 전혀 새로운 관점을 제시했다.

그러나 그와 동시에 Freud의 단계이론에는 한계점이 있다. 특히 신체부위에의 초점이 지나치게 특수하다. 6장에서 보았듯이 강한 단계이론은 생의 각기 다른 시기에 이루어지는 **일반적인** 성취나 문제점을 기술한다. 예를 들어 구두끈을 매는 것은 너무 특수하기 때문에 단계라 부르지 않는다. 마찬가지로 신체부위에 초점을 두는 것은 단지 신체의 일부만을 기술하는 특수한 것이 되기 쉽다. 사람들이 신체의 입에 고착되어 이 부위를 쾌락의 원천으로 삼는다는 사실을 주목하는 것은 흥미롭긴 하지만 성격발달에는 그 이상의 것이 있다.

물론 Freud의 저술이 신체부위 묘사에만 국한되어 있지는 않으며, 그는 아동과 그들에게 중요한 인물들과의 중대한 상호작용에 대해서도 논의했다. Erikson은 그런 문제를 보다 완전하게 알아보고자 했다. 그는 Freud의 각 단계마다 새로운 개념을 도입하여 아동과 사회 간에 이루어지는 가장 중요하고도 일반적인 접촉에 대한 이해를 이끌어내고자 했다.

1. 구강기

신체부위와 자아양식 Erikson은 우선 각 성적(性的)인 부위마다 특유한 자아양식이 있다는 것을 지적함으로써 Freud의 단계에 보다 큰 일반성을 부여하려 했다. 첫 단계의 주요 부위는 입이며, 이 부위는 또한 수동적이지만 열심히 받아들이려는 활동양식을 가지고 있는데, 이를 **함입**(含入, incorporation)이라 한다(Erikson, 1963, p. 72). 더욱이 함입은 입뿐 아니라 다른 감각기관의 행동양식으로도 확대된다. 아기는 입을 통해 받아들일 뿐 아니라 눈을 통해서도 받아들인다. 흥미 있는 어떤 것을 바라볼 때는 눈을 크게 뜨고 온 힘을 기울여 대상을 받아들이려 한다. 그들은 또한 촉감을 통해서도 좋은 느낌을 받아들이는 것 같다. 심지어 기본반사인 파악반사조차도 함입양식을 따르는 듯하다. 즉 어떤 것이 아기의 손바닥에 닿으면 자동적으로 주먹을 쥔다. 이렇듯 함입은 아기의 자아가 외부세계를 다룰 때 맨 먼저 사용하는 일반적인 양식을 나타낸다.

Freud의 구강기 후기는 이가 나서 공격적으로 깨무는 것이 특징이다. Erikson에 따르면 **깨물기** 또는 **잡기** 양식 역시 함입과 마찬가지로 입을 넘어 일반적인 양식으로 확대된다. 아기는 성숙함에 따라 능동적으로 손을 뻗쳐 물건을 잡을 수 있다. 마찬가지로 "외부세계의 인상을 들어오는 대로 받아들이는 비교적 수동적인 첫 번째 부분인 눈 역시 초점을 맞추어 희미한 배경으로부터 대상을 분리하여 '파악'하고, 그 대상을 추적하는 것을 학습하게 된다"(p. 77). 끝으로 청각기관도 보다 능동적인 파악양식에 따른다. 이제 아기는 의미 있는 소리를 식별하여 거기에 집중할 수 있으며, 머리와 몸을 움직여 그것을 능동적으로 받아들일 수 있다. 이렇듯 깨물기와 잡기 양식, 곧 능동적인 파악양식은 자아가 외부세계에 대처할 때 주로 쓰는 일반적인 양식이다.

가장 일반적 단계 : 기본적 신뢰 대 불신 각 시기의 가장 일반적인 단계는 아동의 성숙하고 있는 자아와 사회 간의 접촉으로 이루어진다. 첫 단계에서 아기는 자기가 필요로 하는 것을 취하려 할 때 자신을 돌보는 이들과 상호작용하게 되는데, 이 돌보는 이는 그들의 문화적 양식에 따라 아기를 기른다. 그 상호작용에서 가장 중요한 것은 돌보는 이의 행동에서 아기가 어떤 일관성·예측 가능성·신뢰성을 발견하게 되는 것이다. 부모가 일관성 있고 믿을 수 있다고 느낄 때 아기는 부모에 대한 기본적 신뢰감을 발달시키며, 춥거나 오줌을 싸서 젖거나 혹은 배가 고플 때 다른 사람이 자신의 고통을 덜어줄 거라는 것을 알게 된다. 고통받을 때 즉각적으로 보살펴주는 부모도 있고 일정에 따라 보살펴주는 부모도 있겠지만, 어떤 경우이건 아기는 자기의 부모에게 의지할 수 있고, 따라서 신뢰할 수 있다는 것을 배우게 된다. 이와는 반대로 불신감이 생겨날 수도 있는데, 이는 부모의 행동을 전혀 예측할 수 없고 믿을 수 없으며 필요할 때 부모가 거기에 없을 것이라는 느낌이다(Erikson, 1963, p. 247).

아기는 또한 자기 자신을 믿을 수 있게 되어야 한다. 이 문제는 아기가 젖니가 맹렬하게 나면서 젖을 주는 엄마를 이로 날카롭게 깨물거나 잡아서 괴롭힐 때 특히 심각하다. 아기는 그런 충동을 조절하는 것(깨물지 않고 젖을 먹으며, 아프지 않게 잡는 것)을 학습하게 되며, 엄마가 아기에게 깨물리지 않도록 방어할 필요가 없을 정도로 아기는 자신을 신뢰하기 시작한다(p. 248). 한편 엄마로서는 너무 급작스레 젖을 떼거나 너무 완전히 보살핌을 철회하지 않도록 주의할 필요가 있다. 만일 그렇게 한다면 아기는 차후에도 엄마의 돌봄이 갑자기 없어져 버릴 것이라고 생각해 엄마가 돌봐주는 것을 결국 믿을 수 없다고 느낄 것이다.

아기가 돌보는 이에게 신뢰감을 갖게 되면 행동에서도 그것이 나타난다. Erikson에 따르면 아기가 엄마에 대한 신뢰감을 나타내는 첫 번째 표시는 "엄마가 보이지 않아도 지나친 불안이나 걱정을 보이지 않는 것"이라고 한다(p. 247). 여기서 '지나친'이란 말은 중요한 의미를 가진다. 왜냐하면 Bowlby의 연구에서 알려진 바와 같이 대부분의 아기는 어느 정도의 **분리불안**을 경험하기 때문이다. 그러나 부모를 신뢰하게 되면 아기는 부모가 없다 해도 잘 견디는 걸 배울 수 있다. 만일 돌보는 이가 믿을 만하지 못하면 아기는 떨어지려 하지 않을 것이며, 만일 떨어지게 되면 공포를 느끼게 된다.

신뢰(trust)는 앞 장에서 Benedek이 말한 신뢰(confidence, 11장의 336쪽 참조)와 같은 의미다. 즉 자기를 돌보는 이에 대한 기본적인 믿음이다. Erikson 자신은 'trust'라는 용어를 더 좋아한다고 말하면서 "이 용어에는 좀 더 순수하고 상호적인 의미가 들어있기" 때문이라고 했다(p. 248). 그러나 trust는 Benedek이 걱정한 동일한 태도, 즉 돌보는 이가 필요할 땐 언제든지 거기에 있을 것이라는 확신을 가지고 침착하게 기다리는 태도를 가져온다.

이렇듯 신뢰는 다른 사람들이 믿을 수 있으며 또 그들의 행동을 예측할 수 있다는 것을 아는 것이다. 그러나 또한 Erikson은 신뢰가 궁극적으로는 그 이상의 것에 의해 좌우된다고 말했다. 그에 따르면 궁극적으로 신뢰는 **부모의 자기확신**, 즉 자기가 올바르게 행하고 있다는 인식에 의해 좌우된다는 것이다. 부모는 자신들이 의미 있는 일을 하고 있다는 깊은 신념을 "자녀에게 몸소 보여줄 수 있어야 한다"(p. 249). 의미에 대한 이런 인식은 다시 문화적 지지, 곧 "우리가 하는 방식이 우리 자녀에게 유익하다"는 신념을 필요로 한다.

Erikson이 돌보는 이의 자기확신을 강조한 점은 얼핏 보아 이해하기 어렵다. 부모의 확신이 아기와 무슨 관계가 있다는 걸까? 어쩌면 Erikson은 정신의학자인 H. S. Sullivan과 같은 생각을 가지고 있었는지도 모른다. Sullivan(1953)에 의하면, 생후 몇 개월 동안의 영아는 엄마에 대한 특수한 신체적 공감능력을 가지고 있어서 자동적으로 엄마의 긴장상태를 느낀다고 한다. 엄마가 불안하면 아기도 불안을 느끼고, 엄마가 마음을 가라앉히면 아기도 안정을 되찾는다. 부모가 합리적인 확신과 자신을 가져서 아기가 대인접촉에 너무 긴장하지 않게 되는 것이 매우 중요하다. 아기는 다른 사람과 가까이 있는 것은 좋은 일이며 마음을 안심시켜준다는 것을 느낄 필요가 있다.

Erikson(1959, p. 64)은 미국의 부모가 아동양육에 대한 내적 확신을 가진다는 것이 항상 쉽지는 않음을 발견했다. 보다 단순하고 안정된 문화권에 살고 있는 부모는 여러 세대를 걸쳐 전해 내려온 육아법을 따르는 데 비해, 현대 미국 부모는 거슬러 올라갈 전통이 거의 없다. 그들은 보다 새롭고 '좋은' 육아법에 대해 온갖 종류의 충고를 받지만, 이런 충고들은 결코 동일하지가 않다.

Erikson은 이런 상황에서는 Spock의 저서(1946) 같은 책들이 도움이 된다고 생각했다. Spock는 저서 전체를 통해 부모로 하여금 그들 자신을 신뢰하도록 권장하고 있다. 그는, 부모는 그들 자신이 생각하는 것보다 더 많은 것을 알고 있으며, 따라서 아기의 요구에 대해 반응하려는 충동에 따라야 한다고 주장했다. Spock는 Erikson의 저서를 읽고, 부모가 내적 확신을 갖는 것이 중요하다는 사실을 이해한 듯하다.

Spock의 저서를 읽는 것 외에도 부모는 종교로부터 내적 안정감을 얻을 수 있다고 말했다. 그들 자신의 신념과 내적 확신이 아동에게 전달되어 아동은 세상이 믿을 만한 곳이라고 느끼게 될 것이다. 만약 부모가 종교를 가지고 있지 않다면, 그들은 여러 다른 분야, 즉 우정이나 직업적 목표 또는 사회적 이상에서 신념을 찾아야 한다(Erikson, 1959, pp. 64–65).

Erikson은 때로 아기가 신뢰감은 발달시키고, 불신감은 발달시키지 말아야 하는 것 같은 인상을 주었다. 그러나 Erikson의 주장은 그런 뜻이 아니었다. 그는 각 단계마다 긍정적인 요소와 부정적인 요소가 갈등 또는 긴장을 일으키며, '부정적'인 요소 역시 성장에 필요하다는 것이다. 이 단계에서 말하면 아기는 신뢰와 불신 둘 다를 경험해야 한다. 만일 신뢰만 발달시킨다면, 이 아기는 속기 쉬운 아동이 될 것이다. Erikson의 말을 빌리면, "영아가 분별 있는 신뢰를 갖추기 위해서는 상당한 정도의 불신을 경험해야 한다"(1976, p. 23).

이와 동시에 영아가 불신에 비해 신뢰가 우세한 수준에서 균형을 갖추는 것이 매우 중요하다. 이렇게 되었을 때 영아는 이 단계의 핵심적인 자아역량인 **희망**(hope)을 발달시킨다. 희망은 좌절이나 분노, 실망에도 불구하고 미래에는 좋은 일이 일어날 것이라는 기대다. 희망은 아이들에게 외부세계로 나아가서 새로운 도전을 받아들이도록 해준다(Erikson, 1982, p. 60).

결론   이제까지 우리는 Freud의 구강기에 대한 설명을 Erikson이 어떻게 확장했는지 살펴보았다. Erikson은 중요한 것은 구강부위가 아니라 세계와 상호작용하는 자아양식임을 보여주었다. 영아는 다양한 감각을 통해 외부세계의 것들을 함입하고 이후에는 받아들인다. 영아의 성숙하고 있는 자아는 다시 일반적이고 결정적인 접촉을 통해서 사회(이 경우는 돌보는 이)와 만나게 된다. 중요한 문제는 신뢰 대 불신이다. 아기는 돌보는 이가 얼마나 예측 가능하며 내적 확신을 느끼는지를 알 필요가 있다. 만일 아기가 신뢰가 불신보다 더 많은 긍정적인 균형을 발달시킨다면, 아기는 이 시기의 핵심적인 자아역량인 '희망'을 발달시킨다. 희망은 아동에게 현재나 과거의 좌절을 극복하고 외부세계로 나가 그 세계에 열정적으로 대처하도록 해준다.

　물론 신뢰나 불신, 희망 등의 문제는 우리의 전생애에 걸쳐 있다. Erikson도 이를 인정했다. 그러나 그는 신뢰와 불신 사이의 갈등은 특정한 위기에 도달하는데, 그 위기가 바로 생애의 첫 해에 가장 우세한 문제라고 주장했다. 영아가 이 첫 번째 위기를 해결하는 방식(확고한 희망을 갖느냐 못갖느냐)은 바로 이어지는 다음 단계로 넘어갈 때의 에너지와 생동감을 결정한다.

2. 항문기

신체부위와 자아양식   Freud의 두 번째 단계인 2세에서 3세까지는 항문부위가 중요하다. 아동은 신경계의 발달로 괄약근을 수의적으로 조절하게 된다. 이제 그들이 원하는 대로 변을 배설하거나 참을 수 있다. 그들은 최종 배설의 쾌감을 극대화하기 위해 종종 변을 참기도 한다.

　Erikson은 이 단계의 기본양식이 지니거나(보유), 내버리는(배설) 것이라는 점에서 Freud와 견해를 같이한다. 그러나 Erikson은 또한 이 양식들이 항문부위 이상을 망라한다고 지적했다. 예를 들면, 아기는 손을 사용해서 물건을 굳게 잡기도 하고 마치 반항이라도 하듯 그것을 던져버리기도 한다. 일단 아기가 앉을 수 있게 되면, 조심스레 물건들을 쌓았다가 다시 허물어버린다. 또한 사람들에게 다가가서 붙잡고 매달리다가도 때로는 밀쳐버린다(Erikson, 1959, pp. 82, 86).

일반적 단계 : 자율성 대 수치와 회의 한 순간 매달리다가 다음 순간에 밀쳐버리는 대립된 충동 속에서 아동은 선택하는 연습을 하게 된다. 두 살 된 아이는 자기가 원할 때는 잡아당기다가 원하지 않을 때는 밀쳐버린다. 그들은 자신의 자율감, 즉 자신의 의지를 연습하고 있는 것이다(표 12.1 참조).

성숙은 또한 다른 면에서도 자율감을 키워준다. 2~3세 된 아동은 자신의 다리로 설 수 있으므로 스스로 외부세계를 탐색하기 시작한다. 이들은 엉망으로 만들 권리를 행사라도 하듯이 스스로 밥을 먹으려 한다. 또한 그들의 언어에서도 새로 발견된 자율성과 자아감을 나타낸다. 그들은 "나", 또는 "내 거야"란 단어를 반복해서 사용한다. 무엇보다 "아니야"라는 단어에서 그들의 자율성을 찾아볼 수 있다. 2세 된 영아는 동의하면 자신의 독립성이 완전히 상실되기라도 하듯이 "응"이라는 말을 하지 않는다. 강하고 고집스러운 "아니야"라는 말을 통해서 이들은 모든 외적인 통제를 거부한다.

아동이 자신에 대한 통제력이 커져 자기 멋대로 하려 할 때, 사회는 부모를 통해 이들이 올바로 행동하도록 가르치기 시작한다. Freud가 관찰한 바와 같이 부모는 아기 마음대로 변을 보도록 허용하지 않는다. 대신 사회적으로 적합하게 행동하도록 이들을 훈련시킨다. 부모는 이들에게 지저분하고 부적절한 배변행동에 대해 수치심을 느끼게 함으로써 배변훈련을 시킨다. 이들은 한동안 이 훈련에 저항하기도 하지만 결국은 따르게 된다.

Erikson은 이런 **배변 싸움**이 중요하다는 것에 동의한다. 그러나 또한 이 시기의 싸움(아동의 자율성과 사회규제 사이의 싸움)이 도처에서 나타난다고 주장하고 있다. 예를 들면, 자녀들이 스스로 밥을 먹으려고 해 밥상을 엉망으로 만들려 할 때, 부모는 그들의 행동을 규제하려 한다. 마찬가지로 부모는 2세 된 아기가 단순한 요구에도 무조건 "아니야"라고 말하지 못하게 한다. 2세 된 아이도 다른 사람과 마찬가지로 사회에서 살아야 하고 다른 사람의 욕구를 존중해야 한다. 이렇듯 이 단계에서의 갈등은 매우 일반적인 것이다.

표 12.1 Freud와 Erikson의 단계

연령대	Freud의 단계	Erikson의 일반적 단계
생후 1세까지	구강기	기본적 신뢰 대 불신 : 희망
1~3세	항문기	자율성 대 수치와 회의 : 의지
3~6세	남근(오이디푸스)기	주도성 대 죄의식 : 목적
6~11세	잠복기	근면성 대 열등감 : 역량
청소년기	생식기	정체감 대 역할혼미 : 충성
성인 초기		친밀감 대 고립감 : 사랑
성인기		생산성 대 자기침체 : 돌봄
노년기		자아통합 대 절망 : 지혜

Erikson은 이 갈등을 '자율성 대 수치와 회의'의 갈등이라고 규정했다. 자율성은 내부에서 생겨난다. 생물학적 성숙이 스스로 어떤 일을 할 수 있는 능력, 즉 자신의 괄약근 통제나 자기 발로 서기, 손을 사용하는 것 등을 발달시킨다. 반면에 수치와 회의는 사회의 기대와 압력을 의식함으로써 생겨난다. 수치란, 다른 사람의 눈에 자신이 좋게 보이지 않는다는 느낌이다. 예를 들어 오줌을 싼 여아는 자기가 쌌다는 것을 의식하며, 다른 사람들이 이런 자신의 모습을 볼까 봐 걱정한다. 자신이 결국은 그렇게 강하지 못하기 때문에 다른 사람들이 자기를 통제할 수 있고 자기보다 더 나은 행동을 수행할 수 있다고 깨닫는 데서 회의가 시작된다.

아동은 처음의 자율감을 너무 많이 상실하지 않고도 사회적 규제에 잘 적응할 수 있는 게 바람직하다. 어떤 부모는 그렇게 해주려고 노력한다. 그런 부모는 이들의 독립심을 묵살하지 않고 사회적 행동을 배우도록 친절하게 도와주려 한다. 다른 부모는 그렇게 민감하지 못하다. 그들은 아동이 배변을 잘못했을 때 지나치게 수치심을 준다. 그들은 아동의 반항적 행동을 묵살해버린다. 또는 스스로 행동하려는 아동의 노력을 조롱한다. 이런 경우 아동은 자기결정을 향한 충동을 압도하는 수치와 회의의 감정을 지속적으로 발달시키게 된다.

아동이 이 두 번째 위기를 긍정적인 방식으로 해결하는 정도(즉 자율성이 수치, 회의보다 많은 적정한 비율)에 따라 아동은 자아역량인 기본적인 **의지**(will)를 발달시킨다. Erikson에 의하면 "의지는 자기규제뿐만 아니라 자유선택을 실행하는 깨지지 않는 결단

력"이다(1964, p. 119). 여기서 Erikson은 자기규제를 포함시켰는데, 이는 아동이 자신의 충동을 통제하고, 할 가치가 없는(또는 해서는 안 될) 것들을 포기하는 것이 중요하다고 믿기 때문이다. 그러나 이 책임은 여전히 아동 자신(외부의 힘이 아니라)의 몫이다.

3. 남근(오이디푸스)기

신체부위와 자아양식　Freud의 세 번째 단계(3~6세 사이)에서 항문부위에 대한 아동의 관심은 생식기부위로 옮겨간다. 이들은 자신의 생식기에 관심을 집중하며 다른 사람의 생식기에도 호기심을 느낀다. 그들은 또한 성인의 역할을 하는 자신의 모습을 상상하기 시작하고, 이성 부모의 사랑을 얻기 위해 동성 부모를 경쟁자로 간주하기까지 한다. 그들은 오이디푸스 위기에 빠져들게 된다.

　Erikson은 이 단계의 주요 양식을 **관입**(intrusion)이라 불렀다. 이 용어로 그는 아동이 매우 대범하고 호기심이 많으며 경쟁적이라는 Freud의 생각을 취하고자 했다. '관입'이란 용어는 소년의 음경의 활동을 묘사하는 것이지만, 일반적인 양식으로서의 이 용어는 더 많은 것을 의미한다. 양성 모두에서 신체적·정신적 능력의 성숙은 아동으로 하여금 다양한 관입활동을 하게 만든다. "여기에는 신체적인 공격에 의해 다른 사람의 신체로 관입하는 것, 공격적인 언사를 통해 다른 사람의 귀나 마음에 관입하는 것, 활발한 움직임에 의해 타인의 공간에 관입하는 것, 불타는 호기심에 의해 미지의 것으로 관입하는 것 등이 포함된다"(Erikson, 1963, p. 87).

일반적 단계 : 주도성 대 죄의식　주도성도 관입과 같이 전진 이동을 의미한다. 주도성을 지닌 아동은 계획을 세우고, 목표를 설정하며 그것을 달성하고자 노력한다. 예를 들어 저자의 아들 Adam이 5세였을 당시 그의 활동을 하루 동안 주시해보았는데, 그는 자신이 벽돌을 얼마나 높이 쌓을 수 있는지 알아보려 했고, 부모의 침대에서 누가 가장 높이 뛰어오를 수 있는지 알아보는 놀이를 만들어냈으며, 많은 활동과 폭력이 담긴 새로운 영화를 보러가자고 가족들에게 졸랐다. 그의 행동은 목표지향적이고, 경쟁적이며 상상력이 풍부한 것이었다.

　아동이 자신의 커다란 계획과 가장 기대했던 희망이 이루어질 수 없다는 것을 깨달으면 위기가 오게 된다. 물론 이런 야망은 한쪽 부모를 소유하고자 하고 다른 쪽 부모를 경쟁시하는 오이디푸스적인 것이다. 아동은 이런 것들이 사회적 금기를 허무는 것이며, 생각했던 것보다 훨씬 더 위험하다는 것을 알게 된다. 결과적으로 이런 위험한 충동과 환상을 억제하기 위해 사회가 금지하는 것(죄의식을 만들어내는 초자아)을 내면화하게 되어, 결국 새로운 형태의 자기억제를 하게 된다. 이후로는 영원히 개인의 순진한 열망과 대범성은 자기관찰이나 자기통제 또는 자기처벌 등에 의해 상쇄될 것이다(그림 12.1 참조).

Erikson의 견해로 보면 초자아를 형성하는 것은 인생에서의 커다란 비극이다. 초자아는 행동을 사회화시키기 위해서는 필요하지만, 남근기의 아동이 인생을 대하는 대담한 주도성을 위축시켜 버린다. 그러나 Erikson의 관점이 전적으로 비관적인 것은 아니다. 그의 관찰에 의하면 3~6세 사이의 아동은 다른 어떤 시기보다 더 빠르고, 열심히 배우

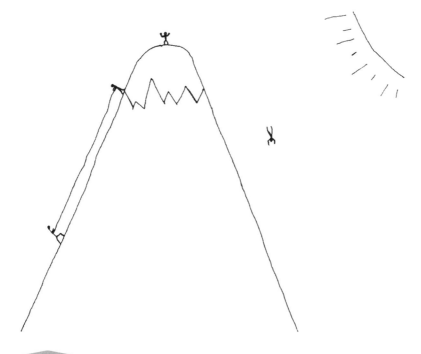

그림 12.1

과감한 주도성과 파멸을 표현한 한 소년의 그림 : 너무 멀리 가서 태양 가까이까지 간 소년에 관한 신화(이카루스의 신화)와 유사한 점이 있다. 9세 소년이 그린 이 그림에는 다음 단계의 주제인 근면성도 또한 암시되어 있다. 즉 그림 왼쪽의 등산하는 사람들은 능숙하게 협동하고 있다.

며, 그들의 야망을 사회적으로 유용한 것을 추구하는 쪽으로 연결지으려 한다(1963, p. 258). 부모는 자신의 권위를 다소 완화하고 아동이 흥미 있는 계획에 동등한 자격으로 참여하게 함으로써 이런 과정을 도울 수 있다. 그렇게 해줄 때 아동은 이 단계의 위기를 벗어나 강한 목표감을 갖게 된다. 즉 죄의식과 제지에 의해 상처받지 않고도 "가치 있는 **목표**를 마음에 그리며 추구할 수 있는 용기"를 갖추게 된다(Erikson, 1964, p. 122).

4. 잠복기

Freud 이론에서는 오이디푸스 컴플렉스가 해결되면 잠복기로 들어가게 되는데 대략 6~11세 사이의 기간이다. 이 기간 동안은 앞 단계에서 위기를 조성했던 성적, 공격적 충동이 일시적으로 잠복하게 되어, 이 단계에서는 성적인 신체부위가 없다.

물론 이 시기 동안에 아동의 생활이 전혀 갈등 없이 지속되는 것은 아니다. 예를 들면, 동생이 태어나는 것은 강렬한 질투를 일으키기도 한다. 그러나 대체적으로는 평온하고 안정된 시기다. 본능과의 충동이란 면에서는 특별하게 진행되는 것이 없다.

그러나 Erikson은 이 시기를 자아성장의 가장 결정적인 단계라고 보았다. 이 시기에 아동은 중요한 인지적·사회적인 기술을 숙달한다. 이때의 위기는 **근면성 대 열등감**(industry versus inferiority)이다. 아동은 가족 내에서 이루어지던 과거의 희망과 바람을 망각하고, 보다 넓은 문화의 유용한 기술과 도구를 배우는 데 전념한다. 토착사회의 아동은 뒤쫓는 법, 먹을 걸 찾는 법, 도구 만드는 법을 배운다. 이런 문화에서의 학습은 비공식적이며, 학습의 대부분은 그들보다 나이가 많은 아동으로부터 배우게 된다. 현대 기술사회에서의 아동은 학교에 들어가서 보다 지적인 기술(읽기·쓰기·산수 등)을 습득하게 된다. 그 어느 경우에서나 아동은 의미 있는 작업을 하는 법을 배우고 "꾸준한 주의집중과 지속적인 근면을 유지"하는 자아력을 발달시키고 있는 것이다(Erikson, 1963).

이 단계에서 지나치게 부적합함과 열등감을 느끼는 것은 위험하다(1963, p. 260). 아마 우리 대부분은 교실이나 운동장에서 맛보았던 실패의 아픔을 기억할 수 있을 것이다. 특히 심한 열등감은 여러 가지 원인으로부터 나온다. 때로 아동은 전 단계의 갈등을 제대로 해결하지 못했기 때문에 이 단계에서 어려움을 겪게 된다. 예를 들어 두 번째 단계에서 자율성보다는 회의를 더 발달시키게 된 소녀는 새 과제를 숙달하려 할 때 자신을 갖지 못하게 된다. 때로는 학교와 지역사회의 태도가 근면성의 발달을 방해하기도 한다. 예를 들어 흑인 소년의 경우 자신의 피부색깔이 자신이 배우고자 하는 소망이나 의지보다 더 중요하다는 것을 알게 될 수도 있다. 학교가 개인의 특수한 재능을 찾아내어 이를 격려해주지 못하는 경우도 또한 매우 많다(p. 260).

반면에 훌륭한 교사(사회로부터 존경받고 또 신뢰받고 있다고 느끼는 교사)는 이 시기의 아동을 도울 수 있다. Erikson(1959, p. 87)에 따르면 특별한 재능과 영감을 부여받은 사람들의 일생을 살펴보면 어느 곳에서든 한 명의 교사가 그들의 숨겨진 재능에 불을 붙여준 경우를 여러 번 보아왔다고 한다.

어떤 경우이든, 이 단계를 성공적으로 극복하면 Erikson이 **역량**이라 말하는 자아력을 갖게 된다. 즉 지나친 열등감에 의해 상처받지 않고 주어진 과제를 완성해내기 위해 지능과 기술을 자유롭게 발휘하게 된다(1964, p. 124).

5. 사춘기(생식기)

Freud와 그의 딸 Anna Freud에 따르면 청소년기는 이 시기에 일어나는 극적인 생리적 변화로 말미암아 격동의 단계라고 한다. 잠복기 동안 잠자고 있던 성적·공격적 충동은 이제 자아와 자아의 방어를 압도할 정도로 위협적이 된다. 오이디푸스적 환상이 다시 나타나기 시작하면서 10대는 단지 부모 곁에 있는 것조차도 참기 어렵다는 것을 알게 된다.

Erikson은 청소년기에 충동 에너지의 커다란 증가가 분열적이라는 데는 동의하지만, 이것은 단지 문제의 일부에 불과하다고 여긴다. 청소년은 또한 새로운 사회적 갈등과 요구로 인해 혼란을 겪고 당황하게 된다. Erikson은 청소년의 가장 중요한 과업은 새로운 **자아정체감**(ego identity, 나는 누구인가 또 거대한 사회질서 속에서 나의 위치는 어디인가에 대한 느낌)을 확립하는 것이라고 생각했다. 이 시기의 위기는 **정체감 대 역할혼미**(identity versus role confusion)다.

끓어오르는 본능적 충동은 확실히 청소년의 정체감 문제와 관련된다. 청소년은 마치 이 충동들이 스스로의 의지를 가지고 있어서 더 이상 청소년 자신과 일체가 아닌 것처럼 느끼게 된다. 또한 사춘기 동안의 급격한 신체적 성장은 정체감 혼미를 가져온다. 청소년은 너무나 많은 면에서 변화하기 때문에 자기 자신도 제대로 알아보지 못할 정도다. 10대가 많은 시간을 거울 앞에서 소비하고 자신의 외모에 신경을 많이 쓰는 것은 아마도 이런 이유에서일 것이다.

그러나 한편 정체감 문제는 개인적인 문제 못지않게 사회적인 문제이기도 하다. 청소년을 고민하게 만드는 것은 신체적 성장이나 성적 충동 그 자체가 아니라, 다른 사람의 눈에 좋게 보이지 못하거나 다른 사람의 기대에 어긋날지도 모른다는 생각이다. 그리고 그 이상으로 보다 넓은 사회에서의 자신의 미래 위치에 관해 걱정하기 시작한다. 급속하게 성장하는 정신능력을 갖춘 청소년은 자신의 앞에 놓인 무수한 선택의 가능성에 압도되어 버린다.

청소년은 자신이 누구인가에 관한 확신을 가지고 있지 못하기 때문에 '소속 집단'에 동일시하려 한다. 그들은 "매우 당파적이고, 편협하고, 자기들과 '다른' 사람들에 대해 냉혹하게 배타적이 된다"(Erikson, 1959, p. 92). 그들은 흔히 자기 자신이나 또는 다른 청소년에게 '충성시험'을 받게 하기도 한다. 일부 청소년은 정치적 또는 종교적 이념에 동조하기도 한다. 이런 모든 것에서 청소년이 진실될 수 있는 가치를 찾고 있음을 우리는 알 수 있다.

정체감 형성을 이해하는 데 정체감 형성이 전생애에 걸친 과정임을 인식하는 게 중요하다. 자라면서 우리는 동일시를 통해 정체감을 형성한다. 우리는 반드시 의식하지는 않더라도 호감을 주는 사람들을 동일시하게 되고 또한 좋아하게 된다(1959, pp. 112–113).

우리는 또한 성취를 통해 정체감을 발달시킨다. 일어서고, 걷고, 달리고, 공놀이를 하고, 그림 그리고, 읽고, 쓰는 능력은 모두 자아정체감 발달에 기여한다. 우리는 자기 자신을 '이런 일을 할 수 있는 사람'으로 인식하게 된다. 이 성취는 그것이 그 문화에서 중요성을 가질 때, 긍정적이고 지속적인 정체감의 일부가 된다(pp. 89–90).

정체감 형성이 전생애에 걸친 과정이라 할지라도 정체감의 문제는 청소년기에 위기를 맞게 된다. 왜냐하면 많은 내적인 변화가 일어나고 미래에 관련된 많은 것이 문제되는 때가 이 시기이기 때문이다. 청소년의 불확실성은 성적이거나 신앙적인 질문 같은 여러 형태를 취할 수 있지만 서구국가의 청소년에게 가장 공통적으로 나타나는 것은 경력을 정하지 못하는 것이다. 10대가 끝나면서 그들은 선택을 해야 한다는 압력이 커지는 걸 느끼지만, 한 직업을 갖는 건 다른 직업을 갖지 못하는 걸 의미한다. 결정은 쉽지 않고 너무 어렵다(1959, pp. 92, 111, 124).

청소년은 성인 역할을 생각할 때 과거와의 연속성을 추구한다. 그래서 그들이 이미 발달시킨 성향, 동일시, 재능을 기반으로 추진하는 게 가능한 사회적 기회를 찾는다. 그들의 과제는 과거와 미래 사이에 다리를 놓는 것이다(1959, p. 142).

이 다리를 만드는 일은 성격의 일부 재구조화를 포함한다.

Erikson(1959, p. 123)은 보수적 배경을 가진 한 여대생을 예로 들어 말했다. 그녀는 대학에 진학해 배경이 아주 다른 사람들과 만나게 되고 그들 중에서 친구로 사귈 사람을 선택해야 한다. 또한 성에 대한 태도와 추구할 직업적인 목표도 결정해야만 한다. 이런 개개의 결정은 과거에 그녀가 가졌던 생각과 일치하는 것도 있지만 그렇지 못한 것도 있다. 예를 들어 만약 그녀가 성에 대해 능동적이 되겠다고 결정한다면 이는 가족이 주장해온 가치를 어기는 것이 되지만, 한편으로는 가족의 숨겨진 어떤 욕망과 동일시하는 것이 된다. 이와 유사하게 만약 그녀가 의학이나 정치와 같은 남성지배적인 분야에서 경쟁하기를 선택했다면, 이는 가족의 어떤 가치를 과감히 뛰어넘는 것이 되지만 한편으로는 다른 사람들에게 동조하는 것이기도 하다. 이처럼 그녀는 결정하고 참여할 때 기존의 동일시를 손질하면서 새로운 정체감을 형성해나간다. 그녀의 과제는 "효과적인 아동기의 자취와 예상되는 성인기의 희망으로부터 어떤 중심적 관점과 방향, 어떤 작동하는 통일체를 스스로 만들어내는 것이다"(Erikson, 1958, p. 14).

기술적으로 이러한 재구조화는 자아의 과제다. 사회의 영역에 맞는 자기만의 통일체[1]를 달성하려고 애쓰면서 자아는 그의 종합적 기능을 훈련한다(1959, pp. 89, 149).

그 과정의 대부분은 그 사람의 의식수준 아래서(무의식 수준에서) 이루어진다. 앞서 말한 여자대학생의 경우에서 우리는 그녀가 가족 배경을 거부하거나 인정한 방식 모두를 생각하고 있었을 것이라고 기대하지 않을 것이다.

청소년이 많이 의식하고 있는 건 오직 혼돈과 주저다. 참여가 너무 어렵기 때문에 그들은 스스로를 찾기 위한 일종의 '타임아웃'시기인 **심리사회적 유예기간**(psychosocial moratorium)을 가진다. 예를 들면, 어떤 청년들은 최종 결정을 내리기 전에 대학을 떠나 여행을 하기도 하고 여러 가지 직업을 가져보기도 한다. 그러나 많은 청소년은 자유로

---

[1] 종합적 기능은 Freud에 대한 11장(331~332쪽)에서 소개되었다.

운 유예상태를 갖기 어렵다. 그들은 자신이 누구이며 자기의 생에서 무엇을 할 것인지를 알게 되기까지는 흔히 고립감, 즉 시간이 무의미하게 흘러간다는 느낌과 어떤 활동에서도 의미를 찾을 수 없는 무능력, 그리고 자신의 생이 우연적으로 이루어졌다는 느낌을 경험하게 된다. 이는 마치 Arthur Miller의『세일즈맨의 죽음(Death of a Salesman)』에서 나오는 말과 같다. "어머니, 나는 어떤 종류의 생을 살아야 할지 알 수가 없어요"(Erikson, 1959, p. 91).

모든 청소년이 이런 종류의 위기를 거치는 건 아니다. 일부 청소년은 부모가 그들을 위해 준비한 삶의 방식을 채택하면서 쉽게 정체감을 찾는다(Erikson & Erikson, 1957). 운이 좋은 것으로 보이긴 하지만, 그들은 다른 가능성을 고려하고, 그들 자신을 찾고, 자신에게 맞는 생활경로를 찾을 기회를 놓친다.

다른 청소년은 연장된 위기를 통과한다. 그들의 탐색은 20대나 또는 그보다 더 길게 지속될 수도 있다(Erikson & Erikson, 1957). 오랜 기간의 정체감 탐색은 고통스러운 것이지만, 결국 보다 높은 차원의 인격통합과 참다운 사회적 헌신을 가능케 해준다. 우리가 보아왔듯이 이 책에 소개된 대부분의 이론가들은 전통적인 직업적 정체감에 정착하고자 하는 유혹을 물리쳤다. 그중에서도 Piaget나 Freud, Erikson은 그들의 진정한 천직을 찾는 데 상당한 시간을 보냈다. 비록 그들의 이런 탐색이 즐거운 것은 아니었지만, 그런 추구를 통해 결과적으로 직업에 대한 이해를 새롭게 할 수 있었으며, 그리고 의미심장한 직업전환을 할 수 있었던 것이다.

정체감을 찾고 있는 청소년은 소외감을 느낄 수 있다. 그들은 주위의 다른 사람들이 아닌 자신이 가치 있게 여기는 것을 반영하는 삶의 경로를 찾고 싶어 한다. 그 결과 그들은 전적으로 혼자라고 느낄 수 있다(Erikson, 1959, pp. 117, 161).

그러나 강한 정체감 달성은 결국 긍정적인 사회적 반응을 필요로 한다고 주장했다. 모든 사람은 적어도 어딘가에 있는 누군가는 자신이 되고자 선택한 사람을 이해하고 받아들인다고 느낄 필요가 있다. 어떤 경우에는 심지어 역사적 인물 같은 더 이상 살아있지 않은 사람의 인정을 상상할 수도 있다(1959, pp. 110–118). 어느 정도의 사회적 인정감은 중요하다.

따라서 청소년기의 중심과제는 그들이 오랫동안 참여할 수 있는 삶의 방식을 찾는 일이다. 이 단계에서의 투쟁은 **충성**(fidelity)이라는 자아역량(스스로 맹세한 성실함을 유지하는 능력)으로 발전하게 된다(Erikson, 1964, p. 125).

6. 성인 초기

Erikson은 성인기의 단계를 따로 구분할 것을 주장한 최초의 Freud 학파 학자이며, 소수 발달연구자들 중 한 사람이다. 그의 생각이 개략적인 듯이 보이더라도 우리는 그가 미지의 영역에 대해 연구하고 있다는 점을 감안해야 한다.

Erikson의 성인발달단계는 사람들이 타인을 사랑하고 보살피는 능력을 넓히고 심화시키는 단계를 나타낸다. **청소년**은 너무 자기 몰두적이다. 이들은 자기가 누군지, 다른 사람의 눈에 어떻게 보이는지, 무엇이 될 것인지에 대해 관심을 가진다. 그들은 이성에게 매혹되어 사랑에 빠지기도 하지만, 그런 애착은 대부분 자기정의(self-definition)를 위한 노력이다. 이성과의 상호작용에서 청소년은 자신의 진정한 감정, 서로를 보는 관점, 자신의 미래계획, 희망, 그리고 기대에 관해 끊임없이 이야기함으로써 자신이 누구인지를 되찾으려 한다(Erikson, 1959, p. 95).

이렇듯 청소년은 자신이 누구인가 하는 문제에 너무 몰두하게 되어 성인 초기의 과제인 **친밀감**(intimacy)을 획득하지 못한다. 진정한 친밀감은 합리적인 정체감이 형성되었을 때만 가능하다(1959, p. 95). 확고한 정체감을 가진 사람만이 타인과의 상호관계에 몰두할 수 있다. 예를 들면, 자신의 남성다움에 대해 고민하는 청년은 훌륭한 연인이 될 수 없다. 그는 너무 자의식적이고 자기가 어떻게 행동하고 있는지에 대해 너무 걱정하기 때문에 연애 상대에게 자유로이 그리고 부드럽게 몰두하지 못할 것이다. 진정한 상호관계를 이룩하지 못하게 되는 정도에 따라 사람들은 이 단계의 반대쪽인 **고립감**(isolation)을 경험하게 된다.

Erikson은 젊은 사람들이 굳건한 정체감을 형성하기 전에 결혼하는 것을 봤다. 그들은 결혼해 스스로를 찾게 될 수 있기를 바라겠지만, 그런 결혼은 거의 성공하지 못한다. 그들은 배우자로서 그리고 부모로서의 의무에 둘러싸여 있다는 것을 곧 느끼게 된다. 그들은 또한 자기 자신을 향상시킬 기회를 상대방이 주지 않는다고 불평한다. Erikson은 이 경우 배우자를 바꾼다 해서 해결이 되는 것은 아니라고 지적한다. 그들에게 필요한 것은 진정한 자기 자신이 되기 전에는 타인과 친하게 지낼 수 없다는 사실을 "현명하게 통찰"하는 것이다(p. 95).

Erikson은 친밀감에 대한 논의에서 존경할 만한 Freud 학파의 일원답게 절정 경험에 대해 뛰어난 언급을 하고 있다. 그것은 두 사람 사이의 어쩔 수 없는 차이점과 괴로움을 극복해나가는 상호조절의 최고 경험이다(1963, p. 265). 하지만 그는 '생식의 유토피아'가 순전히 성적인 문제만은 결코 아니라고 덧붙인다. 진정한 친밀감은 두 사람이 생활의 모든 측면을 함께 나누며 서로 조절해나가려 하는 것을 의미한다(p. 266).

다른 단계와 마찬가지로 아무도 이 단계의 긍정적인 쪽만 발달시키지는 못한다. 어떤 부부도 절대적인 친밀감을 경험하지 못한다. 사람들은 서로 다르기 때문에(성적으로도, 또 다른 측면에서도), 서로 간에 어느 정도는 어쩔 수 없는 반목이 있게 마련이며 이는 일시적인 고립감을 가져온다. 그러나 이상적으로는 친밀감이 더 우세해야 한다. 그렇게 될 때 이 시기의 사람들은 성숙한 **사랑**이라는 자아력을 발달시키게 되는데, 여기서 사랑이란 "둘 사이의 반목을 영원히 억제하는 상호 헌신"을 말한다(Erikson, 1964, p. 129).

7. 성인기

일단 두 사람이 어느 정도의 친밀감을 형성하면, 그들의 관심은 자기들 두 사람을 넘어 확대되기 시작한다. 그들은 다음 세대를 기르는 데 관심을 가진다. Erikson에 의하면, 그들은 **생산성 대 자기침체**(generativity versus self-absorption and stagnation)의 단계로 들어간다(Erikson, 1982, p. 67). '생산성'은 넓은 의미로서 자녀를 낳고 기르는 것뿐 아니라 작업을 통해 물건을 만들고 이상을 세우는 것도 의미한다. 그러나 Erikson은 전자, 즉 자녀세대에 더 중점을 두었다.

물론 자녀를 가진다는 단순한 사실이 생산성을 보장하는 것은 아니다. 부모는 자녀를 낳는 것 이상을 해야 한다. 즉 자녀를 보호하고 지도해야 한다. 이는 부모가 흔히 자신의 욕구를 희생해야 함을 의미한다. 부모는 자기도취(비생산적인 침체에 빠지는)에의 유혹을 극복해야 한다. 이런 갈등을 얼마나 긍정적으로 극복하느냐에 따라 그들은 다음 세대를 위한 **돌봄**(care) 능력을 발달시키게 된다.

Erikson은 어떤 사람들은 자녀를 갖지 않고도 생산성을 성취할 수 있다고 주장했다. 예를 들면, 수녀나 신부는 다른 분야에서 자신의 특별한 재능을 발휘한 사람들이 그렇듯 자신의 자녀를 기르는 권리를 포기한다. 하지만 그런 사람들은 "다른 사람들의 자

녀를 위해 일하거나 그들에게 보다 나은 세계를 만들어주는 데 기여함으로써” 다음 세
대를 돌보고 인도할 수 있다(Erikson in Evans, 1969, p. 51). 이들은 다소의 좌절을 이겨
내야 한다. 이는 특히 여성에게서 그러한데, 여성의 몸은 자녀를 기르고 젖을 먹이도
록 만들어져 있기 때문이다. 그러나 돌봄의 감각과 생산성을 느끼는 것은 여전히 가능
하다.

다른 한편 결혼은 했지만 생산성이 결핍된 사람들도 많다. 이런 경우의 부부는 흔히
일종의 **유사친밀**(pseudointimacy)로 퇴행하거나, “마치 혼자이고 외자녀인 것처럼 스스
로에 빠져든다”(Erikson, 1959, p. 97). Erikson은 서로가 상대방으로부터 얼마나 많은
것을 얻을 수 있는지에 관심두면서 자신들의 관계를 끊임없이 분석하는 한 쌍의 부부를
상정해본다. 그들은 자녀의 요구보다는 자신들의 요구에 더 많은 관심을 가진다.

이 단계에서 더 이상 발달해나가지 못하는 데는 몇 가지 이유가 있다. 이런 부모의 아
동기가 너무 공허하고 좌절되었기 때문에 자녀를 위해 어떻게 더 잘해줄 수 있는지를
알지 못할 수 있다. 다른 경우는 보다 문화적인 데 기인하고 있는 듯하다. 특히 미국에
서의 가치관은 너무 독립적인 성취를 강조하기 때문에 사람들은 너무 배타적으로 자기
자신과 자신의 성공에만 열중하게 되고 다른 사람을 돌보아야 할 책임을 경시하게 되는
정도까지 된다(Erikson, 1959, p. 97).

8. 노년기

노인은 일련의 신체적·사회적 상실에 대처해야 한다. 그들은 체력과 건강을 잃고, 퇴
직으로 인해 수입이 줄어들게 되고, 세월이 흐르면서 배우자, 친척, 친구들까지 잃게
된다. 이와 동시에 늙고 비활동적이고 나라에서 ‘쓸모없는’ 인간이 되게 만드는 어쩔 수
없는 지위상실을 겪으며 상처를 입는다. 동시에 많은 사람이 이 시기에 대한 더 낙관적
인 측면을 보여주기 위해 노력해왔다. 종종 들어온 바와 같이 적극적으로 산다면 노화
는 성공적일 수 있다(Newman & Newman, 2003, pp. 445, 470-472).

Erikson의 생각은 매우 다른 방향으로 향했다. 그는 노인의 활동이나 유용감, 외부일
에의 참여 등에 1차적인 관심을 두지 않았다. 그 대신 그는 이 시기의 **내적인** 투쟁(고통
스럽지만 내적으로 성숙하고 지혜로워질 수 있는 잠재력을 가진 투쟁)에 초점을 두었
다. 그는 이 투쟁을 **자아통합 대 절망**(ego integrity versus despair)이라고 불렀다.

Erikson은, 노인은 죽음에 직면하게 됨에 따라 **생애 회상**에 많은 시간을 보낸다고 말했다(Butler, 1963). 그들은 자신의 생애를 돌아보고 그것이 과연 가치가 있었는지에 대해 의문을 가진다. 이 과정에서 그들은 궁극적인 절망(자신이 바라던 생애가 아니었고 이젠 시간이 다 흘러버려 다른 유형의 생을 선택할 기회가 없다는 느낌)에 직면한다. 종종 절망은 혐오 뒤로 감춰진다. 많은 노인은 사소한 일에서 혐오를 느낀다. 그들은 다른 사람의 싸움과 결함을 참지 못한다. Erikson은 이 혐오는 자신에 대한 경멸을 뜻한다고 했다(1959, p. 98).

노인은 절망에 직면하게 되면서 자아통합감을 찾으려 노력한다. Erikson에 의하면 자아통합을 정의하기는 어렵지만 자신의 삶에 대한 정리이며 "자신의 생을 그랬어야만 했던 것 그리고 다른 어떤 것에 의해서도 대체될 수 없는 것"으로 받아들이는 것을 의미한다(1963, p. 268). 통합은 다음과 같은 느낌을 나타내주는 듯하다. "그렇다, 나는 실수했다. 그러나 당시 그 상황에서 그 실수는 어쩔 수 없는 것이었다. 나는 그것을 내 생애의 행복했던 일들과 함께 받아들이겠다." 통합은 또한 자기를 넘어 국가적 · 이념적 영역까지도 초월하는 느낌이다. 어떤 수준에 이르면 노인은 (먼 옛 시대와 그 시대에 추구한 산물과 교훈에 표현되어 있는) 그 시대와 그 추구의 전개방식에 대해 동료의식을 느끼게 된다(p. 268).

Erikson(1976)은, Ingmar Bergman의 영화 〈산딸기〉에서 노년의 위기가 아주 잘 나타나 있다고 말했다. Erikson에 따르면 그 영화의 내용은 다음과 같다.

> 한 늙은 스웨덴 의사가 은퇴해 있던 곳으로부터 룬트라는 도시로 자동차 여행을 한다. 그곳의 유서 깊은 사원에서 Isak Borg 박사는 50년간 의료봉사한 공적으로 의사로서는 최고의 영예인 50년제 박사학위를 받기로 되어 있다. 그러나 낯익은 지역을 거쳐 눈에 띄는 도로에의 자동차 여행은 아동기로 돌아가는, 그리고 미지의 자기 내부로 깊이 침잠하는 상징적인 순례가 된다(p. 1).

이 영화는 Borg 박사가 일기 쓰는 장면으로 시작되는데, 일기에 그는 삶이 제공한 것에 자기만족적인 관점을 보여준다. 그리고 영화는 곧 그의 죽음에 대한 공포를 상징하는 무서운 꿈속으로 빠져들게 된다. Borg 박사는 깨어난 후 그의 며느리 Marianne와 함께 비행기 대신 자동차로 룬트에 가기로 결정하는데, 그녀는 현재 결혼생활의 위기에 처해 있고 Borg는 지금까지 그 위기를 방관해왔다. 그들은 차를 타자마자 다투는데, Marianne는 그에게 "모든 사람이 아버님을 훌륭한 인도주의자라고 할지 모르지만, 아버님은 늙어빠진 이기주의자예요"라고 말한다(Bergman, 1957, p. 32). 여행을 하면서 Borg 박사는 Marianne 및 다른 사람들과의 새로운 만남을 접하게 되고, 과거에 대한 생생한 꿈과 기억을 되살려낸다. 이런 꿈과 기억들이 그에게는 매우 창피한 것이었다. 그는 그의 생애 동안 고립된 방관자였고 도덕적으로는 무관심했으며, 여러 면에서 사랑할 수 없었다는 것을 깨닫게 된다. 이렇듯 우리는 Borg가 처음에 느꼈던 통합감이 피상적이었다는 것을 알게 된다. 그는 죽음을 생각하고 생을 회고하면서 그동안 있었던 생에서의 많은 실패에 직면하게 된다.

그러나 결국 Borg의 통찰은 궁극적인 절망에 빠지지 않고 과거를 새로이 받아들이게 해준다. 그는 이제 하찮은 것이 돼버린 50년제 박사학위를 받으면서 자신의 생애에서 일어난 사건들로부터 '놀라운 인과관계'를 깨닫기 시작한다. 즉 자아통합이 과거 생의 필연적인 질서감을 수반한다는 Erikson의 진술과 매우 유사한 통찰인 것이다. 그러나 더욱 인상적인 것은 성품의 변화다. 영화의 마지막에서 Borg는 Marianne에게 사랑을 표현하고 아들 부부를 도와줄 것을 제안한다.

이 영화를 통해 우리는 왜 Erikson이 위기의 긍정적인 면과 부정적인 면이 둘 다 중요하다고 강조하는지 알 수 있다. Borg의 초기 통합감은 피상적이고 설득력이 없는 것이었다. 그는 자신의 생을 철저히 직면하여 어떤 실존적 절망을 해결함으로써 의미 있는 통합감을 얻게 된다(Erikson, 1976, p. 23).

이렇듯 Erikson과 Bergman은 우리가 노인을 바라볼 때 간과하기 쉬운 내적인 투쟁에 초점을 맞추고 있다. 우리는 노인의 신체적·사회적인 어려움을 알며, 그들이 '쓸모없게' 된다는 사실을 유감으로 여긴다. 그래서 더 유용하고, 열정적이며, 외적인 일을 수행하는 노인의 예를 찾아서 우리의 이런 부정적인 인식을 바꾸려 한다. 하지만 우리는 여전히 외적 행동을 기준으로 노인들을 평가하며 그들의 **내적인** 투쟁은 고려하지 못한다. 우리는 조용한 노인이 모든 문제 중에서 가장 중요한 문제와 어떤 방식으로든 맞붙어 싸우고 있다는 것을 알지 못한다. "내가 죽음에 직면했을 때 과연 내 생애는 의미 있는 것이었는가? 무엇이 생을 의미 있게 해주는가?"

그 내적인 투쟁은 노인을 철학자로 만들며, 그 투쟁을 거쳐 **지혜**라는 자아역량이 자라난다. 지혜는 수많은 방식으로 표현될 수 있겠지만, 죽음에 직면해서 인생의 가치와 의미를 찾기 위한 사려 깊고 희망적인 노력을 반영한다(Erikson, 1976, p. 23, 1982, pp. 61–62).

영화 〈산딸기〉에 대해 쓰기로 한 Erikson의 결정은 그가 일대기(life history)를 중요하게 여긴다는 걸 보여주는데, 심지어 여기 있는 경우와 같이 전기가 허구일 때도 그렇다. 다음에 있는 뉴스에서 나는 실제 인물인 위대한 아프리카계 미국인 목사 Howard Thurman의 생의 측면을 회고할 것이다.

글상자 12.1 Howard Thurman은 그의 종교적 정체감을 찾았다

막후에서 주로 일하면서 Howard Thurman(1899~1981)은 20세기 시민평등권 운동에 중요한 기여를 했다. 그는 Martin Luther King, Jr.와 Jesse Jackson 같은 활동가들에게 정신적 상담을 제공한다. 그는 그들에게 Gandhi의 비폭력 불복종 개념을 소개했다. 그는 자신의 생각으로 그 운동에 조언했다(Crain, 2021).

Thurman의 삶과 그의 생각의 발전을 우리가 이해하도록 Erikson이 어떻게 돕는지 살펴보자.

Thurman의 초기 삶

Howard는 플로리다의 데이토나에서 자랐다. 그는 누나가 둘 있는 3남매의 막내다. 그의 아버지는 철길을 놓는 일을 했고 그가 일곱 살 때 사망했다. 그의 어머니는 백인들을 위해 오랜 시간 요리를 하는, 그와는 정서적으로 거리가 먼 여자였다. 아이들은 주로 전에 노예였던 외할머니가 키웠다.

데이토나는 완전히 격리되었다. 어린 Howard는 흑인만 다니는 초등학교를 다녔고 어두워진 후에는 백인구역에 있지 않으려고 조심했다(Thurman, 1979, pp. 4–13).

편견은 때로 예상치 못한 방식으로 나타나곤 했다. 하루는 백인 가족을 위해 나뭇잎을 긁어모으고 있을 때, 그들의 딸이 그를 괴롭히고 핀으로 손을 찔렀다. 그가 아파서 뒤로 물러서자 그 애가 "오! Howard, 그건 너를 상처낼 수 없어! 너는 느낄 수 없어!"라고 말했다(Thurman, 1979, p. 12).

Howard의 할머니 Nancy Ambrose는 인종주의가 아이의 자존감에 주는 영향에 민감했다. 손주들의 자기신뢰가 감소된다고 느꼈을 때 할머니는 흑인목사에 대해 말했다. 그 목사는 노예들에게 설교하기 위해 일 년에 한두 번 할머니의 농장에 왔다. 목사는 그들이 노예가 아니며 신의 자녀라고 말했다. 할머니가 이야기를 끝내면 아이들의 영혼은 회복되었다(1979, p. 21).

자연. 할머니의 돌봄에도 불구하고 Howard는 종종 외로웠지만 자연 속에서 동료애를 발견했다. 그는 나무와 친구가 되었다고 느꼈다. 많은 폭풍을 이겨낸 오래된 참나무가 그랬듯이. 그는 나무둥치에 등을 기대고 앉아있으면 평화를 느꼈다. 그는 나무에게 자기 문제와 즐거움에 대해 말했고 충분히 이해받는다고 느꼈다.

Howard는 밤이 "마치 부드러운 담요처럼 나의 영혼을 덮어주는 것 같아"서 편안했다(p. 7). 그는 나무에게 말하듯이 밤에게도 말을 했다.

해변에서 그는 가장 강렬한 경험을 겪었다. 밤에 해변을 따라 걷고 있을 때 바다는 조용했다.

> 나는 모든 것들, 모래, 바다, 별, 밤, 그리고 내가 모든 생명이 숨쉬는 하나의 허파라고 느꼈다. 나는 모든 것을 감싸는 거대한 리듬을 인식할 뿐만 아니라 나 자신이 그것의 일부분이고 그것은 나의 일부분이었다(pp. 225-226).

Thurman은 삶 속에서, 자연 안에서, 존재 안에서 선하고 거대한 어떤 것에 뿌리내리고 있다고 느꼈다.

학교교육. Howard는 학교에서 특출나게 잘했으나 데이토나의 흑인아동을 위한 학교는 7학년까지만 있었다. 학교 교장 선생님이 일 년 동안 그를 가르쳤다. 그다음에 가족과 지역사람들의 재정적 지원을 받고 여름방학 동안 일을 해서 잭슨빌에 있는 흑인을 위한 사립 침례회 학교를 다닐 수 있었다. 그것은 힘든 일(그는 음식을 살 돈이 자주 부족했다)이었지만 졸업 시 대표로 학급의 고별사를 읽었다(pp. 24-28).

Howard는 다음에 모어하우스대학에 등록했다. 애틀랜타에 있는 그 대학은 역사적으로 흑인 남자들이 다니는 곳이다. Howard는 이 대학 학장인 John Hope가 학생들에게 말하는 방식에 곧 감명받았다. Hope는 학생들을 항상 '젊은 신사들(young gentlemen)'이라고 불렀다. Thurman에 의하면 백인들은 어떤 아프리카계 미국인 남성들에게도 그런 존중을 전혀 보여주지 않았다. 그들은 항상 그를 '보이'(흑인남자를 경멸조로 부르는 말)나 그보다 더 나쁜 말로 불렀다. "매번 Hope 박사가 우리를 '젊은 신사들'이라 부를 때마다, 오랫동안 잠자고 있던 자기가치와 자기신뢰의 씨앗이 싹터서 자라기 시작했던 건 놀랄 일이 아닙니다"(p. 36).

4학년이 되자 Howard는 목사가 되기로 결정했다. 이런 직업적 결정은 어떤 영혼 탐색을 위한 것이 아니었다. 그는 단지 신앙생활이 자신의 소명이라고 느꼈다(pp. 45, 264). 모어하우스대학 졸업 후 그는 로체스터신학교에서 신학 석사학위를 받았다.

성인기

학위를 받은 일주일 뒤 Thurman은 젊은 사회복지사인 Kate Kelly와 결혼하고 오하이오주 오벌린에 있는 시온산침례교회의 목사가 되었다. 부부는 자녀를 하나 두었는데 이름은 Olive다.

목사직을 당연한 것으로 여겼을 때, 그는 자기가 성인이라고 느꼈다.

> 나는 처음으로 혼자였다. 급작스러운 일이 생겼을 때, 교수나 어머니나 할머니의 지도에 의지하는 학생이 더 이상 아니었다. 지금은 내게 다른 사람들이 지지와 힘을 받기를, 지도받기를 기대한다(p. 65).

그러나 그는 마음이 편하지 않았다. 오벌린에서의 두 번째 해에 Thurman은 가까운 교회에서 열린

콘퍼런스에 참가했지만, 참지 못하고 일찍 나왔다. 걸어가다가 그는 우연히 중고책을 판매하는 곳을 보게 되었는데 거기선 어떤 책이든 10센트에 팔았다. 그는 Rufus Jones가 쓴 『삶의 흔적 찾기(Finding the Trail of Life)』라는 작은 책을 한 권 샀다(Thurman, 1979, p. 74).

Jones는 펜실베이니아주 해버퍼드대학의 교수였다. 그는 퀘이커 교도로 세계평화를 위해 일했다. 그는 신비롭기도 했다. 그는 즉각적인 신성 경험을 우선시하는 사람이었다. 그의 책에서 Jones는 신비로운 경험은 일반적으로 생각하는 것보다 더 보편적이라는 사실을 알아차렸다. 그런 경험들은 아동기에 특히 흔하다. 그 시기는 우리가 자연의 신비와 기적에 가장 열려있는 때다(Crain, 2021, pp. 74-75).

Thurman은 넋을 빼앗겼다. 그 책은 Thurman의 아동기 경험에 대해 말하고 있었다. 그는 몹시 Jones 밑에서 공부하고 싶었다. 2년간의 교신 후에 Jones는 그를 받아들이는 데 동의했다.

이 시기 동안 Thurman의 아내인 Kate가 결핵진단을 받았다. 담당의사의 설득으로 그녀와 olive는 조지아주 애틀랜타와 가까운 그녀의 고향으로 갔다. 의사들은 따뜻한 기후가 그녀에게 이롭고 그녀의 가족들이 건강을 회복하도록 돌볼 수 있으리라고 믿었다. Thurman은 가능할 때 Kate와 Olive를 만나러 가고, Jones와 6개월간 공부하기 위해 해버퍼드로 갔다(Thurman, 1979, p. 75).

해버퍼드에서 Thurman은 수업을 듣고 세미나에 참석하는 동안 Jones가 추천한 졸업생 기숙사에서 살면서 Jones에게 매주 개별지도를 받았다. 그다음 그는 애틀랜타주에 있는 모어하우스대학과 스펠먼대학에서 강사직을 받아들이고 그곳에서 Kate와 Olive와 함께 살았다.

Thurman의 정체감 형성의 회상

영향력 있는 사람들이 어떻게 어린 Thurman의 정체감에 영향을 주었는지 알기 위해 Erikson 이론이 필요하진 않다. 할머니가 그에게 흑인은 신의 자녀라는 걸 상기시키고 Jones Hope가 학생들을 '젊은 신사들'이라 말했을 때, 그 단어들은 Thurman의 긍정적 정체감을 강화했다.

그러나 Thurman은 왜 오벌린에서의 목사직을 포기한 걸까? 무엇보다도 그는 목사이고 가족을 막 이룬 때였다. 그는 자신이 어른이라고 느끼게 되었고, 아마도 그의 아내와 딸과 함께 있을 수 있는 애틀랜타에서 직업을 찾아야 하는 도덕적 의무를 느꼈을 수 있다. 그는 왜 다시 학생의 삶으로 돌아갔을까?

나는 Thurman이 자신의 자아정체감을 견고히 하기 위해 Jones와 공부하는 게 필요했다고 Erikson은 말했을 것으로 생각한다. Erikson은 개인은 아동기 경험과 성인 역할을 연결하려는 내적 욕구를 가진다고 믿었다. Thurman은 자연 속에서의 그의 초기경험과 목사로서의 그의 역할을 통합하는 게 필요했다. 만약 그가 Jones와 공부할 시간을 갖지 않았다면(만약 단지 목사로서 계속 지냈다면) 신앙을 생각하는 사람으로서의 그의 정체감은 불완전했을 것이다. 그의 강렬한 아동기 통찰은 흔들린 채로 있었을 것이다.

Jones로부터 Thurman은 그의 아동기 경험이 '신비'라 부르는 신앙적 전통에 들어맞는다는 걸 알았다. 그는 이런 경험들이 그의 성인직업 안에 있다는 걸 깨달았다. Jones는 또한 신비는 사회적 향상에도 기여할 수 있다고 주장했다. 이것은 Thurman에게 강력하게 다가온 개념인데, 왜냐하면 그는 인종주의를 말하고 싶었기 때문이다. Jones와 공부한 뒤 Thurman은 자신의 신앙적 사고를 발달시키기 위해 확신을 가지고 그의 아동기 신비경험들에 의지했다.

Thurman의 철학

무엇보다도 Thurman은 바다에서 그가 경험한 신비적 통찰(모든 생명체는 하나라는)을 이용했다. 이런 통일감은 인종적 진전에 대한 주된 희망원천이 되었다. 우리가 거대한 생물 공동체의 일부이기 때문에 그는 우리가 인종과 계층 같은 사회적 분열을 극복할 수 있다고 느꼈다.

더 구체적으로 말하면 Thurman은 사회적 분열을 보편적 사랑으로 대체하라고 사람들을 설득했다. 그는 심지어 아프리카계 미국인이 그들의 압제자들을 사랑할 수 있길 희망했다. 예수님이 생각했던 것처럼 사람들은 그들의 적을 사랑해야 한다.

Thurman은 이것이 매우 어렵다는 걸 인정했다. 자신의 압제자를 미워하는 게 훨씬 더 쉽다. 그러나 미움은 사회적 관계를 깨뜨리고 그가 말한 것처럼 "미움을 받는 사람과 미워하는 사람이 같아지는 파괴적인 일이다"(1949, p. 25).

Thurman은 사람들이 적의 행동과 그들의 삶의 방식을 사랑할 필요가 없다는 걸 이해하는 게 도움이 된다고 말했다. 그들을 동료인간으로 사랑할 필요만 있다. 로마 세리들을 사랑하기 위해 예수님은 그들을 로마인이나 적이 아니고 한 인간으로 보았다. 이와 유사하게 아프리카계 미국인도 "백인 개인을 보편적 인류애의 맥락에서 보아야 한다"(1949, p. 90).

Thurman은 사회적으로 특권을 받은 사람은 모든 사람과 공통적인 정체감도 발견해야만 한다고 말했다. 그는 사회주의자 Eugene Debs의 말을 인용했다. "하위계층이 있는 한 나는 그것에 속한다. 범죄요인이 있는 한 나는 그것 안에 있다. 감옥에 간 남자가 있는 한 나는 자유롭지 않다"(Crain, 2021, p. 78에서 인용).

특권층과 압제자가 그들의 보편적 인류애를 인식할 수 있다고 생각하는 게 현실적인가? Thurman은 그것이 가능하다고 생각했다. 그의 희망은 인간은 매우 강력한 어떤 것, 모든 생명체에 가득찬 존재의 일부분이라는 신비적 통찰에서 생긴다. 가장 기본적 수준에서 우리는 모두 하나다.

자아통합

여기서 Thurman의 전체 인생을 돌이켜볼 수는 없다(더 자세한 설명은 Crain, 2021 참조). 그러나 저자는 그의 삶이 끝날 무렵 Erikson이 자아의 마지막 조직화 활동이라고 설명한 일을 Thurman이 시작하는 것을 관찰하고 싶었다. 이 일은 사람들이 실패와 성공을 회고하면서 삶 모두 안에서 어떤 양상을 볼 때 일어난다. Thurman은 그의 자서전 말미에서 다음과 같이 말했다.

> 지난 세월 동안 내 여행의 우여곡절을 통해 돌아본 나의 길을 생각했을 때, 내 경험의 모든 국면은 본질적으로 …에 속한다. 심지어 가장 사소한 일조차도 내가 이미 걸어온 길을 넘어서 광대한 확장에 이르는 의미의 실마리를 제공한다(1979, p. 268).

삶을 의미 충만한 전체로 이렇게 지각하는 것은 Erikson이 '자아통합'으로 의미한 것이다.

이론적 쟁점

왜 Erikson의 이론은 단계이론인가

6장과 7장에서 인지단계는 몇 개의 기준에 맞아야 한다는 Piaget와 Kohlberg의 주장을 보았다. Erikson의 단계들은 정서적 발달을 더 많이 다루고 있지만, 그의 이론 역시 기본적으로 같은 기준에 부합된다. 즉 Erikson의 단계들은 (1) 질적으로 다른 행동을 기술하고 있으며, (2) 일반적인 쟁점을 기술하고 있고, (3) 불변적인 순서로 전개되며, (4) 문화적으로 보편적이다. 이제 차례로 이런 요점들을 검토해보자.

1. 단계들은 질적으로 다른 행동유형을 나타낸다 만일 발달이 점진적으로 일어나는 양적인 변화라면, 단계로 구분하는 것은 임의적이다. 그러나 Erikson의 단계는 다른 시기에는 행동이 질적으로 어떻게 다른가를 잘 보여준다. 자율성 단계에 있는 아동은 기본적 신뢰 단계에 있는 아동과는 아주 다르다. 그들은 훨씬 더 독립적이다. 주도성 단계에 있는 아동은 또 다르다. 자율성을 형성한 아동은 권위를 부정하고 타인을 배척하는 데 비해, 주도성을 가진 아동은 보다 대담하고 상상력이 활발하며 활기차게 여기저기 뛰어다니고, 큰 계획을 세우고, 새로운 행동을 시작한다. 각 단계마다에서 행동은 서로 다른 양상을 가진다.

2. 단계들은 일반적인 쟁점을 기술한다 강조해왔듯이 단계들은 일반적인 특징이나 쟁점을 말해준다. 따라서 Erikson은 Freud가 상대적으로 신체부위에 특수한 초점을 둔 것을 넘어서 각 시기마다의 일반적인 쟁점들을 기술하려 했다. 예를 들면, 그는 구강기에서 중요한 것은 이 부위의 자극뿐 아니라 함입의 일반적 양식이며, 더 일반적으로 말하면 돌보는 이에 대한 신뢰감의 발달이라는 것도 보여준다. 이와 유사하게 Erikson은 각 단계마다 개인이 사회와의 접촉에서 직면하게 되는 가장 일반적인 문제를 보여주려 했다.

3. 단계들은 불변적인 순서로 전개된다 모든 단계이론은 일정한 불변적 순서를 시사하는데, Erikson의 이론도 예외는 아니다. 그에 의하면 각 단계는 평생 동안 여러 형태로 존재하지만 각 단계의 위기는 특정 시기에 특정한 순서로 나타난다고 한다.

Erikson의 주장은 단계적 순서가 부분적으로는 **생물학적 성숙**의 결과라는 가정에 기초하고 있다. 그가 말했듯이 아동은 "발달의 내적인 법칙, 즉 태내기에서 기관이 하나씩 차례로 형성되고 지금은 주위 사람들과의 중요한 상호작용을 위한 지속적인 잠재력을 만들어내는 그런 법칙을 따른다"(Erikson, 1963, p. 67). 예를 들면, 두 번째 단계에서 생물학적 성숙은 자율감을 불러일으킨다. 성숙으로 인해 아동은 자신의 두 다리로 서고, 자신의 괄약근을 통제하고, 걷고, "나", "내 거야", "아니야" 등과 같은 단어를 사용할 수 있다. 세 번째 단계에서 성숙은 새로운 성적 관심과 더불어 상상놀이, 호기심, 활기찬 움직임에 대한 능력을 촉진시킨다.

이와 동시에 **사회**도 그런 내적이고 성숙적인 일련의 잠재력을 요구하고 충족시키도록 전개된다. 예를 들면, 자율성 단계에 있는 아동이 새로운 정도의 자기통제를 할 수 있게 될 때, 부모(즉 사회화의 대리자)는 이 아동이 훈련을 할 준비가 되었다고 생각하면서 배변훈련 등을 시작하게 된다. 그 결과 아동과 사회 서로 간의 의지의 갈등이 일어나는데, 이것이 이 시기의 위기를 만들어낸다. 마찬가지로 아동이 성적인 것에 무분별한 열망을 갖게 되면, 사회는 이때가 그 사회의 특유한 성적 규제를 가르쳐야 할 때라고 결정하는데, 이것이 세 번째 단계의 핵심적인 갈등을 야기한다. 이렇듯 연속적인 위기들이 한편으로는 내적 성숙에 의해서, 다른 한편으로는 사회적 압력에 의해서 일어나게 된다.

4. 단계들은 문화적으로 보편적이다　Erikson은 이 단계들이 모든 문화에 적용될 수 있다고 믿는다. 독자들은 그 단계들이 성숙에 의해 지배받는 정도에 따라 어떻게 보편적인지를 보게 되겠지만, 문화가 얼마나 다양한지 알기 때문에 그런 주장에 대해 흔히 회의적이다.

Erikson 역시 문화 간의 큰 차이를 인정한다. 사실 그의 의도 중 하나는, 각기 다른 문화의 가치체계에 따라 각 단계가 어떻게 달리 다루어지는가를 보여주는 것이다. 예를 들면, 라코타족은 아기에게 매우 오랫동안 관대하게 젖을 먹인다. 이는 아동으로 하여금 다른 사람을 신뢰하고 관대한 인간이 되게 하려는 목표인 것이다(1963, pp. 134-140). 이에 비해 미국사회는 의존성을 억제시킨다. 다른 문화에 비해 미국은 너무 일찍 아기에게서 젖을 뗀다. 아동이 너무 다른 사람에게 의존하거나 믿는 것보다는 독립적인 인간이 되기를 바란다. 독립성과 자유로운 이동은 개척시대부터 지금까지 미국 문화정신의 일부인 듯하다(8장).

Erikson이 주장하는 바는, 모든 문화가 **똑같은 쟁점**을 가지고 있다는 것이다. 모든 문화는 계속적으로 아동을 돌보고, 자기 멋대로 모든 일을 하려는 아동의 극단적인 욕망을 규제하고, 근친상간에 대한 금기를 주입시킨다. 그리고 아동이 자람에 따라 모든 문화는 이들로 하여금 그들 기술문명의 여러 도구와 기술을 익히고, 능력 있는 성인의 정체감을 가지고, 친밀감의 유대를 형성하고, 다음 세대를 돌보고, 통합감을 가지고 죽음을 맞이하도록 요구한다. 모든 문화 자체가 진화과정에 있기 때문에 모든 문화에서 이런 과업을 성취하고자 한다. 왜냐하면 진화과정에서 이런 과업에 실패한 집단은 살아남기 어렵기 때문이다. 예를 들면, 문화가 그들의 구성원들로 하여금 다른 사람들의 요구를 위해 자신의 독립성을 약간 희생하게 만들지 못하거나(자율성 단계에서), 사회의 도구나 기술을 배우도록 하지 못하거나(근면성 단계에서), 다음 세대를 양육하도록 하지 못한다면(생산성 단계에서), 그 사회는 아마도 지속되지 못할 것이다.[2]

5. 위계적 통합의 문제   Piaget 학파는 앞에서 보았듯이 단계들을 위의 네 가지 점 외에 다섯 번째인 위계적 통합 측면에서도 정의했다. 이 개념은 연구자에 따라 약간씩 다르게 사용되었으나, 단계이론에서는 기본적으로 앞선 단계들은 뒤에 오는 우세한 새로운 구조에 재통합된다는 것을 의미한다. Erikson의 이론에서도 그런 과정이 청소년기와 같은 특정한 단계에서 나타난다. 청소년이 새로운 정체감을 성취해감에 따라 그들은 우세한 목표나 생애계획을 추구하기 위해 자신들의 성격의 많은 부분을 재조직화한다. 그러나 위계적 통합개념이 모든 단계에 적용되지는 않는다. 예를 들면, '자율성 대 수치와 회의' 단계에서의 쟁점은 다음 단계('주도성 대 죄의식')에서 재조직화되거나 재통합되지 않는다. 새로운 단계는 이전 단계를 뒤에 남겨두고 떠나서 새로운 관심을 야기한다. 따라서 위계적 통합개념은 Erikson의 모든 단계에 적용되지는 않는 것 같다 (Kohlberg, 1969a, p. 353, 참조).

---

[2] 3장에서 논의된 Darwin 역시 비슷한 견해를 가지고 있었다.

인간은 그 모든 단계를 거쳐야만 하는가

우리는 때로 Erikson의 단계 중 어느 한 단계를 성공적으로 통과하지 못하면 다음 단계로 나아갈 수 없다고 들어왔다. 이것은 틀렸다. Erikson의 이론에 따르면 사람이 충분히 오래 살기만 하면 모든 단계를 경험해야 한다. 그것은 한 단계에서 다음 단계로 움직이게 하는 힘, 즉 생물학적 성숙과 사회적인 기대라는 힘들과 관계가 있다. 앞 단계에서 성공적이었던 아니었던 간에, 이런 힘은 특정 시간표에 따라 개인을 이끌어나간다.

예를 들어 많은 근면감을 얻을 수 없었던 소년을 생각해보자. 그가 사춘기에 도달하면, 비록 준비가 안 되어 있더라도 그는 정체감 문제와 맞붙어 싸워야 한다. 생물학적인 변화 때문에 그는 성적 충동과 빠른 신체 변화로 고민하게 된다. 동시에 사회적 압력은 그로 하여금 이성교제의 문제에 대처하고 장래의 직업에 대해 생각하기 시작하라고 강요한다. 그가 자신의 기술에 대해 아직 자신감을 갖지 못하는 것은 보다 큰 사회로서는 문제가 되지 않는다. 사회는 그 나름의 시간표가 있기 때문에 그는 20세 정도가 되면 직업을 결정해야 할 압력을 느끼게 된다. 마찬가지로 그는 각각의 새로운 단계를 순서대로 직면하게 된다.

이렇듯 각 개인은 그가 앞 단계를 잘 통과했든 그렇지 않든 간에 모든 단계를 경험하게 된다. 앞단계에서의 성공여부가 나중 단계에서의 성공여부에 영향을 미친다는 것은 사실이다. 돌보는 이에 대한 확고한 신뢰감을 갖게 된 아기는 돌보는 이 옆에서 떨어져 독립적으로 환경을 탐색할 수 있게 된다. 반대로 신뢰감이 부족한 아이들(돌보는 이가 보이지 않는 것을 두려워하는 아이들)은 자율성을 발달시킬 수 없다(개념적으로 약간 다르게 표현하면 희망을 가지고 외부세계에 용감하게 도전하면서 자신의 독립적인 힘을 활달하게 테스트해보는 아동은 바로 불신에 비해 신뢰감을 더 갖춘 상태로 균형을 이룬 아동이다). 이와 마찬가지로 각 단계에서의 긍정적인 결과는 다음 단계에서의 긍정적인 결과가 나타날 확률을 높여준다. 그러나 그 결과가 어떻든 간에 성숙적 힘과 사회적 힘은 아동으로 하여금 각 새로운 단계의 쟁점들에 직면하게 한다.

Piaget와의 비교

우리는 이제까지 발달에 관한 문헌에서 가장 영향력 있는 2개의 단계이론, 즉 Piaget의 인지발달이론과 Erikson의 정신분석이론을 살펴보았다. 앞서 보았듯이 두 이론은 여러 가지 면에서 다르다. 포괄적으로 말한다면 가장 기본적인 차이점은 다음과 같다.

Erikson 이론은 과제에 주어지는 다양한 정서를 기술한다. Piaget 이론은 지적 발달에 초점을 둔다. Piaget의 지적 발달은 생물학적 성숙이나 사회적 압력에 의해 동기화되는 것이 아니라, 인지적인 문제를 해결하려는 아동의 노력에 의해 이루어진다. 아동이 자신의 현재 인지구조로는 해결할 수 없는 문제에 부닥쳤을 때, 그들은 도전적이 되고 호기심이 생기며 더욱 더 정교화한 구조를 구성한다. 아동의 호기심이 추동력이기 때문에, 아동은 모든 단계를 통과해야 할 이유가 없다. 만일 아동이 어떤 분야(예 : 수학)에 대한 호기심이 없다면, 그 아동은 결코 그 분야에서 가장 높은 수준에 도달할 수 없다. 따라서 성숙과 사회적 압력이 (준비가 되었든 안 되었든) Erikson의 모든 단계를 통과하도록 하는 반면, Piaget의 단계는 아동이 지적으로 새로운 구조를 만들려는 동기가 있는 정도까지만 도달할 수 있다.

이와 같이 두 이론 간에는 큰 차이가 있는 것처럼 보인다. 그럼에도 불구하고 Erikson과 Piaget는 행동에 있어서 가장 일반적인 질적인 전환을 기술하려는 단계이론을 제시했다. 더욱이 Piaget와 Erikson은 동일한 기본적인 발달에 대해 서로 다른 관점을 제시하고 있다. 다음에서 우리는 이 점을 살펴보도록 하자.

1. 신뢰 Erikson(1964, pp. 116-117)이 지적했듯이, Piaget와 Erikson은 둘 다 영아의 외부 사물에 대한 안정적인 이미지 발달에 관심을 두었다. Erikson은 아동이 사람들에 대한 예측성과 신빙성을 갖게 되는 데 중점을 둔 반면, Piaget는 아동이 영속적인 사물에 대한 감각을 발달시키는 데 중점을 두었다. 이처럼 둘 다 외부세계의 안정성에 대한 아동의 증대되는 신뢰감에 관심을 가졌다.

2. 자율성 아동은 돌보는 이에 대한 신뢰감을 발달시키면서 점차 독립적이 되어간다. 자신이 다른 사람을 필요로 할 때 그가 거기에 있을 것이라는 확신이 서면, 아동은 독자적으로 세계를 자유로이 탐색한다.

Piaget도 비슷한 과정을 지적하고 있다. 아동은 대상물이 영속적이라는 것을 확신하면서 점차 그 대상들과 독립적으로 행동할 수 있게 된다. 예를 들면, 그의 딸 Jacqueline는 공이 소파 밑으로 굴러 들어갔을 때, 공을 마지막으로 보았던 지점에만 집착하지 않았다. 그녀는 대상물이 숨겨져 있을지라도 영속적으로 존재한다는 것을 알았고, 그래서 공을 찾기 위해 다른 방법을 시도해볼 수 있었다.

3. 주도성 3~6세 사이인 이 단계에서 Erikson과 Freud 학파 이론가들은 아동의 맹렬한 호기심, 풍부한 환상, 대담한 상상을 강조한다. Erikson이 말했듯이 "언어와 이동활동은 모두 아동의 상상력을 수없이 많은 것에 대해 확대시켰기 때문에, 아동은 그가 꿈꾸어 왔고 생각해온 것에 대해 스스로 놀라지 않을 수 없게 된다"(1959, p. 75).

이 시기의 사고에 대한 Piaget의 견해도 매우 유사하다. Flavell은 다음과 같이 말한다.

> 전조작기 아동은 경이로운 존재다. 그들의 인지는 순진하고 인상에 의존하며 엉성하게 조직화된 것처럼 보인다. 이 시기의 아동의 세계는 근본적으로 무법칙적이다. 물론 다음 단계로 발달해가면서 현재 가지고 있는 공상에의 열정과 강한 흥미(아동이 새로운 상황에 접근할 때 갖는)를 어떻게든 억제하기 시작해야 한다는 사실을 제외하고서 말이다. 아무것도 법칙의 제약을 받지 않기 때문에 모든 것이 가능해진다(1963, p. 211).

이렇듯 Piaget가 볼 때 남근기 아동의 환상이나 상상은 아동이 전조작기에 있다는 사실에 기인한다. 즉 아동은 다음 단계에서야 발달하게 될 체계적인 논리에 아직은 묶여있지 않기 때문에 자유롭게 생각하게 된다.

4. 근면성 Erikson과 Freud 학파에 의하면, 오이디푸스기 아동의 환상과 공포는 6~11세까지 지속되는 잠복기 동안에 일시적으로 잠복하게 된다. 위협적인 소원과 환상은 억압되고 아동의 흥미는 외부로 향한다. 아동은 의도적으로 문화의 현실적인 기술과 도구를 숙달하려고 노력한다. 일반적으로 이 시기는 비교적 평온한 시기다. 아동은 더 침착한 것처럼 보인다.

Piaget 역시 6~11세까지의 아동이 전단계의 아동보다 안정되고 현실적이며 잘 조직화되어 있다고 본다. Piaget에 따르면 이런 변화는 정서나 위험한 욕구를 억압한 결과라기보다는 아동이 지적으로 구체적 조작기에 들어갔기 때문에 나타나는 것이다. 아동은 이제 환상과 사실을 구별할 수 있고, 한 문제를 다양한 관점에서 볼 수 있으며, 구체적인 과제를 논리적이고 체계적으로 수행할 수 있다. 이처럼 아동은 지적으로 외부 세계와 평형상태에 있게 되고, 이로 인해 아동은 전반적인 안정감과 침착성을 갖게 된다. Erikson 자신은 이 시기를 기술할 때 구체적 조작을 염두에 둔 듯하다. "이 시기 아동의 풍부한 상상력은 비인격적인 사물의 법칙에 의해 길들여지고 제한된다"고 말했다(1963, p. 258).

5. 정체감 Erikson의 견해에 따르면 앞 단계에서의 평온함은 청소년기의 거칠고 불확실함으로 대체된다. 청소년은 신체적 변화와 사회적 참여에 대한 압력으로 인해 혼란스러워지며, 자신이 누구이며 사회에서 그의 미래 위치가 어떨 것인지에 대해 의문을 갖게 된다.

Piaget는 청소년기의 신체적 변화에 대해서는 거의 언급한 바 없지만, 인지발달에 대한 그의 통찰은 이 시기가 왜 정체감 탐색 시기일 수 있는지를 이해하는 데 도움을 준다. 구체적 조작기 동안에 아동의 사고는 **여기와 지금**(here and now)에 제한되어 있다. 그러나 형식적 조작의 발달로 인해 청소년의 사고는 먼 미래와 완전히 가설적인 영역까지 비약하게 된다. 결론적으로 청소년은 이제 자신이 누구이며 무엇이 될 것인가에 대한 무한한 가능성을 받아들이게 된다. 이처럼 형식적 조작능력으로 인해 청소년은 이 시기에 대한 의문을 제기할 수 있게 된다(Inhelder & Piaget, 1955, 18장 참조).

실제적 시사점

임상장면 : 하나의 사례 예시

임상 심리학자들과 정신건강 종사자들은 Erikson의 개념이 매우 유용하다는 것을 알게 되었다. 우리는 이것을 Peter라는 4세 아동에 대한 Erikson의 연구에서 살펴볼 수 있다.

Peter는 심인성 대변보유 습관으로 고통받고 있었는데, 이는 한 번에 일주일씩이나 배설을 참는, 정서적 원인을 가진 습관으로부터 생긴 것이었다. Peter나 그의 가족들과의 대화를 통해 Erikson은 Peter가 보모였던 아시아 소녀가 해고된 직후에 그런 증상이 나타났다는 것을 알았다. Peter는 "거칠게 이 소녀를 괴롭혔고, 소녀는 Peter의 명확한 '남성적' 접근태도를 받아들여 묵시적으로 즐긴 듯했다"(Erikson, 1963, p. 56). 그녀의 문화권에서 이런 행동은 정상적인 것으로 간주되었다. 그러나 미국 문화 속에 사는 Peter의 어머니는 Peter의 갑작스러운 남성적인 행동과 보모가 그의 응석을 받아주는 방법에서 무언가 잘못된 점이 있다고 느꼈다. 그래서 그녀는 보모를 해고했다. 보모는 Peter에게 떠나는 이유를 설명할 때, 자신의 아기를 가지려 하며 Peter와 같이 큰 소년이 아닌 아기를 돌보고 싶다고 말했다. 그 후 곧 Peter에게 대변보유 증상이 나타났다.

Erikson은 Peter가 스스로 임신했다고 상상하고 그 환상을 통해 보모와 동일시함으로써 그녀를 계속 붙들어두려고 했다는 것을 알았다. 그러나 보다 일반적으로 우리는 Peter의 행동이 발달단계에서 어떻게 퇴행되었는가를 볼 수 있다. 처음에 그는 주도성 단계의 공격적인 성적 행동을 보이기 시작했으나, 그것이 비극적인 상실을 가져왔다는 것을 알게 되었다. 그래서 그는 항문양식으로 퇴행하여 자신의 신체를 통해 그의 중심적 욕구(**간직하는 것**)를 나타내고 있었다. Erikson은 이점을 알아내어 Peter의 욕구를 그에게 해석해줬더니 Peter의 증상은 크게 완화되었다.

Peter의 행동을 이야기해주면 학생들은 때로 이 증상이 '주의를 끌기' 위한 수단이라고 말한다. 이런 해석은 흔히 행동주의자들에 의해 사용된다. 그러나 Erikson의 접근방법은 다르다. 그는 Peter에게 있어 그 증상의 의미, 즉 그 증상을 통해 무엇을 나타내고자 했는지에 관심을 가진다. Peter는 신체를 통해 무의식적으로 "나는 내가 잃었던 것을 간직하고 싶다"라는 말을 하고자 했다. Erikson과 함께 다른 정신분석학자들은 주의를 기울이는 것과 같은 외적 강화를 통해 아동의 행동을 변화시키기보다는, 아동의 공포와 그들이 무의식적으로 말하려 하는 것에 대해 직접 이야기해주는 것이 최선의 방법이라고 믿고 있다.

아동양육에 대한 생각

여러 해 동안 Erikson은 교육·윤리·정치 분야의 문제를 포함해 많은 문제에 대해 임상적 통찰을 적용해왔다. 그는 또한 아동양육에도 특별한 관심을 가졌다.

우리가 신뢰에 관한 논의에서 간단히 언급했듯이 Erikson은 변화하는 사회에서 부모가 마주치게 되는 문제에 관심을 가지고 있다. 현대의 부모는 종종 전통적인 육아법을 따를 수도 없고 따르려고 하시도 않는다. 그들은 새로운 정보와 교육에 기초해 보다 개인적이고 관용적인 방식으로 자녀를 기르려고 한다(Erikson, 1959, p. 99). 불행히도 현대의 육아법은 이와는 반대 입장이며 그런 식의 육아법이 아이를 망치게 된다는 설명으로 부모를 놀라게 한다. 결과적으로 경험이 부족한 부모는 불안하고 확신을 갖지 못한다. Erikson은 이것이 심각한 문제라고 생각하는데, 왜냐하면 부모가 자녀에게 기본적 안정감, 즉 이 세계는 평온하고 안전한 곳이라는 느낌을 전해주는 것이 중요하기 때문이다.

Erikson은 부모가 종교적 신앙으로부터 내적 안정감을 얻을 수 있다고 말했다. 그는 더 나아가 부모가 "인간에 대한 기본적인 신념"을 가져야 한다고 주장한다(1963, p. 267). 이 말에서 Erikson은 Gesell과 유사한 견해를 피력하고 있다. 부모는 자녀를 형성하는 것이 자신들에게만 달려있는 것이 아니라는 사실을 인식해야 한다. 아동은 주로 내적·성숙 시간표에 따라 성장한다. Erikson은 다음과 같이 말한다. 즉 "건강한 아동은 절반 정도만 잘 보살펴주면 내적인 발달법칙에 따라 성장하게 된다는 것을 깨닫는 것이 중요하다"(p. 67). 따라서 부모는 아이들이 웃을 때 함께 웃어주고, 그들이 걸으려 할 때 걸을 수 있는 공간을 마련해주는 등으로 충분하다. 부모는 아기 속에 내재된 생물학적 계획을 따르는 것이 좋다는 것을 확신할 수 있게 된다.

Erikson은 또한 부모가 아동과 성인 간의 기본적 불균형을 인식하기를 바란다. 다른 동물의 새끼에 비해 인간의 유아는 훨씬 오랜 기간 동안 무력한 상태에서 의존하게 된다. 따라서 부모는 보다 연약한 자녀에게 자신의 좌절을 나타내지 않도록 유의해야 한다. 예를 들면, 부모는 자녀를 지배하려는 충동을 억제해야 하는데, 왜냐하면 아동 스스로 다른 사람에 대해 무력하다고 느끼게 되기 때문이다. 부모는 또한 자녀들의 능력과 성향을 무시하면서 부모 자신이 되고 싶었던 사람으로 자녀를 키우려 해서는 안 된다. 결론적으로 Erikson은 다음과 같이 말했다. "만일 우리기 아동으로 하여금 스스로 살아가도록 그대로 둔다면, 성장에 대한 계획은 모두 거기에 있다"(1959, p. 100).

평가

Erikson이 정신분석이론을 확대시킨 것은 분명하다. 그는 Freud의 각 단계마다 가장 일반적인 쟁점을 기술했고, 전생애를 포함하도록 단계 순서를 확대시켰다. 그는 또한 여러 단계마다 사회적인 요인이 어떻게 개입되는지를 새로이 평가했다. 예를 들면, 청소년은 그들의 충동을 억누르려고 투쟁할 뿐만 아니라, 보다 넓은 사회에서의 정체감을 찾으려 노력한다는 것도 보여주었다.

결국 Erikson은 건강한 발달을 위한 가능성에 대해 새로운 통찰을 Freud 이론에 부여했다. 그는 Freud보다 성숙의 개념을 폭넓은 의미로 사용함으로써 이를 가능케 했다. Freud의 관점에서 보면 성숙은 억압이라는 수단을 통해 본능적 충동의 방향을 이끌어나간다. 그러나 Erikson에게서 성숙은 또한 자율성, 주도성과 같은 자아양식 및 일반적인 자아특성의 성장을 촉진한다.[3] Erikson은 확실히 이런 특성을 획득하는 데 따르는 어려움을 이야기하고 있지만, 자아의 성장이 어떻게 가능한지에 대해 보다 잘 설명해주고 있다. 건강한 발달은 성숙에 따른 기본 계획과 연관되어 있다는 것을 제시함으로써, Erikson은 Freud의 이론을 Rousseau나 Gesell 등의 발달적 방향으로 옮겨놓았다.

Erikson의 이론은 또한 많은 비판을 받아왔다. Robert White(1960)는 Erikson이 자아발달의 여러 측면을 Freud의 성적 신체부위에 너무 무리하게 연결시키려고 했다고 주장한다. Erikson에 의하면 각 신체부위마다 자아가 외부세계와 상호작용하는 특정 양식이 있다고 한다. 그러나 White는 그런 양식들로는 아동의 많은 활동을 파악할 수 없다고 주장한다. 예를 들어, "아니야"라고 크게 말하는 것이나 열심히 걸어 다니는 것 등과 같은, 아동이 자율성을 획득하려는 많은 노력이 보유와 배설의 항문양식과 관계있다고 보기는 어렵다. White는 우리가 생각하는 자아성장이란 **역능**(competence)을 얻으려는 일반적 성향(Freud의 신체부위와 필연적인 관련 없이 운동 · 탐색 · 자율적인 행동을 포함하는 성향)이라고 주장한다.

---

[3] 자아성장이 성숙적인 근원을 가지고 있다는 Erikson의 말은 앞 장에서 논했던 Hartmann의 견해를 따른 것이다.

　　다른 측면에서 비판한다면 Erikson의 이론은 개념적으로 모호하다는 것이다. 그는 아름답고 유려한 문장으로 쓰고 있지만, 많은 개념적인 문제를 불명확한 상태로 방치하고 있다. 예를 들면, 생을 회고하며 지혜를 얻게 될 때, 즉 노인기에도 성장의 가능성이 있다는 새로운 통찰을 제시해주고는 있지만, 이것이 어떻게 성숙과정의 일부인지를 분명하게 설명해주고 있지 않다. 자신의 생애를 돌이켜보게 하는 생물학적 성향(Butler, 1963)이 있을지는 모르지만, Erikson은 이 점을 명확히 밝히고 있지 않다. 마찬가지로 그는 성숙이 어떻게 성인기의 다른 단계들에 영향을 미치는지 설명하고 있지 않다.

　　Erikson도 자신의 전반적인 애매함을 인정한다. 그는 다음과 같이 말한 적이 있다. "나는 예술에서 심리학으로 전향했다. 이 점은, 내가 사실이나 개념을 지적해야 하는 곳에서 상황이나 배경을 그려내고 있다는 것을 정당화해주지야 못하겠지만 설명해줄 수는 있을 것이다"(1963, p. 17).

　　그의 단계에 대한 연구가 활발하지 않은 것은 부분적으로 이런 개념적인 애매함 때문이라고 말할 수 있다. 하지만 하나의 예외가 있다. 사회과학자들은 청소년과 초기성인의 정체감 문제에 대한 많은 연구를 수행했다. 이 연구들 대부분은 James Marcia가 **정체감 지위**(identity status)라고 불렀던 것을 다루었다(Kroger & Marcia, 2011). 요약하면 다음과 같다.

정체감 성취(identity-achieved) 지위에 있는 청소년은 대안들을 탐색한 후에 직업적 목표나 가치에 전념한다. 그들은 자신의 삶을 통제한다고 느끼며 새로운 생각에 열려있는 경향이 있다. 또한 그들은 사회정의에 관심이 있고 시민으로서의 삶에 몰두한다.

유예(moratorium) 지위에 있는 사람들은 여전히 정체감을 찾으려 하고 있다. 그들은 큰 스트레스를 느낀다.

정체감 유실(foreclosed-identity) 지위에 있는 사람들은 대안에 대한 탐색 없이 전해내려온 정체감을 받아들인다. 이런 청소년은 일반적으로 행복하고, 동조지향적이며, 시민으로서의 삶에 개입하지 않는다.

정체감 혼미(identity diffusion) 범주에 있는 청소년은 정체감을 찾지도 못했고 찾으려 하지도 않는다. 그들은 삶을 있는 그대로 받아들인다. 그들은 잘 적응하는 것처럼 보일 수 있지만 공허감을 느낄 수도 있다(Berk, 2019, pp. 400-4001; Crocetti, 2017;

Kroger & Marcia, 2011).[4]

정체감 지위 연구는 직업적, 정치적, 종교적 정체감에 초점을 두고 시작했다. 연구자들은 뒤이어 성적 문제에 더 관심을 두었지만, 전과 다르게 최근 청년들은 인습적인 성적정체감과 성별정체감에 도전해왔다.

많은 사람이 공개적으로 남성 동성애와 여성 동성애 관계를 선택한다. 일부는 자신의 성별을 바꾼다. 다른 사람들(상대적으로 적지만 점점 그 수가 증가하고 있는)은 자신이 남성도 여성도 아니라고 느낀다. 그들은 자신을 **논바이너리**(non-binary, 남성도 여성도 아닌 것)로 본다. 그들은 때로는 더 여성으로, 때로는 더 남성으로 느낄 수 있다. 비인습적인 선택을 하는 청년들은 조롱, 따돌림, 배척을 당하게 된다. 그들의 삶은 비참해지지만 선호하는 성적 지향과 정체감을 고수하려 한다.

Erikson이 그의 중요한 연구를 저술했을 때(주로 1950~1960년대), 청년들은 오늘날의 청년들이 하는 것처럼 성적지향과 성별정체감에 대해 터놓고 묻지 않았다. 그래서 Erikson이 이 주제에 대해 거의 쓰지 않았다는 것은 놀랍지 않다. 그러나 그의 이론은 적어도 두 가지 방식으로 관련이 된다.

첫째, Erikson의 발달적 관점은 우리가 청소년이 자신들이 다르다는 걸 인식하는 나이를 고려한다고 주장한다. 연구자들은 이런 인식이 전형적으로 아동기에 시작되는 걸 발견했다(Telingator & Woyewodzic, 2011; Jones, 2020; Kupper, 2021). Erikson에게 이런 결과는 긍정적 신호다. 청소년은 자기연속성(self-continuity)을 유지함으로써 힘(strength)을 얻는다. 순응하지 않는 청소년이 그들이 늘 그래왔던 같은 사람이 되는 것을 선택할 때, 그들은 항상 자신에게 진실하게 된다.

Erikson은 젊은이들이 사회적 인정에 두는 가치에도 감명을 받았을 것이다. 그들은 더 넓은 사회의 일부로 인정받고 이해받기를 원한다. 23세인 어떤 사람은 '논바이너리'라는 용어를 듣는 것만으로도 엄청난 도움이 된다고 말했다. 그것은 이러한 사람이 이름이 있는 자신의 영혼에게 말하는 게 가능하다고 느끼도록 해준다. "너는 혼자가 아니

---

[4] 우리는 Howard Thurman 목사가 신비주의자로서 그의 종교적 정체감을 발달시키기 위해 어떻게 첫 번째 직업을 떠났는지 보았다. 일단 그가 목사로 돌아왔을 때 그는 정체감 확립으로 분류될 수 있다. 그러나 곧 신비주의에 빠져 정체감 탐색에 보통 수반되는 불명확한 시기를 통과하지 못한 것으로 보인다.

야. 너는 보이지 않고 들리지 않는 게 아니야"(Kupper, 2021, p. 38). Erikson은 사회적 인정이 젊은이의 정서적 건강에 절대적으로 중요하기 때문에 그것을 찾도록 그들을 격려해야 한다고 믿었다.

Erikson의 생각은 우리로 하여금 현대의 성적정체감 및 성별정체감 형성을 이해하도록 도울 수 있다. 이것과 다른 현대적 주제들에 대한 그의 통찰은 지속적인 가치를 가진다.

Mahler의 분리/개인화 이론

생애 소개

Erikson은 크고 포괄적인 이론을 전개했다. 그것은 Freud식 생각에 사회적, 문화적 강조를 더 많이 준 것이다. 그런 광범위한 이론들은 인상적이긴 하지만, 보다 더 제한된 상세한 부분들에 초점을 둠으로써 이론을 향상시키는 것도 또한 가능하다. 그 놀라운 예가 Mahler가 오랫동안 주의 깊게 실시해온 모-영아 상호작용 연구다. 그녀는 아기가 관계를 맺고 있는 사람과 어떻게 분리되는지를 보여주었다.

Margaret S. Mahler(1897~1985)는 오스트리아의 수도인 비엔나에서 조금 떨어진 헝가리의 쇼프론이라는 작은 마을에서 태어났다. 회고록에서 Mahler는 주부였던 자기 어머니를 그녀를 낳고 싶어 하지 않은 아름답고 자아도취적이며 불행했던 여인으로 묘사했다. 그 결과로서 Mahler는 그녀를 돌봐준 의사인 아버지의 관심에 대해 감사했다. "나는 바로 우리 아버지의 딸이 되었다"라고 Mahler는 말했다. "내가 향했던 과학, 의학의 지적인 세계는 우리 아버지의 세계였다"(1988, pp. 4, 7).

Mahler가 4세 때 어머니가 여동생을 낳았고 어머니는 여동생에게 더 많은 애정을 쏟았다. Mahler는 그런 부드러운 보살핌에 완전히 매혹되어 모-자녀 상호작용을 조용히 관찰하면서 여러 시간을 보냈다. 실제로 Mahler는 "내가 연구한 첫 번째 모-자녀 쌍을 우리 어머니와 여동생이 보여줬다고 말하는 것은 과장이 아니라고 생각한다"고 말했다 (p. 5).

Mahler는 자신을 매우 불안정한 10대이고 젊은 여성이었던 것으로 회고록에서 기술했다. 그러나 또한 그녀는 빠른 학업적 장래성을 보여주었고 자기 마을에서 고등교육을 받는 두 번째 소녀가 되었다. 그녀는 의학을 공부하고, 소아과와 아동정신의학을 수련하였으며, 정신분석 훈련을 마쳤다. 1936년에 그녀는 Paul Mahler와 결혼했고 1938년에 Mahler 부부는 나치를 피해 미국으로 갔다. 그들은 뉴욕에 정착했으며 그곳에서 앨버트아인슈타인의대의 교수직을 포함한 여러 지위를 갖게 되었다. 그녀는 또한 필라델피아의 정신분석연구소에서 가르치기 위해 여러 해를 필라델피아로 통근했다.

개인적인 수준에서 보면 Mahler는 생애 전반에 걸쳐 크게 불안정했다. 그리고 때로 요구적이고 믿을 수 없는 방식으로 행동했다. 그러나 그녀의 통찰은 매우 가치 있는 것이었기 때문에 민감하고 창의적인 많은 사람이 그녀와 함께 일했다.

개념과 방법의 개관

1940년대와 1950년대에 가장 심각한 정서장애인 아동기 정신병을 개념화하는 일에서 두 가지의 놀라운 진전이 있었다. 첫 번째 진전은 Leo Kanner(1943)에 의해 이루어졌다. 그는 많은 이상한 증상들이 그가 **초기 영아 자폐증**이라고 부르는 증후군에 들어맞는다고 주장했다. 다음 장에서 보게 되는 것과 같이 이는 아동이 극도로 고립되고 냉담한 장애다. 정신건강 종사자들은 자폐증을 출생 후 두 번째 해나 그보다 전에 진단할 수 있다.

두 번째 진단적인 진전은 Mahler에 의해 이루어졌다. 1949년 논문의 각주에서 시작하여 Mahler는 보통 3세나 4세에 나타나거나 그보다 조금 뒤에 나타나는 장애를 개념화했다. 이런 경우의 아동은 양육자와 관계를 형성했으나 양육자에게서 떨어지지 못한다. 아동은 엄마에게 매달리며 세상으로 나가는 것을 두려워한다. Mahler는 '공생 (symbiosis)'이란 생물학적 용어를 사용하여 이 장애를 **공생적 정신병**(symbiotic psychosis)으로 불렀다(Mahler, 1968, pp. 72-75 참조).

Mahler의 관점에서 이런 소란은 단순히 이상한 사건이 아니고 정상발달로부터의 일탈로서 이해될 수 있다. 표 13.1에서 볼 수 있는 바와 같이 Mahler는 정상발달은 정상적인 자폐단계로 시작된다고 말했다. 아기는 내부에 집중하며 많은 자극을 피한다. 그다음에 아기는 정상적인 공생단계로 나아간다. 아기는 이제 외부 감각에 더 충분히 관심을 준다. 그러나 엄마와 자기가 하나의 존재라는 환상을 가진다. 그리고 엄마의 지원을

표 13.1 Mahler의 단계

연령	단계	가장 중요한 특성
출생~1개월	정상적 자폐	아기는 내적인 생리적 상태에 집중한다.
1~5개월	정상적 공생	아기는 외부자극에 더 많이 반응하지만 자신과 엄마가 하나라는 환상 아래 있다.
5~9개월	분화(부화, hatching)	엄마 무릎에 앉아서 엄마와 세상을 알아보기 위해서 뒤로 물러난다. 즉 '부화'된 모습을 가진다.
9~12개월	초기 실행하기	걸음마기 아이는 엄마를 탐색을 위한 기지로 사용한다.
12~15개월	활발히 실행하기[*]	들뜬 기분으로 대담하게 세상을 탐색한다.
15~24개월	재접근	결국은 자기에게 엄마가 필요함을 깨닫는다. 그러나 여전히 독립을 추구한다.
24~30개월	대상항상성	엄마의 내적 심상을 만들어 엄마와 떨어져서 기능할 수 있다.

[*] 저자는 이 단계에 있는 아이들의 활동이 가진 활기를 전달하기 위해 Mahler의 제목에 '활발히(vigorous)'란 단어를 덧붙였다.

받아 아기는 점점 분리되어 독립적이 된다.

자폐증의 경우 Mahler는 아동이 정상적 자폐단계에서 벗어나 앞으로 많이 나아가지 못한 것이라고 말했다. 공생적 정신병의 경우는 아동이 공생적 단계를 통과한다. 그러나 아동은 관계로부터 기본적인 편안함과 지지의 느낌을 얻어내지 못한다. 더 독립적이 됨에 따라서 아동은 얼마간의 분리를 경험한다. 그때 너무 당황하게 되어서 아동은 엄마와의 공생적 결합의 환상을 다시 얻으려고 필사적으로 애쓴다(1968, pp. 14-22, 71-81).

Mahler는 치료자로서의 작업으로부터 공생적 정신병에 대한 그녀 생각의 많은 것을 전개했다. 이 장에서 초점이 되는 Mahler의 정상발달 개념은 탁아소 환경에서 엄마와 영아를 관찰한 것에서 주로 얻었다. 1959년과 1968년 사이에 Mahler와 동료들은 38쌍의 모-영아 쌍을 실내의 놀이공간에서 관찰하고 그들과 상호작용했다. 그 장소는 엄마가 앉아서 독서하고, 커피를 마시고 다른 사람과 이야기하는 영역을 포함한다. 그 장소에서 엄마는 놀고 있는 자녀를 다 볼 수 있었으며 자녀에게 자유롭게 접근했다. 아기는 전형적으로 출생 후 2개월과 5개월 사이의 나이에 프로젝트에 참가하여 3세에 프로젝트를 끝냈다. 관찰(영상, 가족 인터뷰, 가정방문 포함)은 통계적 방식보다는 주로 연구자들의 토론을 통한 어느 정도 비공식적인 방식으로 분석되었다. 그 연구 결과들은 그녀의 1975년 저서인 『인간 영아의 심리적 탄생(The Psychological Birth of the Human Infant)』(Fred Pine, Anni Bergman 공저)에 요약되어 있다. 그 책은 어떻게 아기가 공생관계에서 자연스럽게 빠져나와 하나의 분리된 개인이 되어가는지를 이야기해준다. 이제 Mahler의 전체 단계들을 더 상세히 보도록 하자.

정상발달 단계

Mahler는 정상발달 단계들이 중첩되며 어떻게든 각 단계의 정서적 특성은 생애에 걸쳐서 지속된다고 말했다. 그러나 각 단계의 발달적 성취는 영아기와 초기 아동기의 특정 시기에 정상적으로 일어난다(Mahler, Pine, & Bergman, 1975, pp. 3, 48).

정상적 자폐단계(출생~1개월)

Mahler는 신생아(생후 1개월까지의 아기)는 "하루 중 대부분의 시간을 반은 잠자는 상태로, 반은 깨어있는 상태로 보낸다"고 말했다. 아기는 주로 자기 내부로부터의 배고픔이나 다른 긴장이 자신을 각성시킬 때 깬다(p. 41). 이 시간 동안에 영아는 새로운 생리적 균형을 달성하고 있다. 이 아기에게 가장 관심 있는 것은 외부세계가 아니라 자신의 내적인 생리적 상태다. 실제로 신생아는 Freud가 **자극장벽**이라 불렀던 것에 의해 외부로부터 보호되는 것처럼 보인다. 이는 일종의 껍질로서, 극단적인 자극을 못 들어오게 한다. Mahler는 신생아가 자기 주변환경에 매우 민감해지는 짧은 기간도 있다는 것을 인정했다. 그러나 신생아는 보통 마치 외적 감각이 아니라 자신의 내적 감각이 중요한 것처럼 행동한다.

　Mahler 삶의 마지막 시기쯤에 많은 연구자들이 향상된 영상기법을 사용하여, 영아가 우리가 육안으로 보는 것보다 더 많이 주변을 인식하고 있음을 보여주었다. Mahler의 공동연구자인 Anni Bergman(1999)에 따르면 Mahler는 이런 연구결과들을 알고 있었으며 개인적으로 자폐 단계에 대해 의심스러워했다. 그러나 여전히 그 단계는 발달에서 중요한 것을 표시할 수도 있다.

정상적 공생단계(1~5개월)

생후 1개월경의 아기는 엄마에게서 받는 접촉, 냄새, 목소리, 안아주는 방식과 같은 자극을 더 즐거운 것으로 경험하기 시작한다. 그러나 아기는 이런 감각들이 자신과 분리된 것이라는 사실을 알지 못한다. 아기는 여전히 자신과 엄마가 하나라는 환상을 가진 어슴푸레한 상태 속에서 살고 있다. Mahler는 우리가 추론만 할 수 있는 이런 미분화 상태를 '공생'이라고 말했다(Mahler, Pine, & Bergman, 1975, pp. 8, 44).

아기가 외적인 감각(엄마에게서 주로 경험하게 되는)으로부터 즐거움을 취하는 것을 보여주는 첫 번째 분명한 표시는 아기의 사회적 미소다. 출생 후 두 번째 달 동안 아기는 엄마의 얼굴을 쳐다보기 시작한다. 그런 날이 여러 날 지난 뒤에 아기는 엄마의 눈을 쳐다보고 첫 번째 사회적 미소를 활짝 짓는다. 엄마의 얼굴만이 아기의 응시나 미소를 일으키는 것은 아니지만, 엄마가 아기에게 응시와 미소를 되돌려주는 사람이 되기 쉽다. 엄마는 또한 아기가 내는 목소리와 같은 높은 음의 목소리로 아기에게 말하며 아기가 내는 소리를 흉내낸다. 깊은 상호응시는 사랑하는 사람들이 공유하는 종류의 응시다. 이것은 경계를 녹여버린다. 상호 미소, 상호응시, 엄마의 아기소리 흉내를 포함하는 모든 활동은 모두 아기의 동일성 환상을 강화한다(L. Kaplan, 1978, p. 111; Mahler, Pine, & Bergman, 1975, p. 45).

Mahler에 따르면 아기의 공생적 상태의 특징은 이 세상이 아기 자신의 소망과 완벽하게 일치한다는 인식인 전능감(omnipotence)이다. 아기가 주는 단서에 대해 엄마가 공감적 민감성을 보여줌으로써 엄마는 아기의 이런 환상을 길러주게 된다. 엄마는 아기가 배고프다는 것을 느끼고 젖꼭지를 입에 넣어준다. 엄마는 아기가 쉴 필요가 있음을 느끼고 아기의 몸을 자기몸으로 편하게 감싸준다. 아기가 엄마의 몸에 밀착됨에 따라 아기는 이 세상이 자신의 요구와 완전히 일치된다는 느낌을 분명히 갖게 된다(Mahler, Pine, & Bergman, 1975, p. 45).

Anni Bergman은 아기가 실제로 무엇을 경험하는지 우리가 알 수 없지만, 종종 엄마들이 자기 아기와 일체감을 느낀다고 보고한다는 것을 추가했다. 엄마들은 자신들이 "이 세상에서의 일상적 존재방식을 잃었다고 말한다. 엄마들은 자신 안에 있는, 아기가 처해 있다고 가정되는 공생적 상태와 유사한, 공생적 상태 같은 어떤 것을 생생하게 말로 표현했다"(Bergman, 1999, p. 8).

Mahler는 엄마들이 완전하게 아기에게 맞출 수 없다는 것을 인정했고 아기는 완벽함을 요구하는 것이 아니라는 것도 덧붙였다. D. W. Winnicott의 말을 빌리면 아기는 '만족스러운' 엄마가 필요하다. 아기는 그들에게 충분히 반응하고 안락하게 해줘서 이 세상이 있기 좋은 곳이라는 느낌을 발달시킬 수 있게 해주는 엄마를 필요로 한다. 또한 유쾌한 공생감은 성장하는 아기에게 Mahler가 '안전닻(safe anchor)'이라 불렀던 느낌을 준다. 아기가 공생적 상태에서 벗어나 점차 외부로 향하게 됨에 따라서 아기는 어찌할 바를 모르거나 혼자라고 느끼지는 않는다. 아기는 이 세상에 좋고 안락한 안전닻이 있다고 느낀다(Mahler, Pine, & Bergman, 1975, pp. 45, 53, 59, 110).

분리/개별화 단계

분화(부화)(5~9개월) 공생적 상태는 즐거운 화합의 기간인 것처럼 들린다. 그런데 왜 아동은 그 상태를 벗어나길 바라는가? Mahler는 아기가 생물학적으로 성숙하면서 독립적 기능을 발달시키고 더 넓은 세상을 탐색하려는 욕구가 생긴다고 믿었다. 강력한 내적 힘들이 아기로 하여금 주위환경을 자세히 보고, 옆으로 구르게 하며, 혼자서 일어나 앉게 하고, 물건을 잡기 위해 손을 뻗도록 촉발한다.

아기의 외부 환경에 대한 관심은 5개월경 현저하게 더 언급된다. 그들이 이 연령 전에 주변을 보아온 건 사실이다. 그러나 5개월경의 아기는 더 초점을 맞추어, 더 길게, 더 적극적으로 환경을 탐색한다. 이제는 심지어 젖을 먹는 동안에도 아기는 엄마 주위에 있는 것들을 살펴보며 꽤 많은 시간을 보낸다.

약 6개월이 되면 중요한 일이 일어난다. 엄마와 함께 쉬고 있을 때, 아기는 더 이상 엄마 몸에 안겨있지만은 않는다. 그 대신에 아기는 엄마를 더 잘 보기 위해 엄마로부터 뒤로 물러난다. 엄마를 쳐다보면서 아기는 엄마의 얼굴과 몸을 만지고 엄마가 하고 있는 안경이나 브로치 같은 물건을 살펴보기 위해 움켜잡는다. 아기는 또한 적극적으로 엄마와 다른 사람을 비교하는 '검토하기(checking back)' 패턴을 시작한다. 처음에 아기는 엄마를 쳐다보고, 그다음엔 다른 사람을 쳐다보고, 다시 엄마를 쳐다본다. 대체로 아기는 더 이상 엄마와 함께 융합되지 않는다. 아기는 적극적으로 엄마와 외부세계를 살펴보는 더 독립적인 사람이 된다. Mahler는 아기가 **부화**했다고 말했다(Mahler, 1975, pp. 53-56; Bergman, 1999, p. 10).

이 기간 동안 아기는 공생적 과정을 떠나서 더 독립적이 된다. Mahler는 기술적으로 2개의 중복과정이 진행된다고 말했다. 하나는 분리인데, 주로 엄마와의 물리적 거리와 관련 있다. 다른 하나는 개인화인데, 탐색에 포함된 자아기능들과 자신의 힘에 대한 감각을 포함한다. 아이들은 자신을 개별적인 사람으로 생각하기 시작한다(1975, pp. 63-64, 117).

초기 실행하기(9～12개월) 실행단계는 아기의 기어다니는 능력에 의해 좌우된다. 네발로 기고, 무언가를 잡고 서서 걸으면서 아기는 더 넓은 세상을 매우 열정적으로 탐색하게 된다. 아기는 종종 엄마에게서 어느 정도 멀리 이동하며 엄마를 기지로 삼는다. Ainsworth가 관찰한 것과 같이(3장 참조), 아기는 환경 속에 있는 새로운 것에 몰두해서 탐색한다. 그리고 엄마가 있는지를 주기적으로 확인한다[또는 심지어 다시 더 탐험하러 앞으로 나아가기 전에 엄마에게 '연료공급(refueling)'을 받기 위해 돌아간다].

이런 탐색기간 동안에 엄마의 태도가 매우 중요하다. 많은 엄마(항상 아기와 가까이 있거나 초기단계의 친밀감을 갖기 어려운 많은 엄마 포함)는 아기의 새로운 독립을 즐긴다. 그런 엄마들은 아기가 세상을 탐색하는 동안 아기가 필요한 것이 바로 엄마의 안정된 존재(엄마의 높은 가용성)라는 것을 깨닫는다. 다른 엄마들은 아기의 탐색에 대해 걱정하고 양가적이어서 안전기지로서의 역할에 문제를 가진다. 그런 엄마는 아기의 활동을 방해하고 자기의 불안을 아기에게 전달할 수도 있다. 그런 경우 세상으로 나가려는 아기의 열정은 꺾이게 된다.

활발히 실행하기(12～15개월) Mahler는 이동과 탐색을 향한 내적 추동의 힘을 강조했으며, 아기가 일단 걸을 수 있게 되면 그런 활동(이동과 탐색활동)에서 느끼는 즐거움은 강해진다. 이제 걸음마 시기가 된 아기는 여기저기 돌아다니고 세상을 탐색하는 자신의 새로운 능력으로 인해서 기분이 들뜨게 되며 자신의 발견을 순수하게 즐긴다. 아기가 만나는 모든 것은 그것이 생물이든 무생물이든 놀라움의 원천이 된다. 걸음마기 아이는 마치 전 세계가 자기의 탐색을 위해 만들어진 것처럼 행동한다. 탐색할 때가 되면 "이 세상은 나의 것이야"라고 말하는 것 같다(Mahler, Pine, & Bergman, 1975, p. 71). 아기는 두드리기와 떨어뜨리기를 전혀 지루해하지 않으며, 종종 엄마의 존재도 잊어버리는 것처럼 보인다. 물론 아기는 때때로 엄마가 있는지, 엄마가 아직도 접근 가능한지 확인하려고 뒤를 돌아본다. 그러나 이 단계의 두드러진 특성은 아동이 자기의 탐색에 감동하고 몰입하게 되는 방식이다. 이 시기는 아동이 "이 세상과 연애를 하는" 기간이다(p. 74).

Mahler는 이 시기를 아동의 충일함이 정서적 허약함을 극복하는 귀중한 시기라고 말했다. 엄마가 지나치게 침입적이거나 아기가 엄마를 활용할 수 없는 경우에만 열정이 크게 감소된다. 대개는 아동이 활발한 이동과 탐색에서 느끼는 즐거움이 매우 크다(pp. 70-74, 140, 173, 187).

재접근(15~24개월) Mahler와 동료들은 보육시설에 있는 15~16개월 된 걸음마기 아이들이 중요한 변화를 하고 있음을 관찰했다. 전에는 엄마에게 계속 많은 주의를 두는 일 없이 걷기, 달리기, 점프하기, 놀기를 즐겁게 했는데 이제 아기는 엄마를 많이 인식하게 되었다. 아기는 자기가 탐색에서 발견한 과자조각, 장난감, 셀로판지 조각, 돌멩이, 세발자전거 같은 물건을 엄마에게 가져가기 시작했다. 아기는 또한 엄마의 소재를 모니터링하기 시작했고 더 이상 부딪쳐서 넘어지는 것에 무감각하지 않았다. 이제 아기는 고통을 느끼고 엄마가 와서 자기의 고통을 낮게 해주길 바랐다. 요컨대 아기는 엄마와 엄마에 대한 자기의 요구를 깊이 인식하게 되었다(Bergman, 1999, pp. 18-20). 이는 마치 실행단계 동안에 전능감을 가지고 이 세상을 탐험했던 걸음마기의 아기가 갑자기 "여보세요, 우리 엄마 어디 있나요? 나는 여기서 혼자 무얼 하고 있는 건가요? 난 엄마가 필요해요"라고 생각하는 것 같다.

그래서 걸음마기 아기는 이 세상이 자기 것이 아니고 자기는 실제로 "상대적으로 무력하고 작은 독립된 사람"이란 것을 알기 시작한다(Mahler, Pine, & Bergman, 1975, p. 78). Erikson 이론의 단계에서는 이 단계 아동이 회의를 경험하기 시작한다.

그다음 몇 달 동안에 아동은 얼마간 위기에 들어간다. 아동은 갈등적 목표들 사이에서 갈팡질팡한다. 아동은 자기의 자율성을 유지하고 발휘하길 바라지만 또한 엄마도 원한다. 어떤 때는 어떠한 권위에 대한 복종도 거부하며, 아동은 부모의 모든 요구나 요청에 대해서 "싫어"라고 단호히 말한다. 그다음에는 엄마의 변함 없는 관심을 요구하며, 엄마에게 매달리고 엄마를 줄곧 따라다닌다. 엄마가 사신에게 책 읽어주기를 좋아한다는 것을 알고 아동은 책 같은 선물과 물건을 가지고 엄마에게 구애한다. 많은 아동은 부모가 자신들을 쫓아와 잡는 달아나기 게임을 즐긴다. 이 게임은 아동이 갑자기 멀리 달아나는 자율성을 느끼지만, 또한 붙잡히면 다시 하나가 되기 때문에 재미있어 하는 것으로 보인다.

때로 아동은 우유부단에 압도당한다. 예를 들어, 보육시설에서 아동은 들어갈지 안 들어갈지가 분명하지 않은 채로 새 놀이방의 입구에 서있다. 그들은 새 놀이방을 탐험하며 엄마를 떠나보낼 것인지 아니면 엄마와 함께 있을 것인지 결정을 할 수 없다 (p. 96).

이 시기는 엄마에게 어려운 시기다. 아동의 행동은 종종 혼란스럽고 요구적이며, 아동 자신이 항상 자신이 원하는 것을 아는 것처럼 보이지 않는다. Mahler는 엄마의 큰 인내와 정서적 가용성이 중요함을 다시 강조했다(p. 79). 만약 엄마가 아동의 이런 행동이 '미운 두 살'로 예측되는 제반 과정으로 가게 되는 자연스러운 발달임을 이해할 수 있다면 참을 수 있다. 그리고 힘의 투쟁과 보복으로 아동을 위축시키는 일에 말려드는 것을 피할 수 있다. 그러면 아동은 자기 자신이 존중받는다는 것을 알고, 스스로 일을 성취하는 것에서 더 자유롭게 느낄 것이다.

정서적 대상항상성(24~30개월)   재접근 위기에 있는 아동은 상당히 곤경에 처한 것으로 보이며, 우리는 곧 "어떻게 아동이 그것을 극복할 것인가? 서로 갈등적인 자율성에 대한 요구와 엄마의 돌봄에 대한 요구를 어떻게 해결할 수 있는가?"가 궁금해질 수 있다. 대부분은 아동이 엄마가 부재중일 때도 자신이 생각해낼 수 있는 엄마에 대한 긍정적인 내적 심상을 발달시킴으로써 갈등적인 두 가지 요구를 해결한다. 그래서 아기는 어느 정도 엄마에 대한 갈망을 느끼면서도 엄마 없이 독립적으로 기능할 수 있다. 이 내적 심상을 **정서적 대상항상성**(emotional object constancy)이라 한다(Mahler, Pine, & Bergman, 1975, p. 109).

Mahler는 대상항상성의 획득에는 두 가지 선행조건이 이루어져야 한다고 말했다. 첫째, 아동이 Piaget가 말하는 대상영속성을 발달시켰어야 한다. 즉 아동은 대상(사람 포함)이 자기 눈에 보이지 않을 때라도 존재한다는 것을 알아야만 한다.

둘째, Erikson이 기본신뢰라고 말한 것으로, 이것은 아동이 엄마를 자기가 필요할 때와줄 것이라고 믿고 예상할 수 있는 사람이라고 느끼는 것이다. 아기는 공생적 단계만큼 빨리 이런 신뢰를 발달시키기 시작했고, 분화, 실행하기, 재접근 단계 동안 더 발달시켰다(p. 110). 이제 현 단계에서 아동은 좋은 엄마의 심상을 **내면화**할 필요가 있다.

　내면화 과정은 복잡하다. 그러나 아동은 주로 가상놀이를 통해 이 과정을 수행한다. 놀이 속에서 아동은 물건으로 부모, 다른 사람, 자신을 나타낸다. 그리고 자기의 정신 구조 안에 엄마의 심상을 견고하게 만든다.

실제적 적용

우리의 초점이 Mahler의 정상발달이론이긴 하지만, 저자는 Mahler의 연구가 정신건강 종사자들에게 얼마나 많은 도움이 되었는지를 말하고 싶다. 저자가 부분 입원 치료프로그램에서 일하기 시작했던 1970년대 초기에 어떻게 Mahler의 아이디어가 혼란스러운 정신적 현상들에 대해 빛을 비추어주었는지 기억한다. 어떤 사람이 저자에게 자신의 어머니가 돌아가셨을 때 혼란스러워져서 병원에 입원한 적이 있다고 말했다. 병원에서 접수자가 그에게

> "이해할 수 없는 질문을 했어요. 그는 나 자신에 대한 것을 말하라고 했어요. 나는 그 여자가 '나 자신'이란 말로 의미하는 것이 무엇인지 알 수 없었어요. 나는 그 여자에게 우리 어머니와 나에 대해서는 말할 수 있었어요. 그러나 나 자신을 분리된 한 사람으로는 결코 생각해본 적이 없었습니다."

이 사람은 공생적 애착에 대해 말하고 있다. 이와 같은 많은 이야기들은 저자와 다른 사람들에게 정신병의 이해할 수 없는 근원에 대한 뚜렷한 통찰이 Mahler의 연구에서 발견되었다는 확신을 주었다.

　Mahler의 연구는 정서장애 아동을 다루는 치료자들과 가장 직접적으로 관련된다. Mahler 이전에는 치료자가 놀이방에서 아동을 혼자 치료하도록 해야 한다는 것이 거의 하나의 원리로 받아들여졌다. 그 대신 Mahler는 더 조화롭고 즐거울 수 있는 공생적 경험을 촉진하기 위해서 영아와 그의 엄마를 함께 치료하기 시작했다. 자폐아에 대

한 Mahler의 치료목표는 아기와 엄마를 공생적 단계로 전진해서 들어가게 하는 것이다. Mahler는 공생적 정신병 아동에게도 더 완전하고 조화로운 공생을 길러주고 싶어 했다.

이는 많은 사람들에게 당혹스러운 것 같다. 이런 아동에 대한 치료목표가 아동이 독립적이 되는 것이 아니란 말인가? 그러나 Mahler는 이런 아동은 엄마로부터 분리되어 나갈 수 있게 해주는 즐거운 결합과 신뢰를 이전에 경험하지 못했음을 발견했다. 대신 운동기능과 인지기능이 성숙함에 따라 이 아동은 정서적으로 준비되었다고 느끼기도 전에 분리되는 자신들을 발견했다. 너무 일찍 이 아동은 자기가 혼자이며 약하다고 느꼈다. 그리고 새로운 분리경험(예 : 유치원에 가고, 동생이 태어나는 것)은 이들을 엄마에게 필사적으로 매달리게 했다. 이 아동에게 필요한 것은 분리를 격려하는 것이 아니라, 그들이 더 큰 신뢰를 가지고 세상으로 나갈 수 있도록 엄마를 안전닻으로 느끼게 만드는 것이다(Mahler의 치료에 대한 더 상세한 내용은 14장 참조).

평범한 아동 양육의 측면에서 Mahler는 걸음마기 아이가 세상을 탐색할 때(특히 초기 실행하기 단계에서) 엄마의 '정서적 가용성'을 반복해서 강조했다. 아이는 사물들을 탐색하면서 다시 더 멀리 가기 전에 뒤돌아보고 양육자가 있는지 확인한다. 양육자의 침착하고 안정적인 존재는 아기에게 스스로 세상탐색을 하도록 격려한다.

돌보는 이의 이런 특성은 다른 이론가들이 강조했던 것이다. Ainsworth는 아기가 엄마를 안전기지로 삼는 것을 강조한다. Montessori도 성인이 인내심을 가지고 그곳에 있는 것이 어떻게 아기에게 탐색의 기회를 주는지에 대해 여러 번 말했다. 예를 들어 그녀는 부모가 아이를 산책에 데리고 갔을 때 이런 일이 어떻게 일어날 수 있는지 말했다. 만약 아버지가 두 살된 딸을 공원에 산책하러 데려간다면, 아버지는 아마도 아기의 리듬에 맞추어 아기가 어떤 것을 알아보려고 서면 멈추고, 아기가 막대기, 돌멩이, 물웅덩이를 조사하는 동안 참고 기다릴 것이다. 아버지는 기다리면서 아기가 사물을 조사하면서 얻는 기쁨을 즐기게 될 것이다. 아버지의 존재는 아동의 안전에 필수적이다. 그러나 아버지는 아동을 가르치지 않아야 한다. 아버지가 해야 할 일은 조용히 있으면서 가용적이 되는 것이며, 아이는 스스로 배울 수 있다.

평가

여성주의 정신분석학자들(예 : Benjamin, 1988)을 포함한 많은 현대 정신분석학자들이 고립된 개인의 내적 역동을 지나치게 강조한 점에 대해 Freud 학파를 비판해왔다. Mahler는 Freud 학파의 이론을 대인간방향으로 이동시켰다.[1]

Mahler는 아기가 자아감을 대인관계에서 어떻게 성취하는지에 대한 생생한 설명을 제공했다. 아기는 합병상태에서 깨어나 점차 독립적이 되며, 그다음에 실제로 자기가 의존하는 방식을 실현하려 애쓴다. 아동이 관련성과 분리성 둘 다에 대한 요구를 다루는 앞뒤로 왔다 갔다 하는 과정은 모든 인간생활에서 보편적인 긴장과 갈등을 갖게 하는 것으로 보인다.

Mahler의 이론은 또한 몇몇의 강한 비판에 부딪쳤다. 매우 존경받는 정신분석학자이자 영아연구자인 Daniel Stern(1985)이 두 가지를 비판했다. 첫째, Stern은 '병리화'한 영아기에 대해 Mahler를 비판했다. 즉 Mahler는 병리적 상태(자폐와 공생)를 이해하려는 시도로 시작했고 그것들을 정상 영아기에서 찾았다. 이 접근은 정상발달의 관점을 왜곡시킨다고 Stern은 말했다. 만약 Mahler가 정상영아와 아동발달을 정상발달의 용어로 연구했더라면 더 좋았을 것이다. 저자의 생각으로는, 이런 비판은 어느 정도 장점은 있으나 대단히 위험하다. Mahler 이론의 최종평가는 그 이론의 기원이 아니라, 아동발달의 본질을 얼마나 잘 잡아내고 있는가에 대해서 이루어져야 한다.

Stern은 또한 Mahler 이론의 초기단계들, 특히 자폐적 단계가 잘못되었다고 주장한다. 자폐적 단계는 마치 신생아가 주로 외부세계로부터 자신을 차단한다는 것처럼 들리게 한다. 실제로 모-영아 상호작용에 대한 실험실 연구와 잘 다듬어진 영상분석은 신생아가 외부세계에 대해 강한 흥미를 가지고 있으며 그것을 이해하는 능력을 가지고 있음을 보여준다고 지적한다.

이것은 심각한 비판이다. Anni Bergman은 이것이 분명히 Mahler가 마지막 여러 해 동안 자신의 정상적 자폐증에 대한 개념을 수정하도록 자극했다고 말했다(Bergman, 1999, p. 5). 그러나 저자는 어떠한 주요 변화도 여전히 시기상조라고 믿는다. 첫째, 실험실에서 이끌어낸 능력들이 항상 정상생활에서의 전형적인 행동을 반영하지는 않는

---

[1] 정신분석 용어로 Mahler는 대상관계 이론에 기여했다(Ginsberg & Mitchell, 1983 참조).

다. 이는 첨단기법의 영상분석에도 해당된다. 더욱이 많은 양의 연구들이 자폐적 개념 (아기가 외적인 세상보다는 내적 자극에 더 많을 주의를 집중하고 있다는 개념)을 지지 하는 경향이 있다. 신생아는 많은 시간을 잠자며 높은 강도의 자극들로부터 자신을 굳 게 방어한다. 그리고 신생아들은 아주 짧은 시간 동안 세상에 흥미가 있다 하더라도, 보 다 더 제한적인 범위의 자극들에만 반응한다(Fogel, 2014, pp. 144).

Mahler의 연구에 다른 반론을 제기하는 것이 가능하다. 아니면 우리가 정보를 더 필 요로 하는 영역을 지적할 수 있다. 우선 Mahler는 종종 마치 엄마가 영아의 삶에 있는 단 한 사람인 것처럼 기술했다. 우리는 아기가 아버지, 아이들, 그리고 기타 다른 사람 들과 갖는 상호작용에 대해서 더 많이 알 필요가 있다. 덧붙여서 Mahler는 사랑과 상호 성에 대한 새로운 능력의 형성보다는 분리에 더 많은 중점을 두었다. 그러므로 이러한 주제에 대한 더 많은 정보도 마찬가지로 필요하다.

심리학자들이 Mahler의 연구를 새로운 영역으로 확장하면서 그녀의 개념이 청소년 기에 보이는 문제를 어떻게 설명할 수 있는지에 특히 관심을 가졌다(Ferrer-Werder & Kroger, 2020). Jane Kroger(2007, p. 96)는 '두 번째 분리-개인화 과정'으로 그것을 표현 했다. 많은 청소년은 부모로부터 떨어져 나가서 자신의 정체감을 찾을 필요를 느낀다. 그러나 그들은 여전히 부모와 정서적으로 묶여있다. 얼마 후에 그들은 부모와 더 성숙 하고 새로운 관계를 발달시키게 된다.

저자는 Mahler의 또 다른 확장에 대해 말하려고 한다. 그것은 아동이 엄마뿐만 아니 라 자연세계와도 일체감을 발달시킬 가능성이다. 저자가 Montessori 장에서 말한 바와 같이 자연에 대한 아동의 경험은 심리학에서 거의 관심을 받지 못했던 주제다. Louise Kaplan은 Mahler에 대해 쓴 훌륭한 책『일체감과 분리감(Oneness and Separateness)』 (1978)에서 자연에 대한 아동의 애착이 중요하다고 주장했다. 걸음마기 아기가 실행단 계에 들어갈 때 Kaplan은 아동이 그의 두 발을 "땅에 단단히 디딜" 뿐만 아니라, 열린 공간을 지나 달리고, "자기의 살아있는 엄마를 거만하게 무시하고, … 자기 몸이 미끄 러져 나가는 가시적인 공간의 세계에서 더 자극적인 엄마를 발견한다"고 말한다. 아동 은 "여전히 자기가 우주와 하나라고 다시 상상하면서 우주의 불가시적인 상황에 자기 몸을 맞춘다"(p. 169).

자연적인 상황에서의 아동에 대한 연구 중에서 아동이 자연과 일체감을 발달시킨다는 증거를 제공하는 것은 없다. 뉴잉글랜드 시골마을에서 Roger Hart(1979)는 아동 (3~12세)이 백일몽과 같은 상태에서 물을 조용히 바라보며 둑과 연못 옆에 앉아있거나 무릎 꿇고 있기를 좋아하는 것을 관찰했다. 그것은 자신들과 물 사이의 유동적인 연결, 즉 세상과의 일체감을 느끼는 것처럼 보였다. 지역공동체가 2023제곱미터의 아스팔트를 거두어내고 그것을 연못, 숲, 풀밭으로 바꾼 캘리포니아의 버클리에서는 아동들이 새로운 연결감과 소속감을 이야기했다. 자연 영역은 아동들을 마치 "행복한 대가족"의 일원이 된 것처럼 "편안하게 느끼게" 해주었다. "혼자 있는 것이 이젠 괴롭지 않아요."(Moore, 1989, pp. 201-203).

성인의 자서전 연구도 비슷한 결과를 가져왔다. Chawla(1990)는 아동기에 자연과의 경험이 유익했다고 말한 저자들은 자연과의 일체감을 가장 공통적으로 나타냈다고 말했다. 글상자 12.1에서 본 바와 같이 아프리카계 미국인 목사 Howard Thurman은 그가 소년기에 느낀 자신이 모든 것을 덮는 웅대한 리듬의 일부분이라는 느낌 위에 그의 철학을 구축했다. 그는 자라면서 "뿌리내리고 있는 느낌이다. 나는 삶, 자연, 존재에 뿌리를 두고 있음을 느꼈다"고 덧붙였다(1979, p. 8).

이런 일체감과 근원감은 Wordsworth의 위대한 송시(頌詩, 1807)에도 표현되어 있다. 우리가 아이였을 때 가지고 있던 자연과의 절묘한 조율의 상실을 비탄하며, Wordsworth는 우리가 그럼에도 다시 마음먹을 수 있다고 말했다.

> 아무것도 초원의 광채와 꽃의 영광된 시간을 되돌릴 수 없지만,
> 우리는 슬퍼하지 않을 것이다. 오히려 뒤에 남은 것들에서 힘을 얻을 것이다.
> 지금까지 존재해오고 앞으로 영원히 존재해야 하는 최초의 교감 속에서.

이러한 '최초의 교감', '뿌리내리고 있음'의 느낌이 바로 Mahler가 엄마가 생의 초기 수개월 동안 아기에게 제공하는 것이고, 아기가 분리되어감에 따라 엄마가 가용성을 통해 계속해서 강화한다고 생각했던 것이다. Thurman과 Wordsworth는 성장하고 있는 아동은 자연에의 소속감을 발견할 수 있다고 말하고 있다. 오늘날 우리는 아동을 컴퓨터, TV, 비디오 등의 인공적인 세상에 너무 완벽하게 넣어버렸다. 이런 것에 갇힌 아동은 그런 느낌 중 어떤 것이라도 결코 발달시키지 못할 것이다. 이는 우리가 반드시 말해

야만 하는 문제다. 왜냐하면 엄마와의 일체감과 같이 초기의 자연과의 일체감은 자라
고 있는 아동이 이 세상에서 너무 외롭다고 느끼는 것에 대비하도록 해줄 수 있기 때문
이다.

자폐증 치료에 대한 접근법 비교

우리는 이론들이 발달적 변화의 특성에 대해 서로 다른 관점을 가지고 있는 걸 보았다. 일부 이론은 부모와 다른 사람들이 아이들에게 새로운 행동을 가르치고 본을 보이는 방식을 강조한다. 반대로 발달적으로 전통적인 이론들은 아동을 자신의 관심과 주도성으로부터 자라는 것으로 생각한다. 이 장에서 이 2개의 관점이 어떻게 자폐증인 아동의 치료에 적용되었는지를 볼 것이다.

자폐증상

자폐증은 1943년 정신과 의사 Leo Kanner가 처음 말한 것으로, 보통 출생 후 세 번째 해 이전에 나타난다. 다음은 자폐증의 주요 특징이다.

사회적 고립 아이들은 냉담하다. 그들은 눈맞춤을 피하고 사람을 지나쳐 보는 것 같다.

언어부재 자폐증 아동 중 절반 정도가 말을 하지 않는다. 나머지는 그들이 들은 말을 단지 그대로 되풀이하는 반향어(echolalia)를 한다. 어른이 "네 이름이 뭐니?"라고 물으면 아이는 "네 이름이 뭐니?"라고 말한다.

반복행동 일부는 자기 손을 반복해서 흔들거나 접시 같은 물건을 몇 시간 동안 돌린다. 다른 애들은 자신의 몸을 흔들거나 문을 끊임없이 열었다 닫았다 한다. 여러 종류의 반복행동이 많다. 정신건강 전문가들은 이런 행동을 '자기자극(self-stimulation)'이라 부르는데, 이 행동들이 단지 아이에게 감각 피드백을 제공하기 때문인 것으로 보이기 때문이다.

강하게 억제된 관심 아이들은 전형적으로 빛, 선풍기, 에스컬레이터 같은 기계적 물건에 강렬한 흥미를 가진다. 그들은 그들 주변에 있는 모든 것을 배제하고 한 가지 물건에만 열중할 수 있다.

동일성의 요구 아동은 잠자는 의식 같은 사건들이 정확히 똑같은 방식으로 항상 일어나야 한다고 우긴다.

발작 좌절했을 때 많은 아동이 분노발작을 일으킨다. 이런 발작은 15분 이상 지속될 수 있는데, 소리 지르기, 물건 집어던지기, 자신의 머리 때리기를 포함할 수 있다(Cleveland Clinic, 2020; Kanner, 1943; Lovaas, 2003, p. 5; Lovaas et al., 1973).

특별한 능력 일부 아동은 놀랄 만한 능력을 가진다. 이런 능력에는 절대음감, 번개처럼 빠른 계산기술, 놀라운 그림 그리기 재능을 포함한다. 그런 '서번트(savant)'능력은 일반적인 사람들에서는 거의 없지만, 자폐증이 있는 아동에서는 10~29% 존재한다(Encyclopedia Britannica, 2023; Howlin, 2009).

진단과 원인 1980년대까지 자폐증은 드문 것으로 간주되었는데, 그때 이후로 진단이 극적으로 증가했다(Nevison, Blaxill, & Zahorodny, 2018). 일부 전문가들은 그러한 증가는 자폐증에 대한 더 큰 인식을 반영한다고 믿지만, 다른 사람들은 자폐증 자체가 증가했다고 생각한다. 두 설명 모두 진실일 수 있다.

정신건강 종사자들은 다른 아동기 장애가 자폐증과 같은 특징을 일부 가지고 있는 걸 발견했다. 그중 하나가 아스퍼거 증후군(Asperger's Syndrome)인데, 이 장애가 있는 사람은 매우 말을 많이 하지만 자기 자신의 세계 안에 있고, 자기가 한 말이 다른 사람에게 어떻게 받아들여질지에는 관심이 없을 수 있는 질환이다. 2013년 미국 정신의학회는 **자폐스펙트럼장애**(Autism Spectrum Disorder)라는 새로운 진단 범주를 만들었는데, 이 범주는 자폐증, 아스퍼거 증후군, 그 외의 관련 장애들을 포함한다.

자폐증의 원인은 알려져 있지 않다. 대부분의 정신건강 전문가들은 아동의 가족 환경이 자폐증 발생에 주된 역할을 한다는 말을 믿지 않고 오히려 자폐증이 선천적 질환이라고 믿는다. 유전적 요인에 대한 증거가 있지만, 유전자의 명확한 역할은 모른다(Cleveland Clinic, 2020). 많은 전문가들이 신경학적 기능이 핵심이라고 확신하고 있어서 자폐증이 있는 아동을 '신경학적 일탈(neurodivergent)'이라고 부른다. 우리가 논의할 치료자들 중에서 Bettelheim 한 사람을 제외한 모든 사람은 어떤 내적 요인들이 근본적인 원인이 아닌가 생각한다.

지금까지 저자는 전문가들이 보는 자폐증의 그림을 제시했다. 그것은 밖에서 자폐증을 보는 관점이다. 초기 1인칭 설명은 어려서 심한 자폐증이 있던 Temple Grandin이 저술한 것이다. Grandin은 자폐증이 있는 사람이 말보다는 그림으로 생각하는 방식에 대해 주목했다(1995, 2023). 글상자 14.1은 자폐증인 일본 소년이 자폐증이 그에게 어떤 것인지 설명한 것을 간략히 기술했다.

글상자 14.1   1인칭 설명

13세인 Naoki Higashida는 전혀 말을 하지 않았지만 엄마가 만든 알파벳 차트를 사용해서 『내가 점프하는 이유(The Reason I Jump)』(2016)라는 책을 저술했다. 그가 알파벳 차트에서 철자를 가리키면 조력자가 적었다. 여러 전문가들이 그 책의 신빙성을 의심해서 실제로는 엄마나 다른 사람들이 썼을 거라고 생각한다. 그러나 이런 비난이 맞다 해도 그 책은 자폐증이 있는 아동의 내적 경험에 대해 흥미로운 가설을 제공한다.

Naoki는 쉽게 느끼는 게 없다. 빛과 소리는 그를 공격한다. 그리고 그는 종종 그의 몸과 감정이 의지를 가진 것처럼 느낀다. 자폐증인 많은 아이들처럼 그는 때때로 발작을 일으키는데, 그것은 멈출 수 없는 힘으로 그에게 몰려온다.

그의 자폐행동 중 어떤 것은 즐겁다. 얼굴 앞에서 손과 손가락을 흔드는 것은 "기분 좋게 여과된 방식으로 빛이 눈으로 들어오게 한다. 이것처럼 우리에게 도달한 빛은 달빛처럼 부드럽고 온화하다"(p. 69). 그리고 그는 "물건들이 완벽한 규칙성을 보이며 회전하는 걸"(그가 아름답고 편안하다고 느낀 것) 보면서 물건들을 회전시키는 걸 좋아한다(p. 68).

Naoki는 사회에서 이방인처럼 느낀다. 그는 물과 자연환경 속에서 편안함을 느낀다. 그가 물에 뛰어드는 건 "하늘이 자기를 빨아들이는" 느낌을 주기 때문이다(p. 47). (아마도 물에 비친 하늘을 보며 점핑하면서 하늘 속으로 들어간다고 느낀 것으로 보인다. – 역주)

그러나 Naoki는 사실상 혼자 있지 않다. 그는 다른 사람들과 함께 살아야 하고 그것은 그에게 큰 투쟁이다. 그는 사람들이 원하는 대로 행동할 수 없고 그의 행동이 다른 사람들에게 많은 문제를 일으키는 게 싫다. 그는 사랑받고 싶어서 간청한다, "제발 우릴 단념하지 말아주세요"(p. 42).

Lovaas와 행동치료

자폐증은 치료하기 어려운 것으로 입증되었다. 아마도 생물학적 연구가 어느 날 더 효과적인 방법을 제공하겠지만, 현재는 대부분의 치료가 행동적이거나 다른 심리적 접근을 사용한다.

생애 소개

O. Ivar Lovaas(1927~2010)는 노르웨이 오슬로시 밖으로 32킬로미터 떨어진 농촌에서 나고 자랐다. 그는 활발한 유머감각을 가진 사교적인 소년이었다. 그가 열세 살 때 나치가 노르웨이를 점령하여 4년 동안 지배했다. 이 기간 동안 정상적인 생활이 사라졌다.

고등학교 졸업 후 Lovaas는 노르웨이 공군에서 복무했고, 아이오와주의 루터대학에 장학금을 받고 입학했다. 가능한 한 빨리 대학을 끝마치기 위해서 그는 보통 3, 4시간만 자면서 밤까지 공부했다. 그는 일 년 만에 사회학 학사를 받았다.

그리고 Lovaas는 워싱턴에 있는 대학교의 임상심리학 박사과정에 들어갔다. 그곳에서 그는 정신분석학과 실험법 둘 모두에 대해 배웠는데, 그는 후자를 좋아했다. 그는 정신분석학자들이 아이디어와 쓸모없는 추측을 너무 많이 한다고 느꼈다. 그의 경향은 실천적이었다. 그는 무엇이 효과 있는지(어떤 방법이 행동을 바꾸는지)를 연구자료를 통해 알고 싶어 했다.

박사학위를 받은 후 Lovaas는 대학교의 조교수가 되었고 Skinner의 조작적 조건화 원리가 분노문제와 학업결함이 있는 아동을 도울 수 있는 방법을 연구했다. 1961년 그는 UCLA의 자리를 수락하고 그곳에서 자폐증 치료에서 조작적 조건화의 효과성에 대한 유명한 연구를 수행했다(Ozerk et al., 2016).

8장에서 본 바와 같이 정신의학적 장애에 조작적 조건화를 적용하는 것은 행동수정(Behavior Modification)이라는 제목 아래 들어간다. 1968년부터는 대안적 용어인 **응용행동분석(Applied behavior Analysis, ABA)**이 더 대중적이 되었는데, 특히 자폐증 치료를 나타낼 때 그렇다. 행동주의자들은 이 용어를 더 선호하는데, 왜냐하면 그것은 그들이 사용한 절차의 효과성에 대한 과학적 분석을 강조하기 때문이다.

첫 번째 프로젝트

Lovaas의 첫 번째 주요 연구는 1964년 UCLA 대학병원 입원병동에서 4명의 아이들 치료로 시작했다. Lovaas는 치료자들을 감독하고 자신도 치료자로 일했다. 그들은 하루 8시간, 일주일에 6, 7일씩, 일 년 동안 아동과 상호작용했다(Lovaas et al., 1973). 참가한 아동들은 5~9세였다(Lovaas et al., 1967; Lovaas, 1977).

치료목표는 사회적으로 적절한 행동을 가르치고 부적절한(자폐적인) 행동을 제거하는 것이었다(Lovaas et al., 1973, p. 135).

치료자들은 아이들이 말하도록 가르치는 데 초점을 두고 긍정적 강화를 광범위하게 사용했다. 그들은 아이들이 인정(예 : "착한 아이구나") 같은 사회적 강화에 통상적으로 반응하지 않는다는 걸 발견해서 음식[보통 맛있는 시리얼 한입거리들(bites)]을 강화물로 사용했다. 치료자들은 사회적 인정을 음식과 짝을 지워 제공함으로써 사회적 인정의 힘을 증가시키려 했지만, 그 힘을 갖게 되는 게 느렸다(Lovaas et al., 1973, p. 163).

4명 중 두 명인 Billy와 Chuck은 말을 하지 않았다. 그래서 언어가 점진적으로 형성되어야만 했다. 초기에 치료자들은 심지어 끅끅거리는 소리라도 아이가 내는 어떤 목소리든 강화했다. 일단 아이가 주기적으로 소리를 내면, 치료자들은 '아기' 같은 단어를 따라 하라고 요구했으며, 5초 안에 어떤 소리를 내면 강화를 했다. 그런 후에 강화는 '아기'(그리고 다른 목표 단어)에 점점 더 가까워지는 데 따라 주어졌다(Lovaas, 1977).

훈련 초기에 Billy와 Chuck은 때때로 완전히 침묵했다. 그 아이들은 치료자들이 강화하려는 소리를 말하지 않았다. 그래서 치료자들은 그들을 간질이는 것 같은 일을 시도했다. **수동적 촉발**(manual prompt)이라 불리는 이런 중재들은 Skinner의 조작적 패러다임을 어긴 것이다. 조작적 조건화는 신체적 조작을 사용하지 않는다. 그것은 자유롭게 방출되는 행동만을 다룬다. 그러나 Lovaas는 때때로 가능한 한 빨리 그것들이 희미해지는 촉발자를 사용했다(Lovaas, 1969, 1977, pp. 36-40).

그런데 Lovaas는 아동에게 언어를 가르치는 일이 큰 노력이 필요하다는 걸 알게 되었다. 더 도전적인 과제 만들기는 치료를 방해하는 증상(특히 분노발작과 자해행동)을 초래했다. 아이가 소리 지르거나 자신을 때리면 가르치기 프로그램을 시작할 수 없다.

Lovaas는 처음에 이 행동을 소거를 통해 줄이려고 해보았다. 아동이 격앙된 상태일 때, 성인은 아동을 무시한다. 과거에는 사람들이 관심을 줌으로써 아동의 발작을 강화하고 있다는 걸 깨닫지 못하고, "그것 멈춰"나 "제발 진정해"처럼 말했다고 Lovaas는 생각했다. Lovaas의 전략은 증상들이 반응을 얻지 못해서 없어지게 하는 것이다(Lovaas, 2003, pp. 30, 53).

소거는 효과적이지만 느리다. 그래서 Lovaas는 처벌을 사용했다. 그와 치료자들은 "안 돼"라고 외치고 아이 엉덩이를 때렸다. 때로는 아이가 의자 위에서 머리를 반복해서 부딪히는 때처럼 위험해지게 되는 극단적인 자기파괴적 행동을 한다. 이런 경우 아이는 팔에 고통스러운 전기충격을 받게 되고 파괴적 행동은 멈춘다(Lovaas, 1969, 1977, 그림 A1; Lovaas et al., 1967).

다른 방해하는 행동은, Pamela가 얼굴 앞에서 손을 반복해서 흔들 때처럼 자기자극을 포함한다. 치료자들은 통상적으로 큰소리로 "안 돼"라고 말하고 신체적 억제를 함으로써 아동의 자기자극 행동을 막을 수 있다(Lovaas, 2003, p. 35).

자폐 아동의 반향어(들은 말은 무엇이든 따라 하는 것)도 언어학습을 방해한다. 치료자가 "'차'라고 말해봐"라고 말하면 아동은 전체 요구인 "'차'라고 말해봐"를 반복할 것이다. 반향어는 특수한 문제를 야기시킨다. Lovaas는 반향어를 완전히 금지하고 싶어 하지 않았는데, 모방이 아동의 학습을 돕기 때문이다. 목표 단어를 더 크게 말함으로써 치료자들은 종종 성공했다. 그들은 "'차!'라고 말해봐"라고 말했을 것이고 아이들은 보통 목표단어(차)만 따라 했다(1977, pp. 180-181).

일단 아이들이 치료자의 단어들을 따라 할 수 있으면 치료자들은 물체에 이름 붙이기, 질문하기, 말의 전치사와 다른 부분들 사용하기를 가르치기 시작했다. Lovaas는 3개 출판물(1977, 1981, 2003)에서 절차를 기술하고 그것들을 영상으로 보여주었다(1969).

Lovaas의 초점은 언어에 있긴 했지만, 그와 치료자들은 다른 기술의 시범을 보여주고 아이들이 그들의 연기를 따라 하면 강화했다. 치료자들은 페그보드(나무못을 구멍에 꽂는 일종의 놀이도구로 손가락 재활도구로 사용됨 – 역주)와 실로폰 같은 장난감을 가지고 노는 가장 쉬운 기술부터 시작했다. 일단 모방이 진행되면, 훈련은 스스로 옷 입기 같은 더 복잡한 것으로 나아갔다(Lovaas et al., 1967).

Lovaas는 아동의 행동을 주의 깊게 기록하여 프로그램에 참가한 4명의 아동이 큰 진전이 있음을 발견했다. 그들의 자기자극, 분노발작, 반향어가 감소되었다. 말과 다른 사회적으로 적합한 행동들은 증가했다. 가장 큰 소득은 적절한 놀이에서 있었다. 큰 향상이 있었던 놀이의 대부분은 장난감, 블록, 그림도구들을 가지고 혼자 노는 놀이였지만, 술래잡기와 같은 일부 사회적 게임도 학습했다. Lovaas와 동료들은 아동이 외적 강화 없이 많은 놀이활동에 참가하는 것을 발견했다. 그 활동들은 본질적으로 즐거운 것이었다(Lovaas et al., 1967; Koegel et al., 1974).

4명의 아이들은 진전이 있었음에도 불구하고 그들의 이야기는 비극적이다. 그들을 위해 직원의 많은 시간을 쓸 수 없었던 주립병원은 그 아이들을 퇴원시켰으며 아이들은 획득했던 것 대부분을 잃어버렸다. Lovaas는 2명을 추후 치료를 위해 UCLA로 데려올 수 있었고 그들은 빠르게 회복되었다. 그러나 그들이 다시 주립병원으로 돌아갔을 때 자폐적 상태로 되돌아갔다.

Lovaas는 상당한 성공을 보고했다. 각각 약 1년 정도 치료자들이 16명 아이들 부모의 치료를 감독했다. Lovaas는 1~4년 후에 거의 대부분의 부모가 여전히 그의 방법을 적용하고 있음을 발견했다. 더욱이 그들의 아이들은 획득한 것을 유지하거나 계속 향상되고 있었다(Lovaas et al., 1973).

두 번째 프로젝트

Lovaas의 다음 주요 프로젝트는 1970년에 시작했다. 치료자들은 4세 이하인 19명의 아이들을 그들의 집에서 치료했다. 부모도 그 절차를 사용했고 필요할 때 치료자들이 아이들 학교에서 교사와 함께 일했다. 심지어 치료자들은 자기 아이들이 놀이에 자폐증인 아이들을 같이 놀게 할 때 강화를 해주면서 자기 자녀들을 프로젝트에 참가시켰다.

그 훈련은 적어도 2년간 아이들이 깨어있는 시간 거의 대부분 동안 실시되었다. Lovaas는 첫 번째 프로젝트가 더 큰 진전이 있었던 것으로 밝혀졌기 때문에 이 시기에 더 어린 아이들과 일하기로 결정했다(Lovaas, 1987, 1981, p. 220, 2003, p. 16).

그 결과는 인상적이었다. Lovaas는 19명의 아이들 중 9명은 1학년을 완수했는데 그것은 원래 불가능한 것으로 보였던 성취다. 비교집단에 있는 아동은 비슷하지만 덜 집중적인 치료를 받는데 그만큼 잘하지 못했다. 추후연구는 6년 후에 실시했는데 아이들 중 8명이 공립학교의 정규학급에서 계속 공부하고 있음을 알게 되었다(McEachin, Smith, & Lovaas, 1993).

변하고 있는 처벌에 대한 관점

Lovaas 연구에서 매우 논란이 되는 측면은 초기 연구에서 처벌을 사용한 점이다. Lovaas는 그것을 강력하게 옹호했다(Chance, 1974). 그렇긴 했지만 시간이 지나면서 그는 그의 입장을 누그러뜨렸다. 그는 아이들이 이전에 발작을 일으켰을 때 보통 "가만히 앉아 있고(sit nice)" "손을 가만히 가지고 있도록(keep hands quiet)" 가르칠 수 있었고 그래서 처벌이 필요 없었다는 걸 발견했다(Lovaas, 2003, p. xv, 9장). 오늘날 처벌은 어떤 행동치료에서도 거의 사용되지 않고, 신체적 처벌은 특히 사용하지 않는다.

Koegel의 변형치료

Lovaas 방법에서 파생된 주된 방법은 그의 동료 중 한 사람인 Robert Koegel이 개발했다. Lovaas는 주로 말의 부분들 같은 분리된 기술 가르치기에 초점을 두었다. 그러나 Koegel은 아이들이 항상 매우 동기부여가 되어 있는 건 아니고 그들의 진전은 방치된다는 걸 발견했다. Koegel은 아내 Lynn과 함께 동기부여가 더 중요한 역할을 하길 원했다 (Koegel, Koegel, & Cater, 1998).

Koegel 부부는 동기부여를 증가시킬 한 가지 방법이 아이가 선택할 수 있게 하는 것임을 발견했다. 만약 치료자가 아이들에게 물건들을 분류하게 가르치려면, 아이들에게 동물, 블록, 꽃 중에서 분류할 것을 선택하게 하면 된다.

치료자들은 또한 자연적인 강화를 통해 아동을 동기화시키려고 한다. 정확한 행동마다 음식 조각들로 강화하는 대신, 아이들의 관심과 자연스럽게 연결되는 결과를 제공한다. 만약 소녀가 삽을 가지고 놀고 싶어 하면, 치료자는 그 애에게 "삽"이라고 말하라고 요구한다. 그리고 그 애가 삽이라 말하려고 시도하면 치료자가 삽을 준다. 아이들로 하여금 자신의 목표를 달성하도록 도울 때 아이들은 단어들이 의미 있다는 걸 발견한다고 Koegel 부부는 믿는다(Koegel, Koegel, & Cater, 1998, p. 361; Koegel & Koegel, 2006, p. 144).

Koegel 부부는 자신들의 접근을 중심축 반응치료(Pivotal Response Treatment)라고 부른다. 그들은 '중심축'이라는 단어를 그들의 전략이 잠재적으로 너무 기본적이어서 광범위한 이익을 가져온다는 걸 의미하기 위해 사용한다. 아이들에게 선택지를 주는 게 요구를 충족시킨다. 어른들이 아이들에게 과제를 선택하게 해주면 아이들은 더 열정적으로 학습할 뿐만 아니라 발작도 마찬가지로 감소된다(Rispoli et al., 2013; Roza, 2021).

Koegel 부부의 접근은 아이들이 어느 정도 주도적이게 해준다. 그러나 그 어른은 여전히 상당한 통제를 유지한다. 예를 들어 만약 한 소녀가 삽을 가지고 놀고 싶어 한다면, 어른은 아이에게 삽을 주기 전에 적어도 "삽"을 말하려는 시도를 하라고 요구한다. 만약 그 애가 말을 하지 않고 그것을 가리키기만 한다면, 그 애는 삽을 갖지 못한다(White, Aufderheide-Park, & Gengoux, 2021).

이제 아이가 더 충분히 주도하는 치료를 알아보자.

Bettelheim

생애 소개

Lovaas가 1960년대 후반 그의 연구를 보고하고 있을 때, 그에게는 Bruno Bettelheim이라는 경쟁자가 있었다. Lovaas처럼 Bettelheim은 미디어에서 종종 크게 다루는 이목을 끄는 사교적인 인물이다. 인터뷰와 강연에서 두 남자는 가끔 신랄한 말을 주고받았다. 상대의 연구에 대해 말하는 내용 중 어느 것도 좋은 게 없었다.

Bruno Bettelheim(1903~1990)은 오스트리아 비엔나에서 성장했다. 10대에 정신분석에 관심을 갖게 되고 비엔나대학교에서 심리학을 공부했다. 1932년에 Bettelheim과 아내 Gina Alstadt 부부는 여아 한 명을 집에서 보살피게 되었는데, 이 여아는 나중에 **자폐증**(autism)이라는 것이 밝혀졌다. 그러나 1938년 히틀러가 오스트리아에 침입하게 되자 다른 모든 정상적인 생활과 함께 이 여아에 대한 치료도 중단되었다(Goleman, 1990).

Bettelheim은 1938년부터 1939년까지 다하우와 부헨발트에 있는 포로수용소에 수감되었다. 석방 후 1944년에 미국으로 건너간 Bettelheim은 시카고에 있는 오서제닉학교(Orthogenic School)를 관리했다. 아동을 위한 특수학교이자 가정인 이곳에서 Bettelheim과 교사는 여러 가지 정서적 장애를 다루었으나, Bettelheim은 항상 자폐아에게 특별한 관심을 두었다. 그는 저서『텅빈 요새(The Empty Fortress)』(1967)에서 이 아동들에 대한 그의 학교치료에 대해 감동적으로 썼다. 그는 또한 동화(1976)를 포함한 많은 주제에 대해 저술했다. Bettelheim은 86세를 일기로 세상을 떠났다(Goleman, 1990; Encyclopedia Britannica, 2023).

Bettelheim은 복잡한 사람이었다. 그는 자신의 저서에서는 따뜻하고 수용적인 환경을 강조했는데, 이는 심한 장애를 겪는 아동일지라도 자신의 내적 촉진에 의해 발달할 수 있도록 해주기 때문이다. 이는 사실 오서제닉학교의 교사가 추구하는 철학이다. 그러나 Bettelheim 자신은 그의 방식을 알지 못하는 사람들에게 매우 독재적이고 경멸적일 수 있었다. 학교에서 그는 가끔 매우 화가 나서 아이를 때렸는데(Jatich, 1990) 교사는 절대로 그러지 않았다.

자폐증에 대한 그의 연구가 대중들에게 알려지자 격렬한 비판을 받게 되었다. 자폐증인 자녀가 있는 부모가 특히 분노했는데『텅빈 요새』가 아이들이 병에 걸린 것에 대해 부모를 비난하는 것 같았기 때문이었다.

특히 그 책은 영아인 아이들이 그들의 울음이나 몸짓이 원하는 부모 반응을 끌어내는 데 실패했다는 느낌을 발달시켰다고 말했다. 그 아기는 자신들의 행동이 그들의 운명을 개선할 수 없을 거라고 느꼈다. 더 심하게 Bettelheim은 옳건 그르건 아이들은 부모가 자신을 원하지 않는다는 느낌을 발달시킨다고 추정했다. 어떤 소란도 그들의 죽음을 야기한다고 결론 내린 아이들은 다른 사람과의 상호작용을 멈추었다.

Bettelheim은 그가 부모를 비난하고 있다는 걸 부인했다. 그는 영아-부모 상호작용이 실패할 때, 그것은 종종 타고난 기질적 차이 때문이라고 말했다. 그러나 그는 치료에서 부모를 배제했다. 그는 오직 특별한 양육환경만이 그 아동을 사회적 세상으로 끌어들일 수 있다고 믿었다. 그리고 이런 환경은 평범한 가족이 아니었다. 그래서 그가 부모를 비난하지 않을지라도 그는 아이들의 치료에 부모를 포함시키지 않았다.

Bettleheim의 치료에는 엄청난 문제가 있는데, 굳이 왜 이 책에서 이것을 설명하는지 궁금할 수 있다. 그러지 않았다면 보지 못했을 자폐증 아이들의 성장잠재력을 오서제닉학교가 밝혀주었다는 게 그 이유다.

자율성의 출현

Bettelheim의 교사는 아이들의 요구를 충족시키기 위해 가능한 모든 것을 했다. 그러나 Bettelheim은 이런 보살핌과는 별도로 교사가 어떤 점에서는 자폐아들을 위해 할 수 없는 일들이 있다고 믿었다. 그는 아이들이 자율성(자신을 통제할 수 있고 주변 환경에 영향을 줄 수 있다는 느낌)을 발달시키길 원했다. 그리고 진정한 자율성을 갖기 위해서는

혼자 힘으로 그것을 얻어야 한다. 교사가 할 수 있는 모든 일은 사랑과 존중이 있는 올
바른 환경을 만들고 아이들이 그들을 완전히 신뢰하여 스스로 첫발을 내딛길 기대하는
것이다.

　애정 어린 보살핌이 자율적 행위를 위한 장(場)을 마련해주는 방식은 7세에 학교에
입학한 Laurie라는 여아의 경우를 들어 예시된다. 그녀는 4세가 지나도록 한마디도 말
을 하지 않았고 사람들과 완전히 관계를 맺지 않고 있었다. 또한 조금만 먹고 마셨으며
여러 달 동안 입을 조금 벌린 채로 있어서 입술이 말라 있었다. Laurie의 상담자는 그녀
를 보다 편안하게 해주려고 입술에 기름을 발라주었다. 상담자는 그녀의 입술을 부드
럽게 문질러주고

> 손가락을 부드럽게 입안으로 넣어 혀 위에 놓았다. Laurie는 처음에는 거의 반응을 하
> 지 않았으나, 나중에는 그것을 좋아하는 것 같았다. 그리고 잠깐 동안 상담자의 손가
> 락에 혀를 대고 그것을 핥았다(Bettelheim, 1967, p. 100).

이와 같이 상담자의 애정 어린 보살핌은 Laurie로 하여금 조그만 것이기는 하지만 자발
적인 행위를 하도록 고무시켰다(p. 100).

　보통 이 아동이 자기주장을 하려는 최초의 노력은, 예를 들어 Marcia의 사례에서 볼
수 있듯이 배설의 문제를 둘러싸고 일어난다. Marcia가 10.5세에 학교에 들어갔을 때,
그녀는 완전히 고립되어 있었으며 자신에게만 어떤 개인적 의미가 있는 말들을 단일 언
어로만 말했다. 생활에서 핵심 문제는 변비였다. 엄마가 Marcia를 2세 때부터 훈련시키
기 시작한 후에는 스스로 변을 보는 것을 멈추었다. 그때부터 계속해서 부모가 관장제
를 주었다. 그녀의 변비에 대한 교사의 태도는 자율성의 개념에 중요성을 부여하고 있
다는 것을 예시해준다. Bettelheim은 다음과 같이 적고 있다.

> Marcia가 온 순간부터 만일 우리가 어떤 것은 하도록 하고 어떤 것은 하지 말도록 강
> 요한다면 결코 그녀를 고립으로부터 벗어나도록 도울 수 없을 것이라고 확신했다. 가
> 장 중요한 일은, 그녀에게 적어도 자신의 신체를 돌볼 책임이 있다는 느낌을 갖게 하
> 는 것이었다. 그래서 처음부터 우리는 그녀의 배변을 강요하지 않을 것이며 학교에서

는 결코 관장제나 설사약을 주지 않을 것이고, 그녀가 하고 싶을 때 배변할 수 있다는 것을 그녀에게 확약하였다(p. 70).

꼭 화장실에서 대변을 볼 필요는 없었으나, "그녀가 가장 손쉬울 때 언제 어디서나 할 수 있도록 했다"(p. 172). 곧 Marcia는 변을 보기 시작했으며, 그녀가 일정하게 변을 본 첫 번 장소는 욕조였는데, 그곳에서 가장 긴장이 풀리고 편안함을 느끼는 것 같았다. 목욕통에서 변을 본 후에 그녀는 자주 자신의 변기를 가지고 놀았다. "약 1년 후, 다시 그녀가 좋은 상태일 때(우리가 때로 유도적인 암시를 하긴 했지만) 그녀는 화장실에서 배변하기 시작했다"(p. 172).

Bettelheim은 많은 사람이 욕조에 대변이 떠다닌 것에 혐오감을 느낄 것이라는 걸 인정했다. 어떤 사람은 궁금할 수 있다. "이것을 왜 허락하는가? 이것은 아이에게 사회 안에서 살아가는 걸 가르치지 않는다." 그러나 Marcia는 자신의 방식으로 신체기능을 발달시키고 있었다. Bettelheim은 우리가 너무 자주 자율성보다 사회적 동조를 더 소중히 여긴다고 말했다. 그는 다음과 같이 물었다. "개인적 발달을 희생해가며 사회적 적응을 자율성보다 높게 평가해야 하는 때는 언제이고 무엇을 얻기 위한 것인가?"(p. 293).

그녀가 처음으로 다른 사람들과 관계를 맺으려고 시도할 때 그 아이의 향상은 계속되었다. 학교에서 일 년쯤 지난 후 Marcia는 상담자인 Inge를 잡기놀이에 끌여들였으며 "쫓아라!"고 속삭였다. 그러나 Inge는 항상 일정한 거리를 유지하고 따라감으로써 Marcia는 자기 차례가 되어 Inge를 쫓는 기회를 한 번도 갖지 못했다. Bettelheim은, Marcia가 한 번도 따라잡히지 않는 이 놀이를 통해 자기가 압도당하고 있다는 느낌을 극복하리라고 생각했다. 즉 그녀는 "결코 어느 누구도 자기를 잡지 않을 것이며, 또 압도당하지도 않을 이런 놀이를 수 천번 반복함으로써 이제 간신히 나타나고 있는 '나'"를 확립하려 했을 것이다(1967, p. 179). 상담자들은 그녀의 바람을 존중했으며, 언제나 Marcia 자신의 견지에서 놀이를 하였다.

Marcia의 진전은 그녀가 인형을 가지고 상징놀이(그녀의 초기 경험을 재현하는 것처럼 보이는 놀이)를 시작했을 때 계속되었다. 여러 날 동안 그녀는 아기인형의 직장(直腸)으로 물을 넣고 빼는 일을 계속했다. 그러나 Marcia는 장난감 강아지가 우유를 마시려고 할 때는 심술궂게 때리는 것처럼 행동했는데, 이는 구강섭취가 매우 위험하다는 그녀의 감정을 보여주었다(p. 224). 그녀는 입으로 섭취하는 것은 나쁘며 가장 심한 보복을 불러올 것으로 믿는 것 같았다. 그러나 점차적으로 인형놀이에서 유쾌하게 마시는 방식에 대해 시험할 수 있게 되었으며, 마시는 것 그 자체를 즐길 수도 있게 되었다. Marcia의 모든 놀이는 자기주도적이었다.

증상에 대한 태도

Bettelheim 철학의 가장 급진적인 측면 중 하나는 증상에 대한 그의 태도다. 그는 증상이 우리의 존중을 받을 가치가 있다고 말했다. 증상이란 아동이 긴장으로부터의 어떤 해방이나 극복을 위해 자발적으로 발달시킨 것이다. 증상은 아동이 현재까지 가장 자발적으로 성취해온 것을 나타낸다. 만약 그 증상을 경시한다면(예 : 아동에게 그 증상을 버리도록 권한다면) 우리는 그 아동에 대한 존중심 또한 전할 수 없게 된다(p. 169).

증상에 대한 교사의 태도는 식당에서 Marcia가 하는 행동에 대해 그들이 접근하는 사례를 통해 볼 수 있다. Marcia가 처음 그 학교에 왔을 때 그녀는 사탕만 먹었으며, 식당에서는 위험한 어떤 것으로부터 자신을 보호하려 하는 것처럼 집게손가락으로는 귀를 막고 새끼손가락으로는 코를 막았다. 이런 습관 때문에 그녀는 자신의 손으로는 먹을 수 없었다. 교사는 그녀에게 귀와 코를 막지 않아도 된다고 말하려 했으나, 그런 의사전달이 거의 아무 소용없다는 것을 깨달았다. 왜냐하면 만약 귀와 코를 막지 않는 것이 그녀에게 괜찮았다면 그녀 자신이 그렇게 했을 것이기 때문이다.

> 우리의 해결책은 그녀에게 귀를 막도록 내버려두는 것이었다. 그러면 그녀는 나머지 손가락으로는 자유롭게 먹을 수 있을 것이다. 음식을 먹으라는 소리를 듣자 Marcia는 즉시 집게손가락으로 코를 막은 후 그녀가 할 수 있는 한 가장 가까이에 몸을 구부려서 다른 손가락들로 음식물을 입에 가져갔다. 이런 동작은 거기 있는 아동과 어른들 모두를 놀라게 했다(pp. 169-170).

때로 자폐증은 자기파괴적인 행동을 포함한다. 자폐아들은 자기 자신을 해치려 한다. 이런 경우 교사가 개입한다. 그들은 아동을 보호해야 하기 때문이다(p. 268). 그러나 다른 증상들은 존중된다. 왜냐하면 그 증상들은 그 아동이 자율적으로 이루어놓은 것이기 때문이다.

현상학

Bettelheim의 연구는 현상학적인 방향성을 가지고 있다. 철학으로서의 현상학은 매우 복잡하지만, 심리학에서의 현상학은 일반적으로 다른 사람들이 어떤 습관적인 방식으로 사고한다는 선입견을 버리고 타인의 독특한 세계로 들어가려 하는 것을 의미한다. 즉 다른 사람 입장에서 생각해보는 것을 의미한다(Ellenberger, 1958).

이 학교의 현상학적 접근은 Marcia가 자신의 귀와 코를 막는 것에 대한 태도에 의해 예시된다. 교사는 Marcia가 귀와 코를 막지 않는 것이 옳다고 생각했지만, 이는 Marcia의 경험은 아니라고 추측했다. 따라서 Marcia의 독특한 내적 경험의 관점에서 새로운 세계를 보려 했으며, 그에 따라 행동하려 했다.

Bettleheim과 Lovaas

자폐증 사례들에서 Lovaas는 어른들은 사회적으로 적절한 행동을 가르쳐야만 한다고 믿었다. Bettelheim은 이 목표를 갖지 않았다. 그는 매우 양육적인 환경 안에서 그 아이들이 자신의 발달을 이끌어가길 바랐다. 심지어 매우 위축된 아동에서도 내적인 힘이 아이들로 하여금 건강과 성장을 향하도록 격려할 수 있다고 그는 생각했다. 이런 점에서 그의 치료는 내적 성장의 힘을 강조한 이론가인 Rousseau, Gesell, Piaget의 발달적 전통 안에 있다.

Lovaas는 이 접근이 매우 잘못 지도되었다고 말했다. 그는 아동이 자폐상태를 벗어나길 가만히 기다리기만 한다면 어른들은 매우 긴 시간을 기다리게 될 것이라고 믿었다. 또한 발달적 전통에 있는 사람들은 그들의 입장을 지지할 자료가 없다고 덧붙였다(Lovaas et al., 1973; Lovaas, 2003, pp. 11-12).

Bettelheim은 아동이 성공한 자료를 제공하려고 했다. 1967년까지 그는 자폐증이 있는 40명의 아동을 치료했고, 그 학교는 아동의 5분의 4가 다른 사람과 관계맺는 게 가능하도록 했다고 추정했다(1967, pp. 414-416). 그러나 그는 그 자료의 평가자 간 신뢰도를 평가하지 않았다. 즉 중립적인 관찰자들이 그에게 동의하는 정도를 평가하지 않았다.

저자는 Bettelheim이 Lovaas가 한 것과 같은 평가를 했었길 바란다. 그런 평가의 부재 속에서 우리는 사례연구로부터 그 아동의 진전을 어느 정도 이해한다. 그 학교에 7년 동안 있었던 Marcia는 부분적으로 회복했다. 그녀가 집으로 돌아갔을 때, 그녀는 다른 사람들과 말하고 전체 범위의 정서표현이 가능한 것 같았다. 그러나 그녀의 지적 능력은 수년 뒤쳐져 있었다. 아마도 그녀는 너무 늦은 나이(10.5세)에 학교에 입학해서 완전히 회복하지 못한 것으로 보인다. 하지만 그녀는 더 이상 전처럼 움추러든 아이가 아니었다.

Mahler의 치료접근

13장에서 Margaret Mahler 이론을 개관했다. 여기서는 그녀의 치료접근을 간단히 살펴볼 것이다. Bettelheim의 방향성과 같이 Mahler의 방향성은 정신분석적이다. 내담자가 무엇을 경험하고 있는지 이해하도록 돕기 위해 두 사람 모두 Freud식 개념을 사용했다.

그러나 Mahler의 접근은 다르기도 했다. Bettelheim이 치료적 환경에서 부모를 배제한 반면에 Mahler는 엄마가 치료에 중심적으로 개입되길 원했다. Mahler가 '삼자 간(tripartite)' 설계라고 불렀던 것 안에는 엄마, 아이, 치료자가 모두 회기마다 참가했었다.

목표는 아이와 엄마 사이의 '공생적' 관계를 길러주는 것, 즉 아이에게 유쾌한 일체감을 주는 것이었다. Mahler는 이것이 자폐증이 있는 아이가 획득하지 못한 것이며, 그들이 앞으로 진행시킬 필요가 있는 것이라고 믿었다.

치료는 전형적으로 다음 방식을 따른다. 처음에 치료자는 아이에게 진정시키는 존재를 제공하려고 한다. 예를 들어 만약 한 소년이 쿠션처럼 그녀에게 기댄다면, 그녀는 자신을 이런 목적에 가능하게 만든다. 치료자는 어떤 침입하는 행위도 피하려고 한다. 그녀는 아이가 스트레스를 받는다면 아이의 편한 수준과 위축의 표시에 주목한다.

다음에 치료자는 아이와 교환을 시작한다. 두 사람은 테이블 위에 올려진 2개의 북을 번갈아 치거나 또는 아이의 활동에 맞추어 치료자가 간단한 소리를 콧노래로 한다.

다음에 치료자는 엄마를 상호작용으로 끌어들인다. 치료자는 세 사람 모두가 노래하거나 인형을 가지고 놀도록 격려할 수 있다. 치료자는 아이와 엄마 사이의 다리가 되려고 한다.

마침내 모든 것이 잘된다면 아이는 혼자서 엄마하고 관계를 가질 것이다(Mahler, 1968, pp. 195-218).

Mahler는 모든 단계에서 아이는 어떤 식으로든 강요된다고 느낄 수 없다고 말했다. 그들이 원할 때만 상호작용 속으로 끌어들여야 한다(1968, pp. 166-168).

때때로 치료자는 아이의 기분을 해석한다. 예를 들어 Mahler의 동료 Anni Bergman은 5세인 여자아이를 치료했는데, 그 아이는 어둠이 내리는 어느 저녁에 매우 흥분하게 되었다. Bergman은 엄마와 연결되기 시작하고 있던 여자아이가 혼자 밤에 있었을 때의 외상적 경험을 기억했던 것으로 추측했다. Bergman은 이것을 아이에게 말했고 다음 날 그 소녀는 더 안정되어서 인형놀이에 집중하는 것으로 보였다(Bergman, 1999, pp. 248-252).

다른 경우에 Bergman은 그 소녀의 분노발작에 대한 그의 생각을 엄마에게 전했다. 이러한 설명은 엄마가 딸에게 더 인내할 수 있게 만들었다(Bergman, 1999, pp. 248-252).

치료의 시작에서 이 소녀는 말하지 않고 완전히 위축되었었다. 치료는 매우 어려웠지만 놀라운 성과가 있었다. 17년 후 그 소녀는 애정어린 엄마가 되었다(Bergman, 1999, 13장).

Bergman은 매우 온화하고 통찰력 있는 치료자였다. 그녀는 또한 많은 환자들을 치료했다. 이 소녀에 대한 그녀의 노력은 많은 치료자들이 시도하려고 준비한 것이 아니다. 그러나 Stanley Greenspan은 아동을 유쾌한 관계로 끌어들인다는 Mahler의 목표를 공유하는 방법을 개발했다. 그리고 그의 방법은 점점 더 널리 보급되고 있다.

Greenspan과 플로어타임

생애 소개

Stanley J. Greenspan(1941~2010)은 뉴욕주 롱아일랜드에서 자랐다. 어렸을 때 학습장애를 극복했는데, 그것은 그로 하여금 다른 사람들을 돕겠다는 희망을 갖게 한 성취였다. 고등학교에서 그는 우수한 학생이었고 농구 팀 인기선수였다. 그는 1962년 하버드대학교에서 학사학위를 받았고 콜럼비아대학교에서 정신의학 전문의 실습기간을 마친 후에 1966년 예일대학교에서 의학학위를 받았다.

　Greenspan은 국립 정신건강연구소에서 연구자로 일한 1970~1980년대에 자폐증 치료에 대한 그의 접근을 개발했다. 그는 그 방법을 **플로어타임**(floortime)이라고 불렀는데, 어른이 아이들과 함께 플로어에 올라가 함께 놀기를 바랐기 때문이다(Corcoran, 2010; Maugh, 2010).

플로어타임

Greenspan은 플로어타임을 '발달적, 개인차, 관계기반'(DIR)이라 불리는 더 큰 구조의 실행적 요소로 간주했다. 이 장에서는 실행방법에 초점을 둘 것이다.

　Greenspan은 자폐증이 있는 아동이 다른 사람과의 상호작용이 너무 멋지고 자연스러워서 밖에서 갈수록 더 상호작용할 거라고 느끼게 만드는 것이 그의 목표라고 말했다(Greenspan & Weider, 2009, p. 77). 이 느낌은 주로 놀이를 통해 생긴다고 Greenspan은 믿었다. 전형적인 치료회기에서 치료자, 부모, 아이는 장난감과 가정용품들이 있는 방의 마루에 앉는다. 어른들은 아이들이 가장 흥미 있어 하는 것이 무엇인지 관찰하고, 치료자는 아이들의 관심을 같이하는 게임으로 돌리는 방식을 부모에게 제안한다.

　하나의 전략은 '놀이처럼 방해적'이 되는 것이다. 만약 한 소년이 문을 반복해서 열고 닫는다면 어른은 손을 그 방식으로 할 수도 있는데, 그래서 아이가 어떤 반대를 표현하면 손을 치운다. 목표는 그것으로 게임을 만드는 것인데, 게임은 아이가 책임을 지기 때문에 아이에게 즐거움을 가져다줄 수 있다(Greenspan & Weider, 2009, pp. 70-71).

　때때로 어른은 아이들의 활동에 동참한다. 만약 아이가 옷을 되풀이해서 비비고 있다면, 엄마는 수 초 동안 마찬가지로 옷을 비빌 수 있다. 다음에 엄마는 옷을 얼굴에 올려놓을 수 있다. 만약 아이가 옷에 손을 뻗는다면 엄마는 옷을 여러 장소에서 찾는 게임을 만들 수 있다. 종종 가장 좋은 결과는 어른이 재미있길 바라면서 약간 우스꽝스럽게 행동할 때 일어난다(Greenspan & Weider, 2009, p. 70).

　이러한 상호작용 속에서 아동은 이끄는 위치에 있어야 한다(2009, p. 178). 어른은 아이의 반응을 주시하는데 아이가 순간적인 좌절 이상의 것을 절대로 겪지 않도록 확인하기 위해서다. 그리고 어른들은 "큰 미소, 행복한 소리, 아이 눈의 반짝임 같은 즐거움의 표시"를 항상 찾는다(p. 58).

어떤 사람들은 재미있는 게임에 초점을 두는 건 하찮은 일이라고 걱정할 수도 있다. 무엇보다도 사람들은 삶이란 심각한 문제라고 말할 수 있다. 아이들은 성공하기 위해 언어와 인지기술을 배워야 하지만 Greenspan은 이러한 역량은 정서적으로 의미 있는 상호작용을 통해서 발달한다고 주장했다(2009, p. 37). 예를 들어 '사랑'이란 단어는 오로지 아이와 다른 사람과의 상호작용 때문에 아이에게 의미가 있다. 이러한 교환은 초기에는 전언어 수준(preverbal level)에서 일어난다. 엄마가 아이를 껴안고, 입 맞추고, 들어 올릴 때 아이가 "나는 우리 엄마를 사랑해"라고 하는 말이 진정한 의미가 된다. 이런 전언어적 상호작용 없이 "나는 너를 사랑해"라는 말을 아이가 배운다면, 그 아이는 의미 없는 단어를 앵무새처럼 되뇔 뿐이다. 유사하게 '더 큰(bigger)'과 '더 많은(more)' 같은 개념은 처음에는 파이를 나누는 물리적 활동을 통해 의미를 획득한다. Werner처럼(이 책의 5장) Greenspan은 정서적인 행동 맥락으로부터 언어가 출현한다고 생각했다(2009, pp. 80, 306).

Greenspan의 방법에서 치료자는 아동의 감각적 각성수준을 고려한다. 어떤 아이들은 수동적이고 치료과정에 들어오기 어렵다. 다른 아이들은 지나치게 활동적이다. 낮은 에너지의 아동은 부모가 활기찬 방식으로 행동하도록 격려한다. 아이가 극도로 활동적이면 진정시키는 목소리가 더 효과적이다(pp. 86-89).

Greenspan은 아동 자신의 정서적 단계에 맞추길 원했다. 심지어 그것이 5세 아이가 영아처럼 행동할 때라도 그것에 맞추는 걸 의미한다. 부모를 돕기 위해 Greenspan은 일련의 단계의 윤곽을 만들었다. 하지만 부모는 어떤 대본대로 할 수 없다. 그들은 무엇을 어떻게 해야 할지에 대한 단서를 아이들에게서 얻어야 한다.

Mahler와의 비교

플로어타임은 Mahler의 접근법과 많은 것을 공유한다. 두 사람 모두 전형적으로 치료회기에 세 사람(치료자, 어른, 아이)을 포함한다. 그리고 유쾌한 놀이 같은 방식으로 아이가 관계하도록 이끌려고 한다.

그러나 그들 간에 차이도 있다. 하나는 Mahler는 하나의 유대(엄마와 아이 사이)만을 길러주려고 하는데, 이와 대조적으로 플로어타임은 아이가 다양한 어른(가족구성원들, 교사, 다른 사람들)과 상호작용하는 걸 도우려 한다.

이에 더하여 플로어타임은 Mahler의 정신분석적 접근보다 더 좁게 목표를 정한다. Mahler, Bergman, 그리고 다른 동료들은 아동의 행동 뒤에 있는 정서적 의미를 이해하려고 했다. 플로어타임 치료자들은 그러한 분석과 해석을 하려고 하지 않는다. 그들은 즐거운 상호작용을 길러주는 데 초점을 둔다.

평가

플로어타임은 쉽지 않다. 많은 어른에게 그것은 처음에 부자연스러운 것 같다. 어른들은 그들의 주된 과제가 아동을 책임 있는 방식으로 가르치는 것이지 아동이 주도하는 재미있고 유머러스한 놀이를 만드는 게 아니라고 생각한다. 그러나 연구는 어른들이 그 프로그램을 높게 평가한다는 걸 보여준다. 그 방법의 성과에 대한 연구는 이제 막 시작되고 있다. 지금까지는 플로어타임이 사회적/정서적 기능을 향상시킨다고 말하지만 이러한 이득이 언어나 인지적 역량으로 전이될지는 분명하지 않다(Bushoff et al., 2020).

결론적 사고

자폐증과 치료접근에 대한 이런 개관으로부터 결론 내릴 수 있는 것은 무엇인가? 저자는 세 가지 요점을 강조하고 싶다. 첫째, Lovaas와 행동주의자들은 그들의 치료결과를 과학적으로 평가하는 데 가장 큰 노력을 했다. 이런 노력은 중요하고 인상적이다.

둘째, 모든 치료접근에 나타난 주제는 놀이의 힘이다. Lovaas는 실로폰이나 페그보드 같은 물건을 가지고 하는 놀이는 비교적 아동에게 자연스럽게 나타난다는 사실을 발견했다. 그래서 그는 그러한 활동을 모방과정을 진행하는 데 사용했다. 그리고 전체적으로 보아 적절한 놀이의 이득은 언어와 다른 영역에서의 이득을 능가했다.

게다가 Bettelheim과 Mahler가 치료한 아이들 사이에서 놀이가 자연스럽게 생겼다. 여러분은 Bettelheim학교에 있던 아이인 Marcia가 그녀의 상담자와 잡기게임을 시작한 걸 기억할 수 있을 것이다. 그것은 Marcia가 다른 사람과 관계를 맺은 첫 번째 시도였다. 나중에 그녀는 지발적으로 인형놀이를 했는데, 그것은 Marcia로 하여금 고통스러웠던 초기 경험을 넘어서서 어느 정도 다룰 수 있게 해준다.

Mahler의 방법으로 치료된 아이들에 대해 말을 많이 하지 않았지만 자발적 놀이는 그 아이들 사이에서도 나타났다. 더구나 Greenspan은 놀이를 그의 접근의 중심에 놓았다. 그에게 아이를 놀이에 초대하는 것은 사회적 상호작용이 즐거울 수 있음을 보여주는 가장 최선의 방식이었다. 일반적으로 아이에게 우리가 격려할 수 있는 하나의 자연스러운 힘이 있다면 그것은 아이들의 놀이에 대한 열정인데, 이것은 아이들로 하여금 자신의 문제를 숙달하고 덜 고립되도록 돕는다.

저자의 세 번째 요점은 1990년대 Jim Sinclair와 다른 사람들이 시작한 새로운 운동에 대한 반응이다. 이런 운동은 정신병리로서의 자폐증에 대한 표준적 관점을 거부한다. 대신에 생물학적 다양성의 자연적 표현, 그것이 무엇인지가 이해되어야 하는 특별한 존재방식으로 그 병을 본다(McLaren, 2014).

Sinclair와 많은 '긍정적 자폐증' 행동가들은 그들 자신이 자폐적이었으며 그 병에 독특한 강점이 있다고 주장한다. 이것들은 소수에서 발견되는 특별한['서번트(savant)'] 능력뿐만 아니라, 특정한 사물에 대한 강한 흥미 같은 공통적인 특성도 포함한다(McLaren, 2014). 이런 흥미들은 매우 좁기 때문에 전통적으로 증상으로 분류되지만 깊은 집중도 긍정적인 면을 가진다. Montessori(1917, pp. 212-234)가 관찰했듯이 이것은 위대한 마음의 특징이다.

유사하게 Temple Grandin(2023)은 아이일 때 자폐적이라고 진단받았는데 지금은 존경받는 과학자다. 그녀는 그림으로 생각하는 것의 긍정적 가치에 대해 썼다. 그녀는 많은 숙달된 기술자들이 이런 자폐적 경향을 공유한다는 걸 지적한다.

자폐증의 긍정적인 면을 강조한 많은 사람은 그들을 '정상'으로 만들려는 행동주의자들의 노력에 특히 분노한다. 그들은 있는 그대로의 그들을 존중해주길 바란다. 그들은 동성애와 관련해 일어났던 것과 같은 변화를 보고 싶어 한다. 1973년 이전에 정신의학 전문가는 자폐증을 치료자가 고쳐야만 하는 장애로 받아들였다. 이제 전문가들은 대부분 하나의 대안적 생활유형으로 받아들인다(McLaren, 2014).

저자는 자폐증의 긍정적 관점은 가치 있다고 믿는다. 동시에 자폐증이 있는 사람은 단지 있는 그대로 이해될 수 없다. 심지어 5세 이상의 나이에 많은 자폐증 아동은 스스로 옷을 입지 못하고 배변훈련이 안 된다. 일부는 먹는 데에도 도움이 필요하다. 일부는 집을 나가서 혼자 길을 배회한다(Lovaas et al., 1973; Lovaas, 2003, p. 4). 그들은 별도의 도움 없이 생존할 수 없다.

저자에게 이상적인 접근은 어떤 훈련을 포함하지만, 아이들의 강점을 존중하는 것도 포함하는 것으로 보인다. 그리고 가능한 곳 어디에서나 아이들 자신의 주도성이 치료를 이끌어야 한다. 어른은 그들의 흥미를 이해하고 그들 자신을 확장할 기회를 아이들에게 주어야 한다. Greenspan이 강조하듯이 치료자는 아이들의 주도를 따라야 한다.

아동기 경험에 대한 Schachtel의 연구

생애 소개

Schachtel은 이 책에 있는 다른 이론가들보다 적게 저술하였으며 이 장은 가장 짧은 장이다. 하지만 그의 연구는 중요하다. 그는 우리 경험에 대한 사회적 영향의 비판뿐만 아니라 초기 아동기 지각의 독특한 특성에 대한 통찰도 제공했다.

Ernest Schachtel(1903~1975)은 베를린에서 태어나 거기서 자랐다. 그는 철학, 사회학, 문학 등에 더 관심이 많았지만, 그의 아버지가 법률가가 되길 원해서 그렇게 했다. Schachtel은 나치에 의해 집단수용소에 투옥되던 해인 1933년까지 8년 동안 법률가로 지냈다. 석방된 후에는 영국과 스위스에서 가족에 관한 연구를 계속했고, 1935년에 뉴욕에 와서 정신분석 훈련을 받았다. Schachtel은 그의 여생을 정신분석학자로서 보냈는데, 특히 Rorschach(잉크반점)검사에 많은 관심을 가졌다. 그러나 그는 정신분석학자들 사이에서 언제나 이단자로 지냈고, 발달에 대한 자기 나름대로의 생각을 가지고 있었다(Wilner, 1975).

기본 개념

Schachtel은 사람들이 5~6세경에 있었던 대부분의 사건을 기억 못하는 **영아 기억상실**(infantile amnesia)에 대해 각별한 관심을 가졌다. 우리는 확실히 단어나 일반적인 대상들을 기억할 수 있다. 여기서 상실된 것은 우리의 개인적 경험에 대한 기억, 즉 **자서전**

적 기억이다(Schachtel, 1959, p. 286). 우리의 기억에서 이 신기한 공백에 대해 처음으로 주목한 사람은 Freud였다. Freud는 사람들이 영아시절에 사랑·공포·분노·질투와 같은 강한 경험들을 겪지만 나중에는 그 경험들을 매우 단편적으로 회상할 수밖에 없다고 지적했다. 그는 그런 기억상실이 억압의 산물이라고 설명했다. 초기의 성적·공격적 감정은 부끄러움이나 불쾌, 혐오 등과 연결되어 무의식 속으로 억압된다는 것이다(Freud, 1905, pp. 581-583).

Schachtel은 Freud가 부분적으로는 옳다고 믿었지만, 또한 억압가설에 두 가지 문제점이 있음을 지적했다. 첫째, 아동기의 기억상실이 대단히 전반적이라는 점이다. 즉 억압할 이유가 있는 성적 감정이나 적대감뿐 아니라 그 외의 개인적 경험도 거의 잊혀진다. 둘째, 억압된 경험을 때로 의식으로 끌어올릴 수 있는 정신분석 환자조차도 어릴 때의 경험 중 대부분을 기억할 수 없다. 따라서 아동기 기억상실은 억압 이외의 다른 원인을 더 가지고 있음에 틀림없다(Schachtel, 1959, p. 285).

Schachtel은 아동기 기억상실이 일차적으로는 **경험의 지각양식**(perceptual mode of experience)과 관계가 있다고 주장했다. 성인의 경험과 기억은 대부분 언어적 범주에 기초를 둔다. 예를 들어 우리는 하나의 그림을 보고, "저것은 피카소의 그림이다"라고 자신에게 말하며, 또한 그런 식으로 우리가 본 것을 기억한다(Slobin, 1979, pp. 155-156 참조). 반면 아동기 경험은 주로 **전언어적**(前言語的)이다. 이는 Rousseau가 말했듯이 보다 직접적으로 감각에 의존한다. 결과적으로 아동기의 경험은 언어적 부호를 통해 연결되거나 명명되거나 회상될 수 없다. 따라서 이런 경험은 우리가 성장함에 따라 잊혀진다.

Schachtel은 아동기 경험을 두 단계, 즉 영아기와 초기 아동기로 나눈다. 이제 이 두 단계에서 일어나는 지각양식을 살펴보고, 그것을 성인의 양식과도 비교해보자.

영아기(0~1세)

영아는 특정 감각에 특히 의존한다. 그중 하나가 **미각**이다. 손에 잡히는 것들을 대부분 입으로 가져가는 아기는 성인보다 더 많은 **미뢰**(taste bud)를 가지고 있어서 미각을 통해 보다 세밀하게 구별하는 것으로 보인다(Schachtel, 1959, pp. 138, 300). 아기는 또한 **냄새**로 사물과 사람을 경험한다. 아기는 종종 안기기 때문에 아마도 어른들보다 다른 사람의 냄새에 더 많이 노출되고, 자주 담요나 셔츠를 냄새로 알아차린다(p. 138). Schachtel에 의하면 영아는 엄마의 모습을 알기 훨씬 이전에 엄마가 어떤 맛과 냄새를 가지고 있는지를 안다. 아마도 그런 맛과 냄새를 통해 그들은 언제 엄마가 긴장되어 있고 진정되어 있는가를 말할 수 있다(p. 299). 아기는 또한 **촉각**에 매우 민감해서 예를 들어 엄마가 꼭 안아주거나 느슨하게 안아주거나 하는 촉감으로 엄마의 상태를 알고 이에 따라 반응한다. 끝으로 아기는 온도감각을 통해 **온도**에 민감하게 반응한다(p. 92).

Schachtel은 이런 감각을 '내부중심적'이라고 불렀다. 이 말은 신체 안에서 느껴지는 감각이라는 뜻이다. 예를 들어 음식 맛을 보거나 냄새맡을 때, 감각은 입안이나 코 속에서 느껴진다. 마찬가지로 추위와 더위라든가 붙잡혀지거나 만져지거나 하는 경험은 신체내부나 신체표면에서 느껴진다. **내부중심적**(autocentric) 감각은 **청각**이나 특히 **시각**과 같은 **외부중심적**(allocentric) 감각과 구별된다. 이 감각양식을 사용할 때는 주의가 외부로 향한다. 예를 들면, 우리는 나무를 쳐다볼 때 대체로 외부를 향해 사물 그 자체에 초점을 맞춘다(1959, pp. 81-84, 96-115).

내부중심적 감각은 쾌·불쾌나 편안·불편의 느낌과 밀접히 관련되어 있다. 예를 들면, 좋은 음식은 즐거운 느낌을 낳는 반면, 썩은 음식은 혐오감을 일으킨다. 한편 외부중심적 감각은 대체로 더 중립적이다. 예를 들어 나무를 바라볼 때 우리는 강렬한 즐거움이나 혐오감을 경험하지 못한다. 아기의 경험은 주로 내부중심적이며 Freud가 말한 바와 같이 쾌락원리에 따른다.

성인의 기억범주(주로 언어적)는 내부중심적 경험의 회상에 적합하지 않다. 우리가 본 것을 기술하는 데 필요한 낱말은 상당한 수가 있으나, 냄새 맡고, 맛보고, 느낀 것을 기술하기 위한 낱말은 거의 없다. 예를 들어 "포도주는 쌉쌀하다, 감칠맛 있다, 달콤하다, 좋다, 가득하다" 등의 말로 묘사될 수 있다. 그러나 이들 중 어느 것도 포도주의 맛이나 향을 상상하는 데 도움을 못준다(Schachtel, 1959, pp. 298-299). 시인은 때로 시각적 장면의 생생한 이미지를 창조해낼 수 있지만, 냄새와 맛에 대해서는 그렇지 못하다. 그런데 영아의 세계는 냄새·맛·신체감각 등이 가득찬 세계로서 언어적 부호나 회상의 대상이 아니다.

Schachtel은 후각에 대해 특별히 주의를 기울였다. 서구문화는 사실상 후각에 기초를 둔 구별을 금한다. 어떤 사람에게 소개되자마자 그의 냄새를 킁킁거리며 맡는다면 지극히 상스러운 사람으로 간주된다(거리를 두고 눈으로 훑어보는 것은 용납되지만). 영어에서 "그에게서 냄새가 난다"는 말은 "그에게서 나쁜 냄새가 난다"라는 말과 비슷한 뜻이다. 물론 우리는 향수를 사용하며 또 몇몇 향기를 알고 있다. 하지만 후각에 기초를 두어 구별하는 경우란 대체로 매우 제한되어 있다.

Schachtel은 냄새에 대한 금기는 냄새가 배설물의 주된 성질이라는 사실과 관련된 것 같다고 말했다. 아기는 그들의 대변냄새 맡는 것을 즐기는 것처럼 보인다. 그러나 사회화의 대리자는 그렇게 하지 말라고 가르친다. 결과적으로 아동은 특정한 항문경험을 억압한다. 하지만 그것은 억압하는 것 이상의 일이다. 아동은 후각에 기초를 둔 세밀한 구별을 모두 그치게 된다. 결국 그들은 어릴 때의 경험을 잃어버리게 되는데, 왜냐하면 그 경험들은 이제 허용된 경험의 범주에 맞지 않기 때문이다(Schachtel, 1959, pp. 298-300).

아동 초기(1~5세)

영아기 동안 우리는 내적 또는 외적인 자극의 변화를 그다지 달가워하지 않는다. 극심한 배고픔이나 추위, 혹은 신체지지의 상실과 같은 급격한 변화는 매우 위협적인 것일 수 있다. 영아는 자궁과 같이 따뜻하고 평화롭고 보호적인 환경에 있는 것을 좋아한다(Schachtel, 1959, pp. 26, 44-68).

그러나 1세가 되면 아이의 기본방향이 변화를 겪는다. 아이들은 안전에 대해 비교적 덜 걱정하게 되며, 성숙함에 따라 새로운 사물에 대해 보다 궁극적이고 지속적인 흥미를 가진다. 어느 정도는 아직 내부중심적 감각에 의존하는데, 예를 들면 물건을 입으로 가져가는 경우다. 그러나 점점 더 순수한 외부중심적 감각(청각과 특히 시각)을 이용한다. 새로운 사물을 바라봄으로써 그 사물을 조사하고 탐색한다.

어린 아동은 외부세계에 대해 개방적인 태도를 취한다. 아무리 작고 사소한 것일지라도 그들은 신선하고 순진하고 매혹적인 태도로 모든 것을 받아들이는 능력을 가지고 있다. 벌레 한 마리와 마주친 어린 소녀는 멈춰 서서 벌레를 주의 깊게 조사한다. 그녀에게 이 벌레는 새롭고 매혹적인 가능성으로 가득 차 있는 것이다. 그녀는 경이와 놀라움을 가지고 개개의 새로운 사물을 지각한다.

이 개방성은 "저건 개미다"와 같이 사물에 단순히 이름을 붙이고, 그다음에는 다른 것으로 관심을 돌리는 성인의 태도와는 극히 대조적이다. 성인도 청각이나 시각 등 똑같은 외부중심적 감각을 사용하지만, 충분히 외부중심적이 아닐 뿐더러 사물 자체에 대한 개방성도 가지고 있지 않다. 성인인 우리의 가장 큰 욕구는 세계의 풍요로움을 탐구하는 것이 아니라, 모든 것이 습관화되고 예기했던 바와 같이 친숙하다는 사실을 우리 자신에게 재확인시키는 것이다.

성인이 사물에 이름 붙이고 분류하는 데 왜 그리 급한지 그 이유를 이해하는 것은 쉽지 않다. 이에 대한 해답은 사회화과정과 관계있는 것 같다. 아동은 자라면서 성인과 친구들이 세계를 기술하는 데 전통적인 기준과 방식을 가지고 있음을 알게 된다. 그런 것들을 채택하게 하는 압력은 크다. 나이 든 아동이나 어른은 다른 사람과 다른 방식으로 사물을 보는 데 대해 두려움을 갖기 시작한다. 다른 방식으로 사물을 보는 데는 항상 뭔가 잘못된 것 같은, 뭔가 모르고 있는 것 같은 또는 혼자 같은 느낌의 위협이 있다. 영아가 보호자로부터 안전감을 얻는 것과 마찬가지로, 성인은 그들의 문화집단에 속하고 동조하는 데서 안전감을 얻는다. 결과적으로 그들은 다른 사람이 보는 것을 보게 되고 다른 사람이 느끼는 것을 느끼게 되며, 모든 경험에 똑같은 상투적인 문구를 붙이게 된다(Schachtel, 1959, pp. 204-206, 176-177). 그런 다음 그들은 모든 해답을 안다고 생각하지만, 사실은 모든 것이 친숙하고 경이스러운 것이라고는 아무것도 없는 전통적인 패턴의 언저리에 이르는 방식을 알 뿐이다(p. 292).

성인이 기억할 수 있는 것은 전통적인 범주에 들어맞는 것들뿐이다. 예로서 여행할 때 보리라 생각했던 모든 풍경을 본다. 그래서 다른 사람들이 기억하는 것과 똑같은 것을 기억하게 된다. 우리는 친구들에게 그랜드캐넌을 보았다, 또는 6시에 IHOP 식당(미국의 레스토랑 체인)에서 잠시 머물렀다, 또는 (그림엽서에 나와 있는 것과 똑같이) 사막의 일몰이 아름다웠다고 말할 수 있다. 그러나 그 지방이 참으로 어떠했는지에 대해서는 한마디도 할 수 없다. 그 여행은 단지 상투적인 것의 수집이 되어버렸다(p. 288).

이와 마찬가지로 우리의 인생행로도 전통적인 이정표에 따라 기억된다. 누군가가 자신의 생일·결혼일·직업·자녀 수·그가 받은 표창 등에 대해 우리에게 말할 수 있다. 그러나 그의 부인이나 그의 직업, 자녀의 참으로 특별한 성질에 대해서는 우리에게 말할 수 없다. 왜냐하면 그렇게 하는 것은 지각의 전통적인 범주를 능가하는 경험에 그 자신을 개방시키는 것을 의미하기 때문이다(p. 299).

Schachtel은 성인 중에서 세계를 신선하고 생생하고 개방적으로 보는 어린 아동의 능력을 계속 유지하고 있는 사람으로 민감한 시인과 예술가를 우선적으로 들고 있다. 그들만이 벌레가 기는 것을 보고, 공이 땅에 닿았다가 튀어서 다시 손에 닿는 것을 보고, 혹은 물을 부을 때 물의 모양이나 감각에 대해 어린 아이들의 감각으로 경이로움을 느낀다. 불행하게도 대부분의 사람에게는 "발견의 시기인 초기 아동기가 일상적 친숙성의 시기인 성인기 밑에 깊게 묻혀버렸다"(p. 294).

요약하면 영아기의 내부중심적 경험과 어린 아이의 외부중심적 경험 중 어느 것도 성인이 사건을 범주화하고 기억하는 방식에는 적합하지 않다. 모든 사물에 대해 한껏 신선하고 개방된 어린 아동의 경험뿐 아니라, 맛보고 냄새 맡고 만지는 것으로 구성된 영아의 세계는 성인에게는 이질적이기 때문에 회상할 수 없는 것이다.

교육을 위한 시사점

육아와 교육에 대한 Schachtel의 생각은 대부분 능동적으로 세계를 탐구하기 시작하는 시기의 아동에 관한 것들이다. Schachtel은 어린 아동의 대담한 호기심을 격려, 보존해줄 것을 바랬다. 불행히도 우리는 대체로 그런 호기심을 짓눌러버린다.

예를 들면, 아기가 눈에 보이는 것을 만지고 탐구하기 시작할 때 부모는 종종 너무 지나치게 걱정한다. Montessori가 관찰했듯이 부모는 자녀가 너무 거칠게 행동해서 물건을 부수거나 다치거나 하는 것을 두려워한다. 실제로 부서지기 쉽고 위험한 물건들은 모두 치워서 집을 '아동에게서 안전한(childproof) 집'으로 만든 다음, 아동이 탐구하도록 놔두는 것은 그리 어려운 일이 아니다. 그럼에도 불구하고 부모가 자주 걱정하기 때문에 아동은 결국 외부세계에 대해 너무 많은 호기심을 갖는 것은 위험하다고 배우게 된다(Schachtel, 1959, p. 154).

사물에 이름 붙이고 분류하고 설명해주는 어른의 태도 역시 아동의 호기심을 저하시킬 수 있다. 예를 들면, 한 아동이 어떤 것에 대해 호기심을 느끼기 시작할 때, 어른은 아동에게 그 사물의 이름을 간단히 말해주곤 한다. 이런 태도는 그것에 대해 더 이상 알 것 없다는 의미를 내포하고 있다(p. 187). 어린 딸아이가 "아빠!"라고 소리치면서 흥분해서 개 한 마리를 가리키면, 아빠는 "그래, 저건 개야"라고 한마디 해주고는 가던 걸음을 계속 가도록 소녀를 끈다. 그 아빠가 소녀에게 가르친 것은 전통적 범주인 단어가 사물을 설명한다는 것이다. 대신에 "그렇지, 저것은 개야!"라고 말하면서 멈춰 서서 소녀와 함께 개를 관찰할 수도 있다. 이런 식으로 해서 외부세계에 대한 소녀의 능동적인 흥미를 존중하고 격려할 수 있다.

전반적으로 Schachtel은 우리가 어떻게 아동의 호기심을 보호하고 격려할 수 있는가 보다는, 부모·교사·동료들이 어떻게 아동의 호기심을 짓누르는가에 대해 더 많이 말했다. Schachtel도 Rousseau처럼 가장 중요한 것은 부정적인 영향을 피하는 것임을 말하는 듯하다. 우리가 아동의 세계를 닫아버리려 하지 않는다면 아동은 그들 자신의 자발적인 경향에 따라 외부세계에 대한 개방적이고 능동적인 흥미를 스스로 갖게 될 것이다.

평가

Freud는 생의 커다란 비극은 우리가 사회 속에서 살아가기 위해 우리 자신의 상당한 부분을 억압하는 것이라고 생각했다. 이때 Freud는 본능적인 욕구의 억압을 마음에 두었다. Erikson은 이 주제를 더 잘 다듬어서 자율성, 주도성과 그밖의 다른 힘들에 대한 긍정적인 잠재력이 사회화 과정에서 다소 깎여나간다는 것을 시사했다. Schachtel의 공헌은 우리가 얼마나 많은 것을 잃어버리는가에 대한 개념을 확대시킨 점이다. 우리는 욕구를 억압하거나 자율성, 주도성과 같은 자아능력을 제한할 뿐만 아니라, 경험의 전체적 양식을 희생시킨다. 후각·미각·촉각 등을 통해 사물과 직접적인 접촉을 가졌던 아기와 외부세계에 대해 개방된 호기심을 가졌던 아동은 자라남에 따라 매우 편협하고, 언어적이고, 전통적인 구조를 통해 세계를 보는 잘 사회화된 성인으로 변화된다.

Schachtel은 영아 기억상실(어른이 5~6세 이전에 있었던 대부분의 개인사적 사건을 기억 못하는 것)에 특별히 주의를 기울였다. Schachtel에 의하면 이 기억격차의 일차적인 이유는 성인이 전통적인 언어적 범주에만 의존하기 때문에 초기 아동기의 풍부한 비언어적인 경험을 포착할 수 없다는 것이다.

Schachtel은 영아 기억상실의 존재를 보여주는 경험적 연구를 인용하지 못했다. 당시에는 그런 연구가 거의 없었다. 그러나 1980년대 이후에는 많은 심리학자들이 그 문제를 연구했다.

연구자들에 의해 일관적으로 발견된 것은, 서구사회 성인은 만 3세 이전의 경험에 대해 거의 기억을 못한다는 점이다. 기억해내는 최초의 연령 평균은 3.5세이다. 더욱이 5세 이전의 기억량은 시간의 흐름에 따라 예상되는 기억량보다 유의미하게 적었다 (Pillemer & White, 1989; Pillemer, Picariello, & Pruett, 1994). Hayne과 MacDonald(2003)는 뉴질랜드의 원주민인 마오리족의 초기 기억들을 기록했는데, 마오리족은 과거에 관한 이야기를 중시하는 사람들이다. 이들이 기억해내는 최초 연령 평균은 3세 이하로서 서구의 3.5세보다 약간 더 이르다. 대체적으로 보아 영아 기억상실은 확실히 존재하지만, 완전히 기억을 상실하는 시기는 일반적으로 Schachtel이 제시한 것보다 더 이른 연령대다.

심리학자들도 망각에 대한 Schachtel의 설명에 동의한다. 영아와 어린아이들은 경험을 언어적 범주에 넣을 수 없기 때문에 기억을 유지하지 못한다. 일단 언어적 범주에 넣을 수 있게 되면 그들은 기억을 다른 사람들과 공유하며, 그렇게 함으로써 자신의 기억을 마음에 담고 후에 성인이 되었을 때 좀 더 접근 가능하게 할 수 있다(Flavell, Miller, & Miller, 2002; Nelson, 2003; Wang, 2004).

많은 심리학자들은 또한 부모가, Vygotsky 학파가 소위 **발판**(scaffolding)이라 부르는 것을 제공함으로써, 자녀가 언어적으로 기억하는 것을 돕는다고 믿는다. 즉 처음에 부모는 많은 도움을 제공하여 자녀가 어떤 일이 일어났는지 기술하는 것을 돕는다. 이 도움이 하나의 발판으로 작용하여 그 자녀가 후에 스스로 언어적으로 회상할 수 있게 해준다(Flavell, Miller, & Miller, 2002; Nelson, 2003).

Schachtel은 발판방식에 대해 쓴 적이 없지만, 그가 발판방식을 좋아했을지는 미심쩍다. 이제 Reese와 Fivush(1993)의 연구에 있는 예를 살펴보자. 여기서는 3세 된 아들이 수족관에 갔던 일을 기억해내도록 돕는 엄마가 나온다(p. 606).

엄마 : 우리 큰 물고기들을 봤지? 어떤 종류의 큰 물고기들이었지?
아이 : 큰 거, 큰 거, 큰 거.
엄마 : 그것들 이름이 뭐지?
아이 : 몰라.
엄마 : 너는 그 물고기 이름들을 아는데, 우리가 부르는 이름이거든. Michael이 좋아하는 물고

　　　기에요, 크고 무서운 물고기.

아이 : 응.

엄마 : 뭐지?

아이 : 음, 바.

엄마 : 상어?

아이 : 응.

엄마 : 상어 기억나?

아이 : 응.

엄마 : 정말? 그럼 수족관에서 어떤 물고기들을 봤지?

아이 : 몰라.

　　Schachtel의 견해로는, 엄마는 아들에게 아들 자신의 경험보다는 물고기 명칭을 아는 것이 더 중요하다고 가르친다. 예를 들면, 아들 Michael이 상어에 대해 자신의 강렬한 인상("큰 거, 큰 거, 큰 거")을 말했을 때, 엄마는 "그것들 이름이 뭐지?"라고 응답했다. 또한 Michael이 "상어"라는 이름을 따라 하지 못하자, 엄마는 심지어 Michael이 상어를 기억하는 건지 의심한다.

엄마 : 상어 기억나?

아이 : 응.

엄마 : 정말? ….

　　만일 Schachtel의 말이 옳다면 엄마가 단어와 명칭을 강조한 것은 큰 희생을 치르는 서구사회의 전반적인 특징이다. 감각적인, 비언어적인 경험의 세계는 사라져 버렸다. Schachtel은 전통적인 언어적 명칭이 "미지와의 불확실하고 외로운 투쟁"에서 우리를 보호한다고 말했다(1959, p. 192). 그는 우리에게 언어적인 범주를 벗어나 신비에 가득 찬 세계를 마주하라고 강조했다. 이 세계가 바로 어린이들이 살고 있는 곳이다.

　　비록 Schachtel은 이 책에 있는 다른 이론가들보다 저술을 적게 했지만, 그의 연구는 또 다른 면에서 매우 중요하다. 그는 아동기에 대한 현상학적 접근의 가치를 보여주고 있다. 그는 영아의 세계가 내부로부터 어떻게 나타나는지, 영아의 경험이 우리의 경험과 다른 이유는 서로 다른 감각이 지배적이기 때문이라는 점을 보여주고 있다. 현상학적 접근은 발달심리학에서 폭넓게 적용될 수 있다.

이와 동시에 Schachtel의 연구는 지나친 단순화로 인해 비판받을 소지가 있다. 특히 그는 언어의 한쪽 측면만을 제시하고 있다. 비록 전통적인 단어나 명칭이 경험을 제한할 수도 있지만, Chomsky에 대한 17장에서 볼 수 있듯이 언어 역시 창조적인 과정이다.

그럼에도 불구하고 Schachtel은 우리에게 Rousseau식의 급진적 사고의 가치를 마음에 두도록 하는 데 많은 기여를 했다. 그는 아동의 세계가 성인의 세계와 얼마나 다르며, 신선한 창조적 경험에 대한 인간의 잠재력이 전통적인 사회질서에 잘 적응하는 구성원으로 되어가는 과정에서 얼마나 많이 상실되는가를 지적했다.

Jung의 성인기 이론

생애 소개

지금까지 살펴본 바와 같이 성인기 발달에 관해 관심을 둔 이론가는 거의 없었다. 그중 Erikson은 두드러진 예외로 들 수 있고, 또 하나의 예로는 C. G. Jung(1875~1961)으로 서 그의 정신분석이론은 주로 성인기와 노화를 다루고 있다.

Jung은 스위스 동북부의 케스빌에서 태어났다. 그의 유년시절은 대체로 불행했다. 양친의 결혼생활이 긴장의 연속이었던 만큼 그는 매우 고독하게 지냈다. 그는 학교생활도 따분해했으며 열두 살 때는 여러 번 갑작스럽게 졸도하기도 했다(Jung, 1961, p. 30). 아버지가 목사였으므로 교회에 다니기는 했지만, 그는 교회를 싫어하여 종교문제를 놓고 아버지와 격렬한 논쟁을 벌이기도 했다. 유년시절과 청년시절을 통해 그의 가장 큰 즐거움은 자연을 탐구하고 희곡·시·역사·철학 등과 같은 자신이 선택한 책들을 읽는 것이었다.

그런 문제에도 불구하고 그의 고등학교 성적은 뛰어났으며 공부를 계속하여 의학학위를 취득했다. 그는 취리히에서 정신의학 수련을 시작했고 그곳에서 빠르게 정신병에 대한 지속적인 흥미를 갖게 되었다. 단어연상검사 개발을 포함해 Jung의 연구들은 Freud의 생각이 중요하다는 것을 주장하는 것이었다. 동료들은 그에게 Freud와의 제휴가 그의 경력을 위태롭게 할 것이라고 충고했지만, 그는 자신의 입장을 밀고 나갔으며 어떻든 Freud의 생각을 옹호했다(Jung, 1961, p. 148). 물론 Freud는 Jung의 지지를 고맙게 생각했고, 이 두 사람이 만났을 때 그들은 많은 공통점을 발견했다. 처음 얼마 동안 Freud는 Jung을 아들처럼 대했으며 자신의 후계자로 삼으려 했다. 하지만 Jung은 Freud

이론을 전부 동의하지는 않았는데, 특히 모든 무의식적 사건을 성적 추동으로 환원시키려 하는 것을 반대했다. Jung은 무의식이 종교적·정신적 욕구를 포함해 여러 종류의 욕구를 지니고 있다고 보았다. 1912년에 Jung은 자신의 독자적인 견해를 펴나가기로 결심하고 1913년 마침내 두 사람은 결별했다.

Freud와 헤어지고 나서 Jung은 그의 발판을 잃게 되었다. 그는 무시무시하고 매우 상징적인 꿈을 꾸기 시작했으며, 깨어있는 동안에도 무서운 시각적 체험을 하게 되었다. 예를 들면, 그는 알프스가 점점 커지고 거대한 노란색 파도가 수천 명의 사람들을 휩쓸어 바다를 핏빛으로 만드는 환상을 보았다. 그다음 해에 제1차 세계대전이 일어났으므로, 그는 자신이 본 환상이 자신을 초월한 어떤 사건들에 대한 메시지를 전달해주는 것으로 믿었다(Jung, 1961, pp. 175-176).

Jung은 자신이 정신병 수준에까지 이르렀음을 깨달았으나, 그럼에도 불구하고 그는 무의식(내부로부터 솟아나 그를 부르는 모든 것)에 자신을 맡기기로 결심했다. 이는 그에게 일어나는 일들을 이해할 수 있는 유일한 기회였다. 그래서 그는 자신이 점차 더 깊은 심연으로 빠지는 것을 종종 느끼게 하는, 가공할 내적 여행을 시작했다. 각 영역에서 그는 태고의 상징과 심상들을 보았으며, 아득한 옛날로부터 온 악마·유령·묘한 형상들과도 이야기를 나눴다. 이 기간 동안 외부세계의 지지기반이 되어준 것은 그의 가족과, 전문가로서 쌓아온 그의 기량이었다. 그렇지 않았더라면 내부에서 솟아나는 심상들로 인해 틀림없이 자신이 완전히 미쳐버렸을 것이라고 Jung은 확신했다(1961, p. 189).

약 4년 후 그는 서서히 자신의 내적 의문의 목표를 발견하기 시작했다. 이는 Jung 자신이 기하학적 도형들, 즉 원과 사각형으로 구성된 상징들을 그리고 있음을 점차 깨닫게 되었을 때였다. 나중에 그는 이 상징들을 **만다라**라고 불렀다(그림 16.1 참조). 이 그림은 어떤 기본적인 통일성이나 전체성, 다시 말해 그의 존재의 중심에 이르는 통로를 나타내고 있었다. Jung은 자신이 정신병적 상태에 있을 때의 일을 다음과 같이 말했다.

> 나는 나를 어디로 데려가는지도 모른 채 나 자신을 어떤 흐름에 맡겨야만 했다. 하지만 내가 만다라를 그리기 시작할 무렵 모든 것, 다시 말해 내가 지나온 모든 통로와 내가 밟아온 모든 발걸음이 어느 한 점, 곧 하나의 중앙점으로 거슬러 올라감을 보았다. 만다라가 그 중심임이 점차 내게 뚜렷해졌다(1961, p. 196).

그림 16.1

티베트인의 만다라

(Jung. C. G., *Collected Works of C. G. Jung* ⓒ 1977
Princeton University Press. Princeton University
Press의 허락하에 재인쇄함)

이렇듯 Jung은 자신의 균열을 새로운 개인적 통합에 이르는 데 필요한 내적 여행이라
고 이해하기 시작했다. 그러나 그런 생각을 굳히게 된 것은 약 8년 후 그가 묘하게 중국
풍으로 보이는 만다라를 꿈꾸고 나서 그 이듬해에 만다라를 생의 통일성의 표현이라고
논하는 중국 철학서를 받게 된 때였다. 따라서 그는 자신의 체험이 영적 전체성에 대한
무의식적인 보편적 물음과 합치되고 있음을 믿게 되었다.

Jung은 무의식과 그 상징에 대한 탐구를 나머지 생애 동안 중심적인 과제로 삼았다.
그는 자신과 환자들의 꿈과 환상을 꾸준히 탐색했고, 또한 여러 문화의 신화와 예술을
폭넓게 연구하면서 이들 속에서 보편적이고 무의식적인 갈망과 긴장의 표현을 발견하
려 했다.

성격 구조

Jung은 무의식의 본질에 주된 관심을 두기는 했지만 성격기능의 다양한 체계를 포괄하는 성격이론을 발달시켰다. 먼저 성격의 구조에 관한 Jung의 생각을 살펴본 후, 성격발달에 대한 그의 견해를 논의해보기로 하자.

자아 자아는 대충 의식에 해당된다. 이에는 우리 자신에 대한 의식뿐 아니라 외부세계에 대한 우리의 자각도 포함된다(Jung, 1933, p. 98; Whitmont & Kaufmann, 1973, p. 93).

페르소나 페르소나(persona)는 자아의 가면으로, 개인이 외부세계에 내보이는 이미지다. 우리의 페르소나는 역할에 따라 달라진다. 예를 들면, 한 남자가 사업가로서 동료에게 주는 이미지와 아버지로서 자식에게 주는 이미지는 다르다. 성격의 보다 깊은 부분은 도외시한 채 페르소나를 발달시키는 사람들도 있는데, 이런 사람들 자신이나 타인들은 어느 시점에 가서 겉으로 드러난 표면적 모습 밑에 본질적인 것이라곤 거의 없음을 알게 된다(Jung, 1961, p. 385). 그러나 다른 사람들을 효과적으로 다루기 위해서는 성격의 이런 부분도 필요하다. 예를 들어 다른 사람들로 하여금 자신의 말에 귀를 기울이도록 하려면, 자신감과 결단력이 있다는 이미지를 보여주는 것이 종종 필요하다(Jacobi, 1965, p. 37). 성격이 균형 잡혀 있을수록 페르소나가 발달하지만, 그렇다고 해서 성격의 다른 부분들이 도외시되지는 않는다.

그림자 그림자(shadow)는 우리 자신이 용납하기 어려운 특질과 감정들로 구성되어 있다. 그것은 자아나 **자기상**(self-image)과 반대되는 개념이다. 이를테면, 지킬 박사에게 있어서 하이드인 것이다. 우리와 동성인 악마와 가학적인 사람의 꿈을 꾸는 경우와 같이 꿈에서의 그림자는 동성의 인물에 투사된다. 일상생활에서 우리가 난처한 상황에 처했을 때 그림자를 흔히 볼 수 있는데, 예를 들면, "내가 그랬다니 말이나 돼?" 하며 불쑥 욕설을 내뱉는 경우다. "사람들이 그런 꼴을 하는 건 정말 못 보겠어"와 같이 그림자를 비난하는 말 속에 투사되기도 한다. 그렇게 격렬하게 비난하는 것은 우리 자신에게 있는 그런 속성을 자각하지 않으려고 방어하고 있음을 시사해주기 때문이다(Von Franz, 1964, p. 174).

대부분의 경우 그림자는 대체로 부정적이다. 왜냐하면 그림자는 긍정적인 자기상과 반대되기 때문이다. 그러나 의식적인 자기상이 부정적인 요소를 포함하는 정도에 따라 무의식적인 그림자는 긍정적이 된다(Jung, 1961, p. 387). 예를 들어 자신이 매력적이지 않다고 생각하는 젊은 여성은 아름다운 숙녀에 대한 꿈을 꾼다. 그녀는 꿈에서 본 그 숙녀를 어떤 다른 사람으로 생각하지만, 실상은 아름다워지고자 하는 그녀의 소망이 나타난 것으로 볼 수 있다. 긍정적이건 부정적이건 간에 그림자와 접하는 것은 중요하다. 그림자의 본질에 대한 통찰은 자기자각과 자신의 성격통합에의 첫걸음이다(Jung, 1933, p. 33).

아니마와 아니무스   중국의 도교 사상가들은 성격의 여성적인 측면과 남성적인 측면을 각각 음과 양으로 이야기한다. Jung에 의하면 양육·감정·예술 및 자연과의 합일 등에 대한 역량은 여성원리에 속하며, 논리적 사고·영웅적인 주장·자연정복 등은 남성원리에 속하는 것들이다(Jung, 1961, pp. 379-380; Whitmont & Kaufmann, 1973, p. 94). 우리 모두는 생물학적으로 양성이며 양성 모두에 동일시하는 만큼 남성 및 여성적 특질을 모두 가지고 있다. 하지만 남녀 간에는 유전적인 성차가 있으며, 게다가 사회화의 압력이 여성은 여성적 측면을, 남성은 남성적 측면을 더욱 발달시키도록 요구하므로, 그 결과로 '다른 측면'은 억압되고 약화된다. 남자는 일방적으로 독립적·공격적·지적으로 되며, 양육이나 타인과의 관계에 대한 역량은 소홀히 한다. 한편 여성은 양육적이거나 감정적인 측면은 발달시키지만, 자기주장이나 논리적 사고의 역량은 무시한다. 그렇다고 해서 이 무시된 측면들이 아주 사라지는 것은 아니고, 무의식 속에 생생하게 남아 우리에게 소리친다. 남자의 경우 여성적인 측면은 꿈이나 환상에 '내부의 여성' 곧 **아니마**(anima)로 나타난다. 여성의 경우도 마찬가지인데, '내부의 남성'을 **아니무스**(animus)라고 한다(Jung, 1961, p. 380).

개인적 무의식   Jung은 무의식이 2개의 층으로 구성되어 있다고 생각했다. 첫 번째 층은 개인적 무의식으로, 개인이 살아오는 과정에서 억압한 모든 성향과 감정을 포함한다

(p. 389). 그림자의 대부분은 개인적 무의식 속에 들어있다. 예를 들면, 어렸을 때 억압할 필요가 있던 아버지에 대한 아련한 감정은 개인적 무의식 속에 자리 잡게 된다. 아니마와 아니무스 또한 완전히는 아니지만 부분적으로 이 무의식 영역에서 발견된다. 예를 들어 아버지를 매력적인 사람으로 느낀 여성은 자신의 경험을 억압시킨다. 이 억압된 경험은 아니무스의 일부가 되어 그녀의 개인적 무의식에 자리 잡게 된다.

집단 무의식   사람들이 살아가면서 억압하는 감정이나 사고가 저마다 다르기 때문에 각 개인은 저마다 독특한 개인적 무의식을 가진다. 그러나 Jung은 모든 인류에게 공통적으로 유전되어온 집단 무의식이 정신의 심층에 존재한다고 믿었다. 집단 무의식은 생래적 활력과 **원형**(archetype)이라 불리는 조직화 경향성으로 구성되어 있다(그림 16.2 참조). 우리는 결코 직접적으로 원형을 알 수 없다. 하지만 세계 여러 민족의 신화 · 예술 · 꿈 · 환상 등에서 발견되는 원형적 이미지를 통해 원형에 대해 알아볼 수 있다. 이 원형적 이미지를 통해 사람들은 내부 심층의 열망과 무의식적 경향을 표현하려 한다. 지하여장군이나 현인, 동물, 부활, 죽음, 마술사, 마녀, 신 등의 이미지가 이에 속한다.

원형은 또한 성격의 여타 부분의 본질과 성숙에도 영향을 미친다. 예를 들면, 여성의 아니무스는 아버지나 다른 남자들에 대한 그녀의 경험으로부터 유래할 뿐만 아니라, 꿈속에서 야생동물로 나타나는 무의식적인 남성적 공격에너지로부터 유래되기도 한다.

문화에 따라 원형적인 주제가 표현되는 방식은 다소 다르지만, 인간은 어디서나 항

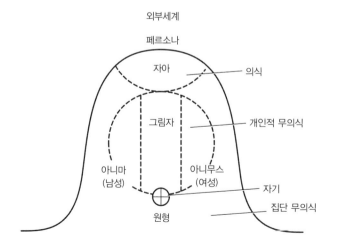

그림 16.2

Jung 이론에서의 정신구조

상 이들에게 매혹당하고 또한 영향을 받아왔다. Jung은 다음과 같이 말했다.

> 원형의 개념은 … 세계문학에서의 신화나 동화들이 어디서나 찾아볼 수 있는 뚜렷한
> 주제를 담고 있다는 것을 거듭 관찰함으로써 얻어진 것이다. 우리는 오늘을 살고 있는
> 개인들의 환상·꿈·정신착란·망상 등에서 이런 주제를 찾아볼 수 있다. 이것들은 원
> 형에 기원을 두고 있으며, 원형은 원래 표상 불가능한 무의식적이고 **전존재적인**(pre-
> existent) 형태로서 정신의 생래적 구조의 일부인 것 같다. 따라서 원형은 언제 어디서
> 나 자발적으로 자신을 드러낼 수 있다(1961, p. 380).

Jung은 원형이 본질적으로 알 수 없는 것이라고 말했지만, 그는 또한 원형을 동물의
본능(예 : 어미에 대한 새끼의 생래적 도식)에 비유했다(Jung, 1964, p. 58). 원형은 또
한 형태심리학자들이 말하는 생래적 지각경향에 비유될 수도 있다(Arnheim, 1954; R.
Watson, 1968, 19장). 예를 들면, 우리는 조화로운 형태를 이루는 것에 대한 내적 감각
을 가지고 있는 것 같다. 만다라가 아름답게 보이는 것은 그것이 비율·균형·좋은 체제
화에 대한 우리의 감각에 부합되기 때문이다.

자기 가장 중요한 원형은 자기의 원형으로서 이것은 중심성·전체성·의미에 대한 무
의식적 갈망이다(Jung, 1961, p. 386). **자기**(self)는 성격의 상반된 측면들을 균형 있고
조화롭게 만들려는 내적 충동이다. 자기는 전 세계적으로 만다라 그림에 표상되어 있
는데, 이 그림에서는 중앙점을 중심으로 모든 측면이 완전한 균형을 이루고 있다. 자기
는 전체성과 궁극적인 의미의 상징이라고 할 수 있는 신에 대한 탐구에 의해서도 표현
된다(p. 382).

내향성과 외향성 자기가 생의 궁극적인 목표지만, 그것을 충분히 달성한 사람은 아무도
없다. 우리는 모두 어느 한쪽으로만 발달한다. 예를 들면, 대부분의 사람들은 의식을
발달시키는 반면 무의식을 소홀히 한다. 여자는 그들의 남성적인 면을 소홀히 하고, 남
자는 여성적인 면을 소홀히 한다. 이와 같이 우리는 상반되는 경향 중 어느 한쪽만 발달
시키고 다른 면은 제외시킨다. Jung은 상반되는 경향들을 기술하기 위해 여러 가지 개

념을 만들었는데, 이런 양극성의 하나가 **내향성·외향성**(introversion-extroversion)이다. 외향적인 사람은 자신 있게 직접적으로 행동에 참여하는 반면, 내향적인 사람은 망설이며 일이 어떻게 될지를 곰곰이 생각한다. 예를 들면, 외향적인 젊은 여성은 파티석상에서 즉시 다른 사람들에게 다가가서 대화를 시작한다. 그러나 내향적인 여성은 망설이는데, 그녀는 자신의 내적 상태나 두려움, 희망, 감정 등에 사로잡혀 있기 때문이다. 외향적인 사람은 밖으로 외부세계를 향해 움직이지만, 내향적인 사람은 자신의 내부세계에서 보다 안전함을 느끼며 독서나 예술과 같은 활동에서 더 큰 기쁨을 느낀다. 우리는 누구나 이 두 경향을 모두 가지고 있지만, 어느 한쪽은 무의식속에 미개발 상태로 내버려둔 채 다른 한쪽에 편향되어 있다(Jung, 1945).

발달이론

생의 전반기

성격은 생의 전반과 후반에서 각기 다른 방향으로 발달한다. 전반기는 35~40세까지로, 외적으로 팽창하는 시기이며, 성숙의 힘에 인도되어 자아가 발달하고 외부세계에 대처하는 역량이 발휘된다. 젊은 사람들은 다른 사람들과 어울리게 되며 가능한 한 사회의 보상을 많이 얻으려고 노력한다. 그들은 경력을 쌓고 가정을 이루며 사회적 성공을 얻기 위해 온 힘을 기울인다. 그러기 위해서 대체로 여자는 여성적인, 남자는 남성적인 특질을 발달시키도록 하는 사회적 압력을 받게 된다.

Jung은 이 시기 동안에 어느 정도의 일방성이 필요하다고 생각했다. 왜냐하면 젊은이들은 외부세계를 숙달하는 과제에 헌신할 필요가 있기 때문이다. 이 시기의 과제는 외부환경의 요구에 확고하고 단호하게 대처하는 것이기 때문에, 젊은이들이 자기회의, 환상, 내적 본질 등에 지나치게 사로잡히는 것은 별로 유익하지 않다(Jung, 1933, p. 109). 상상할 수 있듯이 내향적인 사람보다는 외향적인 사람이 이 시기를 보다 순조롭게 보낸다(Jacobi, 1965, p. 42).

중년기 위기

40세경에는 정신상의 변화를 겪게 된다. 한때 영원할 것처럼 보이던 목표와 야망이 이제는 그 의미를 잃게 되고, 마치 뭔가 결정적인 것이 빠진 것처럼 불완전함과 우울함, 침체감을 종종 느낀다. Jung은 사회적으로 상당히 성공한 사람조차도 이런 현상을 보이는 것을 관찰했다. 왜냐하면 "사회가 보상한 성취는 성격의 어떤 측면을 축소시킨 대가로 얻은 것이기 때문이며, 경험했어야 할 인생의 많은 (너무도 많은) 측면들이 어두운 광에 있는 잿빛 기억 속에 묻혀있기 때문이다"(1933, p. 104).

정신 자체가 이 위기에서 벗어날 출구를 제공한다. 정신은 인간으로 하여금 내면으로 전환하여 생의 의미를 음미하도록 촉구한다. 이 내면으로의 전환은 억압되고 잊혀진 자기의 모든 측면이 자라나서 아우성치고 있는 영역인 무의식에 의해 촉발된다. 무의식은 정신적인 균형과 조화를 이루기 위해 이 억압된 측면들이 인식될 것을 요구한다(1933, pp. 17-18, 62-63).

무의식은 주로 꿈을 통해 우리에게 이야기한다. 예를 들어, 우울해진 나머지 자신의 생이 무의미하다고 느낀 어떤 남자는 분석 초기에 다음과 같은 꿈을 꿨다.

> 나는 좁고 꾸불꾸불한 길들이 나있는 카스바 같은 도시 중간에 서있었다. 어디로 돌아나가야 될지를 몰라 난감해하고 있는데, 갑자기 한 번도 본적이 없는 젊고 신비한 여성이 손으로 나가는 방향을 가리키고 있는 것을 보았다. 매우 이상한 꿈이었다 (Whitmont & Kaufmann, 1973, p. 95).

이 꿈의 메시지는 그가 곤경에서 빠져나오려면 그의 아니마(젊고 신비한 여성)에 주목해야 한다는 것이다. 왜냐하면 그가 여태껏 이해하고 발달시키지 못한 것이 그의 여성적 측면이기 때문이다.

성인이 자신의 생을 돌아보고 무의식 메시지에 귀를 기울이면, 조만간 전체성과 중심성의 상징인 자기 이미지와 만나게 된다. 예를 들면, 사업에서 크게 성공한 어떤 중년 남자가 점차 고조되는 긴장과 자살기도를 할 정도의 심한 우울증을 경험하고 있던 어느 날, 그는 수마(水魔)가 그를 덮쳐 심연의 가장자리로 데려가는 꿈을 꿨다. 그런 다음 수마는 그를 구출하고 드릴을 주었는데, 지구의 중심을 파는 데 그 드릴을 쓰라는 것으로 생각되었다. Jung의 해석에 의하면 꿈의 중심인물인 수마는 의식적인 자아가 용인할 수 없는 무의식 안에 있는 요소, 즉 파괴적인 충동을 반영하고 있기 때문에 처음의 수마는 악했다. 하지만 이 악마가 나중에 조력자로 변했다는 것은 이 사람이 전체성을 가지고 자신의 진정한 중심을 찾기 위해서는 자기 자신의 부정적인 측면에 직면해야 함을 말해주는 것이다(Whitmont, 1969, pp. 224-225).

꿈이 계속되면서 이 남자는 네모 탁자를 중심으로 모여 앉아 회의가 진행되고 있는 어떤 밀실에 있는 자신을 발견했다. 화려한 차림의 기사와 시장이 사회를 보고 있었다. 그런데 불량해 보이는 한 소년과 탁발승으로 보이는 더럽고 누추한 차림의 다른 사람이 이 남자를 탁자로 인도했다. 그들은 이 남자를 탁자에 앉힌 후 그에게 역겨운 음식 약간을 주었는데, 그는 어쨌든 그 음식을 먹었다. 그러고는 가지고 있던 드릴을 땅에다 꽂았더니 드릴 주위로 꽃들이 자라나고 드릴은 꽃이 만개한 나무로 변했다.

Jung식의 분석에 따르면 화려한 기사와 시장은 이 남자가 경영자로서 의식적으로 실현해오던 영웅적이고 권위적인 성격 측면을 반영한다. 한편 불량소년과 누더기를 입은 탁발승은 무시되고 비하되어온 자기의 측면들을 나타내는 것으로, 그가 지금까지 억압해온 요소들이다. 특히 이 남자는 자신의 종교적인 성향을 유약하고 도피적인 것으로, 즉 그의 사나이다운 면모를 좀먹는 경향으로 간주해왔다. 그런데 정작 그를 정신적 통일성의 상징인 정방형 테이블로 인도한 것은 탁발승과 불량소년(억압된 그림자 인물)이다. 거기서 그는 (성격의 억압된 부분을 들여다보길 좋아하는 사람은 아무도 없으므로) 혐오스러운 음식을 먹는다. 하지만 그는 그런 가운데 새로운 성장(만개한 나무)이 나타나는 것을 보게 된다(Whitmont, pp. 224-227).

독자는 꿈에 대한 Jung 학파의 접근이 Freud 학파와 다르다는 것을 감지할 것이다. Freud는 꿈을 왜곡과 가장의 최종 산물로 보지만, 반대로 Jung은 꿈이 상당히 직접적으로 무의식적 의미를 나타낸다고 보았다(Jung, 1933, p. 13). 앞서 인용된 꿈에서 불량소년과 탁발승은 문자 그대로 성격의 불량한 측면과 종교적 측면의 상징으로 해석된다. Freud는 꿈의 원천인 무의식을 기본적 충동과 욕망의 도가니로 보았으나, Jung에서의 무의식은 본성의 일부로서 앞서 인용된 꿈이 예시하듯이 현재의 교착상태에서 벗어날 수 있도록 우리를 인도하는 창조적인 힘이 될 수 있는 것이다. 꿈은 우리가 자신의 어떤 측면을 소홀히 해왔으며 따라서 앞으로 어떤 측면과 접촉해야 하는지를 말해준다(Jung, pp. 62-63). 그렇다고 우리가 우리 내부의 사악한 경향에 따라 살아가야 한다는 뜻은 아니다. 단지 그런 경향을 알아야만 그것을 통제할 수 있는 적절한 방법을 모색할 수 있다는 뜻이다(Whitmont, 1969, pp. 227-230).

건강과 성장(자기가 도달할 수 없는 목표)에 이르는 길을 **개별화**(individuation)라 한다(Jung, 1933, p. 26). 어느 정도의 정신적 균형을 이루는 것뿐 아니라, 대중문화의 목표나 가치에의 일상적인 동조로부터 벗어나는 것도 개별화에 속한다. 즉 자신의 개별적 방식을 발견하는 것을 뜻하는 것이다. 각 개인의 진정한 본성은 보편적 원형과 합치되는 점도 있지만, 이는 또한 발견되어야 할 잠재력과 독특한 경험에도 근거를 두고 있다(Jung, 1961, p. 383; Jacobi, 1965, pp. 83-87).

이렇듯 생의 중반은 정신의 변화에 의해 두드러진다. 우리는 외부세계를 정복하는 데 쏟았던 에너지를 돌려서 내적 자기에 초점을 맞추도록 자극받으며, 지금까지 실현되지 않은 채 방치되었던 잠재력에 대해 알기 위해 무의식에 귀를 기울이려는 내적 충동을 느낀다. 그리고 이미 절반이 지나가버린 생의 의미에 대해서도 의문을 제기하기 시작한다.

중년기부터 사람들은 점차 내면세계에 초점을 두기 시작하지만, 중년기 성인은 아직도 자신의 외부상황을 변화시킬 수 있는 에너지와 자원을 가지고 있다. 중년기의 성인은 오랫동안 소홀히 해왔던 계획과 흥미를 다시 시작하게 되고, 심지어는 이해하기 어려운 직업적 변화를 꾀하는 경우도 종종 있다. Jung이 관찰한 바에 의하면 남녀 모두 자신의 상반되는 성적 측면에 대해 표현하기 시작한다(1933, p. 108). 남자들은 공격적인 야망을 덜 가지고 대인관계에 더 큰 관심을 기울이기 시작한다. 저자의 선배는 저자에게 "당신도 나이가 듦에 따라 성취보다 우정을 훨씬 더 소중히 여기게 될 거야"라고 말한 적이 있다. 반면 여성은 보다 공격적이고 독립적이 된다. 예를 들어 어떤 남자가 가업에 흥미를 잃었을 때 아내는 이를 기꺼이 인계받으려 한다. 남자와 마찬가지로 여자도 나이를 먹음에 따라 점차 내부지향적이 되지만, 공격적인 활동을 향한 열망이 이런 일반적인 내적 방향을 일시적으로 상쇄시키거나 저지한다.

중년기의 변화는 결혼생활에 문제를 초래할 수도 있다. 아내는 자기 나름대로 사고적인 면을 억압하지 않으려 노력하기 때문에, 남편의 지적인 우월감에 싫증을 느낀다. 한편 남편은 아내가 자신을 정서적으로 어린애 취급하는 데 반감을 느낀다. 그는 더 이상 자신의 변덕스러운 기분에 따라 진정되거나 제멋대로 행동하는 사람이 되길 원치 않으며 보다 성숙된 방식으로 감정과 인간관계 영역을 탐색하고 싶어 한다. 이런 변화는 결혼생활의 평형을 깨뜨릴 수 있다(Jung, 1931).

후반기 생에서의 성숙이 긴장과 어려움을 낳는다 해도 성인이 생의 전반기에 가졌던 가치와 목표에 그냥 매달려 있으면 가장 큰 실패를 경험하게 된다(Jung, 1933, p. 109). 중년인 사람들이 젊은 시절의 신체적 매력을 유지하기 위해 애쓴다거나 과거 운동경기에서 수상했던 일을 늘상 이야기하려 할 수 있다. 인간은 자기의 무시되어온 측면과 과감히 직면할 때에만 비로소 발달할 수 있기 때문에, 이런 사람들은 더 이상 발달하지 못한다.

노년기

Jung은 "사람들이 나이를 먹고 명상과 반성을 많이 하게 됨에 따라 자연적으로 내적 이미지가 삶에서 큰 비중을 차지하게 되며, 노년기에는 쌓아둔 기억을 마음의 눈앞에 펼치기 시작한다"고 말했다(1961, p. 320). 노인은 죽음 앞에서 생의 본질을 이해하려고 애쓴다(p. 309).

Jung은 내세에 대해 아무 이미지도 갖지 않은 사람들은 죽음을 건강한 방식으로 직면할 수 없다고 믿었다. 만약

> 내가 2주 내에 내 머리 위에 무너져 내릴 집에 살고 있다면, 그 생각 때문에 나의 모든
> 생명기능은 상당히 손상될 것이다. 그러나 그와 반대로 내 자신이 안전하다고 느낀다
> 면 거기서 정상적이고 편안하게 살 수 있다(Jung, 1933, p. 112).

Jung은 노인에게 내세에 대한 생각을 가지라고 말하는 것이 단순히 인위적인 진정제를 처방한 것이라고는 생각하지 않았다. 왜냐하면 무의식 자체는 죽음이 가까워 옴에 따라 내부에서 솟아나는 영원에 대한 원형을 가지고 있기 때문이다.

Jung은 내세에 대한 원형적 이미지가 과연 타당한 것인지는 말할 수 없었지만, 이를 정신기능의 지극히 중요한 부분이라고 믿었기 때문에 이에 대한 어떤 모습을 얻으려고 노력했다. 그의 그림은 주로 자신의 마지막 꿈과 죽음을 앞둔 사람들의 꿈에 근거를 두

고 있다. 그의 견해에서 영원에 대한 원형적 이미지는 쾌락주의적인 낙원의 이미지가 아니다. 대신에 그는 새로 죽은 사람들로부터 생의 의미에 대한 정보를 얻으려고 넋을 잃고 강의에 귀를 기울이는 청중을 사자(死者)의 영혼에 비유했다. 분명히 사후세계는 그들이 알고 싶은 것을 줄 수 없다.

> 따라서 그들은 사람들로부터 지식을 얻기 위해 생으로 침투해 들어오려 애쓴다. 우리
> 가 그들에게 또 운명의 신에게 어떤 대답을 하는지 들으려고 기다리면서 우리 등 뒤에
> 그들이 바로 서있는 듯한 느낌을 나는 자주 느낀다(Jung, 1961, p. 308).

그들은 생전에 얻지 못한 자각을 죽어서라도 얻으려고 계속 노력하고 있는 것이다.

　Jung의 견해에서는 이와 같이 죽음 이후의 생(生)도 생 자체의 연속이다. 사자도 노인과 마찬가지로 존재에 대한 물음과 계속 씨름한다. 그들은 생을 완전하게 만들고 또 거기에 의미를 부여하는 것이 무엇인지 궁금해한다. 그들은 Erikson의 표현을 빌리면, 통합을 추구하는 것이다.

실제적 시사점

Freud 학파의 경우와 마찬가지로 Jung 이론도 실제 응용되는 측면과 따로 떼어 생각하기 어렵다. Jung의 이론 중 상당부분이 환자들을 치료하는 과정으로부터 나온 것으로, 환자들은 생을 통합하는 데 필요한 경험의 종류와 무의식의 본질을 이해하는 데 도움을 주었다. Jung 학파의 정신분석은 성인과 노인에게 가장 효과적이다. 사실 Jung이 치료한 환자 중 3분의 2 이상이 생의 후반기에 속한 사람들이었다(Whitmont & Kaufmann, 1973, p. 110).

　Jung의 견해는 정신분석을 한 번도 받아본 적이 없는 사람들에게도 가치 있는 것으로 보인다. 대부분의 성인은 나이가 듦에 따라 생기는 특수한 문제에 한두 번은 부딪히게 마련이다. 그러므로 전형적으로 발생되는 변화의 종류에 대한 지식을 알아두는 것은 자신의 태도를 확립하는 데 도움을 준다. 성인이 『Passages』(Sheehy, 1976)와 같은 책에서 도움을 얻는 것도 이런 이유에서인 것 같다. 이 책은 성인기에 예상되는 위기들을 다

룬다. 이것은 Levinson(1977, 1978)의 생각을 일반에게 보급한 것으로, Levinson은 Jung 에게 힘입은 바 크기 때문에 Jung의 저서를 직접 읽으면 더 심오한 것을 얻을 수 있을 것이다.

성인기 발달에 관한 통찰 외에도 Jung은 심리학과 정신의학에 관련된 점이 많다. 그는 종교적인 문제를 나름대로 의미 있고 중요한 것으로 여겼기 때문에, 종종 정서적으로 고통스러운 사람들을 위해 일해야 하는 목사나 신부 등은 Jung이 종교와 정신의학을 이어주는 가치 있는 교량 역할을 하고 있음을 알았다.

나아가 Jung의 저술은 정신병의 본질에 대한 새로운 생각, 특히 Laing(1967)의 생각을 이미 예견하고 있었다. Laing은 정신병적 경험을 단순히 이상하고 괴이한 것으로 보는 것은 옳지 못하다고 논박했다. 이런 태도는 내부세계의 타당성을 인정하려 하지 않고 외적 적응만을 유일한 목표로 하는 기술문화의 특징이다. Laing은 정신병적 경험이 비록 고통스럽기는 하지만 의미 있는 내적 여행이며 치유과정이 될 수 있다고 주장한다. 이런 여행에서 치료자는 환자로 하여금 자신의 내부 상징들을 이해하도록 도와주는 길잡이 노릇을 한다. Jung의 견해도 어느 정도 이와 유사하며, 이는 정신병을 이해하려는 모든 사람에게 필수적인 것으로 보인다.

평가

Jung은 현대 심리학에서 특이한 위치를 차지하고 있다. 한편으로 그의 생각은 대부분의 심리학자들에게는 너무 신비주의적이다. 그는 집단 무의식을 가정하고 있을 뿐 아니라, ESP나 이와 관련된 현상에 대해서도 믿고 있다(예 : Jung, 1961, p. 190). 더욱이 그는 때로 자신의 개념을 불필요할 정도로 신비의 장막 속에 가리고 있다. 예를 들어, 그는 원형을 인식 불가능한 것이라고 하면서도 동물의 본능에 비유했는데, 이는 과학적인 탐구가 가능한 주제다.

Jung은 또한 범주 사용으로 학자들을 괴롭힌다. 특히 페미니스트(심지어 Jung 학파의 페미니스트조차도)는 Jung이 종종 자신의 여성성과 남성성에 대해 마치 그것들이 본질적으로 진리인 것처럼 썼다고 지적한다. 그가 그 개념들을 좀 더 모호하게, 성향을 기술하는 방식으로만 인정했으면 더 좋았을 것이다. Susan Rowland(2002, p. 41)는 많은 원형적 이미지의 유동적인 자웅동체에는 성별개념에 대한 좀 더 시험적인 접근이 부합했을 것이라고 말한다.

이런 문제에도 불구하고 심리학자들, 특히 발달론자들은 Jung의 생각이 중요하다는 것을 점차 인식하고 있다. 앞에서 살펴본 바와 같이 발달론자들은 사람들이 사회화됨에 따라, 다시 말해서 외부세계에 적응해나감에 따라 어떻게 해서 자기 자신과 자신이 가졌던 가능성의 상당 부분을 상실하게 되는가에 오랫동안 관심을 가져왔다. Jung도 이런 현상이 발생한다는 것에는 동의했으나 성인기에서 새로운 성장을 위한 새로운 기회가 있음에 주목했다.

더구나 최근에는 Jung의 생각을 지지하는 경험적 연구들이 증가하고 있다. 예를 들어 Levinson(1977, 1978)은 성인에 관한 주요 연구에서 자신이 발견한 결과들을 Jung의 맥락에서 해석하고 있다. Levinson은 대상 피험자 중 상당수가 40~45세경에 위기를 겪는 것을 보았다. 이 시기에 사람들은 "지금까지 숨죽이고 잠잠히 있다가 이제는 외쳐대는 내면의 소리"를 경험한다(1977, p. 108). 30대의 생의 구조는 필연적으로 자기의 특정 측면, 즉 사회적 적응과 성취를 향하는 측면에 역점을 둘 수밖에 없지만, 40대에 와서는 "자신의 무시되어왔던 측면들이 표출되려고 기를 쓰며, 사람들에게 자신의 삶을 재평가하도록 촉구한다"고 Levinson은 결론짓고 있다(p. 108). 추후 연구에서 Levinson(1996)은 여성에게도 중년기는 외부적 역할에 대해 불만족하고 내부적 자기와의 새로운 연결을 원하는 시기라고 보고했다.

시카고대학교의 Bernice Neugarten과 동료들의 연구 또한 Jung의 통찰을 지지하고 있다. Neugarten은 40대와 50대 남녀 모두에게서 "에너지가 외부세계로부터 내부세계를 향해 이동"함을 보고했으며(1964, p. 201), 내성·명상·자기평가 등이 더욱 더 정신생활의 특징적 형태가 되어간다고 보고하고 있다(Neugarten, 1968, p. 140). 게다가 남자들은 자신의 친교적·양육적·감각적 충동에 보다 민감하게 되고, 여성들은 자신의 공격적·자기중심적 충동에 죄책감을 덜 느끼게 되며 보다 민감하게 반응한다(Neugarten, 1964, p. 199). 몇몇 문화 간 연구들은 이런 변화가 일반적이며 노년기에 나타난다고 주장하고 있다(Gutman, 1987). 따라서 Levinson의 연구와 마찬가지로 Neugarten과 동료들의 연구 역시 Jung이 주장한 **성격변화**를 지지하고 있다.

외적 상황이 요구하기 이전에 이런 전환이 일어남을 주목하는 것이 중요하다

(Havighurst, Neugarten, & Tobin, 1968, p. 167). 은퇴나 수입감소, 배우자 사망 등과 같은 외적 상실로 인해 그렇게 되도록 강요받기 전에 성인은 내부로 전환하는 것 같다. 즉 내재적인 발달과정이 작용하고 있는 것 같다. 성인은 지나간 생을 점검하고 인습적인 역할이 주는 압력에 저항하며, 무시되고 실현되지 못한 성격 측면에 자기 자신을 관련시키려 하는 선천적인 욕구를 가지고 있는지도 모른다.

Chomsky의 언어발달이론[1]

생애 소개

1949년에 Montessori는 아동의 언어숙달이 하나의 놀라운 성취라는 것을 우리에게 일깨워줬다. 그녀를 감동시킨 것은 아동의 단어학습이 아니라 문법 또는 통사(올바른 문장을 만들고 이해하는 데 필요한 규칙체계)의 획득이었다. 문법규칙은 너무나 복잡하며 또한 구어 속에 깊이 감춰져 있기 때문에, 성인도 이 규칙들을 모두 알지는 못한다. 그러나 아동은 6세가 되면 이런 규칙을 거의 대부분 숙달한다. 발달심리학은 어떻게 이런 일이 발생하는지 알아야 한다.

심리학자들은 Montessori의 의견에 동의는 했지만, 그들 자신의 문법규칙이나 구조에 대한 무지로 인해 불리한 입장에 있었다. 그들은 주로 아동이 말하는 명사와 동사의 수를 세는 정도에 머물러 있었다. 그러던 중 1957년에 Chomsky는 『통사구조(Syntactic Structures)』라는 책을 출판했는데, 여기서 그는 문장을 형성하고 변형하기 위해 사용되는 여러 가지 조작에 관해 기술했다. 그 후부터 연구자들은 아동의 말에서 조작의 종류를 찾으려는 생각을 하게 되었으며, 전적으로 새로운 분야인 언어발달심리학이 출발하게 되었다.

Noam Chomsky는 1928년 필라델피아에서 태어났다. 그는 자라면서 아버지로부터 언어학에 관해 조금 배웠는데, 아버지는 존경받는 히브리어 학자였다. Chomsky는 템플 대학교에서 운영하는 진보적인 학교에 다녔는데, 그는 이 학교를 창조적 활동을 격려

---

[1] 이 장은 Stephen Crain과 협력하여 저술했다.

하는 훌륭한 곳이라고 기술했다(2003). 그 학교는 성적순이나 경쟁을 강조하지 않았기 때문에 Chomsky는 고등학교 때까지 자신이 우수한 학생인지도 몰랐다. Chomsky는 16세에 기대를 잔뜩 품고 펜실베이니아대학교에 입학했다. 그러나 입학한 지 2년 만에 싫증을 느껴 대학을 그만두려 했다. 다행히도 이때 언어학자인 Zellig Harris가 Chomsky에게 그의 대학원 과정과 다른 분야 연구를 권유했다. Chomsky는 펜실베이니아대학교에서 학사 및 박사학위를 취득했는데, 박사과정에서의 몇 년 동안은 자기가 하고 싶은 것을 무엇이든 해도 좋다는 허락을 받아 하버드대학교의 특수 프로그램에 참가하기도 했다. Chomsky의 새로운 이론은 수학과 언어학을 결합한 이론으로서 기존의 다른 이론들과는 상당히 달랐기 때문에 대학의 전통적인 학과에서는 그가 설 자리가 없었다. 그에게 온 유일한 교수직 제안은 매사추세츠공과대학(MIT)에서 온 것으로, 그는 이 대학에서 1955년 이래 현재까지 재직하고 있다(Chomsky, 1977, p. 80).

Chomsky는 언어학자일 뿐만 아니라, 외교 분야의 전문가다. 그는 미국의 베트남 참전을 반대한 첫 번째 지식인 중 하나였으며, 아프카니스탄과 이라크에 대한 미국의 군사적 개입도 반대했다. 많은 그의 학문적 동료들은 그의 급진적 정견에 대해서는 찬성하지 않으나, 언어학자로서의 그의 업적에 대해서는 모두가 인정하고 있다. 그는 수많은 명예박사학위를 받았으며, 우리 시대의 위대한 영혼 중 하나로 널리 인정받고 있다.

기본 개념

규칙의 중요성

Chomsky 이전에 아마 대부분의 사람들은 Brown이 명명한 언어학습의 '**저장소**(storage bin)' **이론**을 믿었을 것이다. 아동은 다른 사람들을 모방해 그들이 머릿속에 저장하고 있는 수많은 문장을 획득한다. 그런 다음 아동은 필요한 경우 적합한 문장을 찾아내어 사용하게 된다는 것이다(Brown & Herrnstein, 1975, p. 444).

Chomsky는 이런 견해가 옳지 않다는 것을 보여줬다. 우리는 단순히 정해진 수의 문장들만을 학습하지 않는다. 왜냐하면 우리는 일상적으로 새로운 문장을 창조해내기 때문이다. 저자는 이 책을 쓰면서 동일한 단어들을 반복해서 사용하긴 해도 실제적으로는 매번 새로운 문장을 만들어낸다. 우리 모두는 말하거나 쓸 때 이와 똑같이 한다. 이는 우리로 하여금 어느 문장이 문법적이며 또 우리가 의도한 의미를 전달하는가를 결정하도록 해주는 내적 **규칙**이 있기 때문에 가능하다. 만일 우리가 이전에 들은 적이 있어 기억하고 있는 문장들만 사용할 수 있다면, 우리의 언어는 심한 제한을 받을 것이다. 우리는 규칙체계(문법)를 가지고 있기 때문에, 전에 결코 들어본 적이 없는 문장도 만들어내고 이해할 수 있는 것이다(Chomsky, 1959, p. 56).

아동의 놀라운 규칙파악

Chomsky는 우리가 서술문을 의문문으로 변형할 때처럼 변형을 만드는 규칙에 초점을 두었다. 예를 들어 서술문 "The dog bit the lady"를 의문문인 "Did the dog bite the lady?"로 변형하는 것처럼 말이다. Chomsky는 변형규칙이 매우 복잡하며, 따라서 아동이 그런 규칙을 일상적으로 숙달하는 것을 매우 놀랍게 여겼다.

Chomsky는 비공식적으로 아동을 관찰했다. 그러나 Chomsky에게 영감을 받은 Roger Brown(1973)의 발견으로 우리는 아동의 언어능력을 알 수 있다. Brown은 수년에 걸쳐 자연스러운 상황에서 몇몇 아동의 자발적인 말을 녹음했는데, 무엇보다도 그들이 어떻게 **부가의문문**으로 변형하기 시작하는지를 발견했다. 아래에 Adam이라 불리는 아이가 4.5세일 때 말한 부가의문문을 인용해놓았다(그림 17.1 참조).

Ursula's my sister, isn't she?

I made a mistake, didn't I?

Diandros and me are working, aren't we?

He can't beat me, can he?

He doesn't know what to do, does he?

'부가의문문(tags)'은 문장 끝에 있는 짧은 질문을 말한다(Brown & Herrnstein, 1975, p. 471).

먼저 주목해야 할 점은 Adam의 말이 창조적이라는 점이다. Adam은 이전에 이런 문장을 들어본 바가 없으면서 이 문장들을 만들어낸 것이다. 그는 문법규칙에 따라 문법에 맞는 새로운 문장을 만들어낸 것이다.

그러나 이 규칙들은 복잡하다. 무엇보다 먼저 부가의문문을 만들기 위해 Adam은 문장의 앞에 있는 부정 또는 긍정 서술문을 역으로 변형해야 한다. 즉 Adam이 "I made a mistake"라는 긍정 서술문을 말했다면 부가문은 부정문, 즉 "Didn't I?"가 되어야 한다. 만일 Adam이 "He can't beat me"와 같은 부정문을 말했다면 부가문은 긍정문, 즉 "Can he?"가 되어야 한다. Adam은 이를 매번 올바로 했다.

또한 Adam은 문장의 주어를 찾아 이를 올바른 대명사로 변형해 부가문에 사용해야 한다. 위에 인용한 "Diandros and me are working, aren't we?"라는 문장에서 Adam은 올바르게 "Diandros and me"가 주어인 것을 알고 이를 'we'로 올바르게 변형했다.

또한 Adam은 조동사가 부가문의 앞에 와야 할 때가 있음도 알고 있다. 그러나 "I made a mistake, didn't I?"라는 문장에서 조동사 'did'란 단어는 앞의 서술문에 나와 있지 않다는 것을 주목하라. 따라서 Adam은 추상적인 규칙에 따라 이를 만들어낸 것인데, 이 사실은 Chomsky(1957)가 발견할 때까지 아무도 몰랐던 것이다.

따라서 Adam은 몇 가지 조작을 동시에 적용했는데, 앞에 인용한 것들은 그 일부분이다. Adam이 4.5세에 올바른 부가의문문을 만들 수 있다는 것은 정말 놀라운 일이다. 그렇다고 Adam이 특별한 아동은 아니다(Brown & Herrnstein, 1975, p. 471).

Adam의 언어 녹음에서 흥미로운 점은 이 문장들의 사용빈도 분포다. Adam은 4.5세가 될 때까지 전혀 부가의문문을 말하지 않았는데, 이후에는 급격히 많이 사용했다. 즉 약 한 시간 동안 32개의 부가의문문을 만들어냈는데, 이는 어른의 평균 3~6개에 비하면 엄청 많은 것이다. Adam의 이런 행동은 Piaget의 순환반응이나 Montessori의 반복행동을 생각나게 한다. 아동은 새로운 능력을 반복적인 연습을 통해 공고화하려는 욕구가 있는 것 같다.

어떤 경우이든 부가의문문의 발달은 Chomsky의 요점을 말해준다. 즉 아동은 복잡한 언어규칙이나 절차를 매우 짧은 시간 안에 숙달한다. 아동은 대부분의 복잡한 문법을 6세경까지, 그 외는 사춘기까지 숙달한다. 이는 아동이 의식적으로 문법규칙을 안다는 말이 아니다. Chomsky조차도 여전히 이에 대해 명확하게 밝히고자 노력 중이다. 그러나 아동은 그 규칙들에 관한 작동지식을 직관적인 수준에서 획득한다. 아동은 모국어의 규칙뿐 아니라 필요하다면 제2언어의 규칙도 학습한다. 우리는 이민온 부모의 어린 자녀들이 거리에서 다른 아동으로부터 제2언어를 놀라운 속도로 학습해서 다른 아동과 마찬가지로 유창하게 새로운 언어를 말하는 것을 흔히 볼 수 있다(1959, p. 42).

Chomsky는 모든 사람의 말(성인도 포함)에는 잘못이나 실언, 서두가 잘못되는 경우, 불분명한 표현, 단절된 문장 등이 있다는 것을 인정한다. 이런 실수는 부주의, 피곤함, 기억의 쇠퇴 같은 요인으로 인해 일어난다. 그러나 이런 **수행**상의 결점은 근저의 역량에 비하면 아무것도 아니다. 이 **역량**은 잘못 구성된 문장과 잘 구성된 문장을 구별해내는 능력에 의해서 가장 잘 나타난다(Chomsky, 1962, p. 531).

선천성 가설

아이들이 그 많은 것을 그렇게 짧은 시간에 성취하는 게 어떻게 가능한가? Chomsky는 아동의 언어적 성취를 부모의 가르침이나 모델링 같은 환경적 요인으로 설명하려는 것은 무리라고 믿는다. Chomsky는 아동이 말의 단편적인 부분들만을 듣는데도 불구하고 그들이 들은 것 이상으로 문장을 만들어내는 복잡한 규칙을 만든다고 말한다. 그는 그 과제에 대해 아동이 생물학적으로 어떻게 프로그램되어 있는지를 이해해야 한다고 믿는다(Chomsky, 1972, p. 171, 1980, pp. 232-234).

하나의 유추로서 Chomsky는 우리에게 새의 날아다니는 능력 같은, 다른 종의 뛰어난 능력을 생각해보라고 요구한다. 인간은 날 수 없는데 새는 날 수 있는 이유를 이해하는 데 어미새들이 잘 가르치거나 나는 행동의 좋은 모범을 보인 방식을 고려하지는 않을 것이다. 그보다는 새는 나는 과제에 대해 어떻게 설계되어 만들어졌는지를 알고 싶어 할 것이다. 마찬가지로 우리는 아이의 뇌가 문법을 획득하도록 어떻게 설계되었는지를 알 필요가 있다(Chomsky, 1975). Chomsky는 인간의 아이는 장착된 감각, 즉 정확한 문법은 어떻게 보여야 하는지를 아는 감각을 가지고 언어과제에 접근한다고 제안한다. 아이는 어떤 규칙은 맞고 다른 규칙은 맞지 않다고 말해주는 내적인 귀에 따른다.

그들이 자라는 곳에 따라 다른 언어를 학습하는 아이들에게 이런 내적 지식이 전부일 수 없다는 건 확실하다. 중국에서 자라고 있는 아이는 영어나 스페인어가 아닌 중국어를 배우므로, 특정 언어의 지식이 뇌에 미리 구축되어 있을 수는 없다. 언어는 학습되어야 한다. 그리고 Chomsky는 이런 일이 급속히 일어나게 되는 기제들을 제안했다 (1986). 그러나 그의 주된 제안은 모든 언어는 기저에 보편문법(universal grammar)을 공유하며 아이들은 보편문법에 대한 생래적 감각을 가지고 있다는 것이다.

생래적 제약

생래적 지식은 정확히 무엇으로 이루어져 있을까? 아직 그 답은 요원하다. 우리는 부가의문문을 만드는 규칙이 생래적이지 않다는 걸 아는데, 이는 모든 것이 보편적이지 않기 때문이다. 그러나 무엇이 보편적인가?

보편적인 수준에서 우리는 언어를 명사나 동사 같은 특정 구성요소로 구성하는 것 같다고 Chomsky는 믿고 있다. 그러나 Chomsky는 일차적으로, 우리가 고려할 규칙을 제한하는 **제약**이 우리 정신에 미리 확립되어 있다고 주장한다. 아동이 언어를 학습할 때 이 제약은 아동에게 "이런저런 규칙은 틀렸으니까 거기에 시간낭비하지 말라"고 말해준다. 이와 같은 제약은 모든 가능한 문법체계와 규칙을 연구해야 하는 곤경에 처한 언어학자들과는 달리 아동을 자유롭게 해준다. 아동은 이미 문법이 어떤 특정한 타입이어야 한다는 것을 알고 있으며, 이것은 학습을 훨씬 더 빠르게 만든다(Chomsky, 1972, p. 113).

주요한 생래적 제약은 모든 변형규칙은 **구조의존적**(structure dependent)이어야 한다는 것이다. 이 의미를 이해하기 위해서 다음과 같은 문장을 단순한 '예'/'아니요'식의 의문문으로 변형시키는 경우를 고려해보자.

(1) The man is tall. — Is the man tall?

   The book is on the table. — Is the book on the table?

   I can go. — Can I go?

이 의문문을 만드는 규칙은 무엇일까? Chomsky에 의하면, 이 문장들을 처음 보는 중립적인 과학자라면 다음과 같이 추론할 것이다. 첫 번째 동사요소(is, can)가 나올 때까지 왼쪽에서 오른쪽으로 읽어가다가 그 요소가 나오면 이것을 문장의 앞으로 옮기는 것이다. 이를 〈가설-1〉이라 부르자. 이 가설은 이런 유형을 가진 거의 모든 문장에 적용될 수 있다. 이는 아주 단순하고 직접적이라서 컴퓨터 프로그램으로도 처리할 수 있다. 그러나 다음 문장에 〈가설-1〉을 적용하면 어떻게 되는지 살펴보자.

(2) The man who is tall is in the room. — Is the man who tall is in the room?

이 문장은 비문법적이다. 따라서 〈가설-1〉은 옳지 않으며, 그 과학자는 놀랄 것이다.

우리는 문장을 올바로 변형할 때, 문장을 우선 **추상구**(예 : 명사구와 동사구)로 분석한다. 이런 구들을 '추상적'이라고 부르는 이유는 그것들의 경계를 구분할 아무것도 없기 때문이다. 이것은 직관적으로 알게 된다. 그러면 위와 같은 문장들에서 **첫 번째 명사구** 다음의 첫 번째 동사요소(is, can)를 위치시키고, 그런 다음 바로 이 동사요소를 문자의 앞으로 옮겨보자(이는 Aitchison, 1976의 도표를 사용한 것임).

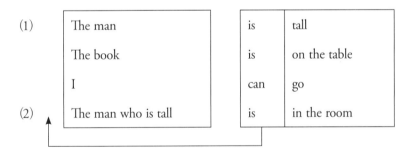

위와 같은 방식으로 하면 문장 (2)는 올바르게 변형되어 "Is the man who is tall in the room?"이 된다. Chomsky의 용어로 말하자면 우리는 **구조의존적**(structure-dependent) 규칙에 따르는 것이다. 우리는 단어 하나하나에 작용하는 것이 아니라, 변형시키기 전에 구의 구조를 먼저 분석하며, 첫 번째 명사구(이 경우는 "the man who is tall")는 항상 원래대로 둔다(Chomsky, 1975, pp. 30-32).

Chomsky는 보통의 아동은 우리가 상상하는 과학자와 달리 결코 〈가설-1〉을 고려하지 않을 것이라고 주장한다. 왜냐하면 구조의존성은 증거로부터 나타나는 것이 아니며 경험을 체계화하는 생래적인 양식이기 때문이다. Chomsky는 사람들이 〈가설-1〉과 구조의존성 사이에서 선택하도록 하는 경우 없이 인생의 대부분을 살게 될 것이라고 말한다. 그러나 문장 (2)와 같은 문장을 처음으로 변형시켜야 할 때 그들은 주저 없이 구조의존적 규칙을 사용한다(1975, p. 32).

여러 학자(예 : Pullum & Scholz, 2002; Tomasello, 2003, p. 288)가 Chomsky의 주장에 도전했다. Chomsky와는 달리 이들은 아이들이 "Is the man who is tall in the room?"과 닮은 어른들의 질문을 많이 들었을 수 있다고 추정한다. 예를 들어 교사가 아이들에게 "Is the boy who was crying still here?"라고 아이들에게 물을 수 있다. 어른이 하는 이런 종류의 질문은 아이들에게 질문이 가지고 있어야 하는 구조에 대해 알려줄 수 있다.

그러나 연구자들은 아이들이 어른들로부터 듣는 말의 자료에는 이런 종류의 질문이 매우 드물다는 걸 발견했다(S. Crain & Thornton, 2006). 어떤 아이들은 이런 종류의 질문을 5세 이전에 전혀 듣지 못할 수 있다. 그러나 Stephen Crain과 Mineharu Nakayama(1987)가 실시한 연구는 3~5세 아이들이 이런 종류의 질문이 구조의존적이어야 한다는 걸 시종일관 안다고 말한다.

이 연구에서 실험자들은 30명의 아이들에게 〈스타워즈〉의 자바 더 헛 인형에게 여러 질문을 하라고 권한다. 예를 들어 "미키마우스를 보고 있는 소년은 행복한지 자바에게 물어봐"라고 한다. 아이들은 때때로 자바에게 하는 질문을 구성하는 걸 어려워하지만(그들의 질문은 때때로 어색하다) 아이들은 항상 구조의존원리를 고수한다. 그들은 항상 명사구(예 : "the boy who is watching Mickey Mouse")를 바꾸지 않고 그대로 둔다. 그 아이들은 구조의존성이 고려되어야만 하는 걸 직관적으로 아는 것처럼 보인다.[2]

그런데 구조의존성은 아이들이 배워야 하는 변형규칙의 종류들을 제한하는 생래적 구속이라고 제안된다. 서로 다른 문화에서 자라는 아이들은 어느 정도 다른 변형규칙을 배울 것이지만, 그들은 모든 규칙은 구조의존적이라는 것을 자동적으로 알게 된다. Chomsky는 언어학의 가장 큰 과제가 어떤 원리들(예 : 구조의존성)이 우리가 자동적으로 따르는 규칙의 종류를 제한하는지 밝히는 것이라고 믿는다. 그런 원리는 정신이 작

---

[2] Ambridge, Rowland, Pine(2008)은 이런 결과에 도전했다. 그들의 연구에서 3~7세 아동들은 말하는 횟수의 5%에서 구조의존성을 위반했다. 그러나 그들의 연구에서 아이들이 피곤해진 게 오류를 가져왔을 수 있는데, 어떤 경우이든 5%의 오류율은 작다.

용하는 방식에 대해 많은 것을 우리에게 말해줄 것이다.

표면구조와 심층구조

우리가 어떻게 문장을 변형시키는가를 이해하기 위해서 Chomsky는 **표면구조**(surface structure)와 **심층구조**(deep structure) 개념을 도입했다. 심층구조는 기본적인 구조로서 새로운 문장을 만들 때 이 심층구조에 다양한 조작을 수행한다. 다음 문장들을 생각해 보자.

(3) Susan ate the apple.

(4) The apple was eaten by Susan.

(5) Susan did not eat the apple.

(6) What did Susan eat?

(7) Susan ate the apple, didn't she?

이 문장들 가운데 문장 (3)이 가장 단순하다. 즉 **단순능동서술문**이며 주어–동사–목적어 순으로 되어 있다. 영어에서는 문장 (3)이 추상적인 심층구조의 기본 형태다. 문장 (3)을 사용하여 우리는 다른 모든 문장을 생성하기 위한 어떤 조작을 할 수 있다. 다른 문장[예 : 문장 (4)]을 기본 형태로 취한다면 그외의 다른 문장들을 만들어내기 위한 일련의 명확한 조작을 할 수 없다(Chomsky, 1957, pp. 45, 91, 1965, pp. 138–141).

　Chomsky는 '심층구조'라는 용어를 도입할 때 많은 혼란을 야기했다. '심층'이라는 단어는 근저의 '보편 문법'을 상기시킨다. 그러나 심층구조는 보편적이지 않은데, 왜냐하면 언어들은 각기 기본으로 하는 단어순서가 다르기 때문이다. 영어 같은 언어는 주어–동사–목적어(Subject-Verb-Object, SVO)의 단어순서를 기본으로 하여 이를 사용해 변형을 만들어낸다. 다른 언어는 다른 단어순서를 사용한다. 예를 들어 한국어나 일본어는 SOV 순서를 사용한다. Chomsky는 혼란을 피하기 위해 다른 용어를 사용하려 했으며, 심지어 '심층구조'나 '표면구조'라는 개념을 포기하려 했다. 그러나 많은 언어학자들은 그 개념이 매우 유용하다는 걸 발견했다.

문법 발달에 관한 견해

앞서 언급했듯이 Chomsky는 직접 아동을 연구하지는 않았는데, 그래서 그의 발달에 대한 견해는 애매하고 비일관적이다. 일반적으로 그는 발달이 어느 특정 순간의 일이기 때문에 아동이 즉각적으로 성인의 문법구조를 발달시킨다는 가정하에 연구해야 한다고 주장한다. 그러나 이는 다만 연구를 시작하기 위한 초기작업적인 가정일 뿐이다. 왜냐하면 Chomsky 역시 문법적인 능력이 다른 생물학적 체계와 마찬가지로 성숙하며 질적으로 다른 단계들을 거친다는 것을 인식하고 있기 때문이다(Chomsky, 1972, pp. 88-90; 1975, pp. 119-123).

어떻든 Chomsky의 연구는 많은 언어심리학자들로 하여금 아동의 언어발달을 면밀하게 연구하도록 고취시켰다. 다음 내용은 그런 연구의 주요 발견 가운데 일부를 요약해놓은 것이다.[3]

한 단어 말하기

1세경이 되면 아기는 단일단어로 말하기 시작한다. 많은 연구자들은 아기가 전체 문장을 표현하는 수단으로 단일단어들을 사용한다고 믿는다. 예를 들면, "과자"라는 말은 문맥에 따라 "과자 먹고 싶어"나 "저기 과자가 있어"라는 의미가 될 수 있다. 그러나 아기의 말에 너무 많은 의미를 줄 위험도 있다(Sachs, 1976).

두 단어 말하기

생후 1년 6개월 정도가 되면 아이들은 두 단어를 함께 묶어 쓰며 그들의 언어는 명백한 구조를 갖추게 된다. 표 17.1은 몇몇 특징적인 두 단어 말하기를 적어놓은 것이다.

연구자들은 두 단어 말하기에 기저구조가 있을 가능성에 흥미를 느껴왔다. Martin Braine(1963)은 두 단어를 쓰는 아이는 'allgone' 같은 한 단어를 사용해서 '중심문법(pivot grammar)'을 만든다고 제안했는데, 중심(pivot)은 많은 다른 단어('allgone boy', 'allgone sock', 'allgone boat', …)가 뒤따라 올 수 있기 때문이다. 다른 사람들(Brown, 1973)은 모든 아이들이 중심문법을 사용하지 않고 일부만 사용하는 걸 발견하고 아이

---

[3] 이 요약은 기본적으로 Cairns와 Cairns(1976, pp. 193-197)가 개괄한 것을 따른 것이다.

표 17.1 전형적인 두 단어 표현

유형	예
1. 명명(Naming)	저 개(that doggie)
2. 반복(Repetition)	더 뛰어(more jump)
3. 부정(Negation)	공 없어(allgone ball), 안 쌌어(no wet)
4. 소유(Possession)	내 차(my truck)
5. 속성(Attribution)	큰 애(big boy)
6. 행위자-행위(Agent-action)	조니 때려(Jonny hit)
7. 행위-대상(Action-object)	공 쳐(hit ball)
8. 행위자-대상(Agent-object)	엄마 빵(Mommy bread: 엄마가 빵을 자른다는 의미).

출처 : Brown & Herrnstein(1975, p. 478)과 Slobin(1979, pp. 86-87)에서 인용.

들이 언어를 구축하는 창조적인 방식을 보여준다.

문법의 발달

2~3세 사이에 아동은 전형적으로 셋 또는 그 이상의 단어들을 함께 사용하기 시작하며, 그렇게 할 때 구조의존적(명사구를 전체 단위로 보는 것)인 감각을 보여준다. 이는 주로 끊어 읽기를 통해 볼 수 있는데, 예를 들어 아동은 "Put the … red hat … on"보다는 "Put … the red hat … on"으로 끊어 읽는다. 이는 아동이 "the red hat"이라는 구가 쪼개지지 않고 하나의 단위로 기능한다는 것을 알고 있음을 뜻한다(Brown & Bellugi, 1964, p. 150).

아동은 또한 이 시기에 **접미사**를 사용하기 시작하며, 이때 "I runned", "It goed"나 "She doed it"처럼 말함으로써 **과규칙화**(overregularize)한다. 이와 유사한 과정이 복수형에 대해서도 나타난다. 아이들은 일상적으로 'foots', 'mans', 'mouses' 등으로 말한다. (Ervin, 1964; Slobin, 1972).

흥미로운 것은 아동이 처음부터 과규칙화로 시작하는 게 아니라 처음에는 불규칙 형태를 올바로 쓰다가 나중에 와서 과규칙화를 한다는 점이다. 예를 들어, 한 아동은 'goed'를 쓰기 전에 'went'를 먼저 쓴다(Marchman & Bates, 1994). 그러나 한두 달 뒤에는 접미사의 과규칙화를 시작하며, 이는 초등학교에 들어갈 때까지 계속된다(Slobin, 1979, p. 94; Siegler & Alibali, 2020, p. 153).

대부분의 언어심리학자는 아동이 하는 일은 규칙을 만드는 것이라고 믿는다. 아동은 과거시제를 만드는 규칙(영어에서)은 '-ed'를 단어 끝에 붙이면 되는 것을 발견하고, 언어가 실제보다 더 일관성이 있다고 가정하면서 그 후에는 모든 경우에 이 규칙을 적용한다. 이와 유사하게 복수형을 만드는 규칙은 '-s'를 붙이면 된다고 추측하여 모든 경우에 적용한다.

과규칙화는 아동의 말에 독특한 의미를 부여한다. 그러나 아동은 실제적으로는 성인의 규칙을 과규칙화하는 것이다. 결과적으로 우리가 알고자 하는 것은 아동 또한 스스로의 규칙을 만드는가다.

Edward Klima와 Ursula Bellugi(1966)는 아동의 부정어를 연구하면서 그 가능성을 발견했다. 처음에 아동은 그들의 규칙이 마치 '부정어를 문장의 맨 앞(또는 맨 뒤)에 넣어라'인 것처럼 말한다. 예를 들어, "No play that", "No bath tonight", "Car go no" 등과 같이 말한다.

얼마 뒤에 아동은 새로운 규칙을 만드는 것 같다. 즉 '첫 번째 명사구의 뒤나 그외 다른 모든 것의 앞에 부정어를 넣어라.' 예를 들어, "He no bite you"나 "I no want envelope"라고 말한다.

다른 단계에 가서 아동은 스스로의 방식으로 부정어를 구성한다. Klima와 Bellugi(1966)가 말했듯이 "아동의 언어는 스스로의 체계성을 가지고 있으며, 아동이 말하는 문장은 성인 문장의 불완전한 복사가 아니다"(p. 191).

변형

약 3~6세 사이에 아동의 문법은 급속히 매우 복잡해진다. 가장 주목할 만한 점은 그들이 변형을 해내기 시작한다는 것이다.

Bellugi-Klima(1968)는 아동이 심층구조에 대한 표상의 변형인 **어디**(Where) · **무엇**(What) · **왜**(Why) 등의 의문문을 어떻게 만드는지에 대해 연구했다. 예를 들면, "Where can I put it?"은 본질적으로 "I can put it where"의 변형이다.

이러한 변형에 숙달하게 되면 아이들의 말은 어른들의 말과는 다른 단계들을 밟아가는 것 같다. 예를 들면 "Where I can put it?", "What he wants?"처럼 말한다. 즉 그들은 'What'은 문장 앞으로 옮겨놓지만, 문장의 나머지 부분은 그대로 둔다. 성인의 말을 따라 해보라고 했을 때조차도 그들은 이 단어순서를 종종 고수한다(Slobin, 1979, p. 96).

> 성인 : Adam, 내가 말하는 것을 그대로 따라 해봐. Where **can** I put them?
> Adam : Where **I can** put them?

전형적으로 아동은 5~6세경에 성인이 하는 방식으로 그런 질문을 한다. 이 나이에 그들은 여전히 어떤 수동태 문장 같은 몇몇 어려운 구조를 배울 필요가 있지만, 대부분의 성인문법에 숙달했다(Hyams & Orfitelli, 2020).

보편성

우리는 지금까지 발달과정을 살펴보았다. 언어발달과정의 측면이 전 세계에 걸쳐 나타나는 게 가능하다. 이것은 두 단어 말하기에서 사실인 것 같다(DeHart, Sroufe, & Cooper, 2004, p. 239). 게다가 어느 곳에 있는 아동이든 말의 일부분을 과규칙화하며(Deen, 2020), 동일한 방식으로 부정문을 다룬다(Slobin, 1973, 1985). 그러나 아이들이 일단 변형을 하기 시작하면, 그들은 언어권에 따라 일부 규칙이 변화한다. 그러나 아동이 형성할 규칙을 제한하는 구조의존성 같은 보편적 제약은 아직 남아있는 것 같다.

Chomsky와 학습이론

Chomsky는 언어는 아동 자신에 의해 구성되는 것이라고 주장했다. 말의 단편적인 부분들만 들은 후, 아동은 그 규칙들에 대한 생래적인 감각(규칙은 어떤 것이여야 하는지에 대한 감각)에 의해 규칙들을 발견한다. 이와는 대조적으로 학습이론가들은 언어패턴의 근원을 사회적 환경에서 찾아야 한다고 믿는다. 이들의 관점에서 보면 언어란 일차적으로 타인이 제공하는 모델링 영향이나 조작적 조건형성을 통해 형성되는 것이다.

조작적 조건형성

앞서 언급했던(8장) Skinner 학파의 초기 언어학습에 대한 견해는 때때로 'babble(옹알이)-luck(운)' 이론이라고 불린다. 아기는 옹알이를 하다가 운좋게도 어떤 단어와 비슷한 소리를 내게 되며, 그것을 강화받는다. 예를 들어, 아기가 아빠(Daddy) 앞에서 "dada"라고 말하면 부모는 이를 칭찬한다. 부모는 점차로 더욱 정확하고 복잡한 발음에 대해 칭찬하게 된다.

Skinner(1957)와 추종자들(예 : Lovaas, 1977)은 하나하나의 발음에 대해 이런 식으로 정확하게 신경쓴다는 것은 언어의 급속한 발달을 설명하기에는 너무 늦은 과정이라고 인정했다. 따라서 그들은 아동이 언어행동을 학습할 때 아마도 새로운 상황으로 빠르게 일반화할 것이라고 지적했다. 예를 들면, 한 단어의 복수형을 배운 아동은 더 이상의 훈련 없이도 자동적으로 새 단어들의 복수형을 만들어낼 것이다. 아동이 일반화를 하기 때문에, 그들은 완전히 새로운 표현들을 쉽게 만들어낼 것이다. 이는 Chomsky가 매우 중요하게 여기는 행동이다.

일반화의 원리는 과규칙화(예 : "mans")를 설명할 수 있을 것이다. 그러나 이미 앞서 보았듯이 그 그림은 복잡하다. 왜냐하면 아동은 처음에 올바른 불규칙형을 말하며(예 : "men"), 이는 학습이론에 따른다면 강화받았을 것이기 때문이다. 더구나 조작적 기법이 부가의문문이나 다른 변형 같은 어떤 것을 만들 수 있다는 걸 아직 보여주진 않는다.

Bandura와 모델링

Bandura는 모델의 영향을 강조한다. 아동은 그들이 전혀 들은 적 없는 새로운 표현을 만들어내기 때문에, Bandura는 모델링이 항상 정확한 모방과정을 통해서 이루어지는 것은 아니라고 본다. 예를 들면, 아동의 과규칙화(예 : mans)는 정확한 모방이 될 수 없다. 왜냐하면 어른들은 이런 식으로 이야기하지 않기 때문이다.[4] 그러나 Bandura는 모델링이 여전히 작용한다고 주장한다. 즉 이 과정은 일종의 '추상적 모델링'이라는 것이다. 아동은 자신이 들은 규칙을 모방하긴 했는데(예 : 복수를 만들 때는 '−s'를 붙인다),

---

[4] 과규칙화가 다른 아동의 말을 그대로 모방하는 것이라고 생각해볼 수도 있으나, 실제로는 그런 것 같지 않다. 과규칙화는 주요한 언어적 모델이 부모인 2세짜리 맏아이들을 포함한 모든 아동에게서 나타나기 때문이다 (Slobin, 1979, p. 94).

모방을 지나치게 잘한 것이다(Bandura, 1977, p. 175).

Chomsky가 Bandura의 주장에 대해 직접적으로 언급한 적은 없지만, 그의 반응이 어떨지는 짐작이 간다. 현실세계에서 모델들은 때로 충분히 명백하게 시범을 보여줌으로써 아동이 이를 근거로 추론할 수 있도록 해준다. 그러나 대부분의 모델들은 빈번하게 잘못된 범위의 말을 아동에게 해준다. 많은 성인의 말에는 잘못이나 실언, 서두가 잘못되는 경우 등이 있다. 따라서 비록 아동 자신이 성인에게 듣는 말에서 규칙을 뽑아내긴 하지만, 그렇게 할 수 있는 것은 그 규칙들이 무엇인지에 대한 생래적인 감각에 의해서다. 따라서 우리는 모델의 행동에 초점을 둘 것이 아니라, 아동의 처리기제를 연구해야 한다.

수많은 연구가 Chomsky의 견해(아동이 듣는 말의 질)에 대해 도전했다(Snow, 1979; Tomasello, 2003). 비록 성인 간의 말이 잘못된 것이 많다해도 성인은 보통 아동에게는 단순하고 명백하며 문법적으로 말한다. 말하는 사람은 종종 높은 음조와 느린 음악적 템포를 사용한다. 아동이 "재킷"이라고 말하면 엄마는 "저기 그 재킷이 있구나! 그렇구나!"라고 말할 것이다. 이런 말은 **아동지향적 말**(child-directed speech) 또는 **모성어**(motherese)라 부른다(Berk, 2019, p. 167).

이와 같은 모성어의 발견은 Chomsky가 생각한 것보다 모델이 효과적일 수 있다고 말한다. 만일 성인모델이 단순하고 명백하며 올바른 형태로 말을 한다면, 아동은 성인으로부터 학습할 수 있을 것이다.

그러나 우리는 아직도 모성어가 얼마나 중요한지에 대해 모른다. 현재까지의 증거는 모성어가 단어획득 속도를 빠르게 할 수 있지만 문법에는 거의 효과가 없다고 말한다(Levine et al., 2018). 더구나 서구 중산층 부모에서는 모성어가 현저하지만, 뉴기니의 칼루리족과 남미의 마야족 같은 어떤 문화의 어른들은 모성어를 말하지 않는다. 하지만 그 문화의 아동은 일반적으로 거의 같은 때인 아동기 초기에 언어를 숙달한다(Tomasello, 2003, pp. 108-109; Berk, 2013, p. 372).

더욱이 단순화된 말이 언어학습 속도를 약간은 촉진시킬 수 있을지 몰라도, 핵심적인 부분에 대한 정보가 없다. 즉 모든 규칙이 구조의존적이어야 한다는 것을 아동이 아는 시기에 이를 때까지 그런 정보를 미리 주지 못한다. 이 지식은 Chomsky가 말했듯이 생래적이어서 언어경험을 조직화하는 데 정신적으로 자연스러운 방식인지도 모른다.

마지막으로 모델링의 영향을 지나치게 강조해서는 안 된다는 다른 증거가 있다. 아동은 때로 성인과는 매우 다른 문법구조를 만들어낸다. 예를 들면, 앞서 보았듯이 아동은 초기에 "no"라는 단어를 문장의 맨 앞이나 맨 뒤에 놓는다. 성인은 결코 그렇게 말하지 않는다. 또한 Adam은 변형을 하기 시작할 때, "Where I can put them?"처럼 말했다. 성인은 그렇게 하지 않는데, 아동은 그렇게 한다. 한동안 Chomsky와 동료들(예 : Lightfoot, 1982, p. 184)은 아동 특유 구조의 중요성을 경시하고, 대신 성인문법의 조기 확득을 강조했다. 그러나 많은 사람들이 아동 특유의 구조를 이해하게 되었으며, 그것은 아동은 성인의 규칙을 단순히 모방하는 게 아니라 그들 스스로의 방식으로 체계화한다고 말한다(Lightfoot, 1999, p. 72).

혼성어와 크레올

노예 이주에서 일어나는 것처럼 때때로 다양한 언어배경을 가진 성인이 갑자기 함께 있게 될 때가 있다. 이들은 의사소통을 위해 **혼성어**(pidgins)를 만드는데, 이것은 일관성 없는 단어의 연결로 진정한 문법 특성의 대부분이 없다. 예를 들어 혼성어는 변형을 만드는 규칙이 없다. 그래서 대화할 때는 이를 말하는 사람들도 종종 혼란스러워진다.

크레올은 한 집단이 고유의 혼성어를 충분히 세련된 문법으로 전환할 때 나타난다. 그러나 Derek Bickerton(1984, 1999)에 따르면, 이 위업을 달성하는 것은 성인이 아니라 바로 아동이다.

Bickerton은 20세기로 전환되는 시기에 하와이에서 어떻게 아동이 크레올을 만들어냈는지에 대한 증거를 제시했다. 그 당시에는 더 이상 노예 이주는 없었으나, 급속히 발전하는 하와이의 설탕산업 때문에 추수를 하기 위해 많은 나라에서 성인이 몰려왔다. 이 성인은 전형적인 혼성어를 만들어냈고, 그 자녀들은 이 혼성어를 들으면서 한 세대 내에 그것을 세련된 크레올로 발전시켰다.

Bickerton은 크레올이 전 세계를 통해 매우 유사하다는 것을 지적한다. 그에 따르면 아동은 보편적 청사진, 즉 보편적 문법에 기초해 크레올을 만들어낸다고 가정할 수 있다. 보편적 문법이 어떤지를 알고 싶어 하는 언어학자들은 크레올 연구에서 많은 아이디어를 얻을 수 있을 것이다.

Bickerton은 또한 전 세계 아동이 성인의 언어(예 : 영어와 스페인어)에 익숙해지기 전에 크레올 문법과 유사한 말을 한다고 주장한다. 예를 들면, 영어권의 아동이 "He no bite you"처럼 말하는 것은 크레올 문법에 맞으며 또한 보편적 청사진을 보여주는 것이다.

그러나 아동은 어떻게 보편적 문법만 가지고 완전한 크레올을 만들어낼 수 있을까? Chomsky 이론에서는 보편적 문법만 가지고는 충분치 않다. 아동이 언어의 어순이나 변형규칙 같은 주요점을 발견하기 위해서는 성인 언어로부터의 입력이 필요하다. 아동은 하와이 같은 곳에서의 혼성어로부터 그런 정보를 얻을 수 없다. 이런 상황에서는 Bickerton(1999)의 주장에 의하면 흔히 보편적 문법이 아동에게 자동 해결책을 제시한다. 즉 보편적 문법은 "만일 변형이 어떻게 되는지 모르겠거든 선택-A를 적용하라"고 말한다.

Bickerton의 불완전한 과거 기록에 의한 주장은 논쟁의 여지가 많다(Tomasello, 2003, p. 287). 그의 설명은 많은 사람들에게 믿기 어려운 것이었다. 어떻게 아동이 그 조악한 혼성어에 기초해서 완전한 문법을 만들어낼 수 있는가? 그러나 그런 위업이 결코 놀랄 만한 것은 아니다. Chomsky는 이민을 온 어린 아동이 제2언어를 통상 놀이터나 길거리에서 급속하게 습득하는 데 비해 청소년이나 어른은 몇 년간 열심히 해야만 한다는 것을 지적했다. 정상적인 언어발달 또한 아동의 특별한 능력을 보여주는데, 앞서 우리는 부가의문문을 만들어내는 아동의 놀라운 경우를 보았다. 크레올을 만들어내는 아동의 능력은 이 힘을 증명한다.

침팬지와 보노보에게 언어 가르치기

Chomsky(1975, p. 40)는 문법은 인간에게만 유일하다고 주장했다. 이것을 의심하는 많은 과학자들은 비인간 동물, 특히 침팬지에게 문법을 가르치려고 했다. 침팬지는 인간 성대를 가지고 있지 않아서 1960년대 초 많은 연구자들이 침팬지에게 기호언어를 가르치려고 시도했다. 1980년대 초쯤에 침팬지들이 많은 진전을 하지 못한 것으로 나타났지만 아무도 가르치려는 노력을 포기하지 않았다. 가장 놀라운 연구는 Sue Savage-Rumbaugh의 연구다.

Savage-Rumbaugh는 침팬지와 가까운 친척인 보노보를 연구했다. 보노보는 보통 침팬지보다 더 작고 인간과 더 비슷한 종으로, 1929년에 단 하나의 별개인 종으로 인정받았다. 그들의 걸음은 더 직립적이고 우리와 공감을 더 잘한다(Savage-Rumbaugh, Shanker, & Taylor, 1998, pp. 4, 8).

Savage-Rumbaugh의 스타 학생은 Kanzi라는 보노보다. 1980년에 생후 6개월 된 Kanzi 는 어미 Matata와 함께 조지아에 있는 Savage-Rumbaugh의 연구실험실로 왔다. 직원들 은 초기에 Matata에 집중했는데, 키보드에서 누르면 불이 들어오는 기호를 Matata에게 가르치려고 했다. 키보드에는 Matata가 흥미 있어 하는 바나나, 주스, 다른 것들에 대 한 기호가 있다. 훈련 기간 동안에 Kanzi는 자주 Matata의 실험실에서 놀았고 어미의 어 깨에 기어올라가고 어미 머리 위에서 곡예를 했다. Matata는 Kanzi의 익살맞은 행동을 견디면서 자신의 학습과제에 집중할 수 있었지만 많이 성공하진 못했다(Rumbaugh & Washburn, 2003, p. 129; Savage-Rumbaugh, Shanker, & Taylor, 1998, pp. 3, 15-18).

그런데 Kanzi가 2.5세가 된 어느 날, Matata에게 출혈이 발생해 원래 있던 센터로 잠 시 돌려보내기로 결정했다. 어미가 없는 첫날에 Kanzi는 광범위한 기호 사용을 해서 모 든 사람을 놀라게 했다. 그는 12개의 다른 기호를 사용해서 120개의 다른 말을 만들어 냈다. 그는 종일 Matata를 관찰하면서 배운 것을 갑자기 보여준 것이었다.

Savage-Rumbaugh는 너무 감동을 받아서 Kanzi에 대한 직접적인 지도를 안 하기로 결 정했다. 그녀는 Kanzi의 교사에게 Kanzi가 흥미를 보여준 것(특히 연구센터의 한쪽에 있는 숲속을 걸어다니는 것)에 대해서만 쉽게 이야기해달라고 요구했다. 교사도 그들 이 말하며 기호를 보여줄 수 있도록 작은 키보드를 가져왔다. 그리고 원하면 Kanzi가 키보드로 말하게 했다. 하지만 언어가 풍부한 환경을 제공하려는 것 외에는 단지 Kanzi 가 스스로 언어를 선택하게 두었다. Savage-Rumbaugh는 이것이 일반적인 인간 아이 들이 언어를 배우는 방식이라고 믿는다(Rumbaugh & Washburn, 2003, p. 131; Savage-Rumbaugh & Lewin, 1994, p. 177).

Kanzi의 초기 기호 사용은 Bandura의 관찰학습이론을 지지한다. Kanzi는 어미를 단 지 관찰하는 것만으로 많은 걸 배웠다. 어미가 일시적으로 부재할 때까지 언어를 수 행하지는 않았지만 그는 언어를 이미 획득했었다(Bandura의 획득/수행 구별을 보여준 다). 동시에 Kanzi는 그가 보고 들은 것을 단지 모방하지만은 않았다. 두 단어 말을 할 때 그는 때때로 표준영어에서 분리되어 그 자신의 단어순서규칙을 만들었다(Savage-Rumbaugh, Shanker, & Taylor, 1998, p. 64).

그러나 Kanzi의 언어에 대해 놀라운 점은 그가 산출해낸 것이 아니라 그가 이해한 것이다. 언어산출에서 Kanzi는 기본적으로 두 단어 결합을 보여준 것으로 보이는데, 다른 사람이 말한 것을 이해하는 능력이 그보다 훨씬 더 큰 것으로 보인다. 8세일 때 그는 "건포도를 신발 안에 넣어"같은 말로 하는 요구를 "TV에 나온 공을 나에게 보여줘" 같은 더 복잡한 문장만큼 잘 이해한다는 것을 행동으로 보여주었다(Savage-Rumbaugh, Shanker, & Taylor, 1998, p. 68−71).

Kanzi는 심지어 Savage-Rumbaugh가 "Kanzi, 네가 Austin에게 너의 괴물가면을 주면 내가 Austine의 시리얼을 좀 줄 거야"라고 말할 때 그 말을 이해했다. Kanzi는 즉각 그의 괴물가면을 집어서 Austin에게 준 다음에 시리얼을 가리켰다(Savage-Rumbaugh, & Lewin, 1994, p. 170).

Savage-Rumbaugh는 아홉 살 Kanzi의 이해도는 2세인 인간 아이의 이해도와 같다고 추정한다(Savage-Rumbaugh, Shanker, & Taylor, 1998, pp. 67−69). 인간 아이들의 언어이해도 그들의 언어산출(말하기)을 앞지르며, 이것은 중요한 성취다. 저자가 아내 Ellen에게 Savage-Rumbaugh가 Kanzi에게 말하는 유튜브 영상을 보여주었을 때(Savage-Rumbaugh, 2007) Ellen은 "와우! 그가 영어를 이해해!"라고 소리쳤다.

Savage-Rumbaugh는 Kanzi의 언어적 성취가 인간의 성취와 일치하지 않는다는 걸 인정하지만 통사(syntax)능력이 인간에게만 있다는 Chomsky의 주장에 이의를 제기하는 것으로 충분하다고 주장한다. 한 보노보가 통사 중 일부를 학습할 수 있다는 것은 보노보와 인간 사이에 분명한 차이가 있는 게 아니라 연속성이 있다고 말하기에 충분하다 (Savage-Rumbaugh & Lewin, 1994, pp. 156, 163).

마지막으로 우리는 침팬지와 보노보의 통사에 대한 논의는 인간의 통사를 기준으로 사용한다는 데 주목할 수 있다. 아마도 연구자들이 비인간 동물종들이 그들 자신의 통사 형태(우리가 상상한 것보다 더 정교할지도 모르는 형태)를 가지고 있을 가능성을 살펴볼 때가 올 것이다.

Chomsky와 Piaget

Chomsky는 주로 자신의 이론으로 환경론에 대항했으나, 또한 자신의 이론과 Piaget 이론 사이의 차이에 대해서도 논의했다. 사실 그는 1975년에 Piaget를 만나 일련의 논쟁을 했었다(Piatelli-Palmarini, 1979).

　Piaget와 Chomsky는 확실히 많은 공통점이 있다. 그 둘 모두 아동이 외부환경에 의한 것이 아니라 자발적으로 정신구조를 만들어낸다고 주장한다. 그러나 Chomsky는 Piaget 보다 훨씬 더 생득적이다. 즉 Chomsky는 아이가 다소 극미한 입력을 받을 때에도 유전적 설계에 따라 자동적으로 문법적 형태를 만들어낸다고 믿는다. 이와는 대조적으로 Piaget는 유전적으로 통제되는 발달에 무게를 두지 않았다. 그의 견해로는 아동 스스로가 외부세계를 다루면서 이해하려고 노력하는 과정에서 인지구조가 나타난다는 것이다.

　또 하나의 차이점은 언어발달의 특수성 또는 자율성에 관한 것이다. Chomsky는 언어가 매우 특수화된 '정신 기관'으로서 다른 인지 형태와는 독립적으로 발달한다고 본다. 이와는 달리 Piaget와 그의 추종자들은 언어발달이 일반적인 인지발달과 매우 밀접하게 관련되어 있다고 본다.

　그의 입장을 지지하기 위해 Piaget(1983)는 아동이 2세경에 언어를 기호(없는 대상이나 사건을 표상하기 위한)로 사용하기 시작하는 것에 주목했다. 이 시기는 아이들이 기호로 신체적 행위를 사용하기 시작하는 때이기도 하다. 실제로 신체기호의 시작을 약간 일찍 시작한다. 예를 들어 Jacqueline은 가상놀이에 단어들을 첨부하기 전에 장난으로 베개를 나타내는 데 옷들을 사용했다. 그러므로 언어적 기호는 동일한 상징화 과정의 부분인데, 그 과정은 신체적 활동으로부터 기원한다.

　저자는 처음 2년 동안에 대해서는 Piaget 학파가 일리가 있다고 믿는다. 그러나 그 뒤의 약 2~6세 사이의 언어발달은 분리된 경로를 취하는 것 같다. Piaget는 이 시기 동안(전조작기)의 사고는 기본적으로 비논리적이고 비체계적이라고 주장했다. 여전히 이 시기는 언어획득이 매우 빠르고 인상적인 시기다. 언어발달, 특히 문법의 발달은 놀라운 진전을 하는 그 자신만의 특별한 시기가 있는 것으로 보인다.

교육을 위한 시사점

Chomsky는 아동이 거의 전적으로 자기 스스로 복잡한 문법체계를 학습한다고 주장한다. 그들에게 필요한 것은 발화된 언어를 듣는 것이 전부이며, 그것만으로 언어를 숙달할 것이라고 주장한다. 따라서 Chomsky는 어떤 특별한 교육 프로그램을 제시하지 않는다. 그렇다고 해서 그의 연구가 실제적 가치를 갖지 않는다는 뜻은 아니다. 그의 연구는 아동의 정신에 대한 우리의 태도를 변화시킬 수 있으며, 또한 깊은 이해를 도울 수 있다. 아동의 언어수행에 관심을 가진 교사는 아동의 단점에만 초점을 두는 것이 얼마나 어리석은 짓인지를 알게 될 것이다. 아동의 결점이 무엇이든 간에 그것은 아동이 숙달해내는 복잡한 문법체계에 비하면 아무것도 아니다. 새로운 초등학생을 만날 때마다 교사는 '이 아동은 놀라운 언어구조를 발달시켜왔다. 이 정신은 나의 존중을 받아 마땅하다'고 생각해야 할 것이다. 이런 태도가 가진 효과는 대단히 크다.

Chomsky 등의 연구에도 불구하고 많은 심리학자들은 아동이 실제로 자기 스스로 언어를 학습한다는 가능성을 받아들이지 못한다. 대신 그들은 아동에게 적합한 문법을 가르치는 것이 우리에게 달려있다고 믿는다. 일례로 Bandura(1977, p. 175)는 우리가 아동의 과규칙화(예 : "We digged the hole")를 교정해줘야 한다고 주장한다. Chomsky의 연구는 그렇지 않다고 주장한다. 아동이 하는 것은 근저의 규칙을 찾는 것이며, 그 탐색은 결국 복잡한 문법을 숙달하도록 이끈다. 이 과정에 간섭하는 것은 잘못이다. 우리가 아동의 실수를 교정해주려는 것은 그들을 혼란시키고 그들의 자신감을 손상시키기만 할 뿐이다. 적절한 때가 되면 그들의 실수는 스스로 교정된다.

일부 교육자들은 흑인영어와 같은 방언을 아동에게서 제거하는 것이 중요하다고 생각한다. 이들은 보통의 흑인방언이 표준영어보다 열등하다고 추정한다. 그러나 Chomsky의 연구방향을 따르는 언어학자들은 방언이 동일하게 복잡한 문법규칙을 따른다는 걸 발견했다. 방언은 열등하지 않으며 방언을 사용하는 아동으로 하여금 열등하다고 느끼게 해선 안 된다(Labov, 1970; Berk, 2019, p. 305).

아동의 언어를 향상시키는 가장 인기 있는 시도는 어휘력에 초점을 두는 것이다. 그러한 노력은 심리학자인 Betty Hart와 Todd Risley(예 : 2003)의 보고서와 함께 시작되었다. 그들은 부모가 한두 살 자녀에게 말을 많이 하면 아이들이 3세가 되었을 때 다른 아이들보다 더 많은 단어를 안다는 걸 발견했다. 이러한 아이들의 이득은 다시 초등학교에서의 높은 IQ 및 읽기점수와 연결된다. 이러한 연구결과에 대한 반응으로 많은 아동 전문가들과 양육 웹사이트들이 부모에게 아기와 걸음마기 아이에게 가능한 한 말을 많이 하라고 권했다(예 : Reilly, 2022 참조).

그러나 이 '수다스러운 부모' 운동은 우려된다. Schachtel이 강조했듯이 어린 아동은 외부세계를 비언어적으로 그들의 감각을 통해 열심히 탐색한다. 저자는 사물(나뭇잎,

나무 장난감, 웅덩이 등)을 열심히 살펴보는 어린 아동을 자주 보아왔는데, 이들의 부모는 아동의 탐색을 중단시키고 그것의 명칭을 가르쳐주었다. Schachtel은 시인과 예술가들이 어린 아동의 생기 있고 비언어적인 인상을 되찾으려고 노력하는 것에 주목했다. 우리는 아동에게 그것들을 경험하도록 기회를 줘야 한다.

어휘력 심취자들은 저소득 가정 아동의 어휘력 성장은 그들의 학업성취를 높여준다고 지적한다. 그것도 가치 있는 목표다. 그러나 또한 어휘력을 관점에 맞게 유지하는 것도 중요하다. 비록 보통의 아동이 자발적으로 매일 새로운 단어를 배우지만, 미묘하고 추상적인 문법의 숙달에 비하면 어휘력 성장은 소소한 것이다. 이런 점에서 저소득층의 아동이건 고소득층의 아동이건 보통의 아동은 정말 언어의 천재다. 실제로 저소득층의 많은 아동은 한 언어가 아니라 두 언어를 숙달하는 최근의 이민자 가정의 아이들이다. 따라서 아동의 어휘력을 성장시키는 것도 좋지만, 어휘력이 낮은 아동이 마치 어떤 결함을 가진 것처럼 취급하는 것은 매우 잘못된 일이다. 이것은 마치 글씨를 잘 못쓰는 것 때문에 Einstein의 공식을 비난하는 것과 같다. 언어의 측면에서 보면 모든 아동은 우리의 찬사를 받을 자격이 있다.

평가

심리학자라기보다 언어학자 또는 철학자라 할 수 있는 Chomsky가 수많은 심리학적 연구를 고무시켰다는 사실은 주목할 만하다. 이 연구들은 Chomsky 사상의 중요성을 입증해주는 것이다.

우리는 아동에게서의 문법출현에 대한 기술적(記述的)인 연구들에 초점을 맞춰왔다. Chomsky의 생득이론은 또한 다른 계통의 연구들도 자극했다. 일부 연구자들은 신경학적 기초를 가진 언어학습의 민감기가 있다고 추정한다. 일단 뇌가 어느 정도 성숙을 완결하면(아마도 사춘기 시작시기) 아동은 이 시기 이전에 쉽게 학습할 수 있었던 언어획득이 어려워진다. 이것이 아마도 제2외국어의 어떤 속성을 어린 나이에 더 쉽게 배울 수 있는 이유로 보인다. 이와 비슷하게 청각장애아들이 어린 나이에 기호언어를 쉽게 학습한다. 급속한 언어획득에 대한 민감기는 사춘기 이전, 아마도 7세경에 끝난다는 일부 증거가 있다. 결정적 시기 가설에 대해서는 아직도 더 알아야 할 것들이 많지만, Chomsky의 강력한 생물학적 이론은 새로운 연구들을 자극했다(Johnson & Newport,

1989; Newport, 1990; Pinker, 1994; Siegler & Alibali, 2020, p. 154).

Chomsky에 대한 비판은 일차적으로 발달론적 관점에서부터 나온다. 첫째로, Chomsky는 일종의 전성설(preformationism)과 같은 주장을 했다. 성숙한 문법의 '자발적인' 출현이라는 그의 주장은 마치 아동이 언어에 관해서는 축소된 성인이라고 말하는 것처럼 들린다. 일부 Chomsky 추종자들은 아이들의 말이 때때로 그 자신의 특징을 갖게 되는 방식에 더 민감했다(Lightfoot, 1999, p. 72; S. Crain & Thornton, 2006 참조).

두 번째 발달론적인 비판은 Werner가 했다. Chomsky는 문법이 다른 심리적인 과정들과 분리해서 연구될 수 있다고 주장한다. 그는 심지어 생물학자들이 심장과 폐를 따로 분리해서 연구하듯이 그렇게 하는 것이 과학적 방식이라고 주장한다(Chomsky, 1983, p. 35). 그러나 생물학자들은 신체기관과 체계들은 좀 더 원시적이고 통합된 형태에서 분화된다는 것을 알고 있으며, 이는 언어에도 적용될 것이다. 욕구와 행위의 세상이 "more jump", "more milk", "hit ball" 같은 두 단어 말로 표현되는 건 걸음마기부터 생기는 것으로 보인다. 더욱이 Werner와 Piaget가 강조한 바와 같이 Piaget의 딸인 Lucienne가 상자를 여는 걸 나타내려고 그의 입을 열었던 것처럼, 가장 초기의 기호들은 신체적 행위 자체다. 따라서 2세 이후에 언어발달이 상대적으로 별개의 과정이 될 수 있는 반면에 초기에는 더 큰 행위와 느낌으로 이루어진 기반(matrix)에서 발달되어 나온다.

이런 비판들에도 불구하고 Chomsky의 열정과 그가 만들어낸 흥분은 경이로울 뿐이다. 초기의 Montessori와 같은 몇몇 연구자들은 언어발달에 대해 특별히 연구해야만 한다고 지적했는데, 왜냐하면 아동이 매우 복잡한 언어규칙을 매우 빨리 숙달하기 때문이다. 그러나 Chomsky가 나타나 그런 규칙들의 본질을 구체화하기 시작하면서부터 그런 연구들이 본격화되기 시작했다.

결론 : 인본주의 심리학과 발달이론

이 결론부분에서는 인본주의 심리학의 출현에 관해 논의하고, 발달이론가들이 인본주의자들과 관심을 얼마나 공유하고 있는지 알아보기로 하자.

인본주의 심리학

심리학과 인본주의의 반란

철학 내에서 하나의 주제였던 심리학은 19세기 후반에 독립을 향한 첫발을 내딛었다. 이것과 관련된 중요한 사건은 심리학을 별개의 과학원리로 만들려는 Wilhelm Wundt의 시도다. 물리학이나 화학이 물질을 분석한 것처럼 그는 의식을 기본요소로 분석하길 원했다. Wundt의 실험실에서 사람들은 지각과 느낌을 보고했고, 그는 이것들을 하나의 시스템으로 분류하고 조직화하려고 시도했다(Heidbreder, 1961, pp. 92-95).

다른 연구자들이 Wundt의 접근을 채택했으나 수십 년 후 그 접근이 약속한 것(의식을 요소로 분석하는 일)은 수포로 돌아갔으며, 1920년대 말에 와서 그런 과학적 기치는 다른 집단, 즉 행동주의자들에게로 넘어갔다.

행동주의자들은 심리학이 외현적인 행동과 그 행동을 통제하는 외부환경을 측정하는 것에 국한되어야 한다고 주장했다. 그들은 정신과정이 너무 주관적이고 볼 수 없어서 과학적 심리학에서 자리 잡을 여지가 없다고 주장했다(Heidbreder, 1961, p. 235).

이에 더해 행동주의자들은 외현적인 행동이나 환경적 통제에 대한 연구는 매우 실제적인 가치가 있다고 주장했다. 앞서 본 바와 같이 행동주의자들은 학습을 향상시키고 공포나 분노발작, 기타 문제점들을 완화시키기 위해 다양한 기법('행동기법')을 고안했다(Skinner, 1971, p. 3). 심지어 Skinner는 『월든 투』(1948)라는 소설을 썼는데, 여기서 그는 인간행복을 증진시키기 위해 전체적인 환경을 만들어내는 방식을 제시했다.

그러나 일찍부터 일부 심리학자들은 과학에서의 행동주의 견해에 대해 의혹을 품어 왔다. 20세기 전반에 Gordon Allport, Carl Rogers, Abraham Maslow 등은 행동주의가 인간의 본질에 대해 극히 일방적인 모습만 제시한다고 주장했다. 그들은 인간이 겉으로 드러나는 반응들로만 구성되어 있지 않으며, 또한 전적으로 외부환경에 의해 지배되지도 않는다고 주장했다. 또한 인간은 성장하며, 생각하고, 느끼며, 꿈꾸고, 창조한다. 행동주의자들은 인간에게 존엄성을 부여하는 생의 많은 측면을 무시하고 있다. 그렇다고 인본주의자들이 심리학의 과학적 탐구에 반대하는 것은 결코 아니며, 측정 가능하고 환경의 통제하에 있는 측면뿐 아니라 인간 경험의 전범위에 걸쳐 관심을 가져야 한다고 주장했다.

한동안 인본주의자들의 견해는 미국 심리학의 주된 흐름과 동떨어져 있었다. 그러나 1950년대에 와서 이들의 저술이 점차 관심을 끌게 되었고, 심리학에서 인본주의 운동이 시작되었다(Misiak & Sexton, 1973, pp. 108-109).

따라서 현대 인본주의 심리학은 일차적으로 행동주의 접근에 대한 반발로 시작되었다. 한편 심리학의 두 번째 주된 흐름이라고 할 수 있는 정신분석학과 인본주의 심리학과의 관계는 좀 더 양가적이다. 많은 인본주의자들이 인간의 내면세계를 가장 깊은 수준까지 탐색하려는 정신분석적 시도를 높이 평가하지만, 이들은 또한 정신분석학자들이 인간의 성장과 자유선택에 대한 역량을 너무 비관적으로 본다고 생각했다. 행동주의자들이 인간을 전적으로 외부환경에 의해 통제된다고 보는 데 비해, 정신분석학자들은 인간이 무의식 속에 있는 비이성적인 힘에 의해 지배된다고 보고 있다. 인본주의자들은 정신분석이론이 정서적 장애를 가진 환자들에 대한 연구에 의해 지나치게 채색되었다는 점을 들고 있다. 인본주의자들은, 인간은 지금까지 인식되어온 것보다 훨씬 더 자유롭고 창조적인 존재이며, 자기성장과 자기실현의 역량이 있다고 주장했다(Maslow, 1968, pp. 189-197).

따라서 1950년대에 시작된 인본주의 심리학 운동은 심리학의 두 주류인 행동주의와 정신분석학에 대항해서 나온 것이다. 이런 까닭에 이 운동의 리더격인 Maslow는 자신들의 운동을 '제3세력'이라고 불렀다(Maslow, 1968, p. ix). 그러나 1970년대 이후로 심리학의 주류는 점차 새로운 동향으로 흐르기 시작하여 인지과정으로 주의를 돌리기 시작했다.

인지혁명은 컴퓨터공학에서의 진전에 의해 고무되었다. 심리학자들은 일반인들과 마찬가지로 빠른 속도의 컴퓨터에 의한 성취에 매료되었으며, 컴퓨터와 인간사고 사이의 유사성을 빠르게 알아보았다. 컴퓨터와 인간은 둘 다 정보를 부호화하고(encode), 저장하며(store), 재생한다(retrieve). 심리학자들은 정신 자체를 '정보처리 장치'라고 생각했다. 인간지능의 컴퓨터 모델들이 광범한 학문 분야의 학자들을 사로잡았다. 철학자, 수학자, 언어학자, 컴퓨터 과학자, 신경학자들이 모두 인지심리학자들과 결합하여 '인지과학'이라는 기치하에 함께 연구했다. 결국은 컴퓨터가 촉진하는 사고(합리적이고 과제지향적인 사고)에 중점이 주어졌다. 오늘날 유명한 연구자들은 우리가 과제를 명백하게 정의하고, 해결전략을 선택하고, 분산을 막고, 필요할 때 유연하게 바꾸고, 진전을 의식적으로 관찰함으로써 가장 잘 사고할 수 있다고 가정한다(Siegler & Alibali, 2020, pp. 51–56; Berk, 2019, pp. 150–151).

그러나 인본주의 심리학자들은 이 새로운 인지모델 역시 이전의 행동주의처럼 일방적이라고 본다. 합리적 사고에 대한 강조를 하며 인지모델은 사고의 정서적인 측면(공감, 감탄, 상상, 영감 등)을 거의 무시한다. 인본주의 심리학에 대해 좀 더 이해하기 위해 인본주의 심리학의 아버지라 불리는 Abraham Maslow의 생애와 연구를 살펴보자.

Maslow

생애 소개   Maslow(1908~1970)는 뉴욕의 브루클린에서 가난한 러시아 이주민의 아들로 태어났다. 그는 수줍고 불행한 소년이었다. 고등학교 시절은 그런대로 잘 보냈으나, 대학에 적응하는 데는 어려움을 겪었다. 그는 뉴욕시립대학과 코넬대학교에 다니다가 마지막으로 위스콘신대학교에서 학사학위를 받고, 거기서 심리학 대학원 과정을 계속했다. Maslow는 과학적 주류 내에서 경력을 쌓아가기 시작했다. 그는 E. L. Thorndike 와 Harry Harlow 밑에서 엄격한 실험훈련을 받았으며, 이상심리학 교재를 집필했다 (Wilson, 1972, pp. 115–134). Maslow는 심리학을 처음 시작할 무렵 행동주의에 깊이 빠졌다고 술회했으며(Goble, 1970, p. 11), 어떤 의미에서 그는 결코 행동주의를 배척한 적이 없었다. 그는 인간이 외부환경이 가하는 조건형성에 의해 크게 지배된다는 사실을 향상 깨닫고 있었다. 그러나 점차 그를 괴롭힌 것은 행동주의의 지나친 일방성이었다. 인간은 또한 내적인 생활을 가지고 있으며 성장과 창조성 그리고 자유선택에의 잠재력을 가지고 있기 때문이다.

Maslow는 1937∼1951년까지 브루클린대학에서 1951∼1969년까지는 브랜다이스대학교에서 가르쳤다. 그 기간 동안 그는 또한 임상심리학자로서 환자들을 보았고, 심지어는 캐나다 앨버타의 블랙풋 인디언들에 대한 인류학 실사를 위해 여름철을 보내기도 했다(Goble, 1970, p. 12). Maslow의 동료들은 그를 호기심이 매우 많고, 새로운 아이디어에 대해 따뜻하게 대하며 재미있어 하는 사람으로 묘사했다(Manuel, 1972). 그의 연구가 진전됨에 따라 그것은 점차 광범위해지고 포괄적이 되었다. 그는 심리학이 합리적 과학을 넘어 다양한 앎의 방식(예 : 동양철학 등)을 통합하기를 바랐다. Maslow는 인지혁명이 실제로 진행되기 전인 1970년에 사망했지만, 인지이론의 핵심인 합리적 과제지향적인 모델에 대한 대안들을 상세하게 해놓았다.

Maslow의 견해　인본주의 심리학의 입장에서 Maslow가 내디딘 첫걸음은 새로운 동기이론을 수립한 것이었다(1943). 이 이론에 따르면 인간에게는 여섯 가지의 욕구, 즉 생리적 욕구·안전욕구·소속욕구·애정욕구·자존욕구와 가장 높은 수준인 자기실현 욕구가 있다. 이런 욕구들은 위계적으로 구성되어 있어서 하위욕구를 일단 충족시키면 유기체는 다음의 상위욕구를 추구하게 된다. 예를 들면, 굶주림 같은 강한 생리적 욕구를 가지고 있는 사람은 다른 어떤 욕구에 의해서도 동기화되지 않는다. 그러나 일단 이 욕구가 충족되면 다음 단계의 욕구, 즉 안전욕구를 추구한다. 그리고 이 안전욕구가 충족되면 다시 세 번째 수준의 욕구로 옮겨간다.

그의 주요 연구들에서 Maslow는 가장 높은 수준의 욕구인 자기실현 욕구에 매우 많은 관심을 보였다. 자기실현이란, Goldstein(1939)으로부터 빌려온 개념인데, 자신의 잠재력, 능력, 재능 등의 실현을 말한다. 이 개념을 연구하기 위해 Maslow는 그가 찾을 수 있는 가장 건전하고 창조적인 사람들의 생애와 경험을 면밀히 조사했다. 그가 표집한 사람들 중에는 Thomas Jefferson이나 Eleanor Roosevelt 같은 역사적이고 공적인 인물들뿐 아니라 인류학자 Ruth Benedict 같은 동시대의 인물도 포함되어 있었다(Maslow, 1954, pp. 202−203).

Maslow의 핵심적인 발견은, 대부분의 사람들에 비해 자기실현자들은 그들이 속한 사회로부터 일정한 독립성을 유지해왔다는 점이다. 대부분의 사람들은 소속·사랑·존경 등의 욕구에 강하게 동기화된 나머지 다른 사람들로부터 용인받지 못할 생각을 품는 것을 두려워한다. 그들은 소속된 사회에 부합하려 노력하고 사회 내에서 위신을 세우는 일이면 무엇이든 하려 한다. 이와 반대로 자기실현자들은 덜 동조적이다. 그들은 사회환경의 영향에 의해 판에 박힌 듯 단조롭게 살아가는 경향이 적고, 보다 자발적이며 자연스럽게 살아간다. 그들은 인습을 무시하면서 행동하는 일은 거의 없지만, 그렇다고 인습에 얽매이지도 않는다. 그 대신 그들은 주로 자신의 내적 성장이나 잠재력의 개발, 생에서의 개인적 사명 등에 의해 동기화된다(Maslow, 1954, pp. 223-228).

자기실현자들은 그들의 문화로부터 어느 정도 독립성을 유지해왔으므로, 인습적이고 추상적이며 고정관념화된 지각양식에 별로 구애받지 않는다. 예를 들어, 대부분의 사람들은 박물관에 가면 먼저 그림 밑에 쓰여있는 예술가의 이름부터 보고, 그런 다음 인습적인 가치판단에 따라 작품을 평가한다. 이와는 대조적으로 자기실현자들은 사물을 보다 신선하고 순진하게 있는 그대로 지각한다. 그들은 어떤 그림이든(혹은 어떤 나무나 새, 아기 등) 마치 그것을 처음 보는 것처럼 바라볼 수 있다. 그들은 다른 사람들이 일상적인 사물만 보는 속에서도 경이로운 아름다움을 발견할 수 있다(Maslow, 1966, p. 88). 실제로 그들은 어린 아동의 특성인 창조적이고 개방된 접근방식을 가지고 있는 듯하다. 아동과 마찬가지로 그들의 태도는 종종 몰두하거나 홀려 있고 휘둥그래져 있거나 매혹되어 있곤 한다(p. 100). 불행하게도 대부분의 아동은 사회화되면서 생에 대한 이런 접근방법을 상실하게 된다.

이와 같은 지각이 강렬할 때, 이를 **절정경험**(peak experience)이라 한다. 그 개인은 대상(숲, 연인, 아기)에 외경과 감탄으로 압도되면서 그 경험에 몰두하게 되어 모든 자의식을 잊게 된다. 심지어는 초월적인 아름다움과 완전함에 대한 신비한 영성체의 느낌을 느낄 수도 있다. 어떤 경우이든 그 대상을 명명 또는 범주화하거나 어떤 목적에 사용하려는 노력이 존재하지 않는다. 대상 자체에 대한 순수한 기쁨만이 있는 것이다(Maslow, 1966, 6장, 1971, pp. 333-334).[1]

---

[1] 절정경험은 아름다움에 대한 지각에만 한정된 것이 아니며, 운동이나 춤, 사랑행위와 같은 활동을 할 때도 나타난다. 절정경험을 맛보는 동안에 사람들은 순간적으로 자신을 잊으며, 모든 것이 자연스럽게 흘러들어 오는

여러 방식에서 자기실현자들은 훌륭한 현상학자들이다. 그들의 지각이 절정경험 수준에 도달했든 그렇지 않든 간에, 그들은 인습적인 방식에 따라 경험하는 것이 아니라 그런 방식을 따르지 않거나 초월할 수 있다. 그들은 구체적이고 생생한 경험을 음미한다(Maslow, 1966, p. 87). Maslow는 또한 자기실현자들의 접근방식을 '도교적 무위자연'에 비유했는데, 이는 대상을 간섭하거나 통제하려 하지 않고 그대로 받아들이는 것을 말한다(Maslow, 1968, p. 86).

Maslow는 심리학자들이 자기실현자들의 현상학적·도교적 접근방식으로부터 많은 것을 배울 수 있다고 믿었다. 과학은 지적이고 목표지향적인 방식으로 진행되어야 한다고 널리 가정되고 있다. 과학자로서의 우리는 연구목적을 명백하게 정의하고, 문제해결이나 가설검증에 도움이 되는 자료들을 수집해야 한다. 이 과정에서 우리는 연구목적 외의 사람이나 대상의 풍부한 경험들을 솎아내버린다. Maslow는 우리가 연구목적이나 가설, 일반화 등에 얽매이기 전에 우리 자신을 감각적이고 전합리적(prerational)이며 경험적인 수준에서 외부세계에 개방해야 한다고 주장한다. 어린이와 마찬가지로 우리를 감동시키거나 사로잡는 것들에게 자신을 내맡기면서 우리는 외부세계를 좀 더 새롭고 수용적으로 경험해야 한다. 그런 다음에야 우리는 추후의 합리적이고 과제지향적인 연구에 정보를 주는 통찰을 갖게 될 것이다(Maslow, 1966, 1968, p. 184).

Maslow는 수년간에 걸쳐 자신의 견해를 재연구했으나 그런 과정이 항상 체계적인 것은 아니었다. 그러나 그의 전반적인 입장은 다음과 같다.

1. 인간은 본질적으로 생물학적이며 내적인 본성을 가지고 있는데, 이것은 자기실현과 성장을 향한 모든 기본적인 욕구와 충동을 포함한다(1968, p. 190, 1971, p. 25).
2. 이 내적 핵심은 일부는 종보편적(species-wide)이며, 일부는 개인특질적(idiosyncratic)인데, 왜냐하면 우리 모두는 특수한 경향이나 기질, 능력 등을 가지고 있기 때문이다(1968, p. 191).
3. 우리의 내적 핵심은 완전한 인간성의 실현을 향해 나아가도록 하는 긍정적인 힘인데, 이는 도토리가 떡갈나무가 되기 위해 힘을 받는 것과 같다. 여기서 선도적 역

것처럼 보인다(Maslow, 1968, 6, 7장).

할을 하는 것은 환경이 아니라 우리의 내적인 본성임을 인식하는 것이 중요하다. 환경은 태양이나 영양분이나 물과 같은 것들이다. 환경은 성장에 필요한 양분을 주기는 하지만, 그렇다고 그것이 씨앗은 아니다. 사회적·교육적인 훈련은 그것이 얼마나 효율적으로 아동을 통제하고 적응시키는가보다는, 아동의 내적 성장잠재력을 얼마나 잘 지지하고 육성시키는가에 따라 평가되어야 한다(1968, pp. 160-161, 211-212).

4. 우리의 내적 본성은 동물의 본능처럼 그렇게 강하지는 않다. 오히려 그것은 미묘하고 섬세하며 여러 가지 면에서 약하다. 그것은 "학습, 문화적 기대, 공포나 비난 등에 의해 쉽게 압도된다"(1968, p. 191).

5. 우리의 내적 본성은 대개 아동기에 억제된다. 처음에 아기는 섭식·수면량·변훈련에 대한 준비성·서고 걸으려는 충동 등을 포함한 대부분의 문제에 대한 내적 지혜를 가지고 있다. 아기는 또한 기쁨을 주는 특정 사물에 초점을 맞추면서 환경을 열심히 탐색한다. 그들 자신의 느낌과 내적 촉발이 그들을 건전한 성장으로 이끌어준다. 하지만 사회화의 대리인들은 흔히 아동의 선택을 존중해주지 않는다. 그 대신 아동을 지도하고 가르치려 한다. 그들은 아동을 비판하거나, 아동의 잘못을 바로 잡고, 아동이 '올바른' 답을 하도록 만들려 한다. 결과적으로 아동은 자기 자신이나 자신의 감각을 믿지 않게 되고, 다른 사람의 의견에 의존하기 시작한다(1968, pp. 49-55, 150, 198-199).

6. 자기실현을 향한 충동과 더불어 우리의 내적 핵심은, 비록 약하긴 해도 아주 사라지는 법은 거의 없으며 성인기에도 여전히 남아있다. 그것은 저변의 무의식 속에 살아남아 내면의 소리를 통해 우리가 듣길 기다리며 우리에게 말한다. 내적 신호는 신경증적인 성인에게도 묻혀진 역량과 아직 발휘되지 못한 잠재력을 발휘하도록 인도해준다. 내적 핵심은 소위 "건강에의 의지"라 부르는 하나의 힘으로서 모든 성공적인 심리치료는 이 충동에 근거를 두고 있다(1968, pp. 192-193).

7. 자신의 내적 본성과 성장을 향한 충동에 매우 반응적인 소수의 사람들(**자기실현자들**)이 있다. 이들은 문화의 압력에 의해 덜 변형되며, 외부세계를 자발적이고 새롭게 아이들 같은 방식으로 바라보는 능력이 있다(1968, pp. 207-208, 1954, pp. 214, 223).

인본주의자로서의 발달론자

Maslow의 견해가 친근하게 들리는 것은 그만큼 우리에게 친근해져 있기 때문이다. 뚜렷이 밝혀지지는 않았지만 Maslow와 현대 인본주의 심리학자들은 Rousseau와 함께 시작한 발달적 전통에 많이 의존해왔다. Rousseau 이래 발달론자들은 Maslow와 마찬가지로 아동이 사회화됨에 따라 자신의 경험과 판단에 의지하지 않게 된다는 기본적인 문제에 몰두해왔다. 즉 아동은 사회화됨에 따라 인습과 다른 사람들의 의견에 지나치게 의존하게 된다는 것이다. 이렇듯 발달론자들은 인본주의자들과 마찬가지로 개인으로 하여금 보다 건강하고 보다 독립적인 발달을 향하도록 인도하는 내적인 힘을 탐구해왔다.

내재적 성장력

Maslow는 건강한 성장으로 인도하는 생물학적 핵심에 대해 이야기하는데, 이에 해당하는 것이 발달론자들이 말하는 성숙이다. **성숙**이란, 아동으로 하여금 특정 시기에 특정 경험을 추구하도록 하는 내부기제다. 성숙적 충동하에서 아동은 수면 및 식사주기를 조절하고, 서거나 걷고 뛰는 것을 배우며, 자율성에 대한 절박한 욕구를 발달시키고, 언어를 습득하며, 더 넓은 외부세계를 탐색하는 등의 일을 한다. Gesell 등에 의하면, 아동은 그들 자신의 내적 시간표와 타이밍에 따르기 때문에, 자신들이 원하는 것과 할 수 있는 것을 매우 현명하게 파악한다. 따라서 아동에게 우리 자신이 세운 시간표와 지시에 동조하도록 하는 대신, Maslow가 제안한 것처럼 아동이 우리를 이끌어가고 스스로 선택하도록 놔둬야 한다.

그럼에도 불구하고 Maslow가 관찰한 바와 같이 우리로서는 아동과 그 성장과정을 신뢰하기가 쉽지 않다. 아동이 우리의 지도나 감독 없이 그들 스스로 학습할 수 있다는 사실을 우리는 유난히 믿기 어려워하는 것 같다. 하지만 발달론자들은 그들이 그렇게 할 수 있다는 것을 보여주고자 애썼다. 특히 Montessori는 개방적인 마음으로 아동의 자발적인 흥미를 관찰해보면, 그들이 독립적으로 성취감을 가지고 가장 큰 집중과 충만감을 가진 과제로 우리를 향하게 한다는 것을 보여주려 했다. 이런 과제는 발달의 특정 지점에서 특정 역량을 완성시키려 하는 내적 욕구를 충족시켜 주는 까닭에, 아동은 그런 과제에 몰두하게 될 것이다. 그러므로 우리는 아동의 학습을 떠맡거나, 과제를 선택해

주거나, 동기를 유발시키기 위해 칭찬해주거나, 실수를 비판하는, 다시 말해 그들로 하여금 지도나 평가를 받기 위해 외적인 권위에 의존하도록 조장하는 행위는 하지 않아야 된다. 그 대신 자신의 역량을 자기 힘으로 완성시키려는 성숙에 바탕을 둔 아동의 충동을 신뢰해야 한다. Maslow는 Montessori를 가리켜 아동의 내재적인 창조력을 믿었다는 점에서 철저하게 인본주의적인 교육자라고 칭한다.

물론 모든 발달론자들이 Gesell이나 Montessori처럼 생득론자는 아니다. Piaget는 생물학적 성숙이 직접적으로 인지발달단계를 지배한다는 것에 대해 회의적이다. 그러나 그 역시 외적인 가르침보다는 아동의 독립적인 활동을 발달적 변화의 원천으로 보고 있다. 이들의 관점에서 볼 때 아동은 세계에 대한 내재적인 호기심을 가지고 있으며, 그들의 인지구조를 재조직하도록 해주는 새로운 경험을 추구한다. 따라서 자기주도적으로 학습할 수 있는 아동의 내재적 역량을 믿는다는 점에서 볼 때 인지발달론자들은 인본주의자들과 입장을 같이한다.

성인기에 대한 Maslow의 생각 또한 초기 발달이론가들(특히 Jung)에 의해 예시되었다는 점은 흥미롭다. Maslow는 사회화가 잘된 성인의 경우 자기실현을 위한 내적 잠재력은 동면상태에 있으면서도 어떻게 여전히 내면의 소리를 듣게 될 것인지를 지적했다. Jung은 중년기의 위기를 묘사하면서 거의 똑같은 말을 쓰고 있다. 사람들은 중년기 이전에는 전형적으로 외적인 사회적 세계에 적응하는 데 온 힘을 기울인다. 즉 누구나 사회적 성공이나 명성을 얻으려 애쓰며, 그 목적에 적합한 성격 측면을 발달시킨다. 하지만 중년기에 들어서면서 사회적 성공은 그 중요성을 상실하게 되며, 무의식으로부터 오는 내면의 소리는 자신의 다른 측면들(이전에 실현되지 않은 채 방치된)에 주의를 기울이도록 안내한다. 개인은 점차 내면세계로 향하게 되며 자신의 성격을 발견하고 원만하게 하는 것을 사회적 동조보다 더 중요하게 여기게 된다.

이렇듯 발달이론가들은 현대 인본주의 심리학자들과 마찬가지로 사회적 동조에의 압력과는 거리가 있는 내재적 성장요인을 발견하려 애썼다. 그러나 이와 동시에 발달이론가들 중에는 내재적인 힘에 기초를 둔 현저한 향상의 가능성에 대해 인본주의자들보다 더 비관적인 사람들도 더러 있다. 특히 Freud 학파는 인간이 성숙함에 따라 통제하기 어려운 성적·공격적 충동이 수반되므로 상당한 정도의 사회적 억압이 항상 필요하다고 느꼈다. Erikson은 자율성·주도성·근면성 등의 성숙에 주의를 환기시킴으로써 성숙에 의한 성장을 Freud보다는 긍정적으로 보았지만, Erikson 역시 이 힘들의 다른 측면(수치심, 회의, 죄의식, 열등감 등)이 불가피하다고 느꼈다. 예를 들면, 어떤 아동도 전적으로 자율적일 수는 없는데, 왜냐하면 사회는 언제나 아동을 어느 정도 통제할 필요가 있기 때문이다. 그렇다 하더라도 아동이 가능한 한 많은 자발성과 주도성, 그밖의 여러 가지 장점을 얻을 수 있도록 키울 수 있다고 Erikson은 희망을 가진다.

더욱이 Freud 학파의 치료는 내적 성장력에 크게 의존하고 있다. 언젠가 Freud는 어떤 정신과 의사에게 어떻게 그가 정말로 환자를 치유할 수 있는지 물었던 적이 있다. 그 정신과 의사가 자신은 환자를 치유할 수 없으며 단지 정원사가 돌이나 잡초를 치우듯 환자의 성장에 방해가 되는 방해물이나 제거할 수 있을 뿐이라고 대답했고, Freud는 자신과 그는 서로를 이해할 수 있을 거라고 말했다.

성장을 향한 내적 충동은 심지어 심한 자폐아들에게서도 나타난다. 우리가 개관해온 치료자들에서는 이 충동이 놀이 소망으로 표현된다. 어떤 점에서 이것은 아동에게 자연스럽게 나타나는 것으로 보이며, 아이들이 다른 사람과 관계를 가지고, 갈등을 다루고, 즐거움을 찾도록 자주 돕는다.

나는 내재적인 힘에 대한 의존은 의료에까지 확장된다고 덧붙이고 싶다. 의사들은 실제로 상처를 치유하는 것이 아니라 상처를 소독하고 꿰맬 뿐이다. 나머지는 자연에 달려있다. 심리치료건 의학적 치료건, 모든 치료는 부분적으로 의사의 통제 밖에 있는 건강을 향한 힘에 의존한다. 의사는 건강을 지향하는 생래적인 힘을 믿고 있다.

이와 같이 발달이론가들은 인본주의자들과 마찬가지로 내재적 성장력의 본질을 발견하려 했으며, 이 성장력에 기초를 둔 교육적·치료적인 방법을 고안하려고 노력해왔다. 발달이론가들은 심리학에서 현대 인본주의 운동이 대두되기 훨씬 이전부터 이런 과제들에 대해 상당히 연구해왔던 것이다.

낭만주의

역사적으로 사회에 대항하여 자연과 생물학적인 힘의 미덕을 칭송하는 이론들을 흔히 낭만적이라고 부른다. 이런 점에서 Rousseau와 성숙론자들뿐 아니라 Maslow도 매우 낭만적이다. 사실 Rousseau는 흔히 낭만주의적 사고의 원조로 여겨지고 있다.

낭만주의의 또 하나의 특징은 과거에 대한 애착이다. 이는 Maslow에게서 특히 두드러진다. 그는 영아기와 아동기를 자연적인 충동과 근접해 있으며 좀 더 자발적이고 창의적인 시각을 갖는 시기로 여긴다. 그에 따르면 아동은 잘 사회화된 성인보다 좀 더 신선하고, 직접적이고, 상상력 풍부하게 외부세계를 지각한다. Maslow는 성숙한 성인의 사고도 가치 있다고 인식했지만, 또한 우리 성인이 좀 더 어린이 같은 경험양식을 일시적으로라도 배워야 할 필요가 있다고 생각했다.

Rousseau 역시 "과거를 낭만화했다." 그는 우리가 원시인으로 있을 때가 좀 더 행복했고 독립적이었다고 주장했으며, 아동기는 자연과 더불어 조화를 이루며 사는 매우 행복하고 순수한 시기가 될 수 있다고 보았다.

현대의 발달이론 중에서는 아마 Schachtel이 가장 낭만적이었는데, 그는 영아기의 풍부한 감각적 경험과 아동기의 개방된 호기심을 성인의 고정관념화된 인습적 사고와 대비했다.

그러나 Rousseau나 Schachtel 둘 다 성인으로서의 우리가 어린이 같은 경험양식을 취하는 방법에 대해서는 구체적으로 제시하지 못했다. 그런 경험양식에 대한 개념은 Werner가 제시했다. 그는 우리가 지속적으로 **미시발생학**이라 부르는 과정에 있는데, 이는 우리가 더 진전된 형태의 인지로 옮겨가기 전에 어린애 같은 수준의 새로운 사고나 지각 또는 과제를 시작하는 것을 말한다. 우리가 일상적으로 오랫동안 초기 심상에 빠져있는 것은 아니지만, 우리가 매우 창조적일 때는 그렇게 하는 것이 확실하다. 이런 순간에는 우리의 인상이 특히 풍부해지고 감각적이며 상상적이 된다. 그다음 우리는 더 향상된 분석적 사고양식으로 나아가는데, 이는 우리의 초기 인상을 조직하여 분명히 표현한다.

특별한 아동기 덕목에 대한 Piaget 학파의 관점은 섞여있다. 한편으로 Piaget 학파는 더 높은 단계가 더 유용하다고 생각한다. 더 높은 단계에 있는 사람은 낮은 단계의 도식과 조작을 여전히 사용할 수 있지만, 또한 그들의 사고는 추상적이고 가설적인 영역까지 확장된다.

다른 한편으로 Piaget 학파는 영아와 어린 아동의 자발적인 호기심과 창의성에 깊은 인상을 받았다. 그들은 어떤 지도를 받아들이기 전에 대상들을 열심히 시험해본다. 사실 아이들은 일반적으로 학교에 들어가면 열정적 호기심을 잃는다. Piaget 학파의 학자와 교육자들은 학교가 아이들의 호기심과 주도성을 다시 살려주기를 바란다

(Duckworth, 2006, p. 5; Ginsberg & Opper, 1988, p. 241). 이 목표는 낭만적 전통 안에 있다.

현상학

현대 인본주의 심리학에서 또 하나의 중심적 요소는 현상학적 접근방법인데, 여기에는 '현상학적 중지(phenomenological suspension)'라고 불리는 것도 포함된다. 이것은 사람들이 사람과 대상을 있는 그대로 보기 위해 자신이 가지고 있는 이론적 선입관이나 관습범주들을 중지하고 사람과 대상들을 가능한 한 개방적으로 새롭게 있는 그대로 보려 하는 것을 말한다. 이 접근법은 앞서 본 대로 Rousseau의 발달철학의 출발점이기도 했다. Rousseau는 아동이 그들 고유의 방식으로 보고 생각하고 느끼지만, 우리는 거기에 대해 아는 것이 전혀 없기 때문에 우리 자신의 생각을 아동에게 심어주려는 경향을 삼가고, 시간을 들여 있는 그대로 그들을 관찰하고 그들이 말하는 바에 귀를 기울임으로써 그들의 독특한 특성이 나타나도록 내버려둬야 한다고 주장했다. 후에 Piaget와 Montessori도 이 점을 강조했다. 또한 동물행동학자들 역시 현상학적 중지를 도입했다고 볼 수 있다. 동물행동학자들은 어떤 가설이나 이론을 만들기에 앞서 우선 특정한 종에 대해 가능한 한 많은 것을 배우고 기술하려 한다. 그렇게 하기 위해서는 실험실이 아닌 자연적인 서식처에서 동물을 관찰해야 한다고 믿고 있다.

심리학에서의 현상학은 대체로 2단계를 말하는데, 이는 현상학적 심리학자들이 타인의 내면세계에 들어가기 위해 먼저 선입관을 중지시킨다는 것이다. 그들은 타인의 눈을 통해 사물을 보기 위해 타인의 직접경험에 자신을 개방한다.

발달이론가들은 이 2단계를 취하는 데서 일관성이 약한 편이다. 아동의 내면세계를 이해하려고 많이 애쓴 학자들로는 Schachtel과 정신분석학자들을 들 수 있다. Schachtel은 영아 특유의 지각양식에 대한 통찰을 얻으려 애썼으며, 정신분석학자인 Bettelheim은, 예를 들어 "이 아동은 외부세계를 과연 어떻게 보고 느끼는가?"와 같은 질문을 끊임없이 자신에게 던졌다.

하지만 다른 이론가들은 아동의 눈을 통해 세계를 지각하는 것에 대해 관심이 덜했다. Gesell은 주로 아동의 외적인 운동행동을 관찰했다. Werner는 외부세계가 아동에게 어떻게 보일지에 대한 통찰을 주었으나(예 : 생명감과 느낌의 충만함이 어떻게 나타나

느지) 그는 주로 아동의 정신생활에 대해 외부로부터 보았다. 즉 분화와 통합이라는 개념으로 아동의 정신생활을 분석했다. 이와 비슷하게 Piaget는 어린 아동의 독특한 경험(예 : 꿈이 어떻게 실제처럼 보이는가)에 대한 통찰을 주었으나, 그 역시도 어린 아동의 사고를 외부에서 관찰하여 논리적 역량 면에서 분석했다.

각기 다른 발달단계에 있는 아동과 성인이 세계를 어떻게 보는지 안다는 것은 쉬운 일이 아니다. 어린 아동은 언어상의 미숙으로 인해 그들이 보는 세계를 충분히 말로 나타내지 못한다. 더구나 영아의 경우 아무것도 이야기해주지 못한다. 아동의 자발적인 흥미를 연구해보는 것은 이에 대한 하나의 접근방법이 될 수 있을 것이다. 그런 연구들은 5장에서 언급한 Martha Muchow의 지침을 따르게 되는데, 그는 서로 다른 연령의 아동이 일상생활에서의 전형적인 환경(예 : 선착장이나 백화점 등)에 대해 어떻게 반응하는지를 관찰했다. 거기서 아동이 특별하게 흥미로워하는 것들뿐 아니라 무시하는 대상들도 주목함으로써, 우리는 외부세계가 서로 다른 삶의 단계에 있는 아동에게 어떻게 보여질지에 대한 그림을 그리기 시작할 수 있을 것이다.

우리는 지금 인본주의자들과 발달론자들의 공통적인 흥미의 일부를 개관했다. 가장 기본적으로 두 전통의 학자들은 아동이 성장하면서 귀중한 힘과 잠재력을 잃는다고 걱정한다. 아동은 충만한 열정으로 삶을 시작한다. 그들은 열정적으로 세상을 탐색하며 스스로 사물들을 찾아내길 바란다. 그러나 그들이 사회에 적응하면서 그들의 열정이 줄어들며 Einstein이 '교육기계'라고 불렀던 것의 희생자가 되고 만다(1959, p. 3) 그가 어떻게 그것을 살렸는지 생각해보자.

열정적인 호기심 유지하기 : Einstein의 사례

Albert Einstein(1879~1955)은 독일의 뮌헨에서 성장했다. 그의 아버지는 전기공급사업에 종사하고 어머니는 음악에 큰 관심을 가진 주부였다.

Albert는 생후 3년 동안 말을 하지 않아서 그의 가족은 그가 지적으로 지체일까 봐 걱정했다. 그는 또한 다소 외톨이였다. 그가 좋아하는 활동은 블록과 카드를 쌓아올리는 것이었다.

강력한 호기심은 잘 보이지 않았다. 예를 들어 그가 4세나 5세일 때 아버지가 콤파스를 보여주었는데, 그는 바늘의 움직임에 넋을 빼앗겼다. 그것은 일상적인 사건의 특성과 일치하지 않았다. 그는 "깊게 숨겨진 것은 뒤에 있는 것이어야 한다"고 느꼈다 (White & Gribbin, 1994, p. 9).

Albert는 학교를 싫어했는데, 특히 학교의 훈육과 기계적인 학습에 대한 강조가 싫었다. '맞는 답'을 찾는 것에 대해 관심 없던 그는 자신을 위한 문제를 생각해내느라 시간이 걸렸고, 그가 느린 것은 교사를 화나게 했다. 다른 시기에 두 교사는 그가 아무것도 이루지 못할 거라고 말했다.

그러나 그는 수학과 과학을 좋아해서 가족들은 그의 재능을 격려했다. 삼촌과 가족의 친구들은 그에게 점차 어려운 수학문제들을 풀라고 주었다. 유클리드 기하학 책을 선물받았을 때, 그 책은 콤파스처럼 그에게 많은 경이로움을 느끼게 해주었다. 그는 생각이 그처럼 명확하게 입증될 수 있음에 크게 놀랐다.

열두 살이 되었을 때 과학책들이 그가 가지고 있던 신앙심을 없애버렸고 그를 위기에 빠뜨렸다. 그는 자신보다 더 큰 존재를 이해하고 싶었지만 신앙적 권위를 더 이상 믿을 수 없었다. 그래서 그는 탐색할 멋진 주제(우주의 영원한 수수께끼)가 있다고 결정했다.

15세에 Albert는 또 다른 어려운 시기를 겪었다. 그의 가족은 이탈리아로 이주했는데, 그의 아버지는 더 밝은 사업 전망을 추구할 수 있었다. Albert의 부모는 그가 고등학교를 졸업하길 바랐고, 그래서 그를 친척의 감독 아래 뮌헨에 남겨두었는데 그는 우울해졌다. 6개월 후 그는 교장 선생님에게 가족과 같이 있을 수 있게 허락해달라고 했다. 교장 선생님은 그가 교사를 예의 바르게 존경하지 않아서 퇴학당했으므로 허락은 필요 없다고 대답했다.

가족에게 돌아온 후 Albert는 취리히에 있는 폴리테크닉 전문학교에 입학시험을 보았는데 떨어졌다.

그러나 전문학교의 학장은 그의 수학과 과학 점수가 높은 것에 주목하였고, 아라우의 작은 스위스 마을에 있는 학교에서 일 년 동안 공부하면 도움을 받을 수 있을지도 모른다고 제안했다. 그 학교는 Rousseau에 의해 고취된 Pestalozzi의 원리를 따랐다. 교사는 학습이 자연스럽고 즐겁길 원했으며, 그들은 아름다운 시골에서 긴 산책을 격려했다. Albert는 매우 행복했고, 16세에 이 학교에서 그는 혁신적인 상대성 원리로 이끄는 생각을 처음으로 하게 되었다(Crain, 2021).

스위스 학교에서의 졸업장으로 폴리테크닉 전문학교에 입학하게 된 그는 물리학 실험실에서 거의 대부분의 시간을 보냈다. 그는 대학졸업시험들을 통과했으나 그 시험들은 그에게 정서적 피해를 주었다. 그는 모든 종류의 물질들을 정신에 집어넣도록 강요받는 걸 싫어했다. 그가 좋아하건 아니건 "이런 강제는 (나를) 단념시키는 효과가 있어서 마지막 시험을 통과한 후 일 년 내내 어떤 과학적 문제에 대해 생각하는 것도 싫게 느껴졌다는 걸 발견했다"고 썼다(Einstein, 1959, p. 17).

그는 다음과 같이 덧붙였다.

> 사실 현대적 지도방법이 아직 놀라운 질문의 호기심을 완전히 묵살하지 못한 건 완전히 기적이다. 자극을 차치하고, 대부분 자유의 요구를 고수하는 이 섬세한 작은 나무에게 자유가 없다면 난파되고 파멸될 것이다(1959, p. 17).

졸업 후 그는 대학에서 가르칠 자리를 찾을 수 없어서 회계사무직을 직업으로 삼았다. 자유시간에 그는 비공식적 공부집단의 도움과 엄청난 노력으로 그의 첫 번째 상대성이론(시간이 느려질 수 있다는 생각에 근거한 이론)을 만들었다(Crain, 2021).

이와 같은 Einstein의 공식적 시간들에 대한 간단한 개관은 물리학자로서의 그의 미래가 여러 점에서 틀어질 수 있었다고 말해준다. 그는 고등학교 때부터 학교에서 쫓겨나고, 폴리테크닉 전문학교의 입학시험에서 떨어졌으며, 이곳의 졸업시험에서 실망했다고 느꼈다. 그리고 그는 대학교에서 자리를 찾을 수 없었다. 그는 어떻게 견뎠을까?

부분적으로 그는 다른 사람들의 도움을 받았다. 일찍이 친척과 가족의 친구들은 그의 뛰어남을 인정했고 그를 신뢰했다. 그가 입학시험에 실패했을 때 교장 선생님은 그에게 양육적인 스위스 학교를 추천했다. 나중에 그의 공부집단의 동료들은 그가 아이디어를 생각해내는 동안 피드백을 주었다.

이와 마찬가지로 중요한 것은 그가 열정적인 영적 탐색을 하고 있었기 때문에 좌절이 그를 단념시키지 못했다는 점이다. 그는 우주의 법칙은 너무 아름답고 조화로워서 그 뒤에 강력한 정신이 있어야 한다고 느꼈다. 그러나 그가 부연했듯이 과학자들은 이런 법칙을 흘끗 볼 뿐이다. 그래서 그들은 놀라운 신비를 만나며 이런 점이 그들로 하여금 우주를 이해할 수 있는 모든 일을 하도록 고무시킨다(Crain, 2021).

Einstein은 위대한 예술가와 영적인 사상가들은 이러한 신비감을 공유한다고 말했다. 더구나 그것이 세상을 대하는 아동의 ('교육적 기계'에 의해 억압만 받은) 태도의 핵심이라고 믿었다(Einstein, 1959, p. 3). 그러나 그는 이런 일이 자신에게 일어나도록 두지 않았다. 그가 친구에게 쓴 편지에서처럼.

당신과 나 같은 사람들은 … 우리가 얼마나 오래 사는가와는 상관없이 늙지 않는다. 내 말의 뜻은 우리가 태어나게 된 위대한 신비 앞에서 호기심 많은 아이들 같은 입장을 절대로 멈추지 않는다는 것이다(Dukas & Hoffman, 1979, p. 82).

에필로그

기준설정 운동에 대한 발달론적 견해

Rousseau부터 Gesell, Piaget에 이르기까지의 발달이론가들은 실제적인 문제(특히 아동양육과 교육)에 매우 관심을 기울였다. 따라서 현대교육의 강력한 추세(기준설정 운동)에 대한 그들의 견해를 알아보고자 한다. 저자는 이 기준설정 운동에 대해 발달론적인(또는 Rousseau 학파적인) 입장에서 고찰할 것이며, 이 입장은 이 책의 핵심이기도 하다.

기준설정 운동

1970년대 후반에 와서 일본, 서독 등의 나라들이 자동차 산업이나 첨단기술 산업에서 미국을 위협했다. 이에 대한 반응으로 미국의 정치나 기업 지도자들은 자신들의 정책보다는 학교 탓을 했다. 그들은 미국이 세계경제 속에서 경쟁력을 갖추려면 미국의 교육제도가 더 숙달되게 교육받은 노동력을 만들어내야 한다고 경고했다.

가장 큰 경고는 「위기에 처한 국가(A Nation at Risk)」(1983)라는 교육부의 보고서에서 나왔는데, 이 보고서는 학교들이 "우리의 미래를 평범한 국가와 국민으로 만드는 파도"에 굴복했다고 비난했다(p. 5).

그 경고들은 효과가 있었다. 기업, 정치가들, 교육행정가들의 끝없는 시위는 더 큰 학업적 엄격함을 요구했다. 그리고 2000년에는 기의 모든 주들이 새로운 교과목표와 학생들의 진전을 평가하는 표준화된 시험을 개발했다. 학생들에게 책임을 부과하기 위해 거의 모든 주가 또한 월반제(예 : 3학년에서 4학년으로) 및 특정 시험점수와 연동한 고등학교 조기 졸업제를 마련했다("Quality Counts," 2001).

기준설정 운동이 나라 전체를 휩쓸면서 학업지도가 점점 더 어린 학년으로 내려갔다. 유치원들[그리고 심지어 예비 유치원 프로그램(pre-k program)]은 더 이상 놀이와 미술을 하기 위한 시간이 없었다. 대신에 그들이 드러내놓고 측정할 수 있는 수업과 시험에 대처하라고 아이들에게 요구했다. 많은 어린아이들이 불안하고 화가 나게 되었다. 어떤 아이들은 흥미를 잃고 무관심해졌다(Crain, 2021, p. xix).

나이 든 아이들도 괴로워했다. 그들은 시험준비를 위한 수업집중이 프로젝트와 깊은 사고를 위한 시간을 남기지 않는다고 느꼈다. 2000년에 메사추세츠고등학교 2학년생들 집단이 주의 새로운 표준화 시험을 보이콧했다. 이 행동은 용기를 주어서 다음 해에 일어난 비슷한 보이콧을 촉발시켰다(Crain, 2003).

그러나 이런 저항은 상대적으로 작아서 기준설정 운동의 여세를 중지시키지 못했다. 2002년에 연방정부는 **낙제방지법**(No Child Left Behind Act)을 통과시켰는데, 이 법은 초등학교 3학년에서 중학교 2학년까지를 대상으로 읽기와 수학에서 매년 표준화된 시험을 치르도록 하고 있다.

그 후 수년에 걸쳐서 낙제방지법은 새로운 불만을 만들어냈다. 보수적인 집단들은 연방정부로 집중된 권한에 반대했다. 이에 대한 대응으로 2009년에 여러 주지사가 만나서 K-12 미국 공통 핵심교과기준(Common Core State Standard, CCSS)을 시작했다. 이것은 주의 참여를 자발적으로 만든다. 2015년경 4개 주를 제외한 모든 주가 CCSS를 선택했다. 이 4개 주는 보수적인 학습을 시켰는데 계속해서 연방정부의 집중된 권한이 작용하는 힘을 지켜보기로 했다. 다른 4개 주는 그 후 물러났지만 비슷한 기준을 계속 사용하고 있다(Common Core State, 2023).

2015년 CCSS는 새로운 반항을 겪었다. 뉴욕, 콜로라도와 몇몇 다른 주의 중요한 소수집단 부모들은 그들의 3~8학년 자녀들이 CCSS 시험을 보는 걸 중지하라고 촉구했다. 뉴욕에서는 20% 정도의 학생들이 탈퇴했고, 그 뒤 3년 동안은 비율이 약간만 감소되었다. 일부 학부모는 CCSS가 중앙집권화되었다고 믿었기 때문에 보이콧을 강력히 추진했다. 다른 사람들은 시험 보기가 과도해지고 있어서 학생들의 학습열정을 줄인다고 느꼈다(Crain, 2021).

2020년 코로나 유행이 대면 수업을 못하게 막아서 표준화된 시험들이 전반적으로 중지되었다. 이러한 중지는 시험의 효과에 대해 학교행정가가 생각할 시간을 주었다. 그러나 학교건물을 다시 사용하게 되자 많은 사람이 낮은 시험점수로 입증된 '학습손실'에 대해 경고를 했다. 결손을 메꾸기 위해서 그들은 출석일수와 학년을 더 늘리는 걸 추진했다. 분명히 그들은 높은 기준의 어떤 후퇴도 보길 원하지 않았다(Kane & Reardon, 2023). 이 에필로그를 쓰고 있는 2023년 후반에는 초기 수십 년간보다 기준설정 운동에 대한 더 많은 제한이 있지만, 그 운동은 여전히 강력하다.

발달적 비판

우리는 미래에 너무 초점을 맞추는 것은 아닌가

기준설정 운동은 질 높은 교육을 만드는 것이 무엇인지에 대한 가정에 기반하고 있다. 가장 기본적으로 이 운동의 제안자들은 교육은 학생들에게 미래, 즉 경쟁적인 세계경제에 대비한 준비를 시켜야 한다고 믿는다. 그래서 K-12 학교교육은 모든 학생이 대학이나 경력을 준비하는 걸 보장해야 한다. 이 일반적인 목표를 마음에 두고, 기준은 아이들이 알아야 할 것과 각 학년이 끝날 때 무엇을 할 수 있어야 하는지를 결정할 수 있다(Cressman, 2020).

아이의 미래에 초점을 두는 것은 굉장히 호소력이 있다. 그것에 이의를 제기하는 건 거의 미친 짓처럼 보인다. 그러나 Rousseau가 경고하듯이 미래에 대한 몰두는 아이들이 자연스럽게 성장하고 발달하는 방식을 볼 수 없게 만든다. 아이들은 다른 단계에서는 다른 역량을 발달시키도록 자연스럽게 동기화된다. 아이들이 앞으로의 시간에서 필요해질 것에 지나치게 초점을 두면, 우리는 현 단계에서 아이들이 준비되어 간절히 발달시키고 싶어 하는 능력을 간과할 수 있다.

오늘날 우리가 아이의 미래를 위해 서둘러 대비시키는 것은 어린아이들에게 특히 해로운 영향을 주고 있다. 아이들을 학업적 성공으로 가는 길 위에 두려는 지도를 하려고 뛰어들 때, 아이들에게 엄청난 스트레스를 줄 뿐만 아니라 우리는 아이가 그 자신의 생의 단계에서 특별한 힘을 발달시킬 기회를 박탈하는 것이다. 저자는 우리가 아이들의 발달을 제한하고 있는 세 가지 영역에 대해 말할 것이다.

놀이 아이들은 놀이에 대한 자연스러운 열정을 가지고 있으나 교육정책 수립자들은 놀이(특히 자유롭고 조직화되지 않은 놀이)를 하찮게 여긴다. 진지한 학업 관련 사업에 놀이는 관련 없는 것으로 보인다. 그러나 놀이는 아이의 발달에 매우 중요하다. Piaget 는 가장놀이는 걸음마기 아이들이 상징을 만드는 첫 번째 수단임을 알아차렸다. 2세인 아이가 막대기를 사용해 사람을 나타낼 때, 그 아이는 자신의 상징적 사고역량을 발달시키고 있는 것이다.

만약 아이들에게 기회가 주어진다면, 그들의 가장놀이는 그 후 수년 동안 번성할 것이다. 그것은 종종 매우 창조적이어서 아이들은 정교한 연극을 만들어내기도 한다. 많은 아이들(아마도 3분의 1에서 2분의 1)은 심지어 상상 속의 친구를 창조하고 그들의 모험은 전 가족에게 흥분과 유머를 가져올 수 있다(Crain, 2003). 이 놀이는 상상력을 발달시키는 데 중요한 것으로 보인다(Hirsh-Pasek et al., 2009, pp. 42-43).

Vygotsky는 또한 가장놀이가 자기조절을 촉진한다고 말했다. 어린아이들은 일상생활에서는 충동적이고 분산적일 수 있지만, 자신들의 가장놀이 역할에서는 암묵적인 규칙들을 지킨다. 가장놀이에서 돌보는 엄마 역할을 할 때 아이는 적절한 인내심을 가지고 연기를 한다.

여섯 살이나 일곱 살에는 가장놀이가 줄어들고 아이들은 술래잡기, 숨바꼭질, 공차기, 야구 같은 규칙이 있는 사회적 게임에 더 흥미를 느끼게 된다. Piaget는 어른의 지도 없이 아이들이 약식으로 게임을 할 때는 규칙에 대해 자주 토의하고 논쟁하는 걸 관찰했다. 그 과정에서 그들은 다른 사람의 관점을 고려하는 걸 배우고 공정하고 옳은 것이 무엇인지의 개념을 발달시킨다.

그러나 오늘날의 학교들은 학업성취에 너무 집중해서 아이들이 자유롭게 놀 시간을 주지 않는다. 이미 말한 바와 같이 놀이는 유치원에서 거의 사라졌다. 이에 더해서 많은 교육구들이 초등학교에서 휴식시간을 없애거나 크게 줄였다(Berk, 2019, p. 289). 학교는 많은 숙제를 내줌으로써 아이들의 놀이시간을 줄이는데, 이런 일은 종종 유치원에서 시작된다. 이런 변화 때문에 오늘날의 아이들은 가장놀이를 통해 상상력을 기르고 사회적 게임을 통해 공정함의 개념을 배울 기회가 없다.

자유놀이는 제한하는 건 학교만이 아니다. 전자미디어도 영향을 주고 있다. 많은 아이들이 밖에서 놀기보다 TV를 보며 시간을 보낸다. 그들은 또한 비디오 게임을 하는데 비디오 게임은 놀이의 종류이기는 하지만 매우 높은 정도로 이미 계획되어 있는 것이다. 그 게임들은 아이들이 자신의 상상력을 사용하거나 다른 아이와 자유로운 타협을 하도록 격려하지 않는다. 경쟁적인 청소년 스포츠도 자유놀이를 제한한다. 청소년 리그에서 성인은 대부분의 결정을 한다. 더 이상 아이들은 Piaget가 매우 가치 있다고 생각한 규칙을 자유롭게 논의하지 못하고 그들 자신의 논쟁은 자리 잡지 못한다. 오늘날 너무 다양한 요인이 자유놀이를 제한하고 있지만 그중에서도 기준설정 운동이 놀이시간을 크게 줄여서 주요인이 된다.

미술 Werner와 Piaget에 대한 장(5장과 6장)에서 언급한 바와 같이 약 3세와 8세 사이의 아이들은 노래하고, 춤추고, 그림 그리고, 시를 쓰는 것을 좋아한다. 더구나 이 시기 동안 보통 그들의 재능이 놀랄 만한 방식으로 발달한다. 예를 들어 약 5세와 7세 사이의 아이들은 새롭고, 생기 넘치고, 아름답게 구성된 그림을 그린다. 그리고 그 그림들은 변한다. 그림은 새로움과 생생한 조화를 잃고 더 명확하고, 기하적이고, 세심하게 계획된다. 합리적 지능이 뒤를 이어받고 있는 것으로 보이는데, 이 시기는 아이들이 자연스럽게 더 이성적이고 논리적으로 사고하게 된다고 Piaget가 믿었던 나이다.

두 종류의 그림활동(어린아이들의 생명력 있고 조화로운 그림과 나이 든 아이들의 더 기하학적 그림)은 모두 아름다울 수 있지만 현대 대가들의 눈을 사로잡는 것은 어린 아이의 작품이다. 여러 대가들은 자신들이 그것의 향기를 회복하기 위해 노력한다고 말했다(Gardner, 1980; Crain, 2003). 그래서 교육행정가들은 어린아이들이 가진 미술의 뛰어난 특성을 인정하고 그것이 발전할 모든 기회를 줄 것으로 보인다. 하지만 우리 학교들은 미술을 위한 적절한 시간을 전혀 찾지 못했고, 조기학업성취에 대한 오늘날의 압박은 심지어 유치원에서조차 점점 더 어린 나이로 미술을 밀쳐내고 있다(Miller & Almon, 2009; Crain, 2021, p. xix).

자연 기준설정 운동은 또한 아이들이 자연과 많이 접하는 것도 거의 불가능하게 만든다. 민감한 학령전 및 초등학교 교사는 어린 아동이 동물, 물, 식물의 삶, 바위, 흙에 대한 특이하고 강한 흥미를 갖는 것을 오랫동안 인정해왔다. Montessori는 이러한 인상을 공유하고 그의 어린이집과 초등학교에서 자연과 접할 수 있는 여유를 만들었다. 그는 또한 아이들의 발달을 돕는 자연과의 접촉방식을 만들기 시작했으며, 그것이 아이들의 관찰력을 증가시키고 아이들에게 자연과의 일체감을 준다고 주장했다. 뒤이은 연구는 Montessori가 옳았다고 말한다. 그 연구는 또한 자연이 아이들의 창의성을 길러준다는 걸 보여준다. 아이들은 자연 상황에서 은신처와 오두막을 만드는 걸 좋아하고 자연은 아이들의 미술작품과 거의 모든 좋은 시에 영감을 준다(Crain, 2003; Crain & Crain, 2014).

슬프게도 자연은 오늘날 교육에서 많은 역할을 하지 못한다. 저자가 알기로 지도적 교육정책 수립자 중 누구도(그리고 기준설정 운동 지도자는 분명히) 아이들의 삶에서 자연의 가치를 주장하지 않았다. 대신에 항상 미래에 아이들에게 필요할 지식과 기술에 초점을 두고 있는데, 미래는 하이테크, 실내(컴퓨터 기반) 작업장으로 계획된다. 이 목표를 마음에 두면 아이들에게 야외에서 자연을 탐색하기, 한가하게 풀밭과 개천을 지나 산책하기, 나무에 올라가기, 은신처 만들기, 물고기와 새들 관찰하기, 돌과 나뭇잎 모으기를 할 시간을 많이 줄 필요가 없다. 허클베리핀의 생활은 이제 과거의 일이다.

인정하건데 이 책에 있는 두 발달론자(Rousseau와 Montessori)만이 아이가 자연을 좋아하는 것에 대한 관심을 불러일으켰다. 그러나 발달적 접근은 자연의 가장 진정한 영혼 속에서 아동기의 이런 측면을 이해하도록 우리를 열어준다. 발달적 접근은 우리에게 어른으로서 매우 열린 마음으로(심지어 천진난만함을 가지고) 아이를 관찰하라고 요구한다. 그것은 오로지 아이들에 대한 우리의 목표에 관련된 생각만 하는 걸 멈추라고 요구한다. 대신에 아이들이 자신의 단계에서 잘 발달시킬 지금 현재 필요한 경험에 대한 내적 지혜를 가지고 우리에게 올 가능성을 즐겨야 한다. 그래서 우리는 아이 자신의 가장 깊은 흥미가 무엇이고 학습방식은 무엇인지를 알려고 노력하면서 아이 가까이에서 마음을 열고 관찰해야 한다. 이런 방식으로 진정한 발달적 정신을 따른다면, 아이들이 자연과 많은 접촉을 갈망하고 있으며 이러한 접촉이 사람으로서의 충분한 발달에 크게 기여한다는 걸 우리가 발견하게 될 것이라고 저자는 믿는다.

학생의 동기 향상시키기

기준설정 운동 지도자들은 기준설정 운동을 추진할 때부터 학생들이 충분히 열심히 공부하지 않는다고 불만스러워했다(U.S. Department of Education, 1983). 운동 초기에는 기준설정 운동 지도자들이 어른들에게 전화를 해서 더 많은 외적 압력을 가하라고 했다. 그들은 '전력 다하기'와 '자기훈련'의 가치에 대해 말하며 압박하고 자극하라고 어른들을 재촉했다(Carnegie Corporation, 1996, p. 95).

2010년쯤부터 일부 기준옹호자들이 학생들 자신의 흥미에 근거한 내재적 동기를 더 강조할 것을 요구했다(Howard, 2016). 그러나 이러한 권고가 효과를 내는 건 어려울 것이다. 두 연구에서 초기 아동기 교육자들은 오로지 높은 시험점수를 내기 위해 설계된 교과과정을 어떻게 따라야 하는지를 말한다. "우리는 아이들이 흥미를 가진 것 어느 것도 선택하도록 허락되지 않아요." 한 유치원 교사는 "우리는 교과과정이 제시하는 정확한 순서로 시험을 치기 위한 기술들을 가르쳐야 해요"라고 말했다. 또 다른 교사는 자기의 수업을 "엄격하고 서두르는 시험, 시험, 시험 시스템"의 한 부분이라고 설명했다(Levin & Van Hoorn, 2016, p. 4; 또한 Fower, 2018 참조).

이와 반대로 발달적 또는 아동중심적 교육자들은 내재적 동기를 맨 앞에 놓았다. 우리는 Montessori가 아이들이 큰 활력과 집중력, 인내력을 가지고 자발적으로 하는 과제를 어떻게 찾았는지 보았다. 다른 사람들도 아이들의 학습에 대한 내재적 욕구에 맞게 교육하려고 노력했다. 이것은 Piaget식 구성주의자들, Rudolf Steiner에 의해 고취된 Waldorf 교육자들, John Dewey를 따르는 진보적인 교육자들에서도 마찬가지다. 예를 들어, 학생들이 워크북과 교재에 있는 수학은 추상적이고 무의미하다고 생각하는 반면에, 요리하기, 목공, 정원 가꾸기 같은 구체적인 프로젝트를 수행하는 것을 가능하게 해주는 수학은 열심히 배운다고 진보적 교육자들은 지적했다. 이런 활동에서는 그들의 창조적 충동을 충족시킬 수 있기 때문에 그들은 수학을 배우고 싶어 한다.

독립성 문제

발달적 교육자들에게 기준설정 운동의 "기준을 높이라"는 지속적인 외침과 학생들에게 더 어려운 공부를 하라고 압박하는 것은 또 다른 문제다. Rousseau가 지적했듯이 지나치게 어려운 과제는 아이들의 독립성을 해칠 수 있다. 예를 들어 아이들에게 이해가 되지 않는 수학이나 과학문제를 주면, 그들은 스스로 할 수 없으므로 교사나 다른 사람에게 도움을 받아야 한다. 또한 그 아동은 해법을 충분히 이해하지 못하기 때문에 '똑똑한' 사람이 말하는 것은 무엇이든지 옳다는 신념을 받아들여야 한다. 따라서 아동은 스스로 생각하기보다는 외부 권위자에게 의지하는 것을 배우게 된다.

앞서 보았듯이 발달론적인 교육자들은 독립적 사고를 자극하는 방식을 주장했다. Rousseau는 자극하는 질문을 사용하라고 주장했다. 즉 아동이 내적으로 흥미로워하는 질문을 묻고, 그들 스스로가 그것들을 풀도록 하라는 것이다. 예를 들면, Rousseau는 에밀에게 헛간에 있는 어떤 사다리가 나무 위의 체리에 닿을지를 물었다. 에밀은 그 거리를 고려해본 후 자신의 추측이 맞는지를 스스로 알아보았다. 이런 접근법을 현대에 와서 가장 많이 적용한 사람은 Piaget 학파 구성주의자인 Constance Kamii다. Kamii는 아동이 즐기는 공놀이 같은 활동을 하면서도 모든 종류의 수학문제를 질문할 수 있다고 주장했다. 교사는 1학년 아동에게 그의 팀이 이기려면 얼마나 많은 점수를 얻어야 할지를 질문할 수 있다. 그 아동은 이 질문을 흥미로워할 것이며, 교사는 그 아동으로 하여금 스스로 이 문제를 풀도록 해줄 수 있다.

우리는 사회적 승급을 끝낼 필요가 없는가

기준설정 주장자들은 사회적 승급에 반대한다. 그들의 주장은, 학생들이 앞의 학년에서 제대로 성취하지 못했는데도 그냥 승급시키는 것은 불공평하다는 것이다. 즉 유급이 필요하다는 것이다(Chen, 2022).

발달론적인 또는 아동중심적인 교육자들에게 핵심적인 이슈는 그 정책의 정서적인 영향이다. 학생들을 붙잡아놓겠다는 위협은 교실을 만성적인 공포 분위기로 만든다. 실제로 유급한 학생들은 큰 수치심을 겪는다. 이 경험은 높은 중퇴율로 이어진다 (Heubert & Hauser, 1999; Herszenhorn, 2004). 그런 정서적 분위기에서는 진정한 학습이 있을 수 없다. 학생들은 열정적으로 활동에 몰두할 수 있는 자유가 있어야 한다. 과제에 깊이 몰두할 때, 그들은 깊이 그리고 창조적으로 생각하며 정신이 확장된다. 아동의 학습에 대한 열정은 매우 소중한 것이다.

제도적인 면에서 사회적 승급의 문제는 실제로 학교들의 전통적인 공장 스타일식 장치의 산물이다. 아동은 마치 컨베이어 벨트 위에 있는 것처럼 매년 동일한 학년말 목표를 충족시켜야 한다.

반대로 Montessori학교에서는 사회적 승급은 문제가 되지 않는다. 여러 연령의 아동이 함께 있으면서 각 아동은 다양한 과제 중에서 하나를 골라 자신의 속도대로 진행한다. 거기에는 학년말의 동일한 목표가 없다.

모든 발달중심적인 학교들이 연령대를 혼합하지는 않지만, 많은 학교에서 아동은 그들 자신에게 맞는 과제를 가지고 공부한다. 개방 학교나 진보적 교육 학교에 가보면, 일부 아동은 개인적으로 수학 과제를 공부하며 다른 아동은 스스로 선택한 책 읽기를, 3~4명의 소집단은 모형 운하를 만들고 있는 것을 볼 수 있다. 아동은 자신의 요구에 맞도록 고안된 과제들을 가지고 자신의 속도에 맞춰 공부한다. 거기에서는 사회적 승급 문제가 없다.

컴퓨터 교육의 미래

저자는 이제까지 기준설정 운동이 학습을 따분하게 만든다고 주장해왔다. 학생들은 자신의 자발적인 흥미와는 관계도 없고 또한 스스로 발견하는 기쁨을 빼앗아가는 어려운 과제들을 공부하도록 압박받고 있다. 이런 특징이 기본적으로 사실이지만, 하나의 예외가 있다. 기준설정 운동은 컴퓨터에 기반한 기법을 촉진하고 있는데, 이 기법은 어려운 학습도 재미있게 할 수 있다고 자신한다.

컴퓨터가 매우 매력이 있음에는 의심의 여지가 없다. 컴퓨터는 거의 마술적인 힘을 가진 것으로 보인다. 몇 개의 자판을 치기만 하면, 컴퓨터는 복잡한 계산을 순식간에 해내며 멋진 그래프를 산출하고, 정보를 저장한다. 인터넷을 통해 컴퓨터는 우리를 다른 사람들이나 비디오, 오디오 테이프, 또는 지역 도서관이나 원천의 경계를 넘어서 확장된 필요한 정보와 연결시켜 준다.

그러나 컴퓨터는 그 자체의 특수한 문제점을 안고 있다. 컴퓨터 화면 앞에 앉은 아동은 황량하고 인공적인 환경에 갇혀있다. 거기에는 플라스틱과 쇠밖에 없다. John Davy가 말했듯이 "바람이나 새소리도 없고 … 흙, 물, 햇빛, 따뜻함, 아무런 생태환경도 없다"(1984, p. 12). 컴퓨터 환경의 황량함은 특히 어린 아동에게 걱정스러운 일이다. 왜냐하면 이 아동은 그들의 감각과 자연세계와의 연결을 발달시키는 중이기 때문이다.

사실 컴퓨터는 아동이 학교과목을 배우는 걸 도울 수 있다. 그러나 컴퓨터 화면에는 단어, 그림, 숫자, 그래프 등 오직 기호들만 나타난다. 아동은 수많은 정보에 노출되어 있지만, 그것을 오로지 간접적으로 정신적인 수준에서 습득한다. 식물이나 동물의 생활에 대한 풍부하고 개인적인 경험 없이, 생물학을 오로지 단어나 그림, 기호로부터만 배우는 것이 어떤 의미가 있을까? 또는 던지기나 망치로 두들기기, 시소놀이, 오르기 등의 경험 없이 물리학의 원리(속도, 힘, 균형원리)를 배우는 것이 어떤 의미가 있을까? 그 아동은 기호를 배우는 것이다. 그러나 그 기호들을 의미 있게 만드는 개인적인·신체적인·감각적인 경험 없이 배우는 것이다. 컴퓨터 단말기에서 수많은 것을 배우는 아동은 지나치게 대뇌적인 수준에서만 배울 위험이 있다. 이러한 아동은 육체를 떠나 정신만 살아있게 된다.

이 문제를 저자의 동료들에게 말했더니 대부분 다음과 같이 말했다. "그렇지만 꼭 그와 같이 되지는 않을 거야. 아동은 컴퓨터로 배우면서도 또한 많은 시간을 밖에서 놀기도 하고 물건 쌓기도 하며, 자연을 탐색하고, 신체적이고 감각적인 경험을 하지 않겠어?"

이는 이론적으로는 가능하다. 그러나 실제로 아동은 더욱 더 많은 시간을 실내에서 보낸다. 학교에 가지 않고 숙제를 하지 않을 때 그들은 TV를 보고, 인터넷을 하고, 비디오 게임을 하고, 친구들과 이메일과 문자로 말한다. 그 결과 아동은 황량한 환경에서 살게 되어, 풍부하고도 감각적인 지식의 기초를 발달시키지 못할 수 있다(Crain & Crain, 2014; Lee et al., 2021).

이 문제에 관해서 저자는 초등학교까지는 컴퓨터 보조 학습을 하지 않는 것이 좋다고 생각한다. 왜냐하면 이 시기의 아동은 아직 물질적 대상이나 사람들과의 구체적인 활동이나 감각을 통해 배우는 중이기 때문이다. 많은 Waldorf학교에서는 중학교 2학년이 될 때까지는 컴퓨터를 도입하지 않는다. 이런 제한을 두려는 학교는 거의 없겠지만, 저자는 아동의 초기 몇 년 동안은 컴퓨터 사용을 제한해야 한다고 생각한다. 왜냐하면 컴퓨터의 단순한 기호적 학습으로는 외부세계에 대한 풍부하고도 직접적인 경험을 대체할 수 없기 때문이다.

시험의 횡포

궁극적으로 기준설정 운동은 표준화된 시험에 기초를 두고 있다. 시험은 연방, 주, 시의 공무원들에게 학생들이 목표와 기준에 얼마나 잘 맞는지를 알려준다. 시험점수에 근거해 공무원들은 일부 교육구에는 보상을 하고 다른 교육구는 폐쇄하며, 교사와 교장들을 평가하고, 때때로 학생들이 다음 학년으로 진학할 수 있을지와 고등학교를 졸업할 수 있는지를 결정한다. 표준화된 시험의 중요성이 커지고 있어서 교사는 종종 자신들이 '시험에 대비한 수업'을 하고 있음을 알게 되었다. 높은 목표가 아니라 시험 점수가 교육을 휘두른다.

우리는 유치원 교사가 교육구의 높은 점수추구 때문에 어떻게 제한받는지 보아왔다. 다른 학년에도 마찬가지다. 예를 들어 중학교 교사는 목공 프로젝트를 통해 수학을 많이 가르칠 수 있음을 발견하게 된다. 고등학교 교사는 학생들이 모의재판 동안 열정적으로 학습하지만, 시간이 걸리는 프로젝트와 활동은 시험이라는 높은 압박 아래서는 일반적으로 가능하지 않다는 것을 발견한다.

교사는 시험이 아동을 매우 불행하게 한다는 것을 알고 있다. 시험준비의 거의 대부분은 지루한 반복연습이다. 게다가 아동은 시험을 두려워한다. 학교생활 초기부터 이미 시험에 대한 불안이 존재한다. 시험일자가 다가오면서 아동의 불안은 강해진다. 아동은 시험에 실패할까 봐 흔히 잠을 못 자며 위 통증을 호소한다. 교사가 아동을 진정시키려 하지만, 현실에 근거한 아동의 공포를 진정시키기에는 그 힘이 미약하다. 학습이 흥미롭고 긍정적인 경험이 되길 바라는 학생들에게 시험 위주의 교육은 악몽이다 (Crain, 2003, pp. 2-4).

많은 기준설정 지지자들은 시험이 시민의 권리를 촉진한다고 주장해왔다. 시험은 모든 학생이 어떻게 수행하고 있는지에 대한 객관적 측정치를 제공한다. 그리고 대중은 학교가 소수민족 학생과 비소수민족 학생 사이의 격차를 얼마나 잘 줄였는지를 알 수 있다. 이것은 이론적으로는 옳다. 그러나 실제로는 지루한 시험 준비에서 그런 유색인종 학생들은 다른 학생들보다 더 많은 시험준비 분량을 받는다. 그들은 또한 시험점수로 인한 유급이나 그에 따른 수치심을 느낄 가능성이 더 많아진다. 만일 정부 관계자들이 진정으로 저소득 가정의 아동을 돕고 싶다면, 그 아동이 다니는 학교에 기금을 제공하여 학급의 크기나 교사 급여, 실험장비, 도서 편안한 물리적 환경 등에서 중산층 아동이 다니는 학교와 동등하게 해줘야 한다.

발달론적 견해로 보자면 우리는 시험의 횡포를 줄여야 하며 또한 시험을 더 넓은 안

목으로 보아야 한다. 시험이 유용한 정보를 제공하기는 하지만, 더 기본적인 것들에 대한 고려가 필요하다. 예컨대 현재의 교육이 과연 아동의 기본적인 성장 경향과 일치하는가? 아동의 발달시기에 가장 중요한 능력을 발달시키며, 아동 자신의 흥미를 추구할 기회가 있는가? 아동이 학습을 좋아하면서 자기 스스로 발견해내는 시간은 있는가? 아동이 호기심 있고 자신감 있으며 스스로 사고할 수 있는가? 궁극적으로는 시험점수가 아니라 위의 질문에 대한 대답이 훨씬 더 중요한 것이다.

Abraham, K. (1924a). A short study of the development of the libido viewed in light of mental disorders. In *Selected papers of Karl Abraham*. New York: Basic Books, 1927.

Abraham, K. (1924b). The influence of oral eroticism on character formation. In *Selected papers of Karl Abraham*. New York: Basic Books, 1927.

Adolph, K., & Robinson, S. R. (2013). The road to walking: What learning to walk tells us about development. In P. D. Zelazo (Ed.), *Oxford handbook of developmental psychology*. Oxford: Oxford University Press.

Ainsworth, M. D. S. (1967). *Infancy in Uganda: Infant care and the growth of love*. Baltimore: Johns Hopkins University Press.

Ainsworth, M. D. S., Bell, S. M., & Stanton, D. S. (1971). Individual differences in strange-situation behavior of one-year-olds. In H. R. Schaffer (Ed.), *The origins of human social relations*. New York: Academic Press.

Ainsworth, M. D. S., Blehar, M. C., Waters, E., & Wall, S. (1978). *Patterns of attachment*. Hillsdale, NJ: Erlbaum.

Aitchison, J. (1976). *The articulate mammal: An introduction to psycholinguistics*. New York: University Books.

Als, H. (1978). Assessing an assessment: Conceptual considerations, methodological issues, and a perspective on the future of the Neonatal Behavioral Assessment Scale. In A. J. Sameroff (Ed.), Organization and stability of newborn behavior: A commentary on the Brazelton Neonatal Behavior Assessment Scale. *Monographs of the Society for Research in Child Development, 43*, Serial No. 177.

Ambridge, D., Rowland, C. F., & Pine, M. (2008). Is structure dependence an innate constraint? Experimental evidence from children's complex question production. *Cognitive Science, 32*, 222–255.

Ames, L. B., & Chase, J. A. (1974). *Don't push your preschooler*. New York: Harper & Row.

Ariès, P. (1960). *Centuries of childhood: A social history of family life* (R. Baldick, trans.). New York: Knopf, 1962.

Arnheim, R. (1954). *Art and visual perception*. Berkeley: University of California Press.

Ausubel, D. P. (1958). *Theories and problems in child development*. New York: Grune & Stratton.

Baerends, G., Beer, C., & Manning, A. (1975). *Function and evolution in behavior*. Oxford: Clarendon Press.

Baillargeon, R. (1987). Object permanence in 3 $^1/_2$- and 4 $^1/_2$-year-old infants. *Developmental Psychology, 22*, 655–664.

Balcombe, J. (2006). *Pleasurable kingdom*. London: Macmillan.

Baldwin, A. L. (1980). *Theories of child development* (2nd ed.). New York: John Wiley.

Balinsky, B. I. (1981). *An introduction to embryology* (5th ed.). Philadelphia: Saunders.

Bandura, A. (1962). Social learning through imitation. In M. R. Jones (Ed.), *Nebraska symposium on motivation*. Lincoln: University of Nebraska Press.

Bandura, A. (1965a). Vicarious processes. A case of no-trial learning. In L. Berkowitz (Ed.), *Advances in experimental social psychology* (Vol. 2). New York: Academic Press.

Bandura, A. (1965b). Influence of model's reinforcement contingencies on the acquisition of imitative responses. *Journal of Personality and Social Psychology, 1*, 589–595.

Bandura, A. (1967). The role of modeling processes in personality development. In W. W. Hartup & W. L. Smothergill (Eds.), *The young child: Reviews of research*. Washington, DC: National Association for the Education of Young Children.

Bandura, A. (1969). Social-learning theory of identificatory processes. In D. A. Goslin (Ed.), *Handbook of socialization theory and research*. Chicago: Rand McNally.

Bandura, A. (1971). Analysis of modeling processes. In A. Bandura (Ed.), *Psychological modeling*. Chicago: Atherton, Aldine.

Bandura, A. (1977). *Social learning theory*. Englewood Cliffs, NJ: Prentice-Hall.

Bandura, A. (1986). *Social foundations of thought and action: A social cognitive theory*. Englewood Cliffs, NJ: Prentice-Hall.

Bandura, A. (1989). Social cognitive theory. In R. Vasta (Ed.), *Annals of Child Development, 6*, 1–60.

Bandura, A. (1994). Self-efficacy. In V. S. Ramachadraun (Ed.), *Encyclopedia of human behavior* (Vol. 4). New York: Academic Press.

Bandura, A. (1997). *Self-efficacy*. New York: W. H. Freeman.

Bandura, A. (1998). Personal and collective efficacy in human adaptation and change. In J. G. Adair, D. Belanger, & K. L. Dion (Eds.), *Advances in psychological science* (Vol. 1). Hove: Psychology Press.

Bandura, A. (2006). Autobiography. In M. G. Lindzey & M. Runyan (Eds.), *A history of psychology in autobiography* (Vol. IX). Washington, DC: American Psychological Association.

Bandura, A., Grusec, J. E., & Menlove, F. L. (1967). Vicarious extinction of avoidance behavior. *Journal of Personality and Social Psychology, 5*, 16–23.

Bandura, A., & Huston, A. C. (1961). Identification as a process of incidental learning. *Journal of Abnormal and Social Psychology, 63*, 311–318.

Bandura, A., & Kupers, C. J. (1964). The transmission of patterns of self-reinforcement through modeling. *Journal of Abnormal and Social Psychology, 69*, 1–9.

Bandura, A., & McDonald, F. J. (1963). Influence of social reinforcement and the behavior of models in shaping children's moral judgments. *Journal of Abnormal and Social Psychology, 67*, 274–281.

Bandura, A., Ross, D., & Ross, S. A. (1961). Transmission of aggression through imitation of aggressive models. *Journal of Abnormal and Social Psychology, 63*, 575–582.

Bandura, A., & Walters, R. H. (1963). *Social learning and personality development*. New York: Holt, Rinehart & Winston.

Barr, R., Dowden, A., & Hayne, H. (1996). Developmental changes in deferred imitation by 6—to 24—month-old infants. *Infant Behavior and Development, 19*, 159–170.

Bateson, P. (1990). Is imprinting a special case? *Philosophical Transactions of the Royal Society, 329*, 125–131.

Bateson, P. (1991). Principles of behavioral development. In P. Bateson (Ed.), *The development and integration of behavior*. Cambridge: Cambridge University Press.

Bauer, P. J. (2006). Event memory. In D. Kuhn & R. S. Siegler (Eds.), *Handbook of child psychology* (6th ed., Vol. 2). New York: Wiley.

Baumrind, D. (1967). Child care practices anteceding three patterns of preschool behavior. *Genetic Psychology Monographs, 75*, 43–88.

Baumrind, D. (1989). Rearing competent children. In W. Damon (Ed.), *Child development today and tomorrow*. San Francisco: Jossey-Bass.

Bell, S. M., & Ainsworth, M. D. S. (1972). Infant crying and maternal responsiveness. *Child Development, 43*, 1171–1190.

Bellugi-Klima, U. (1968). Linguistic mechanisms underlying child speech. In E. M. Zale (Ed.), *Proceedings of the conference on language and language behavior*. Englewood Cliffs, NJ: Prentice-Hall.

Benedek, T. (1938). Adaptation to reality in early infancy. *Psychoanalytic Quarterly, 7*, 200–215.

Benjamin, J. (1988). *The bonds of love*. New York: Pantheon.

Beres, D. (1971). Ego autonomy and ego pathology. *Psychoanalytic Study of the Child, 26*, 3–24.

Bergman, A. (1999). *Ours, yours, mine: Mutuality and the emergence of the separate self*. Northvale, NJ: Jason Aronson.

Bergman, I. (1957). *Wild Strawberries* [filmscript] (L. Malmstrom & D. Kushner, trans.). New York: Simon & Schuster.

Berk, L. E. (2001). *Awakening children's minds*. Oxdord, UK: Oxford University Press.

Berk, L. E. (2013). *Child development* (9th ed.). Upper Saddle River, NJ: Pearson.

Berk, L. E. (2019). *Exploring child and adolescent development*. Boston: Pearson.

Berman, M. (1970). *The politics of authenticity*. New York: Antheum.

Bettelheim, B. (1967). *The empty fortress: Infantile autism and the birth of the self*. New York: Free Press.

Bettelheim, B. (1976). *The uses of enchantment: The meaning and importance of fairy tales*. New York: Knopf.

Bickerton, D. (1984). The language biogram hypothesis. *The Behavioral and Brain Sciences, 7*, 173–221.

Bickerton, D. (1999). Creole languages, the language biogram hypothesis, and language acquisition. In W. C. Ritchie & T. K. Bhatia (Eds.), *Handbook of child language acquisition*. San Diego, CA: Academic Press.

Bijou, S. W. (1976). *Child development: The basic stage of early childhood*. Englewood Cliffs, NJ: Prentice-Hall.

Bijou, S. W., & Baer, D. M. (1961). *Child development* (Vol. 1). Englewood Cliffs, NJ: Prentice-Hall.

Blasi, A. (1980). Bridging moral cognition and moral action: A critical review of the literature. *Psychological Bulletin, 88*, 593–637.

Blatt, M. M., & Kohlberg, L. (1975). The effects of classroom moral discussion upon children's level of moral judgment. *Journal of Moral Education, 4*, 129–161.

Blos, P. (1962). *On adolescence*. New York: Free Press.

Bodrova, E., & Leong, D. J. (2007). *Tools of the mind: The Vygotskian approach to early childhood education* (2nd ed.). Upper Saddle River, NJ: Pearson/Merrill Prentice-Hall.

Borke, H. (1975). Piaget's mountains revisited: Changes in the egocentric landscape. *Developmental Psychology, 11*, 240–243.

Bower, T. G. R. (1982). *Development in infancy* (2nd ed.). San Francisco: W.H. Freeman.

Bowlby, J. (1973). *Attachment and loss (Vol. 2). Separation*. New York: Basic Books.

Bowlby, J. (1979). *The making and breaking of affectional bonds*. London: Tavistock Publications.

Bowlby, J. (1980). *Attachment and loss (Vol. 3). Loss*. New York: Basic Books.

Bowlby, J. (1982). *Attachment and loss (Vol. 1). Attachment* (2nd ed.). New York: Basic Books.

Bowlby, J. (1988). *A secure base*. New York: Basic Books.

Brackbill, Y. (1958). Extinction of the smiling response in infants as a function of reinforcement schedule. *Child Development, 29*, 115–124.

Braine, M. D. S. (1963). The ontogeny of English phrase structure. The first phase. *Language, 39*, 1–13.

Brainerd, C. J. (2003). Piaget, learning research, and American education. In B. J. Zimmerman & D. H. Schunk (Eds.), *Educational psychology: A century of contributions*. Mahwah, NJ: Erlbaum.

Braune-Krickau, K., Schneebeli, L., Pehlke-Milde, J., Gemperle, M., Koch, R., & von Wyl, A. (2021). Smartphones in the nursery: Parental smartphone use and parental sensitivity and responsiveness within parent-child interaction in early childhood (0–5 years). *Infant Mental Health Journal, 42*, 161–175.

Bretherton, I., Ridgeway, D., & Cassidy, J. (1990). Assessing internal working models of the attachment relationship: An attachment story completion task for 3-year-olds. In M. T. Greenberg, D. Cicchetti, & E. Mark Cummings (Eds.), *Attachment in the preschool years*. Chicago: University of Chicago Press.

Breuer, J., & Freud, S. (1895). *Studies on hysteria* (A. A. Brill, trans.). New York: Nervous and Mental Disease Publishing Co., 1936.

Broughton, J. M. (1983). Women's rationality and men's virtues: A critque of gender dualism in Gilligan's theory of moral development. *Social Research, 50*, 597–642.

Brown, A. L., & Palinscar, A. S. (1989). Guided cooperative learning and individual knowledge acquisition. In L. B. Resnick (Ed.), *Knowing, learning, and instruction*. Hillsdale, NJ: Erlbaum.

Brown, J. F. (1940). *The psychodynamics of abnormal behavior*. New York: McGraw-Hill.

Brown, P., & Elliott, R. (1965). Control of aggression in a nursery school class. *Journal of Experimental Child Psychology, 2*, 103–107.

Brown, R. (1965). *Social psychology*. New York: Free Press.

Brown, R. (1973). *A first language: The early stages*. Cambridge, MA: Harvard University Press.

Brown, R., & Bellugi, U. (1964). Three processes in the child's aqusition of syntax. *Harvard Educational Review, 34*, 133–151.

Brown, R., & Herrnstein, R. J. (1975). *Psychology*. Boston: Little, Brown.

Bruner, J. (1984). Vygotsky's zone of proximal development: The hidden agenda. In B. Rogoff & J. Wertsch (Eds.), *Children's learning in the "zone of proximal development"*. San Francisco: Jossey-Bass.

Bryan, J. H. (1975). Children's cooperation and helping behaviors. In E. M. Hetherington (Ed.), *Review of child development research* (Vol. 5). Chicago: University of Chicago Press.

Bryan, J. H., & Walbek, N. (1970). Preaching and practicing generosity: Children's action and reactions. *Child Development, 41*, 329–353.

Burton, N. (2014, September 15). 10 most common nightmares for kids. *Mom.com*. https://mom.com/kids/4754=10-most-common=nightmares-kids

Bushoff, K., Bowen, H., Paton, H., Cameron-Smith, S., Graetz, S., Young, A., & Kane, K. (2020). Child development outcomes with DIR/Floortime TM-based programs: A systematic review. *Canadian Journal of Occupational Therapy, 87*, 153–164.

Butler, R. N. (1963). The life review: An interpretation of reminiscence in the aged. *Psychiatry, 26*, 65–76.

Cairns, H. S., & Cairns, C. E. (1976). *Psycholinguistics: A cognitive view of language*. New York: Holt, Rinehart & Winston.

Camus, A. (1948). *The plague* (S. Gibert, trans.). New York: Vintage.

Camus, A. (1955). *The myth of Sisyphus and other essays* (J. O'Brien, trans.). New York: Knopf.

Carnegie Corporation of New York (1996). *Years of Promise: A comprehensive learning strategy for America's children*. http: www.carnegie.org

Carroll, S. B. (2009). *Remarkable creatures*. Boston: Houghton Mifflin Harcourt.

Carson, R. (1956). Biological sciences. In L. Lear (Ed.), *Lost woods: The discovered writing of Rachel Carson*. Boston, MA: Beacon Press.

Cassidy, J. (2018). The nature of the child's ties. In J. Cassidy & P. R. Shaver (Eds.), *Handbook of attachment* (3rd ed.). New York: Guilford.

Chance, P. (1974, January). A conversation with Ivar Lovaas. *Psychology Today, 7*, 72–80, 82–84.

Chattin-McNichols, J. (1992). *The Montessori controversy*. Albany, NY: Delmar.

Chawla, L. (1990). Ecstatic places. *Children's Environments Quarterly, 3*, 34–41.

Chen, G. (2022, August 5). Is social promotion crippling our children's future? The debate. *Public School Review*. www.publicschoolreview.com/blog/is-social-promotion-crippling-our-childrens-future-the-debate

Chomsky, N. (1957). *Syntactic structures*. The Hague: Moulton.

Chomsky, N. (1959). A review of *Verbal Behavior* by B. F. Skinner. *Language, 35*, 26–58.

Chomsky, N. (1962). Explanatory models in linguistics. In E. Nagel, P. Suppes, & A. Tarshi (Eds.), *Logic, methodology and philosophy of science*. Stanford: Stanford University Press.

Chomsky, N. (1965). *Aspects of the theory of syntax*. Cambridge, MA: MIT Press.

Chomsky, N. (1972). *Language and mind*. New York: Harcourt Brace Jovanovich.

Chomsky, N. (1975). *Reflections on language*. San Diego: Pantheon.

Chomsky, N. (1977). Interview. In D. Cohen (Ed.), *Psychologists on psychology*. New York: Taplinger.

Chomsky, N. (1980). *Rules and representations*. New York: Columbia University Press.

Chomsky, N. (1983). Interview. In R. W. Reiber & G. Voyat (Eds.), *Dialogues on the psychology of language and thought*. New York: Plenum.

Chomsky, N. (1986). *Knowledge of language: Its nature, origin, and use*. New York: Praeger.

Chomsky, N. (2003, June 1). *Interview on C-SPAN's in depth [Television broadcast]*. Washington, DC: National Satellite Cable Corporation.

Cleveland Clinic (2020). *Autism Spectrum Disorder*. https://my.clevelandclinic.org/health/diseases/8855-autism

Coates, B., & Hartup, W. W. (1969). Age and verbalization in observational learning. *Developmental Psychology, 1*, 556–562.

Coe, B. (1996, Spring). Montessori and middle school. *Montessori Life, 8*, 26–29.

Colby, A., Kohlberg, L., Gibbs, J., & Lieberman, M. (1983). A longitudinal study of moral judgment. *Monographs of the Society for Research in Child Development* (Serial No. 200), *48*, 1–124.

Colby, A., Kohlberg, L., & Kauffman, K. (1987a). Theoretical introduction to the measurement of moral judgment. In A. Colby & L. Kohlberg (Eds.), *The measurement of moral judgment* (Vol. 1). Cambridge: Cambridge University Press.

Colby, A., Kohlberg, L., & Kauffman, K. (1987b). Instructions for moral judgment interviewing. In A. Colby & L. Kohlberg (Eds.), *The measurement of moral judgment* (Vol. 1). Cambridge: Cambridge University Press.

Colby, A., Kohlberg, L., Speicher, B., Hewer, A., Candee, D., Gibbs, J., & Power, C. (1987c). *The measurement of moral judgment* (Vol. 2). Cambridge: Cambridge University Press.

Cole, M., & Scribner, S. (1978). Introduction. In M. Cole, V. John-Steiner, S. Scribner, & E. Souberman (Eds.), *L. S. Vygotsky: Mind in society*. Cambridge: Harvard University Press.

Coles, R. (1970). *Erik H. Erikson: The growth of his work*. Boston: Little, Brown.

Common Core State (2023). Worldpopulationreview.com/state rankings/common-core-states.

Corcoran, D. (2010, May 4). Stanley I. Greenspan, developer of "Floor Time" teaching, dies at 68. *The New York Times*.

Crain, S., & Nakayama, M. (1987). Structure dependence in children's language. *Language, 63*, 522–543.

Crain, S., & Thornton, R. (2006). Acquisition of syntax and semantics. In M. Traxler & M. Gernsbacher (Eds.), *Handbook of psycholinguistics* (2nd ed.). London: Elsevier.

Crain, W. (1993). Technological time values and the assault on healthy development. *Holistic Education Review, 6*, 27–34.

Crain, W. (1997, Spring). How nature helps children develop. *Montessori Life, 9*, 41–43.

Crain, W. (2003). *Reclaiming childhood: Letting children be children in our achievement-oriented society*. New York: Holt.

Crain, W. (2021). *Forever young: How six great individuals have drawn upon the powers of childhood and how we can follow their lead*. San Antonio, TX: Turning Stone Press.

Crain, W., & Crain, E. F. (1987). Can humanistic psychology contribute to our understanding of medical problem-solving? *Psychological Reports, 61*, 779–788.

Crain, W., & Crain, E. F. (2014). The benefits of the green environment. In P. J. Landrigan & R. A. Etzel (Eds.), *Textbook of children's environmental health*. Oxford: Oxford University Press.

Cranston, M. (1982). *Jean-Jacques: The early life and work of Jean-Jacques Rousseau 1712–1754*. Chicago: University of Chicago Press.

Cressman, S. (2020, January 3). *Everything you need to know about the Common Core (CCSS)*. Knowre. www.knowre.com/blog/everything-you-need-to-know-aabout-the-common-core

Crocetti, E. (2017). Identity formulation in adolescence: The dynamics of forming and consolidating identity commitments. *Child Development Perspectives, 11*. www.researchgate.net/publication/313848528_Identity_Formation_in_Adolescence_The_Dynamic_of_Forming_and_Consolidating_Identity_Commitments

Damon, W. (1983). *Social and personality development*. New York: W. W. Norton.

Darwin, C. (1859). *The origin of species*. New York: Modern Library.

Darwin, C. (1874). *The descent of man* (2nd ed.). Amherst, NY: Prometheus Books.

Darwin, C. (1887). *The autobiography of Charles Darwin*. New York: W. W. Norton.

Dasen, P. R. (1993). Culture and cognitive development from a Piagetian perspective. In W. J. Lonner & R. Malpasss (Eds.), *Psychology and culture*. Boston: Allyn and Bacon.

Dasen, P. R. (2022). Culture and cognitive development. *Journal of Cross-Cultural Psychology, 53*.

Davy, J. (1984). Mindstorms in the lamplight. In D. Sloan (Ed.), *The computer in education: A critical perspective*. New York: Teachers College Press.

Deen, K. U. (2020). The acquisition of morphology. In E. M. Fernandez & H. S. Cairns (Eds.), *The handbook of psycholinguistics*. Hoboken, NJ: Wiley.

DeHart, G. B., Sroufe, L. A., & Cooper, R. G. (2004). *Child development: Its nature and course* (5th ed.). Boston: McGraw Hill.

DeVries, R., & Kohlberg, L. (1987). *Constructivist early education: Overview and comparison with other programs.* Washington, DC: National Association for the Education of Young Children.

Dewar, G. (2022). When do babies crawl, and how does crawling develop? *Parenting Science.* https://parentingscience.com/when-do-babies-crawl/

Dewey, J., & Dewey, E. (1915). *Schools for tomorrow.* New York: Dutton.

Divecha, D. (2018, May 2). Why attachment parenting is not the same as secure attachment. *Parenting & Family.* https://greatergood.berkeley.edu/article/item/why_attachment_parenting_is_not_the-same_as_secure_attachment

Dubos, R. J. (1961). *The dreams of reason.* New York: Columbia University Press.

Duckworth, E. (2006). *The having of wonderful ideas.* New York: Teachers College Press.

Dukas, H., & Hoffmann, B. (1979). *Albert Einstein: The human side.* Princeton, NJ: Princeton University Press.

Duschinsky, R. (2020). *Cornerstones of attachment research.* Oxford: Oxford University Press, chap. 3.

Edwards, C. P. (1981). The comparative study of the development of moral judgment and reasoning. In R. L. Munroe, R. Munroe, & B. B. Whiting (Eds.), *Handbook of cross-cultural development.* New York: Garland.

Ehrlich, P. R., & Holm, K. W. (1963). *The process of evolution.* New York: McGraw-Hill.

Einstein, A. (1959). Autobiographical notes. In P. A. Schilpp (Ed. & Trans.), *Albert Einstein: Philosopher-scientist.* New York: Harper Torchbooks.

Eisen, G. (1988). *Children and play in the Holocaust.* Amherst, MA: University of Massachusetts Press.

Elkind, D. (1981). *The hurried child.* Reading, MA: Addison-Wesley.

Elkind, D. (1986, May). Formal education and early childhood education: An essential difference. *Phi Delta Kappan,* 631–636.

Ellenberger, H. F. (1958). A clinical introduction to psychiatric phenomenology and existential analysis. In R. May, E. Angel, & H. F. Ellenberger (Eds.), *Existence: A new dimension in psychiatry and psychology.* New York: Basic Books.

Ellenberger, H. F. (1970). *The discovery of the unconscious.* New York: Basic Books.

Encyclopedia Britannica. (2023, December 5). *Savant syndrome.* www.britannica.com/sciewnce/savant-sydrome

Engels, F. (1925). *Dialectics of nature* (C. Dutt, trans.). Moscow: Foreign Languages Publishing House, 1954.

Erik Erikson. (1994, May 13). Obituary. *New York Times.*

Erikson, E. H. (1958). *Young man Luther.* New York: W. W. Norton.

Erikson, E. H. (1959). Identity and the life cycle. *Psychological Issues, 1.*

Erikson, E. H. (1963). *Childhood and society* (2nd ed.). New York: W. W. Norton.

Erikson, E. H. (1964). *Insight and responsibility.* New York: W. W. Norton.

Erikson, E. H. (1969). *Gandhi's truth.* New York: W. W. Norton.

Erikson, E. H. (1976). Reflections on Dr. Borg's life cycle. *Daedalus, 105,* 1–28.

Erikson, E. H. (1982). *The life cycle completed.* New York: W. W. Norton.

Erikson, E. H., & Erikson, K. T. (1957). The confirmation of the delinquent. *Chicago Review, 10,* 15–23.

Ervin, S. M. (1964). Imitation and structural change in children's language. In E. H. Lenneberg (Ed.), *New directions in the study of language.* Cambridge, MA: MIT Press.

Estes, W. K. (1944). An experimental study of punishment. *Psychological Monographs, 57,* 94–107.

Etzel, B. C., & Gewirtz, J. L. (1967). Experimental modification of care-taking maintained high-rate operant crying in a 6- and 20-week-old infant (infans tyrannotearus): Extinction of crying with reinforcement of eye contact and smiling. *Journal of Experimental Child Psychology, 5,* 303–317.

Evans, E. (1975). *Contemporary influences in early childhood education* (2nd ed.). New York: Holt, Rinehart & Winston.

Evans, R. I. (1969). *Dialogue with Erik Erikson.* New York: Dutton.

Evans, R. I. (1989). *Albert Bandura: The man and his ideas—A dialogue*. New York: Praeger.

Fearon, R. M. P., & Belsky, J. (2018). Precursors of attachment security. In J. Cassidy & P. R. Shaver (Eds.), *Handbook of attachment* (3rd ed.). New York: Guilford.

Feeney, J. A. (2018). Adult romantic attachment: Developments in the study of couple relationships. In J. Cassidy & P. R. Shaver (Eds.), *Handbook of attachment* (3rd ed.). New York: Guilford.

Fenichel, O. (1945). *The psychoanalytic theory of neurosis*. New York: W. W. Norton.

Ferrer-Werder, L., & Kroger, J. (2020). *Identity in adolescence: The balance between self and others*. New York: Taylor & Francis.

Flavell, J. H. (1963). *The developmental psychology of Jean Piaget*. New York: Van Nostrand Reinhold.

Flavell, J. H. (1977). *Cognitive development*. Englewood Cliffs, NJ: Prentice-Hall.

Flavell, J. H. (1982). Cognitive development. *Child Development*, *53*, 1–10.

Flavell, J. H. (1985). *Cognitive development* (2nd ed.). Englewood Cliffs, NJ: Prentice-Hall.

Flavell, J. H., Miller, P. H., & Miller, S. A. (2002). *Cognitive development* (4th ed.). Upper Saddle River, NJ: Prentice-Hall.

Fogel, A. (2014). *Infancy: Infant, family, and society* (6th ed.). Cornwell-on-Hudson, NY: Sloan.

Fogg, B. J. (2020). *Tiny habits*. Boston: Mariner Books.

Fowler, R. C. (2018). The disappearance of child-directed activities and teachers' autonomy from Massachusetts' kindergartens. *Defending the Early Years*. https://dey.org/wp-content/uploads/2019/03/ma_kindergartens_final.pdf

Franklin, M. B. (2004). Prologue. In H. Werner (Ed.), *Comparative psychology of mental development*. Clinton Corners, NY: Percheron Press.

Freedman, D. G. (1974). *Human infancy: An evolutionary perspective*. New York: John Wiley.

Freud, A. (1936). *The ego and the mechanisms of defense*. New York: International Universities Press, 1946.

Freud, A. (1958). Adolescence. *Psychoanalytic Study of the Child*, *13*, 255–278.

Freud, S. (1900). *The interpretation of dreams* (J. Strachey, trans.). New York: Basic Books (Avon), 1965.

Freud, S. (1905). Three contributions to the theory of sex. In *The basic writings of Sigmund Freud* (A. A. Brill, trans.). New York: Modern Library.

Freud, S. (1907). *The sexual enlightenment of children* (J. Riviere, trans.). Collected papers (Vol. 2). New York: Basic Books, 1959.

Freud, S. (1908a). *Character and anal eroticism* (J. Riviere, trans.). Collected papers (Vol. 2). New York: Basic Books, 1959.

Freud, S. (1909). Analysis of a phobia in a five-*year-old boy* (A. J. Strachey, trans.). Collected papers (Vol. 3). New York: Basic Books, 1959.

Freud, S. (1910). *The origin and development of psychoanalysis*. New York: Henry Regnery (Gateway Editions), 1965.

Freud, S. (1911). *Formulations regarding the two principles of mental functioning* (J. Riviere, trans.). Collected papers (Vol. 4). New York: Basic Books, 1959.

Freud, S. (1912). *Contributions to the psychology of love: The most prevalent form of degradation in erotic life* (J. Riviere, trans.). Collected papers (Vol. 4). New York: Basic Books, 1959.

Freud, S. (1913). *The excretory functions in psychoanalysis and folklore* (J. Strachey, trans.). Collected papers (Vol. 5). New York: Basic Books, 1959.

Freud, S. (1914a). *On the history of the psychoanalytic movement* (J. Riviere, trans.). Collected papers (Vol. 1). New York: Basic Books, 1959.

Freud, S. (1914b). *On narcissism: An introduction* (J. Riviere, trans.). Collected papers (Vol. 4). New York: Basic Books, 1959.

Freud, S. (1915a). *Instincts and their vicissitudes* (J. Riviere, trans.). Collected papers (Vol. 4). New York: Basic Books, 1959.

Freud, S. (1915b). *The unconscious* (J. Riviere, trans.). Collected papers (Vol. 4). New York: Basic Books, 1959.

Freud, S. (1916). *Metapsychological supplement to the theory of dreams* (J. Riviere, trans.). Collected papers (Vol. 4). New York: Basic Books, 1959.

Freud, S. (1917). *Mourning and melancholia* (J. Riviere, trans.). Collected papers (Vol. 4). New York: Basic Books, 1959.

Freud, S. (1920). *A general introduction to psychoanalysis* (J. Riviere, trans.). New York: Washington Square Press, 1965.

Freud, S. (1923). *The ego and the id* (J. Riviere, trans.). New York: W. W. Norton, 1960.

Freud, S. (1924). *The passing of the Oedipus complex* (J. Riviere, trans.). Collected papers (Vol. 2). New York: Basic Books, 1959.

Freud, S. (1925a). *Some psychological consequences of the anatomical distinction between the sexes* (J. Strachey, trans.). Collected papers (Vol. 5). New York: Basic Books, 1959.

Freud, S. (1925b). *The resistance to psychoanalysis* (J. Strachey, trans.). Collected papers (Vol. 5). New York: Basic Books, 1959.

Freud, S. (1926). *Inhibitions, symptoms, and anxiety* (J. Strachey, trans.). New York: Norton, 1959.

Freud, S. (1931). *Female sexuality* (J. Strachey trans.). Collected papers (Vol. 5). New York: Basic Books, 1959.

Freud, S. (1933). *New introductory lectures on psychoanalysis* (J. Strachey, trans.). New York: Norton, 1965.

Freud, S. (1936a). *The problem of anxiety* (H. A. Bunker, trans.). New York: The Psychoanalytic Press and W. W. Norton.

Freud, S. (1936b). *A disturbance in memory on the Acropolis* (J. Strachey, trans.). Collected papers (Vol. 5). New York: Basic Books, 1959.

Freud, S. (1940). *An outline of psychoanalysis* (J. Strachey, trans.). New York: W. W. Norton, 1949.

Garcia, A. M., Gil-Gomez de Liano, B., & Pascual-Ezama, D. (2021). Gender difference in individual dishonesty profiles. *Frontiers in Psychology*, *12*. www.frontiersin.org/articles/10.3389/fpsyg.2021.728115/full

Gardner, H. (1973). *The arts and human development*. New York: John Wiley.

Gardner, H. (1980). *Artful scribbles*. New York: Basic Books.

Gardner, H. (1982). *Developmental psychology: An introduction* (2nd ed.). Boston: Little, Brown.

Gay, P. (1969). *The enlightenment*. New York: W. W. Norton.

Gay, P. (1988). *Freud: A life for our time*. New York: W. W. Norton.

Gelman, R. (1969). Conservation acquisition: A problem of learning to attend to relevant attributes. *Journal of Experimental Child Psychology*, *7*, 167–187.

Gelman, R. (1972). The nature and development of early number concepts. In H. Reese (Ed.), *Advances in child development and behavior* (Vol. 7). New York: Academic Press.

Gelman, R., & Baillargeon, R. (1983). A review of some Piagetian concepts. In P. H. Mussen (Ed.), *Handbook of child psychology* (4th ed.) (Vol. *3, Cognitive development*, J. H. Flavell & E. M. Markman, Eds.). New York: John Wiley.

Gesell, A. (1945). *The embryology of behavior*. New York: Harper & Row.

Gesell, A. (1946). The ontogenesis of infant behavior. In L. Carmichael (Ed.), *Manual of child psychology* (2nd ed.). New York: John Wiley, 1954.

Gesell, A. (1952). Autobiography. In E. G. Boring, H. Werner, R. M. Yerkes, & H. Langfield (Eds.), *A history of psychology in autobiography* (Vol. 4). Worcester, MA: Clark University Press.

Gesell, A., & Amatruda, C. S. (1941). *Developmental diagnosis: Normal and abnormal child development*. New York: Hoeber.

Gesell, A., & Ilg, F. L. (1943). Infant and child in the culture of today. In A. Gesell & F. L. Ilg (Eds.), *Child development*. New York: Harper & Row, 1949.

Gesell, A., & Ilg, F. L. (1946). The child from five to ten. In A. Gesell & F. L. Ilg (Eds.), *Child development*. New York: Harper & Row, 1949.

Gesell, A., Ilg, F. L., & Ames, L. B. (1956). *Youth: The years ten to sixteen*. New York: Harper.

Gesell, A., & Thompson, H. (1929). Learning and growth in identical infant twins: An experimental study by the method of co-twin control. *Genetic Psychology Monographs*, *6*, 1–124.

Gibbs, J. C. (2019). *Moral development and reality* (4th ed.). New York: Oxford University Press.

Gibbs, J. C., Basinger, K. S., Grime, R. L., & Snarey, J. R. (2007). Moral judgment development across cultures: Revisiting Kohlberg's universality claims. *Developmental Review, 27*, 443–500.

Gilligan, C. (1977). In a different voice: Women's conceptions of self and morality. *Harvard Educational Review, 47*, 481–517.

Gilligan, C. (1982). *In a different voice*. Cambridge, MA: Harvard University Press.

Ginsberg, H., & Opper, S. (1988). *Piaget's theory of intellectual development* (3rd ed.). Englewood Cliffs, NJ: Prentice-Hall.

Glick, J. (1983). Piaget, Vygotsky, and Werner. In S. Wapner & B. Kaplan (Eds.), *Toward a holistic developmental psychology*. Hillsdale, NJ: Erlbaum.

Goble, F. G. (1970). *The third force: The psychology of Abraham Maslow*. New York: Grossman.

Goldstein, K. (1939). *The organism: A holistic approach to biology derived from pathological data in man*. New York: American Book.

Goleman, D. (1990, March 14). Bruno Bettelheim dies at 86; psychoanalyst of vast impact. *New York Times*, D25.

Goodall, J. (2003). *Reason for hope*. New York: Grand Central Publishing.

Grandin, T. (1995). *Thinking in pictures*. New York: Vintage.

Grandin, T. (2023, January 12). Society is failing visual thinkers, and that hurts us all. *The New York Times*, A22.

Gray, P. (2013). *Free to learn*. New York: Basic Books.

Greenberg, J. R., & Mitchell, S. A. (1983). *Object relations in psychoanalytic theory*. Cambridge, MA: Harvard University Press.

Greenspan, S. I., & Weider, S. (2009). *Engaging autism*. Philadelphia, PA: Da Capo.

Griffin, P., & Cole, M. (1984). Current activity for the future: The Zo-ped. In B. Rogoff & J. Wertsch (Eds.), *Children's learning in the zone of proximal development*. San Francisco: Jossey-Bass.

Grimm, The Brothers (1972). *The complete Grimm's fairy tales*. New York: Random House.

Gruber, H. E. (1981). *Darwin on man* (2nd ed.). Chicago: University of Chicago Press.

Grusec, J. E., & Brinker, D. B. (1972). Reinforcement for imitation as a social learning determinant with implications for sex-role development. *Journal of Personality and Social Psychology, 21*, 149–158.

Gutman, D. (1987). *Reclaimed powers*. New York: Basic Books.

Haan, N., Smith, M. B., & Block, J. (1968). Moral reasoning of young adults: Political-social behavior, family background, and personality correlates. *Journal of Personality and Social Psychology, 10*, 183–201.

Haber, R. N. (1969, April). Eidetic images. *Scientific American, 220*, 36–44.

Haight, W. L., & Miller, P. J. (1993). *Pretending at home*. Albany, NY: SUNY Press.

Hall, C. (1954). *A primer of Freudian psychology*. New York: Mentor Books (New American Library).

Hall, C., Lindzey, G., & Campbell, J. B. (1998). *Theories of personality* (4th ed.). New York: John Wiley.

Hanawalt, B. A. (1986). *The ties that bound: Peasant families in medieval England*. New York: Oxford University Press.

Hansen, L., & Jordan, S. S. (2019). John Watson. In V. Ziegler-Hill & T. K. Schackelford (Eds.), *Encyclopaedia of personality and individual differences*. New York: Springer.

Harris, J. R., & Liebert, R. M. (1984). *The child*. Englewood Cliffs, NJ: Prentice-Hall.

Harris, P. L. (1983). Infant cognition. In M. M. Haith & J. J. Campos (Eds.), *Handbook of child psychology* (Vol. 2). New York: Wiley.

Hart, B., & Risley, T. R. (2003, Spring). The early catastrophe. *American Educator, 27*, 4–9.

Hart, R. A. (1979). *Children's experience of place*. New York: Irvington.

Hartmann, H. (1939). *Ego psychology and the problem of adaptation*. New York: International Universities Press, 1958.

Hartmann, H. (1950). Comments on the psychoanalytic theory of the ego. In H. Hartman (Ed.), *Essays on ego psychology*. New York: International Universities Press, 1964.

Hartmann, H. (1956). The development of the ego concept in Freuds work. *International Journal of Psychoanalysis*, *37*, 425–438.

Hartmann, H., Kris, E., & Lowenstein, R. M. (1946). Comments on the formation of psychic structure. *Psychoanalytic Study of the Child*, *2*, 11–38.

Havighurst, R. J., Neugarten, B. L., & Tobin, S. S. (1968). Disengagement and patterns of aging. In B. L. Neugarten (Ed.), *Middle age and aging.* Chicago: University of Chicago Press.

Hayne, H., & MacDonald, S. (2003). The socialization of autobiographical memory in children and adults: The roles of culture and gender. In R. Fivush & C. A. Haden (Eds.), *Autobiographical memory and the construction of a narrative self: Developmental and cultural perspectives.* Mahwah, NJ: Erlbaum.

Heidbreder, E. (1961). *Seven psychologies.* New York: Appleton Century Crofts.

Herszenhorn, D. (2004, April 7). Studies in Chicago fault policy of holding back 3rd graders. *New York Times*, B 1,6.

Hess, E. H. (1962). Ethology: An approach toward the complete analysis of behavior. In *New directions in psychology* (Vol. 1). New York: Holt, Rinehart & Winston.

Hess, E. H. (1973). *Imprinting: Early experience and the developmental psychology of attachment.* New York: Van Nostrand Reinhold.

Hesse, E. (2008). The adult attachment interview: Historical and current perspectives. In J. Cassidy & P. R. Shaver (Eds.), *Handbook of attachment* (2nd ed.). New York: Guilford.

Hetherington, E. M., & Parke, R. D. (1977). *Contemporary readings in child psychology.* New York: McGraw-Hill.

Heubert, J. P., & Hauser, R. M. (1999). *High stakes: Testing for tracking, promotion, and graduation. A report by the National Research Council.* Washington, DC: National Academy Press.

Higashida, N. (2016). *The reason I jump* (K. A. Yoshido & D. Mitchell, trans.). New York: Random House.

Hirsh-Pasek, K., Golinkoff, R. M., Berk, L. E., & Singer, D. G. (2009). *A mandate for playful learning in preschool.* New York: Oxford University Press.

Hofer, M. A. (1981). *The roots of human behavior: An introduction to the psychobiology of early development.* San Francisco: W. H. Freeman.

Holstein, C. B. (1973, March). *Irreversible, stepwise sequence in the development of moral judgment: A longitudinal evaluation.* Paper presented at the biannual meeting of the Society for Research in Child Development. See also Holstein, C. B. (1976). Irreversible, stepwise sequence in the development of moral judgment: A longitudinal study of males and females. *Child Development*, *47*, 51–61.

Holt, J. (1964). *How children fail.* New York: Dell.

Homme, L. E., & Totsi, D. T. (1969). Contingency management and motivation. In D. M. Gelfand (Ed.), *Social learning in childhood: Readings in theory and application.* Belmont, CA: Brooks/Cole.

Honigmann, J. J. (1967). *Personality in culture.* New York: Harper & Row.

Hopp, T. (2022). Fake news self-efficacy, fake news identification, and content sharing on Facebook. *Journal of Information Technology & Politics*, *19*, 229–252.

Howard, C. (2016). Engaging minds in the Common Core: Integrating standards for student engagement. *The Clearing House: A Journal of Educational Strategies, Issues, and Ideas*, *89*, 47–53.

Howlin, P., Goode., S., Hutton, J., & Rutter, M. (2009). Savant skills in autism: Psychometric approaches and parental reports. *The Royal Society*, *364*. https://doi.org/10.1098/rstb.2008.0328

Hussain-Rizvi, A., Kunkov, S., & Crain, E. F. (2009). Does parental involvement in pediatric emergency department asthma treatment affect home involvement? *Journal of Asthma*, *46*, 729–795.

Hyams, N., & Orfitelli, R. (2020). The acquisition of syntax. In E. M. Fernandez & H. S. Cairns (Eds.), *The handbook of psycholinguistics.* Hoboken, NJ: Wiley.

Inhelder, B. (1971). The criteria of the stages of mental development. In J. M. Tanner & B. Inhelder (Eds.), *Discussions on child development.* New York: International Universities Press.

Inhelder, B., & Piaget, J. (1955). *The growth of logical thinking from childhood to adolescence* (A. Parsons & S. Milgram, trans.). New York: Basic Books.

Jacobi, J. (1965). *The way of individuation* (R. F. C. Hull, trans.). San Diego: Harcourt Brace Jovanovich, 1967.

Jacobson, E. (1964). The self and the object world. *Psychoanalytic Study of the Child*, *9*, 75–127.

Jatich, A. M. (1990, October). Repudiating Bettelheim. *University of Chicago Magazine*, 83.

Johnson, C. (1990). *On becoming lost*. Salt Lake City, UT: Gibbs-Smith.

Johnson, J. S., & Newport, E. L. (1989). Critical period effects in second language learning: The influence of maturational state on the acquisition of English as a second language. *Cognitive Psychology*, *21*, 60–99.

John-Steiner, V., & Souberman, E. (1978). Afterword. In M. Cole, V. John-Steiner, S. Scribner, & E. Souberman (Eds.), *L. S. Vygotsky: Mind in society*. Cambridge, MA: Harvard University Press.

Jones, E. (1918). Anal-erotic character traits. *Journal of Abnormal Psychology*, *13*, 261–284.

Jones, E. (1961). *The life and work of Sigmund Freud* (J. Trilling & S. Marcus, ed. and abridged). New York: Basic Books.

Jones, M. C. (1924). A laboratory study of fear: The case of Peter. *Pedagogical Seminary*, *31*, 308–315.

Jones, Z. (2020). How long have you known you're trans? Additional findings on gender identity development. *Gender Analysis*. https://genderanalysis.net/2020/03/how-long-have-you-known-youre-trans-additional-findings-on-gender-identity-development/

Jung, C. G. (1931). Marriage as a psychological relationship (R. F. C. Hull, trans.). In C. G. Jung (Ed.), *The collected works of C. G. Jung: Vol. 20. The development of personality*. Princeton, NJ: Princeton University Press, 1953.

Jung, C. G. (1933). *Modern man in search of a soul* (W. S. Dell & C. F. Baynes, trans.). New York: Harvest Book.

Jung, C. G. (1945). The relations between the ego and the unconscious (R. F. C. Hull, trans.). In *The collected works of C. G. Jung: Vol. 7. Two essays in analytic psychology*. Princeton, NJ: Princeton University Press, 1953.

Jung, C. G. (1961). *Memories, dreams, reflections* (A. Jaffe, ed.; R. & G. Winston, trans.). New York: Vintage Books.

Jung, C. G. (1964). Approaching the unconscious. In C. G. Jung (Ed.), *Man and his symbols*. New York: Dell.

Kahn, D. (1993). *Montessori in the public schools*. Cleveland, OH: Montessori Public School Consortium.

Kamii, C. K. (1973). Piaget's interactionism and the process of teaching young children. In M. Schwebel & J. Raph (Eds.), *Piaget in the classroom*. New York: Basic Books.

Kamii, C. K. (1980). Why use group games? In C. Kamii & R. DeVries (Eds.), *Group games in early education*. Washington, DC: National Association for the Education of Young Children.

Kamii, C. K. (1985). *Young children reinvent arithmetic*. New York: Teachers College Press.

Kamii, C. K. (1994). *Young children continue to reinvent arithmetic: 3rd grade*. New York: Teachers College Press.

Kamii, C. K. (2004). *Young children continue to reinvent arithmetic: 2nd grade* (2nd ed.). New York: Teachers College Press.

Kamii, C., & DeVries, R. (1977). Piaget for education. In M. C. Day & R. K. Parker (Eds.), *The preschool in action* (2nd ed.). Boston: Allyn & Bacon.

Kandinsky, W. (1994). *Kandinsky: Complete writings on art* (K. C. Lindsay & P. Vergo, eds.). New York: Da Capo Press.

Kane, T., & Reardon, S. (2023, May 14). Parents don't understand how far behind their kids are. *The New York Times*, Opinion.

Kanherkar, R. R., Bhatia-Dey, N., & Czoka, A. B. (2014). Epigenetics across the human lifespan. *Frontiers in Cell and Developmental Biology*, *2*.

Kanner, L. (1943). Autistic disturbances of affective contact. *Nervous Child*, *2*, 217–250.

Kaplan, L. J. (1978). *Oneness and separateness*. New York: Simon & Schuster (Touchstone).

Karasik, L. B., & Robinson, S. R. (2022). Milestones or millstones: How standard assessments mask cultural variation and misinform policies aimed at early childhood development. *Behavioral and Brain Sciences*, *9*, 57–64.

Kardiner, A. (1945). *The psychological frontiers of society*. New York: Columbia University Press.

Karen, R. (1994). *Becoming attached*. New York: Warner Books (Oxford University Press paperback, 1998).

Kegan, R. (1985). The loss of Pete's Dragon: Developments of the self in the years five to seven. In R. L. Leahy (Ed.), *The development of the self*. New York: Academic Press.

Keil, F. C. (2022). *Wonder: Children and the lifelong love of science*. Cambridge, MA: MIT Press.

Keniston, K. (1971). The perils of principle. In K. Keniston (Ed.), *Youth and dissent*. San Diego: Harcourt Brace Jovanovich.

Kessen, W. (1965). *The child*. New York: John Wiley.

King, M. L., Jr. (1963). *Strength to love*. Philadelphia, PA: Fortress Press.

Klima, E. S., & Bellugi, U. (1966). Syntactic regularities in the speech of children. In J. Lyons & R. J. Wales (Eds.), *Psycholinguistics papers*. Edinburgh: Edinburgh University Press.

Koegel, R. L., Firestone, P. B., Kramme, K. W., & Dunlap, G. (1974). Increasing spontaneous play by suppressing self-stimulation in autistic children. *Journal of Applied Behavior Analysis*, *7*, 521–528.

Koegel, L. K., Koegel, R. L., & Cater, C. M. (1998). Pivotal responses and the natural language teaching paradigm. *Seminars in Speech and Language*, *19*, 355–372.

Koegel, R. L., & Koegel, L. K. (2006). *Pivotal response treatments for autism*. Baltimore, MD: Paul H. Brookes.

Kohlberg, L. (1958a). *The development of modes of thinking and choice in the years10 to 16*. Unpublished doctoral dissertation. Chicago, IL: University of Chicago.

Kohlberg, L. (1958b). *Global Rating Guide with new materials*. Cambridge, MA: School of Education, Harvard University.

Kohlberg, L. (1963). The development of children's orientations toward a moral order: I. Sequence in the development of moral thought. *Human Development*, *6*, 11–33.

Kohlberg, L. (1964). Development of moral character and moral ideology. In M. L. Hoffman & L. W. Hoffman (Eds.), *Review of child development research* (Vol. 1). New York: Russell Sage Foundation.

Kohlberg, L. (1966a). Cognitive stages and preschool education. *Human Development*, *9*, 5–17.

Kohlberg, L. (1966b). A cognitive-developmental analysis of children's sex-role concepts and attitudes. In E. E. Maccoby (Ed.), *The development of sex differences*. Stanford: Stanford University Press.

Kohlberg, L. (1968). Early education: A cognitive-developmental approach. *Child Development*, *39*, 1013–1062.

Kohlberg, L. (1969a). Stage and sequence. A cognitive-developmental approach to socialization. In D. A. Goslin (Ed.), *Handbook of socialization theory and research*. Chicago: Rand McNally.

Kohlberg, L. (1970). *The child as a moral philosopher. Readings in developmental psychology today*. Del Mar, CA: CRM Books.

Kohlberg, L. (1975). The cognitive-developmental approach to moral education. *The Phi Delta Kappan*, *56*, 670–677.

Kohlberg, L. (1976). Moral stages and moralization: The cognitive-developmental approach. In T. Lickona (Ed.), *Moral development and behavior: Theory, research, and social issues*. New York: Holt, Rinehart & Winston.

Kohlberg, L. (1981). *Essays on moral development* (Vol. 1). New York: Harper & Row.

Kohlberg, L., & Candee, D. (1984). The relationship of moral judgment to moral action. In L. Kohlberg (Ed.), *Essays on moral development* (Vol. II). Cambridge, MA: Harper & Row.

Kohlberg, L., & Gilligan, C. (1971). The adolescent as philosopher. *Daedalus*, *100*, 1051–1086.

Kohlberg, L., Kauffman, K., Scharf, P., & Hickey, J. (1975). The just community approach to corrections: A theory. *Journal of Moral Education*, *4*, 243–260.

Kohlberg, L., & Kramer, R. (1969). Continuities and discontinuities in childhood and adult moral development. *Human Development*, *12*, 93–120.

Kohlberg, L., & Power, C. (1981). Moral development, religious thinking, and the question of a seventh stage. In L. Kohlberg (Ed.), *Essays on moral development* (Vol. 1). New York: Harper & Row.

Kohlberg, L., Yaeger, J., & Hjertholm, E. (1968). The development of private speech: Four studies and a review of theories. *Child Development*, *39*, 691–736.

Kozulin, A. (Ed.). (1986). *Vygotsky in context. Introductory chapter to L. S. Vygotsky's thought and language*. Cambridge, MA: MIT Press.

Kramer, R. (1976). *Maria Montessori: A biography*. New York: Putnam's.

Kris, E. (1952). *Psychoanalytic explorations in art*. New York: International Universities Press.

Kroger, J. (2007). *Identity development* (2nd ed.). Thousand Oaks, CA: Sage.

Kroger, J., & Marcia, J. E. (2011). The identity statuses: Origins, meanings, and implications. In S. J. Schwartz, K. Luykx, & V. L. Vignoles (Eds.), *Handbook of identity theory and research*. New York: Springer.

Kubler-Ross, E. (1969). *On death and dying*. New York: Macmillan.

Kuhn, D. (1974). Inducing development experimentally: Comments on a research paradigm. *Developmental Psychology*, *10*, 590–600.

Kupper, C. E. (2021). *Non-binary identities: How non-binary people move through a gendered world*. Honors Undergraduate Theses, 911. https://stars.library.ucf.edu/honorstheses/911

Labov, W. (1970). The logic of nonstandard English. In F. Williams (Ed.), *Language and poverty: Perspectives on a theme*. Chicago: Markham.

Laing, R. D. (1965). *The divided self: An existential study in sanity and madness*. Middlesex: Penguin.

Laing, R. D. (1967). *The politics of experience*. New York: Ballantine Books.

Lamb, M. E., & Campos, J. J. (1982). *Development in infancy*. New York: Random House.

Lamprecht, S. P. (1928). Introduction. In S. P. Lambrecht (Ed.), *Locke: Selections*. New York: Charles Scribner's Sons.

Lee, D. (1959). *Freedom and culture*. Englewood Cliffs, NJ: Spectrum (Prentice-Hall).

Lee, E.-Y., Bains, A., Hunter, S., Ament, A., Brazo-Sayavera, J., Carson, V., Hakimi, S., Hunag, W., Jansse, I., Lee, M., Lee, M., Lim, H., Silva, D. A. S., & Trembley, M. S. (2021). Systematic review of the correlates of play and time among children aged 3–12 years. *International Journal of Behavioral Nutrition and Physical Activity*, *18*. https://doi.org/10.1186/s12966-021-01097-9.

Levin, D. E., & Van Hoorn, J. L. (2016). Teachers speak out: How school reforms are failing low-income children. *Defending the Early Years*. www.deyproject.org/uploads/1/5/5/7/15571834/teachersspeakfinal_rgb.pdf

Levine, D., Strother-Garcia, K., Hirsh-Pasek, K., & Golinkoff, K. M. (2018). Names for things . . . and actions and events: Following in the footsteps of Roger Brown. In E. M. Fernandez & H. S. Cairns (Eds.), *Handbook of linguistics*. Hoboken, NJ: Wiley Blackwell.

Levinson, D. J. (1977). The mid-life transition. *Psychiatry*, *40*, 99–112.

Levinson, D. J. (1978). *The seasons of a man's life*. New York: Ballantine.

Levinson, D. J. (1996). *The seasons of a woman's life*. New York: Ballantine Books.

Liebert, R. M., Poulos, R. W., & Marmor, G. S. (1977). *Developmental psychology* (2nd ed.). Englewood Cliffs, NJ: Prentice-Hall.

Lightfoot, D. (1982). *The language lottery: Toward a biology of grammars*. Cambridge, MA: MIT Press.

Lightfoot, D. (1999). *The development of language*. Malden, MA: Blackwell.

Lillard, A., & Else-Quest, N. (2006, September 29). Evaluating Montessori education. *Science*, *313*, 1893–1894.

Lillard, P. P. (1972). *Montessori: A modern approach*. New York: Schocken.

Lillard, P. P. (1996). *Montessori today*. New York: Schocken.

Lin, Y., Stavans, M, & Baillargeon, R. (2022). Infants' physical reasoning and the cognitive architecture that supports it. In O. Houde & G. Borst (Eds.), *Cambridge handbook of cognitive development*. Cambridge, England: Cambridge University Press.

Lipsitt, L. P. (1975). The synchrony of respiration, heart rate, and sucking behavior in the newborn. In *Biologic and clinical aspects of brain development*, Mead Johnson Symposium on Prenatal and Developmental Medicine, No. 6. Reprinted in R. C. Smart & M. S. Smart (Eds.), *Readings in child development and relations* (2nd ed.). New York: Macmillan, 1977.

Locke, J. (1689). *Two treatises on government* (P. Laslett, ed.). Cambridge: Cambridge University Press, 1960.

Locke, J. (1690). *Essay concerning human understanding* (Vol. 1, J. W. Yolton, ed.). London: J. M. Dent and Sons, 1961.

Locke, J. (1693). Some thoughts concerning education. In P. Gay (Ed.), *John Locke on education*. New York: Bureau of Publications, Teacher's College, Columbia University, 1964.

Looft, W. R., & Bartz, W. H. (1969). Animisim revived. *Psychological Bulletin*, *71*, 1–19.

Lorenz, K. (1935). Companions as factors in the bird's environment. In K. Lorenz (Ed.), *Studies in animal and human behavior* (Vol. 1, R. Martin, trans.). Cambridge, MA: Harvard University Press, 1971.

Lorenz, K. (1937). The establishment of the instinct concept. In K. Lorenz (Ed.), *Studies in animal and human behavior* (Vol. 1, R. Martin, trans.). Cambridge, MA: Harvard University Press, 1971.

Lorenz, K. (1952a). The past twelve years in the comparative study of behavior. In C. H. Schiller (Ed.), *Instinctive behavior*. New York: International Universities Press, 1957.

Lorenz, K. (1952b). *King Solomon's ring* (M. K. Wilson, trans.). New York: Thomas Y. Crowell.

Lorenz, K. (1963). *On aggression*. San Diego: Harcourt Brace Jovanovich.

Lorenz, K. (1965). *Evolution and modification of behavior*. Chicago: University of Chicago Press.

Lorenz, K. (1981). *The foundations of ethology*. New York: Touchstone Book (Simon & Schuster).

Lovaas, O. I. (1969). *Behavior modification: Teaching language to autistic children (Instructional film, 45 min., 16mm-sound)*. New York: Appleton-Century-Crofts.

Lovaas, O. I. (1977). *The autistic child*. New York: Halstead Press.

Lovaas, O. I. (1981). *Teaching children with developmental delays: The ME book*. Austin, TX: PRO-ED.

Lovaas, O. I. (1987). Behavioral treatment and normal educational and intellectual functioning in young autistic children. *Journal of Consulting and Clinical Psychology*, *55*, 3–9.

Lovaas, O. I. (2003). *Teaching individuals with developmental delays*. Austin, TX: PRO-ED.

Lovaas, O. I., Freitas, L., Nelson, K., & Whalen, C. (1967). The establishment of imitation and its use for the development of complex behavior in schizophrenic children. *Behavior Research & Therapy*, *5*, 171–178.

Lovaas, O. I., Koegel, R., Simmons, J. Q., & Long, J. S. (1973). Some generalization and follow-up measures on autistic children in behavior therapy. *Journal of Applied Behavior Analysis*, *6*, 131–166.

Lovell, K. (1968, April 5 and 6). *Piaget in perspective: The experimental foundations*. Paper presented to the conference of the University of Sussex, Sussex, England.

Luria, A. R. (1960). Verbal regulation of behavior. In M. A. B. Brader (Ed.), *The central nervous system and behavior*. New York: Josiah Macy Jr. Foundation.

Luria, A. R. (1961). *The role of speech in the regulation of normal and abnormal behavior*. New York: Liveright.

Luria, A. R. (1976). *Cognitive development: Its cultural and social foundations* (M. Lopez-Morillas & L. Solotaroff, trans.). Cambridge, MA: Harvard University Press.

Luria, A. R. (1982). *Language and cognition* (J. Wertsch, ed.). New York: John Wiley.

Lyons, N. P. (1983). Two perspectives: On self, relationships, and morality. *Harvard Educational Review*, *53*, 125–145.

Lyons-Ruth, K., & Jacobvitz, D. (2008). Disorganized attachment. In J. Cassidly & P. R. Shaver (Eds.), *Handbook of attachment* (2nd ed.). New York: Guilford Press.

Maccoby, E. E., & Wilson, W. C. (1957). Identification and observational learning from films. *Journal of Abnormal and Social Psychology*, *55*, 76–87.

Maestripieri, D. (2001). Is there mother-infant bonding in primates? *Developmental Review*, *21*, 93–120.

Mahler, M. S. (1968). *On human symbiosis and the vicissitudes of individuation. Vol. 1: Infantile psychosis (in collaboration with M. Furer)*. New York: International Universities Press.

Mahler, M. S. (1988). *The memoirs of Margaret S. Mahler* (P. E. Stepansky, comp. and ed.). New York: Free Press.

Mahler, M. S., Pine, F., & Bergman, A. (1975). *The psychological birth of the human infant*. London: Hutchinson.

Main, M. (1995). Recent studies in attachment: Overview with selected implications for clinical work. In S. Goldberg, R. Muir, & J. Kerr (Eds.), *Attachment theory*. Hillsdale, NJ: Analytic Press.

Main, M., & Goldwyn, R. (1987). *Interview-based adult attachment classifications: Related to infant-mother and infant-father attachment*. Unpublished manuscript, Department of Psychology. Berkeley: University of California.

Main, M., Goldwyn, R., Kaplan, N., & Cassidy, J. (1985). Security in infancy, childhood, and adulthood: A move to the level of representation. In I. Bretherton & E. Waters (Eds.), Growing points of attachment theory and research. *Monographs of the Society for Research in Child Development*, *50*(Serial No. 209).

Malinowski, B. (1927). *Sex and repression in savage society*. San Diego: Harcourt Brace Jovanovich.

Manuel, F. (1972). Comments. In International Study Project, Inc. (Ed.), *Abraham Maslow: A memorial volume*. Monterey, CA: Brooks/Cole.

Marchman, V. A., & Bates, E. (1994). Continuity in lexical and morphological development: A test of the critical mass theory. *Journal of Child Language*, *21*, 339–336.

Marler, P., & Tamura, M. (1964). Culturally transmitted patterns of vocal behavior in sparrows. *Science*, *146*, 1483–1486.

Marshall, C. (2017). Montessori education: A review of the evidence base. *Science of Learning*, *2*. www.nature.com/articles/s41539-017-012-7

Marx, K. (1844). Economic and philosophical manuscripts (M. Milligan, trans.). In R. C. Tucker (Ed.), *The Marx-Engels reader*. New York: W. W. Norton, 1972.

Marx, K. (1845). Theses on Feuerbach. In R. C. Tucker (Ed.), *The Marx-Engels reader*. New York: W. W. Norton, 1972.

Marx, K. (1859). Preface to A contribution to the critique of political economy. In R. C. Tucker (Ed.), *The Marx-Engels reader*. New York: W. W. Norton, 1972.

Marx, K., & Engels, F. (1846). The German ideology (S. Ryazanskaya & W. Lough, trans.). In R. C. Tucker (Ed.), *The Marx-Engels reader*. New York: W. W. Norton, 1972.

Marx, K., & Engels, F. (1872). Manifesto of the communist party. In R. C. Tucker (Ed.), *The Marx-Engels reader*. New York: W. W. Norton, 1972.

Maslow, A. (1943). A dynamic theory of human motivation. *Psychological Review*, *50*, 370–396.

Maslow, A. (1954). *Motivation and personality* (2nd ed.). New York: Harper & Row, 1970.

Maslow, A. (1966). *The psychology of science: A reconnaissance*. Chicago: Henry Regnery (Gateway), 1969.

Maslow, A. (1968). *Toward a psychology of being* (2nd ed.). New York: Van Nostrand Reihold.

Maslow, A. (1971). *The farther reaches of human nature*. New York: Viking.

Maugh, T. H. II (2010, May 16). Dr. Stanley I. Greenspan dies at 68; documented developmental milestones of early childhood. *Los Angeles Times*.

Maynard, A. E., & Greenfield, P. M. (2003). Implicit cognitive development in cultural tools and children: Lessons from Maya Mexico. *Cognitive Development*, *18*, 489–510.

McEachin, J. J., Smith, T., & Lovaas, O. I. (1993). Long-term outcome for children with autism who received early intensive behavioral treatment. *American Journal on Mental Retardation*, *97*, 259–372.

McLaren, K. R. (2014). *Interrogating normal autism social skills training at the margins of social fiction*. MA thesis. Sonoma State University. https://karlamclaren.com/focusing-on-despair-positive approaches-to-stave-off-despair/

Mead, M. (1964). *Continuities in cultural evolution*. New Haven, CT: Yale University Press.

Meltzoff, A. N. (1988). Infant imitation and memory: Nine-month-olds in immediate and deferred tests. *Child Development*, *59*, 217–225.

Mesman, J., van IJzendoorn, M. H., & Sagi-Schwartz, A. (2018). Cross-cultural patterns of attachment. In J. Cassidy & P. R. Shaver (Eds.), *Handbook of attachment* (3rd ed.). New York: Guilford.

Miller, E., & Almon, J. (2009). *Crisis in the kindergarten: Why children need play in school*. College Park, MD: Alliance for Childhood.

Miller, L. B., & Dyer, J. L. (1975). Four preschool programs: Their dimensions and effects. *Monographs of the Society for Research in Child Development*, *40*(Serial No. 162).

Miller, P. H. (2011). *Theories of developmental psychology* (5th ed.). New York: W. H. Freeman.

Miller, P. H., & Garvey, C. (1984). Mother-baby role play: Its origins in social support. In I. Bretherton (Ed.), *Symbolic play*. Orlando, FL: Academic Press.

Mills, C. W. (1962). *The Marxists*. New York: Dell.

Mischel, W. (1970). Sex-typing and socialization. In P. H. Mussen (Ed.), *Carmichael's manual of child psychology* (3rd ed., Vol. 2). New York: John Wiley.

Misiak, H., & Sexton, V. S. (1973). *Phenomenological, existential, and humanistic psychologies: A historical survey*. New York: Grune & Stratton.

Montessori, M. (1909). *The Montessori method* (A. E. George, trans.). New York: Schocken, 1964.

Montessori, M. (1917). *The advanced Montessori method: Vol. 1. Spontaneous activity in education* (F. Simmonds, trans.). Cambridge, MA: Robert Bentley, 1964.

Montessori, M. (1936a). *The child in the family* (N. R. Cirillo, trans.). Chicago: Henry Regnery, 1970.

Montessori, M. (1936b). *The secret of childhood* (M. J. Costelloe, trans.). New York: Ballantine Books, 1966.

Montessori, M. (1948a). *The discovery of the child* (M. J. Costelloe, trans.). Notre Dame, IN: Fides Publishers, 1967.

Montessori, M. (1948b). *From childhood to adolescence* (A. M. Joosten, trans.). New York: Schocken, 1973.

Montessori, M. (1949). *The absorbent mind* (C. A. Claremont, trans.). New York: Holt, Rinehart & Winston, 1967.

Montessori, M. (1970). *Maria Montessori: A centenary anthology, 1870–1970.* Koninginneweg, Amsterdam: Association Montessori Internationale.

Moore, R. C. (1989). Before and after asphalt. In M. N. Bloch & A. D. Pellegrini (Eds.), *The ecological context of children's play.* Norwood, NJ: Ablex.

Munn, N. L., Fernald, L. D., & Fernald, P. S. (1974). *Introduction to psychology* (3rd ed.). Boston: Houghton Mifflin.

Munroe, R. (1955). *Schools of psychoanalytic thought.* New York: Henry Holt.

Murphy, M. J. (2007, May 20). My dear fellow species. *New York Times.*

Mussen, P. H., & Eisenberg-Berg, N. (1977). *Roots of caring, sharing, and helping.* San Francisco: W. H. Freeman.

Muuss, R. E. (1975). *Theories of adolescence* (3rd ed.). New York: Random House.

Needham, J. (1959). *A history of embryology* (2nd ed.). Cambridge: Cambridge University Press.

Neill, A. S. (1960). *Summerhill: A radical approach to child rearing.* New York: Hart.

Neimark, E. D. (1975). Longitudinal development of formal operations thought. *Genetic Psychology Monographs, 91,* 171–225.

Nelson, K. (2003). Narrative and self, myth and memory: Emergence of the cultural self. In R. Fivush & C. A. Haden (Eds.), *Autobiographical memory and the construction of a narrative self: Developmental and cultural perspectives.* Mahwah, NJ: Erlbaum.

Nesbitt, K. T., & Farran, D. C. (2021). Effects of prekindergarten curricula: Tools of the mind as case study. *Monographs of the Society for Research in Child Development, 86*(3), 7–119.

Neugarten, B. L. (1964). A developmental view of adult personality. In J. E. Birren (Ed.), *Relations of development and aging.* Springfield, IL: Charles C Thomas.

Neugarten, B. L. (1968). Adult personality: Toward a psychology of the life cycle. In B. L. Neugarten (Ed.), *Middle age and aging.* Chicago: University of Chicago Press.

Nevison, C., Blaxill, M., & Zahorodny, W. (2018). California autism prevalence trends from 1931 to 2014 and comparison to national ASD date from IDEA and ADDM. *Journal of Autism and Developmental Disorders, 48,* 4103–4117.

Newman, B. M., & Newman, P. R. (2003). *Development through life* (8th ed.). Belmont, CA: Wadsworth.

Newport, E. (1990). Maturational constraints on language learning. *Cognitive Science, 14,* 11–28.

Nisan, M., & Kohlberg, L. (1982). Universality and variation in moral judgment: A longitudinal and cross-sectional study in Turkey. *Child Development, 52,* 865–876.

Nunberg, H. (1931). The synthetic function of the ego. *The International Journal of Psychoanalysis, 12,* 123–140.

Oliveira, P. (2018, July). Our proud heritage. True then, truer now: The enduring contributions of Arnold Gesell. *Young Children.* www.naeyc.org/resources/pubs/yc/jul2018/enduring-contributions-arnold-gesell

Ozerk, K., Vea, G. D., Eikeseth, S., & Ozerk, M. (2016). Ole Ivar Lovaas: His life, merits, and legacy. *International Electronic Journal of Elementary Education, 9,* 243–262.

Pavlov, I. P. (1927). *Conditioned reflexes* (G. V. Anrep, trans.). London: Oxford University Press.

Pavlov, I. P. (1928). *Lectures on conditioned reflexes* (Vol. 1, W. H. Gantt, trans.). New York: International Publishers.

Peill, E. J. (1975). *Invention and discovery of reality.* London: John Wiley.

Pheardon, T. P. (1952). Introduction. In T. P. Pheardon (Ed.), *John Locke: The second treatise of government.* New York: Liberal Arts Press.

Piaget, J. (1923). *The language and thought of the child* (M. Gabain, trans.). London: Routledge and Kegan Paul, 1959.

Piaget, J. (1924). *Judgment and reasoning in the child* (M. Warden, trans.). Savage, MD: Littlefield, Adams, 1972.

Piaget, J. (1926). *The child's conception of the world* (J. A. Tomlinson, trans.). Savage, MD: Littlefield, Adams, 1963.

Piaget, J. (1932). *The moral judgment of the child* (M. Gabain, trans.). New York: Free Press, 1965.

Piaget, J. (1936a). *The origins of intelligence in children* (M. Cook, trans.). New York: International Universities Press, 1974.

Piaget, J. (1936b). *The construction of reality in the child* (M. Cook, trans.). New York: Ballantine Books, 1954.

Piaget, J. (1946). *Play, dreams and imitation in childhood* (C. Gattegno & F. M. Hodgson, trans.). New York: W. W. Norton, 1962.

Piaget, J. (1947). *The psychology of intelligence* (M. Piercy & D. E. Berlyne, trans.). Savage, MD: Littlefield, Adams, 1973.

Piaget, J. (1952). Autobiography. In E. Boring, H. S. Langfeld, H. Werner, & R. M. Yerkes (Eds.), *A history of psychology in autobiography* (Vol. 4). Worcester, MA: Clark University Press.

Piaget, J. (1964a). *Six psychological studies* (A. Tenzer & D. Elkind, trans.). New York: Vintage Books, 1968.

Piaget, J. (1964b). Development and learning. In R. Ripple & V. Rockcastle (Eds.), *Piaget rediscovered*. Ithaca, NY: Cornell University Press, 1969.

Piaget, J. (1969). *Science of education and the psychology of the child* (D. Coltman, trans.). New York: Viking, 1970.

Piaget, J. (1970). Piaget's theory. In P. H. Mussen (Ed.), *Handbook of child psychology* (4th ed., Vol. 1, W. Kessen, ed.). New York: Wiley, 1983.

Piaget, J. (1972). Intellectual evolution from adolescence to adulthood. *Human Development, 15*, 1–12.

Piaget, J. (1983). Jean Piaget's views on the psychology of language and thought. In R. W. Rieber (Ed.), *Dialogues on the psychology of language and thought*. New York: Plenum.

Piaget, J., & Inhelder, B. (1948). *The child's conception of space* (F. J. Langdor & J. L. Lunzer, trans.). London: Routledge & Kegan Paul, 1956.

Piaget, J., & Inhelder, B. (1966). *The psychology of the child* (H. Weaver, trans.). New York: Basic Books, 1969.

Piaget, J., & Szeminska, A. (1941). *The child's conception of number* (C. Cattegno & F. M. Hodgson, trans.). New York: W. W. Norton.

Piatelli-Palmarini, M. (Ed.). (1979). *Language and learning: The debate between Jean Piaget and Noam Chomsky*. Cambridge, MA: Harvard University Press, 1980.

Pillemer, D. B., Picariello, M. L., & Pruett, J. C. (1994). Very long-term memories of a salient preschool event. *Applied Cognitive Psychology, 8*, 95–106.

Pillemer, D. B., & White, S. H. (1989). Childhood events recalled by children and adults. In H. W. Reese (Ed.), *Advances in child development and behavior* (Vol. 21). San Diego: Academic Press.

Pinker, S. (1994). *The language instinct*. New York: HarperPerennial.

Pratt, M. W., Skoe, E. A., & Arnold, M. L. (2004). Care reasoning development and family socialization patterns in later adolescence: A longitudinal analysis. *International Journal of Behavioral Development, 28*, 139–147.

Premack, D. (1961). Predicting instrumental performance from the independent rate of the contingent response. *Journal of Experimental Psychology, 61*, 161–171.

Pullum, G., & Scholz, B. (2002). Empirical assessment of stimulus poverty arguments. *Linguistic Review, 19*, 8–50.

Quality Counts (2001, January 11). *Education Week, 20*.

Quick, R. H. (1880). Introduction. In R. H. Quick (Ed.), *Some thoughts concerning education by John Locke*. London: C. J. Clay & Sons.

Rathunde, K., & Csikszentmihalyi, M. (2005). Middle school students' motivation and quality of experience. *American Journal of Education, 111*, 341–364.

Rawls, J. (1971). *A theory of justice*. Cambridge, MA: Harvard University Press.

Redesky, J. S., Kistin, C. J., Zuckerman, B., Nitzberg, K., Gross, J., Kaplan-Sanoof, M., Augustyn, M., & Silverstein, M. (2014). Patterns of mobile device use by caregivers and children during meals in fast food restaurants. *Pediatrics, 133*, 843–849.

Redl, F., & Wineman, D. (1951). *Children who hate*. New York: Free Press.

Reese, E., & Fivush, R. (1993). Parental styles of talking about the past. *Developmental Psychology, 29*, 596–606.

Reilly, K. M. (2022, December 28). 9 ways to boost your baby's language development. *Parents*. www.parents.com/baby/development/talking/signs-of-talking/

Reimer, J., Paolitto, D. P., & Hersh, R. H. (1983). *Promoting moral growth* (2nd ed.). New York: Longman.

Rest, J. (1973). The hierarchical nature of moral judgment: The study of patterns of preference and comprehension of moral judgments made by others. *Journal of Personality*, *41*, 86–109.

Rest, J. (1983). Morality. In P. H. Mussen (Ed.), *Handbook of child psychology* (4th ed., Vol. 3, J. H. Flavell & E. M. Markman, eds.). New York: Wiley.

Rest, J., Turiel, E., & Kohlberg, L. (1969). Relations between level of moral judgments and preference and comprehension of the moral judgment of others. *Journal of Personality*, *37*, 225–252.

Rheingold, H. L., Gewirtz, J. L., & Ross, H. W. (1959). Social conditioning of vocalizations in the infant. *Journal of Comparative and Physiological Psychology*, *52*, 68–73.

Riess, B. F. (1954). Effect of altered environment and of age on the mother-young relationships among animals. *Annals of the New York Academy of Science*, *57*, 606–610.

Rispoli, M., Lang, R., Neely, L., Camargo, S., Hutchins, N., Davenport, K., & Goodwyn, F., (2013). A comparison of within- and across-activity choices for reducing challenging behavior in children with autism spectrum disorders. *Journal of Behavioral Education*, *22*, 66–83.

Rogoff, B. (1998). Cognition as a collaborative process. In D. Kuhn & R. S. Siegler (Eds.), *Handbook of child psychology* (5th ed., Vol. 2, Cognition, perception, and language). New York: Wiley.

Rogoff, B. (2003). *The cultural nature of development*. Oxford: Oxford University Press.

Rogoff, B., Malkin, C., & Gilbride, K. (1984). Interaction with babies as guidance and development. In B. Rogoff & J. Wertsch (Eds.), *Children learning in the "zone of proximal development"*. San Francisco: Jossey-Bass.

Rosenthal, T. L., & Zimmerman, B. J. (1972). Modeling by exemplification and instruction in training conservation. *Developmental Psychology*, *6*, 392–401.

Roszak, T. (1972). *Where the wasteland ends*. Garden City, NY: Anchor (Doubleday), 1973.

Rousseau, J. J. (1750). Discourse on the sciences and arts. In R. D. Masters (Ed.), *The first and second discourses* (R. D. & J. R. Masters, trans.). New York: St. Martin's Press, 1964.

Rousseau, J. J. (1755). Discourse on the origin and foundations of inequality. In R. D. Masters (Ed.), *The first and second discourses* (R. D. & J. R. Masters, trans.). New York: St. Martin's Press, 1964.

Rousseau, J. J. (1762a). *The social contract* (G. Hopkins, trans.). New York: Oxford University Press, 1962.

Rousseau, J. J. (1762b). *Emile, or education* (B. Foxley, trans.). London: J. M. Dent and Sons, 1948.

Rousseau, J. J. (1788). *The confessions of Jean Jacques Rousseau*. New York: Modern Library, 1945.

Rowland, S. (2002). *Jung: A feminist revision*. Cambridge: Polity.

Roza, S. (2021). Pivotal response training in early intervention. In M. D. Pavone (Ed.), *Special topics in behavior analysis*. Mountain View, CA: Press, Chap. 3. Books.

Rumbaugh, D. M., & Washburn, D. A. (2003). *Intelligence of apes and other rational beings*. New Haven, CT: Yale University Press.

Rushton, J. P. (1975). Generosity in children: Immediate and long term effects of modeling, preaching, and moral judgment. *Journal of Personality and Social Psychology*, *31*, 459–466.

Russell, B. (1945). *A history of Western philosophy*. New York: Simon & Schuster.

Russell, B. (1971). *Education and the social order*. London: George Allen and Unwin.

Rutter, M., & Azis-Clauson, C. (2018). Implications of attachment theory and research for child care policies. In J. Cassidy & P. R. Shaver (Eds.), *Handbook of attachment* (3rd ed.). New York: Guilford.

Sachs, J. S. (1976). Development of speech. In E. C. Carterette & M. P. Friedman (Eds.), *Handbook of perception* (Vol. 7). New York: Academic Press.

Sahakian, W. S., & Sahakian, M. L. (1975). *John Locke*. Boston: Twayne.

Sameroff, A. J., & Cavanaugh, P. J. (1979). Learning in infancy: A developmental perspective. In J. D. Osofsky (Ed.), *Handbook of infant development*. New York: Wiley.

Sameroff, A. J., & Haith, M. M. (1996). *The five to seven year shift*. Chicago, IL: University of Chicago Press.

Savage-Rumbaugh, S. (2007, May 17). Savage-Rumbaugh: Apes that write, start fires, and play Pac Man. *YouTube*. TED. www.youtube.com/watch?v=a8nDJaH-fVE

Savage-Rumbaugh, S., & Lewin, R. (1994). *Kanzi*. New York: Wiley.

Savage-Rumbaugh, S., Shanker, S. G., & Taylor, T. J. (1998). *Apes, language, and the human mind*. New York: Oxford University Press.

Schachtel, E. G. (1959). *Metamorphosis*. New York: Basic Books.

Schlaefli, A., Rest, J. R., & Thoma, S. J. (1985). Does moral education improve moral judgement? A meta-analysis of intervention studies using the defining issues test. *Review of Educational Research*, *55*, 319–352.

Schultz, D. P. (1975). *A history of modern psychology* (2nd ed.). New York: Academic Press.

Schwartz, B. (1989). *Psychology of learning and behavior* (3rd ed.). New York: W. W. Norton.

Scribner, S., & Cole, M. (1981). *The psychology of literacy*. Cambridge, MA: Harvard University Press.

Searles, H. F. (1965). *Collected papers on schizophrenia and related subjects*. New York: International Universities Press.

Seethaler, P. M., Fuchs, L. S., Fuchs, D., & Compton, D. L. (2012). Predicting first-grades' development of calculation versus word-problem performance: The role of dynamic assessment. *Journal of Educational Psychology*, *104*, 224–234.

Seligman, M. E. P. (1972). Phobias and preparedness. In M. E. P. Seligman & J. L. Hager (Eds.), *Biological boundaries of learning*. New York: Appleton-Century-Crofts.

Shahar, S. (1990). *Childhood in the middle ages*. London: Routledge.

Shaver, P. R., & Fraley, R. C. (2008). Attachment, loss, and grief: Bowlby's views and current controversies. In J. Cassidy & P. R. Shaver (Eds.), *Handbook of attachment* (2nd ed.). New York: Guildford Press.

Sheehy, G. (1976). *Passages: Predictable crises of adult life*. New York: Dutton.

Sheppard, S. (2022, February 9). The mental health effects of living in foster care. *Verywell Mind*. https://www.verywellmind.com/the-mental-health-effects-of-living-in-foster-care-5216614.

Siegler, R. S., & Alibali, M. W. (2020). *Children's thinking* (5th ed.). Hoboken, NJ: Pearson.

Skinner, B. F. (1938). *The behavior of organisms*. Englewood Cliffs, NJ: Prentice-Hall.

Skinner, B. F. (1948). *Walden two*. New York: Macmillan.

Skinner, B. F. (1953). *Science and human behavior*. New York: Macmillan.

Skinner, B. F. (1957). *Verbal behavior*. Englewood Cliffs, NJ: Prentice-Hall.

Skinner, B. F. (1959). *Cumulative record*. Englewood Cliffs, NJ: Prentice-Hall.

Skinner, B. F. (1967). Autobiography. In E. G. Boring & G. Lindzey (Eds.), *A history of psychology in autobiography* (Vol. 5). Englewood Cliffs, NJ: Prentice-Hall.

Skinner, B. F. (1968). *The technology of teaching*. Englewood Cliffs, NJ: Prentice-Hall.

Skinner, B. F. (1969). *Contingencies of reinforcement*. Englewood Cliffs, NJ: Prentice-Hall.

Skinner, B. F. (1971). *Beyond freedom and dignity*. New York: Bantam.

Skinner, B. F. (1974). *About behaviorism*. New York: Knopf.

Slobin, D. I. (1966). Soviet psycholinguistics. In N. O'Connor (Ed.), *Present-day Russian psychology: A symposium by seven authors*. Oxford: Pergamon.

Slobin, D. I. (1972). They learn the same way all around the world. *Psychology Today*, *6*, 71–82.

Slobin, D. I. (1973). Cognitive prerequisites for the development of grammar. In C. A. Ferguson & D. I. Slobin (Eds.), *Studies of child language development*. New York: Holt, Rinehart & Winston.

Slobin, D. I. (1979). *Psycholinguistics* (2nd ed.). Glenview, IL: Scott, Foresman.

Slobin, D. I. (1985). Introduction. In D. I. Slobin (Ed.), *The crosslinguistic study of language acquisition* (Vol. 1). Hillsdale, NJ: Erlbaum.

Snarey, J., & Samuelson, P. L. (2014). Lawrence Kohlberg's revolutionary ideas: Moral education in the cognitive-developmental tradition. In L. Nucci, D. Narvaez, & T. Krettenauer (Eds.), *Handbook of moral and character education* (2nd ed.). New York: Routledge.

Snow, C. E. (1979). Conversations with children. In P. Fletcher & M. Garman (Eds.), *Language acquisition*. Cambridge: Cambridge University Press.

Spinka, M., Newberry, R. C., & Bekoff, M. (2001). Mammalian play: Training for the unexpected. *The Quarterly Review of Biology*, *76*, 141–168.

Spock, B. (1946). *Baby and child care*. New York: Pocket Books, 1968.

Standing Bear, L. (1933). *Land of the spotted eagle*. Lincoln, NB: Bison, 1978.

Stern, D. N. (1985). *The interpersonal world of the infant*. New York: Basic Books.

Sullivan, H. S. (1953). *The interpersonal theory of psychiatry*. New York: W. W. Norton.

Suzuki, D., & Knudtson, P. (1992). *Wisdom of the elders*. New York: Bantam.

Taylor, M., & Carlson, S. M. (1997). The relation between individual differences in fantasy and theory of mind. *Child Development*, *68*, 436–455.

Telingator, C. J., & Woyewodzic, K. T. (2011). Sexual minority identity development. *Psychiatric Times*, 28. https://www.psychiatrictimes.com/views/sexual-minority-identity-developament

Thain, M., & Hickman, M. (1994). *The Penguin dictionary of biology* (9th ed.). London: Penguin.

Thompson, C. (1950). Cultural pressures in the psychology of women. In P. Mullahy (Ed.), *A study of interpersonal relations*. New York: Hermitage Press.

Thorndike, E. L. (1905). *The elements of psychology*. New York: Seiler.

Thurman, H. (1949). *Jesus and the disinherited* (1996 ed.). Boston: Beacon Press.

Thurman, H. (1979). *With head and heart: The autobiography of Howard Thurman*. San Diego, CA: Harvest.

Tinbergen, N. (1951). *The study of instinct*. Oxford: Clarendon Press.

Tolman, E. C. (1948). Cognitive maps in rats and man. *Psychological Review*, *55*, 189–208.

Tomasello, M. (2003). *Constructing a language*. Cambridge, MA: Harvard University Press.

Tough, P. (2009, September 27). The make-believe solution. *The New York Times Magazine*, 31–35.

Tulkin, S. R., & Konner, M. J. (1973). Alternative conceptions of intellectual functioning. *Human Development*, *16*, 33–52.

U.S. Department of Education. (1983). *A nation at risk*. Washington, DC: Government Printing Office.

Uzgiris, I. C. (1964). Situational generality of conservation. *Child Development*, *35*, 831–841.

Valliant, G. E. (2000). Adaptive mental mechanisms: Their role in a positive psychology. *American Psychologist*, *55*, 89–98.

Von Franz, M. L. (1964). The process of individuation. In C. G. Jung (Ed.), *Man and his symbols*. New York: Dell.

Vygotsky, L. S. (1930). Tool and symbol in children's development (A. R. Luria & M. Cole, trans.). In M. Cole, V. John-Steiner, S. Scribner, & E Souberman (Eds.), *L. S. Vygotsky: Mind in society*. Cambridge, MA: Harvard University Press, 1978.

Vygotsky, L. S. (1931a). Development of higher mental functions. In *Psychological research in the U.S.S.R*. Moscow: Progress Publishers, 1966.

Vygotsky, L. S. (1931b). Problems of method (M. Cole, trans.). In M. Cole, V. John-Steiner, S. Scribner, & E. Souberman (Eds.), *L. S. Vygotsky: Mind in society*. Cambridge, MA: Harvard University Press, 1978.

Vygotsky, L. S. (1932). The problem of will and its development in childhood. In R. W. Rieber & A. S. Carton (Eds.), *The collected works of L. S. Vygotsky* (Vol. 1, N. Minick, trans.). New York: Plenum, 1987.

Vygotsky, L. S. (1933). The role of play in development (M. Lopez-Morillas, trans.). In M. Cole, V. John-Steiner, S. Scribner, & E. Souberman (Eds.), *L. S. Vygotsky: Mind in society*. Cambridge, MA: Harvard University Press, 1978.

Vygotsky, L. S. (1934). *Thought and language* (A. Kozulin, trans.). Cambridge, MA: MIT Press, 1986.

Vygotsky, L. S. (1935). Mental development of children and the process of learning (M. Lopez Morillas, trans.). In M. Cole, V. John-Steiner, S. Scribner, & E. Souberman (Eds.), *L. S. Vygotsky: Mind in society*. Cambridge, MA. Harvard University Press, 1978, chaps. 7–8.

Wade, N. (2009, February 10). Darwin: Ahead of his time, is still influential. *New York Times*.

Waelder, R. (1960). *Basic theory of psychoanalysis*. New York: International Universities Press.

Wang, Q. (2004). The emergence of cultural self-constructions: Autobiographical memory and self-description in European American and Chinese children. *Developmental Psychology, 40*, 3–15.

Wapner, S., Kaplan, B., & Cohen, S. B. (1973). An organismic-developmental perspective for understanding transactions of men and environments. *Environment and Behavior, 5*, 255–289.

Watson, J. B. (1913). Psychology as the behaviorist views it. *Psychological Review, 20*, 158–177.

Watson, J. B. (1924). *Behaviorism*. New York: W. W. Norton, 1970.

Watson, J. B. (1928). *Psychological care of infant and child*. New York: W. W. Norton.

Watson, J. B. (1936). Autobiography. In C. Murchison (Ed.), *A history of psychology in autobiography* (Vol. 3). Worcester, MA: Clark University Press.

Watson, R. I. (1968). *The great psychologists from Aristotle to Freud* (2nd ed.). Philadelphia: Lippincott.

Weinfield, N. S., Sroufe, L. A., Egeland, B., & Carlson, E. (2008). The nature of individual differences in infant-caregiver attachment. In J. Cassidy & P. R. Shaver (Eds.), *Handbook of attachment* (2nd ed.). New York: Guilford.

Weisner, T. S. (1996). The 5 to 7 transition as an ecocultural project. In A. J. Sameroff & M. M. Haith (Eds.), *The five to seven year shift*. Chicago: University of Chicago Press.

Werner, H. (1948). *Comparative psychology of mental development* (2nd ed.). New York: Science Editions.

Werner, H. (1956). On physiognomic perception. In G. Kepes (Ed.), *The new landscape*. Chicago: Theobald.

Werner, H. (1957). The concept of development from a comparative and organismic point of view. In D. B. Harris (Ed.), *The concept of development*. Minneapolis: University of Minnesota Press.

Werner, H., & Kaplan, B. (1956). The developmental approach to cognition: Its relevance to the psychological interpretation of anthropological and ethnolinguistic data. *American Anthropologist, 58*, 866–880.

Werner, H., & Kaplan, B. (1963). *Symbol formation*. New York: John Wiley.

Wertsch, J. V. (1985). *Vygotsky and the social formation of mind*. Cambridge, MA: Harvard University Press.

White, D. M., Aufderheide-Park, C., & Gengoux, G. W. (2021). Clinical delivery of virtual pivotal response treatment with children with autism during the COVID-19 pandemic. *Stanford Medicine, Social Sciences, 10*, 414.

White, G. M. (1972). Immediate and deferred effects of model observation and guided and unguided rehearsal on donating and stealing. *Journal of Personality and Social Psychology, 21*, 139–148.

White, G. M., & Gribbin, G. (1994). *Einstein: A life in science*. New York: Dutton.

White, R. W. (1960). Competence and the psychosexual stages of development. In M. Jones (Ed.), *Nebraska symposium on motivation*. Lincoln: University of Nebraska Press.

White, R. W. (1963). Sense of interpersonal competence: Two case studies and some reflections on origins. In R. R. White (Ed.), *The study of lives*. New York: Atherton Press.

White, R. W., & Watt, N. F. (1973). *The abnormal personality* (4th ed.). New York: Ronald Press.

White, R. W., & Watt, N. F. (1981). *The abnormal personality* (5th ed.). New York: Wiley.

White, S. H. (1965). Evidence for a hierarchical arrangement of learning processes. In L. P. Lipsitt & C. C. Spiker (Eds.), *Advances in child development and behavior* (Vol. 2). New York: Academic Press.

White, S. H. (1970). Some general outlines of the matrix of developmental changes between five and seven years. *Bulletin of the Orton Society, 20*, 41–57.

White, S. H. (1996). The child's entry into the "age of reason". In A. J. Sameroff & M. M. Haith (Eds.), *The five to seven year shift*. Chicago: University of Chicago Press.

Whitehead, A. N. (1929). *Science and the modern world*. New York: Macmillan.

Whiting, J. W. M., & Child, I. L. (1953). *Child training and personality: A cross-cultural study*. New Haven, CT: Yale University Press.

Whitmont, E. C. (1969). *The symbolic quest: Basic concepts of analytical psychology*. New York: Putnam's.

Whitmont, E. C., & Kaufmann, Y. (1973). Analytic psychotherapy. In R. Corsini (Ed.), *Current psychotherapies*. Itasca, IL: F. E. Peacock.

Williams, C. D. (1959). The elimination of tantrum behavior by extinction procedures. *Journal of Abnormal and Social Psychology*, *5*, 269.

Wilner, W. (1975, Winter). Schachtel: A life. *William Alanson White Newsletter*, pp. 3–4.

Wilson, C. (1972). *New pathways in psychology: Maslow and the post-Freudian revolution*. New York: Mentor Books.

Wilson, E. O. (1993). Biophilia and the conservation ethic. In S. R. Kellert & E. O. Wilson (Eds.), *The biophilia hypothesis*. Washington, DC: Island Press.

Witkin, H. (1965). Heinz Werner. *Child Development*, *30*, 307–328.

Wohlwill, J. F. (1984). *Martha Muchow and the life-space of the urban child*. Paper presented to the Society for Research in Child Development, Ann Arbor, MI.

Wolpe, J. (1969). *The practice of behavior therapy*. New York: Pergamon.

Wood, D. (1998). *How children think and learn* (2nd ed.). Oxford: Blackwell.

Wordsworth, W. (1807). Ode: Intimations of immortality from recollections of early childhood. In W. E. Williams (Ed.), *Wordsworth*. London: Penguin, 1985.

Zeifman, D. M., & Hazan, C. (2018). Pair bonds as attachments: Mounting evidence in support of Bowlby's hypothesis. In J. Cassidy & P. R. Shaver (Eds.), *Handbook of attachment* (3rd ed.). New York: Guilford.

Zelazo, P. R., Zelazo, N. A., & Kolb, S. (1972). "Walking" in the newborn. *Science*, *176*, 314–315.

Zimmerman, B. J., & Rosenthal, T. L. (1974). Conserving and retaining equalities and inequalities through observation and correction. *Developmental Psychology*, *10*, 260–268.

Zimmerman, B. J., & Schunk, D. H. (2003). Albert Bandura: The scholar and his contributions to educational psychology. In B. J. Zimmerman & D. H. Schunk (Eds.), *Educational psychology: A century of contributions*. Mahwah, NJ: Erlbaum, Article XCIII.

지은이 ▌

William Crain

미국 뉴욕시립대학교 심리학과 명예교수이며, 2008년에 아내와 함께 학살과 유기로부터 구조된 농장동물들의 여생을 보장하는 안식 농장 보호구역을 설립했다. 3명의 자녀와 6명의 손주를 두고 있다.

옮긴이 ▌

송길연

발달심리학 전공으로 서울대학교 대학원에서 석사학위를, 중앙대학교 대학원에서 박사학위를 받았다. 이후 심리학을 강의하고 발달심리학 관련 책들을 번역하였으며 양육서를 저술하였다. 현재는 아동·청소년의 인지능력을 향상시키는 상담을 하고 있으며 알고 있는 심리학 지식을 생활에 적용하려 노력하고 있다.

유봉현

서울대학교 심리학과를 졸업하고 발달심리학 전공으로 서울대학교 대학원에서 석사학위를 받았으며 다수의 발달 관련 책들을 번역하였다. 이 책을 읽기 좋게 번역하는 데 큰 기여를 하였다. 손주들을 사랑하는 다정다감한 할아버지다.